中日再戰緬甸實錄

新一軍反攻緬北極機密戰鬥詳報
（中華民國三十二年至三十四年）

作　者　中華民國駐印軍新編第一軍
　　　　新編第三十八師
編　輯　中央研究院緬甸計畫團隊
主持人　朱浤源教授 近代史研究所 研究員

臺灣 學生書局 印行

序

　　第二次世界大戰戰史當中的中國戰場，一直不被歐洲諸國重視。其實，這是當年西方中心主義所造成的，真正的歷史不是這樣。

　　新近 Rana Mitter 等歐美教授、本院、國史館與兩岸學者與文史工作者已經注意到二戰之中的亞洲。但是，本研究團隊強調：二戰的真正重點在亞洲，原因在太平洋戰爭一起，殖民亞洲甚久的英、美、法、荷、葡等歐美國家，就在他們遠比歐洲更大太多的亞洲與大洋洲殖民地，完全不敵新興的日本。日軍所至之處，這些西方國家的軍隊，無不望風披靡，迅速敗退或投降。而同盟國就在這區域，結合比歐洲戰場更多，超過十個國家與地區，與軸心國集團相互鬥狠。晚近研究更發現：其中程度最深，時間最長，傷亡又重的國際性戰場，竟然就是緬甸。因為參與爭鬥的國家比在歐洲的數量更大，而且單在此地，就前後打了四年多，使得緬甸成為二戰戰場中「時間」與「程度」兩項之最。發現這時間最長現象的，是情報官出身的二戰戰史權威英國教授 Louis Allen，他出書立說，稱緬甸這場戰爭為「時間最長的戰爭(the longest war)」，時間是西元一九四一到一九四五年。而發現戰爭程度最深現象的，則是本人主持的這個研究團隊。

　　就戰爭時間而言，又分兩段：

　　第一段在一九四一到四二年，日軍閃電戰的效率以及範圍，均遠超德軍。姑且不提當年世界霸主英國所佔領的新加坡馬來亞以及香港，被日軍摧枯拉朽立即戰領。以緬甸來說，英帥帶頭的聯軍也大敗：整個緬甸，就在僅僅四、五個月內淪陷了。

　　一九四二年一月十六日日軍從泰國進軍緬甸。由於得到十一萬緬族青年義勇軍的支持，以昂山為核心，所成立以游擊戰「專司內部擾亂」的便服為主，

正規為輔的隱形部隊，除提供假情報，混淆國軍與英軍視聽之外，更引領日軍「北伐」，甚至自己又化裝作為日軍，有時又混入英軍，有時變裝化成國軍。由於秘密擔任日軍的前導，使所至之處，緬人視之為前來拯救緬甸的義師，故能及有效地協助日人對抗英軍，更對抗國軍，當然創造了日軍面對中華民國最精銳的第五、第六以及第六十六軍，雖曾於平滿納以東以及仁安羌少數地區有重大傷亡，但整體而言能勢如破竹的條件。

因此，即便中國部隊由孫立人領導的新三十八師，在仁安羌僅用一個小團，對上混入緬軍的日軍精銳三十三師團的一個大聯隊，仍加以擊敗，卻無助於整個大局，當然也顯然無法挽救剛成立的英、中、美盟軍迅速潰敗的命運。

第二段一九四三至四五年，盟軍在緬甸轉敗為勝：尤其是最勇猛的第十八(久留米)師團竟然在緬北敗了。它是時人聞而喪膽，日人以「菊」(日本國花)為標誌的綜合性特級兵團，世稱「馬來亞虎」，擁有當時最先進的武器。而且以逸待勞，再利用緬北天險，加上各種防禦工事，已經做好準備，等著蔣中正麾下美將史迪威總指揮所率領盟軍來襲。在中國駐印軍反攻時，他們早已就緒，其實沒有戰敗，而且還一敗再敗的可能。

可是，他們畢竟真的紮紮實實地被國軍擊敗了。孫立人的新卅八師加上廖耀湘新廿二師所組成的新一軍，以及孫後來領導的新一軍，竟能從頭到尾，一點不含糊地，加以擊敗，甚至殲滅。菊兵團等四、五個以上師團，不只敗了，而且菊師團陣亡的人數，甚至超過整個師團的原來編制!!

就戰爭程度最深而言，要靠緬北戰場史料的重現開端。孫立人與廖耀湘這支部隊，戰力可謂當年中國部隊之最，它不但能殲滅世界第一的日軍，更能拯救也是世界之最，新興的美軍，還馳援當年世界最大帝國的英軍。這是了不起的功勳。但是，目前海內外社會，甚至國內外學術界，知道詳情的鳳毛麟角。

本書集合當年該軍(師)的十本戰鬥詳報而成。主體即在呈現前後三年中，在盟軍的空軍支援與醫療補給等聯勤作業，以及裝甲部隊的配合之下，在深山叢林與絕壁溝壑之間，一步一腳印地，以「拔樁」方式逐步殲滅敵人，如何對敵，構作英國院士 Robert Lyman 所稱「二十世紀新型戰爭典範」的這段紀錄。將孫立人的新卅八師(第一期)與新一軍(第二期)當年既「殲日」、「救

美」又「援英」的極機密原始報導，以今天的學術規格編輯出版。

　　本書以「中日再戰緬甸實錄」為名，收錄中華民國駐印軍的新編第一軍的新編第三十八師司令部(孫立人擔任師長)，所編印的六本，當年自民國三十二年十月廿四日起至三十三年七月十二日的「第一期」戰鬥詳報，以及新編第一軍司令部(孫立人擔任軍長)，所編印的四本，自民國三十三年十月十五日起至三十四年三月廿六日的「第二期」戰鬥詳報，總共十本。

　　這套新一軍戰鬥詳報最珍貴的，就在即時收集與整理當時最重要的史料。當年許多其他軍隊，並沒有想到，也可能沒有能力做到這一點。

　　感謝學生書局前任董事長孫善治先生於民國七十七年春，本人陪同本所副所長張玉法，口述歷史組召集人陳存恭兩位研究員訪問孫立人將軍公館時，贈送這套資料。在過去這段漫長的時間中，我一步一步地深入孫立人將軍的各個面向。在編印出版他以及部屬、親友、監視者、反對者、旁觀者等的訪問紀錄之後，這幾年積極進入其之所以以新一軍(「天下第一軍」)揚名世界的最關鍵史料的爬梳工作。

　　回顧最近這幾年在中研院推動緬甸研究計畫之一的編輯與輸入計畫的整個過程中，曾經遭遇到不少學術以及行政上的困難。

　　學術方面，首先遭遇的是人名與地名的不統一。當年負責收集資料與編寫戰鬥詳報的軍官與士官們，由於身處戰陣，且身在外國，遭遇的許多難題，特別是緬甸當地的地名與人名時，並不能在戰地當場比對與統一，特別是地名，問題非比尋常。

　　其次是體例的不統一。由於身處蠻荒與異鄉的戰場，自無清靜研究室與夠規模印刷廠，史官們在編寫與印刷時，難免捉襟見肘。段落與章節，以及摘錄與論述之間要如何區分？正文與圖表之間要如何銜接？還有哪些敘述最重要？哪些次要？再次要？也難有統一而且客觀的標準。

　　行政方面，則因本人推動本計畫已經 27 年，超過國家機構繼續支援經費的年限甚久。缺乏經費，就缺人手。所幸最近一年得到民間企業主李先生，先捐 10 萬臺幣，後來得到學術界洪泉湖、習賢德、丁守中三位教授以及我本人的解囊，又有 30 萬元，均匯入本院的緬甸計畫研究專戶，由本所行政同仁統

一列管,初步解決了這個難題。但是,杯水車薪,仍然需要許多義工贊襄。

　　戰鬥詳報的編輯、輸入與校對這三部分都困難重重。很感謝戰史譯述界前輩黃文範先生、摯友楊力明老師、王鏡宇備役上校、舍妹朱麗蓉的參與,以及兼任助理程志媛、劉晶華、黎葳、劉晏均、劉曉佳、許丞景,還有緬甸歸僑李蘭湘和另外四位緬甸歸僑與僑生的協助。更感謝臺中孫立人紀念館的六名志工:莊昀哲、林月嬌、陳怡瑤、李麗芬,在廖煥平隊長與洪依芬副隊長領導下,義務擔任校對。

　　參與校對者的感動,則為意外收穫。例如廖隊長就發現:在緬北充滿瘴癘之氣、不見天日的原始蠻荒叢林「野人山」中,明知將面臨生死一線間的殘酷戰場,將士們卻能綜合採用奇襲戰、欺敵戰、迂迴戰、叢林戰、陣地戰及殲滅戰,在數百大小戰役中,前仆後繼、奮勇殺敵,完成原屬不可能的任務!

　　另一位女士也發現:在這些新一軍官兵「身處高山深谷之中,鑽隙潛行,超越高山,穿過深谷,從無人煙的原始叢林中,經懸崖絕壁、披荊斬棘,不分晝夜挺進,出敵不意」。因此:每校對至此,「都讓我熱淚滿眶」。

　　他們還認為:此情此景「相較於現今身處優渥環境生長的國人,實在是無法想像」。

　　隨著時間的推移,以及亞洲的復興,世界史正在重寫。而緬甸戰史在世界戰史學術界的地位,已經重新被歐美學者發現,並且高度肯定。但環視這些著作當中,中國部隊的努力,仍然沒有得到應有的重視。基本上多著眼於極少之菁英,又從英國、日本以及美國這三國的觀點切入。本書之目的,首在介紹當年第一手的極機密紀錄,使中國徹底擊敗日本的原樣,重現於世界,作為國人,尤其國軍借鑑,以改變舊觀念,去除昇平世的怠惰。接著譜成構作中國國軍整體戰史新頁之基礎,在學術界重建被長年忽視的緬甸之戰的歷史地位。

中央研究院緬甸研究計畫主持人

近代史研究所研究員　朱浤源謹誌

民國一零四年七月

編輯凡例

目標：

　　為了使這十本戰鬥詳報聯合成為一部書，我們開過無數次的編輯會議。最後決定以「中日再戰緬甸實錄」作為書名的正標題，以便在所謂「叛亂嫌疑」未釐清之前，即為該部隊(駐印軍新一軍新三十八師與新一軍)應該得到的地位正名：這是很難得的一支能夠從頭到尾擊敗日軍的中國部隊。

呈現重點：

　　我們如實地輸入當年所排版印刷出來的所有內容。例如：戰鬥前敵我態勢及景況、戰地狀態、影響於戰鬥之天候氣象及地形、敵我兵力及交戰敵兵之番號與指揮官之姓名、攻擊部署及其主要理由。並關於戰鬥命令之下達、總指揮部所發布的「作命(作戰命令、Field Order)」第某號、攻擊地區附近地誌圖、河道變遷後現況要圖、敵我態勢要圖、構築攻勢據點之位置及交通線圖、英文的 Overlay #Y to accompany F. O.(Field Order) No.X(作命第 X 號)以及新卅八師、新一軍的師作命與軍作命，還有美軍麥支隊(兵力二千五百餘成員)之行動、日軍第十八師團的菊作命第 Z 號等。

　　另外，各階段的攻擊計畫、攻擊計畫要圖、各時期戰鬥之經過、攻擊部署要圖、戰鬥之成績、死傷統計表、武器彈藥損耗表，還有戰鬥後敵我之陣地及行動、我及關聯之鄰接部隊之動作，均有詳細紀錄。

　　最值得細看的，或許是所殲滅的日軍，其官佐為何人？人數有多少？還有國軍的各人各部隊之功勳記事、俘獲戰績、鹵獲文件清單、鹵獲武器裝備清單、負傷官佐姓名表、陣亡官佐姓名表等等。

體例：

但是在章節與體例上做了調整。調整的原則是：

一、盡量使用當前中央研究院慣用的章節次序，使全書章節比較上統一。

二、製作新目錄：製作詳細目錄，以方便重要資料的尋找。

三、簡化目錄標題：去掉原來冗長的標題，使讀者易於抓住重點。

四、盡量維持文字與數字原樣及原意。

（一）在文字方面，除非明顯錯誤，否則盡可能維持原字。

（二）在數字方面，最難全書一致。不得已，只好有三個原則：

1、表「次序」的盡量用國字的小寫字。

2、表「數量」的盡量用阿拉伯數字。

3、中文文學上原有習慣的，也予於尊重。

即使如此，細心讀者仍可發現我們沒辦法完全做到數字形式的既合邏輯，又全部統一。

（三）在出處方面，盡可能保留原樣。使讀者易於了解出自原書的何頁。

五、正文與節錄的字體，分別以「明體」和「楷體」明顯加以區分。

六、只能統一少數重要地名。

最大的問題出在許多地名上面。中文部分例如：詳報中有人用「臘戍」、也有用「臘戌」。「臘」是指臘月，十二月。「戌」是指地支的十一位，都是指時序。「戍」是指保衛的意思，臘與戍無法結合；所以楊力明一方面查證於當地華僑，另一方面判斷當初取名應該是用「臘戍」。

緬甸的同一個地方，就有許多不同的中文譯名。例如劉曉佳就指出：「唐加卡」這個地名就有「唐卡」、「唐家家」、「唐家卡」等。我們更發現英文也有問題。為了要統一地名，請了緬甸歸僑李蘭湘等 5 位歸僑與僑生來負責。可惜太難了，又礙於時間，最後暫時放棄。

七、在目錄上，以二元併陳之法，維持原書的舊頁碼，但是又加上這本書的新頁碼。使新舊以「新(舊)」的方式呈現，方便讀者檢索原書。

中日再戰緬甸實錄

目　次

第一本
虎關區前期戰役戰鬥詳報

自 民國三十二年十月卅一日起 至 三十三年二月廿二日止

師 長 孫立人

駐印軍新一軍新三十八師司令部編印

中華民國三十三年 月 日

第一本　虎關區前期戰役
詳細目錄

---

[1] 《虎關區戰役》(第一號)，目錄。

虎關區戰役　戰鬥詳報第一號
自民國三十二年十月三十一日起至三十三年二月二十二日止

一、戰鬥前敵我態勢及景況

　　師以掩護修築中印公路之目的，派一一四團為先遣支隊，於三十二年一月二十七日，由印度藍伽營區，乘車出發，到達列多(Ledo)後，適值防守印度邊境卡拉卡(Hkalak Ga)、唐家家(Tagap Ga)一帶之英軍約千餘人，因被日軍襲擊，向後敗退，情況異常緊急。當令該支隊以徒步行軍，經野人山星夜趕往增援，其餘按一一二團師司令部直屬營連一一三團順序，陸續向列多出發，集結於列多東北約 15 英里之卡圖(Kato)附近，並擔任由列多至該地區內之地面及對空警戒，以直接掩護築路部隊與軍需物品之集積，作我軍反攻緬甸之初步準備。

　　由卡圖至唐家家、拍察海(Hpachethi)約八十餘英里，至卡拉卡約 100 英里，皆為崇山峻嶺，森林密佈，遮蔽天日，羊腸小道，蜿蜒於懸崖絕壁之間，人馬殊難通過，大有蜀道難，難於上青天之慨，且泥濘滿道，深至沒膝，又復螞蝗遍地，疫癘叢生，一屆雨季，則瘧疾流行，猖狂無比。山間除少數之野人外，世人絕少履及。前年緬甸撤退時，我遠征軍某部及難民數萬人，經此小道入印，沿途多飢病而死，絕少生還，殘骨遺骸，遍地皆是，其慘狀不忍卒覩。

　　我先遣支隊，為援救英軍，並阻止敵妨害我築路計畫起見，不畏艱險，於三月九日，即由此羊腸小道而入。爬山涉水，宿露餐風，在陰雨泥濘中，兼程前進，經十一日始達。[2]該支隊到達上述各地點後，當向追擊英軍之敵猛烈反攻，此時被我擊退，即以第一營進佔唐家家而固守之，以第二營從拍察海方面進出，對[3]卡拉卡之敵攻擊而佔領之，英軍得以安全後撤。爾後卡拉卡、拍察

---

[2]　按平時行進，須半個月。

[3]　《虎關區戰役》(第一號)，頁 1。

海、唐家家各地區之防務，即由我一一四團擔任之。

三月三十一日，敵仍企圖貫徹妨害我築路計畫，以兵力約千餘，分兩股同時向我卡拉卡、唐家家各陣地猛攻，經半月之戰鬥，敵傷亡約二百餘，以目的難達，乃不敢再逞。爾後雖時有擾亂，但毫無進展，惟山高路險，連絡衛生，殊感不易，補給雖由空投，然森林多霧，易受天時限制，接濟時虞不足，旋雨季漸近，瘧疾流行，病者頗多，我官兵即在此種極惡劣環境中奮鬥，排除萬難，至五月二十二日，以一一四團官兵疲勞過甚，特飭一一二團前往換防，惟雨季業已開始，虎關地區，漸成泛濫，敵因補給關係，亦大部撤退，此後除少數斥候活動外，無大接觸。

九月初旬，中印公路漸達南陽(Nawngyang)河附近，我一一二團在唐家家之警戒部隊，亦推進於他卡沙康(Tagasakan)及秦老沙坎(Chinglowsakan)，九月底雨季將止，「於十月十日，奉總指揮部作命第六號，云大龍(Tarun Hka)河以北及大洛地區，僅有土民與緬兵組織之搜索部隊，間有一、二日本軍官配屬，著本師一一二團[4]分三路推進，佔領大洛區及下老家(Sharaw Ga)沿大龍河之線，並以一部警戒新平洋(Shingbwiyang)地區，續行掩護中印公路修築之任務。」師依據第六號作命，遂令一一二團於十月二十四日由原駐地出發，向所指示之地點推進，當時敵我態勢如圖一之一，惟該團之警戒地區，約五十餘英里，兵力過形分散，且後方交通不便，處處陷於孤立，此即為該團在本戰役中，經兩月餘最艱苦戰鬥之始因，時至今日，中印公路，已暢行無阻，交通補給圓滑，作戰是屬較易，惟回憶本師當時初入緬北，開始反攻之困難情形，與夫一年來官兵掩護築路之備嘗艱苦，撫今追昔，能無慨乎。

4　欠迫砲連及汽車與騾馬部隊。

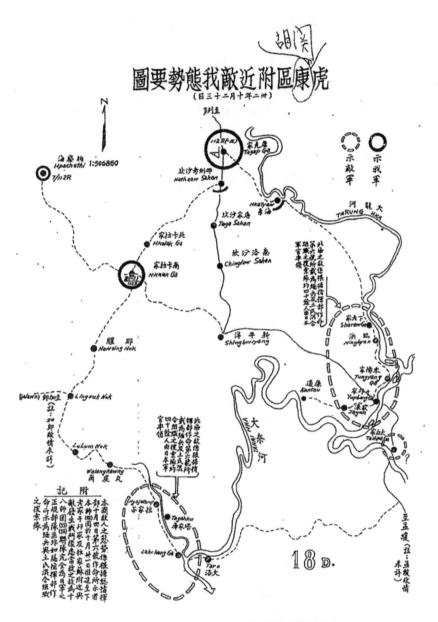

圖一之一、虎康區附近敵我態勢要圖[5]

5　《虎關區戰役》(第一號)，頁2。

二、影響於戰鬥之天候氣象及地形

(一)天候氣象

1、天候

中、印、緬邊境之天候，可分為雨、旱二季。自五月下旬起至十月底止為雨季，天氣較涼，霪雨連綿，潮濕極重；十一月以後即為旱季，天氣晴和，絕少降雨，惟早晚濃霧，入夜漸涼。四月以後，天氣漸熱，至五月中旬，即為旱季之末，天氣酷熱，通常在華氏 120 度左右，極易中暑。

2、氣象

虎關區冬季日出時刻為七時二十分，日沒為五時；春季日出時刻為六時四十分，日沒為五時五十分。森林中夜間異常黑暗，相距咫尺，不能見物，故夜間運動困難。

(二)虎關區之地形狀態

虎關區係包括大洛(Taro)盆地及新平洋盆地之總稱。大洛盆地較小，縱橫約 10 英里，在新平洋之南；新平洋盆地則甚大，縱橫約 80 英里餘，皆為原始森林，古木蒼蒼，不見天日，其中河流綜錯，縱橫如織，雨季則成泛濫，尤以由猛緩至太柏家一段為最甚，水勢洶湧，舟楫亦難通航，交通因之斷絕，故虎關區在雨季有絕地之稱，殊難用兵；然旱季可利用小道交通，小河均可徒涉，即大龍(Tarung)、大奈(Tanai)、大宛(Tawang)、大彼(Tabyi)四大河流，三月至四月間，亦可徒涉，太柏家以南並可通行汽車，惟遍地密林，交通阻塞，於搜索、觀測、通信、連絡、救護，方向判別，以及諸兵種之協同等等，殊感不易，空軍在此地區，亦無法發揮其威力，其一般狀態於圖一之二。

(三)由列多至新平洋之交通狀況

由列多至新平洋約為 120 英里，在中印公路未修築以前，約需時一個月可達，騾馬無法通行，其沿途之險阻情形，已如第一項所述，在本(三十三)年一月上旬以前，公路仍未修通，我後方交通補給，依然困難萬狀，影響於作戰者不鮮。

三、敵我兵力及交戰敵兵之番號與指揮官之姓名

敵在虎關區作戰之兵力，為第十八師團，其主力為步兵第五十五、第五十六兩聯隊、與山砲兵第十八聯隊、及[6]野戰重砲兵第二十一大隊、工兵十二聯隊、輜重兵十二聯隊等。

敵第十八師團師團長原為牟田口廉也中將，以戰功於去(三十二)年四月間，調升第十五軍司令官，遺缺由田中新一中將繼任，參謀長為大越兼二少將，第十八兵團長為相田俊二少將，[7]第五十五聯隊聯隊長原為藤井小五郎大佐，彼在我軍攻擊于邦時，負重傷斃命，遺缺由山騎大佐繼任。第五十六聯隊聯隊長為長久竹郎大佐。本師在初期作戰所使用之兵力為步兵一團，[8]其後陸續使用步兵三團、及砲兵一營、工兵一營與輜重營之騾馬部隊等。

四、攻擊部署及命令之下達

十月十日奉總指揮部作命第六號如下：(英文原文缺)[9]

譯文：

總指揮部一九四三年十月四日作命第六號

地圖：一吋八英里　　83M　83N　92A　92B(圖一之二)

一、

  (一) 前方：

    1. 敵混合搜索部隊現在大龍(Tarung Hka)河之北，及大洛至(Rangse)加郎(Galann)線之西北，該項搜部隊大小不一，約40至50人，多係緬甸土人，間有一、二日軍官或軍士配屬之。據報敵有小部隊在下列

6　《虎關區戰役》(第一號)，頁3。

7　原為第二十三旅團旅團長。

8　欠戰防砲、迫擊砲、及騾馬輸送部隊。

9　《虎關區戰役》(第一號)，頁4。

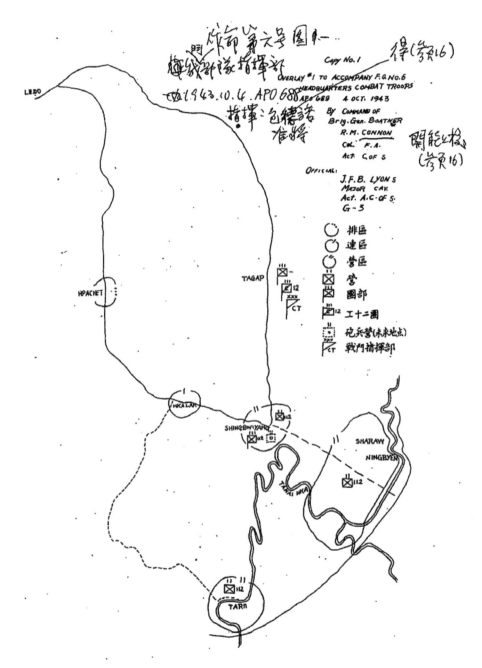

圖一之二、Overlay #1 To Accompany F. O. No.6(作命第六號)

各地：太柏家(Taipa Hka)、孟關(Maingkwan)、瓦洛濱(Walawbum)、丁商家(Tinkawk)、沙都蘇(Shaduzup)、拉當(Ladan)、瓦拉蘇(Warazup)、大洛(Taro)、德悌(Tekti)、蘭希(Rangse)、及加郎(Galann)。

2. 密支那(Myitkyina)係敵十八師團第一四四聯隊

一營－蘇普加(Suvka)(91°35'E－26°N')

一營－瓦商(Washawng)(97°36'E－25°22'N)

一營－卡孟(Kamaing)(96°43'E－25°31'N)

3. 十月一日空中偵察報告，自卡孟北至虎關盆地之大路，泛濫及泥濘，似少使用。

(二) 我方友軍：

1. 克欽民團各單位，現在孫布拉蚌(Sumprabum)，北與敵接觸中；

2. 小部 V 字軍斥候，僅能供給情報，正在我前方及右翼(南)活動中；

3. 美國一空運工兵連，將協助在新平洋建築機場；

4. 美第十航空隊，將供給列多區戰鬥部隊，空中搜索及作地面之支援，且擔任空運，維持現在新平洋至唐家[10]家區戰鬥，及特種勤務部隊之補給。

二、任務

本軍將繼續擔任保護列多基地及掩護築路之任務。同時並須於十一月一日，佔領大洛至大龍河及大奈河交點(NW 9882)，以至下老家一線，以掩護新平洋建築機場。(圖一之三)

三、部隊：

(一) 三十八師

1. ①一一二團[11]於十一月一日前，自現駐地前進佔領指定目標。(見圖一之一)

---

10 《虎關區戰役》(第一號)，頁5。

11 欠平射砲連、汽車及騾馬單位。

②一營佔領大洛區。(見圖一之一)

③不超過一營之兵力，佔領大奈河及大龍河之線，自大奈河灣處
(NW 9878)至下老家。(見圖一之一)

④該團之其他部隊在新平洋附近，為預備隊，為該區之警戒。

2.①另一團[12]佔領唐家家－卡拉卡－拍察海區域，此團之先頭部隊，
應於一一二團離該區後一日應即到達。

②卡拉卡區兵力不得超過步兵一排。

③拍察海區兵力不得超過步兵一排。

3. 75 山砲一營，準備前進至新平洋，協助該區之部隊，待本部命令
而行動。

4. 師之工兵營，協助上述移動及建築空投場，修路部隊營舍、糧彈倉
庫等。並於奉到命令時，協助建築機場。

5. 師之其他部隊，準備於十一月一日以後，向前推進。[13]

(二) 工十二團將繼續其現有任務，並準備前進至新平洋區，協助建築道
路、營舍、空投場及機場等。

(三) V 字軍繼續其現有任務。

(四)

1. 路線(見圖一之一)

①東京路－那郎家(Ngalang Ga)－唐家家－那斯考－清格羅沙坎－
新平洋。

②北梯拉普－梯馬(Tima)－雷馬(Rema)－彭陽－拍察海。

③卡拉卡－隴海(Lunghai)－羅洛姆(Lulum)－孫保家(Sumbaw Ga)－
拉張家(Lakschang Ga)－至大洛。(見附圖道路情形)

2. 自現駐陣地派出之搜索兵力，不得超過一排。

3. 新平洋之東部及南部之移動，於十月十四日前，不得開始。

---

12 欠一營、平砲連、汽車及騾馬單位。

13 《虎關區戰役》(第一號)，頁6。

4. 無論陸空及所有部隊，包括預備隊，應不斷作切實之搜索。

四、補給及管理

(一) 前進至新平洋區之部隊，將在下列各地建立空投場：

　　1. 太家沙坎(Taga Sakan)；

　　2. 新平洋(Shingbwiyang)；

　　3. 臨干沙坎(Ningam Sakan)。

在此線行進之部隊於離各站時，至少攜帶 3 日給養，於到達目的地時，即在就近之空投場補給。

(二) 前進至大洛區之部隊，將在下列各地附近，建立之空投場：[14]

　　1. 寧陸洛(Lingnok Nok)；

　　2. 拉加蘇(Ngyazup)；

　　3. 大洛(Taro)。

所有部隊自卡拉克沿此軸線前進時，至少攜 3 日給養。於到達目的地後，即向就近之空投場補給。在此線上，非經本部許可，不得另設其他補給站。

(三) 所有各站目前均由空投補給。以至大路開通，直至有其他運輸方法時止。

(四) 各部隊於離列多區出發時，僅攜足以自衛之必要彈藥。其他彈藥在卡拉卡及唐家家發給，如戰鬥情況需要時，由空投補給之。

(五) 其他補給，按需要情形空投之。

(六) 各部隊長官於 SOS 人員未到達前，負責收集存庫及發給各項補給之責，但不得催用民伕。

(七) 除三、(一)(三十八師)段所提及者外，所有部隊推進，須自負運輸之責，不供給伕子。其重要者按編制上之裝備，如無法攜帶時，則由空投運送之。

五、通訊連絡軸心

---

[14] 《虎關區戰役》(第一號)，頁7。

－沿東京路 5 英里處－唐家家－新平洋

各部指揮所位置待報

奉包特納准將之命

開能上校簽署

奉命後，師長即詳示各部隊長關於虎關區之敵情，及師之任務。並召集重要幕僚，研究一般狀況，與戰鬥之指導，惟師以步兵一團，佔領五十餘英里之正面，且大洛地勢低窪，又復背水為陣，而敵之[15]後方交通，較我方便，有隨時被敵包圍之不利，遂呈准總指揮部，先佔領拉加蘇(Ngajatzup)高地，以瞰制大洛，決定兵力部署後，[16]隨即下達各部隊長如下之命令：

師作命甲字第七號

陸軍新三十八師命令

三十二年十月十五日十四時　於卡圖師司令部

一、當面之敵仍係第十八師團之一部，駐守密支那附近，並各有約兵力一大隊，在蘇普卡(Supka)、瓦卿(Washawng)、卡孟(Kamang)等地附近。在卡孟附近之一大隊，據報其兵力分駐在太柏家至卡孟沿線，並有小數兵力在大洛附近，不時以小數土民及緬奸混合之搜索隊，向大洛以西地區及大龍(Tarung)河西北岸至新平洋間地區活動。

據本(十)月一日空中偵察，由卡孟至北虎關區之大道，似未為敵使用。

美第十航空隊，現正擔任本區空運補給、戰鬥及偵察等任務。

二、師仍繼續擔任保護列多基地，及掩護築路之目的，即以一部於十一月一日前，佔領大洛至大奈(Tanai)河與大龍(Tarung)交點，迄下老家(Shayawga)之線，掩護新平洋飛機場建築之任務。

---

[15] 《虎關區戰役》(第一號)，頁8。

[16] 當時所使用之兵力，係由指揮部限定。

三、著步兵第一一四團[17]，接替一一二團唐家家、卡拉卡、拍察海等地之防
　　務，先以步兵一營於本月十七日出發，經彭陽限二十二日到達拍察海接防
　　外，其餘之先頭連限本月二十五日，到達卡拉卡接替該地警戒任務，團部
　　及其他兩營於本月二十二日出發，經南陽、拉朗，其先頭部隊於本月二十
　　七日，到達唐家家接替該地警戒任務。[18]

四、著步兵第一一二團[19]分三路，每路以步兵一營，向大洛附近及新平洋、臨
　　濱前進，限於十二月一日前，確實佔領上述各該地。

　1. 駐拍察海陳連於本(十)月二十二日晨，赴卡拉卡集中；駐卡拉卡陳營於
　　　本月二十四日，開始出發。

　2. 駐唐家家部隊於本月二十六日，開始分向新平洋及臨濱推進。

　3. 陳營路線經那醒(Nawsing)、奴陸(Lulum)等地，以主力佔領拉加蘇，並
　　　派出適當兵力，佔領大洛西北岸附近要點，確實以火力控制大洛。

　4. 中路經清羅沙坎進佔新平洋，即派出適當兵力，佔領清得溫江之灣曲部
　　　北岸 649 附近，構築工事嚴密警戒。並對南巴樓(Numbradwng)附近渡
　　　口，細密偵察，並應派相當兵力警戒。

　5. 左路由唐家家經海條，以主力佔領臨濱，並派出適當兵力，佔領東陽
　　　(Tungyang)與于邦，構築工事，嚴密向太柏家、孟關方向警戒。

五、著工兵第十二團，仍繼續其現有任務，並準備前進協助建築道路、住棚、
　　空投場及機場。

六、工兵營之任務仰仍遵前令。

七、著砲兵第二營隨時準備待命，向新平洋前進，協助該區部隊之戰鬥。

八、著師通信營以司令部為基點，須隨時以無線電與一一三團、一一四團保持
　　連絡，並即以話報兩用機 5 部，配屬一一四團。

九、由列多出發之部隊，除攜帶足供自衛之彈藥外，其餘彈藥在卡拉卡及唐家

17　欠戰砲、汽車、騾馬單位。

18　《虎關區戰役》(第一號)，頁9。

19　欠戰砲、汽車、騾馬單位。

家補給站具領，如因戰鬥情況需要，則予以空投。

十、步兵第一一二團，推進至大洛區沿線臨時之空投場：1.那醒 (Nawsingnok)、2.奴陸 (Lingnuk)、[20] 3.奴蘆 (Lulumnok)、4.瓦炭崗 (Watangkawng)、5.拉加蘇(Ngajatzup)；推進至新平洋、臨濱區之空投場：清羅沙坎(Chingiowsakan)、新平洋(Shingbwiyang)、海條(Hkatyaw)、臨濱 (Ningbien)。

十一、各部隊行動，須隨時攜帶 3 日份之糧秣，到達上述各臨時空投站時，即以布板與飛機連絡，請求空投補給。

十二、各部隊自開始移動之日起，每日到達宿營地時，須電報本部，並將次日宿營地點報告，以資連絡，並轉知飛機投糧。

十三、各部隊推進時，不准自行催用民伕，如重要裝備無法攜帶時，得請求予以空投。[21]

十四、一一二團佔領大洛附近及新平洋、臨濱之線時，須速電報本部，不得延誤，並切實構築防禦工事，嚴密警戒，注意防空，不得疏忽。

十五、余在卡圖司令部。

下達法：先以電報示知命令要旨，隨後複寫送達。

　　第一一二團[22]於十月二十四日起，分三縱隊，[23]由卡拉卡、唐家家原駐地出發，向大洛區及新平洋、臨濱等地推進，中央縱隊二十九日進佔新平洋，各縱隊於三十一日起，在拉加蘇、于邦、臨濱、下老各地區，與敵發生戰鬥，[24] 旋於十一月二日，奉指揮部作命第七號如下：[25]

---

20 《虎關區戰役》(第一號)，頁 10。

21 將品名、數量及重量報部。

22 欠迫擊砲、戰防砲、汽車及騾馬部隊。

23 右縱隊第三營、中央縱隊第一營、左縱隊第二營。

24 詳見第五項各時期之戰鬥經過。

25 《虎關區戰役》(第一號)，頁 11。

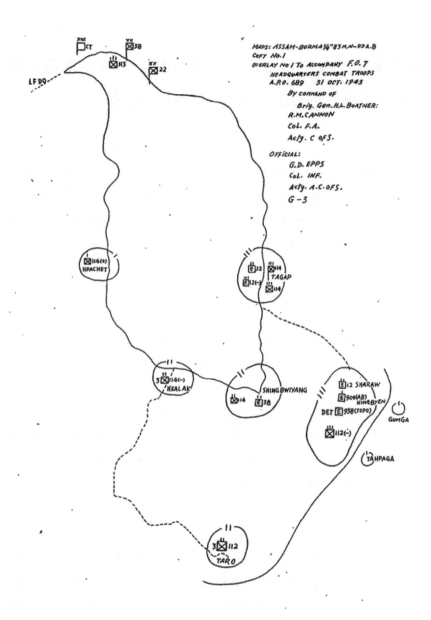

圖一之三、Overlay #1 To Accompany F. O. No.7(師作命第七號)[26]

---

[26]　《虎關區戰役》(第一號)，頁 12。

譯文：

總指揮部一九四三年十月三十一日二十時作命第七號

參閱地圖：1/8 英吋　　83M.　83N.　92A.　92B.　12 頁

一、

　　(一) 前方：

　　　　1. 據報敵混合搜索隊，人數自 30 至 40，多為土人，中有日軍官或軍士一、二人，分散在下老家一臨濱一大龍河與薩西河(Shkse)交匯點，太柏家、大洛、拉加蘇、甘家(Gum Ga_NW 4364)、推替(Tekti)、桑于營(Sanyu-Camp)、漢生(Hangsen)、陸奴(Lulum)各地。估計敵在孟關(北、西北及西)之兵力約為 300 至 400 人。

　　　　2. 密支那為十八師團第一一四聯隊

　　　　　一大隊：蘇普卡(Suvka)(97° 35' E－26° 0' N)

　　　　　一大隊：瓦商(Washang)(97° 35' E－25° 22' N)

　　　　　一大隊：卡孟(Kamaing)(96° 43' E－25° 31' N)。

　　(二)

　　　　1. 克欽民團現在孫布拉蚌正北與敵接觸中。

　　　　2. 小部 V 字軍僅能供給情報，現在我軍前方及右翼(南及西側)活動。

　　　　3. 美國一空運工兵連，將協助在新平洋建築機場；

　　　　4. 第十航空隊供給指揮部空中偵察，及待機支援地面部隊，並補給現在下老、大洛、唐家家區之戰鬥及勤務部隊。

二、任務：

　　本軍將繼續擔任現有保護列多基地，並繼續前進以達掩護築路之任務。著於十一月七日，前進佔領大[27]洛至大奈河及大龍河之交匯點(NW 9882)，以至大龍河及薩西河之交匯點(NX 1093)，以至薩西河灣地(NX 1399)之線，見圖一之三。

---

[27] 《虎關區戰役》(第一號)，頁 13。

三、部隊：

(一) 三十八師

1. ①一一二團[28]自現在地區前進，於十一月七日以前，確實佔領指定目標。

②以一營警戒大洛區。(見圖一之三)

③該團其餘各部擔任防禦康道(NW 9187)于邦、下老家之線，並須派一警戒陣地於太柏家附近 NX 0878，[29]甘家附近亦須派出警戒陣地，[30]並須特別警戒臨濱－下老家一線之安全，以便進行在該地建築機場之任務。(見圖一之三)

2. ①一一四團[31]進佔唐家家－拍察海－卡拉卡－新平洋區，以為該區之警戒。(見圖一之三)

②新平洋兵力不得超過一營。

③卡拉卡兵力不得超過一營。

④拍察海兵力不得超過一連。

3. 75 山砲一營：待本部命令推進至新平洋、康道、下老家地區，支援步兵。

4. 師工兵營：前進至新平洋按指令建築空投場、道路部隊駐地倉庫及機場等。

5. 師之其他部隊待本部命令移動。[32]

(二) 二十二師

1. 二十二師工兵營：自現駐地經東京路那郎家(Ngalang Ga)，於十一月十一日，前進至唐家家附近，該部於到達唐家家後，即向該地前方指揮部指揮官報到，聽候本部分配任務。

28　欠平射砲連、汽車及騾馬各單位。

29　兵力不得超過一連為限。

30　兵力不得超過一連為限。

31　欠平射砲連、汽車及騾馬各單位。

32　《虎關區戰役》(第一號)，頁 14。

　　2.師之其餘各部仍駐現地。

（三）工兵單位：

　　1.工十二團：一營經海條前進至下老家，建築機場團之其餘部隊，仍執行現有任務。

　　2.第九五八工兵連(航空)測量隊，推進至下老家，協助該機場之選擇及定界。

　　3.第九○○空運工兵連，推進至下老家，協助建築機場。

（四）V字軍繼續現有任務，並特別注意獲得有關協助下老家機場建築，及大洛道路之情報。

（五）

　　1.所有地面各部隊，包括預備隊，繼續作確實之地面搜索。

　　2.除非有線電視通訊或傳令不能送達時，始利用無線電，但仍以儘量少用為原則。

　　3.前方指揮部指揮官應協助執行本命令：3C段各工兵單位之移動。

四、補給及管理

（一）空投至：

　　1.戰術單位：一營以上單位可行空投，若各連駐離營本部過遠，陸上運輸不便時，得由本部批准後空投之。

　　2.V字軍空投地點不得超過兩處，其地點之選擇應由本部核准之。[33]

　　3.特殊搜索隊由本部許可後，由空投補給。

（二）關於其他管理方面，詳情參考管令第一號。

五、通信連絡

（一）通信連絡線路－梯拉普橋－海爾格－唐家家－新平洋－于邦
　　　唐家家前方指揮部電台已通。

（二）指揮部－指揮部5.5英里
　　　前方指揮部－唐家家

---

[33]　《虎關區戰役》(第一號)，頁15。

三十八師－9英里

二十二師－22英里

二十二師工兵營－唐家家

工十二團－唐家家

奉包得諾之命
開能上校代

　　奉命後，即令第一一二團前線各部隊，繼續攻擊，並召集幕僚，研究第二步攻擊計畫，因前線各部隊與敵接觸後，所發見之敵兵，並非如總指揮部所示緬兵與土民組織之搜索隊，而係完全日軍之十八師團正規部隊。十一月四日，我攻擊于邦，先後佔領敵埋伏陣地二處，敵被迫即退守于邦渡口附近，預行構築之堅固陣地，該陣地縱深為400碼，橫寬為800碼，設有極堅固之鹿柴與掩蓋，敵據工事頑抗，以待其後續部隊之到達。

　　我雖反復攻擊，然無砲兵，不能將其堅固工事摧毀，故無法突破，相持至十日以後，敵十八師團[34]第五十五、五十六兩聯隊，大部陸續向于邦、臨濱、下老家等地區增援反撲，並在于邦、臨濱對岸，昇起汽球，不斷以山砲、小鋼砲、及迫擊砲等，向我陣地砲擊，戰鬥益趨激烈，敵我傷亡日多。

　　我以取外線作戰態勢，且受使用兵力之限制，戰區遼闊，[35]兵力過形分散，有處處薄弱之不利，更以我軍火力，遠遜於敵，非特無砲兵以支援，更無迫擊砲以相輔。[36]復以虎關區地形複雜，進擊不易。

　　敵後方之交通便利，汽車可沿公路由莫干、孟拱(Mogaung)，而直達太柏家。我則後方山高萬仞，草莽叢生，交通梗阻，運輸補給，極感困難。[37]前線負傷官兵，無法後送，糧彈補給，雖由空投，然易受天時限制，平時已感不

34　《虎關區戰役》(第一號)，頁16。

35　從右翼拉家蘇起至左翼下老家止，正面寬約50英里。

36　當時81迫擊砲，亦未奉准開赴前線使用。

37　由列多以南經唐家家以至于邦，為本師作戰初期最艱苦之一段。

敷，復於戰況極緊急之時，美方竟以飛機被敵射擊為詞，停止補給，致前線作戰部隊，時感糧彈缺乏，情況至為迫切。我空軍雖曾數度對敵陣地轟炸，以協助陸上部隊之攻擊，惟以森林濃密，無法觀測，盲目投彈，毫無效果。

但我前線官兵，雖在敵我眾寡懸殊，及補給、救護極端艱難之際，仍能刻苦支持向敵猛攻，致成拉鋸戰者數日，敵我傷亡，均形慘重，師長以情況既生重大變化，迭報請總指揮部將駐唐家家、卡拉卡等地之第一一四團，開赴增援。

然總指揮部以補給困難為詞，並云，敵決無此強大兵力在虎關區作戰，更不信有汽球與砲兵，強詞偏見，不可理喻，致未獲邀准。爾後于邦地區，敵我形成互相包圍狀態，臨濱方面，敵並以一大隊之兵力，向我第一連數度圍攻，然我官兵奮勇用命，卒將圍攻之敵擊滅。對指揮部作命第七號，未能按期達成，當將困難情形呈覆。

十一月中旬，我前線部隊奪獲敵人作戰命令，證明敵十八師團之五十五、六十五聯隊，均於十一月十日以後，先後到達虎關區，其重砲兵亦向太柏家方面進出，師團指揮所亦到新班(Shingban)，乃復向總指揮部交涉，始允許本師變更兵力部署，師長遂於十四日起，先後令飭砲兵第二營，第一一四團、第一一三團，[38][39]陸續開赴新平洋，臨干沙坎一帶待命，惟路遠難行，須半月始達。[40]

十二月中旬，大龍河右岸于邦、臨濱、下老家及大洛區之敵，因月餘來疊次向我攻擊，皆無進展，且傷亡重大，遂形成對峙狀態。其時我一一四團已全部到達臨干沙坎附近，一一三團之一部，續行推進中，師部亦推進於唐家家。師長決心，轉取攻勢，先肅清大龍河右岸之敵，然後第二步渡河進擊。拉加蘇方面，以地形、交通、補給諸關係，仍暫處守勢，遂重新部署兵力，期將當面之敵，一舉而擊滅之，當給予各部隊長如下之命令。

38　《虎關區戰役》(第一號)，頁 17。

39　兩團均欠戰防砲、汽車、及騾馬部隊。

40　此時公路尚未通車，部隊須步行。

師作命甲字第八號
陸軍新三十八師命令
三十二年十二月十六日十四時　於唐家家師司令部

一、當面敵之十八師團五五及五六兩聯隊，仍與我爭奪大龍河右岸地區中。

二、師以肅清大龍河右岸地區敵人之目的，以有力之兩支隊，由左、右兩翼向敵人側背威脅，並相機襲擊。

三、第一一二團書營[41]為左支隊，待一一三團趙營接防後，即攜帶 4 日乾糧，由下老家附近渡過大龍河，在密林中開路前進，迂迴至對岸敵之後方襲擊，並相機向南壓迫，切斷臨濱及下老家敵之後方補給線。

四、第一一四團派步兵一營[42]為右翼支隊，即由現駐地向康道推進，除以一部兵力擔任康道之防務外，另以一部兵力確實佔領(NW[43]8584)附近地區，並注意向大洛方向，嚴密警戒，其餘主力部隊即向孟羊河(Mawngang Hak)附近進出，並相機向敵人之後方太柏家方向襲擊，不得已時，確保孟羊河之線。

五、一一四團另一營以加強步兵一連，確實佔領家滾(Jajun)、及大龍河、大奈河之交會處兩據點(NW 9882)，其餘部隊仍駐守臨干沙坎。

六、第一一三團之趙營[44]附重迫砲 2 門，即由現駐地於十二月十八日出發，經新平洋向下老家推進，限二十二日到達，接替一一二團書營防務。

七、第一一二團陳團長指揮之部隊，除確保現陣地外，並設法將于邦及臨濱間之敵，逐次肅清。

八、第一一三團之趙營，暫歸一一二團陳團長指揮。

九、右支隊經康道向前推進後，即在康道附近派工兵，開闢投糧場，準備爾後在該處補給。

---

[41] 下老家部隊。
[42] 附工兵一連。
[43] 《虎關區戰役》(第一號)，頁 18。
[44] 欠一連。

十、余在司令部。

下達法：複寫派參謀專送

下達命令後，並對各部隊長作如下之指導：

關於爾後戰鬥應指導事項如下：

一、關於空軍者：

(一) 由本月十九日起至二十一日3天，以轟炸太柏家附近地區為主。

(二) 由本月二十二日起至二十三日午前(一天半)，以轟炸臨濱對岸(Saniphka)小河流灣曲部(NX 0896、NX 0897)兩點附近敵之陣地，及砲兵陣地為主。

(三) 康道為第一投糧場，(NW 9281)為第二投糧場臨濱對岸，以左支隊實際情況，如需要時，臨時請求。

(四) 以上三項已與美連絡官白納特上校商洽，如有變動臨時洽辦之。

二、關於一一二、一一四兩團者：

(一) 左、右兩支隊之行動，以及兩團之協同作戰。該兩團長應隨時協商之。[45]

(二) 左、右兩支隊發動之時間：

1. 右支隊於本月二十日由(NW 981)附近據點，[46]向前發動為宜。

2. 左支隊於本月二十三日下午，開始渡河向東發動為宜。

(三) 左支隊再由一一三團趙營撥配步兵一連，加強戰鬥力量，仍遵前令行動，惟渡河後，即留一小部，[47]在下老家大龍河東岸(NS 0504)附近河灣曲部，構成橋頭堡，並威脅下老家惟臨濱敵之側背主力即遵令向(NX 0896)敵之陣地，及砲兵陣地後方襲擊，不得已時，即撤退下老

---

[45] 《虎關區戰役》(第一號)，頁19。

[46] 孟羊河之線。

[47] 兵力不得超過一排。

家對岸預構橋頭堡據點附近待命，再作第二次襲擊之行動。

(四) 右支隊發動後，于邦區—我之部隊應採取積極行動，設法逐次驅逐當面敵人。在未發動前，仍以砲火襲擊牽制，並擾亂之。

(五) 左支隊發動後，臨濱、下老家區—我之部隊應採取積極行動，設法逐次驅逐當面敵人。在未發動前，應以有利砲火牽制。

(六) 第一一二團應派一有力搜索組，至東陽家或油舖家，設法偵察敵之兵力南北調動情形，如能得知河東地區敵之確實兵力更佳，如有所獲，迅速報部以資爾後作戰指導。

三、關於砲兵者：

(一) 一一二團仍配屬一連砲兵。

(二) 一一四團配屬砲兵第二營。

　　左、右兩支隊秘密渡河後，以鉗形態勢，即由密林中，闢路前進，實行對敵側後方襲擊。十二月二十一日，師長率副師長及少數幕僚人員，親赴前方指揮，到達臨干沙坎後，第一步以肅清大龍河右岸，于邦、及臨濱、下[48]老家間，各地區敵人為目的。師長決心，對于邦之敵，先行攻擊而殲滅之，並令左、右兩支隊，續行前任務，以威脅敵之側背，當給予各部隊長命令如下：

師作命甲字第九號
陸軍新三十八師命令
三十二年十二月廿二日十七時　於臨干沙坎師指揮所

一、敵情如貴官所知。

二、師以肅清大龍河右岸敵人之目的，先以一部攻略敵之前進陣地(NX 0488)後，即以主力圍攻敵之主陣地帶，將敵壓迫於大龍河右岸而殲滅之。攻擊重點指向于邦附近。

---

[48]　《虎關區戰役》(第一號)，頁20。

三、右翼隊展開於 NX0382 至 NX0388 之線，於二十四日拂曉，先以一部攻略敵之前進陣地後，即續行攻擊敵之主陣地，進出於大龍河右岸之線。

四、左翼隊展開於 NX0692 至 NX0399 之線，驅逐敵之警戒部隊後，即圍攻其主陣地，進出於大龍河右岸之線。

五、兩翼隊之戰鬥地境如下：

左、右翼隊－NX0193－NX1086 之線，線上屬右翼隊。

六、左、右兩支隊仍準「師作命甲字第八號」，續行前任務。[49]

七、預備隊位置於臨干沙坎附近，隨戰鬥之進展前進於右翼隊之中央後。

八、通信隊以臨干沙坎師戰鬥指揮所為基點，任司令部與兩翼隊及預備隊之連絡。

九、衛生隊主力在臨干沙坎，一部在下老家各附近開設裹傷所。

十、野戰醫院在臨干沙坎北 3 哩之公路附近開設。

十一、余在第三號。

下達法：印刷後專送

師作命甲字第九號別紙

軍隊區分

右翼隊：

隊長步兵第一一四團團長李鴻

步兵第一一四團(欠第三營)

步兵第一一二團第一營(欠一連)

山砲兵第二營(欠一連)

工兵第一連

左翼隊：

隊長步兵第一一二團團長陳鳴人

---

[49] 《虎關區戰役》(第一號)，頁21。

　　　　步兵第一一三團第三營

　　　　步兵第一一二團第一連⁵⁰

右側支隊：

　　　　步兵第一一四團第三營

左側支隊：

　　　　步兵第一一二團第二營(欠一連)

預備隊：

　　　　步兵第一一三團第二營

　　二十三日午前九時，我一一四團第一營，在我砲兵火力掩護下，開始對于邦以北 NY 0488 敵之前進陣地⁵¹，包圍攻擊，經一晝夜之激戰，將敵中村中隊長以下全部殲滅，極少漏網，此役開殲滅戰之先聲，予敵人精神上打擊極大，使其士氣驟成低落，於我軍在虎關區整個戰爭之勝利上，有極大影響。⁵²

　　二十八日，第一一四團第二營，繼續對于邦敵之主陣地攻擊。二十九日，將敵陣地完全突破佔領，斃敵五五聯隊第二大隊大隊長管尾以下 98 員名，遺屍遍地。

　　二十八日，奉指揮部作命第八號，飭將當面之敵，迅即設法驅逐，並令第二十二師第六十五團，暫歸師長指揮，接替本師第一一二團第三營，大洛區之防務，原令如後：

---

50 《虎關區戰役》(第一號)，頁22。

51 步兵一中隊、重機槍一小隊。

52 事實詳述第五項中。

譯文：

總指揮部一九四三年十二月二十七日作命第八號

一、

(一) 敵情：各部隊現已均知；

(二) 盟軍作戰境界及友軍之位置，均按前所規定。

二、任務

即設法驅逐在大洛(Taro)至太柏家(Taipha Ga)、至甘家(Gum Ga)NX2793，即東[53]南方之線以外，並準備爾後繼續向南方及東方推進。

三、部隊

(一) 三十八師：該師在卡拉卡(Hkalak Ga)(不含)至新平洋(含)(Shingbwiyang)，向他河內(Tanairivey)灣曲部在 NW8685(不含)至楊邦家(Yawnbang Ga)NX0565(含)之線以北地區，達成前所示之任務。

(二) 二十二師：該師六五團附工兵一營[54]，即擔任第三項(一)所指示之線以南地區之防務，並設法驅逐當面之敵，並確保大洛及沿大奈河東岸小徑至 NW8685 之線，該師其餘部隊仍在現駐地為預備隊。

(三) 指揮部部隊：

1. 特務營負警衛勤務及供養部之衛兵，按指揮部所規定施行；

2. 高射砲營對空中警戒，於各飛機場及供養站之安全，按指揮部之規定施行；

3. 工十二團建造飛機場及道路，按指揮部之規定施行；

4. 指揮部其餘部隊，均按指揮部之規定任務施行。

附1. 各部隊均當在各本區內，派遣活動搜索；

　　2. 除已發現目標與已知之目標射擊，應即停止。

四、供應及管理：已按所計畫實行，如需補給應經主管核准。

---

[53] 《虎關區戰役》(第一號)，頁23。

[54] 該營先完成修飛機場任務後。

五、交通：報告成立之指揮所。

通訊之規定均按以往各部隊之規定呼號波長及電碼

史迪威中將[55]

奉命後，即令本師迅予肅清當面之殘敵，並電令左、右兩支隊，加緊開路挺進，隨直接轉令第二十二師，在新平洋之第六十五團傅團長，著其迅將本師第一一二團第三營大洛區之防務接替，並驅逐大洛區當面之敵人，當給予如下之命令：

師作命甲字第十號
陸軍新三十八師命令
三十二年十二月廿八日廿二時　於臨干沙坎師指揮所

一、奉　總指揮部十二月二十七日作命第八號開：

1. 敵情如貴官所知。[56]

盟軍作戰境界及友軍之位置，均按前所規定。

2. 任務：即速設法將敵驅逐至大洛(Taro)－太柏家(Taihpa Ga)－甘家(Gum Ga)－NX2793，東方及南方之線以外，並準備爾後繼續向南方及東方推進。

3. ①著新三十八師由卡拉卡(Hkalak Ga)(不含)至新平洋(Shingbwiyang)(含)向大奈河(Tanai Hka)灣曲部在 NW8685(不含)至楊邦家(Yawnbang Ga)NX0565(含)之線以北地區，達成前所示之任務。

②著新二十二師第六十五團附該師工兵營[57]全部，即擔任第 3 項 A 所指示之線以南地區之防務，並速設法驅逐當面之敵，確保大洛及沿大

---

55 《虎關區戰役》(第一號)，頁 24。

56 已面告貴團郭團附。

57 該營先完成修築飛機場之任務。

奈河東岸小徑至 NW8685 之線。

二、貴團[58]到達新平洋後，應迅即向大洛方向推進，以一連兵力接替
　　NW8685、NW8285，及[59]標高 645 三處之防務；另以一部兵力接替卡拉
　　卡、奴陸、王家(Wang Ga)、拉加蘇[60]等地之新卅八師防務；其餘主力即
　　向大洛方向推進，即設法驅逐當面之敵，確保大洛及沿大奈河東岸小徑至
　　NW 8685 之線。

三、補給：衛生、通信諸事項，可按實際需要遵照補給系統，自行電請貴師部
　　直接向指揮部申請補充。

四、由新平洋向大洛推進，途中沿途給養均用空投。希自行選定地點，開闢空
　　投場，並將地點及空投數量，電貴師部直接向總指揮部洽辦。

五、行軍宿營須特別注意警戒，遠派搜索及潛伏斥候，以防敵之埋伏及襲擊。
　　並將每日宿營地點，電本師部備查，以資連絡。

六、貴團各部隊到達所指定之防地後，即與新卅八師最右翼之部隊切取連絡。

七、余在第三號指揮所。

三十二年十二月三十一日止，大龍河右岸之戰鬥，已告一段落。三十三年
元月五日，師以當面之敵驅逐於太柏家以南、甘家以東之目的，師長決心以主
力沿右支隊之前進路，經由康道渡河，直趨太柏家之背後，期將敵包圍而殲滅
之，當即重新部署兵力，策定攻擊計畫如下：

大龍河附近攻擊計畫

一、方針

師以將當面之敵驅逐於太柏家以南、甘家以東地區之目的，即以主力經由

---

[58]　附工兵一營。

[59]　《虎關區戰役》(第一號)，頁25。

[60]　在拉加蘇北約 2 英里。

康道，直趨太柏家之背後，包圍而殲滅之。[61]

二、指導要領

1. 攻擊時兩翼隊互相呼應牽制敵人，使敵不能轉用兵力。

2. 我主力進至太柏家附近時，應以一部向孟關方向構成堅強之工事，以防敵人增援部隊，由孟關北上，有側擊我主力之行動。

3. 砲兵隊以主力支援右翼隊之進攻；以一部支援左翼隊之渡河。

4. 對敵之戰車，須預為準備。

5. 敵人如以主力於于邦以北地區轉移攻勢時，則我左翼隊應利用大龍河兩岸地形，堅強抵抗，使我主力攻擊太柏家，易於成功。

6. 敵人主力如於太柏家以南地區轉移攻勢時，我左翼隊應乘機向東進擊，以能威脅敵之側背，與我右翼隊呼應之。

7. 大龍河須以若干小組滲透，渡河成功後，繼之較大部隊渡河。

8. 不得已時，須確保孟羊河及大龍河兩岸，再策後圖。

9. 大龍河與大奈河之交會點，應以一部渡河驅逐河曲內之敵人，與大奈河南岸協同推進。

10. 左支隊仍照原任務向敵右側背威脅襲擊，與左支隊協同戰鬥。

11. 各渡河部隊須於事先將竹筏等渡河工具準備齊全，置於陰蔽處所。

三、軍隊區分

右翼隊—第一一四—山砲第二營(缺一連)—工兵一連。[62]

左翼隊—第一一三(欠一營)—山砲兵一連—左支隊——一一二團書營。

預備隊—第一一二(欠一營)—第一一三團二營。

四、攻擊實施

1. 攻擊時先由大龍河，以若干小組實行滲透渡河，然後主力隨之由孟羊河之線，進出向太柏家攻擊。

2. 預備隊即控制於臨干沙坎、康道附近，預備擴張戰果及有不意之變動。

---

[61] 《虎關區戰役》(第一號)，頁26。

[62] 《虎關區戰役》(第一號)，頁27。

3. 兩翼隊戰鬥地境為：臨干沙坎附近(NW 9493)－于邦以南(NX 0585)－
   (NX1181)之線，線上屬左翼隊。

4. 攻擊到達線為：太柏家－甘家之線。

5. 攻擊開始－元月九日。

五、交通、通信及防空

1. 通信：以有、無線電並用，均以師戰鬥指揮所為基點，構成通信網，並預
   備傳騎與傳令兵。

2. 防空：因無高射砲武器，應：①利用森林，力求行動陰蔽；②敵之轟炸
   機、戰鬥機，[63]非在低空[64]，絕對禁止射擊。

3. 交通：

   ①修築臨干沙坎至康道，由康道至家滾之指揮車路。

   ②修通家滾至臨干沙坎之捷小徑。

   ③康道至孟羊河加闊一平行步騎小徑。[65]

六、補給衛生

1. 彈藥：此次戰鬥須準備約 4 基數。[66]

   ①部隊攜行約 2 基數。

   ②司令部積存 2 基數。

   ③按戰況需要臨時申請空投，如空運力量不足時，應由汽車部隊運輸之。

2. 糧秣：攻擊發動前，各部隊除攜行乾糧約 2、3 日份外，給養須儲 4 日
   份，爾後由空投補給之。

3. 補給點：

   右翼隊－康道(NW9281)、家滾、孟羊河附近[67]，均設空投場，爾後按前
   進之推移，在太柏家附近臨時申請之。

---

63 係專襲擊地面部隊，或協同步兵攻擊者，非驅逐機。

64 約千米以下。

65 《虎關區戰役》(第一號)，頁28。

66 計畫決定後，參三械需即遵命準備。

67 即 NW 9776。

左翼隊－臨濱、下老家、于邦，按需要情形繼續空投，爾後按前進推移，臨時申請之。

預備隊及砲兵：在就近之補給場補給之。

4. 運輸部隊：師司令部及各團營之運輸部隊，於攻擊前均須趕來前方，以備空投之不足，各團營之指揮車，應由副處統制，集中新平洋附近待命。

5. 衛生：

①野戰醫院設置於康道。

②右翼隊負傷官兵，後送康道野戰醫院。

③友邦家及東陽地區負傷官兵，後送臨干沙坎美方醫院。

④臨濱、下老家地區負傷官兵，後送下老家美方醫院。**68**

⑤新兵開來前方，臨時編成擔架隊，以利運送。

並本此計畫下達各部隊長，如下之命令：

師作命甲字第十一號
陸軍新三十八師命令
三十三年元月五日十時　於臨干沙坎師司令部

一、當面之敵為敵第十八師團五五及五六兩聯隊，沿孟羊河以東迄喬家(Nchaw Ga)，即于邦附近為五五聯隊，由(Wchan Ga)以北沿大龍河，迄臨濱、下老家東岸為五六聯隊，已發現敵山砲兵兩連，在于邦及臨濱東岸附近，佔領陣地。

大龍河右岸之敵，大部已被我殲滅；其星散之敵，各以適當兵力肅清之。

二、師以將當面之敵驅逐於太柏家以南、甘家以東地區之目的，即以主力經由康道直趨太柏家之背後，將敵包圍而殲滅之。

三、軍隊區分如另紙。

68　《虎關區戰役》(第一號)，頁29。

四、右翼隊以主力越孟羊河，進擊太柏家之側背，將敵包圍而殲滅之。對通孟關公路附近應構成堅強工事，以阻止敵人北上增援；另以一部兵力由 87 號及 83 號兩地點附近渡河，驅逐河灣曲部之敵，與大奈河南岸攻擊部隊協同向太柏家推進。

五、左翼隊在右翼隊未發動前，沿大龍河各地區，先以小部隊行滲透渡河，相機佔領要點，繼以較大部隊渡河並相機進擊，與左支隊(書營)行動協調，以支援左支隊(書營)之襲擊，如左支隊(書營)襲擊成功，則繼續向敵壓迫，以威脅敵之右側背，使我主力進擊太柏家，易於成功。**69**

六、左支隊仍照原任務行動，向敵右側背威脅襲擊，與左翼隊協同戰鬥，歸一一三團趙團長指揮。

七、兩翼隊戰鬥地境為臨干沙坎附近(NW 9493)，于邦以南(NX 0585)－(NX 1181)之線，線上屬左翼隊。

八、攻擊時兩翼隊互相呼應，並切取連絡，使敵不能轉用兵力。

九、攻擊到達線為：太柏家－甘家之線。

十、預備隊位置於臨干沙坎附近，並以一部警戒臨干沙坎至于邦之道路。

十一、攻擊開始日期為三十三年元月九日。**70**

十二、各該渡河部隊，須於事先將竹筏等渡河工具準備齊全，置於蔭蔽處所。

十三、彈藥準備 4 基數。

　　1. 部隊攜行 2 基數。

　　2. 司令部積存 2 基數。

　　3. 按戰況需要臨時申請空投。

十四、糧秣：

　　1. 攻擊發動前，各部隊攜行 3 日份外給養，爾後由空投補給之。

　　2. 空投補給點右翼隊家滾、康道及(NW 9181)均設空投場，爾後按前進之推移，在孟羊河太柏家附近，臨時申請之。

---

69 《虎關區戰役》(第一號)，頁30。
70 左翼隊小部隊先行佯渡態勢，如可能即行滲透。

左翼隊臨濱、下老家、于邦，均設空投場，爾後按前進推移，臨時申請之。

預備隊及砲兵在就近補給之。[71]

十五、通信：有線電、無線電並用，均以師戰鬥指揮所為基點，構成通信網，並以徒步傳令為輔。

十六、衛生：野戰醫院設置於康道——

　①右翼隊負傷官兵，後送康道野戰醫院。

　②于邦東陽家及臨濱地區負傷官兵，後送臨干沙坎美方醫院。

　③下老家地區負傷官兵，後送下老家美方醫院。

十七、防空：應利用森林，力求行動陰蔽，如敵之轟炸機、戰鬥機非在低空[72]，絕對禁止射擊。

十八、余在第三號。

　　　　　下達法：先面告各部隊長命令要旨，隨後複寫專員送達

作戰甲字第十一號另紙

軍隊區分：

右翼隊：

　　隊長第一一四團團長李鴻

　　　　第一一四團

　　　　砲兵第二營(欠第四連)－工兵第一連

左翼隊：

　　隊長第一一三團團長趙狄

　　第一一三團(欠第二營)

　　　　左支隊(一一二團書營)－砲兵第四連

---

[71] 《虎關區戰役》(第一號)，頁31。

[72] 千米以下。

預備隊：

　　隊長第一一二團團長陳鳴人[73]

　　　第一一二團(欠第二營)

　　　第一一三團第二營

　　元月中旬，大龍河右岸被我擊散之零星殘敵，已全部肅清。我右翼隊第一一四團第二營，全部越過孟羊河(Mawngyang Hka)東北第二道小河，並攻佔敵左翼陣地之一部。左支隊已佔領六堡家(Tabawng Ga)－甘家之線。二月一日左翼第一一三團，攻克太柏家後，敵向東南方向逐次撤退。

　　二月五日，奉指揮部作命第九號如下：[74]

譯文：

總指揮部一九四四年二月五日作命第九號

地圖：亞薩姆(Assam)－緬甸－1英吋等於4英哩之地圖。第83M及N.和92A及B張

一、1. 敵人：現時已知——參看作戰印圖；2. 友軍：參看作戰印圖。

二、任務：此項命令須立刻佔領，並守在太柏家、大奈河之南之橋頭堡。兩師間之戰鬥地境線，東及西線經森邦家(Tsumphawng Ga)(三十八師)至 NX 1175 大奈河，然後沿大奈河東南(三十八師)，二十二師則在界線之西及南邊作戰；三十八師則在北及東邊作戰。

三、1. 二十二師運用第六十六步兵團欠一營，[75]並守楊邦家(Yawngbang Ga)－拉征家(Lahyen Ga)NX1370大奈河一線，三十八師一砲兵連附屬與二十二師作戰。

73　《虎關區戰役》(第一號)，頁32。

74　《虎關區戰役》(第一號)，頁33。

75　附屬與第一戰車隊「坦克車」，第六十五步兵團欠一營，守大洛。

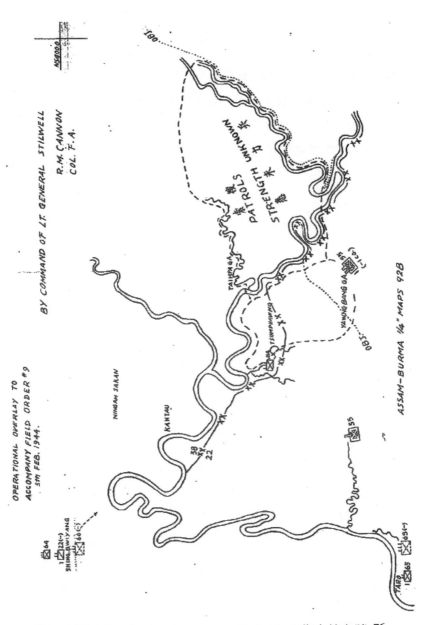

圖一之四、Overlay To Accompany F. O. No.9(作命第九號)[76]

---

[76] 《虎關區戰役》(第一號)，頁34。

2.三十八師則驅逐大宛(Tawang Hka)河東及南之敵人，第一一四團從現在
陣地肅清大奈河之南地區，及兩師間戰鬥地境線之北地區之敵。三十八
師一砲兵連附屬與二十二師作戰。

二十二師部隊可通過臨干沙坎—至康道—NW 9181及前方之路線。[77]

四、供應及行政：請看第二號行政命令。

五、通訊：1.現有作戰通信訓令；2. 指揮所須予以報告。

奉史迪威將軍之命

包特納少將參謀長

奉命後：師長決心一舉肅清森邦家西北地區，與拉貌家(Lamawn Ga)以北
至太柏家以東地區之敵人，當給予各部隊長如下之命令：

師作命甲字第十二號
陸軍新三十八師命令
三十三年元月五日十時　於臨干沙坎師司令部

一、敵情如貴官所知。

新二十二師六六團，由我李團右側山地進出，對楊邦家(Yawngbzng Ga)及
拉征家之敵攻擊六五團之一營，由大洛方面向東進出，側擊楊邦家之敵。
該師與本師作戰境界為：森邦家(含)至 NX1175 大奈河及沿大奈河東南(含)
之線，線上屬本師。

二、師擬一舉肅清森邦家西北及以北地區，與拉[78]貌家(Lamawn Ga)以至太柏
家以東地區之敵，並包圍而殲滅之。

三、左翼隊第一一三團，[79]除以一部兵力警戒，並確保寧盧家(含)至太柏家之

---

77 《虎關區戰役》(第一號)，頁35。

78 《虎關區戰役》(第一號)，頁36。

79 欠一營，附山砲一連。

線外，其主力迅速將卡杜渣家(Kaduja Ga)、拉安家(La-Awn Ga)之敵包圍
而擊滅之，即進出於拉貌家至 NX11.5.3.1[80]之線，肅清拉貌家以北、太柏
家以東地區內之殘敵，並殲滅之。對太柏家東端附近敵之殘留支點，先設
法切實圍困再相機擊滅，該團魯營[81]務於本(二)月十日前，負責肅清寧盧
家以西地區內之殘敵後，即將該地區之河防任務，交由一一二團派兵接
替，並確保之。

右翼隊第一一四團，[82]除以適當兵力對當面之敵繼續壓迫，準備隨時捕捉
毋使逃竄外，其主力即向山尼河(Sanip Hka)上游進出[83]，並以一部兵力向
北推進至大奈河南岸，將現在當面之敵包圍而殲滅之，其主力仍須保持機
動態勢，相機向森邦家及馬溝家(Magau Ga)方面之敵進擊，並迅速捕捉而
殲滅之，毋使脫逃。

總預隊第一一二團除以一部兵力於本(二)月十日，接替寧魯家(不含)以西
地區趙團魯營河防任務，[84]並確保該線外，餘即集結於甘家、大堡家各地
區，但對瓦蘭家、丹般家(13)號各點，須派適當兵力駐守，並負責掩護巧
家至太柏家交通路之安全。

四、各翼隊之糧彈補給，仍按以前規定。爾後隨戰鬥之進展，臨時再行規定
之。

五、有線通信各部，將不必要之路線於新部署開始後，速行撤收外通信營，即
以第九號為基點，對兩翼隊及總預備隊構成通信網。並限於本(二)月九日
以前，完成對右翼隊方面之線路，即沿大龍河東岸，經大龍、大奈兩河交
會點，而架設之。

六、傷者救護。各翼隊除原有配屬衛生人員外，師衛生隊須特別加強右翼隊之
救護及後送力。

---

80 即大奈河東岸渡口。

81 附李團張連。

82 附趙團魯營，餘同前，張聿杖連待命，歸還建制。

83 即 NX01.572 至 01.5 73.5 之線。

84 附張聿杖連。

七、各翼隊之交通路，除由配屬各翼隊之工兵連，隨時自行修補外，其他後方必要交通線，由工兵營[85]派兵，隨時補修之。[86]

八、余在第三號，本(二)月十日以後，即率本部必要人員，在第九號戰鬥指揮所。

下達法：先以電話告知命令要旨，隨後油印專送

二月六、九兩日，第一一四團孟羊河附近(NW 9978)被圍之敵，自中隊長大森以下全部被我殲滅，其大隊長宇生少佐及代理大隊長窒隅大尉，均先後戰死於是役。此為我第二次殲滅戰成功，敵經于邦及孟羊河被我兩次圍殲後，其士氣低落萬分，已無戰鬥初期之刁頑氣慨矣！嗣經俘獲敵之師團司令部各種訓令，對本師戰鬥力之估計與批評，極為重視。

十四日起，第一一四團開路向森邦家方向挺進，十九日截斷森邦家南側800公尺(NX0773)附近敵之交通線，越過公路，而繞至敵後，分向東南北三面向敵截擊。第一一三團越過茂林河(Mawning Hka)，對太柏家東南之敵進擊；第一一二團則向拉安家及丹般家(Tumhpang Ga)以東之敵，加緊壓迫掃蕩。迄二十一日止，第一一四團已將森邦家以北、孟羊河以東地區之殘敵，完全肅清，與第一一三團太柏家之部隊，切取連絡，打通太柏家與森邦家之公路，使我戰車部隊，得由太柏家附近渡過大奈河，而協助我二十二師，爾後對孟關方面之敵戰鬥，使於我軍在孟關以南地區之迅速進展，有極大之密切關係在焉。

五、各時期戰鬥之經過
第一期：大龍河右岸及大洛區之戰鬥
自卅二年十一月廿九日起至十二月卅一日止

(一)大洛區

第一一二團第三營，自十月廿四日由卡拉卡經奴陸(Lulumnok)向大洛區前

---

[85] 欠二連半。

[86] 《虎關區戰役》(第一號)，頁37。

進，於十月卅一日晨六時，與日軍百餘人在拉家蘇附近接觸，當擊斃敵中尉搜索隊長荒[87]木一員、兵一名，傷敵二十餘，俘獲手槍、步槍各一枝，機密文件多種。

十一月一日晨八時，確實攻佔那家蘇，復斃敵十餘人，敵向大洛方向潰退，是役我傷排長一、列兵三、諜報員一。二日十時敵增援反撲，當被擊退，據報敵在 WW6562 附近，構築工事，企圖固守；又甘家、卡龍(Kawllum)、瓦桑(Wakshang)等地，亦各有敵八十餘人，企圖由奴陸方面進出，切斷該營後路，以威脅我側背，乃即飭第一一四團駐卡拉卡之第三營派步兵一連，限於六日以前，進佔奴陸掩護第一一二團第三營側背。四日一一二團第三營第八連，繼續攻佔大卡庫(Tagahku)。六日晨第七連向大洛推進，擊退當面之敵後，於十五時進佔拉張家(Lakchang Ga)，當探悉瓦桑，有日軍少佐一員，糾集甘家、卡龍及大洛區各地之敵，約八百餘人，企圖側擊一一二團第三營右翼，又以拉張家地勢低窪，遍地密林，四面受敵，後路亦被切斷，且補給不便，乃電令准其撤回馬考家(Makawga)，構築工事，嚴密警戒，稍形集結。十一日晨六時起，敵分兩路(由大洛、瓦桑)圍攻馬考家，我第八連，並由該連右側直犯拉家蘇我主陣地，將我拉家蘇與馬考家之交通切斷，激戰至十七日，我斃敵機槍第三中隊長山下大尉一員，兵 72 名，均遺屍我陣地前，傷者倍之，敵稍向後撤。當在敵屍上，拾獲機密文件多種，得知當面之敵為第十八師團五十五聯隊第三大隊，惟拉家蘇與馬考家之聯絡，仍被敵截斷，我在馬考家之第八連，因後路被截，糧彈無法補給，且該處地勢低窪，受敵瞰制，經 4 晝夜之戰鬥，於十四日黃昏，令其向敵逆襲後，繞道歸還拉家蘇。十八日夜，敵復向我主陣地猛犯，激戰至翌日拂曉，被我擊退，敵遺屍 10 具，我第八連連長趙振華，身先士卒，奮勇衝殺，腹部受重傷陣亡。二十日起至二十五日止，敵以傷亡過大，即改變攻擊方法，每晚徹夜向我猛攻，並以重迫擊砲 4 門，集中向我射擊；拂曉後，退回叢林中，敵此種盲目射擊，絕少效果，經 6 夜之戰鬥，我僅

---

87 《虎關區戰役》(第一號)，頁38。

傷列[88]兵 3 名。廿六日十五時，敵復四處向我竄擾，均被擊退，我無傷亡。

　　十二月二日十四時，敵步兵約百餘人，在其砲火掩護下，由右後高山，向我陣地攻擊，激戰至十六時，將敵擊退，敵遺屍 6 具於我陣地前，我奪獲步槍兩枝、及日記本文件等。來犯之敵，其番號為緬甸派遣菊字第(8902)部隊——深瀉隊[89]。自此以後，敵以屢攻不逞，遂與我漸形對峙狀態。三、四兩日，敵不時向我陣地砲擊，我無傷亡。五日敵向我埋伏區竄擾，碰發我埋伏區之手榴彈數枚，敵傷亡十餘名；甘家之敵，約百餘人，於五日向奴陸竄進。六日晚與我第八連[90]前哨接觸，當將其擊退，並飭各連派出搜索襲擊組攜帶乾糧，日夜在敵人側後方活動，乘機襲擊。十二日我襲擊組，在我陣地前約 2,000 碼處與敵一班遭遇，當擊斃敵兵兩名，獲敵零件包一，步彈 200 發，是日我駐奴陸之第八連，俘獲由敵方逃回之尼泊爾兵(Gurhku Riflemon)4 名，當即解部轉送指揮部訊辦。十三日，著第七連派兵一排，向我陣地右側之敵據點襲擊，因敵工事堅固，且頑強抵抗，未將該據點完全佔領，結果敵傷亡 5 名，我傷排附 1名、列兵 2 名。十四日夜敵約一排向我擾亂，當被擊退，敵遺屍 2 具。十五日拂曉，敵復以重迫砲兩門、平射砲 4 門，向我主陣地砲擊，我陣亡列兵 1 名、傷 2 名，至十三時敵又增步兵一連，附重機槍、迫砲等，向我主陣地猛攻，並將向我主陣地外圍小據點之交通線截斷，經數小時之戰鬥後，當斃敵 10 名，我陣亡列兵 3 名。十六日我派一加強排，將截斷我據點交通線之敵襲擊而驅逐之，當斃敵 6 名，並獲敵緬兵 1 名，我傷士兵 5 名。

　　我駐王家[91]部隊，於十五日俘敵緬兵 3 名，據稱，為敵服苦役者。十七日敵向我砲擊，並向我陣地擾亂，經我還擊後，旋即退出。廿日起敵除利用夜暗潛入我陣地凹部，亂行射擊外，無異動。廿七日敵徹夜向我猛攻，戰鬥驟趨劇烈，廿二時[92]，陳營長耐寒親臨指揮，被敵擲彈筒擊中，傷重陣亡。迄廿八日

---

[88] 《虎關區戰役》(第一號)，頁 39。

[89] 即五十五聯隊第九中隊之代字。

[90] 奴陸一一四團之一連調新平洋，其防務於二月五日，仍由該營第八連接替。

[91] WNG GA 在拉加蘇北約 2 英里。

[92] 《虎關區戰役》(第一號)，頁 40。

上午止，始將敵擊退。廿九日敵山砲不時向我砲擊，夜間其少數部隊四出擾亂，經我襲擊組分別伏擊，結果斃兵 5 名，我陣亡軍士 1 名。第九連派赴敵側後之襲擊組，於廿八日與敵接觸，斃敵 2 名，檢獲日記本文件等，敵之番號為派遣菊字第(8902)部隊第九中隊。三十、三十一兩日，敵向我陣地砲擊數十發，其中一發未炸，檢視為 75 山砲，當面之敵砲，為最近增加者。

(二)于邦區

第一一二團第一營，於十月廿四日由唐家家向推進，十月廿九日進佔新平洋，三十日推進至臨干沙坎，並佔領康道。適值第二營第五連在于邦附近，與敵發生激戰，該團長遂變更部署，著第一營除以一連固守康道及臨干沙坎外，餘即協助第五連對于邦之敵攻擊，並以步兵一連，對臨濱之敵攻擊而佔領之，以掩護我之側背安全。該營[93]附第五連，四日下午向于邦攻擊[94]，佔領敵第一埋伏區及據點。五日拂曉，續行攻擊，進展至距渡口 500 碼處，敵在各處遺屍 11 具，獲悉敵為十八師團五十六聯隊第二大隊西見部隊，於廿二日五十五聯隊到達于邦後，五十六聯隊即調至臨濱、下老家地區，我傷士兵 3 名，殘敵一百五十餘，即退守于邦渡口附近，預行構築之陣地，並陸續增發，據工事頑抗。因遍地密林，偵察搜索不易，且敵陣地四周，處處設有埋伏，斥候不易接近，對敵之陣地配備狀態，無法偵知，遂於六日先行威力搜索，將敵四周之埋伏區驅逐而佔領後，得知敵陣地縱深為 400 碼，橫寬約 800 碼之據點式，構有極堅固之鹿柴與掩蓋。

七日拂曉，即開始對敵之陣地，從兩面包圍攻擊，激戰達晚，我攻佔敵陣地之一部。八日續行攻擊，敵據堅固工事頑強抵抗，戰事激烈，達於頂點，因我無砲兵及迫擊砲，不能將敵堅固工事摧毀，致無進展。敵傷亡 70 名以上，我傷亡亦達 60 員名。九日，我空軍轟炸敵陣地，協助地面攻擊，結果因森林濃密，無法觀測，盲目投彈，毫無效果——且在掃射時，反將我士兵擊傷 2 名，該團長以敵陣地堅固，無法摧毀，即令從兩翼延伸，將敵完全包圍，以重

93　欠步兵二連。

94　《虎關區戰役》(第一號)，頁 41。

機槍火力封鎖渡口及敵後方之補給線，使敵糧彈無法補給，期包圍而殲滅之。十日黃昏後，對岸人聲噪雜，牛車運輸甚忙，且在渡口附近放下小木船 3 隻，對岸之敵，似有偷渡增援模樣，當被我封鎖之重機槍掃射，木船亦被我小迫擊砲擊毀，被困之敵，到處向我擾亂，槍聲通宵，企圖突圍，均被我擊退。對岸之敵十一日以後，似有陸續增加，並在 NX0482 及東陽(Tungyang)、尤舖家(Ulupga)各地偷渡，均被我擊退，黃昏前並升起汽球，該團當將駐守康道、臨干沙坎之一連，調往于邦附近增防，遺上述各地點防務，因總指揮部限制使用兵力關係，不得已遂將在新平洋擔任修築飛機場之工兵營，抽調一連前往接防。自十一日至十九日，我除對圍困之敵，隨時予以襲擊，使其不得休息，予以疲憊，而乘機擊滅外，對左岸之敵，須設法阻止偷渡增援，然沿河防線達三十餘英里，兵力頗感不敷分配之苦。

　　二十日晨六時，東陽對岸敵三十餘人，在(NX0892)偷渡，向南行進，經我東陽之部隊發現，向之猛烈射擊，敵死 8 名，內一名為日軍軍官，敵兵紛紛搶救其遺屍，餘則竄回彼岸。二十日十七時許，于邦對岸渡口，人聲十分嘈雜，經我以小迫砲向該渡口射擊半小時，漸告沉寂，入夜對岸車聲不絕，敵似有大部隊增援模樣。二十一日晨我岸被困之敵，即向我右翼猛烈反攻，戰鬥至午，仍被我擊退，當斃敵 12 名，當晚黃昏起至二十二日七時止，敵山砲 4 門，向我陣地不斷猛轟，我陣地堅固，無甚傷亡，九時敵山砲、迫擊砲及重機槍等又集中火力，向我左翼封鎖渡口部隊猛烈射擊，我重機槍第一連連長吳瑾，中彈陣亡，並傷亡士兵 4 名。是日晚，敵一部約四百餘人，從(NX 0483)附近偷渡，當向我于邦包圍部隊攻擊，並以兵力一部，襲擊我第一一二團指揮所，切斷我于邦通臨干沙坎之大道，另一部三百餘人由臨濱(Ningbyen)[95]附近偷渡，圍攻我臨濱之第一連。二十四日夜，東陽對岸之敵，又在尤舖家(Ulupga)偷渡，約 50 人，並在 NX0899 附近偷渡約 60 人，企圖截斷臨濱與東陽之交通線，當與我第一連之一排，發生激戰。自二十二日夜起，在于邦之敵，內外向我第一營夾擊，但該營對包圍之敵，仍未放鬆，故形成互相包圍之

---

[95]　《虎關區戰役》(第一號)，頁 42。

態勢，激戰至二十五日，敵因傷亡重大，乃停止攻擊，敵我相距 20 碼，形成對峙狀態，惟由于邦至臨干沙坎之道路，已被敵切斷，為迅速打通計，二十五日當令一一四團第二連，對切斷我道路之敵攻擊，以策應一一二團第一營之戰鬥，在 NX0488 與敵發生激戰，我官兵奮勇攻擊，自早達晚，反復突擊，當攻佔敵陣地之一部，敵傷亡三十餘人，我亦傷亡官兵 20 員名，該連連長蔣又新及排長李士廉負重傷，入晚，敵復增援百餘人，當向該連反攻，被我擊退。次日一一四團第一營[96]趕到，該營長親率所部前往應援，續行攻擊，彼此形成拉鋸狀態，然我無砲兵支援，反之敵砲兵異常活躍，我於攻擊實行時，不無遺憾。一一二團第一營，自後路被敵切斷，與外間無法連絡，陷於敵之重圍狀態，但該營官兵，奮勇沉著，自始至終，能獨立戰鬥，為時月餘。敵先後對該營十餘次猛攻，不但被該營擊退，且均予以重創，故圍攻該營之敵，相持月餘，毫無進展，該營官兵被圍不驚，且勇敢沉著，予優勢之敵以重大打擊，始終保持其陣地，屹然不動，殊屬可嘉，且被圍後，飲水斷絕，官兵即砍芭蕉、毛竹、樹籐等取水度日，雖處境艱危，然官兵皆泰然自若，毫無畏懼，更屬難能，「嗣俘獲敵五十五聯隊之訓令，對我官兵之射擊精確、自動火器陣地之秘密、陣地構築、射界清掃、指揮連絡、及奮勇攻擊之精神 6 項，甚表敬佩，並云較過去遭遇之一切支那軍為長，吾人應依據各次作戰教訓，切實研究新戰法及對策。」等語，由此證明，敵一月來之戰鬥，已遭遇我重大打擊，毫無疑義，惟在情況極緊急當中，美方忽以飛機被敵射擊危險為詞，竟數次停止空投，致該營糧彈補給中斷，殊[97]感危殆，旋經極力交涉，方允繼續補給，當臨濱我第一連被圍時亦然。

　　十二月中旬我一一四團全部及砲二營之一部，已到達臨干沙坎附近，一一三團之第三營，亦向下老家推進中。師長即決心轉處攻勢，先行肅清大龍河右岸之敵，並一舉攻破而擊滅之。於十二月十六日，遂令一一四團以兵力一營為右支隊，從康道渡河沿大奈河左岸，在密林中開路前進；一一二團在下老家之

<hr />

96　欠一連。

97　《虎關區戰役》(第一號)，頁 43。

第二營[98]，將防務交一一三團之第三營接替後，改為左支隊在下老家以北秘密渡河，沿大龍河左岸地區，在密林中開路前進。兩支隊以鉗形態勢進出於敵之側背，實行奇襲。以一一四團之主力，從于邦正面攻擊，期將當面之敵，一舉突破而殲滅之，拉家蘇方面仍暫處守勢。部署既定，師長於十二月二十一日，率副師長及少數參謀人員等，由唐家家親赴前線指揮，二十二日到達臨干沙坎，當令第一一四團[99]及第一一二團第一營，在于邦之部隊另附山砲兩連，工兵一連為右翼隊，歸第一一四團李團長指揮；下老家及臨濱部隊為左翼隊，歸一一二團陳團長指揮。[100]右翼隊於二十三日午後，對敵之前進陣地(NX0488)[101]行攻擊準備。

　　二十四日上午八時開始攻擊；九時，我砲兵第六連先向敵陣地砲擊一小時，我一一四團第三連向敵正面攻擊，第一連向敵左側迂迴攻擊，敵陣地縱深約碼，敵據樹上及地下之堅固工事，頑強抵抗，我官兵奮勇用命戰鬥，激烈異常。十二時，我第一連攻佔敵陣地左翼之一部，即在敵陣地內作塹壕戰，以手榴彈及刀槍等衝擊肉搏，激戰至黃昏，將敵左翼陣地全部突破而佔領之；我第三連藉優越火力之掩護，對敵陣地正面猛攻，敵陣地之一部亦為我突破佔領，然敵仍作困獸之鬥，負隅頑抗至死不退。我官兵攻擊精神旺盛，反復衝殺，敵之機槍巢全部被我摧毀。我第三連許連長炳新衝進敵陣地後，中敵手榴彈陣亡。同時在于邦一一二團之第一營，即以兵力一部伸出兩側，截斷敵兩翼之交通，並派兵向敵後及于邦之敵襲擊，以牽制其兵力，使無法增援。一一四團第一、三兩連，逐步向敵進迫，激戰至二十五日拂曉，將敵陣地完全突破佔領。少數殘敵向西南潰逃，旋經于邦[102]一一二團第一營之埋伏夾擊，潰逃之敵仍被我擊斃不少，當遺屍於陣地內，經切實查明者，有敵第四中隊長中村以下官長 5 員、士兵 71 名死於密林中，而無法查計者，當不在少數。傷敵約九十餘

---

[98] 欠一連。

[99] 欠第三營。

[100] 師作命甲字第 9 號。

[101] 敵約步兵一連、重機槍一排。

[102] 《虎關區戰役》(第一號)，頁 44。

名，故本日被我圍攻之敵，幾傷亡殆盡，並生俘 3 名，鹵獲重機槍兩挺、輕機槍 4 挺、步槍 20 枝、手槍兩枝、步機彈七千餘發、擲彈筒兩個、手槍彈 70 發、地雷 5、防毒面具 12、望遠鏡 1，並在敵中隊長屍上，檢獲重要作戰命令、及機密文件、地圖等甚多，被殲之敵為第十八師團第五五聯隊第二大隊第四中隊。[103]是役我陣亡連長以下官兵 38 員名，傷 35 員名。

　　二十八日拂曉，著第一一四團第二營，續向于邦敵之主陣地[104]攻擊。九時，我砲兵[105]先向敵陣地砲擊，敵主陣地工事異常強固，更在大樹上構築多數之機槍巢。我砲兵集中火力射擊一小時後，敵陣地大部被毀。十時，步兵即向敵右翼攻擊。十一時，攻佔于邦右翼林緣，斯時我砲兵延伸射程，截斷敵後方交通。步兵即向敵主陣地兩側攻擊，將敵逐步壓迫，激戰至十七時，我攻擊部隊即突入敵陣地內，沿敵交通壕進迫，當與敵發生極強烈之塹壕戰，我官兵冒敵火奮勇進擊二十分鐘後，將敵主陣地攻佔，敵之殘留支點仍負險頑抗，激戰至二十九日午前，將敵殘留支點逐次突破佔領。殘餘之敵被迫向于邦兩側森林內潰竄，當經我預設之埋伏部隊夾擊，敵驚惶散亂，潰不成軍，其狼狽之狀，抗戰 7 年來，歷所未見。

　　是役斃敵管尾大隊長以下官長 6 員、士兵 102 名，鹵獲重機槍 3 挺、輕機槍 3 挺、步槍 43 枝、步機彈一萬三千餘發，指揮刀 3 把、乾糧十餘箱，並檢獲敵之重要文件、日記本、地圖等甚多，敵之番號為第十八師團第五十五聯隊第二大隊。[106]是役我傷亡連長以下官兵 31 員名，陣亡 25 員名。敵自經于邦一役，被我圍殲而慘敗後，其士氣驟形低落，爾後敵一被我包圍，即惶恐萬狀，其射擊不若昔日之沉著，[107]並俘獲敵兵之日記上記載說：「我在被俘之前，必須將此日記埋入土中等語。」可資證明。[108]

---

[103]附重機槍一排。

[104]步兵一營、山砲兵一連。

[105]五、六連。

[106]附重迫擊砲一排、山砲一連。

[107]敵初與我作戰時，我士兵非接近敵 20 碼以內，敵不射擊，爾後則反是。

[108]《虎關區戰役》(第一號)，頁 45。

(三)下老家及臨濱區

第一一二團第二營第五連，十月三十日進佔臨干沙坎，俘敵緬兵 1 名，獲步槍 1 枝。三十一日向于邦前進，距寧干南 7 英里處與敵遭遇，戰鬥甚烈，斃敵四十餘人，我江連長、劉排長陣亡。第四、六兩連於三十一日，與敵在下老家接觸，敵約二百餘人，附重機槍一排、迫砲兩門，據工事固守，劇戰兩日，至十一月十一日下午，我攻佔下老家，敵傷亡八十餘人，我獲步槍、駁壳槍各 1 枝、子彈 5,000 發，我傷亡范副營長及蔣、劉兩連長等六十餘人，敵即退入下老家以南地區，沿河岸固守，以阻塞臨濱至下老家間之交通。

當面之敵，為五十六聯隊第一大隊，五日一一二團第一營第一連進擊寧邊 (Ningumsakan)之敵，六日攻佔該地；七日當令寧邊之第一連，與下老家第二營[109]，夾擊臨濱至下老家間之殘敵；八日下老家方面，敵逐漸增援；九日曾向我猛烈反撲，當被擊退，此時我下老家受傷官兵六十餘員名，無法後送，[110] 糧彈補給，亦時感中斷，而敵人以連日激戰，遭受重大傷亡，亦不敢再逞其凶焰。十日以後，敵我相持 20 碼，遂成膠著狀態。十七日下老家第二營第四連派出一加強排，由密林中開路，繞至敵後方襲擊，出敵不意，予以猛烈衝殺，敵驚惶散亂，當被我擊斃三十餘名，我傷士兵 10 名，亡 5 名。十九日敵以象隊運送傷兵過河，我以重機槍掃射，斃敵象兩匹。二十一日敵兵約一排，由草叢中，向我側方潛進，被我發覺，當集中輕重機槍火力及小迫擊砲，對之猛烈射擊，敵死傷狼藉，殘餘潰逃，當遺屍 15 具！我傷亡士兵 4 名。廿二日夜，敵除在下老家增兵一部，向我第二營反攻外，並在臨濱增兵三百餘，於廿三日拂曉，即將我臨濱之第一連包圍攻擊，以山砲及迫擊砲火力掩護，數度向我猛衝，我官兵均能沉著射擊，將其擊退，激戰至廿五日，敵以傷亡慘重，遂停攻擊，我即相機逆襲，突破敵之一部，敵被迫稍向後撤，我臨濱與臨干沙坎之交通，乃重行恢復，是役敵遺屍[111]24 具，傷者當倍之，奪獲敵之文件，得悉為

十八師團五十六聯隊第二大隊，附有山砲 2 門。我傷亡官兵 21 員名，此役該團梁副團長親在臨濱指揮之。

廿六日以後，敵以攻擊慘敗，圖死灰復燃，又增兵百餘人，其時我以第一連兵力過於單薄，乃將駐守東陽之戰槍排，增加臨濱，歸第一連連長劉益福指揮。廿七日，敵復向我臨濱第一連第二次圍攻，先以山砲及迫擊砲，向我陣地猛烈射擊 2 小時後，步兵則分三路猛衝，均被我擊退。廿八、廿九兩日，不分晝夜，仍猛烈向我反復攻擊，因我官兵奮勇抵抗，毫無進展，激戰至卅日，敵以屢攻不逞，且傷亡慘重，攻勢頓衰。我乘敵疲憊之際，即由敵之側翼，行果敢逆襲，敵不支潰退，是役敵傷亡在二百名以上，遺屍於我陣地前者，有第五中隊長原良、小隊長吉武中尉以下 38 具之多，當在原良遺屍上，搜獲作戰命令 1 件，得知圍攻我第一連之敵，係十八師團五十六聯隊第二大隊全部，並附有山砲 2 門，工兵一排。我鹵獲輕機槍 1 挺、左輪手槍各 1 枝、步槍 11 枝、太陽旗 2 面，及機要文件、地圖、彈藥等甚多，其時敵圍攻我臨濱時，並以一部兵力，切斷我由臨干沙坎通臨濱之道路，經我一一四團第一營第二連派兵兩排，予以不意之襲擊，將敵驅逐，敵傷 10 名、死 2 名，我無傷亡。查一一二團第一連，以一加強連之兵力，抗拒敵人一大隊兵力兩次之圍攻，先後經 7 晝夜之激戰，均能予敵以重創，使之慘敗。該連官兵奮勇沉著，戰鬥得法，不僅良堪嘉許，實為防禦戰中楷模。十二月一日以後，敵兩次圍攻臨濱慘敗，向我下老家屢次反攻，亦被擊退，除不時向我砲擊與擾亂外，不敢再行大規模之攻擊。我在臨濱及下老家之部隊，亦不時派小部隊，向敵之側背襲擊。

十二月二十二日，一一三團第三營到達下老家接防，一一二團第二營[112]即遵照師十二月十六日作命，改為左支隊，秘密渡河，與一一四團第三營右支隊，成鉗形態勢，由密林中開路前進，襲擊敵之側背，以策應我一一四團[113]主力，從[114]于邦之正面攻擊，「下老家方面，一一三團第三營接防後，於二

[112] 欠一連。
[113] 附一一二團第一營在于邦之部隊。
[114] 《虎關區戰役》(第一號)，頁 47。

十五日起，先派出少數兵力，向敵側背不斷襲擊，以擾亂敵人，使其疲憊。二十六日拂曉，乘敵不備，開始猛攻，先以重迫砲摧毀其工事，步兵一舉突入，當佔領敵陣地之一部，我官兵冒敵猛烈之砲火，續行攻擊，激戰至翌日拂曉，將敵陣地完全突破佔領。」敵傷亡五十餘，當遺斃於陣地者27具，殘敵向東南潰退，我俘獲步槍6枝、步彈1,500發，及重要文件等甚多。敵之番號為菊字第(8903)部隊西見隊，[115]我傷亡士兵5名。三十三年元月十一日，臨濱、下老家等地之敵，因受我左支隊側背之襲擊，遂整個向大班卡東南地區潰退。[116]

第二期：孟羊河及太柏家區之戰鬥

自三十三年元月一日起至二月二十二日止

(一)

1、大龍河右岸地區

被我擊散之零星殘敵，經週來之掃蕩，已於元月十三日以前，完全肅清。敵遺屍41具，其殘餘浮水逃生，多斃沉河中，我奪獲無線電機及其他戰利品甚多。

2、大洛區

拉家蘇第一一二團第三營，兩週來除派出少數搜索襲擊組，向敵側後方襲擊外，無大戰鬥。十四日八時，敵向我主陣地砲擊廿餘發，繼以步兵來犯，經我擊退，斃敵十餘名。二月一日，第七連附重機槍一排，到大庫卡(Tagahku)附近搜索，無敵情，該連即與第二十二師第六十五團取得連絡。二日奉總指揮部電令，該第三營解除大洛區警戒任務，即於四日由拉家蘇出發，於八日到達臨干沙坎，歸還建制。

(二)

奉總指揮部作命第八號，飭將當面之敵，驅逐於太柏家以南、甘家以東之

---

[115] 即十八師團五十六聯隊。
[116] 詳見第二期戰鬥經過中。

線，師長遂重新部署兵力，以一一四團為右翼隊，全部沿右支隊前進路，[117]
由康道(Kantau)渡河，再[118]趨太柏家之背後，期將敵包圍，以一一三團[119]附左
支隊，第一一二團第二營[120]為左翼隊，先行滲透渡河，與左支隊形動協調，
向敵之右側背威脅壓迫，使我主力進擊太柏家，易於成功，以一一二團[121]為
預備隊，擔任大龍河沿岸警戒，其主力位於家滾、于邦附近，[122]各部隊戰鬥
經過如下：

1、太柏家西區(孟羊河附近)

我右翼隊於十二日開始攻擊，經 2 晝夜激戰後，第一一四團第二營，於十
六日全部越過孟羊河東北第二道小河，並佔領敵左翼陣地，斃敵第三中隊長以
下 53 員名，傷者一倍以上，鹵獲輕機槍兩挺、步槍 22 枝，太陽旗 1 面，指揮
刀 1 把，並機要文件、地圖甚多，敵之番號為五十五聯隊第一大隊，我傷亡連
長以下官兵 72 員名。二十二日，第二營繼續向當面之敵攻擊，我官兵奮勇衝
殺，復將敵左翼陣地小高地完全佔領，[123]同時將孟羊河對岸敵之陣地，攻破
佔領，敵憑大奈河左岸殘餘據點，頑強抵抗，戰鬥激烈，敵復數度增援反撲，
均被擊退。斃敵中隊長小林大尉以下官長 2 員，士兵 81 名，鹵獲步槍 33 枝，
望遠鏡 1 付，指揮刀 1 把，並兵要地圖及作戰命令多件，當面之敵，為五十五
聯隊第一、二兩大隊。[124]我傷亡士兵 44 名。二十三日拂曉，敵步兵約一中
隊，在其砲火掩護下，向我第三營陣地猛烈反攻，並有一部竄至該營後方擾
亂，經 4 小時之戰鬥，仍將敵擊退，敵遺屍 25 具，鹵獲輕機槍 1 挺、步槍 5
枝，[125]我傷亡士兵 10 名。二十四日，第二營當面之敵，藉其砲火掩護，又圖

---

[117] 右支隊改歸該團建制。

[118] 《虎關區戰役》(第一號)，頁 48。

[119] 欠第二營。

[120] 欠一連。

[121] 欠二、三營，附第一一三團第二營。

[122] 師作命甲字第 11 號。

[123] 第三營第七連。

[124] 敵屍內又發現五十六聯隊之番號。

[125] 敵屍內又發現五十六聯隊之番號。

蠢動，經我猛烈攻擊後，敵向東南潰退，計斃敵大隊長宇生少佐以下 23 員名，鹵獲步槍 7 枝，彈藥甚多，我傷亡 5 名。二十五日八時起，敵山砲 4 門，向我猛烈射擊，我前進被阻，與敵在原陣地對峙，成膠著狀態。

廿七日我第五、八兩[126]連，分別派出搜索襲擊組，與敵接觸，當斃敵 4 名，近兩日來，除敵我砲戰外，無激烈戰鬥，大奈河對岸敵之步兵速射砲，向我第一連陣地(NX 0079)砲擊五十餘發，彈均落該連陣地右側 200 公尺處，我無傷亡，孟羊河 NV9978 附近，被我圍困之敵，於二月二日十九時，藉其重砲火力[127]掩護，數度向東南突圍不逞。三日午 NW9575 附近，敵約一排，企圖向李團右後方擾亂，經派兵向該地嚴密搜索，於四日晨將敵驅逐。六日九時，我第一營以一部對 NW9778 被圍困之敵，猛烈攻擊。十一時，敵一部被殲，其殘敵以無路可逃，乃退守最後之陣地，拚死抵抗，當遺屍 42 具，生俘敵兵 4 名，鹵獲輕機槍兩挺、步槍 25 枝、擲筒彈 5，其他彈藥、重要文件等甚多，我傷亡 17 名。七日師以一舉肅清森邦家西北地區、與拉貌家以北以至太柏家以東地區敵人之目的，遂令各部隊同時進擊。[128]

六日據俘獲敵兵今田寬敏供稱：「NW9978 被圍之敵，糧彈極多，然無法取得飲水，渴不可忍，且被圍後，官兵甚為恐慌，誠恐遭于邦第二大隊同樣之命運，代理大隊長窒隅大尉，因先日來陣地視察，未及回大隊部，亦被包圍在內，當被俘時，以為自問必死，意想不到得此優待，非常感激，因我們常聽官長說，支那軍隊很凶，捉到日本人就殺死或砍頭。故一般士兵，均駭怕，寧戰至死，亦不敢投降，今日方知為欺騙之詞」等語。師長獲悉上述口供後，七日乃印發若干傳單，勸被圍之敵，繳械投降，至八日黃昏，因無結果，乃於九日晨，遂令第一營以一部兵力對 NW9778 被圍之殘敵，再行攻擊，敵既不降，祇有決戰至死，故當即展開激烈戰鬥，我官兵奮勇進擊，戰至傍晚，將殘餘之敵，全部殲滅，敵遺屍 83 具，內敵大隊長窒隅大尉一、中隊長大森中尉一、

[126] 《虎關區戰役》(第一號)，頁 49。

[127] 最近發現敵用重砲 2 門，口徑為 15 公分。

[128] 師作命甲字第 12 號。

醫官小野主村中尉一，獲敵重機槍 2 挺、輕機槍 3 挺、步槍 66 枝，指揮刀 4 把，擲彈筒 20 個，望遠鏡 4 付，火焰放射器全付，防毒面具 30 個，迫砲彈 43[129]發，機槍彈 5 箱，地雷 2 只，破壞筒 1，玻璃瓦斯 1 瓶，文件、地圖、軍用品甚多。被殲之敵，為第五十五聯隊第一大隊第二中隊全部。[130]我傷亡排長一，士兵 43 名，查敵五十五聯隊為十八師團中最精銳者，自于邦至孟羊河兩役，經我一一四團先後圍殲後，不但戰鬥力削弱，且響影於整個師團士氣之低落，關係甚多。反之，於我軍士氣，則愈戰愈強，於我軍爾後在虎關區整個勝利，有極大之重要性在焉。

　　二月十四日，第一、二營開路挺進至 NX0373 附近，第一一三團第二營第四連，則沿大奈河南岸前進 210 碼，當攻佔敵陣地一處。十五日 NW9875 被圍之敵，經我第三營第八連猛烈攻擊，激戰數小時，敵不支狼狽潰退，遺屍 2 具，我獲步槍 2 枝，手榴彈擲彈筒共 450 發，重機槍彈 8 箱，我傷 1 名。是日第一一三團第五連，復向當面據點之敵猛攻，當佔領敵陣地一部，敵遺屍 4 具，傷廿餘，俘獲擲彈筒 1，我傷士兵 10 名，亡 3 名。十五日第一一四團第二營，沿大湖西岸迂迴，進擊至 NX0174 附近，斃敵 1 名，其番號為西部四十八部隊。十六日，第一營第二連派兵一排，向敵襲擊，斃敵 2 名，獲步槍 2 枝，是日第一一三團第二營第四連，繼續攻佔敵陣地一處，敵遺屍 2 具，其番號為三道部隊。我第五連當面之敵，經我猛烈攻擊，向後潰退，遺屍 2 具，傷約廿餘，我獲擲彈筒 4 箱，步機彈二千餘發，步槍 1 枝，太陽旗、文件等甚多，我傷 1 名。第一一四團第二營，十六日向當面之敵攻擊，斃敵 4 名，發現敵重機槍 5 挺，輕機槍 7 挺，工事極堅固，我傷 4 名。第五連派出之搜索襲擊組，斃敵傳令兵 2 名，獲步槍 1 枝，重要命令 1 件；第四、九兩連，於驅逐敵人後，已挺進至山尼河 (Sanip Hka) 邊，其時我一一四團企圖將森家 (Asvmpdowng Ga) 以北地區之敵，一舉包圍而擊滅之，著第二營由山尼河上流 (NXO0273)，輕裝開路挺進。於十九日十四時卅分，截斷森邦卡南側約 800 米

---

[129] 《虎關區戰役》(第一號)，頁 50。
[130] 附重機槍一排、迫砲一門、工兵一班。

(NX2773)敵公路後，乘機越過公路，分向東南北三面之敵[131]狙擊，當斃敵十餘名，獲步馬槍各 1 枝。於十九日十八時，敵約六十餘人，由南沿公路向該營陣地，以擲彈筒、槍榴彈及機槍等，猛襲 15 分鐘，旋即逃去，我未還擊，亦無傷亡。

廿日十四時，森邦家北面之敵，先以一馬，背上滿紮空洋鐵桶，鞭馳衝過我佔領地區之公路，我知其詭計，故未射擊，5 分鐘後，果發現敵兵數十，接踵而來，經我奇襲射擊，敵亦頑強抵抗，歷 2 小時，敵不支向北潰竄，並遺屍36 具，當判斷敵人沿大奈河西岸，或另有通路至拉征卡，遂於廿日晨，以第五連，向東開路前進，期截擊北潰之敵歸路而殲滅之；以第六連向南警戒；以第四連沿公路北上，跟蹤掃蕩。沿途又見敵遺屍 2 具，死馬 2 匹，且血跡甚多，估計該敵傷者甚眾。其時李團第一營亦趕到公路附近，當向森邦家以南之敵人壓迫，我第五連開路東進約 3,000 米，果發現敵之南北向騾馬道一條，除留適當兵力埋伏外，該連繼續東進，擬達大奈河左岸，將敵之歸路完全切斷，進未 500 米，復發現騾馬道一條，並與敵遭遇，[132]當即發生激烈戰鬥，歷 1小時後，又發現由拉征卡北上增援之敵百餘，同時向該連側背猛撲。

計自廿日十五時起至黃昏時止，南北之敵，相繼猛攻 4 次，均經我第五連沉著擊退，但殘敵仍竄伏該連四周，是役我陣亡士兵 1 名，傷士兵 10 名，至廿時，第二營李營長接獲該連無線電話，即率四、六兩連，星夜馳往，期一舉殲滅該敵。[133]廿一日侵晨，殘敵即聞風遁竄，敵遺屍 33 具，傷者至少在一倍以上，我獲步槍 6 枝，乃改由第四連繼續東進，第四連於廿一日十七時，抵達大奈河左岸，發現敵一加強中隊，據守渡口陣地，經於廿二日拂曉進擊，敵不支，向南逃竄，當斃敵 5 名，遺屍於陣地內，我無傷亡，獲步槍 2 枝及糧彈甚多，當與第一一三團第三營在 NX1273 大奈河右岸，渡口會合，在二十日由森邦家附近北潰之敵，折向東行，沿大奈河之騾馬道背進，乘北上增援之敵與我

---

[131] 《虎關區戰役》(第一號)，頁 51。

[132] 其兵力約一加強中隊，附有重機槍兩挺。

[133] 沿公路北上，跟蹤掃蕩任務，交由第一一三團第五連接替。

第五連激戰時，偸隙[134]南逃。我第一一三團第五連沿公路北上掃蕩，於廿一日十二時，達太柏家對岸渡口，第一一三團第四連由孟羊河附近，沿大奈河南岸東進掃蕩，並與一一四團第二營會合。至廿一日止，我一一四團已將森邦家以北孟羊河以東地區之殘敵，完全肅清。

2、太柏家北區

我左支隊，[135]經週餘在密林中關路前進，於十一日迂迴到敵後，襲擊臨濱對岸之敵，斃敵七十餘，奪獲步機槍 16 枝，同時我左翼隊乘勝渡過沙色河 (Saksehka)向敵猛擊。於十四日晨，佔領大龍河左岸大堡家(Tabawngga)，斃敵卅餘，鹵獲步槍 14 枝，糧彈甚多，我傷亡士兵 5 名，殘敵向太柏家方向退卻，時我左翼隊第一一三團第一營，向南進迫。於十五日進佔 NX0756 及 NX0885 之線；十六日進佔 NX0882 及 NX1184 之線，第三營則沿大龍河，左岸繼續向南進擊，於十五日與據守喬家(Nchaw Ga)[136]之敵接觸，敵堅守頑抗，經 9 小時之激戰衝殺，於十六日晨完全佔領喬家，敵傷亡四十餘，奪獲步槍 5 枝，步槍彈數千發，我傷亡 4 名，左支隊一一二團第二營，[137]改歸左翼隊趙團長指揮，於十三日向甘家(NX1893)前進，沿途擊退抵抗之敵，於十六日進抵甘家，敵在該地據堅固工事，頑強抵抗，經我官兵奮勇攻擊，於十七日完全佔領該地，敵傷亡五十餘，當遺屍於陣地者 27 具，鹵獲武器、彈藥及文件多種。當面之敵，為五十六聯隊第三大隊；左支隊攻佔甘家後，並分兵向東南方向搜索肅清殘敵，我左翼隊一一三團第一、二營，於十七日進佔臨魯家 (Ningw Gu)NX0579，逐步向敵壓迫，是晚敵以竹筏 4 隻，滿載敵兵在太柏家對岸渡口渡河，企圖向太柏家增援，我第九連利用夜暗，繞至河邊，俟敵半渡，即以輕重機槍向敵猛烈射擊半小時，敵竹筏全被擊沉，斃敵百餘名，翌晨發現敵屍[138]，均浮於水中。第一營於廿一日進擊至 NX0980 及 NX0882 之

---

[134] 《虎關區戰役》(第一號)，頁 52。

[135] 第一一二團第二營，欠一連。

[136] 于邦對岸。

[137] 欠一連。

[138] 《虎關區戰役》(第一號)，頁 53。

線，在森林中加緊闢路，及清掃地雷，對太柏家之敵已成包圍態勢。

三十日，第三營沿河邊向東進迫，佔領林空敵陣地之一部，第一營則向南側擊，威脅敵之右側背，敵憑地形優勢、工事堅固，頑強抵抗經兩晝夜之激戰，於二月一日十三時，攻佔太柏家。當面之敵，為五十六聯隊第二大隊，敵向東南方向逐步後撤，其殘餘據點，仍作困獸之鬥；三日我第一、七兩連，由NX0979 附近密林中闢路，向南搜索前進，午後到達大奈河北岸 NX0977 附近。四日十四時，第一連攻佔敵陣地之左翼，並以火力控制渡口，入夜敵藉其對岸砲火之掩護，企圖向我第七連反撲，激戰 4 小時，將敵擊退。左支隊第一一二團第二營，於廿九日派兵進佔丹般家，並分向茂寧河(Mawning Hka)北岸各小村莊搜索，在河北岸之一小村內，發現敵輕重機槍各 1 挺，向我搜索組射擊，我傷列兵 1 名，當即將該敵擊潰。三十日，我向恩英家(Njangga)之敵襲擊，敵倉惶潰退，我獲步彈藥 5 箱，敵軍服 1 套。三日，分派搜索組向拉安家(La-Awn Ga)搜索，在該地附近遭遇敵兵一排，該搜索組即予以襲擊，當斃敵5 名。

我左翼隊第一一三團第一營，於七日佔領卡杜渣家(Kadujaga)NX0383 該地之敵，約一中隊，向東南敗退，當被我七、八兩連包圍(NX0377)之敵，嗣經第二營第六連將其擊潰後，則竄聚於 NX0177 附近，同時第三連連長率兵兩排攻擊 NX1181 之敵，斃敵 3 名，傷十餘名，第三連之一排，八日向 NX1178方向開路前進，佔領河邊之據點，當面之敵為五十六聯隊第二大隊第五中隊，附迫擊砲 2 門，重機槍兩挺，頑強抵抗，經我連日圍攻，敵遺屍 6 具，傷十餘名，我獲步槍兩枝，地圖文件等甚多，敵向東南零星逃竄，我第一連即趕往掃蕩，並向 NX1282 及 NX1383 兩處之敵進擊，我左翼隊第一一三團第一營第一、三兩連，於十四日將 NX1181 之敵殘留據點三面圍攻，經兩日之激戰，[139]於十五日六時，將敵擊潰，敵遺屍 12 具，約傷廿名，我生俘敵兵長(軍士)田中信一 1 名，獲步槍 3 枝，彈藥甚多，第一連繼由 NX1182 沿小溝向東挺進，以主力攻擊 NX1381 之敵，第二連則由左翼側擊，期將敵包圍而殲滅之。

---

[139]《虎關區戰役》(第一號)，頁 54。

十六日十七時，太柏家東側河套之敵，向我反撲甚猛，我官兵沉著應戰，待敵至我陣地 20 碼內，以熾盛火力予以痛擊，敵傷亡慘重，潰退原陣地，是日十七時，卡杜渣家東南地區之敵陣，被我第一營繼續攻佔，敵傷亡約卅名，NX1382 附近之殘敵約兵力一排，被我第二、三兩連包圍聚殲，同時第二連派兵一部，闢路向昇格家(Iashing Ga)截擊，敵向東南退卻，太柏家東側河套之敵，於十七日經我全部肅清後，第三營向潰退之殘敵跟踪追擊，敵遺屍 21 具，檢獲文件，得知敵為五十六聯隊第三大隊第十一中隊。

十九日十時，我第一營以鉗形態勢，向拉安家之敵攻擊，在 NX1780 附近發生戰鬥，敵傷亡二十餘名，鹵獲彈藥、給養等甚多，第三連已越過茂林河(Mawning Hkb)向南挺進兩英里，第一連向拉貌家挺進，NX1170 之殘敵，被我擊潰後，我即沿河而下，以斷敵之退路，第三營第八連則由茂林河開路南下，驅逐 NX1395 之敵，協同第一營之追擊，第一一二團第二營，七日派兵向 NX2080 附近搜索，敵兵約一排，與我搜索隊抵抗，十三時敵兵一班，向我丹般家右翼班哨襲擊，敵我發生戰鬥，當斃敵兵 1 名，傷 4 名，我亡 1，傷 2。九日新郎家(Sinlung)附近，我第一連之搜索兵，發現敵兵 7 名，在該連右翼一千碼處，向東開路，經我襲擊後，即逃竄，是日我運輸隊士兵與敵官兵十餘人，在 NX1192 附近遭遇，當斃敵軍官池田大尉 1 員，並獲手槍 1 枝，地圖文件等，十一日晨，有少數敵潛伏於新郎家附近，被我擊退，死 1 名，寧盧家以西地區，經我一一二團第一營沿河搜索，發現在 NX0277 有敵潛伏，其陣地正面約 300 公尺，經我攻擊潰退，**_140_**丹般家南岸，敵兵力約一排，重機槍兩挺，於十二日下午由下游偷渡，廿四時向我丹般家陣地猛攻，當被擊退。十四日，第二連在砲火掩護下，向 NX0307 附近之敵攻擊，進展約一百碼，佔領敵據點兩處。十五日，一一二團第二營派出搜索襲擊組，由丹般家渡河，向贊丹家(Janhtang)及陳南家(Henam)搜索，在陳南家附近，發現敵兵力一排，當即派兵掃蕩，又 NX0277 之敵，經我第一營第一、二連，於十八日猛烈夾擊後，當將敵陣地完全佔領，敵遺屍 9 具，我鹵獲敵陣地配備圖 1 份，輕、重機槍彈 5

---

140 《虎關區戰役》(第一號)，頁 55。

箱，輕機槍 1 挺，步槍 2 枝，我傷士兵 1 名，陣亡 2 名。十八日十四時，一一二團第二營第五連，向新郎家當面之敵攻擊，以主力向敵右後迂迴，於十八時將敵擊潰，斃敵十餘名，我傷連長 1 員，士兵 3 名。十九日七時，第五連以一部佔領新郎家，主力向拉安家推進，當擊退敵埋伏區之抵抗，於十三時佔領拉安家，並與一一三團第一營取得密切連絡，向潰退之敵追殲中。

六、戰鬥之成績

1. 斃敵軍官已查知其姓名者，有大隊長宇生少佐、管尾少佐、窒隅大尉等 3 員；中隊長小林大尉、池田大尉、大森中尉、原良中尉、荒木中尉、中村中尉、松尾中尉、及醫官小野主村中尉；小隊長中梅少尉、谷口和寬少尉等 20 員，斃敵士兵二千三百餘名，傷者約在一倍以上，據俘虜供稱：及檢獲敵人文件證明，敵第五十五聯隊聯隊長籐井小五郎大佐，在于邦之役，傷重斃命。

2. 俘虜敵兵木冬一郎、今由寬敏、田中信一等 22 名，內 6 名因傷重斃命。

3. 鹵獲敵人之武器、彈藥、裝備，及重要文件、地圖等甚多(如附表)。

4. 第一期戰鬥：(十月二十四日至十二月三十一日止)由卡拉卡、唐家家之線，向前進展約 75 英里，佔[141]領拉加蘇、康道、于邦、臨濱、下老家之線，先後攻佔大龍河右岸地區，敵之村落及大小據點共 25 處，又攻佔拉加蘇附近據點二處，佔領面積約為 1,500 平方英里，大小九十餘戰。

   第二期戰鬥：(三十三年一月一日至二月二十二日止)繼續進展約 20 英里，佔領孟羊河、森邦家、太柏家、拉安家、丹般家、甘家之線，左翼隊先後攻佔大龍河左岸以東地區，敵之村落及大小據點 26 處；又右翼隊先後攻佔大奈河左岸地區，敵之村落 16 處，佔領面積約為 750 平方英里，大小經七十餘戰。

---

[141] 《虎關區戰役》(第一號)，頁 56。

七、戰鬥後敵我之陣地及行動

　　敵自太柏家東南地區及大奈河東西兩岸後撤，行逐步抵抗，企圖遲滯我前進，我除以一部兵力，從正面向敵追擊掃蕩外，以主力部隊迂迴，向敵之背後挺進，切斷其後路與補給，然後包圍而擊滅之，並重新部署兵力。

八、可供參考之所見

　　虎關區集特種地形之大成，森林、河川、湖沼、村落、稻田等，兼而有之，形形色色，複雜已極，又復受季候(雨、旱兩季)之影響，常變更其價值。在此種地區作戰，不僅須熟練所有特種地形之戰術與技術，[142]並須熟識此間地方性之天時與地利。此外，官兵習慣森林中之生活，忍勞耐苦，同屬重要，因虎關區在雨季及雨季之末，遍地泥濘，潮濕極重，密林中陰森林，濃霧密漫，鮮見天日，蚊蟲螞蝗，多如恆河之沙，無論行軍，宿營作戰，則群集而來，侵擾不已，予人不得安寧，雖穿皮鞋、紮綁腿、戴沙罩，塗防蚊油，此種冥頑不靈之物，仍蠢蠢來犯，實防不勝防。故初入森林地帶，精神及心理上，咸感不安，惟上述種種困難，一屆旱季，因地面乾燥，則[143]自然消除。本師初期作戰，正值雨季之末，身所經歷，故有此感，特錄以為異日資考，其次關於作戰、補給、交通、通信、衛生諸項，在此次作戰中所得，分述如下：

(一)森林中之攻防

1、防者(敵方)

　　常以少數兵力，扼守要道，阻塞交通，攻者雖有強大兵力，易被阻止，且利用森林掩蔽，其兵力區分與配備狀態，不易為攻者所偵知且處處埋伏狙擊，極易造成恐怖狀態，以妨害攻者之搜索偵察，遲滯其前進，並以採伐樹木容易，在短時間內，能構成極堅固之工事與鹿砦，編成堅強據點式之陣地，利用竹筒芭蕉，儲蓄飲水，準備充分糧彈，即可行頑強抵抗，予攻者以極大損害，

---

[142] 爬樹、游泳、操舟、架橋、闢路、特種通信連絡，以及埋伏襲擊等……

[143] 《虎關區戰役》(第一號)，頁57。

倘戰況不利，可相機後撤數百碼或數千碼重築陣地，重行抵抗，使攻者不能不逐次攻略，耗費時間，最低限度，亦可達成持久防禦之目的。敵十八師團，此次在虎關區作戰方法，即利用此優點，以少數兵力，[144]分佈各地，構築堅強據點，行持久抵抗，企圖分散我兵力，遲滯我前進，並誘我逐點攻略，逐次消耗，相機以主力向我轉移攻勢，使我在雨季以前，無法進出於虎關以南地區，則雨季一屆，山洪泛濫，迫使我不得不自行後撤。

2、攻者(我方)

　　易於接近敵陣，並可行近距離之包圍，惟搜索、觀測、連絡、救護以及步砲協同，諸感不易，並須有適當兵力，掩護後方交通線之安全，則糧彈補給方不致為敵截斷。其次在森林中運動，極易迷失方向與失卻連絡，官兵對指北針之使用、及地圖之判讀、與連絡方法之周密等，殊為重要，故在攻擊之先，及互戰鬥經過中，須詳細劃分各團營搜索地境，[145]派出多數斥候組、[146]及襲擊組[147]攜帶乾糧，潛入敵之側方、後方，不分晝夜作遠距離及廣正面之搜索襲擊，偵察敵情地形，為作戰指導上之資考。並擾亂敵人，分散敵之注意力，使不易判[148]別我之企圖及行動，隨時規定官兵服裝穿著之方式，及槍聲暗號之使用，藉資識別連絡[149]步砲協同，除事前詳細協定外，觀測人員則隨第一線步兵前進，用最近距離之前進觀測法，試射以單砲行之，其砲兵陣地，宜離開道路及林空附近，否則容易被敵發覺，致召損害。救護方面，以後運困難，輕傷即就地治療，重者轉送後方醫院，新兵則隨第一線後方訓練，將作戰所得經驗，教育新兵，並使習慣戰地生活，熟識戰地地形，增加作戰膽量，使作戰與教育打成一片，以上所述，不過略舉本師在虎關區作戰初期之犖犖大者，此外關於本師此次對敵作戰之方針。

---

[144] 排連為單位。

[145] 免混亂誤會。

[146] 每組 3-5 人。

[147] 一班以上。

[148] 《虎關區戰役》(第一號)，頁 58。

[149] 因敵之斥候，常穿用我戰死士兵之服裝，潛入我作戰地區，狙襲擾亂。

　　初期——為予敵人以精神上打擊，使其士氣衰落，失去頑強固守信念，並提高我之士氣起見——採取攻心之法，即對敵之堅固據點，實行徹底包圍，集中猛烈砲火先摧毀其工事，再行突破，將其完全殲滅，使敵人爾後望而生畏，失其戰意，如于邦、孟羊河兩役是也。

　　第二期——為求攻擊進展迅速，出敵意表，迫使敵人在不預期之時期與不預期之地點，以行決戰——採取逐段迂迴攻擊之法，即以適當兵力，從敵之正面壓迫，以主力在森林中開路，作較大距離迂迴，繞至敵人後方，切斷其後路，威脅敵之側背，迫使敵人不得不放棄其陣地與預定計畫，出而與我求戰，我乘其立足未穩而擊之，如我左支隊[150]於十二月廿三日，深夜渡大龍河，行迂迴以襲擊臨濱對岸之敵。二月廿一日一一四團由孟羊河直趨森邦家，以切斷敵之歸路是也，即孫子所謂「出其所必趨，趨其所不意」以上兩點，針對頑強之敵，與企圖持久抵抗之計畫，將其粉碎，頗著成效。

(二)敵我士氣及火力之比較[151]

1、士氣

　　此次在虎關區作戰，我士氣極旺，皆具「有死之榮，無生之辱」[152]故守必固，攻必克，人人皆有必勝信念，所向披靡，例如在作戰初期，敵以五五、五六兩聯隊，絕對優勢之兵力，對我一一二團分散於拉家蘇、于邦、臨濱、下老家等地之部隊圍攻，為期月餘，毫無進展，尤其對于邦我第一營[153]集中砲火，[154]先後十餘次猛攻，對臨濱我第一連亦先後兩次圍攻，經 7 晝夜之劇戰，我官兵雖陷於敵之重圍，皆泰然自若，不為所動，並屢次予來犯之敵，第以重創。又一一二團第一連第三排，於十二月廿二日攻擊臨濱北端 688 高地時，廿三日晨，因敵大部增援反攻臨濱，該排當晚奉命撤退，因天色黃昏，森林中黑暗，且在敵前撤退，致列兵易明清、施洪明、楊永坤等 3 名，失去連絡

---

[150] 一一二團第二營。

[151] 《虎關區戰役》(第一號)，頁 59。

[152] 將材之一，謂之為「義將」。

[153] 欠一連。

[154] 敵用山砲一連及重迫砲擊砲 4 門。

不知自己之部隊撤退，遂仍在該地與敵對戰，抵抗一班以上之敵，經兩晝夜之久，該兵等並擊斃敵兵 8 名，然後安然歸隊。又十一日廿七日，敵第二次圍攻臨濱時，我在樹上之輕機槍巢射手余元亨、葉義貴 2 名，被敵砲射擊五十餘發，致將大樹摧毀如枯，而該兵等潛伏巢內屹然不動，敵以為我槍兵被擊斃，敵兵即蜂擁而入，將我鹿砦破壞，突入我陣地，該槍兵余元亨等出敵不意，予以猛烈射擊，當斃敵卅餘，敵即紛紛潰退，其敵之中隊長原良亦被擊斃，又我一一四團攻擊于邦時，第二連列兵湛世海、歐應祠 2 名奮不顧身，甘為肉彈，冒敵人猛烈砲火，攜帶手榴彈，一躍衝入敵人之掩蔽部內，將在掩蔽部內之敵人十餘名炸斃，自己亦飲彈陣亡，殊為壯烈。又二月九日，我一一二團運輸兵十餘人，在 NX1192 附近，與敵官兵十餘名遭遇，發生戰鬥，當擊斃敵軍官池田大尉 1 員，並獲手槍、軍刀各 1；又二月十七日，一一四團第六連斥候兵唐詩奎、藍老三、唐玉奎 3 名，在大奈河左岸無名湖東南，遭遇敵兵 4 名，當向敵狙擊，均被我擊斃，並奪獲十八師團極重要之師作戰命令一件。

又二月廿二日，一一四團第四連傳令兵陳德光，在森邦家附近，中途與一武裝日兵，猝[155]然相遇，相距不及 3 碼，敵兵倉惶射 1 槍，未中，陳德光即突入，將敵兵之槍打落於地，彼此搏鬥達 1 小時之久，卒將敵兵擊斃。自開戰以來，類此之事，不勝枚舉，又在每次攻擊時，我常以同等之兵力，攻佔敵人之陣地，官兵以手榴彈、刺刀與敵搏鬥，及受傷不退，概為常見之事，足證我士氣旺盛，常能以寡勝眾，因我官兵咸知重開滇緬路責任之重大，與夫國家安危榮辱之所繫，無不奮勇用命，捨身前趨，以一當十，敵人在開戰之初，仍以藐視國軍之故態，刁頑凶暴，氣燄高張，其醉信為「皇軍」超人軍隊，無往而不勝利，動輒向我襲擊反攻猛衝，並藉其愚昧之迷信觀念，人人佩有護身符、千人針，云可避槍彈，公開宣傳我軍對俘虜一律殺頭，[156]鼓其勇氣，頑強抵抗，至死不屈。迨經于邦及孟羊河兩役，慘遭殲滅後，敵官兵知護身符不可靠，「皇軍」之超人不足恃，而我軍優待俘虜事實證明，敵遂喪失其自信心與

---

155 《虎關區戰役》(第一號)，頁 60。

156 按日人迷信：殺頭降隨地獄，永不轉世。足證敵人之迷信觀念與愚民手段，可謂登峰造極。

戰鬥意志，雖屢圖挽救，然均不可能，士氣沮喪乃為之一蹶不振，爾後狼狽之狀，不可言喻，敵十八師團，為敵人精銳之師，竟被我擊之不能交架，抵抗 7 年來之血債，稍得清償，故官兵無不再接再勵，欲滅此以朝食也。

2、火力方面

敵人火力，始終較我優越，即以砲兵論，敵有山砲十八聯隊，重砲廿一大隊，聯隊有迫擊砲，大隊有速射砲。本師在前方作戰者，僅有山砲兵一營，其他步兵裝備，彼我相若，惟使用方面，敵則分散各地，我則集中於攻擊重點，故我以劣勢之砲兵，仍能壓倒敵人優勢之砲火。

(三)陸空協同

虎關區密林遍布，由空中偵察、搜索、射擊、轟炸，諸屬不易，故欲以空軍支援地面部隊之戰鬥，絕少效果，且易生誤會。故本師此次作戰並未請求空軍支援，惟在敵我決戰之際，若能以飛機在敵[157]方盤旋，使敵之砲兵不敢射擊，敵之部隊不敢運動，予以精神上之威脅，尚屬有效。

(四)補給衛生

此次在虎關區作戰之補給，除初期因天候關係較差外，餘甚圓滑，毫無缺憾。因由空運補給，極為迅速可靠，尤其在森林中作戰，無論攻防，後方補給線易被切斷，若由空中補給，則減少此種顧慮，藉以發揮其獨立作戰之精神。敵人此次作戰，完全由地面補給，亦為其缺點之一。其次關於衛生方面，亦除作戰初期較差外，餘甚完備，尤其關於治療上之迅速認真，醫藥上之設備週到，及由空中運輸[158]頗稱完善，綜觀 SOS 關於後勤方面，頗足為我借鏡之處尚多。

(五)交通通信

交通方面，因虎關區皆為平地，攻擊部隊到達任何地點，若以工兵隨後開路，其指揮車即可通行，故在旱季交通，不感困難。通信方面，有線電話除在

---

[157] 《虎關區戰役》(第一號)，頁 61。
[158] 重傷者，均空運列多。

後方部隊較為適用外，第一線部隊，以用無線電報或電話為最佳，[159]最近美國麥支隊所用者，其重量約為 5 磅，輕便無比，較之我軍所用者，笨而且重，則靈活多矣。

因有線電話，在第一線森林中，不僅架設、撤收困難，且易被竊聽破壞；惟無線電之通信距離，因森林天候關係，通常較在平原地帶為短。

(六)相關情報

美方之情報不確，乃作戰初期之最大錯誤。美方情報來源，大多數來自 V 字軍，此種 V 字軍之組織，係利用當地土民，既無軍事常識，又不敢深入敵後，彼等即利用住居敵方之親友，互通消息，道聽途說，甚不可靠，且常有洩露我軍行動之危險。在卅二年十月至十一月之間，總指揮部以情報不確，對敵情估計錯誤，[160]限制本師之兵力使用，令一一二團[161]擔任五十餘英里之正面，致發生爾後逐次使用兵力及混亂建制之弊。[162]

九、各人各部隊之功勳記事

表一之一、虎關區請獎事績表

駐印軍陸軍新編第一軍新三十八師緬北虎關區請獎事績表					
部　別	級　職	姓　名	戰役地點	功　績　事　實	備考
司　令　部	少將副師長	唐守治	各戰役	對虎關區諸戰役，襄助指揮策劃極得力，致獲戰勝之局。	
第一一二團	上校團長	陳鳴人	于邦、臨濱諸役	該團自卅二年十月下旬起，開始向敵攻擊先後佔領新平洋、卡拉卡、拉家蘇、康道、臨濱、下老家等地，與優勢之敵激戰二月餘，確保大龍河右岸地區。使師主力進出容易，該員厥功甚偉。	
第一一二團	中校	梁砥柱	于邦、臨	輔佐指揮策劃佈署，不遺餘力，並親自奔	

---

[159] 最好每排有輕無線電機（W，TP 一部）。

[160] 美方素喜對敵人估計過低，現時仍犯此弊。

[161] 欠迫擊砲及汽車、騾馬部隊。

[162] 《虎關區戰役》(第一號)，頁 62。

	副團長		濱諸役	走各處監督視察，晝夜不懈。	
第一一二團 第 一 連	上尉連長	劉益福	臨 濱	十二月一日以一連之兵力，固守臨濱，擊退敵精銳一大隊之眾，當敵人衝入鹿砦接近壕坑時，尤能沉著應戰。予敵重創，斃敵中隊長原良及小隊長 2 員、兵六十餘名，並奪左輪 2 枝、輕機槍 1 挺、步槍廿餘枝，命令、地圖多件，使陣地轉危為安，收穫甚大。	
第一一二團 第 一 連	上士班長	向 鼎	臨 濱	十一月廿八日我軍佔領臨濱，全賴該士自告奮勇擔任搜索，迅速報告敵情，使我主力不受損失，立即佔領該地，且屢次殺敵致果，負傷不退。	
第一一三團 第 二 連	中士班長	劉興意	于 邦	十二月廿八日在于邦搜索敵埋伏區，被敵發現。我搜索兵 1 名當陣亡，時餘 1 名失去連絡。該士勇敢沉著，獨自 1 人將陣亡搜索兵之槍攜回，並擊斃敵 1 名，次日原往原處搜索，得知失連絡之搜索兵亦已陣亡，又將其槍攜回。並派往連絡友軍，於困險中達成任務。	**163**
第一一二團 第 三 連	一等列兵	龍伍良	于 邦	十二月廿三日營指揮所被敵包圍，四面八方全是敵人，無法與外連絡。該兵膽大心細，冒險突出重圍，自行開路到達團指揮所，接收命令而返，完成最難之任務。	
第一一二團 機 一 連	上士槍長	王銀選	臨 濱	十一月十七日攻擊臨濱 688 時，該槍長以猛烈火力斃敵兵多名，使步兵佔領該處。次日敵圍攻我陣地，衝殺數次。該槍長以熾盛火力，制壓敵人輕重兵器，獨立作戰，使敵無法進攻，頓挫而去。	
第一一二團 戰槍二排	上等列兵	余元亨	臨 濱	當敵人圍攻陣地，該班傷亡過大，陣地守兵無幾。敵人將衝入交通壕，陣地發生搖動，該兵在樹上沉著以輕機槍向敵猛烈射擊，斃敵甚多。卒將敵擊退，轉危為安，	

---

163 《虎關區戰役》(第一號)，頁 63。

				挽回臨濱整個戰局。	
第一一二團戰槍二排	一等列兵	葉顯貴	臨濱	當敵人圍攻陣地，該班傷亡過大，陣地守兵無幾。敵人將衝入交通壕，陣地發生搖動，該兵在樹上沉著以輕機槍向敵猛烈射擊，斃敵甚多。卒將敵擊退，轉危為安，挽回臨濱整個戰局。	
第一一二團機七連	少尉排長	歐陽義	傑士舖	十一月十三日在傑士舖擔任排哨時，殲敵約五六十名，於該排哨陣地前，其中有敵指揮官山上中尉1員，獲該中尉機密文件多件。足見該排長指揮有方，沉著應戰，造成良好戰果。	
第一一二團衛生隊	少校隊長	張世超	于邦	去年十一、二月于邦戰役，在艱苦危難中搶救傷兵，熱心看護。確能沉著應付，措署有方。	
第一一二團迫砲連	上尉連長	彭煥文	于邦	于邦之役，該員奮勇從事指揮有方。是役我砲兵效果特優，致將堅強之敵陣摧毀無餘，節節潰敗。	*164*
第一一二團第一營	少校營長	李克己	于邦	該員於去年十一日于邦之役，以兵力過度分散、眾寡懸殊，致被敵圍困一月有餘，屹然不動。雖糧盡，掘芭蕉根以食；於蔓藤下取水為飲，尤能奮勇抵抗，使戰局轉危為安，殊屬可嘉。	
第一一三團	上校團長	趙狄	太柏家	該員率左翼隊渡大龍河，先後攻佔甘家、喬家，繼續攻佔緬北重鎮之太柏家，接通中印公路，開戰勝之端。繼渡大宛河攻佔馬高、拉樹卡；渡大比河、大奈河，攻佔山那卡。	
第一一三團第八連	中士班長	高九老	太柏家	太柏家戰役，該士率領該班單獨擊潰敵兵一班，並佔領其他陣地。全部推進時，身先士卒深入敵陣，致身負重傷。	
第一一三團第八連	上等列兵	彭汝賢	太柏家	太柏家之役，該兵擔任搜索長，接近敵人至廿餘碼，沉著勇敢，探知敵兵力與陣地	

---

164 《虎關區戰役》(第一號)，頁64。

				狀況，不失時機，迅速轉回報告，供攻擊之良好資料。	
第一一二團第 八 連	一等列兵	卜老興	太柏家	太柏家之役，該兵擔任搜索兵，勇敢接近敵陣探察敵情，雖至負傷，仍待達成任務後，始離班就醫。	
第一一三團通 信 排	一等炊事兵	歐云清	太柏家	於一月二十一日，太柏家送飯時，負傷不退。	
第一一四團	上校團長	李 鴻	于 邦孟羊河	該團於十二月廿七日，攻克于邦家敵之堅強陣地，擊斃敵五十五聯隊第二大隊長管尾少佐。又一月十日起，在孟羊河與敵激戰，擊斃敵五十五聯隊第一大隊長宇生少佐，繼任大隊長窒隅大尉等中下級軍官共9員，實為該員指揮有方。	165
第一一四團第 一 營	少校營長	彭克立	于 邦	沉著勇敢、判斷敵情確實、指揮靈活、策略有方，自十二月廿四日至廿六日，親率士卒向敵衝殺，於是日攻克于邦敵之前進堅固陣地，斃敵中隊長以下 41 員名。又元月廿七日至二月九日，在孟羊河圍殲頑敵，擊斃敵代理大隊長窒隅大尉以下屍體83 具遺棄陣地，卒將敵堅固陣地攻克，不屈不撓，功績卓著。	
第一一四團第 一 連	准尉代排長	劉 舜	于 邦	十二月廿五日，在于邦攻擊時擔任佯攻。該員冒險前進，最先窺破敵人弱點，迅速攻入敵陣，得使爾後奏功。	
第一一四團第 一 連	下士副班長	盧果林	于 邦	勇敢沉著，受傷不退。於十二月廿四日攻擊 NX0488 時，該士任右翼埋伏，左肘受傷，彈未出裹傷，追擊斃敵 1 名，直至佔領該地。兩日後，連、排長均見其傷，重彈未出，即勸其住院。該士聲言無關重要，繼則自行忍痛將彈拔出。其堅忍之精神實堪欽佩。	
第一一四團	上士排附	李洪賓	孟羊河	受傷不退。於二月六日二時許，當在敵企	

---

165 《虎關區戰役》(第一號)，頁65。

第 二 連				圖突出之路，令其率兵 8 名，擔任埋伏。此時敵砲火向該埋伏區猛擊，該士勇敢應戰，身負重傷，在當時戰況中，仍堅忍支持至七日十時，方至醫院休養。	
第一一四團第 二 連	下士副班長	袁樹雲	孟羊河	孟羊河之役，該兵英勇沉著。二月二日曾冒敵增援部隊之猛烈砲火，監視河邊。使被圍之敵無隙可竄，並以手榴彈擊斃敵軍官、士兵十餘員名。	
第一一四團機 一 連	少尉排長	吳湘益	于 邦	受傷不退，該員十一月廿五日，於于邦負傷。當部隊立足未穩時，雖負傷尤能從容指揮，使敵人受挫而退。	
第一一四團機 一 連	上等槍手兵	李佑剛	孟羊河	受傷不退，該兵於二月六日，於孟羊河為敵槍榴彈所傷，當敵衝擊甚烈時，並未因傷思退後。數日不能進食，方入院醫治。	166
第一一四團第 二 連	上尉連長	蔣又新	孟羊河	孟羊河之敵經該連斷其交通，形成包圍後，其增援部隊於二月一、二日，曾與被圍之敵猛烈向我夾擊。該員於情況極端艱苦之下指揮有方，勇敢沉著血戰數日，終將外援之敵擊潰，致爾後被圍之敵，完全就殲。	
第一一四團第 四 連	上士排附	黃慶忠	于 邦孟羊河	十二月卅一日，于邦戰役勇敢沉著，曾以輕機槍斃敵 4 名，並值連、排長傷亡之際突擊。混戰之時，能掌握所有士兵，固守衝鋒到達點，沉著應戰確保陣地。	
第一一四團第 二 營	少校營長	李卓彧	于 邦	沉著勇敢、剛毅果斷、負病指揮、勇於趨功。十二月廿九日身先士卒，攻克于邦敵之堅固主陣地，使敵不能在大龍河西岸立足。又在孟羊河作戰，連克敵陣地數處。繼任迂迴先鋒，進戰森邦家，切斷敵之後方交通線，完成包圍使敵潰敗。達成任務，功績卓著。	
第一一四團	下士副班長	楊善灼	于 邦	勇敢沉著，負傷不退。該士於十二月三十	

《虎關區戰役》(第一號)，頁 66。

第 四 連				日於于邦之役，被槍榴彈炸傷面部時，戰鬥猛烈，該士率領步兵數名沉著應戰，並云我雖受傷決不後退，願與已死同志復仇。	
第一一四團第 五 連	二等列兵	周龍春	于　邦	勇猛沉著，負傷不退。該兵於于邦之役擔任輕機槍射手，攻擊時被敵槍榴彈炸傷左臂時，仍奮勇前進，沉著射擊。	
第一一四團第 五 連	上尉連長	張仕侗	于　邦孟羊河	于邦之役計畫周密，指揮適當。親率主力襲擊敵後，即將第三線陣地佔領，使敵前後受迫，於是整個潰退。收穫甚大。孟羊河之役工事縱橫，為敵之決戰防禦地帶。而該員指揮有方，每次奇襲均出敵意表，在六日內連奪敵陣地 5 個，斬獲甚夥。森邦家之役，在孟羊河營奉命斷敵後路，該連任前衝開路，行動迅速，途中遇敵 6 次，殲敵甚眾，使營能迅速達成任務，致敵崩潰。總計該連斃敵一百餘人，使戰局改觀。	167
第一一四團第 五 連	少尉排長	張有春	于　邦	十二月廿八日于邦之役，該員身先士卒，勇敢衝殺，最先攻入敵陣，致使敵人迅速崩潰。	
第一一四團第 五 連	上士排附	曾少培	于　邦	十二月廿八日于邦之役，不待命令即代排長負傷後之職務，勇於負責，並首先猛勇衝殺，一舉突破敵陣。	
第一一四團第 五 連	中士班長	張鶴勛	于　邦	十二月廿八日于邦戰役中，與配屬之機槍班長唐國精，擊落敵樹上重機槍 1 挺，致能迅即擴張戰果，繼續衝殺突破敵陣。	
第一一四團第 五 連	下士副班長	吳昌輝	于　邦	該士於十二月廿九日于邦之役，身負重傷，尚前進投手榴彈衝殺敵人，斃敵甚多，致爾後攻擊于邦，甚為順利。	
第一一四團第 五 連	下士副班長	王文明	于　邦	同　　　上	

---

167 《虎關區戰役》(第一號)，頁 67。

第一一四團 第　五　連	下士副班長	樂朝用	于　邦	同　　　上	
第一一四團 第　五　連	下士炊事長	王福官	孟羊河	於送飯時，在敵機槍封鎖線上，連中 3 彈尚奮不顧身，拖下受傷戰友，義氣可風。	
第一一四團 第　五　連	上等列兵	周元生	于　邦	于邦之役該兵搜索精細、射擊準確，擊落敵樹上輕機槍 1 挺，並奮勇射擊，致使敵火制壓，攻擊順利。	
第一一四團 第　五　連	上等列兵	官福生	于　邦	于邦戰役攻擊時，該兵奮勇衝殺，負傷不退。並獲敵電話線 2 圈，繼續向前與敵搏鬥。	
第一一四團 第　五　連	上等號兵	周介昌	于　邦	負傷不退，並獲敵要圖 2 份。該兵於攻擊時，令隨第二排後奏號衝鋒，該排長令向連長取連絡時，致臀部受敵彈傷，仍忍痛繼續服務，毫不言退。	*168*
第一一四團 第　五　連	下士副班長	楊長雄	于　邦	勇敢殺敵，負傷不退，該士於十二月廿八日，攻擊于邦陣地時，臀部被敵砲彈炸傷，仍繼續衝殺頑強之敵，不顧痛苦，其勇敢之精神可嘉。	
第一一四團 第　五　連	一等列兵	甘子清	孟羊河	於孟羊河戰役，距敵數公尺，副班長、槍兵均負傷，親接機槍單獨戰鬥，擊退當面之敵。	
第一一四團 第　五　連	上等列兵	許任水	于　邦	勇敢殺敵，負傷不退。於攻擊孟羊河敵陣時，該兵奮不顧身致正猛撲之際，頭部被敵槍榴彈炸傷，但仍不顧一切，繼續衝殺。	
第一一四團 第　六　連	少尉排長	秦起勛	孟羊河	負傷不退，忍苦堅持，克能殺敵致果。率部一再向敵衝殺，擊潰殘敵。該排長奉命攻擊孟羊河時，敵以猛烈火力阻止。該員雖中彈負傷，仍沉著指揮，攻佔該處陣地。	
第一一四團	一等列兵	許貴三	于　邦	十二月廿九日，于邦之役攻擊時，負傷後	

---

168 《虎關區戰役》(第一號)，頁 68。

第 六 連				不顧自身危險，迅將傷友救下，義氣可嘉。	
第一一四團 第 六 連	一等列兵	賴金水	于　邦	于邦之役，該兵深入敵陣，勇敢殺敵，斃敵數名。	
第一一四團 機 二 連	上尉連長	張祖基	孟羊河	該連全體官兵於屢次戰役中，均能發揮其特殊效能，足見平日教導有方，指揮適當。	
第一一四團 機 二 連	少尉排長	曾令群	孟羊河	十二月廿八日于邦之役，掩護步兵衝鋒時，該員冒險向前觀測，發現敵向我側擊重機槍1挺。即迅速指揮槍長發射，卒將該槍消滅，且諸戰役該員沉著勇敢、指揮得力，致能發揮特效，使敵無法擡頭。	
第一一四團 機 二 連	少尉排長	徐桐生	孟羊河	指揮適宜，殲敵甚多，尤以孟羊河之役。該員能以不顧敵火之猛烈，發揮我重機槍之特效，使敵傷亡過重，迅速崩潰。	
第一一四團 機 二 連	上士槍長	唐國精	于　邦	十二月廿八日于邦戰役，在極端危險之際，奮勇向前，擊落敵重機槍1挺，減少我步兵衝鋒之傷亡。	*169*
第一一四團 機 二 連	上等列兵	廖炎奎	于　邦	於十二月廿八日于邦之役，當敵人反撲之際，因敵火猛烈，中彈負傷。但該兵仍能堅忍不退，與敵搏鬥。	
第一一四團 機 二 連	上等列兵	李桂標	于　邦	同　　上	
第一一四團 機 二 連	上等列兵	區芳楊	于　邦	同　　上	
第一一四團 機 二 連	二等列兵	劉　興	于　邦	同　　上	
第一一四團 第 七 連	准尉代排長	藍毓華	孟羊河	該排於孟羊河之役，被敵數次猛攻並受圍困3日，均能沉著指揮。斃敵甚多，陣地終能固守，致戰局改觀。	
第一一四團	上士班長	羅金全	孟羊河	孟羊河戰役，陣地被敵重機槍掃射，無法	

---

169 《虎關區戰役》(第一號)，頁69。

第七連				抬頭。該士以手舉槍射擊擊退敵人，以致雙手受傷，全班迅速佔領敵陣。	
第一一四團第八連	上士代排長	王德治	孟羊河	受傷不退，奮勇殺敵。該士於一月九日在孟羊河戰役，第一班傷亡過重，以致被敵將該班支點佔領。適第三排增援時，即令率第七班全部，襲擊被佔之陣地。當以敵火猛烈，致臀部被敵槍榴彈炸傷，此時正值危急之際，身雖負傷，仍然掌握所屬猛攻，將敵擊退，嗣經重兵已致，即赴團衛生隊取出破片。次日帶傷重赴前方殺敵，如此忠勇，實堪欽佩。	
第一一四團第八連	中士代排附	薛忠敖	孟羊河	勇敢殺敵，並以手榴彈破壞敵重機槍。致於孟羊河之役，攻擊順利，減少傷亡，並獲重機槍各種零件。	
第一一四團第九連	上等列兵	吳　相	孟羊河	孟羊河攻擊時，該兵手持衝鋒槍衝入敵戰壕，斃敵多名，敵即向後潰退。	
第一一四團第九連	上等列兵	伍　番	孟羊河	該兵在攻擊孟羊河當面之敵時，被敵破片炸傷右肩，但該兵仍續行戰鬥，直至換防後，始入院將破片取出。	170
第一一四團第九連	中士班長	羅日新	孟羊河	該士於攻擊孟羊河當面之敵時，右肩被破片炸傷，而該士仍能繼續指揮，勇猛攻擊，直至全營換防時，終未離隊。	
第一一四團第九連	一等列兵	孫成章	孟羊河	該兵於攻擊孟羊河之敵時，右手姆指為破片炸傷，而該兵仍能繼續發射輕迫擊砲，支援全部攻擊，至全部換防時，終未離隊。	
第一一四團機三連	上士班長	劉漢忠	孟羊河	元月十六日孟羊河之役，當危急之際，無步兵掩護時，能孤槍與敵對峙，不屈不撓，消滅敵人甚眾後，當機槍發生故障時，奮不顧身，即以手榴彈擊斃敵人廿餘。並率領全班與敵肉搏，終將敵人擊退，使機槍得以保全。	

---

170 《虎關區戰役》(第一號)，頁 70。

第一一四團機　三　連	上等列兵	李明友	孟羊河	元月十六日孟羊河之役，前進時機槍尚未架穩，約廿名之敵猛烈來攻，一敵兵用刺刀衝刺。該兵接過刺刀，順將敵兵拖倒，並將敵兵擊斃。該兵手被劃傷，並受傷數處而未退，且續以手榴彈擊斃前來搶槍之敵，近廿名。終能達成任務，並獲步槍 1 枝。	
第一一四團戰槍三排	二等列兵	林浩潘	孟羊河	負傷不退，並以手榴彈斃敵 1 名。該兵於元月十二日，在孟羊河陣地敵向我猛襲時，被槍榴彈擊傷，而後敵衝近陣地，該兵隨班長死守陣地，沉著射擊，實有與陣地共存亡之堅志。	
第一一四團戰槍三排	二等列兵	徐　鏡	孟羊河	同　　上	
第一一四團迫　砲　連	上士代排附	雷發清	孟羊河	孟羊河攻擊時，該士不顧敵人火力之猛烈，勇敢指揮，兩砲發揮最高度之威力，卒將任務完成。	
第一一四團迫　砲　連	中士班長	孫國光	孟羊河	協同第一營，在孟羊河消滅被圍圈外增援之敵，沉著發射，斃敵甚多。	*171*
第一一四團通　信　排	上士器材	馬宏鑄	孟羊河	派赴第二營守總機，受傷不退，忠勤任職。該士於孟羊河之役，掩蔽部被敵砲彈破穿，以致負傷，但該士等因感人少責重，毅然不退。	
第一一四團通　信　排	上等通信兵	楊臣孝	孟羊河	同　　上	
第一一四團衛　生　隊	下　士擔架班長	任湘岳	孟羊河	負傷不退，奮勇救護。該士在孟羊河攻擊時，於敵火猛烈下，率兵前往陣地搶救傷兵，不意為敵砲碎片擊傷頭部，而該士奮不顧身，卒將傷兵安全搶回，事後裹傷不退，仍繼續努力救護傷兵。	
第一一四團衛　生　連	上等看護兵	陳世恩	孟羊河	奮勇救護，並擊斃敵兵 2 名。	

171 《虎關區戰役》(第一號)，頁 71。

第一一四團 衛 生 隊	上等擔架兵	楊樹洲	孟羊河	各戰役中，該兵不畏敵火力之猛烈，迅速搜索傷兵。熱心忠勇，殊屬可嘉。	
第一一四團 第 四 連	上等列兵	陳德光	森邦家	於森邦家之役，單身與敵肉搏達 1 小時之久，終斃敵 1 名，並獲步槍 1 枝。	
第一一四團 第 八 連	少尉排長	馬雲龍	孟羊河	孟羊河之役，攻擊第七連被圍之右翼敵陣地，向敵右支點掃蕩，時值敵砲火猛烈，以致頗有傷亡。該排再接再勵，親帶機槍 2 挺，步槍兵 3、4 名奮不顧身。元月十三日，終將敵陣地佔領。	
第一一四團 第 八 連	上士班長	禹頌雲	孟羊河	元月十四日，孟羊河戰役敵屢次向該兵衝鋒。與敵肉搏數次，均能沉著殺敵，並以手榴彈炸毀敵機槍 1 挺。	
第一一四團 第 八 連	中士班長	徐朝國	孟羊河	於孟羊河之役，敵向該班衝鋒時，值機槍發生故障。該士臨危不懼，自以手榴彈及衝鋒槍與敵搏戰，終將敵擊退。	
第一一四團 第 八 連	上等列兵	龔振聲	孟羊河	元月七日，孟羊河之役。個人以手榴彈夜襲敵巢，斃敵數名。	*172*
第一一四團 第 八 連	一等列兵	朱紹洪	孟羊河	元月六日，於孟羊河之役在斥候戰時，優勢之敵以猛烈火力向我射擊。該兵奮不顧身，冒險挺而向前，援救斥候組。敵被擊退，斥候安然返防。	
第一一四團 戰槍三排	中士班長	張傑仁	孟羊河	於孟羊河之役，率領第七連輕機槍組，與敵對抗。當敵襲擊時，機槍發生故障，全組受傷。當時該班長能沉著與敵肉搏，並以手榴彈將敵擊退。	
第一一四團 第 二 連	上士班長	吳少修	于 邦孟羊河	於于邦之役，該士在衝殺時，被敵彈擊傷，但仍能忍痛不退，繼續指揮全班攻擊。嗣於孟羊河戰役，該士尤能勇猛沉著，斃敵甚多。	
砲兵指揮組	少校參謀	劉樹森	各戰役	該員於各戰役中，機智勇敢。親赴前線觀測，使發射多數命中，壓倒敵人砲兵，使	

172 《虎關區戰役》(第一號)，頁 72。

				攻擊甚為順利。	
山砲第二營	少校營長	蘇　醒	各戰役	先後各戰役，該營之射擊支援，影響全部戰局勝利甚大。該營長實屬計畫周詳，指揮有方。	
第　六　連	上尉連長	田世藩	于　邦	指揮有方、熱心盡職，充分發揮砲兵功效。于邦之戰雖在森林觀測困難之地形，仍適時運用砲火摧毀敵陣，開戰勝之端。且能隨迂迴部隊繞至敵後，不顧困難，適時迅速以火力支援，達成包圍殲敵任務，影響每次戰鬥，收穫甚大。	
第　六　連	中尉觀測員	尹宗漢	于　邦	十二月廿四日于邦之役，該員能在敵火極度猛烈之下，隻身潛伏至敵主陣地前30碼處，實施奇襲射擊之觀測，將敵強固陣地工事完全摧毀，並擊斃敵人甚眾，致使我軍以輕微犧牲，奪取敵陣。影響該役戰鬥，收穫其鉅。	*173*

表一之二、虎關區戰役官兵死績表

駐印軍陸軍新一軍新編第三十八師緬北戰役官兵死績表						
部　別	級　職	姓　名	戰役地點	壯　　烈　　事　　實	陣亡地點	備考
第一一二團第　一　連	上士排附	谷　斌	臨　濱	屢次給予重大任務，均能完成。臨濱之役，奮勇殺入敵陣，致中彈殉職。	臨　濱	
第一一二團第　一　連	下士副班長	石　贊	臨　濱	該士攻防均能盡職，殺敵致果。不幸臨濱戰役攻擊時，因勇敢過度，中彈陣亡。	臨　濱	
第一一二團第　一　連	一等列兵	羅德明	臨　濱	臨濱之役，該兵不避危險，擔任傳令。通過敵陣完成任務，忠勇可嘉。惟返回復命時，不幸被敵輕機槍掃射，中彈陣	臨　濱	

---

173 《虎關區戰役》(第一號)，頁73。

				亡。	
第一一二團 第　一　連	一等列兵	賴光揚	臨　濱	屢次自抱奮勇，要求擔任搜索，殺敵甚夥。臨濱之役，因勇敢過度，被敵擊中而亡。	臨　濱
第一一二團 第　一　連	一等列兵	楊少欽	臨　濱	臨濱之役，屢次完成搜索任務，並抱奮勇殺入敵陣，致不幸中彈陣亡。	臨　濱
第一一二團 第　一　連	二等列兵	段海堂	臨　濱	該兵勇於盡職，抱病不休。當臨濱攻擊時，自告奮勇殺入敵陣，不幸陣亡。	臨　濱
第一一二團 第　四　連	中尉排長	樓世文	沙　老	沙老之役，該員身先士卒與敵肉搏，殺敵甚眾，中彈陣亡。	沙　老
第一一二團 第　五　連	中尉排長	劉　治	于　邦	于邦之役，該員勇敢殺敵，奮不顧身衝入敵陣，中彈殉職。	于　邦
第一一二團 第　六　連	中尉排長	韓　文	沙　老	該員在各戰役中作戰，異常勇敢，指揮甚為適切。沙老之役，因身先士卒，被敵猛擊，連中數彈殉職。	沙　老	**174**
第一一二團 衛生隊	中士班長	劉青雲	臨　濱	各戰役中，該士不畏敵衝殺，搶運傷兵。致臨濱戰役，不幸陣亡。	臨　濱
第一一四團 第　三　連	上尉連長	許炳新	于　邦	於十二月廿四日攻擊于邦附近之敵，該連佔領敵陣地之一部時，敵頑強抵抗，死守不退。陣地爭奪，演成極猛烈之戰爭。該員身先士卒，即以手榴彈猛擊，並率全連搏鬥，衝鋒數次，繼將敵大部殲滅，致連中數彈殉職，開殲滅戰之新紀錄。	于　邦
第一一四團	上尉連長	湛茂棠	于　邦	於十二月廿八日佔領于邦右端	于　邦

---

174 《虎關區戰役》(第一號)，頁74。

第　四　連				後，旋轉向于邦左端敵主陣地猛擊。殘留之敵仍據守支點，對我頑抗，不斷向我逆襲。該員奮不顧身，反向敵之側翼猛襲，致將敵全部擊潰，並斃敵甚多，然不幸中彈殉職，功績甚偉。		
第一一三團第　一　連	少尉排長	高冠芳	恩藏卡	二月廿六日午後四時，該員率領所部，攻擊當前之敵，身先士卒，衝入敵陣，不幸飲彈殉職。	恩藏卡	
第一一三團第　二　連	少尉排長	易昌耀	卡杜渣卡	二月八日卡杜渣卡之役，小河以南之敵得增援部隊到達後，猛向我易排反撲。當敵頓挫之際，該員身先士卒，向敵出擊，不幸陣亡，實堪惋惜。	卡杜渣卡	
第一一三團第　三　連	上士排附	宋正邦	太柏家	該士自作戰以來，熱心負責、奮勇爭先。不幸於太柏家之役，代行排長職務時而陣亡，實堪痛惜。	太柏家	*175*
第一一四團迫　砲　連	少尉排長	史全新	于　邦	十二月廿五日于邦之役，於第一線擔任觀測。在敵砲火下勇敢沉著，觀測精確，得以發揚砲火威力，因緊隨第一線步兵前進，不幸中彈殉職。	于　邦	
第一一二團第　八　連	上尉連長	趙振華	拉加蘇	於九月十八日，該員率兵一排攻擊下龍時，斃敵甚眾，並俘敵探 1 名。又於十一月十八日，攻佔拉加蘇時，身先士卒衝殺敵陣，因敵火猛烈，致中數彈殉職。然以該員勇敢指	拉加蘇	

---

175 《虎關區戰役》(第一號)，頁75。

				揮，致將頑強之敵擊潰。		
第一一四團第二連	少尉排長	龔俊	于邦	去年十一月廿五日，攻擊于邦西北敵據點時，身先士卒，奮不顧身衝入敵陣內，不幸殉職，實屬忠勇可嘉。	于邦	
第一一四團第二連	下士班長	肖年龍	孟羊河	二月六日，該士率該班任孟羊河右翼陣地之埋伏。敵首以摸索態勢，冀於該班陣地前突圍，以熾盛之火力威脅。該士臨危不亂，尤能沉著指揮，使敵迫近陣地，始予狙擊，斃敵十餘人。該士奮不顧身，生俘敵今田寬敏 1 名，獲輕機槍 1 挺、步槍十餘枝，使我爾後之戰鬥更為有利。惜於二月八日為敵砲擊中殉職。	孟羊河	
第一一四團第三連	少尉排長	譚家權	于邦	該員攻擊于邦時，身先士卒奮勇突入敵陣後，不幸中彈殉職。	于邦	
第一一四團第三連	准尉排長	何國民	于邦	該員攻擊于邦時，身先士卒奮勇突入敵後，不幸中彈殉職。	于邦	
第一一四團機三連	上等列兵	蘇濟南	孟羊河	於孟羊河之役，為搶救機槍奮不顧身，被敵擊中頭部，忠勇殉國。	孟羊河	176
第一一二團第五連	上尉連長	江曉垣	于邦	該員於去年十一月一日，於于邦之役身先士卒，與敵遭遇劇烈之戰鬥，斃敵四十餘名。當因敵火力猛烈，該員奮不顧身繼續向前猛撲，致連中數彈殉職。	于邦	177

---

176 《虎關區戰役》(第一號)，頁 76。

177 《虎關區戰役》(第一號)，頁 77。

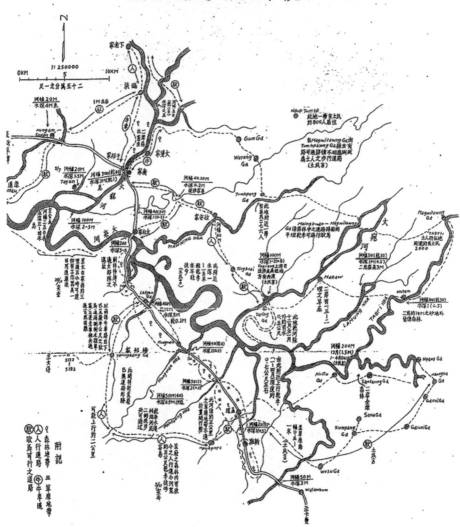

圖一之五、虎康區附近地誌圖[178]

---

178 《虎關區戰役》(第一號)，頁78。

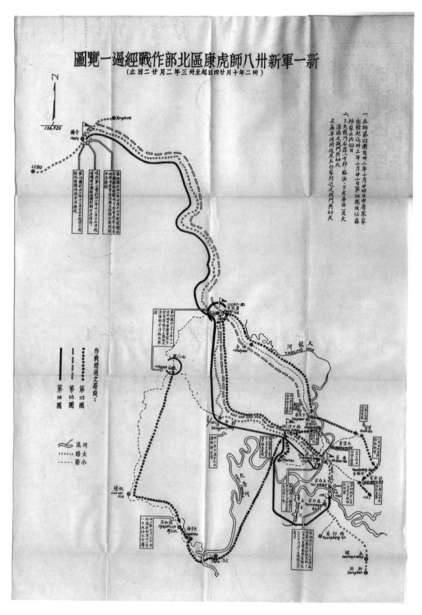

圖一之六、虎康區北部作戰經過一覽圖(32 年 10 月 24 日~33 年 2 月 22 日)[179]

---

179 《虎關區戰役》(第一號),頁 79。

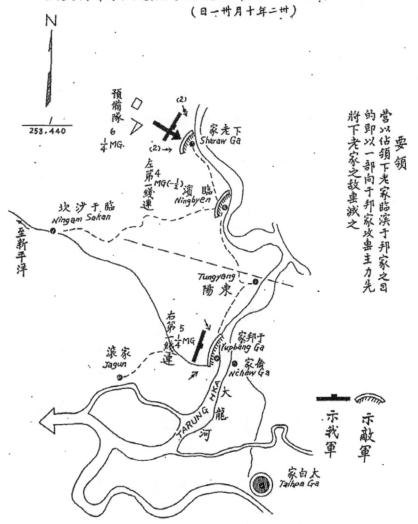

圖一之七、新一軍新卅八師第一一二團第二營大龍河附近攻擊部署要圖
(32 年 10 月 31 日)[180]

---

180 《虎關區戰役》(第一號)，頁 80。

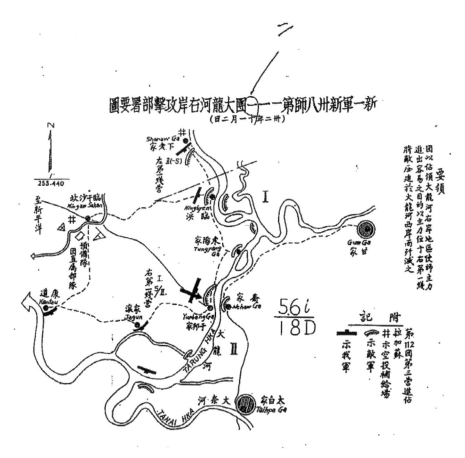

圖一之八、新一軍新卅八師第一一二團大龍河右岸攻擊部署要圖
(32 年 11 月 2 日)[181]

---

181 《虎關區戰役》(第一號)，頁 80。

圖一之九、新一軍新卅八師於大龍河右岸攻擊部署要圖
(32 年 12 月 23 日 16 時頃)[182]

182 《虎關區戰役》(第一號)，頁81。

附表一之一、虎康區戰役死傷統計表[183]

駐印軍陸軍新編第一軍新三十八師虎康區戰鬥詳報第一號附表一						
中華民國 32 年 10 月 24 日至 33 年 2 月 22 日　陸軍新編第一軍新三十八師死傷表						
區分 ＼ 隊別			第一一二團	第一一三團	第一一四團	砲兵營	工兵營	合 計
戰鬥參加人員	人員	戰 鬥 員	113	112	120	46	27	418
		非戰鬥員	31	32	29	5	4	101
		戰 鬥 兵	2252	2053	2328	566	528	7727
		非戰鬥兵	202	200	192	61	42	697
	馬　　匹		245	246	232	335	49	1107
	合計	人員 官 長	144	144	149	51	31	519
		士 兵	3454	2253	2520	627	570	8424
		馬　匹	245	246	232	335	49	1107
死	人員	戰 鬥 員	12	3	10			25
		非戰鬥員						
		戰 鬥 兵	263	112	221	8	7	611
		非戰鬥兵	6	3	4			13
	馬　　匹							
	合計	人員 官 長	12	3	10			25
		士 兵	269	115	225	8	7	624
		馬　匹						
傷	人員	戰 鬥 員	13	8	25			46
		非戰鬥員		1				1
		戰 鬥 兵	306	290	453	13	8	1070
		非戰鬥兵	4	5	2			11
	馬　　匹							
	合計	人員 官 長	13	9	25			47
		士 兵	310	295	455	13	8	1081
		馬　匹						
生死	人員	戰 鬥 員						
		非戰鬥員						
		戰 鬥 兵						

---

[183] 《虎關區戰役》(第一號)，頁 82。

不	員	非戰鬥兵					
		馬　匹					
	馬　匹						
明	合	人	官　長				
	員		士　兵				
	計	馬　匹					
附記	一、表列各單位參加戰鬥人數以三十二年十一月上半月為準						

附表一之二、虎康區戰役武器彈藥損耗表[184]

陸軍新編第三十八師虎康區戰鬥詳報第一號附表二							
中華民國 32 年 10 月 30 日至 33 年 2 月 22 日陸軍新三十八師武器彈藥損耗表							
種　類		區　　分	第一一二團	第一一三團	第一一四團	砲兵第二營	合　　計	附記
消	彈	步　彈	154,300	45,850	85,750		286,300	
		30 重機彈	175,290	302,540	321,830		799,660	
		30 曳光彈	927				927	
		303 輕機彈	216,250	318,450	350,840		885,540	
		303 曳光彈			2,400		2,400	
	藥	45 衝鋒彈	65,750	95,270	125,650		286,670	
		60 迫砲彈	14,930	5,740	6,980		27,650	
		81 輕砲彈	3,240	3,980	4,530		11,750	
		81 重砲彈	1,590	2,560	3,250		7,400	
耗		75 山砲彈				8,163	8,163	
		75 煙幕彈				340	340	
		手榴彈	5,380	7,320	5,675		18,375	
損	武	30 步槍	77		51		128	
		303 輕機槍	8		2		10	
		30 重機槍	1					
失	器	45 衝鋒槍	21		12		33	
		60 迫擊砲						
備　考								

---

[184] 《虎關區戰役》(第一號)，頁 83。

十、俘獲戰績(照片)

附表一之三、擄獲文件清單[185]

陸軍新編第三十八師戰鬥詳報第一號附表三

中華民國 32 年 10 月 30 日至 33 年 2 月 22 日陸軍新三十八師擄獲表(甲)

種　類	區　分	數　量	附　記
俘虜	軍官		1. 俘虜日兵九名，內六名因傷重斃命，其餘三名為：
	士兵	22	(1)上等兵木冬一郎，第五十五聯隊第四中隊 (2)上等兵令田寬敏，第五十五聯隊第二中隊 (3)兵長田中信一 第五十六聯隊第二中隊 尼泊爾兵十一名、緬兵兩名(共二十二名)
戰利品（文件）	軍用地圖	56 張	
	敵情及兵力配備圖	3 張	
	作戰命令稿簿	1 本	
	電報稿簿	1 本	
	情報報告書	8 張	
	訓練要旨	1 張	2. 軍用地圖欄係要圖及詳圖之共計數
	教育計劃	1 本	
	彈藥申請書	1 本	
	作戰命令	4 份	
	駐印中國軍隊裝備編成表	1 份	
	見習官報告書	7 份	
	筆記本	12 本	
	私章	3 枚	
	敵軍教育令	1 本	
	信件	200 封	
	敵情記錄	1 本	
	事務聯絡	4 紙	
	橋報國書	1 本	
	皮圖囊	2 個	
	俸給支付簿	50 份	
	皮夾	3 個	

---

[185]《虎關區戰役》(第一號)，頁 84。

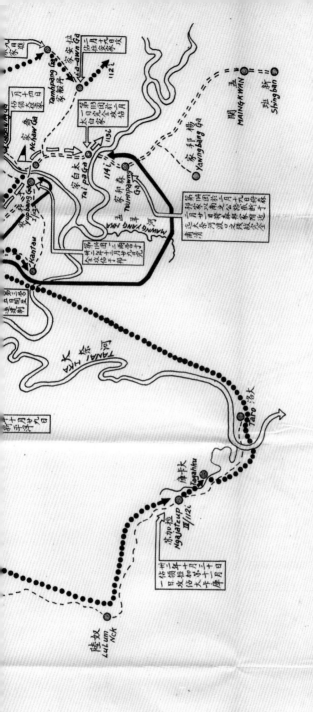

孟 關
MAINGKWAN

班 新
Shingban

加安拉
Kala-gwn Ga
Tambpang Ga
家邦母

112i

太二第
白第
家舊國

新巧家
Nchaw Ga

1156

家邦楊
Yawngbang Ga

瓦魯班
Walawbum

容白太
Tai-paGa

1141i

家和森
Tsumphawng
Ga

家羌津
Yupbang Ga

干卓
Kantau

森和家
河楊家邦
MAWNG YANG HKA

九月
公同
森我們國
波河南三
之家大第七
南青盟公月
清十師會卅
一渡軍之二
菌卓南會日
全師攻第師
攻團九五進
怕十月十至
和十卅二干
九三日日卓
克日南

大奈河
TANAI HKA

太洛
Taro

庫秋
Tsgahtu

新十
千月
津卅
九日

乔加拉
Ngajatzup

四/112i

一怕卅三
日領年月
攻卓初卅
怕大日日
和十乔庫
十二加秋
三月拉三
日卅

陸坂
Lulum
Nck

水河
路 大
路 小

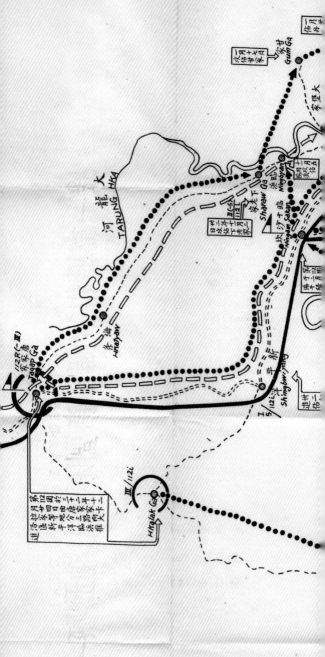

大龍河 TARUNG HKA

渡海 Hkahaw

1/2R(一III)家紅唐 Tragp Ga

1/2R(一III)家紅唐

日州成怡年下十一月十一日怡家三

下老家 Sharaw Ga

辛沙十喆 Nhsgun Sakan

法聪儿 Ningbyen 临四月十二日怡五日

家甘 Gum Ga

戊怡七書家月

家堡大

新手辛 Shingbwiyang

5/112i淳

1/112i淳

临子辛新子陸月间 進州怡二

III/112i Hkalak Ga

進造拉家第112 遠沿零新零甲同司 手地介由唐司於 洋三路淡六年地 拓大向家十一

作戰經過之路綫：

● ● ● ● ● ● ● ● 第 112 團

— — — — — — 第 115 團

———————— 第 114 團

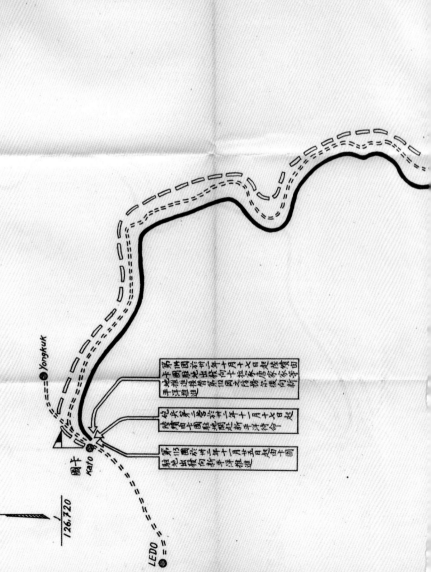

新一軍新卅八師虎康區北部作戰經過一週圖覽

（自卅一年十月廿四日起至卅二年三月二十二日止）

一、本師第114團由唐家森攻佔大森家廿四日第114團於卅一年十月廿四日由唐家森攻佔大森家

二、
1. 邦卡大森家龍河右岸自邦至於臨洪下天各區及大邦出發起止共122日
2. 洛區之戰鬥共60天孟羊河附近及大白家附近之戰鬥共62天

126,720

N

LEDO

Yongkuk

邦卡 Kato

第112團向卅二年三月廿一日進接替第114團地於卅二年三月十日向唐家森務推進換防後向新平洋地手

陸軍砲兵第一團於卅二年三月十七日起新平洋待命

鮮地於卅二年十一月廿五日起由卡新平洋向推進手

起居時間表	1 份	
軍事郵便	100 份	
入院報告表	1 份	
儲金通簿	40 本	
領物登記表	7 張	

附表一之四、擄獲武器裝備清單[186]

陸軍新編第三十八師戰鬥詳報第一號附表四			
中華民國 32 年 10 月 30 日至 33 年 2 月 22 日陸軍新三十八師擄獲表(乙)			
種　類	區　　分	數　　量	附　記
戰　利　品	步槍	283	
	輕機槍	17	
	重機槍	7	
	駁壳槍	1	
	左輪槍	6	
	槍榴彈筒	1	
	火焰放射器	1	
	破壞筒	1	
	步彈	12,200	
	機彈	29,500	
	迫砲彈	43	
	擲彈筒	422	
	地雷	7	
	手榴彈	82	
	零件包	2	
	防毒面具	42	
	望遠鏡	6	
	指揮刀	9	
	玻璃瓦斯瓶	1	

---

[186] 《虎關區戰役》(第一號)，頁 85。

附表一之五、虎關地區戰役負傷官佐姓名表[187]

駐印軍陸軍新編第一軍新三十八師戰鬥詳報第一號附表五					
駐印軍陸軍新編第一軍新三十八師各部緬北作戰負傷官佐姓名表　33 年 2 月　日					
部　別	級　職	姓　名	負傷地點	負傷月日	備　考
一一二團第一連	少尉排長	王堯	臨濱	32 年 11 月 21 日	
一一二團第二連	中尉排長	李純明	于邦	32 年 12 月 30 日	
一一二團第二連	少尉排長	聞修敬	于邦	32 年 11 月 8 日	
一一二團第三連	少尉排長	周浩	于邦	32 年 11 月 10 日	
一一二團第三連	准尉代排長	楊汝泗	加貢	32 年 12 月 15 日	
一一二團機一連	准尉代排長	趙煥章	于邦	32 年 11 月 22 日	
一一二團第四連	准尉代排長	王鎮球	甘卡	33 年 2 月 6 日	
一一二團第五連	上尉連長	蕭可人	大板卡	33 年 2 月 19 日	
一一二團第五連	准尉代排長	徐林青	于邦	32 年 10 月 30 日	
一一二團第六連	少尉排長	周羽	沙老	32 年 11 月 24 日	
第二營部	上尉副營長	范增壽	沙老	32 年 11 月 2 日	
第二營機二連	上尉連長	蔣學文	沙老	32 年 11 月 2 日	
第二營第八連	中尉排長	梁振壁	傑士舖	32 年 10 月 31 日	
一一三團第二連	准尉代排長	劉益球	卡杜渣卡	33 年 2 月 2 日	
一一三團第三連	中尉排長	牛志仁	泰柏家	33 年 2 月 6 日	
一一三團第三連	少尉排長	劉運江	泰柏家	33 年 2 月 6 日	
一一三團第四連	准尉代排長	盧曉南	東洋	33 年 1 月 6 日	'
一一三團第八連	上尉連長	吳友會	泰柏家	33 年 1 月 30 日	
一一三團第八連	中尉排長	徐心田	泰柏家	33 年 1 月 21 日	
一一三團第八連	准尉代排長	羅碧林	泰柏家	33 年 2 月 7 日	
一一三團迫砲連	上尉連長	黃寶信	泰柏家	33 年 2 月 1 日	
一一三團衛生隊	二等軍醫佐	邱幕康	泰柏家	33 年 2 月 2 日	
一一四團第二連	上尉連長	蔣又新	于邦	32 年 11 月 25 日	
一一四團第二連	少尉排長	李士廉	于邦	32 年 11 月 24 日	
一一四團第三連	少尉排長	李振寰	于邦	32 年 11 月 24 日	
一一四團第三連	准尉代排長	楊樂舟	孟洋河	33 年 2 月 6 日	

---

187 《虎關區戰役》(第一號)，頁 86。

部 別	級 職	姓 名	陣亡地點	陣亡月日	備 考
一一四團第四連	少尉排長	吳潔	于邦	33 年 1 月 2 日	
一一四團第四連	少尉排長	董玉坤	于邦	33 年 1 月 2 日	
一一四團第四連	准尉代排長	湛克	于邦	33 年 1 月 5 日	
一一四團第五連	少尉排長	李有宵	于邦	32 年 12 月 28 日	
一一四團第五連	少尉排長	張有春	孟洋河	33 年 1 月 16 日	
一一四團第五連	中尉排長	江復省	孟洋河	33 年 1 月 17 日	
一一四團第六連	上尉連長	陳悃	于邦	32 年 12 月 28 日	
一一四團第六連	中尉排長	邱國棟	于邦	33 年 1 月 15 日	
一一四團第六連	少尉排長	劉碧修	于邦	32 年 12 月 31 日	
一一四團第六連	准尉特務長	謝基型	于邦	33 年 1 月 6 日	
一一四團機二連	少尉排長	鐘文輝	于邦	32 年 12 月 28 日	
一一四團機二連	中尉排長	汪海濤	于邦	33 年 1 月 5 日	
一一四團第七連	上尉連長	李成亮	孟洋河	33 年 1 月 24 日	
一一四團第七連	准尉代排長	藍毓華	孟洋河	33 年 1 月 19 日	
一一四團第八連	上尉連長	喬子文	孟洋河	33 年 1 月 10 日	
一一四團第九連	上尉連長	陳高揚	于邦	32 年 12 月 24 日	
一一四團第九連	中尉排長	馬玉林	孟洋河	33 年 1 月 17 日	
一一四團第九連	准尉代排長	劉能爵	坎道	33 年 1 月 14 日	
一一四團機三連	少尉排長	王西候	孟洋河	33 年 2 月 13 日	
一一四團迫砲連	准尉代排長	潘金石	坎道	33 年 1 月 10 日	
一一四團輸一連	准尉代排長	劉震	孟洋河	33 年 2 月 15 日	
合　　計	共四十七員				

附表一之六、虎關地區戰役陣亡官佐姓名表[188]

新三十八師戰鬥詳報第一號附表六					
駐印軍陸軍新編第一軍新三十八師各部緬北作戰陣亡官佐姓名表　33 年 2 月　日					
部　　別	級　　職	姓　名	陣亡地點	陣亡月日	備　　考
一一二團第二連	少尉排長	莫自愚	于邦	32 年 11 月 8 日	
一一二團機一連	上尉連長	吳瑾	于邦	32 年 11 月 22 日	
一一二團第四連	中尉排長	樓世文	沙洛	32 年 11 月 1 日	

---

[188] 《虎關區戰役》(第一號)，頁 87。

一一二團第五連	上尉連長	江曉垣	于邦	32 年 11 月 1 日	
一一二團第五連	中尉排長	劉治	于邦	32 年 11 月 1 日	
一一二團第五連	准尉代排長	姜榮耀	于邦	32 年 11 月 4 日	
一一二團第六連	中尉排長	韓文	沙洛	32 年 11 月 2 日	
一一二團第三營	少校營長	陳耐寒	拉加蘇	32 年 12 月 27 日	
一一二團第八連	上尉連長	趙振華	傑士舖	32 年 11 月 26 日	
一一二團第九連	中尉排長	蔣喜	木売	32 年 11 月 11 日	
一一二團衛生隊	少尉排長	任近才	于邦	32 年 11 月 24 日	
一一二團第一連	中尉排長	趙振山	臨濱	32 年 11 月 20 日	
一一三團第二連	准尉代排長	易昌耀	泰柏家	33 年 1 月 25 日	
一一三團第七連	少尉排長	謝玉樓	泰柏家	33 年 1 月 30 日	
一一三團迫砲連	少尉排附	孟繁琴	泰柏家	33 年 2 月 10 日	
一一四團第二連	少尉排長	龔俊	于邦	32 年 11 月 25 日	
一一四團第三連	上尉連長	許炳新	于邦	32 年 12 月 24 日	
一一四團第三連	少尉排長	譚家權	于邦	32 年 12 月 24 日	
一一四團第三連	准尉特務長	何國民	于邦	32 年 12 月 24 日	
一一四團第四連	上尉連長	湛茂棠	于邦	33 年 1 月 5 日	
一一四團第七連	准尉特務長	吳福齋	孟洋河	33 年 1 月 21 日	
一一四團第八連	少尉排長	楊志誠	孟洋河	33 年 1 月 20 日	
一一四團機三連	少尉排長	李介忠	孟洋河	33 年 1 月 12 日	
一一四團迫砲連	少尉排長	史全新	于邦	32 年 12 月 19 日	
一一四團迫砲連	少尉排附	江政陶	孟洋河	33 年 2 月 14 日	
合　計	二十五員				

極 機 密

戰詳字第二號

第二本
虎關區後期戰役戰鬪詳報

自 民國三十三年二月廿三日 起 至 三月九日止

副軍長兼師長　孫立人

駐印軍新一軍新三十八師司令部編印

中華民國三十三年　月　日

第二本　虎關區後期戰役
詳細目錄

1　《虎關區戰役》(第二號)，目錄。

虎關區戰役　戰鬥詳報第二號
自民國三十三年二月二十三日起至三月九日止

一、戰鬥前敵我態勢之概要

虎關區之敵第十八師團，其第五十五、五十六兩聯隊之主力，在太柏家以北地區及孟洋河附近，被我左、右兩翼隊逐次擊敗後，迄一月二十日止，復因我兩翼隊之迂迴攻擊，將拉貌卡(Lamanwngga)及(NX1173)渡口與森邦卡公路之線切斷，敵感側背威脅，恐遭聚殲，乃不支整個潰退，當撤退中，被我兩翼隊之追擊部隊截擊與伏擊，傷亡慘重，遺屍遍地，其狼狽不可言狀，我右翼隊第一一四團在迂迴攻擊前進中，俘獲敵第十八師團準備撤退命令一件，(譯文附後)得知當面之敵，除在腰班卡(Yawngbangga)－拉征卡(Lakyenga)之線，設置收容陣地外，其主力撤退減緩以南地區集結，待機反攻。查敵第五十五、第五十六兩聯隊，自與本師作戰以來，為時三月有奇，因屢遭慘敗，傷亡重大，不僅士氣沮喪，且戰鬥力已極形薄弱，今後雖圖反攻，亦不過強弩之末耳。

「當本師右翼隊第一一四團，向森邦卡行迂迴攻擊之際，我第二十二師已奉命以主力向腰班卡進出，另一部則隨本師第一一四團後，由森邦卡沿公路向拉征卡前進，乘我軍諸戰勝利之餘威，向南潰之敵，逐步壓迫，該師於二月二十一日，在腰邦卡－拉征卡之線，與敵發生戰鬥。」

第五十六聯隊約一大隊以上之敵，附山砲 4 門，仍在拉貌卡及丹邦卡(Tumhpangga)以南地區，利用預行構築之堅固工事，及大宛河(Tawang Hka)之天險。企圖頑強抵抗，阻止本師南下。[2]

二月二十一日，本師奉到總指揮部作命第 10 號，關於本師任務及行動之要旨如下譯文：[3]

2　《虎關區戰役》(第二號)，頁 1。

3　《虎關區戰役》(第二號)，頁 2。

總指揮部一九四四年二月十八日作命第 **10** 號

地圖：一英吋四英里圖

一、情勢：

(一) 敵情：圖二之一(敵情配備圖)於 D 日宣佈後發給。

(二) 友軍：圖二之二(參考圖二之二)。

二、任務：

於 D 日即向東南及南推進，佔領沙都蘇(Shaduzup)以北高地。並確保之目標及作戰警戒線如圖二之二所示。

三、命令內容：

(一) 戰車第一營：

戰車第一營附第六十六團之第一營，於 D 日後二日 16 時，由其現駐地區移往太柏家南，及大奈河西附近地區，秘密集結待命迅速南向沿瓦魯班(Walaw Bum Shaduzup)路出擊，佔領據點。(參考圖二之二)該戰車營通過第二十二師時，由指揮官白郎上校與廖師長相互取得密切聯繫，於佔領敵陣地後須俟步兵到達確實佔領，戰車營及伴隨步兵於到達目的後，須重新佈置調整確保陣地。

(二) 新三十八師：

1. 一團控制為預備隊，為敵軍滲透部隊之警戒預備隊。置一營於(Ningam Sakan)，預備隊本隊(欠一營)位置於太柏家及巧家間。

2. 師(欠一團)於 D 日六時渡(LD)(圖二之二即大宛河)之線，南向迅速行動於其地區內，攻擊佔領目的地。[4]

(三) 第二十二師：

1. 第六十五團之第一營留駐大洛區，對西及西北作側翼警戒。

2. 第六十六團之第一營配屬於戰車第一營，由 D 日後二日起，歸戰車第一營營長白郎上校指揮。

---

[4] 《虎關區戰役》(第二號)，頁3。

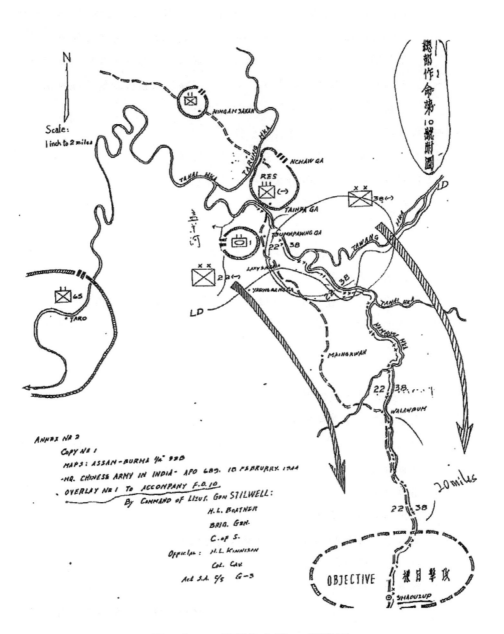

圖二之一、總部作命第 10 號附圖

　　3. 師(欠第六十五團之第一營,及第六十六團之第一營)於 D 日六時渡
　　　(LD)線(圖二之二),於其本區內迅速南向攻擊,佔領目的地。若戰
　　　車營附六十六團第一營,奉命超越第二十二師時,其通過須與第二
　　　十二師廖師長取得聯繫,且第二十二師須以強行軍緊隨戰車第一營
　　　之前進,以接防並確保已佔領之陣地。

(四) 指揮部隊之移動,以特別命令行之。

(五) 其他部隊在未奉特殊命令前,繼續其任務。

(六) 1. 同盟軍部隊於東西兩翼動作,另有命令。

　　　2. 新三十八師砲二營之第四連,於 D 日後二日歸還建制。

四、補給:

(一) 部隊之移動均備 3 日之糧及一彈藥基數。

(二) 太柏家為總補給站。

(三) 戰車營於 D 日前,各項補給段於新平洋,D 日後於太柏家。

(四) 其他後方勤務事項,參考 ADM 命令第 3 號,一九四四年二月八日圖
　　　二之三。

五、通信:

(一) 如目下使用之通信規定所示。

(二) 戰車營之無線電在與敵接觸前,禁止使用。[5]

(三) 通信中心點:新平洋、于邦、太柏家、孟關、華羅奔、沙都蘇
　　　(Shaduzup)

(四) 指揮所:
　　　指揮部由新平洋至太柏家。
　　　新三十八師在 D 日前,在巧家以後待報。
　　　第二十二師待報。
　　　戰車營部待報。

　　　　　　　　　　　　　　　　奉史總指揮之命包特諾少將參謀長

5　《虎關區戰役》(第二號),頁 4。

　　本師奉命後，即重行部署兵力，沿大奈河、南僕河(Nambyu Hka)以東地區，向當面之敵進擊，關於敵軍陣地之狀態，如譯文所述，並按敵第十八師團之陣地編成計畫，擬由梅陣地帶(即大宛河附近，參看譯文別紙第二，表二之一)，向我轉處攻勢。

附敵軍重要文件譯文

　　其一：敵菊作命甲第165號命令及計畫
　　(註：本件係本師第一一四團於二月六日，在孟洋河擊斃敵室隅大隊
　　長，搜獲所得。)

菊作命甲第165號
第十八師團命令
十二月二十四日　1600　於新班(Shingban)

一、應速行完成大奈河(Tani Hka)、大宛河(Tawang Hka)畔之戰鬥準備，第一期(十二月[6]二十六日至一月二十日)間施設攻勢據點部之配置及新改交通網，應按別紙第一。

二、有關各部隊長自十二月二十六日至一月二十日，應完成第一期作業。
　　此陣地周圍約2里(含前方)，關於兵要地誌調查之結果須報告。
　　關於第二期之作業，另行命令之。

三、作業部隊陣地之位置設施及構築，務不使曝露。企圖對空、對土民均須秘匿，以期完善。

四、彈藥糧秣等之集積如別命。

五、關於細部如參謀長(大越兼二)之指示。

　　　　　　　　　　　　　　　　　　　　　　　　師團長田中新一

6　《虎關區戰役》(第二號)，頁5。

基於菊作命甲第 165 號

參謀長之指示

一、戰鬥指導之主眼，應對大奈河北岸敵人奇襲，注意森林河川之障礙，依各
攻勢據點消耗分離敵人，乘機採取攻勢。敵之火力組織尚未完整前，先擊
滅之。大中小隊亦隨伴向敵前進，乘其陣地構築火力組織尚未完成時，應
努力攻擊而擊滅之。

關於陣地：(一) 對於要點、要地各種火力之集中。

(二) 掩護之設施，防止損害之機能及障礙(特別對戰車)之設
備，以對各陣地之守備隊，須有據點之設置。

(三) 對接近之敵，應不失時機，偵知其搜索據點之連絡路及連
絡手段。

(四) 視察觀測之設備。

(五) 對當面接近之敵，須具備攻勢之機能(交通路等)。

二、陣地構築之順序先完成(△)，其次及於(□)。✿為考慮將來之作業，須予
行偵察去。

強度──(△)第一期最低限度：輕重機槍須附輕掩蓋，特別重要者須附中
掩蓋；第二期作業時，如有餘力，[7]各槍掩蓋須求加強為中掩蓋。

障礙物：竹刺、鹿砦等就現地採伐，暫時至少先構一重戰車及水中之障礙
物，第一期內須努力行堅固之設備。

三、各陣地火網之編成：

1. 於至近距離急襲的發揚火力。

2. 對要點編成之主眼，以各種火力能聯合發揮編成之對此，故應有前記視
察觀測之設施，監視搜索之據點、交通之設施，及對戰車之設備。

四、各陣地隊長於陣地之編成，不可不著意於各陣地機動之聯繫。

陣地編成之要領、及火網(含步砲兵)編成之計畫，至一月三日須向師團司

---

[7] 《虎關區戰役》(第二號)，頁6。

令部報告。

五、搜索據點，至少須沿陣地前方道路伸出一千米，又陣地至前 50M－60M
　　須構築監視壕。

六、三角陣地之構成，如別紙一、二(表二之一)，築城之參考。
　　各部隊應參考下面各項，構築各陣地。

七、工兵小隊主要擔任步兵陣地構築技術之指導。

別紙第一之備考

說明：本要圖係示大要，應乎現地之狀況，有須變更修正者。

㊌ 大隊陣地擔任 ⎰ 1.大龍河畔佔領部隊之收容 ⎱ 須行觀測及通訊之設備及
　　　　　　　　⎱ 2.協力前岸殘置部隊之戰鬥 ⎰ 射向之選定
　　　　　　　　　3.直接協同師團前岸後岸之步兵

㊌ 中隊陣地擔任 ⎰ 1.河岸之側防 ⎱ 須有觀測通信之設備
　　　　　　　　⎱ 2.妨礙前岸敵之渡河準備 ⎰
　　　　　　　　　3.直接協同附近步兵之戰鬥

△ 步兵一小隊　依現地之地形｜基幹之第一線陣地｜應乎取要各作業隊長可於
　　　　　　　　可增加減少　　基幹之第二線陣地　一分隊－一中隊間增減

□ 步兵一中隊　應乎現地之地｜基幹之第二線陣地｜及決定重火器之配屬與協同
　　　　　　　　形可增減

⟳ 第二期作業之一部，表示應偵察之地點

《 車輛道

⎰ 駄馬道[8]

---

[8] 《虎關區戰役》(第二號)，頁8。

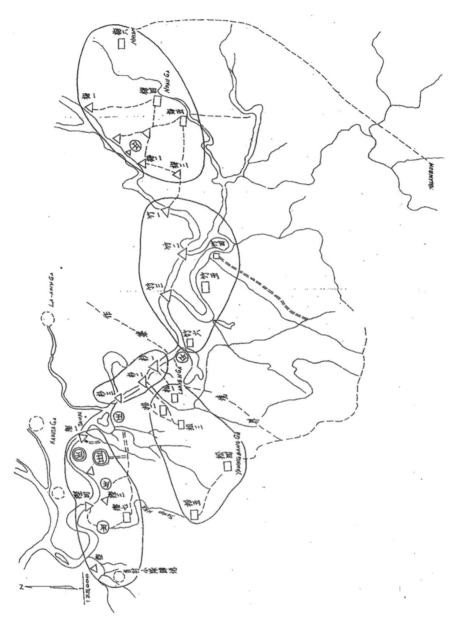

圖二之二、菊作命甲第 165 號(別紙第一)：
第一期應構築攻勢據點之位置及交通線

(別紙第二)表二之一、日軍各陣地作業區分表

各陣地須具備之要件及作業擔任之區分				
區分 各陣地帶	預想敵兵力	主眼	陣地構築且應考慮大奈河、大宛河畔口戰鬥指導上各陣地之位置	陣地應具備之要件	擔任部隊
(梅)陣地帶	企圖迂迴以一師團為基幹，並隨畔重砲戰車	陣前及陣內以口主力企圖攻勢(特別重視陣地後方之攻勢)		右作業隊隊長 Ⅰ／56i 長芋生少佐 Ⅰ(-1/3)／56i
(竹)陣地帶	有力之一部	絕對防守正面	1. 絕對獨立性 　A 四周防禦 　B 彈藥糧食之集積 　C 陣內給水之設備 2. 為攻勢之交通設備 3. 為警戒之交通路(沿河岸) 4. 對戰車之障礙 5. 搜索據點及監視壕 6. 視察觀察之設備 7. 樹上射擊之設備	Ⅰ(-1)／18BA 1/4P 作業隊隊長 18BA 長比土平中佐 Ⅰ(-1 排)／55i 13TAS(-37 米厘 55i) 18BA(-ⅠⅡ) 21SA(-1) 　1/4P
(杉)陣地帶	助攻	1. 掩護(樫)陣地帶之側面 2. 敵主力向(竹)正面來時，支撐師團之攻勢		
(樫)陣地帶	重點	對河岸及後岸以師團之主力支撐攻勢		
(松)陣地帶	潛入滲透部隊	對於(杉)、(樫)方面第二線攻勢之據點		
備　考	步兵砲其陣地之構築及交通作業，應由作業長統制。 (杉)、(樫)、(松)陣地之步兵陣地，由 13TAS 長全般統制指導。[9]			

---

[9]　《虎關區戰役》(第二號)，頁 9。

其二：敵有作命第三三號譯文

(註：本件係第一一四團二月十七日，在孟洋河東側地區，派出襲擊組，斃敵傳令兵兩名，搜獲所得。)

有作命第 33 號
相田部隊命令
二月十四日 2000　於「森邦卡」

一、師團為於孟關(Maingkwan)附近擊滅敵人，以主力向孟關南側地區，集結長久部隊於「杉」陣地帶－拉征卡(Lakyenga)－腰邦卡(Yawngbangga)－之線，任轉進部隊之收容及掩護爾後之作戰。

　　菊大隊田中中隊由余指揮。

二、左地區隊主力(右第一線及獨立速射砲，欠菊大隊田中中隊。)之相田部隊，須確保樫三、樫四及 Samip 河之預備陣地，使師團之作戰準備容易，並準備爾後之轉進。

三、左第一線(菊大隊田中中隊及角中隊「配屬重機槍一」。)為山崎部隊，應佔領現陣地主要之線，極力阻止並擊滅敵人。

　　「樫四」前岸之據點須秘匿，企圖留置一小隊，其餘向後岸轉移。

　　加藤中尉指揮之一小隊，須佔領「樫」三無名池線「樫」村－森邦卡之道路基點，準備奇襲。*10*

　　「樫」四前岸部隊之主力轉移後，「樫」四之指揮官為木村中尉。

　　Langembum 扼守部隊，今後由山崎部隊長指揮。

　　陣地佔領之兵力須盡量減少增大機動兵力，為察知敵之企圖須派斥候，並以小部隊勵行奇襲。右第一線部隊今後由師團直轄。

四、菊大隊田中中隊於現在地由山崎部隊長指揮。

五、佐佐木砲兵隊須續行現在之任務。

10　《虎關區戰役》(第二號)，頁 10。

陣地變換後，掩護小隊須速向「樫」村 900 高地三叉路附近歸還原屬部隊。自二月十八日準備半數，先至孟關南側地區。

關於行動之開始，另有別命。

為偵察孟關南側之陣地，須派所要之幹部至戰鬥司令部，連絡後先至孟關南側地區。

六、久保田工兵隊應助「樫」四前岸部隊之渡河，及設備腰邦卡―「樫」村之道路(馱馬道)，並構築陣地之要部。

須對山崎部隊長連絡。

七、戰鬥搜索地境如下：

不朗不朗河(Brang Brang Hka)―大龍河(Tarung Hka)之合流點―「樫」二西南方南部之小河河口―森邦卡西方約三千米之重砲兵陣地―拉征卡三叉路西方約一千米廣場西端之連線線上屬右。

八、山崎部隊長須協力砲兵隊之連繫及其掩護，使不生遺憾。

九、各部隊之運輸機關適時向新班(Shingban)北方地區轉進。

十、余在森邦卡。[11]

部隊長相田俊二

下達法：以電話通知第五十五聯隊

2 號第十二聯隊第二中隊

其他口達命令受領者

分發單位：左右第一線獨立十三速射砲隊

第十二聯隊第二中隊[12]

Ｉ／第十八山砲聯隊田中中隊

角中隊

報告地點：菊砲兵隊

11　《虎關區戰役》(第二號)，頁 11。

12　《虎關區戰役》(第二號)，頁 12。

二、影響於戰鬥之天候氣象及戰地狀態

天候氣象：二月下旬至三月，虎關區天候，正值旱季，地面乾燥，蚊蟲較少，惟小河溝漸行乾涸，除大龍、大奈、大宛、南彼四大河流域外，飲水頗感困難，每日拂曉多霧，日中悶熱，入夜寒涼，屬上下弦時，林中特別黑暗。

戰地狀態：虎關區一般地形狀態，如第一期戰鬥詳報上所述，「惟沿大宛河兩岸，及由衛樹卡(Wesuga)至瓦魯班(Walawbum)一帶，森林較為稀薄，多芭蕉及稠密之巨茅與蘆葦，林空亦多，空投場及飛機著陸場之選擇，與夫戰車之使用等均易」，大宛河下游改道，與 1/4 及 1/2 地圖不符，其變遷實況如附圖。

三、敵我之兵力交戰敵兵之部隊番號及軍官姓名

師當面之敵，為第十八師團第五十六聯隊主力及第一一四聯隊第三大隊、山砲 8 門、工兵一連，統歸長久大佐[13]指揮。

師作戰使用兵力，為步兵兩團、(欠第一一四團)砲兵一營、工兵一營、通信營及騾馬輜重部隊。

四、攻擊部署及其主要理由並關於戰鬥所下達之命令

師(欠第一一四團)基於總指揮部第十號作命所示之任務，乘戰勝破竹之勢，以迅速渡過大宛河俾爾後進出容易為目的，第一步先肅清拉曼河(Lamung Hka)以北地區之敵，當下達如下之命令。

13　《虎關區戰役》(第二號)，頁 13。

師作命甲字第十三號

陸軍新三十八師命令

三十三年二月二十一日 22 時　於 A 區 21 號指揮所

所用地圖——用二分之一圖 92B／NW　92B／SW　92B／NE　92B／SE

一、敵之主力現向孟關(Maingkwan)南側地區集結，似有在孟關附近向我反擊之企圖。

　　與二十師之作戰地境如圖二之三。

二、師以擊滅大奈河及南彼(Nambyuhka)河右岸地區敵人之目的，即向當面之敵攻擊。

三、右翼隊(第一一二團之一營)即在拉貌卡(Lamawnga)附近地區集結，向丁克來卡(Tingkraiga)、大林卡(Taringga)、拉曼渣卡(Lamungzupga)，攻擊前進。

四、左翼隊(第一一三團「欠一營」，附山砲兵一連、工兵二排。)即在丹般卡(Tumhpangga)以東附近地區集結，即經恩藏卡(Nzangga)向丁宣卡(Tingshanga)、馬高(Makaw)、瓦卡道(Wagahtawng)，攻擊前進。[14]

五、左右兩翼隊：

　　1. 須於廿四日正午前，到達指定地點部署完畢，候令開始攻擊。

　　2. 第一步先攻擊到達拉曼河(Lamung Hka)之線，爾後前進

　　另待指示。

六、預備隊(第一一二團「欠一營」，附第一一三團之一營。)位置於拉貌卡、拉安卡(Laawnga)、卡杜渣卡(Kadujaga)。

　　第一一四團候令，開太柏家以北地區整理。

七、砲二營(欠一連)先以一連，在拉貌卡附近佔領陣地，協助右翼隊攻擊，爾後即以全部，在丁克來卡以東地區佔領陣地，須能以火力支援兩翼隊之攻擊。

---

[14] 《虎關區戰役》(第二號)，頁 14。

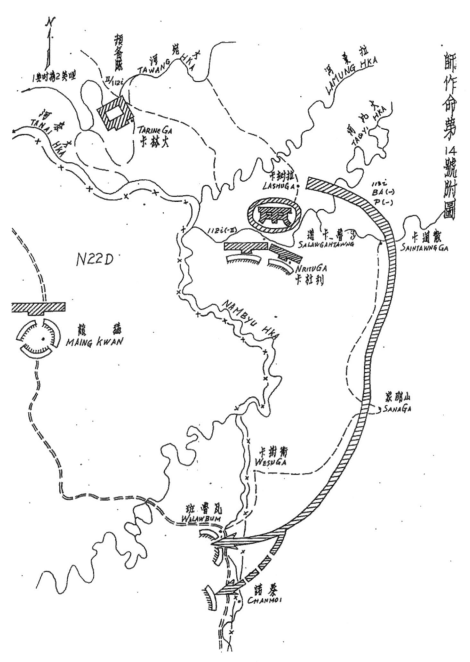

圖二之三、師作命第十四號附圖

八、工兵營(欠二排)赴日修築由舊 12 號至拉安卡之小指揮車路，並準備由拉安卡開闢至丁宣卡(Tingshanga)之人馬通行路，其開始開闢日期另待指示。

九、通信營即以 B 區 11 號指揮所為基點，向各隊構成通信網，須於廿四日前完成。

十、野戰醫院即將傷病兵移交美 25 號後方醫院，準備推進至拉安卡附近開設。

十一、1. 右翼隊糧彈交付所開設於拉安卡附近。

　　　2. 左翼隊糧彈交付所開設於丹般卡附近。

　　　3. 攻擊前進過大宛河後，空投補給場臨時指定之。

十二、余現在 A 區 21 號，於二月廿六日推進至 B 區 11 號。

下達法：油印專送各單位

　　自二月二十三日起，我左右兩翼隊，先後向康卡陽卡(Nhkangkayangga)、丁宣卡(Tingshanga)、馬高(Makaw)、拉龍卡(Lalawngga)、瓦卡道(Wagahtawng)、丁克來卡(Tingkraiga)[15]、利達(Ritu)、大林卡(Taringga)、丁克稜卡(Tingrengga)、拉曼渣卡(Lamungzupga)各地之敵攻擊，大小經 40 餘戰，我官兵不分晝夜，與敵血戰肉搏，逐次擊破頑抗之敵，迄三月三日止，我已渡過大宛、拉曼兩河，將敵由大宛河以北地區，壓迫至大比河(Taryihka)南岸，大比河及大宛河以北地區之敵，被我完全肅清進展約 20 餘英里，其中關荊斬棘，開路涉水，與夫敵前渡河(大宛、拉曼、大比諸河。)強行攻擊等，我官兵不畏艱辛，冒險犯難，奮勇可嘉。當面之敵，因被我兩翼隊壓迫甚緊，無法活動，使美軍麥(Merrill)支隊受其掩護，由本師左翼得以安全向瓦魯班(Walawbum)方面滲透進出，其時師長綜合各方面情況，得知：(一)我第二十二師仍在猛緩附近被阻，與敵對峙。(二)當面之敵，沿南僕河(Nambyu Hka)東西兩岸地區，構築多數之陣地帶，採處縱深配備，企圖頑強抵抗，待我攻勢疲憊

---

[15]　《虎關區戰役》(第二號)，頁 15。

或有隙可乘之際，即相機反攻。依據上述情況，為使我新二十二師易於擊破當面之敵，迅速南下，與本師會合，期將猛緩以南地區之敵，包圍而殲滅之。師長即決心變更攻擊佈署，以第一一二團(欠一營)仍從正面壓迫，以第一一三團開路向敵之側背挺進，迂迴至瓦魯班以南地區，切斷敵後方主要交通公路，並進攻瓦魯班而佔領之，(按瓦魯班原屬第二十二師作戰地區，師為我軍全盤作戰有利起見，故決心先期攻擊而佔領之。)以威脅敵之側背，然後與我南下之第二十二師，南北夾擊，而收殲滅之效，當下達如下之命令：

師作命甲字第十四號
陸軍新三十八師命令
三十三年三月三日 12 時　於 C 區 65 號司令部

用圖同十三號作命

一、師當面之敵被我擊潰後，刻沿南比河東西兩岸地區構築陣地。[16]
　　第二十二師仍在猛緩附近與敵對峙中。

二、師以包圍敵人之目的，即以一部攻擊當面之敵，以主力迂迴進佔瓦魯班，威脅敵之側背切斷其後方連絡期，與我南下之第二十二師成合圍夾擊之勢。

三、第一一二團(欠第一營)即對沙魯卡道及利杜卡方面之敵攻擊。

四、第一一三團(配屬砲兵、工兵各一連。)即由拉樹卡東南開路，經散道卡—山那卡—衛樹卡之線，挺進迂迴至拉千卡附近地區，以一部向秦諾之敵攻擊，切斷公路以主力進攻瓦魯班而佔領之。

五、砲兵隊(欠一連)於沙魯卡道北側地區，佔領陣地支援第一一二團之攻擊。

六、工兵隊(欠一連)以一部協助砲兵，進入陣地以主力修築由利達至瓦卡道通行指揮車之道路與橋樑，爾後即位置於大林卡附近待命。

七、第一一二團第二營為預備隊，位置於利達及大林卡附近地區。爾後隨戰鬥

---

[16] 《虎關區戰役》(第二號)，頁16。

之進展，向散道卡附近移動。

八、通信隊以利達師指揮所為基點構成指揮所，與第一一二團砲兵隊預備隊之有線電及第一一三團之無線電連絡網。

九、第一一四團仍警備現地區。

十、美方手術組隨第一一二團前進，衛生隊在瓦卡道附近開設裹傷所。

十一、野戰醫院在大林卡附近開設。

十二、師糧彈補給——除第一一三團完全空投補給外，餘由利達師補給站補給之。

十三、余現在 C 區「65」號，爾後經散道卡推進至山那卡附近。

下達法：油印專送[17]

三月二日奉到總指揮部。二月二十九日命令如下：

譯文：(原文附後)

總指揮部一九四四年二月二十九日命令

一、新三十八師一營立刻推進至巴班(Hpabum)NX5855 附近，(看圖二之四)於三月三日越過大比河(Tabyi)負保衛東(左)翼之責，以禦敵人。特別注意經大魯(Daru)隘道至大奈河(Tanai)流域一帶。

二、該營之補給由飛機空投於指定地區，該空投地點並非在第 10 號作戰命令所許與新三十八師者。

三、該營須特別注意以免與經過該區之友軍發生突然之接觸(誤會)。

奉史迪威將軍之命　參謀長包特納少將

---

[17] 《虎關區戰役》(第二號)，頁17。

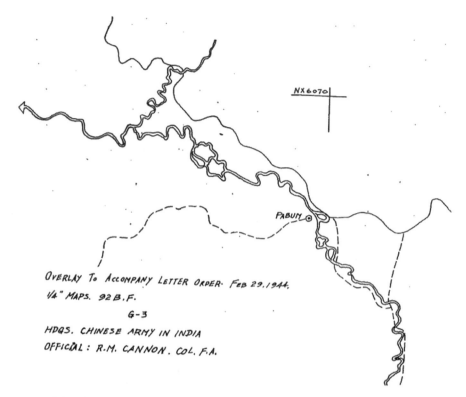

OVERLAY TO ACCOMPANY LETTER ORDER. FEB 29,1944.
1/4" MAPS. 92 B.F.
G-3
HDQS. CHINESE ARMY IN INDIA
OFFICIAL: R.M. CANNON. COL. F.A.

圖二之四、Overlay To Accompany Letter Order Feb.29, 1944

　　奉命後，當飭第一一二團派兵一營進佔巴班，任我軍左側之警戒。給予第一一二團之命令如下：

師作命甲字第十五號

陸軍新三十八師命令

三十三年三月二日　於 B 區 11 號司令部

一、本師奉總部命着派步兵一營，須立刻推進至巴班 NX5855 附近一帶，於三月三日越過大比河(Tabyi)，負警戒我軍左(東)翼之責，以防止敵人之側擊，特別注意巴班以東及以南地區通敵各要道之警戒。

二、着該團(第一一二團)派步兵一營(副 81 迫擊砲 3 門)，須於四日經下馬高、
　　宣陽卡(Shamyenga)、[18]道卡(Ndauga)，越大比河到達恩泰(Nhtem)，爾後
　　即沿恩巴卡(Nbaga)、加高卡(Hkakawpga)、差克來卡道(Chakyaiga Htawng)
　　之線前進，並佔領巴班(即 NX5855)而確保之，以掩護本軍左翼之安全。
　　對拉康卡(Lakanga)方面，並派出適當兵力嚴密警戒。

三、補給須自行攜帶兩日份。爾後在泡卡(Npaupa，NX4265)、差克來卡道
　　(NX5660)兩地，分別空投補給 2 日份(空投補給：該營先頭部隊到達以上
　　兩地後，即選擇空投地點，以布板標示預定時間，每日 16 至 17 時。如該
　　營未能按時到達預定地點，遇運輸機在空中盤旋時，亦可以布板連絡空
　　投。)各 2 日份。

　　俟到巴班後即開設空投場，按需要空投補給之。

四、通信以無線電為主。

五、衛生由該團派衛生隊三分之一隨該營前進，並由美方派手術組隨行。

六、美軍麥支隊先頭部隊於二月廿六日，已到達道卡(NX3574)。爾後即在恩
　　泰(NX4173)、散道卡(NX3813)、山那卡(NX3854)之線以東地區向東南方
　　向進出，須飭該營切取連絡(本部派李濬在該支隊充連絡參謀)免生誤會。

五、各時期之戰鬥經過及其關聯之鄰接部隊之動作

(一)拉曼河以北地區戰鬥經過

1.　本部各部隊自二月廿二日後，已遵照師作命甲字第十三號命令所指示地區
　　推進，就攻擊部署及行所要之搜索，第一一四團遵令按總指揮部所指示地
　　區，分別控制為總預備隊，同時師諜報隊，分別進出於[19]大宛河左岸地區
　　活動。

　　二月廿三日，各部隊先後部署完畢。廿六日，師部亦由喬家(Nchawga)推

---

18 《虎關區戰役》(第二號)，頁 18。

19 《虎關區戰役》(第二號)，頁 19。

進至拉安卡(Laawnga)。

2. 右翼隊第一一二團第三營，於二月廿三日 14 時，在拉貌卡(Lamawnga)附近開進完畢，當派第八連向丁克來卡急進，該連於同日 18 時，遭輕微抵抗，即將該地之敵驅逐，完全佔領該地，同時派出搜索隊，分向 Ngukun 及大林卡方面搜索。

二月廿四日搜索至 Ngukun，該地無敵情。第一一二團當派第一營第一連進佔該地。二月廿五日，右翼隊派往大林卡之搜索隊，在雷達(Ritu)附近 NX21.571，發現有敵步兵約一排，附重機槍 1 挺，沿河據守既設陣地，該營(第三營)當派第八連附重機槍一排，向該敵攻擊，該營主力亦推進至 NX2271，在該地附近，另與敵兵約一排遭遇，發生戰鬥，激戰約 2 小時後，我官兵以迅雷不及掩耳之勢，向敵一舉突入，該敵不支，向 NX21.571 附近據點退守，與原在 NX21.571 之敵會合，是役擊斃敵兵 6 名，均遺屍於陣地內，傷者約在 10 名以上，我傷士兵 2 名，同時 13 時 45 分，該營以第九連之兩排，接替第八連任務，對 NX21.571 附近之敵牽制，抽出之第八連，即向 NX2270 前進，對該敵實行包圍，並向大宛河上流搜索，另派兵一排佔領 NX2170 河邊，構築工事，遂將 NX21.571 之敵完成包圍態勢。

二月廿六日，Ngukun 之第一連，在 NX1871 附近，乘敵不意，一舉渡過大宛河，並向 NX2169、NX2067 地區搜索，掩護第三營右側之安全，第二連同時進駐 Ngukun 接替該地之防務，第一營其餘部隊，在丁克來卡該團戰鬥指揮所附近。[20]

第三營第九連當日全部向 NX21.571 之敵陣地緊縮包圍攻擊，經一日之激戰，該敵雖據堅固工事頑抗，因我官兵前仆後繼，不顧一切犧牲，奮勇攻擊，始終不懈，卒將該敵擊潰，敵遺屍於陣地者 15 具，傷者約在一倍以上，同時在 NX2170 附近第八連之一排，掩護該第三營主力，於下午 6 時全部渡過大宛河，並發見大宛河下流業已改道，(如圖二之五)該營主力渡

20 《虎關區戰役》(第二號)，頁 20。

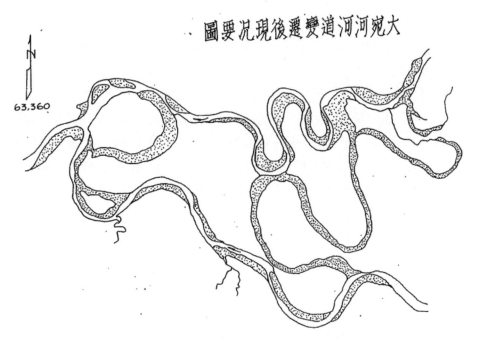

圖二之五、大宛河河道變遷後現況要圖

河後，即向大林卡開路搜索前進，本日晨由擊斃敵埋伏兵身上搜出文件，
證實該方面之敵，係屬第五十六聯隊第二大隊無訛。

二月廿七日第一連自渡過大宛河後，於當日下午 3 時，即沿大宛河上流開
路前進，到達 NX205695 當向 NX207690 及 NX190670 渡口搜索，在
NX207690 發現敵兵約一加強排，且南方附近人聲嘈雜，並得知敵砲兵陣
地確在 Mashidarw 附近，該連於是對 NX207690 之敵，出其不意，予以猛
烈襲擊。敵猝不及防，當即紛亂潰退，並遺屍 8 具於陣地內。第三營主
力，自昨日渡過大宛河後，其先頭第七連，附重機槍一排，即向大林卡繼
續開路前進，當日下午 6 時 Mashidarw 附近之敵砲兵，向我丁克來卡團指
揮所，射擊百餘發，並向我 Ngukun 第二連陣地射擊 70 餘發，因我事先
築有工事，故無傷亡，第二連在 NX1470 之排哨，本日在對河與第二十二
師搜索班，取得連絡，知對岸當時無敵情。

二月廿八日，向大林卡搜索前進之第三營主力，先頭第七連，在大林卡附近發現該地有敵兵約一中隊，附重機槍兩挺，該連即展開攻擊，與敵發生激烈戰鬥。

二月廿九日 14 時，第八連進抵(NX2269)附近遭遇敵兵一加強排，激戰竟日，當將其陣地突破佔領，奪獲步槍 2 枝，敵遺屍 8 具，向南逃竄，該連當即開路前進，於三月一日，追及營主力，第一連經兩日來之激烈戰鬥，於二月廿九日，將 NX207690 敵陣完全突破佔領，敵遺屍 10 具，狼狽潰逃，我獲給養及彈藥極多，第二連當日接替第九連 Ritu 附近之任務，該連(第九連)當日追及第三營主力，[21]對大林卡之敵圍攻，該(第三營)營自廿八日起，對大林卡之攻擊後，敵據堅固工事，頑強抵抗，我官兵奮勇衝殺，激戰至三月一日，我將大林卡之敵陣，完全突破佔領，鹵獲步槍兩枝，敵遺屍 16 具，向東南潰退，由敵屍身上搜獲文件，證實該敵為第五十六聯隊第二大隊第四中隊，該營攻佔大林卡後，繼續向拉曼渣卡推進，團指揮所當日十一時，亦由丁克來卡推進至雷達。

三月二日晨，該(第三營)營繼續向拉曼渣卡前進，當日其先頭第七連，在 NX28.5680 附近林空，發現敵警戒部隊，敵以輕重機槍各 1 挺，向我射擊，經我攻擊後，該敵不支，即向拉曼渣卡撤退，旋悉該地約有敵步兵一加強中隊，據守陣地，我第三營在我砲兵掩護下，繼續迫近拉曼渣卡，向敵攻擊，即展開激戰，敵據工事頑強，我官兵冒敵人猛烈砲火反復猛勇攻擊，經戰至晚將敵陣地完全突破佔領，我獲輕重機彈及步槍彈 12,000 發，敵遺屍 11 具，向大奈河與拉曼河(Lamung Hka)交會點方向潰竄，我陣亡士兵 4 名傷 4 名，當向該敵跟蹤追擊。

第一營除派兵一排(屬第一連)在 NX20,7690 兩河灣曲部附近，向 Mashidarw 渡口方向警戒外，其餘第一連(三分之二)及第三連均隨團指揮所推進至大林卡。

三月二日本師奉到總指揮部二月廿九日命令，着本師派兵一營，進佔巴

---

[21] 《虎關區戰役》(第二號)，頁 21。

班，當令飭第一一二團派一加強營前往。

三月四日，第一一二團當遵令派第一營(副 81 迫擊砲 2 門)，由大林卡向巴班出發，該營當日到達道卡，其先頭排在 NX385703 附近，增遭遇少數敵人，該營將該敵擊潰後，繼續向巴班急進。

第三營搜索組，於四日在拉曼河與大奈河交會點附近，發現敵遺棄之倉庫一所，內有食鹽 15 大包，[22]海帶 3 大包，及其他給養等甚多。

3. 左翼隊第一一三團(欠第三營)附砲工兵各一連，於二月廿四日午，在丹般卡以東地區附近開進完畢。

二月廿五日，該翼隊開始行動，當以第二營為攻擊部隊，向清南卡(Chyenamga)、丁宣卡、馬高攻擊前進，當日第二營先頭搜索隊第四連，前進至清南卡對岸附近，發現該地有敵兵約一排，據守既設之據點陣地，當向該敵攻擊，敵依河川森林有利之地勢，及憑工事之堅固，頑強抵抗，激戰至廿六日拂曉，我將敵陣地完全突破佔領，敵不支向康卡陽卡(Nhkang Kayang Ga)潰退，當遺屍 9 具於陣地內，我繼續經 NX2685 林空，向丁宣卡、馬高開路前進。

第一營當日晨，由 NX2485 向康卡陽卡開路前進，中途在恩藏卡(Nzamgga)遇敵約一排，頑強抵抗，當即發生激戰。

二月廿七日，我第二營繼續向丁宣卡、馬高開路前進，13 時到達丁宣卡北端附近，遭遇少數敵運輸部隊，當予痛擊，敵棄糧狼狽向森林內逃竄，該營繼續越過丁宣卡向南急進，是日 22 時，到達大宛河北岸附近。

昨(廿六)日在恩藏卡與我第一營發生戰鬥之敵，經我猛烈攻擊，達一晝夜，於本(廿七)日晨，已不支潰退，遺屍 8 具，該營除留置第一連確保該地，第二連確保丁宣卡，並任該團後方連絡線警戒，及清掃該區殘散之敵外，其餘於當日下午，追及第二營，亦到達大宛河北岸附近，當夜該團第一營(欠第一、二連)及第二營。準備乘夜秘密渡過大宛河，入夜後，第二

---

[22] 《虎關區戰役》(第二號)，頁 22。

營之四、五連，開始偷渡成功，[23]並夜襲中馬高，敵猝不及防，驚慌潰亂而逃，當斃敵 4 名，均遺屍於陣地內，我獲輕重機彈 1,500 發，並佔領馬高渡口，掩護其餘主力渡河，二月二十八日拂曉，左翼隊全部渡過大宛河。

時本師右翼新二十二師先頭，亦越過腰邦卡－拉張卡之線，到達 NX0563－Mungwan 之線附近，本師左側翼之美軍麥支隊(以步兵一團為基幹)得本師之掩護，亦由超卡(Nchawga)NX3393 方面，以避實就虛方法，由無敵人之空隙中繞道，逐步向瓦魯班(Walawbum)方面行滲透前進。

二月廿九日，左翼隊主力渡過大宛河後，於本日晨，第五連由中馬高向下馬高搜索前進，中途在 Lawnga 附近遭遇敵之抵抗，發生戰鬥，將該敵擊潰，15 時 30 分，並將下馬高完全攻佔，該地為敵之糧秣交付所，敵除遺屍 5 具外，我奪獲敵食米 30 大袋，鹽 25 袋。

三月一日晨，該翼隊第二營，繼續向瓦卡道(Wagahtawng)方向前進，沿途擊退敵埋伏兵後，於 15 時迫近瓦卡道北端附近，經搜索後，知該地有敵約步兵一中隊，並附重機槍 2 挺，步兵砲 2 門，75 山砲 2 門，該營當即展開攻擊，並以一部由下馬高繞道向拉樹卡方面前進，切斷敵之後路，然後兩面夾擊瓦卡道之敵，該敵據工事頑抗，以各種砲火向我猛烈射擊，經兩晝夜之激戰，我官兵奮勇用命，冒敵之猛烈砲火，反復衝殺，至三月三日，敵陣地完全被我突破佔領。敵遺屍於陣地內者有 32 具之多，內有敵軍官 1 名，傷者至少在一倍以上，殘敵不支潰退，我第二營即越過拉曼河向敗退之敵追擊，是役我俘獲手槍 1 支、步槍 3 支，及彈藥給養等甚多，我傷士兵 6 名、陣亡 2 名。

同日該翼隊第一營營部，及第三連，推進至中馬高，第二連由丁宣卡推進至 NX3075 附近，第一連隨[24]該團團部推進至下馬高附近。

23　《虎關區戰役》(第二號)，頁 23。
24　《虎關區戰役》(第二號)，頁 24。

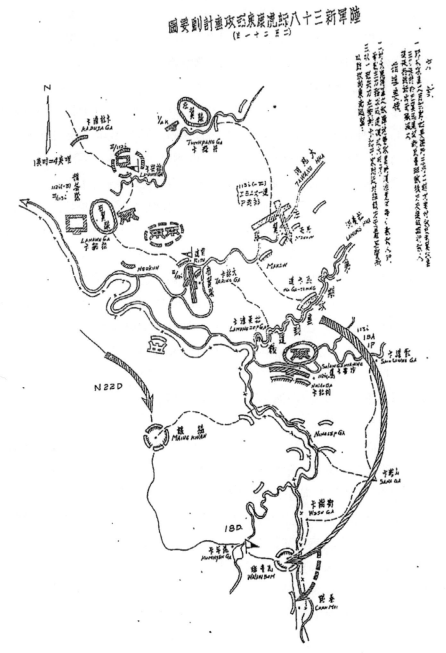

圖二之六、虎康東部攻擊計畫要圖

三月三日，第二營主力越拉曼河追擊南潰之敵，當日攻佔拉樹卡後，其前鋒進抵沙魯卡道(Salaw Gahtawng)北岸附近，至此，拉曼河及大宛河以北地區之敵，已被我完全肅清。(戰鬥經過如圖二之六)

(二)由拉樹卡至瓦魯班戰鬥經過

1. 三月三日，我攻佔拉樹卡後，師第一步肅清拉曼河及大宛河以北地區敵人之目的，已圓滿達成。師長綜合各方面情況，得知我第二十二師前進被阻，仍在猛緩附近與敵對峙，敵第十八師團沿南比河東西兩岸地區，構築有堅固之多數陣地帶，企圖頑強抵抗，並相機反攻，(後在瓦魯班之役，我第一一三團俘獲敵第十八師團三月四日之作戰命令，證明師長之判斷不誤，敵作命譯文附後)。我欲從正面逐次突破其縱深，殊為不易，且曠時日久，消耗兵力，倘攻擊稍有頓挫，必立即召致敵人之反攻，基於上述理由，並以我全軍作戰有利為著眼，師長即決心變更攻擊部署，以第一一二團(欠一營)仍從正面壓迫，以第一一三團開路向敵之右側背挺進，經散道卡(Saintawngga)、山那卡(Sanaga)、衛樹卡(Wlsuga)迂迴至拉干卡(Lagamgga)附近，以一部即向秦諾(Chanmoi)攻擊，切斷敵後方重要交通公路，以主力對瓦魯班之敵攻擊而佔領之，威脅敵之側背，使我第二十二師得以迅速南下，雙方夾擊猛緩以南地區之敵，以收殲滅之效，當下達師作命甲字第十四號命令。

2. 第一一三團奉命後，即星夜向瓦魯班方面開路挺進，經兩晝夜之急行軍，並擊破沿途敵人多次之阻礙，深入約 40 英里，乃於三月六日進佔拉干卡(在瓦魯班東北約 1 英里)，與美軍麥支隊取得連絡[25]，其時麥支隊在瓦魯班河東岸地區，被敵猛烈襲擊，乃向衛樹卡方面後撤，在撤退中，遺棄槍械砲彈、無線電話機及其裝備等甚多，拋盔卸甲，其狀頗為狼狽，後更撤退至西高卡(Shikauga)(在瓦魯班東北約 11 英里)。我第一一三團以獨立作戰之精神，並求迅速完成任務計，當以第三營由拉子卡(Lagangga)開路進攻秦諾之敵，切斷敵後方主要交通公路，以第二營從東南兩方面，向西北

25　《虎關區戰役》(第二號)，頁25。

圍攻瓦魯班(Walawbum)之敵，第一營之一部進佔 NX3748 掩護我之側背，除第一營之一部於七日進佔 NX3748 外，第三營第八連於三月七日，最先推進至秦諾附近(在瓦魯班以南約 2 英里)，該處約一大隊之敵，當向該連反攻，先後猛衝 5 次，均被該連官兵沉著擊退，當時遺屍於該連陣地前而確認者 92 具，其傷者當在 1 倍以上，敵以傷亡過重，遂停止反攻，爾後即與該連成對峙狀態，敵我相距約 20 碼。該營於三月八日 14 時 30 分，復以第九連渡過南僕河(Nampyek Hka)在 NX3044 附近，又將公路切斷，同時該團第二營，經兩晝夜之激戰，於三月八日 16 時，攻佔瓦魯班敵陣地之一部，敵以後路被我切斷，感受威脅，除瓦魯班之敵，當向我第二營猛烈反攻外，復以約一大隊之敵，向我第三營第九連三面圍攻，猛撲 5 次，幸我官兵沉著，將以上兩地之敵，先後均經擊退。在瓦魯班方面，敵遺屍 150 具，在 NX3044 附近，敵遺屍 164 具，傷者當在 1 倍以上。入夜 21 時，敵以傷亡慘重，停止反攻，槍砲聲亦漸稀少。九日拂曉，我繼續向敵攻擊，瓦魯班之敵，不支向西南潰退，(敵在瓦魯班以西，另開有南北向新路一條，敵即由此道潰退。)我第一一三團第二營，遂於三月九日午前 7 時，將瓦魯班完全佔領，同日 16 時，該團第三營亦攻佔秦諾以上兩地，經兩晝夜之激戰，共擊斃敵 426 名，均遺屍於陣地前，內有大田中隊長，及田[26]浦義與六雄殿一等敵官長 17 員，並生俘小川義人等 2 名(一名因傷重運至中途斃命)，並擊斃敵騾馬 71 匹、毀敵輓車 32 輛、載重汽車 1 輛、獲輕機槍 5 挺、步槍 55 枝、擲彈筒 2 個手槍兩枝、望遠鏡 4 副、指揮刀 5 把、山砲彈及重砲彈等共 7,320 發、步機槍彈約 10 萬發、各種發煙筒共 593 個、有刺鐵絲 5,000 碼、鋼板 20 塊，及其他裝備器材文件給養等極多。敵於撤退時，將遺棄之槍械，埋藏於森林中，及投棄河中者，亦復不少，經派兵搜索，已有陸續發現，是役我傷亡官兵 102 員名。綜合此次戰鬥經過，我第一一三團第三營於 NX3044 附近，切斷敵主要交通公路，威脅敵之後方，使敵被迫，不得不整個向西南潰退，促成戰

---

26 《虎關區戰役》(第二號)，頁 26。

勝之局，厥功甚偉。作戰如賽棋，若能以一着攻破其要點，則全盤不戰必自敗，惟查此次作戰缺點，我全軍指揮，未能統一，致各方面行動與時間配合，不能完全一致。例如我第一一三團於三月九日午前 7 時攻佔瓦魯班後，我戰車及第二十二師配屬戰車之部隊，於當日午後 1 時，由寧庫卡 (Ninghkuga)方面到達瓦魯班東北附近，未能與我第一一三團之行動配合，致失合圍夾擊聚殲之良機，予敵人以向西南方向(新開路)逃竄之隙，未竟全功，似屬可惜。

3. 第一一二團奉命後，即接替第一一三團拉樹卡之防務，以第三營第八連推進至沙魯卡道北岸附近，並在 NX3365 擊潰敵之埋伏兵一班，當斃敵 3 名，獲步槍兩枝，我無傷亡，同日該團以第九連，由 NX3364 附近，秘密渡過大比河，開路迂迴至利杜卡(Nrituga)，切斷沙魯卡道敵之後路，期與第八連夾擊沙魯卡道之敵，該敵惟恐被我包圍，聞風遠颺，不戰而退。三月六日以後，師為澈底包圍猛緩以南地區敵人計，並飭第一一二團以一部確保拉樹卡－散道卡之線外，其主力亦推進於山那卡、衛樹卡一帶，將敵由東南方面可能撤退之道路，一律切斷，設置埋伏，以備截擊潰退之敵，並策應第一一三團之攻擊，相[27]機擴張戰果，師指揮所亦推進至山那卡。(戰鬥經過如圖二之七)

第一一二團第一營於三月七日進佔巴班，對南方及東方嚴密警戒，以掩護我軍之左側安全。

27　《虎關區戰役》(第二號)，頁27。

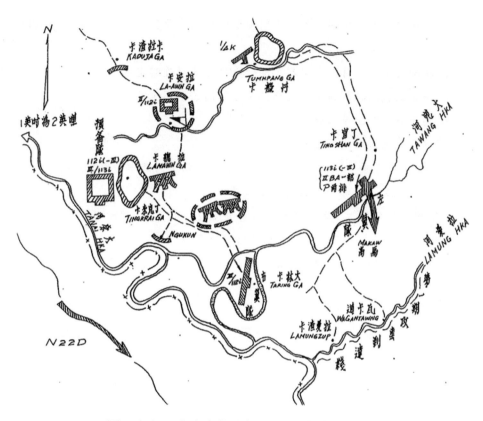

圖二之七、虎康東部攻擊(第一期作戰放大圖)

敵作命譯文：

菊作命甲第 318 號其一
第十八師團命令
三月四日 2100　新班

一、師團為於瓦魯班附近地區擊滅敵人，先向瓦魯班附近集結。

二、砲兵隊長據下記，先向 Nambyu 右岸地區轉進，並應準備協力瓦魯班附近
　　長久部隊之攻擊。

(一) 速使所要之偵察者，於戰鬥司令所接受指示後，派遣向 Nambyu 附近偵察陣地。

(二) 砲兵隊於三月五日夕刻，開始由現陣地撤收轉進。

(三) 自衛戰鬥特別對戰車之戰鬥，各準備必期不生遺憾。

三、工兵隊應據下記準備轉進。

特以一小隊援助砲兵之轉進。

(一)轉進終了前，須維持確保 Nambyu 渡河點，同時準備爾後之破壞。

(二)Wantuk 山脈部隊應隨時準備撤退。

(三)中止伐開路之構築，但除菊作命甲第 299 號 2、3 項。

(四)工兵隊於三月五日夜，向瓦魯班附近集結。**28**

四、砲兵隊轉進開始之時期，及關他部隊行進之順序等件，另有別命。

師團長　田中新一

下達法：印刷交付

配置區分 ✿ 55I

五五聯隊

一一四聯隊之連射砲隊

師團砲兵聯隊

21 重砲聯隊

13〇連射砲大隊

12 工兵聯隊各部

報告(通報)林

28　《虎關區戰役》(第二號)，頁 28。

菊作命甲第318號其二
第十八師團命令
三月四日 2100　新班

一、敵第一一三團約 300 人，三號以來經 Nchatga(瓦魯班東北方約 4 粁)進出
　　於 Kasanga(瓦魯班東北方約 2.5 粁)，及瓦魯班北側附近，與輜重兵第十
　　二聯隊長，指揮之約一個中隊交戰中。

二、兵器勤務隊利用四、五兩夜，須向瓦魯班西方地區轉進。

三、衛生隊於五日夕刻撤收新班綳帶所，使一部與轉進部隊同行。主力準備六
　　日拂曉前，向瓦魯班西方地區轉進。

四、第一野戰醫院於五日晚，關閉 Shinban 野戰病院，須準備於六日前，轉移
　　至瓦魯班西方地區。

五、第三野戰病院於五日晚，關閉 Nanghyu 野戰病院，準備轉移至瓦魯班西
　　方地區。

六、關於上項部隊於瓦魯班西方地區之宿營警戒，由衛生隊長區處之。[29]

七、兵器部長須於五日前，完成撤收 Shinban 彈藥交付所之準備。

八、經理部長須於六日拂曉前，完成撤收 Nambyu 糧秣交付所之準備。

九、關於各部隊撤退之時機及行軍序列並病者轉進時之處理，另有別命。

十、各隊須準備於六日拂曉前，派出命令受領長至 Nambyu 渡河點附近之戰鬥
　　司令所。

師團長　田中新一

下達法：印刷交付

配布區分：所屬指揮下各部

報告(通報)林

---

[29] 《虎關區戰役》(第二號)，頁29。

菊作命甲第318號其三

第十八師團命令

三月四日 2400　新班

一、敵第一一三團約 300 名，三日以來經 Nchetga(瓦魯班東北方約 4 千粁)，進出於 Kasanga(瓦魯班東北方約 2、5 千粁)及瓦魯班北側附近，與輜重兵第十二聯長，指揮之約一個中隊交戰中。

二、長久部隊準備向瓦魯班附近轉移後，須速準備擊滅進入瓦魯班附近之敵。關於長久部隊之編組，另有別命。

(一) 速先遣所要之幹部至瓦魯班，行攻擊準備部隊長適時先行。

(二) 約以一個中隊為基幹，自五日夕至六日晨間，須確保 Nambyu 渡河點。

(三) 現第一線約在 Hpungnye 以東地區，須秘匿企圖殘置極小數部隊主力，刻於五日由現戰線撤退經[30]Shinban－Nambyu 之路，六日晨前至瓦魯班附近。

(四) 殘置部隊於六日晨，由陣地撤退，追及主力。

(五) 以一部轉沿 Hpungnye－Shltspyung－Laiawngga 之路轉進，掩護師團左側之安全。

(六) 關於轉進時期及行軍序列，另有別命。

三、相田部隊長據下記於六日晨前，轉進於 Ninghkuga 東南側地區；六日晨前須佔領 Nambyu 渡河點以北 Ninghkuga 附近，及 Nambyu 河要點，以準備掩護師團主力集中。

(一) 殘置一部於第一線主力，於五日 22 點，由現戰線撤退，經孟關及寧庫卡路至寧庫卡東南側地區。

(二) 殘置部隊六日晨，開始撤退，追及主力。

(三) 獨立連對砲隊及臼砲隊入夜後，同時轉進於 Nambyu 渡河點附近，歸

30　《虎關區戰役》(第二號)，頁30。

師團直轄。

(四) 小室大隊主力(配屬無線電機)，速至新班歸予直轄。

又新班附近之吉田大隊即歸還原所屬部隊。

四、小室隊(欠一部)於 Shinban 附近，須準備掩護師團主力之轉進。

撤退時機雖予定於六日晨，但屆時另命令之。

五、通信隊長五日晚後，即撤收現通信網，準備轉移通信中樞於瓦魯班附近。

其細項另命令之。

六、輜重隊長須派出轉進所需之輸力。

其細項另命令之。

七、預備隊之各隊(菊大隊之速射砲中隊主力)、富士中隊之一小隊長、門中隊主力於瓦魯班附近。*31*

平田運輸隊須擔任掩護。

速射砲中隊長須交 37 速射砲一門，由小室大隊長指揮。

八、平田運輸隊須與師團預備隊共同行動。

九、西機關在 Kumnyenga 置德永分隊，於瓦魯班後須歸還所屬部隊。

十、余於二月五日 22 點，由新班出發，至 Nambyu 渡河點之戰鬥司令部。

十一、各隊須於明(六)晨前，派出命令受領者，至 Nambyu 附近之戰鬥司令部。

師團長　田中新一

菊兵團軍隊區分

右側掩護隊

兵力編組同前

相田部隊

山崎部隊

---

31 《虎關區戰役》(第二號)，頁 31。

長步兵五五聯隊長　　　　　山崎大佐

步兵第五五聯(欠第二大隊新開岑部隊大樹班部隊長工作隊)

菊大隊(第三、第四、中隊及一一四聯隊速射砲中隊外)

獨立速射砲第十三大隊主力

山砲第一大隊(欠一中隊)

工兵第十二聯隊第二中隊(欠一小隊)[32]

三號無線電機一座

防疫給水部一部

管尾部隊

長步兵第五十五聯隊第二大隊長　　　　管尾大尉

步兵第五五聯隊第二大隊

山砲第一大隊之一中隊

工兵第十二聯隊一小隊

獨立速射砲第十三大隊之一部步兵，第一一四聯隊第三機關鎗中隊

長久部隊

長步兵第五十六聯隊隊長　　　　長久大佐

步兵第五六聯(欠右側掩護隊)

步兵第一一四聯隊第九中隊之一小隊，及第三步兵砲小隊

山砲第十八聯隊第二大隊

野戰重砲第二十一大隊之一門

工兵第十二聯隊第一中隊(欠一小隊)

三號無線電機一座

防疫給水部一部

砲兵隊[33]

長山砲第十八聯隊長　　　　　比土平中佐

32　《虎關區戰役》(第二號)，頁32。

33　《虎關區戰役》(第二號)，頁33。

山砲第十八聯隊(欠第一、第二大隊)

野戰重砲第二十一大隊(欠臼砲隊、重砲一門)

工兵隊

長工兵第十二聯隊長　　　　深山中佐

工兵第十二聯隊(欠第一、第二中隊，分第三中隊之大樹班分隊)

通信隊

長師團通信隊長　　　　林大尉

師團通信隊(欠三號無線電機 5 座)

輜重隊

長輜重第十二聯隊長　　　　西堀中佐

輜重兵第十二聯隊(欠第一中隊卡車一小隊)

獨立汽車第五十九大隊第四中隊及一小隊

獨立汽車第二百三十七中隊

臨時編成汽車第五中隊

臨時編成輓馬第十一、第十二中隊

水路運送隊

道路作業隊[34]

預備隊

長菊大隊速射砲中隊長　　　　　細中尉

菊大隊之兩丁中隊(編成完了後)及菊大隊速射砲中隊

富士中隊

長門中隊

直轄部隊

臼砲隊

兵器勤務隊

衛生隊(約欠半部)

34　《虎關區戰役》(第二號)，頁 34。

第一野戰病院

第二野戰病院

第三野戰病院

患者輸送第六十小隊(欠二分之一)

第十八防疫給水部(欠一部)

病馬廠

余直轄部隊同前

六、戰鬥成績[35]

(一)第一期攻擊戰鬥

由二月廿六日至三月三日，本師向南進展約 20 英哩，佔領面積約 40 平方英哩，由貌寧河(Mawning Hka)至拉曼河(Lamung Hka)，我先後攻佔丁克來卡(Tingkraiga)、Ngukun、雷達(Ritu)、NX2271、NX215710、NX207690、大林卡(Taringga)、NX285680、拉曼渣卡(Lamung zupga)、清南卡(Chenamga)、恩藏卡(Nzangga)、丁宣卡(Tingshanga)、上中，下馬高(Makaw)、丁格稜卡(Tingrengga)、瓦卡道(Wagahtawng)、拉樹卡等敵堅固據點大小共 19 處，及領有大宛河與拉曼河兩流域，其間大小戰鬥，凡 50 餘次殲敵 300 餘員名，敵遺屍於陣地內已查知者，有 132 具之多，傷敵最小在 400 名以上。

(二)第二期攻擊戰鬥

由三月三日至三月九日，本師繼續向南進展 40 餘英哩，佔領面積約 1200 餘平方英哩，由拉曼河至秦諾(Chanmoi)。我先後攻佔沙魯卡道(Salae Gahtawng)、利杜卡(Nrituga)、Nauhkumga、西高卡(Shikauga)、衛樹卡(Wasuga)、卡山卡(Kasanga)、拉干卡(Lagangga)瓦魯班(Walawbum)秦諾、散道卡(Saintawngga)、山那卡(Sanaga)、Nchetga、沙堡卡(Sabawga)、Shingboiga、杜卡(Nduga)、道卡(Ndauga)、泡卡(Npawgga)、加高卡(Hkakawpga)、差克來卡道(Chakrai Gahtawng)、巴班(Pabum)、拉康卡(Lakangga)、開道卡(Kaidauga)

---

[35] 《虎關區戰役》(第二號)，頁35。

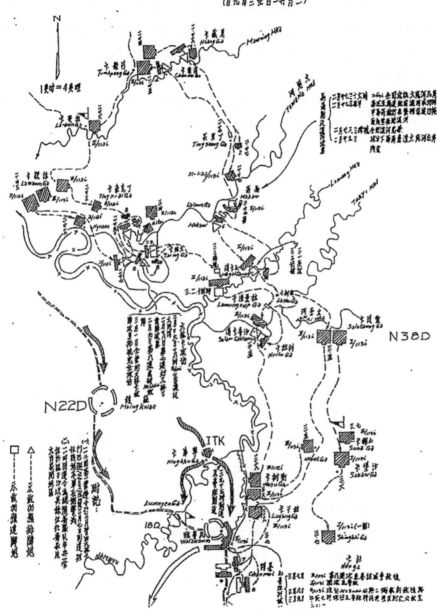

圖二之八、虎康區東部戰鬥經過一覽圖

等大小村落及敵堅固據點陣地等共 100 餘處，並領有 Tabyi 河、Tanai 河、Nambyu 河、與 Numpyek Hka 諸流域，其間大小戰鬥凡 40 餘次，殲敵 700 餘員名，敵遺屍於陣地內已查知者，有 426 具，內有大田中隊及田浦義與六雄殿一等敵軍官 17 員，並斃敵騾馬[36]71 匹，傷敵最小在 600 名以上。

(三)生俘日軍

　　生俘敵第五十六聯隊第九中隊上等兵小川義人、第八中隊一等兵鍋島寶雄、菊大隊第一中隊二等兵左籐義哲、第五十六聯隊第七中隊一等兵草野莊市等 4 名，及敵尼泊爾兵，謝的巴斗、拜巴都本巴比格魯姆、巴特巴都、蘭米他巴、查得拉門、加爾干信古隆等 7 名，敵緬兵野母生、蘇拉毛、蘇亡記等 3 名，以上共俘敵 14 名。

(四)鹵獲

　　鹵獲敵之武器彈藥裝備及重要文件地圖等甚多如附表二之一、之二、之三。

七、戰鬥後彼我之陣地或行動

1. 虎關區敵第十八師團主力，在瓦魯班附近地區，被我軍全部擊潰後，殘餘之敵，由瓦魯班西南地區，沿新開路及河川向南方山地零星潰竄。
2. 本師奉命以第一一三團(附砲、工兵各一連)，從敵右側行超越追擊，由拉南卡(Langanga)方向進出於沙都蘇(Shaduzup)附近，切斷敵之退路，截擊南潰之敵外，餘負責警戒瓦魯班附近地區，並肅清潰散之敵。

八、可供參考之所見

(一)森林戰之攻擊極有效方法

　　依本師在虎關區作戰 4 個月餘之經驗，認為森林戰攻擊極有效方法，即以適當兵力從正面攻擊，以主力由森林中開路迂迴至敵之背後，(迂迴部隊必須開路前進，因所有道路上，敵人皆設有埋伏，不僅易受襲擊，且暴露我之兵力

---

[36] 《虎關區戰役》(第二號)，頁36。

及企圖。)先切斷敵方後方補給連絡線，並阻止敵[37]後方部隊增援，然後對正面之敵，行包圍夾擊，迫使敵潰退，極易收效，即孫子所謂「以正合，以奇勝」。開路迂迴，即以奇兵致勝也，因此種攻擊法，有下述之利：

1. 切斷敵後方道路，使敵之彈糧補給斷絕，失去持續作戰之能力。

2. 阻止敵後方部隊增援，使敵陷於孤立，感受精神威脅，消失其戰鬥意志。

3. 敵除特別構築之獨立四面作戰據點外，其一般陣地，通常後方工事薄弱，(或對後方完全無射擊設備)，易於攻擊突破。

4. 我主力迂迴至敵後方，迫使敵之砲兵後撤，不能直接支援其正面部隊之戰鬥。

5. 切斷敵之後路，使敵之傷者無法救護後運，增加敵陣地內之慘狀，使敵官兵觸目驚心，感人人自危，易生動搖。

6. 較由正面逐點攻略，曠時持久，消耗兵力為有利，即孫子所謂「以迂為直」，又謂「出其所必趨，趨其所不意，行千里而不勞者，行於無人之地也，攻而必取者攻其所不守也。」例如本師第二期作戰，對森邦卡以北地區之敵，以主力開路行迂迴攻擊；第三期作戰，對瓦魯班以北地區之敵，以主力開路行迂迴攻擊，皆收極大效果，其他營以下之攻擊，亦常用此種方法，屢試不爽，詳細情形，已述於戰鬥經過中。

(二)森林戰對敵強固小據點之攻略法

在虎關區作戰之敵第十八師團，常喜死守小據點，此種據點之兵力，通常為一加強連，其陣地多為 300 至 400 米直徑之圓形，(亦有在 400 米以上者)，敵於大樹上及地下構築極堅固之輕重機槍巢，所有工事，均以大樹作掩蓋，其裹傷所、炊爨場等，均在堅固之掩蔽部內，交通壕深一人以上，小便池廁所等，均設於壕內，陣地四周，設置鹿柴及地雷，儲備充分之糧彈飲水，深溝高壘，頑強抵抗，大有作殊死戰之準備，本師對此種小據點之攻略，採殲滅性圍攻戰法：

1. 攻擊用兵力約一營，先以小部隊行威力搜索，偵察敵陣地配備之狀態及輕

---

[37] 《虎關區戰役》(第二號)，頁 37。

重機槍火點位置。

2. 偵察完畢後，主力展開，形成三面包圍態勢，(在敵陣地之側面，留一闕口，示以生路，誘其潰逃，然於適[38]當距離之地點，預設埋伏，俟敵經闕口潰逃而來時，則行猛烈之襲擊而殲滅之，即孫子所謂「圍師必闕」。)並切斷敵後方連絡補給線，阻止敵人後方部隊增援(設置有力之埋伏部隊，以行襲擊而阻止之。)同時開始砲擊，步兵利用砲兵火力掩護前進，縮小包圍圈，並以重機關槍消滅敵樹上機槍巢，及狙擊射手(凡敵陣地內有可疑徵候之樹上，即用重機槍逐棵從上至下，行直線射擊。)以 81 迫擊砲(用重砲)消滅敵地下有掩蓋之輕重機槍巢，步兵即利用此各種火力掩護，匍匐前進，破壞敵之鹿柴，準備突擊，待我砲兵及 81 重迫擊砲將敵之陣地大部(如砲彈許可，最好全部摧毀，以減少犧牲。摧毀後，第一線步槍兵用疏散隊勢，從各方面同時一舉突入敵陣地內，在敵陣地未摧毀前，萬不可輕行衝鋒，因敵之自動火器甚多，且工事堅固，不但不能突破，且徒遭重大損害。)躍入敵之交通壕內，而佔領之，並可利用我砲兵射擊之彈痕為掩體，然後以射擊、白兵、手榴彈，三者併用，與敵作塹壕戰，以行肉搏，壓迫敵人於預留之闕口方面潰逃，再行追擊，以便與我預行設置之埋伏部隊夾擊而殲滅之。

3. 如我佔領敵陣地之一部或大部，敵人仍企圖負隅頑抗時，我第一一四團第一營在于邦開始攻擊敵人前進陣地時，已佔領敵陣地三分之二，敵仍頑抗，至死不退。我為減少傷亡起見，可仍用 81 迫擊砲一門，行單砲射擊，因用多數砲射擊，恐危害自己。對敵殘留之輕重機槍巢，逐點摧燬，逐點佔領，極為有效，換言之，即多用火力以摧毀敵人，藉以減少犧牲是也。

(三)攻擊佔領敵陣地時之注意

1. 敵人撤退時，即在交通壕內，掩蔽部內，以其陣地四周，皆埋置手榴彈及地雷，我進佔敵放棄之陣地時，須特別注意此等危險物之排除。

---

38 《虎關區戰役》(第二號)，頁 38。

2. 敵人於我攻擊佔領敵人之陣地時，敵人完全撤退後，敵砲兵即對我佔領之陣地，行猛烈之砲擊，故攻佔敵陣地後，須注意疏散，不可蝟集，以免損害。*39*

(四)森林戰之防禦

森林戰防禦，因連絡與補給線易被切斷，宜採取大縱長區分，正面不可過廣，以免兵力分散，致形處處薄弱，而被各個擊破，應集結強大預備隊，隨時機動反擊，以爭取主動地位，敵第十八師團此次在虎關區作戰，採取廣正面之防禦，分散兵力，亦為其敗因之一。

(五)森林戰之搜索及襲擊

森林戰因敵人之兵力行動以及配備狀態等，雖相距咫尺，不易明瞭，故無論攻防，搜索及襲擊，極為重要，並須作廣正面及遠距離之搜索及襲擊，本師之搜索及襲擊法，依據數月來之經驗，如附冊所述。

(六)保守機密之注意

1. 為確保軍事機密，以防洩露起見，筆記作戰命令及兵力配備要圖，除必須下達及呈出者外，以少用為宜，(營以下可多用口述命令，與作戰直接無關之單位，除示以業務有關事項外，更不可予以筆記作戰命令之全文。)因敵第十八師團各級官長身上，均攜有作戰命令及兵力配備要圖，在每次戰役中，常被我俘獲，致敵人之企圖行動兵力、區分配備狀態等，我隨時洞悉無餘，故於我作戰上極為有力，故錄此以供參考。

2. 筆記作戰命令下達，必須派軍官專送，並派武裝兵護衛，(至少須兵力一班以上護送。)以防敵人在中途埋伏襲擊，而被劫去。二月十七日，敵第十八師團準備撤退命令，即在森邦卡以西地區，被我第一一四團搜兵截獲，並將其傳令兵擊斃，此其一例。

(七)敵之情報工作

敵人之情報工作，遠優於我，對我軍之編制裝備以及連長以上之主官姓名，詳悉無餘，(本師曾俘獲敵第十八師團印發敵官之──重慶新第一軍編制裝備及

---

39 《虎關區戰役》(第二號)，頁39。

主官姓名表。)不但在印度各地之情報機關甚多，即我駐印軍高級司令部中，亦必有敵人之奸細無疑，極堪注意。**40**

九、各人各部隊之功勳記事

表二之二、虎關區作戰官兵功勳表

駐印軍陸軍新編第一軍新三十八師緬北虎關區作戰官兵功勳記事					
部　別	級　職	姓　名	戰役地點	功　勳　事　實	備考
第一一三團	上校團長	趙　狄	瓦魯班	該團攻佔瓦魯班、秦莫切斷敵唯一之後方交通線，使孟關會戰勝利，殲敵潰不成軍，鹵獲槍砲無算。敵之第十八師團關防亦遺棄陣地，厥功甚偉。	
第一一三團第　三　營	少校營長	趙宇戲	瓦魯班	奉行命令徹底指揮所部沉著，瓦魯班、秦莫能迅速切斷敵後方主要交通公路，遂能擊破敵 3 倍兵力之反撲，確保主動威脅敵背，使敵被迫整個潰退，促成戰勝全局，厥功甚偉。	
第一一三團第　九　連	上尉連長	王學義	瓦魯班	三月八、九兩日瓦魯班之役，指揮所部迅速秘匿，切斷敵交通馬路，並擊潰反撲之敵，奪獲敵械彈甚多，使整個戰局順利進展，其功甚偉。	
第一一三團第　九　連	中尉排長	譚國昌	慶　木	三月八日慶木之役，該員指揮有方，身先士卒。殲滅敵人七、八、10 員名，獲戰利品甚夥。	
第一一三團第　九　連	少尉排長	王菊生	慶　木	三月八、九兩日於慶木之役，身先士卒。負傷不退，指揮該排消滅敵人 20 名，遂能達成任務。	
第一一三團第　九　連	准　尉代排長	楊桂永	慶　木	於三月八日慶木之役，率部奮勇作戰，消滅敵人 20 餘名，獲砲彈、文件甚多。	
第一一三團	中士班長	劉　鈞	慶　木	慶木之役，該士指揮有方，殲滅敵人 10 餘	

---

40 《虎關區戰役》(第二號)，頁40。

第 九 連				名，致全部攻擊甚為順利。		
第一一三團 第 九 連	上等列兵	楊侃明	慶 木	慶木之役，該兵射擊沉著準確，滅敵數名，致敵喪膽，迅速崩潰。		*41*
第一一三團 第 九 連	上士班長	曾紀前	慶 木	慶木戰役，該士勇敢沉著，消滅敵 4 名，獲輕機槍 1 挺。		
第一一三團 第 九 連	一 等 兵	張本才	慶 木	慶木之役，該兵奮勇殺敵，消滅敵人 10 餘名，獲戰利品甚多。		
第一一三團 第 九 連	一 等 兵	許原順	慶 木	慶木之役，該兵奮勇殺敵，消滅敵人 10 餘名，獲戰利品甚多。		
第一一三團 第 九 連	一 等 兵	婁長之	慶 木	慶木之役，該兵奮勇殺敵，消滅敵人 10 餘名，獲戰利品甚多。		
砲 二 營	少校營長	蘇 醒	瓦魯班	瓦魯班之役，該員指揮有方，使砲兵發揮極大威力，促成戰勝之局。		*42*

表二之三、虎關區戰役官兵死績表

駐印軍陸軍新編新一軍新三十八師緬北戰役官兵死傷表						
部　別	級 職	姓 名	戰役地點	壯　烈　事　實	陣亡地點	備考
第一一三團第九連	中士班長	賀宗陽	慶 木	慶木戰役，該士奮不顧身，擊斃敵上尉中隊長 1 員、士兵數名後，中彈陣亡。		*43*

十、俘獲戰績

---

41 《虎關區戰役》(第二號)，頁 41。

42 《虎關區戰役》(第二號)，頁 42。

43 《虎關區戰役》(第二號)，頁 43。

附表二之一、虎關區戰鬥鹵獲文件表

駐印軍陸軍新編新一軍新三十八師戰鬥詳報附表			
民國 33 年 3 月 6 日至 33 年 3 月 12 日陸軍新三十八師鹵獲表			
種類	區　　　分	數　量	附　記
戰 利 品 （ 文 件 ）	皮　　　囊	2 個	
	信　　　件	1 包	
	擲 彈 筒 筆 記	1 本	
	敵 軍 情 況 報 告	1 件	
	敵二三師團編制表	1 份	
	情　況　報　告	1 紙	
	地　形　報　告	1 紙	
	說　　明　　書	1 紙	
	警 報 規 定 事 項	1 紙	
	編　　制　　表	5 份	
	軍　事　郵　便	71 件	
	信　　　　函	55 件	
	俸 給 支 付 證	3 件	
	筆　　記　　本	14 本	
	水　　　　壺	3 個	
	擦　槍　具	1 套	
	地　　　　圖	2 份	
	軍　用　書　籍	12 本	
	雜　　　記	1 疊	
	私　　　章	1 粒	
	背　　　包	1 個	
	信　件　等	90	
	證　　　書	1 張	
	軍　人　手　牒	1 本	
	研　究　要　報	1 本	
	電　報　稿　簿	1 本	
	小　皮　夾	1 個[44]	

---

[44]　《虎關區戰役》(第二號)，頁 45。

附表二之二、虎關區戰鬥鹵獲武器裝備表

駐印軍陸軍新編第一軍新三十八師戰鬥詳報第 2 號附表

民國 33 年 2 月 22 日至 3 月 11 日新三十八師鹵獲表

種類	區　　分	數　　量	附　記
戰 利 品	步　　槍	62	一 、 輓 車 及 載 重 汽 車 已 燬 ， 不 堪 使 用 *45*
	輕 機 槍	5	
	左 輪 槍	2	
	擲 彈 筒	5	
	99 發射筒	100	
	步機槍彈	154,890	
	擲彈筒彈	1,600	
	步 砲 彈	270	
	鋼 砲 彈	810	
	山 砲 彈	4,200	
	榴彈砲彈	3,120	
	水上發煙筒	309	
	大煙煙筒	284	
	有刺鐵絲	5,000	
	鋼　　板	20	
	望 遠 鏡	4	
	防毒面具	32	
	兩 瓜 釘	1,000	
	指 揮 刀	5	
	輓　　車	32	
	載重汽車	1	

---

45 《虎關區戰役》(第二號)，頁 46。

附表二之三、虎關區戰鬥武器彈藥損耗表

駐印軍陸軍新編新一軍新三十八師戰鬥詳報第 2 號附表									
民國 33 年 2 月 22 日至 3 月 11 日新三十八師武器彈藥損耗表									
種類 / 區分 / 部別	損				耗				損失武器
	彈				藥				
	步槍彈	重機槍彈	輕機槍彈	衝鋒槍彈	60 迫砲彈	81 輕砲彈	81 重砲彈	手榴彈	75 山砲彈
第一一二團	2,240	5,700	3,640	1,320	305	120	85	340	
第一一三團	5,020	75,190	54,730	11,550	2,160	1,465	875	1,693	
第一一四團	4,290	48,460	32,520	9,540	1,365	870	515	1,050	46
砲兵第二營								55	
合　計	11,550	129,350	90,890	22,410	3,830	2,455	1,475	3,083	55
附　記	47								

附表二之四、虎關區戰鬥死傷表

駐印軍陸軍新編第一軍新三十八師虎康區戰鬥詳報第 2 號附表								
民國 33 年 2 月至 33 年 3 月 9 日止陸軍新編新一軍新三十八師死傷表								
區　分		隊別	第一一二團	第一一三團	第一一四團	砲二營	工兵營	合　計	附記
戰鬥參加人員	人員	戰鬥員	111	106	79	46	27	369	一、表列各單位參加戰鬥
		非戰鬥員	31	32	29	5	4	101	
		戰鬥兵	2,093	1,879	1,692	603	482	6,749	
		非戰鬥兵	204	202	198	61	51	716	
	馬　匹		266	253	263	404	58	1,244	
	合計	人員 官長	142	138	108	51	31	470	
		士兵	2,297	2,081	1,890	664	533	7,465	
		馬　匹	266	253	263	404	58	1,244	

46　《虎關區戰役》(第二號)，頁 47。

47　《虎關區戰役》(第二號)，頁 48。

									人數係以三十三年二月一日人數統計之
死	人員	戰鬥員		2				2	
		非戰鬥員							
		戰鬥兵	10	40	16	3	1	70	
		非戰鬥兵		1				1	
	馬匹			5	1	1		7	
	合計	人員 官長		2				2	
		人員 士兵	10	41	16	3	1	71	
		馬匹							
傷	人員	戰鬥員	2	6				8	
		非戰鬥員		1				1	
		戰鬥兵	18	113	33	1	2	167	
		非戰鬥兵	1	3				4	
	馬匹			4	4	12		20	
	合計	人員 官長	2	7				9	
		人員 士兵	19	116	33	1		171	
		馬匹							
生死不明	人員	戰鬥員							
		非戰鬥員							
		戰鬥兵							
		非戰鬥兵				48			
	馬匹								
	合計	人員 官長							
		人員 士兵							
		馬匹						49	

---

48 《虎關區戰役》(第二號)，頁 49。

49 《虎關區戰役》(第二號)，頁 50。

附表二之五、虎關區戰鬥負傷官佐姓名表

駐印軍陸軍新編第一軍新三十八師各部緬北作戰負傷官佐姓名表
33 年 3 月 9 日止

部　　別	級　職	姓　名	負傷地點	負　傷　月　日	備考
第一一三團團部	准尉附員	韓運修	丁克來卡	33 年 2 月 27 日	
第一一三團迫砲連	准尉排附	鍾郁廷	丁克來卡	33 年 2 月 27 日	
第一一三團第四連	中尉排長	朱培業	拉樹卡	33 年 3 月 3 日	
第一一三團第五連	准尉代排長	黃作台	泰柏家	33 年 2 月 25 日	
第一一三團第五連	少尉排長	魏建民	馬高	33 年 2 月 29 日	
第一一三團第九連	少尉排長	王菊生	瓦魯班	33 年 3 月 9 日	
第一一三團機三連	少尉排長	楊愛民	慶木	33 年 3 月 10 日	
第一一三團戰槍三排	少尉排附	何週魁	慶木	33 年 3 月 10 日	
第一一三團衛生隊	少校隊長	舒南廷	衛樹卡	33 年 3 月 8 日	
合　　　計		9 員			50

附表二之六、虎關區戰鬥陣亡官佐姓名表

駐印軍陸軍新編第一軍新三十八師各部緬北作戰陣亡官佐姓名表
33 年 3 月 9 日止

部　　別	級　職	姓　名	陣亡地點	陣　亡　月　日	備考
第一一三團第一連	少尉排長	高冠芳	泰柏家	33 年 2 月 26 日	
第一一三團第六連	少尉排長	李家良	衛樹卡	33 年 3 月 7 日	51

50　《虎關區戰役》(第二號)，頁 51。

51　《虎關區戰役》(第二號)，頁 52。

第三本
卡盟區前期戰役戰鬥詳報

自 民國三十三年三月十日起 至 三月卅一日止

副軍長兼師長　孫立人

駐印軍新一軍新三十八師司令部編印

中華民國三十四年　月　日

第三本　卡盟區前期戰役
詳細目錄

---

[1]　《卡盟區戰役》(第三號)，目錄。

卡盟區戰役　戰鬥詳報第三號

自民國三十三年三月十日起至三月三十一日止

一、戰鬥前敵我形勢之概要

敵軍第十八師團主力，自瓦魯班(Walawbum)戰役被我包圍夾擊遭重大慘敗後，其在虎關區之作戰部隊，逐形成總崩潰，由三月九日起，虎關河谷已為我軍所攻佔，殘敵被迫紛紛向卡盟區(Kamaing)狼狽逃竄。

敵為阻止我軍南下，以求得其在卡盟區作戰準備時間之餘，及掩護其後方交通線之安全，於慘敗之餘，仍糾集該師團第五十六聯隊殘餘敗眾，附重砲 2 門，山砲兩中隊據守丁高沙坎(Tingkanksakan)以南，沙杜渣以北(Shaduzup)、傑布班(Jambubum)山區，憑籍地形之險要，及既設陣地之堅固，頑強抵抗，企圖遲滯我軍前進。

三月十日奉　總指揮部作命第 11 號，以本軍有繼續以最大速度南攛下取沙杜渣及其兩側山地之任務，飭本師以步兵一團，附山砲兵一連，由傑布班東側山地迂迴攻擊沙杜渣敵之側背，並阻止敵北上增援，以策應我正面新二十二師沿卡盟公路南下之攻擊(戰鬥前敵我形勢如附圖)。

總指揮部作命第 11 號原文附後。

總指揮部一九四四年三月八日作命第 11 號譯文

1.　A 敵情：[2]

　　B 友軍配置如圖三之一。

2.　任務：以最大速度南下攛取沙杜蘇(Shaduzup)及其兩翼之高地！參考圖三之二。

2　《卡盟區戰役》(第三號)，頁 1。

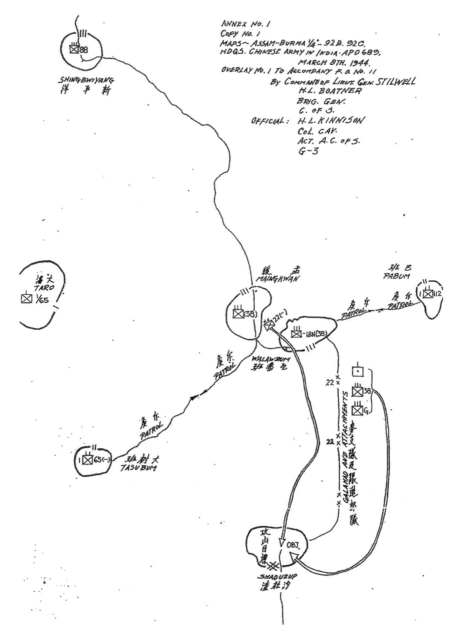

圖三之一、Overlay to Accomdany F.O. No. 11 March 8th 1944

(總指揮部 1944 年 3 月 8 日作命第 11 號譯文)

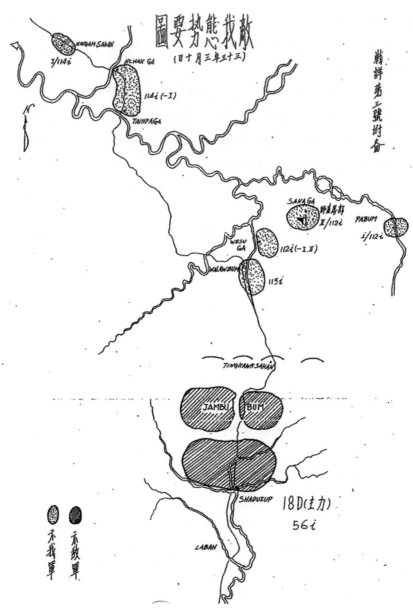

圖三之二、敵我態勢要圖：民國 33 年 3 月 10 日[3]

3　《卡盟區戰役》(第三號)，頁 20。

3. A 新二十二師(欠第六十六團第一營及第六十五團第一營)通過新三十八師 Kumnyen－Walawbum 地區沿孟關卡盟營大路兩側疾進佔領沙杜蘇及兩側高地並確保之。

 (1) 第六十六團第一營及第六十五團第一營無變動。

B 新三十八師(欠一一二團第一營)以一團(欠一營)警戒 Kumnyen－Nlamga －Sabawga－Nwankangga－Chanmoi 地區，且須以最少一個據點及若干斥候組警戒 Sabawga 及 Pabum 間之地區，參考圖三之一。

 (1) 以一團警戒孟關－NX1350－Ngamawga 地區且須在 Ngamawga 至 Nungpawng NX0436 之小路上不斷搜索。

 (2) 以一團附一砲兵連七十五山砲緊隨麥支隊強行軍路線前進，到達沙杜蘇後，該團及附屬炮兵即接替麥支隊任務，於沙杜蘇南構築防禦陣地。

C 麥支隊取道 Nwangkangga－Shingboiga－Nduga－NX3432－Hpauchyega NX3917 等地向南推進，佔領沙杜蘇及兩側高地，候跟進之團(附七十五山砲兵一連)到達沙杜蘇後，由該團接防，抵沙杜蘇後，即須於孟關－卡盟大路設封鎖障礙。

X(1) 其他部隊無變動。

 (2) 某同盟軍隊伍在我西翼活動。

 (3) 新二十二師通過新三十八師地區時，由兩師長取得密切聯繫。[4]

 (4) 新三十八師一團跟隨麥支隊前進，彼此間之聯絡信號，由雙方指揮官商定之。

 (5) 各部奉本命令後，即刻執行其各自之任務。

 (6) 新三十八師長指定與麥支隊協同之團，須受麥支隊指揮官指導。

4. 補給無變化。

5. A 通信規定向前。

 B 通訊主軸：孟關－華羅奔－Chanmoi－沙杜蘇。

---

4 《卡盟區戰役》(第三號)，頁2。

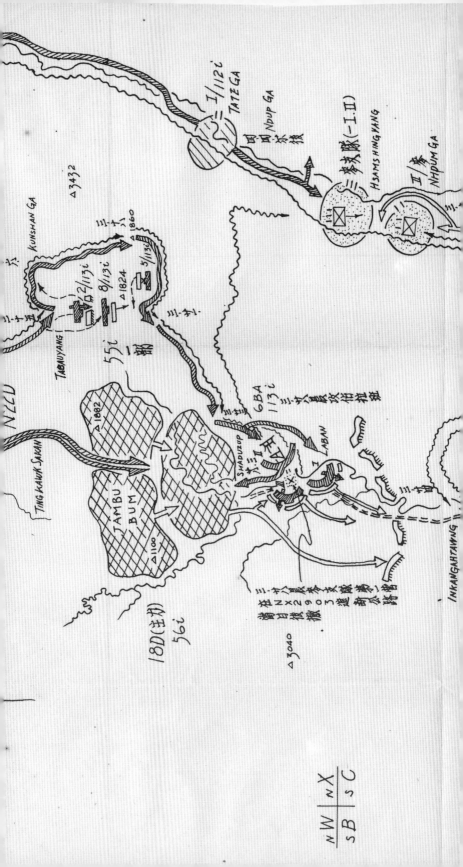

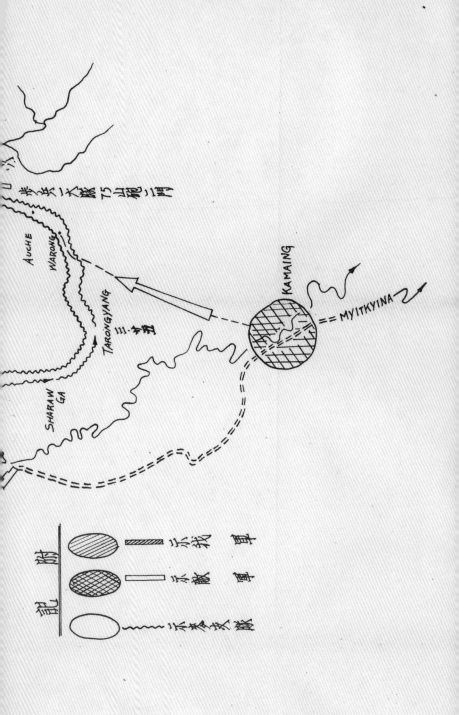

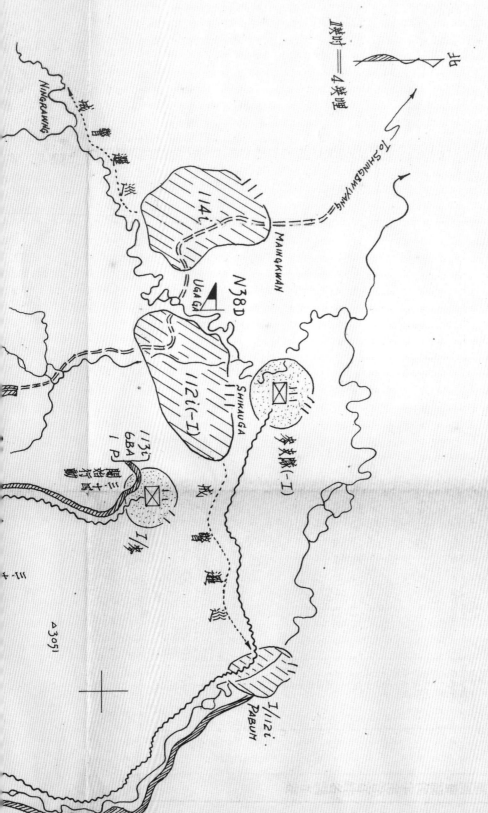

圍攻過經陷戰區北盟卡防八十三瀾

（自卅日三至卅日三）

北

1英吋=4英哩

To SHINGBWYANG

NINGRAWNG

114i

MAINGKWAN

N38D

UGA GA

112i(-I)

SHIKAUGA

113i
6BA
I P

搜
索
巡

搜
索
巡

遊
擊
隊(-I)

I 搜

II 搜

III-4

△3051

1/112i.
PABUM

C 指揮所地點候報。

奉史總指揮之命

包特納准將

開能上校簽署

二、影響所及於戰鬥之天候氣象及戰地之狀態

(一)戰地狀態

1. 傑布班(Jambubum)山地橫亙與虎關區與卡盟區(即孟拱河谷)之間，亦即為兩區之分界線，與兩區河流之分水嶺，卡盟公路縱貫其間，北通虎關而入印度，南下卡盟而達密支那，南北縱長約 20 英里，其間丘陵起伏，深溝高壑，樹高林密，地形極為複雜，地勢向北急斜，南向緩傾，東西兩側山嶺重疊，平均標高常在 4000 英呎以上，山路崎嶇，水源缺乏，居民絕跡，誠為用兵上之難地。

2. 傑布班山地之南，即為孟拱河谷，地勢平坦而狹長，東西橫寬約 6 英里，南至卡盟，縱[5]長約 35 英里，狀若剖開支竹筒，而傑布班即為竹筒之節，天險形成，成為卡盟北部唯一重要之門戶，攻者若單沿公路採取正面攻擊，成功實屬匪易；若行迂迴，則兩側萬山叢集，艱難險阻，更非裝備與訓練劣勢之軍隊所能克服，故實適於防禦而不利於攻擊之隘路也。

(二)天候氣象同詳報第二本所載不另述

三、彼我之兵力交戰敵兵之部隊番號及軍官姓名

此次與本師接觸之敵，首為敵第十八師團工兵第十二聯隊之一部，(聯隊長深山忠本男中佐)繼為敵第十八師團第一一四聯隊第一大隊增援之敵(大隊長猪瀨重雄少佐)及第五十五聯隊第一大隊，防守傑布班山地區正面，與我新二十二師保持接觸之敵，為第十八師團第五十六聯隊餘部，附重砲 2 門、山砲兵第十八聯隊第一、三兩中隊，統歸該聯隊長長久四郎大佐指揮。

5　《卡盟區戰役》(第三號)，頁 3。

　　師作戰使用兵力為步兵一團一一三、山砲兵一連、工兵一連、衛生隊三分之一，輜重營馱馬 50 匹。

　　『附錄十八師團番號代字主管官姓名調查表以供參考』——表三之一

表三之一、日軍十八師團番號、代字、主管官調查表[6]

6　《卡盟區戰役》(第三號)，頁 20 後附表。

四、攻擊部署及其主要理由並關於戰鬥所下達之命令

　　師長在山那卡(Sanaga)師司令部，基於　總指揮部第 11 號作命所示之任務，以迅速南下迂迴，佔領沙杜渣，截斷在傑布班地區之敵退路，予我新二十二師攻擊容易之目的，遂召集各部隊長，詳示當面敵情及各部隊之行動與任務，並與美軍麥支隊長晤面，商洽聯絡事宜，隨即下達如下命令：[7]

師作命甲字第十五號
陸軍新編第三十八師命令

三月十日二十三時 於山那卡指揮所　　所要地圖：92B　92C

1. 敵第十八師團現向瓦魯班以南山地退卻中友軍配置如圖三之三。
   美方麥支隊取道 Nwangkangga － Shingboiga － Nduga － NX3432 － Hpauchyega－NX3917 等地向南挺進佔領沙杜渣－(Shaduzup)及其兩側高地俟跟進之團到達沙杜渣後，即由該團接防抵達沙杜渣後即須於孟關－卡盟營大道封鎖之。

2. 師遵　總指揮部第 11 號作命部署之，並以最大速度南下攫取沙杜渣及其兩側高地。

3. 第一一三團(配屬山砲兵一連工兵、一連師衛生隊、一排輜重營馱馬 50 匹)緊隨美麥支隊強行軍路線前進到達沙杜渣後，該團即接替麥支隊之任務於杜沙渣附近構築防禦陣地，須能阻止敵由卡盟北上之增援及由北南下之反擊的縱深陣地。
   該團與支隊跟進及一切行動，彼此間之聯絡信號由該團長與麥支隊商定之並受麥支隊長之指導。
   諜報隊以二分之一隨該團行動。

7　《卡盟區戰役》(第三號)，頁 4。

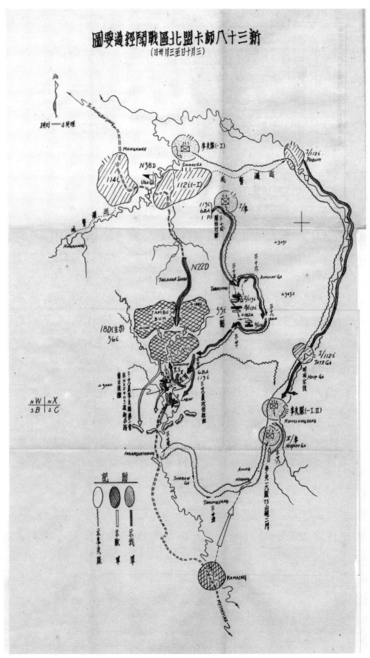

圖三之三、卡盟區戰鬥經過要圖

4. 第一一四團警戒孟關－NX1350－Ngamawga－地區且須在 Ngamawga 至 Ningrawn－NX0436 之小路上不斷實行活躍搜索以策安全。

5. 第一一二團(欠一營)警戒 Kumnyen－Nlamga－Sabawga－Nwankangga－Chanmoi 地區且須以最少一個據點及若干組斥候搜索警戒沙堡(Sabawga)及巴班(Pabum)間之地區以防敵之滲入[8]。

6. 各直屬部隊即位置於尤家附近。

7. 通信營以師指揮所為基點構成通信網。

8. 美手術組一組仍隨第一一三團前進；
野戰醫院以一部開設於 NX3550。

9. 補給：1. 第一一四團由孟關附近補給站補給之。

　　　　2. 第一一三團按前進情形由空投補給之。

　　　　3. 其餘各部由師指揮所附近空投場補給。

10. 各部隊奉到本部命令後即刻實行。

11. 余現在山那卞指揮所爾後即移尤家指揮所。

下達法：(以電報告知一一四團要旨)面告要旨爾後油印專送

三月廿九日復奉　總指揮部命令如下：

總指揮部一九四四年三月廿九日命令譯文

1. 第一一二團第一營即刻前往 Tatega(NX6110)為側翼警戒防敵在我之東及南方前進。

2. 一一二團第一營在 Tahai 區搜索區之一連即歸還該營出發。

3. 攜帶彈藥一基數。

4. 備三日之糧。

5. 留一班(或一班以下)之人數於 Pabum 收 3、4 項以外之糧彈移交於八十八團。

---

8 《卡盟區戰役》(第三號)，頁5。

奉史總指揮之命包特納少將[9]

奉命後即決定一一二團第一營遵令推進當給予一一二團之命令要旨如下：

陸軍新編第三十八師命令

三月廿九日十五時 於尤家司令部

1. 著該團駐巴班(Pabum)之第一營即推進至大德卞(Tatega)(NX6110)任側翼警戒防止敵由我東方及南方前進。

2. 該團第一營派往 Tahai 區搜索之步兵連即歸還建制。

3. 該營出發時准攜彈藥一基數、糧秣 3 日份其餘即由該團團部派兵一排前往巴班，看守負責移交第八十八團接防部隊後再撤回。

4. 沿途給養除自行攜帶 3 日份外餘由空投補給，第一次空投地點為大克雷(Taikri)第二次空投地點為拉巴卡(Lapaga)預定空投日期：第一次三月卅一日 16 時；第二次四月二日 16 時。

5. 美方手術組及師諜報組餉隨該營前往。

五、各時期之戰鬥經過及與此有關聯之鄰接部隊之動作

本師各部隊自三月十日後遵令先後就新部署：

1. 第一一四團由太柏家(Taihpaga)喬家(Nchawga)間地區，向南推進，至 Maingkw－An－NX 1350－Ngamawga 間地區，擔任警戒，並不時派出搜索隊，沿 Nambyu Hka 河向上流搜索至 Ningrawng，對 Tasubum 方面警戒，以防敵由該方面之滲進。

2. 第一一二團，除第一營仍在 Pabum 方面，擔任警戒任務外，其餘主力在 Kumnyenga－Nlam[10]ga－Sabawga－Nwargkangga－Chanmoi 間地區，分別

---

9 《卡盟區戰役》(第三號)，頁 6。

10 《卡盟區戰役》(第三號)，頁 7。

擔任警戒，並不時派出搜索隊在 Sabawga－Pabum 間道路巡邏。

3. 師部及直屬部隊於三月十四日午，亦由山那卡推進至尤家(Ugaga)。

4. 第一一三團奉命後，即在瓦魯班(Walawbum)東北地區附近集結完畢，即行南下。

(一)初期：第一一三團迂迴前進經過

三月十四日我第一一三團在瓦魯班東北地區附近集結完畢後，當以第一營緊隨美軍麥支隊經苦蠻(Kumonbum)山脈向南前進為前衛，團部及第二、三兩營為本隊，當日第一營進抵大柏洋(Tabauyang)(NX4525)團部及第二營進抵 NX4437 附近，第三營進抵拉南卡(Langanga)附近。

三月十五日我先頭第一營在西燕卡道(Shiyemgahtawng 及 Saipawnga)附近發現有敵警戒部隊約步兵一中隊，附重迫擊砲 2 門，據守陣地並對我先頭部隊射擊，企圖牽制我軍前進，我第一營當以第二連向該敵行猛烈之佯攻，掩護營主力及麥支隊，由 NX4427 沿小河向 NX4927 繞道前進，團部第二營當日在 NX4437 附近，開闢空投場候空投補給，第三營同日進抵團部附近。

三月十六日我第二連自昨(十五)日向西燕卡道之敵行猛烈佯攻後，當場斃命敵兵五名，獲步槍五支，予敵以痛擊，本(十六)日我第一營及麥支隊佔領 NX4927 附近，該敵因感受其後側之威脅，即向南撤退，第二連以任務完畢，當即撤回 NX4927 歸還建制，團部及第二營進抵 NX4427、第三營在 NX4437 附近。[11]

三月十七日我一一三團各部繼續開路前進。

三月十八日我第一營，及麥支隊第一營進抵 NX5119，團部及第二營進抵 NX4724，第三營進抵大柏洋(Tabauyang)在 NX4522 附近發現有敵步兵約一排，據守警戒陣地，我當以第三營第八連向該敵攻擊斃傷敵六名，當將該敵完全驅逐。

三月十九日我第一營在 NX5119 附近，團部及第二營亦由 NX4724 向東沿小溪推進至 NX5120 附近，第三營進抵 NX4727 附近，迄本日止我第一一三團

11　《卡盟區戰役》(第三號)，頁 8。

及美軍麥支隊之行動，已為敵軍察知，(因與敵警戒部隊兩次接觸)時麥支隊主力於本(十九)日晚已進抵 Tanaiyang(NX6010)其第一營進抵 NX4717 附近，與小數之敵發生戰鬥。

三月廿日我第一營進抵 NX5116，團部及第二營進抵 NX5119 及 Jaiwaga 間，第三營進抵 NX5120 附近。

三月廿一日麥支隊第一營到達 NX4017，我第一營進抵 NX4416，在 Nprawa(NX4716)附近發現有少數敵兵，當派第二營第五連將該敵驅逐後同時佔領該地任兩側之警戒，與第一營保持連絡，團部及第二營(欠第五連)、第三營在原地等候空投補給。

三月廿二日麥支隊第一營到達卡庫卡道(Hkahkugahtawng)我第一營在該營後跟進，團部及第二營到達 NX4317，第三營到達 NX4517，麥支隊主力到達 Manpin(SC4078)附近。

三月廿三日晨，麥支隊第一營在卡庫卡道北約一千碼，與敵發生戰鬥。

我第一營緊隨麥支隊第一營行動，團部及第二營進抵 NX3313，第三營到達 NX341.4。

三月廿四日晨我第一營與麥支隊第一營，由卡庫卡道東南開路前進，麥支隊主力到達銀坎卡塘附近。[12]

三月廿五日我第一營與麥支隊第一營越過 Shadu Hka，向西南前進，第二營亦向西南開路前進。

三月廿六日我第一營與麥支隊第一營，由 NX3409 附近繼續向南推進，第二營將沿途少數之敵驅逐後，於十四時向西南推進約 4000 碼，連日陰雨，道路泥濘，開路極感困難。

三月廿七日，我第一一三團已迫近拉班村(Labam)東側，該團自三月十四日起，由瓦魯班附近經拉南卡而進入苦蠻(Kumonbum)山脈，越該山脈而南下迂迴，期切斷敵之後路，將敵人包圍於沙杜渣(Shaduzup)以北地區而擊滅之，經 14 天之開路前進，迂迴約 60 餘英里，深入敵後約廿英里，由萬山叢中，披

---

12 《卡盟區戰役》(第三號)，頁9。

荊斬棘，攀援而上，山砲馱載不能運動，概用人抬騾馬雖空身而行，尤其跌傷與跌斃者卅餘匹，懸崖峭壁，遠甚於蜀道之難，我官兵即從此山險中，翻山涉水，越險阻而出，沿途複有敵之阻礙，且戰且進，幾無片刻寧息，尤其以補給困難，(空投常受天候及地形限制)給養時虞不足，竟有終日不得一飽，(該團第一營，8 天未得補給，官兵以野菜及芭蕉根充飢。)並因沿途水源缺乏，2 天未得一飲者，我官兵感任務之重大，在此極艱難途中，以精神克服一切，排除萬難，兼程而進，以不可能為可能，驟然出現於敵之大後方，成為敵意料不及，(敵在中途雖一度發現該團之行動，但因地形險阻關係，判斷我為小部隊之行動)實使敵驚惶駭異而無所措手也。

(二)終期：拉班村及沙杜渣攻佔之經過

　　三月廿七日夜，我第一一三團利用夜暗接敵，沿秦岡河(Chengun Hka)河床，向西南直下，迫近拉班東側，是時美軍麥支隊第一營，亦進抵秦岡河下流出口處(NX2903)附近，因我行動機密，敵尚未[13]發覺。

　　三月廿八日清晨，我第一一三團第一營出敵不意，突然渡過孟拱河，襲擊拉班村，(在沙杜渣南邊四英里)之敵，敵卒不及防，倉惶應戰，拉班敵之陣地，遂被我一舉攻略佔領，敵後方主要交通公路，乃被切斷，同時麥支隊第一營，亦在 NX2903 附近渡過孟拱河，到達公路附近，此時敵以拉班被我佔領，後方交通斷絕，不僅孟拱河谷之天然屏障——傑布班(Jambubum)山險，無法可守，且瓦魯班之圍殲慘劇，將重演於傑布班山區，感威脅之嚴重，乃不惜任何犧牲，決圖一逞，除當時集中一五〇重砲及其他各種大小砲火，向我一一三團及美軍麥支隊第一營猛烈射擊外，並以第一一四聯隊及第五十五聯隊各一大隊之兵力增援，向我反擊，該團第一營在拉班村當與敵展開激烈而悲壯之戰鬥外，並以第三營全部增援美軍麥支隊第一營，其實麥支隊第一營受敵猛烈砲擊後，士氣頹喪，並因指揮不能統一的關係，誠恐與我軍混亂，該方面之戰鬥，逐令由第一一三團第三營單獨擔任，請麥支隊第一營後撤，該支隊第一營官兵，除對我官兵表示異常親熱與感激外，對我軍之獨立作戰精神，倍感欽佩，

13　《卡盟區戰役》(第三號)，頁 10。

彼等常以誠懇而天真之語氣言曰：「我們只要和中國軍隊在一起作戰，絕不怕日本人的凶頑。」因該支隊自與本師在同一地區作戰以來，我官兵本患難與共，緩急相救之精神，時予該支隊以援助，尤其每於戰鬥激烈時，我官兵常以作戰之全責，引以為任，如瓦魯班之役，及此次第一一三團第三營在 NX2903 公路附近之役，皆使彼等安全撤退，乃為我官兵精神所感召，言出有因，非偶然也；廿九日，該支隊第一營復奉命撤退至山興洋(Hsamshingyang)地區，遠離此間戰線矣(詳情如圖三之三所述)。

三月廿九日，敵自昨(廿八)日午前起，以兩大隊之兵力增援，並配合猛烈砲火，從北南兩方面，分別向我第一一三團第一、三兩營反攻，企圖打通後方之主要交通線，來勢洶洶，有如狂風暴雨，我官兵自始至終，即沉著與之交戰，敵先後猛衝六次之多，皆被我擊退，[14]激戰至廿九日，敵因死傷重大，攻勢漸形疲弱，同時我更以該團第二營，沿孟拱河東岸，輕裝北上，襲擊沙杜渣(在高魯陽之南約 4 英里)之敵而佔領之，將敵之公路，截而為三，並直接威脅高魯陽方面敵人之側背，俾我新廿二師之正面攻擊容易，迫使敵人不得不速行後撤，形成崩潰，該營到達沙杜渣後；當晚即向沙杜渣之敵襲擊，出敵不意，逐一舉攻略而佔領之，同時並與我新廿二師之先頭部隊會合，其實敵以拉班及 NX2903 附近公路兩處，反攻既遭慘敗，打通交通線之希望已無，更因沙杜渣之失守，第一線作戰部隊之直接後方，感受威脅，且瓦魯班慘敗之餘，創痕未復，逐不得不放棄，據守傑布班山隘，以阻止我軍南下之企圖，整個向西南方向潰退，於是長 20 餘英里之天然屏障——傑布班山隘，因我大迂迴作戰成功，而為我軍所獲，孟拱河之門戶既開，我軍即可直趨南下而進攻卡盟(Kamaing)，故就整個作戰局勢上而言，為敵我必爭之地；(旋俘獲敵菊作命340 號第十八師團作戰命令一件，得知敵在該山區有相機轉移攻勢之企圖，絕不輕易放棄，可資證明，附譯文如後)，是役敵在拉班村及 NX2903 公路附近與沙杜渣三處之傷亡至少在 500 員以上，其遺留而未經運走之屍體，經清查而確認者共 172 具之多遺棄武器彈藥裝備等項，遍地皆是，投入孟拱河中及埋藏

14　《卡盟區戰役》(第三號)，頁 11。

密林中者亦復不少，其狼狽可知，我奪獲一五○重砲1門、三七平射砲1門、完整之步槍 37 支、手槍 1 支、望遠鏡 1 副、大卡車 3 輛、輓車 5 輛、彈藥庫 1 所，各種砲彈及工兵器材等甚多，是役我亦傷亡官兵 80 餘人，其戰鬥經過如圖三之三。

敵菊作命第 340 號

第十八師團命令

十四時於 Jambuhkintang

1. 師團以間部隊主要包圍 Jambuhkintang 嶺線之中心地帶，使同地南方幾師團主力之攻勢有利。[15]

2. 間部隊長應佔領一一七七高地(895RSL 東北 5000 米)895RSL 及一一五高地附近之要點。

   應搜索敵情並確保 Jambuhkintang 嶺線所屬之各據點，阻止敵之前進。Jambuhkintang 以南沙杜渣北方師團主力之攻勢，有利 Maitawng 河畔之掩護隊(間部隊所屬)，於砲火協力之下，最少須確保同地附近擊潰敵之前進。新配備至十一日夕刻止須配置完畢；砲兵一大隊須準備協助師團之主力 Maitawng 河畔之掩護隊(含間部隊)；上田隊伍於 895RSL 南方約 8000 米處附近搜索敵情，阻止敵人。

   藤岡隊(任一一七七高地附近敵情之搜索並阻敵前進)師團通信隊之一部。

3. 長久部隊長須使 Maitawng 河畔之掩護隊歸內部隊指揮。

4. 工兵先協力 Maitawng 部隊作戰爾後再協助主力。

5. 間部隊任上田隊之掩護。

6. 師團通信隊須將第 2 項通信隊之一部配屬間部隊。

7. 上田隊及藤岡隊應續行現任務由間部隊長指揮。

師團長

---

15 《卡盟區戰役》(第三號)，頁 12。

(三)美軍麥支隊之行動(兵力 2500 餘成員)

　　美軍麥支隊,自奉命與本師一一三師團共同行動,除第一營與我一一三團在同一路線行進,其經過情形已如上述外,該支隊主力自西高卡經巴班(Pabam)(NX5855)、大德卡道(Tategahatwng)(NX010)、山興洋(Shamshingyang)、恩潘卡(Nhpumga)、高利(Kauri)、奧溪(Auche)、瓦[16]蘭(Warong)、大弄陽(Tabongyang)、下勞(Sharaw)之線,於三月廿四日到達銀坎卡塘(Inkangahtawng)(SC2689)公路附近後,因被敵砲擊及反擊,當日被迫退回孟拱河東岸地區,與敵隔河對峙,並未切斷公路;廿五日,該支隊第三營,即退至大弄陽,第二營退至下勞;廿六日,第二營亦退至大弄陽;廿七日,第二、三兩營皆退至奧溪;廿八日,第二營退至恩潘卡,第三營退至山興洋,敵人約一大隊,附七五山砲 2 門,對該支隊(欠第一營)跟蹤追擊,先砲擊,麥支隊死士兵一,四傷,當日十三時即對恩潘卡麥支隊第二營猛烈進攻,卅日,第二營後路被切斷,陷於敵之包圍;支隊部及第三營在山興洋,與第二營聯絡斷絕,卅一日至四月四日,由第三營派出一加強連,擬將切斷第二營後路之敵驅逐,欲援救第二營,經攻擊結果,皆未成功,自四月四日以後,支隊部與第二營之無線電亦不通,且槍聲漸稀,陷於情況不明,頗形惡劣,當派本師駐該支隊之聯絡參謀李濬,乘連絡飛機返部,請本師派兵急往援救,其時本師一一二團第一營駐守大德卡道,當令該營即行向前挺進,支援該支隊,該營到達山與洋以北地區後,當即以一部對高南卡(Kawnanga)之敵攻擊而佔領之,以威脅敵之右側,並牽制其兵力,戰況逐形穩定,嗣因我一一二團(欠第一營)主力,由孟拱河谷東側之崇山峻嶺中,向東南開路前進,迂迴至奧溪及瓦蘭間西側附近,敵感受側背威脅,逐後撤而轉用兵力於一一二團主力方面,則麥支隊第二營之圍始解,該支隊此次在銀坎卡塘,並未戰鬥,即無故撤退,致召劣勢之敵追擊,且在撤退途中慌張失措,復遭失械彈裝備及騾馬等甚多,狀殊狼狽,敵人在恩潘卡,竟敢以劣勢之兵力,對麥支隊逐行包圍攻擊,蓋已窺破該支隊之官兵,毫無鬥志,所由來也。查該支隊奉命之初,師長即向總指揮部建議,讓

---

16 《卡盟區戰役》(第三號),頁 13。

一一三團以兵力一營，隨麥支隊第一營前進，襲佔沙杜渣，以主力隨麥支隊主力，由山興洋方面南下，進入卡盟以北附近地區佔領要點，切斷公路，與我襲擊沙杜渣方面之部隊相呼應，以威脅卡盟，使本軍爾[17]後作戰之進出容易，經再三解釋，並反復申述利害，然未蒙採納，致造成此慘害之局，使爾後作戰更形艱鉅，良可慨也。是役該支隊傷亡 300 餘人，此種犧牲，不僅毫無代價，反因該支隊此次之行動，惹起敵人對該方面山地的注意，影響我第一一二團爾後在該方面之迂迴行動甚大，於全般作戰上殊為不利，誠屬失策，惟該支隊官兵本身，極其誠實，且坦白承認其弱點，此次因我第一一二團官兵支援彼等於水深火熱之中，深表感謝不盡，茲錄其該支隊來電於後，至該支隊此次行動經過詳情如附圖。

　　附錄該支隊謝電如下：

麥支隊賀電譯文：

史總指揮轉新三十八師孫師長勛鑒貴師第一一二團第一營經以強行軍抵達此間，足見該營士氣旺盛、精力超人、訓練有素，敝團之能採取攻勢，實貴師給予之充分合作，有以致之李聯絡官於敝團工作至為努力，謹此奉聞弟麥利爾四月五日。

茲僅對孫立人將軍之賀辭致謝，該賀辭當儘早對全體官兵宣讀，吾等之成功實歸功孫將軍之精銳部隊及其援助，吾人之合作精神李濬上校他調憾其惟衷心慶幸其榮膺參謀長職亨　脫電四月廿日

茲僅慶賀貴部第一一二團神異之推進，余確知該團所經之地區，其地形之艱險，為地圖上所表示不出者，懸崖絕壁攀登困難，敝部隊貴部行動之神速深感欽佩，並慶幸能與其並肩合作又請轉致趙團長，余對該團在進擊沙杜渣時，與奧斯布上校之美滿合作深表感激，並已報告史總指揮余除極求將來再與貴部合作外，僅代表全體軍官士兵　遙祝

新三十八師同仁幸福

---

17 《卡盟區戰役》(第三號)，頁 14。

麥利爾四月廿二日[18]

六、戰鬥之成績

1. 由崇山峻嶺中行 60 餘英里之大迂迴深入敵後 20 英里，攻佔拉班村及沙杜渣村，切斷敵後之主要交通公路，威脅敵後，迫使敵人放棄 20 餘英里之天然屏障——傑布班山區，使我廿二師得由正面南下，與本師會合，直入孟拱河谷腹地，敵我戰勢，因之改觀，於我軍爾後之攻擊，極為有利。

2. 大小戰鬥凡於 20 餘次，擊斃敵已清查確認者，有 172 具之多，傷者最少在 400 名以上，並生俘戰馬 1 匹、大卡車 3 輛、一五〇重砲、三七平射砲、步槍及其他彈藥器材等如表三之二。

表三之二、卡盟區前期戰役鹵獲表[19]

駐印軍陸軍新編第一軍新三十八師戰鬥詳報第三號附表			
卡盟區前期戰役擄獲表			
民國三十三年三月十日至三月三十日			
種　　類	區　　分	數　　量	附　　　　記
俘　　虜	馬　　匹	1	1. 卡車三輛內有二輛為福特車；一輛為雪佛蘭車均可使用。
戰	一五〇重砲	1	2. 所擄獲之三七平射砲為一九四一式(加拿大)造三七平射砲。
	輕機槍	1	
	三八步槍	37	
利	左輪槍	1	
	機槍彈	14 箱	
	步槍彈	22 箱	
	三七平射砲	1	
	三七平射砲彈	101	
品	望遠鏡	2	
	大中小發煙筒	3	

---

[18] 《卡盟區戰役》(第三號)，頁 15。

[19] 《卡盟區戰役》(第三號)，頁 21。

防毒面具	25	
手榴彈	1箱	
擲彈筒彈	100	
八八砲彈	40	
九二砲彈	30	
地　雷	5箱	
爆破藥	16箱	
導火索	30綑	
鋸	10	
斧	5	
土工器具	20	
有刺鐵絲	8綑	
卡　車	3	
輓　車	5	

七、戰鬥後敵我之陣地或行動

當面之敵，經慘敗之後，被迫退出傑布班山區有利地形，南撤至丁克林(Tingring)－Wakawng 以南之線，繼續作逐次抵抗，以爭取其在緬北卡盟區作戰時間之持久，以掩護其在英法爾方面之蠢動。

師以總指揮部作命第 11 號所賦之任務，完滿達成，飭趙團長主力暫在拉班以東及巴杜陽(Hpaduyang)間地區集結整裡，並以一部向丁克林方面嚴密警戒搜索，以待新命令指示繼續南向攻擊。

八、可作參考之所見

1. 迂迴部隊之行動，除了迅速秘密外，必須勇敢果決，對主要目的地敵人之攻擊，更須以奇襲手段，出敵不意，一舉攻略，佔領後，迅速構築工事，阻止敵之反擊，先求立於不敗之地，然後窺破良機，再求擴張戰果，尤其官兵之戰鬥意志，須特別堅強，無論在任何環境之下，能發揮獨立作戰精神，此為本師在瓦魯班之役及此次拉班之役，歷所經驗，美軍麥支隊每被

敵襲擊，而不能立足者，固因其戰鬥意[20]志薄弱，官兵概不構築工事，亦為其屢敗主因之一。

2. 在山嶺連綿中之地形開路前進，因地障關係，不能直線而行，較在密林中更易迷失方向，惟利用山谷之小河溝行進，不但開路容易，且可補助前進方向之維持，然而河床多為岩石，兩岸斜面甚急，行進不易，騾馬更易感足傷。

3. 山叢中大小河溝，在旱季多乾涸，水源缺乏。

4. 在 4000 尺以下之連山地中，利用山谷及攀援較緩之斜面，設法迂迴行進，雖前進速度極緩，(平均每日約 4、5 英里)仍可徐徐通過，惟給養最好多用乾糧，官兵自行攜帶。

5. 補給於必要時用空投，然空投有暴露我軍行動之弊。

九、各人各部隊之功勳紀事(如表三之三)[21]

表三之三、新三十八師卡盟區戰役功勳表

駐印軍陸軍新編第一軍新卅八師卡盟區作戰官兵功勳記事					
部　　　別	級　　職	姓　名	戰地役點	功勳記事	備考
一一三團 第四連	上尉連長	顏仲清		一、美軍麥支隊及楊營於得保陽附近遇敵被阻止，從左翼爬山涉水開路繞道，營於三月十六日跟進至該處後，該連為前衛尖兵連奉命，擊退當面敵人，掃除前進，路上之障礙，卒於十九日上午 7 時達成任務，並掩護後續部隊安全，通過得免若干跋涉之苦。 二、美軍及本團於三月二十七日通過沙杜河時，該連掩護敵兵自西來襲數次砲火並猛烈射擊，該連卒將來犯之敵擊潰，斃敵 3 名、俘步槍 2 枝，使我砲	

20　《卡盟區戰役》(第三號)，頁 16

21　《卡盟區戰役》(第三號)，頁 18。

				兵及騾馬部隊、美方手術組等後續部隊安全通過。	
一一三團機九連	二等列兵	杜大雲		三月二十九日於拉班驅逐反撲之敵時，該兵奮不顧身勇敢追擊斃敵 1 名，獲三八式步槍 1 枝。	
一一三團機三連	少尉排長	張諒文		三月二十八日於拉班之役親率機槍，以猛烈火力殲敵數十名，並掩護步兵奪取據點。	
一一三團機三連	上士班長	王冬階		三月二十九日於拉班之役，敵人猛烈向我反撲時指揮鎮定，發揚火力於最高度殲敵，甚夥並奪獲步槍及其他戰利品。*22*	
一一三團機三連	下士班長	胡萬成		三月二十八日於拉班之役黃昏時，敵人偷渡親以機槍射擊斃敵，甚夥使其詭謀不逐。	
一一三團機三連	上等列兵	羅文有		三月二十九日於拉班之役，該兵充射手時斃敵，數 10 名向我反撲之敵殘敵潰竄，我陣地得以屹然確保。	
一一三團機三連	二等馭手兵	山文明		該兵一人 2 馬，每天數次運輸彈藥無虞此次，所得戰果亦係運輸得力所致。*23*	

十、俘獲戰績(照片)*24*

---

22 《卡盟區戰役》(第三號)，頁 18。

23 《卡盟區戰役》(第三號)，頁 19。

24 《卡盟區戰役》(第三號)，頁 20。

表三之四、卡盟區前期戰役武器彈藥損耗表
(民國 33 年 3 月 10 日至 3 月 30 日)[25]

駐印軍陸軍新編第一軍新三十八師戰鬥詳報第三號附表												
卡盟區前期戰役武器彈藥耗損表　民國三十三年三月十日至三月三十日												
種類	消耗											損失武器
	彈藥											
區分	步槍彈	重機彈	輕機彈	衝鋒彈	60迫砲彈	81輕迫砲彈	81重迫砲彈	75山迫砲彈	手榴彈	槍砲彈	火箭彈	
部隊　第一一三團	27500	120000	105000	7500	1000	570	460		2000	320	16	
部隊　砲兵第二營								684	54			
附記	表列數量均係根據各部隊呈報實際消耗者											

表三之五、卡盟區前期戰役死傷表(民國 33 年 3 月 15 日至 3 月 30 日)[26]

駐印軍陸軍新編第一軍新三十八師戰鬥詳報第三號附表							
陸軍新編第一軍新三十八師死傷表　民國三十三年三月十五日至三月三十日							
區分 ＼ 隊別		第一一三團	工兵營第一連	砲二營第六連	衛生隊	輜重營騾馬隊	合計
戰鬥參加人員	人　戰鬥員	104	6	9	1		120
	員　非戰鬥員	31					31
	員　戰鬥兵	1732	140	97	34		2003
	員　非戰鬥兵	202	15	31	38		280
	馬匹	236	15	70	23	50	394
合計	人員　官長	135	6	9	1		151
	人員　士兵	1934	155	128	72		2289
	馬匹	236	15	70	23	50	394

---

25 《卡盟區戰役》(第三號)，頁 22。

26 《卡盟區戰役》(第三號)，頁 23。

死	人	戰　鬥　員	1					1
		非戰鬥員						26
	員	戰　鬥　兵	25	1				
		非戰鬥兵	3					3
	馬　　匹		5					5
合計	人員	官　長	1					1
		士　兵	25					25
	馬　　匹		5					5
傷	人	戰　鬥　員						
		非戰鬥員						
	員	戰　鬥　兵	56	8	2			66
		非戰鬥兵	9					9
	馬　　匹				8			8
合計	人員	官　長						
		士　兵	65	8	2			75
	馬　　匹							
生死不明	人	戰　鬥　員						
		非戰鬥員						
	員	戰　鬥　兵						
		非戰鬥兵						
	馬　　匹							
	馬　　匹							
合計	人員	官　長						
		士　兵						
	馬　　匹							
附記	一、表列各單位參加戰鬥人數係以三十三年三月一日人數統計之內有人數增減者係傷亡及病歸隊數							

表三之六、卡盟區前期戰役負傷官佐姓名表

(民國 33 年 3 月 10 日至 3 月 30 日)[27]

部　　　別	級　　職	姓　　名	負傷地點	負　傷　月　日	備　考
駐印軍陸軍新編第一軍新三十八師各部緬北卡盟區前期作戰負傷官佐姓名表 三十三年三月十日至三月三十日止					
一一三團機槍三排	少尉排長	何　週　魁	慶　　　木	33 年 3 月 10 日	
一一三團機三連	少尉排長	楊　愛　民	慶　　　木	33 年 3 月 10 日	

表三之七、卡盟區前期戰役陣亡官佐姓名表

(民國 33 年 3 月 10 日至 3 月 30 日)[28]

部　　　別	級　　職	姓　　名	陣亡地點	陣　亡　日　期	備　考
駐印軍陸軍新編第一軍新三十八師卡盟區前期戰役陣亡官佐姓名表 三月十日至三月卅日止					
一一三團第三連	准尉特務長	陳　撲	拉　　班	33 年 3 月 31 日	

27　《卡盟區戰役》(第三號)，頁 24。

28　《卡盟區戰役》(第三號)，頁 25。

第四本
卡盟區後期戰役戰鬥詳報

自 民國三十三年四月一日起 至 六月十六日

副軍長兼師長　孫立人

駐印軍新一軍新三十八師司令部編印

中華民國三十四年　月　日

第四本　卡盟區後期戰役
詳細目錄

---

[1]　《卡盟區戰役》(第四號)，目錄。

圖：

表：

附圖：

卡盟區戰役　戰鬥詳報第四號

自民國卅三年四月一日起至六月十六日止

一、戰鬥前敵我形勢之概要

敵軍第十八師團自傑布班山區，因被我第一一三團迂迴攻佔拉班及沙杜渣兩重要據點，切斷後路，而陷於彈盡糧絕，整個向西南潰退後，其時該師團之第一一四聯隊主力(原在密支那)及第五十六師團第一四六聯隊全部已到達孟拱河谷增援，敵除以第五十六聯隊主力在南高江西岸地區，阻我新二十二師前進外，其第五十五聯隊、第一四六聯隊，與第一一四聯隊之一部，均集結於南高江以東地區，並沿拉克老河(Lakraw Hka)、馬諾卡塘(Manaogahtawng)、1725高地(SC3694)之線，堅強據守，欲憑藉險要之地勢，及既設之堅固工事，企圖對我頑抗，並相機反攻，期挽救屢敗之頹勢。(嗣俘獲敵之文件及俘虜供稱；均證實不誤。)

我第一一三團於攻佔拉班及沙杜渣後，即乘勝向南追擊，四月三日，其第一營已攻佔巴杜陽(Hpaduyang)(NX9200)並繼續向南推進，我右翼新二十二師在南高江西岸之瓦康(Wakawng)(SC2898)以北地區，與敵第五十六聯隊主力對戰中，師左側美軍麥支隊，自三月廿四日在銀坎卡塘(Inkangahtawng)公路附近，因敵反擊，被迫經大弄洋、芒平、瓦蘭、奧溪、恩潘卡、山興洋之路線後退，當被約一大隊之敵跟蹤追擊，該支隊之第二營，現仍被敵包圍於恩潘卡地區，支隊主力向敵反攻，企圖解第二營之圍，屢攻不克，四月四日以後，支隊部與第二營之無線電亦不通，陷於情況不明，形勢異常緊急。

我第一一二團第一營，以支援美軍麥支隊，由大德卡挺進，到達山興洋以北地區，師司令部及直屬部隊，[2]位置於尤家(Uga Ga)，第一一二團(欠第一營)及第一一四團分別擔任虎康河谷南部之警戒任務，四月五日，奉到總指揮部第

2　《卡盟區戰役》(第四號)，頁 1。

12 號作戰命令，著本師迅速南下，攻佔卡盟。(戰鬥前敵我形勢如圖四之一)

　　總指揮部第 12 號作命原文如下：[3]

總指揮部 1944 年 4 月 4 日作命第 12 號譯文

(地圖－92B 92C 92F 92G 1/4 英吋)

一、A 敵情如貴官所悉。　B 友軍如附圖一所示。

二、以最大速度南下攫取卡盟並確保之附圖一。

三、A 1. 著新廿二師以第六十五團(欠第一營)及第六十六團第一營及第六十四團第三營迅即在其指定地區內南下，佔領目的地(附圖一)。

　　2. 第六十五團第一營(欠現駐太羅一連)迅即南移佔領，並確保 Lonkin。

　　3. 第六十四團及第六十六團各欠配屬於第六十五團之一營，於沙都蘇區佔領，並構築防禦陣地(附圖一)。

　B 1. 著新卅八師先遣第一一三團迅即在指定地區南下(附圖一)，指向目標直至為一一四團超越。

　　2. 著第一一四團即刻沿華羅濱卡孟大路南下，儘早超越第一一三團繼續前進佔領，並確保目標(附圖一)。

　　3. 著第一一二團(欠現在 Kaulunga 地區一營)附野砲一連，即刻經巴班 Pabum、太克里 Taikri(Kaulunga NX5806)地區，到達該地後即佔領並構築防禦陣地(附圖一)，防敵向西及北之移動，且須準備候命南下。

　C 麥支隊於指定地區內活動 Hsamshingyang-Nhpum(附圖一)，防敵北向及西向之移動，亦須準備候命南下。

　D 第一重迫擊砲團之第三連、第卅八師砲三營之第七連，及第一戰車營之行動另有命令。

　E 第八十八團無變化

　F 其他部隊無變化。[4]

3　《卡盟區戰役》(第四號)，頁 2。

4　《卡盟區戰役》(第四號)，頁 3。

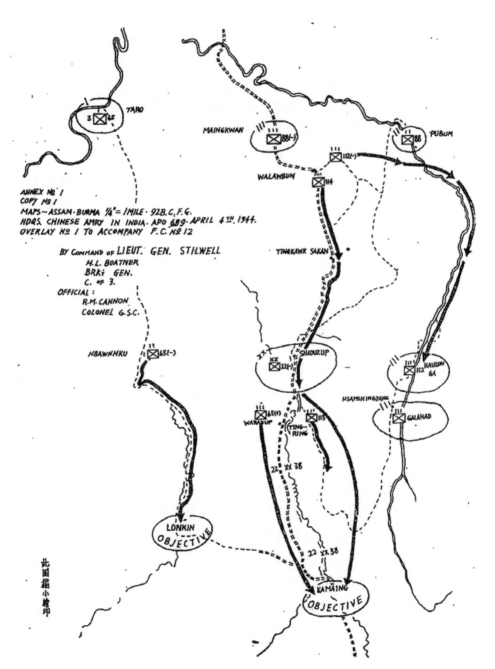

圖四之一、Overlay To Accompany F.C. No.12 April 4th 1944

　　　X：第一一二團及參支隊間之聯絡由兩方指揮官商定之。

四、補給：視附圖二。

五、A 目下使用之通訊規程。

　　　B 通訊主軸：華羅濱－丁克考沙坎－沙都蘇－華拉蘇－Warazup－柏克蘭

　　　沙坎 Pakhren Sakan－卡盟 Kamaing。

　　　C 指揮所：指揮部——丁克考沙坎然後遷沙都蘇，其他特報。

奉史總指揮官之命

包特諾准將

開能上校核簽

二、影響於戰鬥之天候氣象及戰地狀態

1.　緬印年分乾雨兩季；自五月至十月間為雨季，經常大雨，山地滂沱，平地汎濫無際，潮濕奇重，緬北土質鬆軟，經雨泥濘，其深沒膝，而大小河溝，每經大雨，水勢暴漲，部隊行動，頗受障礙，空軍活動，亦受影響。

2.　由印入緬，在卡盟以北，密林深翳，罕見人煙，途長凡 200 英里，交通補給，均極困難，而自卡盟以南，人口漸見稠密，通路四達，東南沿公路而達緬北重鎮孟拱，僅 25 哩，而其中途之 15 哩即有鐵路線通達緬南，交通補給均極便易，且卡盟以北，孟拱河谷及其兩側山地間，各大小道路，亦均以卡盟為中心，而北向分佈，是誠緬北門戶，孟拱河谷軍略中樞，敵我必爭之地也，而孟拱河谷，自沙都蘇以南[5]至卡盟間，地形狹長，河谷東部沿河一帶，茅草叢生，視界開闊，部隊行動不僅暴露，而乾季草枯，易受火攻，且河汉縱橫，機械化部隊之運動亦極受限制，以東即為密林地帶，連接大山，正面狹窄，易於扼守，在東為苦蠻山系，山巒起伏陡峭，攀登不易，且荊棘叢樹，夾雜密生，行動通視，備極障礙，易守難攻，允稱絕壁，因雨尤甚，實緬北防禦戰之唯一有利地區，故虎關區拉班各戰役敵均係持久遲滯，使卡盟區之防禦準備時間裕如，企圖於雨季期間，藉天

5　《卡盟區戰役》(第四號)，頁4。

時地勢之利，拒止我於卡盟以北，敵既設之堅強陣地前，相機進行決戰也。

三、敵我之兵力交戰敵兵之番號及其軍官之姓名

卡盟戰役中，先後與本師交戰之敵，為第十八師團第五十五聯隊全部，第五十六聯隊之一部，(第一大隊)第一一四聯隊主力(第一、三大隊及直屬部隊)、第十二輜重兵聯隊一部及師團直屬部隊之各一部，又第五十六師團第一四六聯隊全部、第二師團第四聯隊主力，第五十三師團第一二八聯隊及第一五一聯隊，暨野戰重砲第廿一大隊，及獨立速射砲第十三大隊，與第五十三野砲聯隊，及第十八砲兵聯隊之一部，共有 4 個師團之番號，其總兵力約為兩個師團，本師使用兵力，為步兵三圍、騎兵一排、山砲兵、工兵、通信兵、輜重兵各一營。

敵各部隊番號代字及指揮官姓名如附表。

四、攻擊部署及其主要理由並關於戰鬥所下之命令

本師奉到總指揮部對第 12 號作命後，師長即綜合各方面情況，得知：

1. 因美軍麥支隊之行動失敗後[6]，已引起敵軍對孟拱河谷東側地區之特別注意，凡可能通過之河川、谷地、小徑、山坡等，皆扼要派兵據守。

2. 敵自虎康區作戰以來，屢遭本師擊敗，尤其瓦魯班及拉班兩役，因後路被我切斷，包圍聚殲，幾潰不成軍，故對本師之行動，特別重視，據俘獲敵兵團長相田俊二少將對各步兵聯隊之訓示稱：「各部隊須特別注意新卅八師之行動」等語可知，故敵之兵力部署，其主要以本師為對象，除以第五十六聯隊之主力配備，於南高江東、西岸地區外，其師團主力第五十五聯隊全部、第一一四聯隊兩大隊及第五十六師團第一四六聯隊全部，接沿南高江東岸地區佈置，利用湖沼河川及苦蠻山系地形之天險，構築堅強而有極大縱深之據點式工事，星羅棋佈，形成一大網狀之陣地帶，並由敵第一

6　《卡盟區戰役》(第四號)，頁 5。

一四聯隊及第一四六聯隊皆為新到增援之生力軍，似欲挽救屢敗之頹勢，有對本師作決戰之企圖。

3. 在高利奧溪方面圍攻美軍麥支隊之敵，現仍極端活躍，師長基於上述情況，感由正面攻擊，不僅靡費時間、消耗兵力，且極不易成功，故仍以蹈瑕鑽隙方法，由最困難之地形中，闢路迂迴前進，攻擊敵之側背，迫使敵於陣地外與我決戰，而擊滅之，即戰綱所謂：「追敵於不預期之時間，與不預期之地點以行決戰。」抑即孫子所謂：「使敵不知戰地，不知戰期。」是也。本此決心，並以總部第 12 號作命指定第一一二團(欠第一營)所經之路線，不僅繞道過遠、耗費時間，且沿高利、奧溪之正面攻擊，成功殊難，更有分散兵力之弊，乃商准總指揮部改由東丁克林東側，沿南沙河(Namsa Hka)開路迂迴向瓦蘭西側地區前進，將師之重點，保持於左翼，以期達成徹底迂迴攻擊之企圖，遂於四月七日下達第 17 號命令如下：

師作命甲字第 17 號[7]
陸軍新編第三十八師命令
四月七日十三時于尤家司令部　　用圖：1 英吋 2 英哩

(一) 奉　總指揮部作戰命令第 12 號要旨如下：

1. 敵情如貴官所悉。

2. 以最大速度南下攫取卡盟並確保之。

3. A 著新廿二師以第六十五團(欠第一營)及第六十六團第一營，及第六十四團第三營，迅即在其指定地區內南下，佔領目的地(卡盟)。

　 B 第六十五團第一營迅即南移，佔領並確保倫京(Lonkin)。

　 C 第六十四團及第六十六團各欠配屬於第六十五團之一營，於沙杜渣區佔領，並構築防禦陣地。

7　《卡盟區戰役》(第四號)，頁 6。

4. A 著新卅八師先遣第一一三團迅即在指定地區南下，指向目標，直至第一一四團超越為止。

　　B 著第一一四團即沿瓦魯班、卡盟、大路南下，儘早超越第一一三團，繼續前進佔領並確保卡盟。

　　C 著第一一二團(欠第一營)附野砲一連，即經巴班、太克里、至考龍卡地區，構築防禦陣地防敵北竄，且須準備候命南下。

5. 兩師作戰境界線為孟拱河之線，線上屬新廿二師。

(二) 師為遂行任務迅速佔領卡盟之目的，即開始向前推進。

(三) 第一一二團(配屬部隊仍如上令)於本(四)月七日由現駐地出發，以汽車輸送至沙杜渣，下車後向巴杜陽附近前進，爾後即沿東丁克林東側(SC3699)經南沙河(Namsa Hka)、經蕩板山(Duanbangbum)(SC4585)開路，向瓦蘭西側地區前進，到達 SC45.580 瓦蘭及 SC4476 交叉路之線後，並確保[8]該線(如附圖)夾擊奧溪(Aushe)以北之敵，並隨時準備南下進擊卡盟之敵，該團之行動務求隱密與迅速。

(四) 第一一四團(附山砲兵一連、工兵一排、無線電五排)於本(四)月八日起分批由現駐地用汽車輸送(限四月九日前輸送完畢)至沙杜渣，下車集結完畢後向巴杜陽前進，在丁克林之線超越第一一三團，向卡盟攻擊前進佔領並確保之。

　　該團之騾馬部隊仍用徒步行軍，自四月八日起出發，向沙杜渣附近集結。

(五) 第一一三團繼續對當面之敵攻擊，俟第一一四團超越該團攻擊前進後，即在丁克林之線停止，為師之預備隊。

(六) 砲兵第二營派山砲兵一連(附補給連之一排)配屬第一一四團，於本(四)月七日 18 時前向該團報到歸其指揮。

(七) 工兵營派工兵一排配屬第一一四團，於本四月七日 18 時前向該團報到歸其指揮。

(八) 通信營派無線電五班配屬第一一四團，於本四月七日 18 時前向該團報到

8　《卡盟區戰役》(第四號)，頁7。

歸其指揮。

　另派有線電連一排於本四月七日，前往拉班以北地區構成師指揮所，與第一一二團、第一一三團砲七連間之通信網，限九日8時前完畢。

(九) 輜重營汽車15輛，於本四月八日6時開始輸送第一一四團，在輸送期間關於輸送事宜受李團長之指導。

(十) 著師衛生隊在拉班附近開設傷運站一所，配屬救護車四輛擔任傷運站至附近美方醫院，傷運事宜爾後隨戰況進展，該站可向沿公路南推進，並派擔架隊一排，隨第一一四團前進擔任該團裏傷所，至公路傷運站傷運事宜。[9]

(十一) 糧秣規定如下：

1. 第一一二團除自行攜帶2日份外餘在拉班，糧彈交付所到達瓦蘭之線後，視情形得改用空投補給。

2. 第一一四團除於行軍期間，攜帶2日份外餘在拉班交付所交付。

3. 第一一三團之糧秣仍在拉班交付所交付。

(十二) 司令部及各直屬營連排與本四月十日，向沙杜渣附近推進。

(十三) 余在尤家司令部，九日前往拉班以北戰鬥指揮所。

下達法：先以電話傳達要旨油印後專送

　自四月七日起本師各部隊均遵照師作命第17號賦予之任務開始行動，師司令部亦於四月十日推進至沙杜蘇；十七日推進至拉班；四月廿日推進至馬藍卡道(Marangahtawng)(SC3199)。

　四月十五日第一一二團以所經路線(係苦蠻山脈)，純為懸崖峭壁，異常險峻，僅人可攀援，騾馬不能通行，當即電准配屬該團之砲兵連，即歸還砲二營建制，該團屬騾馬部隊，亦均撤返拉班附近。

　四月十八日第一一四團已先後突破敵前進據點，進抵拉克老河北岸之線，該線為敵第五十五聯隊之第一線陣地，工事異常強固，敵步砲兵火力均極活

---

[9] 《卡盟區戰役》(第四號)，頁8。

躍，為使該團能迅速摧毀攻佔該地敵陣計，當令飭砲兵第二營(欠第一連)配屬該團使用。

在山興洋－潘家地區之美軍麥支隊，因我第一一二團第一營之支援，並因第一一二團主力由南沙河迂迴向瓦蘭西側前進後，圍攻麥支隊之敵，感受側背威脅，乃自動棄圍後撤，該支隊第二營之圍遂解，四月廿日，奉到總指揮部命令，著本師在考龍卡地區之第一一二團第一營，即前往接替麥支隊山興洋－潘家之防務，該支隊即後調至大德卡地區休息整理，師奉命後，即轉飭該團長並逕電該營長遵照行動。[10]

四月廿二日第一一二團先頭，已確實佔領 SC4580 之叉路口，團主力正對瓦蘭，芒平(Manpin SC4068)準備攻擊中，是日復奉到總指揮部四月廿一日命令，著該團在山興洋地區之第一營，迅即推進至高利(Kauri)、奧溪(Aushe)地區，其時高利、奧溪尚為敵軍佔據(即前圍攻美軍麥支隊之敵)，當即電飭該營迅即攻佔該地，俾得與團主力協力夾擊瓦蘭之敵。

自四月廿日至廿四日間，我第一一二團以神速秘密之行動，出敵不意，突然攻佔瓦蘭西側地區，以至芒平之線，完全截斷卡盟至瓦蘭及的克老緬間，敵之主要交通線，由敵陣地間隙，楔形突入敵在河谷區第一線陣地後方達廿英里遠，使師正面及卡盟地區之敵，感受奇重威脅，形成河谷區全軍最有利之態勢，同時敵第五十六師團第一四六聯隊第二、三大隊主力、第十八師團第五十五聯隊一部暨第一一四聯隊第一大隊之兵力，主對芒平及瓦蘭西側我陣地連日猛烈反攻，均被我擊潰，是時師正面第一一四團，旬日來以奮發充溢之士氣，優越之戰鬥技能，冒敵猛烈之砲火，節節向南壓迫，敵憑堅固工事頑強死抗，寸土必爭，戰況異常激烈，我官兵以再接再厲之精神，先後攻陷敵堅強據點十餘處，迄至四月廿四日，該團已進抵 1225 高地－的克老緬北端－SC3191 線之，繼續與敵激戰，由是役虜獲之敵陣地配備要圖中，得悉該線為敵第五十五聯隊之第一陣地；而其以南之東西瓦拉(Wala)，及其以南山地區，為該敵之第二線陣地，其配備縱深極大，工事構築甚為堅強，且地勢險要，居高臨下，易

---

[10] 《卡盟區戰役》(第四號)，頁 9。

守難攻，是日(廿四日)本師奉到總指揮部四月廿三日命令譯文如下：

命令
四月廿三日

一、1. 著新卅八師即以最大兵力，於四月廿七或四月廿七日 vio 前，佔領芒平(Manpin SC4068)、青道康(Hkjnd Ukawng SC4773)、拉瓦(Lawa SC4867)地區並確保之。[11]

　　2. 第一一二團之第一營著即歸還新卅八師建制。

　　3. 對左(東)翼地區各小路之警戒應密切注意。

二、著新廿二師即以最大兵力，於四月廿七日或其以前佔領巴道Padaw(SC2074)、南亞色 Nanyaseik(SC2275)、巴克稜沙坎 Pakhren Sakan(SC2670)地區並確保之。

總指揮史迪威

　　師長奉命後，考慮當時之敵情地形，以左側地區，我第一一二團已獲得有利之態勢，應利用並擴大其成果，極力向敵之側背壓迫，且敵之正面陣地，縱深極大，工事堅強，扼山林川澤之險，處處居高臨下，若從正面逐點仰攻，不僅耗費時間，更易招致極大損害，故擬以一部兵力，繼行攻擊的克老緬附近之敵，以主力轉用於高利以南地區，擊破瓦蘭附近之敵後，進站芒平—拉瓦(Lawa)之線，切斷敵之後路，同時另以一部兵力，佔領大班(Tabum)，掩護師側翼之安全，使正面之敵，既感有側背威脅之恐慌，復受後方退路斷絕之險危，極易演成全線潰退之慘象，如此；師之任務，亦可迅速達成，惟本師是項攻擊計劃，呈送指揮部，未獲同意，蓋當時總部對本師當面之敵情不明，地形尤不熟悉，故堅持以全力遂行正面攻擊之成見，師長不得已乃改變計劃，雖係由正面攻擊，然仍極力設法保持點於左翼，施行左側迂迴，然受地形之限制，致爾後之戰鬥，即為艱苦，當於四月廿七日下達第 18 號作戰命令如下：

---

[11]　《卡盟區戰役》(第四號)，頁10。

師作令甲字第 18 號
陸軍新編第三十八師命令
四月廿七日於馬藍卡道　　　　　　　用圖：1 吋 2 哩

一、師當面之敵為第十八師團第五十五聯隊及第一一四聯隊之一部，連日來被
　　我壓迫後撤刻，仍在的克老緬東西之[12]線與我對戰中。

　　瓦蘭附近約一大隊之敵經我佔領芒平後，其一中隊與我在芒平隔河對峙，
　　主力仍在瓦蘭以南地區被我攻擊中，高利附近仍有敵之小部隊據守。

　　新廿二師在孟拱河西岸與兵力約一聯隊之敵對戰，刻已推進至銀坎卡塘
　　(SC2689)以北地區。

二、師為迅速進出芒平(SC4078)、青道康(SC4773)、拉瓦(SC4867)之線，使爾
　　後作戰容易之目的，對當面之敵陣地應迅速攻略之。

三、第一一三團(欠第二營)尅日推進至 SC315910 沿拉克老河(Lahkraw
　　Hka)(SC3091)至馬諾卡道(Manaogahtawng)附近高地之線，接替第一一四
　　團在該線之防務，並與第一一四團協力相機向南進出擊滅當面之敵。

四、著第一一四團迅即以主力擊滅的克老緬附近之敵後，以一部向東瓦拉進擊
　　主力迅速經拉吉(Hlgayi)進佔大弄洋，威脅敵之右側背，將敵包圍於戰場
　　而殲滅之。

五、兩團之戰鬥地境如下：

　　SC3194—SC355880—SC3686 之線，線上屬一一三團。

六、第一一二團主力迅速擊破當面之敵佔領瓦蘭，其一部(第一營)同時迅速擊
　　破奧溪(Aushe)之敵而佔領之，迅速與主力會合，保持由瓦蘭至山興洋之
　　交通線，俾便於爾後之進出及補給，該團佔領芒平之第七連應堅守該地，
　　斷敵後路。

七、第一一三團(欠第一營)為師之總預備隊，位置於中丁克林附近，爾後隨戰
　　況之進展，向的克老緬附近推進。

---

[12]　《卡盟區戰役》(第四號)，頁11。

八、工兵營仍續行現任務。*13*

九、通信營任務同上。

十、糧彈之補給要領如下：1. 第一一三、一一四團仍在拉班交付所交付。

　　　　　　　　　　　　　2. 第一一二團仍用空投補給。

十一、余在馬諾卡道。

> 下達法：先以電話通知命令要旨筆記命令專送
> (對第一一三、一一四團)對第一一二團先電示命令要旨
> 爾後補送筆記命令

　　五月六日第一一二團主力正對瓦蘭攻擊中，其時原在該團左側後大德卡地區之友軍，已奉命東開，師長為減少該團側背顧慮，俾得以迅速攻佔瓦蘭計，乃於當日令飭第一一三團即派步兵一連(第六連)，於五月八日以前抵達山興洋地區，擔任警戒。

　　迄至五月十四日，我右翼友軍新廿二師主力尚與敵第五十六聯隊主力，在馬拉高(Malakawng)相持不下，10 餘日來，毫無進展，是時我第一一二團第二營已將瓦蘭據點憑極度堅強工事頑抗之敵，第五十五聯隊第一大隊全部包圍，我第一一四團於四月廿七日攻克的克老緬後，乘勝推進，迅速突破第五十五聯隊主力之第二線陣地，攻克東瓦拉、拉吉等重要堅強據點，並於五月十二日攻克大弄洋後，肅清該地至芒平間之殘敵，與第一一二團之部隊會合，完成第 18 號作命預定之迂迴攻擊計劃，遂將敵第五十五聯隊全部包圍於大弄洋西北地區，師除積極掃蕩被包圍之敵外，師長以使全軍作戰有利為目的，決以主力由芒平、瓦蘭地區，續迅速南下攻擊，攫取東西拉瓦(Lawa)之線，以威脅卡盟及其以北地區敵之側背，當即策定攻擊計劃如下：

13　《卡盟區戰役》(第四號)，頁 12。

陸軍新編第三十八師攻擊計劃

五月十三日於西丁克林[14]

一、師以使全軍作戰有利為目的，繼續迅速南下攻擊，攫取東西拉瓦(Lawa)之線，以威脅卡盟(Kamaing)敵之側背，並以一部兵力，掃蕩西瓦拉(Wala)、馬藍(Maran)、下勞(Sharaw)地區之殘敵，減去師右側背安全之顧慮。

指揮要領及兵力部署

二、第一一三團(欠二連)以一部由孟拱河東岸谷地，連繫新二十二師，協同攻擊前進外，該團主力迅速掃蕩西瓦拉－馬藍－下勞地區之殘敵，並確保該地區。

三、第一一四團(附山砲二連、工兵一排)除確保已佔領地區外，並迅速肅清卡塘坎－沙姆蘭－大弄洋以北地區之殘敵，爾後即越曼平河接替第一一二團曾營之任務，沿坡苦姆(Paokum)及 SC4274.5 之三叉路之線攻擊前進並確保該線，然後再以少數兵力向卡盟方向佯動，牽制敵之兵力，使第一一二團進出容易。

四、第一一二團(附山砲一連、工兵一排)須迅速攻佔瓦蘭而確保之，其主力即沿瓦蘭班(Warongbum)、大班(Tabum)之線攻擊前進，並攫取東西拉瓦之線而確保之，該團曾營，待第一一四團越過曼平河東岸，接替該營之攻擊任務後，即沿△680(SC43.575)、青道康(Hkinbukawng)(SC4772)及西拉瓦之線攻擊前進，與該團主力會合。

五、第一一三團駐守山興洋之步兵第六連，待第一一二團攻佔瓦蘭後，即推進至 3068 及奧溪(Aushe)警戒，以掩護第一一二團主力之翼側，爾後待命歸還建制。

六、本部及直屬部隊仍在原位置，爾後推進至 Kyinkham。[15]

14　《卡盟區戰役》(第四號)，頁 13。

15　《卡盟區戰役》(第四號)，頁 14。

通信補給衛生

七、通信──除第一一二團以無線電外，餘以有線電通信為主，無線通信為助。

八、補給──除第一一二團由空中補給外，餘由地面補給。

九、衛生──除第一一二團傷病兵仍暫由空運外，爾後均由地面運輸，野戰醫院隨本部推進開設，師衛生隊暫以主力擔任第一一四團傷者之後運，以一部擔任第一一三團傷者之後運。

根據上項攻擊計劃並下達第 19 號作戰命令如下：

師作命甲字第 **19** 號
陸軍新編第三十八師命令

五月十四日於西丁克林　　　　　　　　　用圖二分一

一、師當面敵情如各部隊長所悉。

二、師以使全軍作戰有利為目的，即以主力繼續迅速南下攻擊，攫取東西拉瓦(Lawa)之線以威脅卡盟敵之側背，以一部掃蕩西瓦拉(Wala)、馬藍(Maran)、下勞(Sharaw)地區之殘敵，確保師右側背之安全。

三、第一一三團(欠步兵二連)為右翼隊，以一部由孟拱河東岸谷地連繫新二十二師協力攻擊前進外，以主力迅速掃蕩瓦拉馬藍下勞地區之殘敵並確保之。

四、第一一四團(附山砲二連、工兵二排)為中央隊，除確保已佔領之地區外，並迅速肅清卡湯康(Hatangkawng)、沙姆蘭(Samlan)至大弄洋以北地區間之殘敵，爾後即越過曼平河接替第一一二團第三營[16]之任務，沿坡苦姆(Paokum)及 SC4274.5 三叉路之線攻擊前進並確保該線，然後再以少數兵力向卡盟方向伴動牽制敵之主力，使第一一二團進出容易。

五、第一一二團(附山砲一連、工兵一排)為左翼隊，須迅速攻佔瓦蘭而確保

16　《卡盟區戰役》(第四號)，頁 15。

之，其主力即沿瓦蘭班(Warongbum)、大班(Tathum)之線攻擊前進，佔領東西瓦拉之線而確保之。

該團第三營俟第一一四團越過曼平河東岸接替該營攻擊任務後，即沿△680(SC43.575)、青道康(Hkindukawng)(SC4772)及西拉瓦之線攻擊前進，與該團主力會合。

六、各翼隊之作戰地境如下：

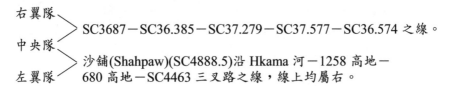

右翼隊
中央隊　SC3687－SC36.385－SC37.279－SC37.577－SC36.574 之線。
左翼隊　沙舖(Shahpaw)(SC4888.5)沿 Hkama 河－1258 高地－680 高地－SC4463 三叉路之線，線上均屬右。

七、第一一三團駐守山興洋之步兵第六連，即推進至潘家擔任警戒暫歸陳團長指揮。

八、第一一三團第四連為師之預備隊擔任師之警戒，爾後隨師司令部推進。

九、各翼隊與司令部之連絡除第一一二團以無線電連絡外，餘以有線電為主，無線電為副通信。

十、師衛生隊暫以主力擔任第一一四團傷者之後運，以一部擔任第一一三團傷者之後運。

十一、野戰醫院仍在西丁克林開設。

十二、糧彈之補給除第一一二團仍用空投補給外，除在西丁克林糧彈交付所交付。

十三、余在西丁克林。[17]

下達法：一一三、一一四團筆記命令專送
一一二團派參謀乘連絡機送達

　　師第 19 號作戰命令下達後，各部隊均遵照進行部署中，五月廿一日，師長綜合各方情報，得知如下之情況：

---

[17] 《卡盟區戰役》(第四號)，頁 16。

1. 據歷次之俘虜供稱，及擄獲之文件判斷，得知當面之敵，有在雨季之前，死守卡盟以北之線待援反攻之企圖，復據第一一二團第六連五月二十日在3680高地(瓦蘭南3哩)附近，擊斃敵第十八師團補充大隊指揮官野恒光一大尉遺屍中，擄獲敵第十八師團步兵團長(即步兵指揮官)相田俊二少將致該員親筆函稱：

> 『目前進入第一線後方妨害第一線補給之敵，僅60到70人，本兵團長指揮貴官擊退此敵，並應先至拉瓦(Lawa)司令部，與本職同往，但貴官前夜10時自卡盟出發，至翌日夕刻，尚未到達，初意貴官不及候本職先至第一線，當即率司令部人員30名趕至第一線，然全出意外，貴官等竟尚未抵此，現究竟徬徨於何處耶。
>
> 部下之疲勞，余自詳悉，晝間有敵機飛來，余亦盡知，然就第一線全員之疲勞，且缺乏給養，尚須與敵死鬥，思之不必要之休憩與晝間躲避空襲等，乃絕對不許可者，故須激勵部下，以最大之速度追擊，倘判明貴官等不足賴時，本職決心率領本部30突入敵陣中。』
>
> 此致
>
> 補充指揮官
>
> 相田少將

研究上函所述，當判知以下兩事——(一)當面之敵，因傷亡重大，其兵力已全部使用於第一線，後[18]方卡盟附近，兵力必甚感空虛，否則，其戰鬥力薄弱之補充兵，決不集中使用於第一線。(二)敵士氣消沉，且甚感疲憊，由相田俊二之親赴第一線，及對野恒光一大尉憤恨之語氣中可知，即孫子所謂：「吏怒者，倦也。」

2. 我右翼友軍新廿二師主力仍與敵第五十六聯隊之兩個大隊，在馬拉高(Malakawng)以北之線對峙中，20餘日來，尚無進展。

---

18 《卡盟區戰役》(第四號)，頁17。

3. 我友軍中美混合部隊，五月十七日已進抵密支那近郊，對密支那攻擊中。師長依據當時情況，鑑於緬北雨季瞬息將至，應採取積極手段從速攻佔卡盟南下攫取孟拱，策應密支那地區友軍之作戰，早日解決緬北戰局，實屬必要。

按卡盟位於南高江西岸，原屬新廿二師作戰地境，惟該師與敵在馬拉高之線對峙 20 餘日，尚無進展，是時本師正面已較新二十二師正面突出 20 英里，形勢極為有利，設使本師謹遵總部命令進佔東西拉瓦之線，以待我右翼友軍南下攻擊卡盟，則不僅徒延時日，且足與敵以增援加強抵抗之良好機會，故為使全盤戰局有利計，不拘泥於作戰境界而分畛域，乃決心以主力迅速南下，攻佔卡盟，期將敵包圍於卡盟以北地區而殲滅之，及使我右翼友軍之進展容易，並為防止敵乘機逸出戰場，及求得時間上之迅速計，遂決定以一部由正面對敵牽制，主力由敵配備之間隙錐形突進，秘密迂迴南下，偷渡南高江，切斷卡盟以南敵之主交通線，然後向北進擊卡盟。

根據上項決心，於五月廿一日下達第 20 號作戰命令如下：

師作命甲字第 20 號[19]
陸軍新編第三十八師命令

三十三年五月二十日於西丁克林　　　　　　　　用圖 1/2

一、當面敵情如各部隊長所知。

我中美聯軍於本(五)月十七日占領密支那機場刻正向密支那進攻中。

二、師以迅速攻占卡盟之目的以一部圍困瓦蘭之敵，以主力向東南迂迴經大奈河(Tanaihka)、瓦拉(Wala)、棠吉河(Taunggye Hka)(SC5574)、西涼河(Sellen Hka)、拉高(Lagawng)(SC45.860.5)、卡康(Hkahkan)(SC40.556.5)、拉卡高(Lakatbawng)之線，進佔卡盟而確保之。

三、第一一二團(配屬部隊仍舊該團騾馬暫留奧溪附近待命)為第一縱隊以一營兵力繼續圍困瓦蘭之敵，主力俟第三營之任務交與第一一四團接替後，即

---

19 《卡盟區戰役》(第四號)，頁 18。

在奧溪瓦拉(Wala)間地區集結，於本(五)月廿一日開始行動，按上述路線秘密前進佔領拉高後，迅速渡過南高江，一舉襲佔卡盟而確保之。

四、第一一四團(配屬部隊同前)為第二縱隊，於廿日以一營兵力接替第一一二團第三營之任務，外餘對當面之敵繼續掃蕩並有隨時候令行動之準備，爾後行動時即由芒平以南經大班(Tabum)、青道康(Hkindukawng)之間山谷迅速開路南下攻擊卡盟，期與一一二團協力將敵包圍於卡盟而殲滅之。

五、第一一三團(師司令部及直屬部隊隨行)為第三縱隊，對當面之敵仍繼續掃蕩，並有隨時候令行動之準備。

六、通信營須於第一一三、一一四各團開始行動之先1日撤收有線電通信網，爾後隨第三中隊前進。

七、各縱隊相互間及與司令部間之連絡以無線電為主通信。

八、工兵營(除配屬部隊)隨第三縱隊行動。[20]

九、衛生隊及野戰醫院在第三縱隊後尾跟進，須有隨時開設之準備。

十、糧彈之補給如下：

　　(一) 第一縱隊(欠一部)應攜帶乾糧4日份、彈藥一基數，爾後即用空投補給(如地面仍能補給時為秘密行動起見仍由地面補給)。

　　(二) 第二、三縱隊開始行動時，應攜帶糧秣3日份、彈藥1基數，爾後之補給即用空投。

　　(三) 在瓦蘭及芒平各地區之步兵二營仍用空投補給。

　　(四) 空投地點及時間另行規定之。

十一、輜重營之行動另令指示。

十二、本部於拉班設一臨時留守處，各部隊之笨重行李及車輛均須於行動前2日送交留守處。

十三、本部騎兵排駐拉班，負留守處警衛之責。

十四、余在西丁克林，爾後隨第三縱隊前進。

　　　　　　　　下達法：第一一二團先以電傳命令要旨筆記命令帶交

---

20 《卡盟區戰役》(第四號)，頁19。

第一一三、一一四團筆記命令專送

　　師第 20 號作戰命令下達後，我官兵忠勇奮發，服行任務，各團先後攻佔下勞(Sharaw)、馬藍(Maran)及瓦蘭等重要據點，將被包圍於大弄洋西北地區之敵，掃蕩無餘，是時第一一二團以果敢秘密之行動，攀高山、涉深溪、冒霪雨，日夜開路挺進，於五月廿七日 13 時，在卡盟以南約四英里之地區，全部游泳渡過狂濤洶湧之南高江，完全截斷卡盟區敵唯一主要交通線——卡盟至孟拱公路，卡盟及其以北地區之敵，不僅陷於彈盡糧絕，且後方之通信連絡運輸指揮等機構，皆被我摧毀擊滅，敵第十八師團遂整個陷於紛亂崩潰狀態，同時本師綜合各方情報，得知在卡薩地區之英軍印度第三師，已被敵擊潰，現敵沿卡薩、[21]孟拱間之鐵道向孟拱增援中，師長為不失時機，使師全部迅速南下，早日攻佔卡盟，並相機於敵增援未達以前，襲佔孟拱以使緬北我軍全般局勢有利計，乃一面電請總指揮史，懇請即派一部兵力前來接替本師瓦蘭、下勞(Sharaw)、芒平之線防務，俾使全力南下，並同時策定對卡盟孟拱之攻擊計畫如下：

陸軍新編第三十八師攻擊計劃
五月二十八日於奇鷹康

1.方針

(1) 師以攻佔卡盟及乘機襲佔孟拱之目的即以全力南下，以一部將丹邦卡附近之有利地區佔領以為根據，以主力指向卡盟攻擊而佔領之，待卡盟以北地區敵人失卻戰意而潰退時，即以一部兵力截擊追擊之，主力即乘機指向孟拱襲擊而佔領之。

2.指導要領

(2) 第一縱隊(第一一二團為基幹)之主力應確保卡盟公路之佔領區而加強之，並待第三縱隊到達拉芒卡道地區後，協同攻佔卡盟而確保之。

---

[21] 《卡盟區戰役》(第四號)，頁20。

該團(第一一二團)之第二營即循該團主力經路迅速推進，儘早與該團主
力會合歸還建制。

(3) 第二縱隊(第一一四團為基幹)俟在芒平以南地區之任務交予第三縱隊之
一部接替後，即由芒平以南，經大班、青道康之間隙楔形潛入南下，突
佔拉芒卡道、拉瓦各要點截敵後路而確保之，爾後即以一部進佔丹邦
卡、大高、巴道陽、1024 高地至丁克林之線、並須向南控制通孟拱各
隘路口而扼守之。[22]

(4) 第三縱隊(第一一三團為基幹)即以一營接替第一一四團芒平附近防務並
迅速向南擊滅當面之敵，俟在西拉瓦附近地區與第二縱隊會合後即迅經
支遵向卡盟攻擊，其主力待新道友軍接替後即向大弄洋附近地區集結
後，即經瓦蘭、大班向拉芒卡道附近挺進。

(5) 如在攻擊卡盟時期敵之新增援部隊已經到達，而由孟拱地區向北取攻勢
時，我則確保那漢、大高、巴道陽(S-C5849)、1264 高地至丁克林之
線，拒止敵人北進，使攻佔卡盟及擊潰卡盟以北地區敵寇之目的容易達
成之。

(6) 如佔領卡盟後襲擊孟拱時，敵之新增援部隊已到達孟拱附近地區，判知
敵人有於該地區與我決戰之企圖時，我則先行佔領孟拱以北山地前線
(防界線)向南控制孟拱再策後計。

(7) 如佔領卡盟成功後敵人並無大部隊之增援，則以一部留於卡盟截擊追擊
殘敵，主力即沿南高江止西岸公路直趨孟拱之西側背，第一一四團即由
丹邦卡、巴稜杜兩道相協同，將孟拱襲而佔領之。

3.軍隊區分

(8) 軍隊區分

　　第一縱隊：

　　　　第一一二團

　　　　砲兵第四連

22　《卡盟區戰役》(第四號)，頁 21。

工兵一排

第二縱隊：*23*

第一一四團

工兵一連

第三縱隊：

師司令部

直屬部隊(砲兵第五連在內)

第一一三團

4.通信

(9)　在行軍時期以無線電通信為主，到達丹邦卡後即架設有線電通信網，並盡諸種手段以達成通信靈與確實。

5.補給

(10)　第三縱隊在大弄洋補給場補給 4 日份乾糧，爾後到達丹邦卡空投補給。

(11)　第二及第一縱隊均仍照前之指示、按前進實際情形空投補給之。

五月廿八日致總指揮部史電譯文如下(原文附後)：

總指揮史鈞鑒目下本師兵力過度分散，致未能予卡盟或孟拱之敵以重大打擊，如本師能全部向南急進當可充分把握時機，同時佔領孟拱與卡盟，希能即派任何部隊一團接替本師瓦蘭、芒平、下勞間之警戒，則本師即可集中兵力南下突擊而鈞座初日，同時佔領卡盟及孟拱之企圖當可拭目以待也，時機急殆如 400 米競賽至最後一秒鐘，成敗在此一舉即希見示。

廿九日師長親赴沙杜渣指揮部就商此事，奉史總指揮面允准予空防南下，

23　《卡盟區戰役》(第四號)，頁 22。

根據攻擊計劃於五月廿八日下達作命[24]第 21 號如下：

師作命甲字第 21 號
陸軍新編第三十八師命令
五月廿八日 於奇鷹康 Kyinkong(SC35.588.0)

一、敵情及友軍情況如作命第 20 號所示。

二、師以迅速攻佔卡盟，並使爾後乘機進佔孟拱容易為目的，即以一部佔領丹邦卡附近各要點，以主力攻擊卡盟而確保之。

三、第一一二團(附山砲兵第四連)主力確保既佔地區待第一一三團到達拉芒卡道，協同攻佔卡盟而確保之，該團第二營迅將瓦蘭防務交第一一三團第六連接替後，即循該團主力經路推進，儘早與團主力會合，原配屬該營之砲兵第五連著留置瓦蘭附近，暫歸第一一三團第六連連長指揮該兩連，俟師部通過瓦蘭向南推進後，即各歸還建制。

四、第一一四團(附工兵一連)即將芒平附近防務交第一一三團之一營接替後，即由芒平附近經大班青道康之間隙，楔形潛入南下突佔拉芒卡道、拉瓦各要點截敵後路而確保之，爾後即以一部進佔丹邦卡、大高、巴道陽至丁克蘭之線，並須向南控制通孟拱各隘路口而扼守之。

五、第一一三團(欠一連)即以一營接替第一一四團，在芒平以南地區之任務並迅速向南擊滅當面之敵，俟在西拉瓦地區與第一一四團部隊會合後，迅即西向攻佔支遵向卡盟攻擊，該團主力仍繼續肅清，現在當面之敵並隨時候命推進至大弄洋附近集結，經瓦蘭、大班向拉芒卡道附近推進。

六、砲二營(欠四、五連)仍在大弄洋附近佔領陣地支援一一三團，在芒平以南地區步兵營之攻擊。[25]

七、工兵營通信營(各欠派出之一部)搜索連騎兵排、衛生隊隨師部行動。

八、野戰醫院於五月卅一日撤回拉班待命。

---

[24] 《卡盟區戰役》(第四號)，頁 23。

[25] 《卡盟區戰役》(第四號)，頁 24。

九、糧彈一律以空投補給，詳細計劃另定之。

十、余在奇鷹康三月卅一日推進至大弄洋，爾後向瓦蘭、大班、拉芒卡道以東附近推進。

下達法：油印專送第一一二、一一四團先電示要旨

五、各時期之戰鬥經過及有關鄰接部隊之動作

(一)由巴杜陽至大弄洋芒平瓦蘭間戰鬥經過

師第 17 號作戰命令下達後，各部隊即日開始行動，第一一三團(附山砲兵一連、工兵一連)繼續由巴杜陽以南附近向東、中、西、丁克林之線攻擊前進。第一一二團(欠第一營，附山砲兵一連、工兵一連)於四月七日由杜甘卡(Lagang Ga)以汽車輸送出發，至沙杜渣下車步行，九日在拉班(Labum)附近集結完畢，十日由東丁克林東側秘密開路向瓦蘭(Warong)附近前進，第一一四團於四月八日起分批由孟關附近地區，以汽車輸送至沙杜渣，下車後向巴杜陽附近地區開進，師司令部亦於十日推進至沙杜渣指導戰鬥。

各部隊之戰鬥經過，分段敘述如下：

1、第一一三團由巴杜陽南端至丁克林之線攻擊戰鬥

第一一三團於四月三日攻佔巴杜陽後，其第一營即沿巴杜陽以南片點路向南追擊，四日進抵巴杜河(Hpaduhka)北岸，復被巴杜河南岸兵力在一中隊以上附迫擊砲 2 門之敵阻止，該敵陣地異常強固，正面[26]攻擊不易，該營遂以一部兵力由正面對敵壓迫，主力由該敵東側迂迴，以圖包圍聚殲，惟該敵陣地縱深長大，支點密佈，迂迴行動，屢屢被阻，我官兵本再接再厲之精神，繼續鑽隙開路，迄至四月七日，戰鬥仍激烈進行中。

四月八日，該團奉到師第 17 號作戰命令後，即以第一營繼續向當面之敵攻擊，第三營由第一營東側開路進擊中丁克林，第二營沿南高江西岸南下，企圖偷渡南高江進出，於中丁克林南端 2 英里之交叉路口，切斷敵之補給線，以

26　《卡盟區戰役》(第四號)，頁 25。

圖包圍殲滅當面之敵，迅速佔領東、中、西、丁克林之線，該線為南高江東岸地區敵之警戒陣地帶，其兵力約一大隊(I/56i 主力)，藉堅強之既設工事及各種砲火之支援，頑強抵抗。

四月八日該團第一營第一連，已將巴杜河南岸小高地之敵交通線切斷，第二連亦在該敵東側佔領陣地，完成三面包圍之態勢，是日敵對該營第一連反撲甚猛，被我擊退，九日該營逐漸縮小包圍圈，隊當面之敵，加緊壓迫。

四月八日，第二營在 SC3098 附近，企圖偷渡南高江，因受敵阻，乃變更行進路線。

四月九日，第三營由巴杜陽經南那河(Numna Hka)西岸開路向中丁克林前進，十日，其先頭連於中丁克林北端南那河右岸小高地，與兵力約 1 小隊之敵，發生接觸。

十一日該敵即被擊潰，向西南逃竄，是日營主力進抵南那河北岸之線，對中丁克林北端沿南那河南岸據守約兵力一中隊之敵陣地攻擊。

十二日，第一營與當面之敵已接近至最近距離，敵仍藉各種火力頑強抵抗，是日該營發動全線攻擊，先以山砲、迫擊砲火力摧毀敵陣，繼以三面猛攻，激戰至是日午後 1 時，遂將該敵完全擊潰，敵遺屍 40 餘具，陣地內血跡斑斑，傷者約在 50 名以上，該營乘勝沿南高江東岸向西丁克林方向追擊，於十四日佔領西丁克林。[27]

十二日該團以第二營向東丁克林進擊，該營於十二日沿馬那河(Mana Hka)東岸開路前進，沿途數次遭遇少數之敵，悉予擊潰，十三日攻佔東丁克林。

第二營佔領南那河北岸之線後，以南那河河岸陡削，正面攻擊不易，遂於十二日派兵 1 連，在南那河上游距中丁克林一英里處乘隙偷渡成功，同時佔領中丁克林東側之制高點，對防守南那河河岸之敵猛烈側擊，敵側背感受重大威脅，遂被迫向南稍撤，退守既設之預備陣地，該營主力，乃乘機渡河攻擊，是時我山砲迫擊砲亦同對敵施行殲滅射擊，敵傷亡奇重，乃於十四日 14 時向南潰竄，遺屍 30 餘具，中丁克林亦同時被我完全佔領。

---

27 《卡盟區戰役》(第四號)，頁 26。

　　第二營佔領東丁克林後，即以一部向西肅清東、中丁克林間之殘敵，並於十四日派第六連向西南開路，進佔中丁克林南端 2 英里之交叉路口，該連奉命後，星夜前進，於十五日拂曉抵達，確實佔領該路口，其時由中丁克林被我擊潰之敵，狼狽逃竄而來，復受該連伏擊，敵 40 餘名，悉被殲滅。

　　是時東、西、丁克林間之線，及其以南 2 英里內地區，已無敵蹤，師第 17 號作戰命令賦予該團之任務，業經完滿達成，俟第一一四團接替任務超越該線後，遂在原地集結為師之預備隊。

2、第一一二團高利瓦蘭芒平間地區之攻擊戰鬥

　　第一一二團(欠第一營)，四月九日在沙杜渣地區集結完畢後，即步行經拉班，東丁克林東北側，經 SC3778 附近，再折向南，沿南沙河(Numsa Hka)至 SC4685 附近，繼續向瓦蘭附近地區，秘密開路突進。

　　該團經闢路線，皆為深山密林，懸崖絕壁，行動異常困難，我徒步官兵，本堅苦卓絕之精神，攀藤附葛，登峭壁，越深溝，涉險行阪，而伴隨該團之騾馬部隊(山砲連在內)，因地形過分險阻，無法通行，乃准[28]全部撤回拉班附近候命，至十六日，該團攜行糧秣，業經告罄，而道路險阻，無法追送，且為祕匿該團之行動計，又不能以空投補給，其時正值旱季，叢山之間，水源缺乏，而該團官兵，本平日刻苦耐勞之精神及嚴肅軍紀之素養，以旺盛之企圖心，抱堅強之必勝信念，雖三日未得一食(採野菜及芭蕉根充飢)，二日未得一飲，均能忍飢與渴，不憚艱苦，以精神克服萬難，仍能打破一切險阻，向敵猛進。

　　四月二十日，該團主力突浮現於瓦蘭西北側蕩板山(Dumbang Bum)附近，是時該團遵師第 17 號作命之意旨，決先行堵截由卡盟地區北向瓦蘭增援之敵，以使爾後對瓦蘭之攻擊容易，並期威脅的克老緬至大弄洋間敵之側背，以策應師主力之攻擊，乃命第三營即向 SC455802 之叉路及芒平(Manpin)之線潛行推進。

　　是日十六時，第三營第九連進抵 SC445806 附近，發現敵 20 餘名，為一情報收集所，正在該處收發電報，我搜索班即予襲擊，敵猝不及防，倉皇應

---

[28] 《卡盟區戰役》(第四號)，頁 27。

戰，當即被我擊斃 15 名，餘均潰散，我獲步槍 7 枝、無線電機 1 部、重要文件多件，及其他裝具甚多，是日入夜，該連即在 SC445802 附近叉路口佔領陣地，確實封鎖由卡盟芒平兩地至瓦蘭間之唯一交通要衝，並派兵四處搜索。

同日十七時，該營第七連由蕩板山西南側，對芒平秘密開路急進。

二十一日，敵第一一四聯隊第一大隊，由我第九連之東北及西南兩方向，各以約一中隊兵力，向第九連陣地猛烈攻擊多次，該連即以熾盛火力迎擊，先後斃敵 60 餘名，來攻之敵，均被擊退，敵以傷亡重大，遂停止攻擊，與該連形成對峙狀態。

二十二日，我第七連以神速果敢之行動，於是日 16 時潛行進抵芒平南端南栢瑪河(Nampamachaung)左岸地區，以迅雷閃擊之勢，一舉向芒平襲擊，其時防守芒平之敵約一中隊，以遠處後方，疏[29]於戒備，遭我不意之猛襲，驚惶應戰，慌亂萬狀，我官兵奮勇衝殺，使敵無法招架，瞬間之間，敵傷亡枕藉，除遺屍 40 餘具外，餘向密林中潰逃，該連乃完全佔領芒平，並擄獲武器彈藥極多。

我第一一二團四月二十日，由敵側翼突入，迄至二十二日佔領芒平後，以深入孟拱河谷區敵第一線陣地後方 20 英里，西南距卡盟僅 9 哩，予孟拱河谷區之敵側背以極大威脅，使全軍爾後作戰之態勢，極為有利，該團此次迂迴，係由荊棘峭壁叢中，越千艱萬險而出，驟然攻擊敵之側背，使敵驚惶失措，絕非敵意料所能及，誠如蘇老泉所謂：「兵行伏道，十出十勝。」蓋一切均能出敵意表而行動，使其不惶應付故也。該團自四月二十二日佔領芒平及 SC455802 叉路口後，以第三營固守原陣地，堵截由卡盟北上之敵，團主力即向瓦蘭進擊，是時該團第一營已奉命接替美軍麥支隊在山興洋附近地區之任務，正由考龍卡地區向山興洋附近推進中。

四月二十四日，該團第二營第六連，由 1003 標高附近，向瓦蘭方向搜索前進，營主力在 1186 高地附近，準備對瓦蘭之敵攻擊。

四月二十五日，第三營第七、九兩連，仍在原陣地與當面之敵對峙，第八

---

29 《卡盟區戰役》(第四號)，頁 28。

連由芒平東北附近向巴堪(Paokum SC415765)搜索前進，該連於二十七日進抵
1028 高地北側斜面附近，與敵第五十六師團第一四六聯隊第二大隊主力，發
生戰鬥，因敵之兵力 2 倍於我，且陣地堅強，致該連攻擊，無多大進展，遂形
成對峙狀態。

　　四月二十四日，該團第一營先頭之第三連，由山興洋南下，進抵高利北端
附近，與敵發生戰鬥，該敵為第五十五聯隊第一大隊之第一、三兩中隊及機槍
第一中隊，附有山砲速、射砲各 2 門，實力甚強，第三連是日之攻擊，未能
奏功。[30] 四月二十九日，第一營主力，已到達潘家(Nhpumag)(SC515815)附
近，四月三十日，營主力對高利之敵展開攻擊，其第三連主力由營右側開路，
向敵後迂迴，同日我山砲兵第五連亦已抵達潘家北端附近，進入陣地，支援該
營之攻擊。

　　高利敵之陣地，位於 2939 高地，居高臨下，工事堅強，能以火力控制各
山坡及谷地，不易接近，我官兵為任務之遂行，乃冒敵猛烈砲火前進，前仆後
繼，扳攀仰攻，並以山砲對敵各種火器猛施制壓，激戰至五月二日 12 時，已
與敵接近至最近距離，隨即展開激烈之血搏戰，達 6 小時之久，卒將該敵左
(西)側陣地(第三中隊陣地)完全攻佔，殘敵向右側陣地逃竄，三日營主力繼續
對敵右側陣地攻擊，是日拂曉，該營第三連已迂迴襲佔 3068 高地，切斷高利
敵之後路，是日黃昏，敵分由南北兩方面向該連猛烈反撲，企圖打通其交通
線，卒被擊退，當敵向該連反撲時，係傾巢來犯，在該連以南之敵較遠後方，
有加強排陣地一處，亦未留置守兵，當被該第三連連長周有良察知，乃即派第
三排排長蕭調成率領該排潛行繞道，滲入敵後，將該處敵之陣地一舉襲佔，敵
留置陣地內之服裝、給養、彈藥等，遂全被該排擄獲，迄晚，敵被該連主力擊
潰後，企圖竄返原陣地抵抗，復被該排予以不意之襲擊，敵不知該排之所自
來，竟鳩居鵲巢，疑為天降，驚惶不置，除當被擊斃 20 餘名外，餘向密林中
潰竄，該排此次襲佔敵後方陣地之經過，可為奇襲中之最奇者，允為大戰中之
絕妙事蹟，然此種之絕妙事蹟，或亦僅限於叢林戰中有之。

---

30 《卡盟區戰役》(第四號)，頁 29。

　　五月四日拂曉，該營主力藉山砲迫擊砲之掩護，繼續對敵陣地猛攻，激戰至是日 14 時，終將敵陣完全攻佔，敵遺屍 60 餘具，內有第一中隊長加藤武雄中尉，及小隊長大塲隆清中尉等 2 員，殘敵狼狽散入密林，向瓦蘭潰竄該營乘勝追擊，沿途並經激烈之戰鬥 2 次，於五月六日，復將奧溪(Aushe)攻佔，斃敵 20 餘名，此前為美軍麥支隊所放棄之高利、奧溪二據點，遂完全為我克復。[31]

　　查高利、奧溪，為瓦蘭之屏障，形勢險要，敵以一加強大隊兵力，拚死爭奪，自美軍麥支隊(兵力在一團以上)棄守後，即被該敵佔領，並迅速構築極堅強之防禦工事，企圖固守頑抗，阻止我第一營南下，使無法與該團主力會合，藉以減輕卡盟側背之威脅，由是役擄獲敵第五十五聯隊第一大隊戰鬥指導計劃，得知其企圖，係以大隊全力，在雨季以前，最低限度須確保高利以北之線(原擄件譯文附後)，而我第一營以優越之戰力，興奮勇之攻擊，竟於 4 天內，將兵力相等之該敵，完全擊潰，粉碎其企圖。五月八日，該營已將高利、奧溪間道路兩側之殘敵，完全肅清，續斃敵 40 餘名，是日該營正面之攻擊任務，已由第二營第四連接替，遂位置於高利、奧溪之間地區，為團預備隊。

　　該團第三營第七、九連，自先後佔領芒平、1028 高地及 SC455802 之叉路口後，已陷的克老緬及瓦蘭之敵後方補給線斷絕之慘境，故敵深感痛苦，乃集中優勢兵力(第一四六聯隊主力第一一四聯隊第一大隊之一部)自四月廿五日起至五月八日止，不分晝夜，向該營各連陣地猛撲，均被擊潰，先後斃敵瀧瀨重雄中尉以下官兵 200 餘名，我陣線屹未動搖，五月九日，敵第五十六師團第一四六聯隊第三大隊全部，藉猛烈砲火之掩護，由西北方向，對我第七連(芒平)左翼排陣地猛撲，企期打通卡盟至大弄洋以北之交通線，該排以眾寡懸殊，當被突破陣地之一部，該連長即親率預備隊增援，雙方展開激烈之肉搏戰，達 4 小時之久，慘烈空前，我官兵咸抱與陣地共存亡之決心，奮勇衝殺，無不一以擋十，卒將來犯之敵，完全擊潰，將被突破之陣地，全部奪回，並繼續向陣地外圍之敵反擊，敵傷亡慘重，遺屍於該連陣地內者達 90 餘具，內有第一四六

---

31 《卡盟區戰役》(第四號)，頁 30。

聯隊第九中隊長中村豐藏大尉，及機槍第三中隊長大見見池難中尉、小隊長天井准尉等軍官 3 名，該敵自遭此次慘敗後，爾後即退守大弄洋附近地區，不敢再行來犯矣。五月十一日，該營在 SC455802 叉路口附近第九連之防務移交第二營第五連接替，並推進至芒平西北附近，為營預備隊。[32]

該團第二營第六連，五月五日，已進抵瓦蘭西南側 1000 餘碼附近，對瓦蘭之敵，嚴密搜索監視，五月十日，該連以一部留置瓦蘭西側，牽制當面之敵，主力向 3680 高地開路迂迴前進。

五月八日該營第四連已開路抵恩溪南端，對瓦蘭之敵攻擊，激戰 2 日，攻佔敵前進據點 4 處，斃敵 30 餘名，十一日，該連復攻佔 2698 高地(瓦蘭北端 1500 碼)，並得悉瓦蘭之敵，為第一一四聯隊第一大隊之一部，及由高利撤退之第五十五聯隊第一大隊殘部。

五月十一日該營第五連接替第九連 SC45.580.2 叉路口防務後，仍與當面約一中隊之敵，在原地對峙，是日 14 時，第六連已進抵 3980 高地北側佔領陣地，將瓦蘭敵之補給線完全截斷，敵感後路斷絕，頓起恐慌，於是日 16 時分由瓦蘭及大班向該連陣地猛撲，均被擊退，是時瓦蘭之敵，各主要交通路，均被該營完全截斷，完成三面圍攻之態勢，至十四日，該營第四、六兩連，已將瓦蘭外圍之敵前進據點完全攻佔，三面直逼瓦蘭，合力圍攻，惟瓦蘭位於 3200 尺之山頂，山坡急峻，人不能仰行，敵陣極為堅固，陣地前方設有多層之鹿岩及鐵絲網等障碍物，縱深設置於山腹四周，且敵山砲在 3500 高地附近，對我圍攻部隊猛烈射擊，以致戰鬥極為慘烈，查該地為孟拱河谷東側地區之唯一要隘，西通卡盟，南下孟拱，形勢重要，為敵我必爭之地，事後由擄獲文件中得知，在我對該地發動攻擊之初期，敵第十八師團兵團長(即步兵指揮官)相田俊二少將，曾親至瓦蘭指揮督戰，故敵兵頑抗倍烈，且不時向我反擊，寸土必爭，大有不死不休之概，故敵我對每一小據點，爭奪甚烈，形成拉鋸式之狀態，嗣我以該地敵陣地，過於強固，且地形險要，仰攻不易，為減少傷亡，並易於攻取計，遂改變戰法，將敵加緊圍困，其山谷溝壑間偏僻小徑，

---

[32] 《卡盟區戰役》(第四號)，頁 31。

亦均予以封鎖,使其完全無法活動,不時以砲火及小部隊襲擊擾亂,不分晝夜,使敵不得不休眠,誠如孫子所云:「敵佚能勞之,飽能飢之,安能動之。」以疲憊敵之精神體力與戰鬥意志,使之軟化,迄至五月[33]廿三日,敵因被困日久,糧彈絕源,屢企開路逃竄,均被我伏擊逐回原陣地,至廿四日2時敵乘天色昏暗,大雨傾盆之際,由瓦蘭向西南秘密開路逃竄經我第六連發覺,猛烈伏擊,敵夜間隊形密集,故傷亡慘重,殘敵狼狽四竄,是役敵遺屍110餘具,到處血跡淋漓。

是日6時,我第二營遂將瓦蘭全部佔領,並在該地發現敵已埋及未埋之遺屍130餘具。自瓦蘭攻佔後,敵之右側屏障頓失,而師之左側背安全,已無顧慮爾後師之主力遂得以雷壓閃擊之勢,迅速由敵右側南下攻佔卡盟,造成緬北我軍全勝之戰局。

附是役在高利附近,擄獲之敵第五十五聯隊第一大隊戰鬥指導計劃,及陣地配備要圖,與高利、瓦蘭間陣地配備要圖等。

譯文譯圖各一份以供參考。

第五十五聯隊第一大隊戰鬥指導計劃(參照要圖)十月廿三日

(1) 方針:最少於雨季開始前須固守高利(Kaubi)北側高地拒止敵之前進,並隨時以短切有效之反擊積極催破敵之企圖,以掩護師團右側背之安全。

---

33 《卡盟區戰役》(第四號),頁32。

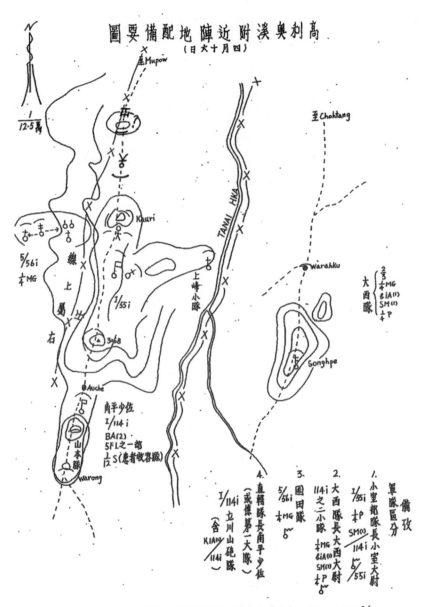

圖四之二、高利奧溪附近陣地配備要圖(4月16日)[34]

---

[34] 《卡盟區戰役》(第四號)，頁35。

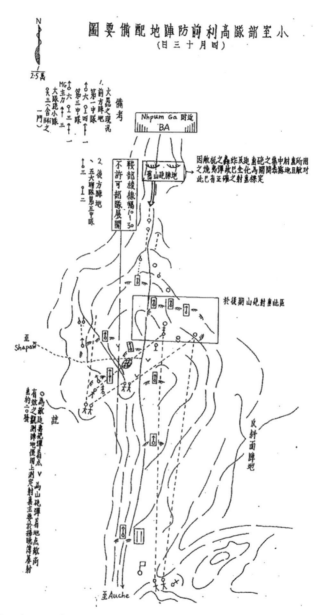

圖四之三、小室部隊高利前防陣地配備要圖(4月30日)[35]

---

[35] 《卡盟區戰役》(第四號)，頁36。

(2) 要領：

A 第一次前期(於高利北側高地北斜面戰鬥)：

1. 第一中隊為右第一線第三中隊為左第一線重點，指向右兩中隊之射擊區域，為道路西側 2800 曲線。

2. 戰鬥初期以第三中隊之一部，主要掩護第一中隊之左側。

3. 第五十六聯隊第五中隊為預備隊，任後方陣地之構築並隨時應機動準備。

4. 應乎所要機關槍主力，須隨時有以 MG 一分隊增加配屬之準備。

5. 大隊砲小隊主要協力第一中隊正面之戰鬥，並須有對第三中隊方面射擊之準備。[36]

6. 以大隊砲之一部佔領東方高地於第一次前後期須確保該地，使大隊之右翼安全。

7. 配屬之工兵小隊主要蒐集掩蓋材料並任作業之指導。

8. 山砲隊主要射擊 Nhpum Ga 附近之後方敵陣地，並準備制壓射擊。

B 第一次後期(於北側高地南側戰鬥)：

1. 倘戰鬥不利，須移於反斜面陣地(第二線)時應以第三中隊之火力極力協助第一中隊之戰鬥，努力克服道路正面之不利地形。

2. 兩中隊以前期之第一線兵力行短切果敢之逆襲。

3. 以後方陣地之第五十六聯隊第五中隊隨時得使用於攻擊。

4. 重機槍主力應於三中隊之高地協力第一中隊正面之戰鬥。

5. 大隊砲小隊於第三中隊後方附近，主要協助第一中隊之攻擊。
應乎狀況於東方高地，協力重點正面之戰鬥。

6. 協力之山砲主要射擊高利北側高地之敵。

7. 配屬之工兵小隊任陣地之加強及後方陣地障礙物之強化。

---

[36] 《卡盟區戰役》(第四號)，頁 33。

C 工事：

1. 各立射壕之完成並輕重機槍座之掩蓋，及各火點前直接障礙物之
   構築同時著手，爾後逐次增強。

2. 障礙物之增加目的為秘密火點。

3. 偽陣地配置一至三之狙擊兵，用以防止爾後敵兵之侵入。

4. 第二線陣地以後之陣地，盡量利用地形，特別為鞍部稜線最初用
   為伏擊陣地，爾後可為有力之獨[37]立據點。

5. 後方陣地須逐次將輕掩蓋加強為中掩蓋，且構築棲息掩蔽部。

3、第一一四團的克老緬東瓦拉拉吉大弄洋間戰鬥經過

第一一四團受到師第 17 號作戰命令後，當即決定先對的克老緬之線攻擊，並決定以第一營於四月十三日，先由東丁克林東側經 804 高地向南對1225 高地開路前進，以期側擊的克老緬之敵，策應正面團主力之攻擊，十六日該團主力在丁克林以南之線就開進配置完畢，因鑑於當面之地形，右翼為斜長河谷，蘆草叢生，運動雖較容易，然易受敵火之瞰制，左翼即苦蠻山系，地形險峻，敵人居高臨下，攻擊部隊，慨行仰攻，如以多數兵力使用於第一線，徒招無謂之損害，故以第三營超越第一一三團陣地，向拉克老河(Lahkaw Hka)之線攻擊前進，第二營控置於中丁克林南端附近，為團預備隊。

其時在拉克老河之線，為敵在南高江東岸之第一線抵抗地帶，其兵力為第五十五聯隊第三大隊，及第一一四聯隊第三大隊，與第五十六聯隊第一大隊，統歸敵第十八師團第五十五聯隊長山崎四郎大佐指揮，憑堅強縱深之既設陣地，及多數輕重砲火力支援，以圖拒止我之前進。

第一一四團第三營，以第七、九兩連區分為左右兩翼，南向拉克老河之線攻擊，其第八連為營預備隊。

是日該營第九連進抵 SC3191 附近拉克老河北岸之線(的克老緬西北偏西 2哩)，與敵第一一四聯隊約兩個中隊附重機槍六挺之敵，發生劇戰。

同日該營第七連，推進至 SC3293(的克老緬西北偏北 2 哩)附近，發現敵

---

37 《卡盟區戰役》(第四號)，頁34。

約一中隊，憑堅強工事頑抗，該連即向該敵包圍攻擊。

十七日竟日，敵以各種火力，向該營兩翼連抵抗甚猛，尤以右翼方面為甚，該營第九連(右翼)正面較為突出，且其當面之敵兵力較為強大，遂以第八連由 SC3295 附近出發，沿拉克老河向南搜索前進，由第九連之左翼增加期與第九連會合，協力殲滅當面之敵。[38]

是日七時，第九連當面之敵，集中各種砲火向該連陣地射擊 6、700 發，8 時 10 分，該連當面之敵，藉猛烈炮火掩護，以步兵 100 餘名，向該連正面烈撲，同時以 100 餘名竄過拉克老何，左翼猛撲，戰鬥異常激烈，我官兵沉著迎擊，迄至 11 時 30 分，敵以傷亡過重，攻擊頓挫，稍退，是役敵遺屍於該連陣地前者 58 具，血跡遍地，傷者至少在 50 名以上，該連亦傷亡連排長各 1 名，士兵 30 名。

是日午前，第八連搜索至(574)標高附近，發現敵約一加強排，當被該連迅速擊潰，斃敵 6 名，繼續搜索前進，17 時進抵第九連東北附近，協助第九連之戰鬥。

是日第七連以一部對 SC3293 之敵正面佯攻，其主力由該敵東側開路迂迴，切斷敵後，夾擊該敵。

十九日，第七連當面之敵，受該連前後夾擊，不支潰退，該連乘勝追擊，於二十日十時，進抵馬諾卡道(Manaogahtawng)西北高地附近，又發現敵約一中隊，憑高地之既設陣地頑抗，並以山砲不斷對該連行阻止射擊。

同日第八、九兩連，藉山砲及迫擊砲之協力，對當面之敵攻擊竟日，結果毀敵重機槍 2 挺，斃敵 30 餘名，將竄過的克老河之敵，完全肅清。

二十二日拂曉，第八連當面之敵，又藉其砲火掩護，向該連左側猛烈反攻，該連即予還擊，並以一部向敵側背進擊，該敵不支，仍潰返原陣地，是日斃敵 50 餘名，我獲步槍 11 枝、機槍 1 挺、擲彈筒 3 個、望遠鏡 1 副，是時該營第七連仍對馬諾卡道北端之敵攻擊中，第三營與敵在拉克老河之線，激戰多日，故該團對當面之敵之配備，已完全明暸，遂於二十二日命第二營由第三營

---

[38] 《卡盟區戰役》(第四號)，頁37。

左翼增加，迅速向的克老緬攻擊前進。該營奉命後，即以一部(第四連)向馬諾卡道前進，協同第三營第七連之攻擊，主力由 574 標高開路經馬諾卡道東側，逕向的克老緬推進。**39**

廿三日第二營第四連，進抵馬諾卡道西北，與第三營第七連協力，將當面之敵擊潰，我第七連乘勝追擊，推進 5、600 碼，是時該敵亦退守馬諾卡道南端之預備陣地，我第七連即繼續予以進擊。

第四連於肅清當面殘敵後，即秘密向的克老緬東南側開路前進。

廿四日，第七連與馬諾卡道南端之敵激戰竟日，該處山坡傾斜甚陡，敵居高憑險，並利用火焰噴射器放火，拒我前進，我官兵奮不顧身，冒火猛攻，卒攻佔敵陣地 1 部，斃敵 14 名，獲步槍 5 枝。

該團第一營，由叢山密林中開路南下，沿途屢遭少數之敵拒止，悉被擊潰，先後斃敵小隊長以下官兵 40 餘名，廿日攻佔 1725 高地，將該高地約一排之敵擊潰，繼續向南前進，廿四日進抵 1225 高地東側斜面，與 1225 高地約加強一中隊之敵，發生戰鬥，我官兵咸抱必死之決心，與必勝之信念，冒敵熾盛火力之瞰制，仍奮勇登階扳崖，向敵陣猛攻，激戰兩晝夜，經將 1225 高地之敵擊潰，敵遺屍於陣地內者，凡 58 具。

廿五、六日兩天，第三營第八、九兩連，情況無大變化，第七連仍對馬諾卡道南端頑強抵抗之敵攻擊中。

第二營第五、六兩連，已開路進抵的克老緬北端，及 1225 高地西側斜面之線，對的克老緬展開攻擊，敵集中砲火，阻止該兩連之前進，第二營第四連正由東側開路向的克老緬背後前進中。

是時我第一一二團，已佔領芒平多日，由第一一四團 10 日以來戰鬥中所發現，及由擄獲文件所證實，得知當面之敵，藉有利之地形，沿河谷地區狹窄之正面，配備堅強縱深之陣地，企圖死守，益證當時師長對敵情地形判斷之正確，惜總部堅持以主力行正面攻擊之成見，徒耗時日，殊為遺憾，師長鑑於正面攻擊徒耗時日，遂決以重點保持於左翼，施行左側迂迴，著第一一三團接替

---

39 《卡盟區戰役》(第四號)，頁 38。

第一一四團馬諾卡道以東之線任務，牽制正面之敵，俾第一一四團得集中全力，迅速擊破敵之右側陣地，進出於大弄洋附近地區，將面之敵，包[40]圍殲滅，基於上述決心，遂於廿六日下達第 18 號作戰命令，指示各團之行動。

第一一四團奉到師第 18 號作戰命令，即以第一營先由 1225 高地經拉吉(Hlagyi)向大弄洋(Tarongyang)方向闢路迂迴前進，第二營仍繼續對的克老緬之敵攻擊，第三營任務俟第一一三團接替後，即控制為圍團預備隊。

四月廿七日，第一一四團第三營第七連，冒敵之熾盛火力，繼續對馬諾卡道南端高地之敵仰攻，是日中午，卒將該敵完全擊潰，斃敵 30 餘人。

是日第二營第五、六兩連，對的克老緬之敵逐次壓迫，已接近至最近距離，敵拚死抗拒，戰鬥異常激烈，同時我第四連由敵東側潛行滲透，出敵不意，一舉攻佔的克老緬之東側高地，與我正面第五、六連前後夾擊，我各種武器以精密之統籌運用，同時發揮最高度之火力，以雷霆萬鈞之勢，一舉突破敵陣，繼向兩側襲捲，將殘餘陣內之敵，悉數殲滅，並乘勝向南追擊，是時除 SC3191 附近尚有殘餘之敵一股，繼續對我第三營第八、九連頑抗外，其餘沿拉克老河之線，敵以約一聯隊兵力編成之堅強縱深之抵抗地帶，已被我完全突破，先後共斃敵 300 餘名，殘敵狼狽向東西瓦拉及其以南地區之既設陣地退卻中。

四月廿九日，該團將馬諾卡道以東之線防務交第一一三團接替後，其第一營仍繼續向東側山地闢路向大弄洋方向潛進，團主力在的克老緬附近集結，其第二營即繼續東瓦拉附近攻擊，第三營為預備隊，位置於的克老緬南端附近。

第一營於廿八日進抵 2000 高地東側，發現該高地之敵，約為兩個小隊，居高憑險據守，該營即以一部對該敵包圍攻擊，營主力繼續向拉吉(Hlagyi SC4085)方向，迂迴滲透。

四月卅日，第二營已先後攻佔東瓦拉(Wala SC3785)以北之敵前進陣地，據點二處，五月一日，進抵[41]東瓦拉北端 1000 碼附近，開始堆瓦拉之敵攻

40　《卡盟區戰役》(第四號)，頁 39。

41　《卡盟區戰役》(第四號)，頁 40。

擊，查東瓦拉為敵第五十五聯隊主陣地帶之重要據點，山陡林密，形勢險要；扼的克老緬至大弄洋之唯一交通孔道，敵居高頑抗，其陣地極為縱深強固，大小據點，星羅棋佈，火力異常濃密，該營以敏捷果敢之行動，與我砲兵密切協同，先後對敵各據點陣地，包圍壓迫，逐次攻略，敵亦憑險死守，猛烈頑抗，常至短兵相接，揮刃肉搏，敵我陣線犬牙交錯，劇戰至五月八日，該營正面已進抵東瓦拉敵之主陣地前，同時該營左翼連以雷壓閃擊之力，一舉突破敵之右側陣地，進佔東瓦拉東南側高地，對東瓦拉之敵，猛烈側擊。五月五日，第一營之一部，已將2000高地之敵完全擊潰，並兼程追擊該營主力。

五月六日，第一營主力進抵拉吉(Hlagyi SC4085)西北1000碼附近，七日向拉吉進擊，該地附近地區，均為懸崖絕壁，幾乎無法運動，且為循的克老緬東側至大弄洋之唯一要衝，地形險隘，為敵第五十五聯隊右側陣地之重要據點，敵以一加強中隊兵力，憑險扼守，第一營即以主力由正面攻擊，一部向敵側翼猛擊，並以追擊砲猛烈摧毀敵之陣地，卒於五月八日，將該地完全攻佔，斃敵37名，是時敵被我正面兵力之牽制，無法調動，且恃拉吉附近地勢天險，料我不易攻略，且亦絕未料及我軍竟敢冒險犯難，對該方面施行不可能性之迂迴攻擊也，該營於攻略拉吉後，復繼續向大弄洋，搜索前進。

五月八日，該團團部及第三營推進至拉吉以北地區，對拉吉以西之線，嚴密監視，以保第一營側背之安全，並相機策應該營之戰鬥。

五月十一日，第二營藉砲兵之協力，對東瓦拉之敵，三面猛烈圍攻，卒於是日十五時，將敵之堅固陣地突破，完全佔領東瓦拉，先後斃敵110餘名，殘敵向西瓦拉方向逃竄。

第一營由拉吉向大弄洋推進，沿途屢遭敵阻，均予一一擊潰，十三日拂曉，該營進抵大弄洋北端，出敵不[42]意，迅速擊潰該地之敵，一舉攻佔大弄洋，斃敵40餘名，並乘勝追蹤掃蕩大弄洋至芒平間道路殘敵，與在芒平之第一一二團第七連取得連絡。至此，的克老緬至大弄洋、芒平間之道路，遂完全打通。

---

[42] 《卡盟區戰役》(第四號)，頁41。

　　查大弄洋、芒平附近之敵，為第五十六師團第一四六聯隊第三大隊之全部，自五月九日對芒平我一一二團第七連陣地攻擊遭重大傷亡後，士氣頹喪，退據大弄洋及芒平以北之間地區，未敢妄動，此次又在大弄洋遭我不意之襲擊，傷亡慘重，已無戰鬥能力，該團自攻佔拉吉、大弄洋之線後，已將敵第五十五聯隊之主陣地帶右翼完全突破，該聯隊之主力，已陷於被我一翼包圍之危境，正面陣地之敵，逐漸呈動搖，而打通的克老緬至大弄洋間之交通線，不僅對正面之敵易於圍殲，且極有利於師主力爾後之進出。

　　五月廿二日，該團遵奉師第 20 號作戰命令之指示，以第三營接替第一一二團第三營芒平地區之任務，同時向南攻擊，進佔 680 標高(SC4275)之線。

　　同日第二營接替第三營拉吉以北地區之防務。

　　同時該團為策應第一一三團之攻擊，於攻佔大弄洋後，即以第一營第二連由大弄洋向下勞(Sharaw)攻擊前進，該連沿途擊破敵加強排陣地二處，於廿五日晨攻佔下勞。

4、第一一三團由拉克老河至西瓦拉馬藍間戰鬥經過

　　第一一三團(欠第二營)於四月廿九日，接替第一一四團馬諾卡道以東之線防務後，即以一、三兩營區分為左右兩翼隊，除以第三營之一部圍殲，SC3191 附近殘餘之敵外，全線越過拉克老河向南攻擊。

　　五月四日，第三營之一部，已將 SC3191 之敵包圍擊潰，殘敵向西逃竄。

　　第三營之右翼連，沿南高江東岸搜索前進，沿途擊破敵小據點之抵抗，於五月十日進抵 SC274878 附近，發現敵工事堅強之陣地一處，正面約 400 碼，縱深亦在 200 碼以上，為南高江左岸敵陣地之堅強據點，扼[43]守該據點之敵，為第五十六聯隊第一大隊之主力，其大隊長亦親至該處指揮，彼時南高江右岸，我新廿二師之左翼部隊，尚在威朗河(Hwelon)以北，與敵相對峙，該連陣地已突出新廿二師左翼陣第 200 碼，不時受公路上敵重砲之猛烈射擊，該連為使該敵進退失據，乃完成三面包圍，斷敵後路，並與新廿二師保持連絡，該敵被我圍困 10 餘日，數次突圍圖逃，均不得逞，除以重砲射擊我守兵外，餘無

---

43 《卡盟區戰役》(第四號)，頁 42。

他策，該敵以一大隊之主力，被我一連兵力所圍困失掉作用，使我新二十二師之攻擊進展容易，實非淺鮮。

　　其時在拉克老河以南地區之敵，編成以班排為單位之小據點極多，星羅棋佈，火網組織嚴密，正面寬廣，縱深極大，攻擊部隊進展匪易，然我官兵仍甘冒敵火，登崖穿隙，對每個小據點逐次攻略，據守陣地之敵，多數被殲於陣地內而不及逃出，其幸能竄逃者，或為伏擊，或被截阻，殲滅殆盡，迄至五月十三日，該團已先後攻佔敵大小據點 20 餘處，斃敵 180 餘名，其第一營主力已推進至西瓦拉(Wala SC3585)北端 1329 高地北側斜面，對該高地約一加強中隊憑堅強工事頑抗之敵攻擊，該營之一部，亦循右翼攻佔西瓦拉西側一英里之敵陣一處，並向東推進，以期夾擊西瓦拉之敵，是時該團第三營除右翼之一連，仍對在 SC274878 之敵包圍外，其左翼連已進抵 735 標高以南之線。

　　五月十六日，該團第二營(欠在山與洋地區警戒之第六連)已奉到師第 19 號作命，歸還該團建制，是日即由 1329 高地西側向西南開路進擊馬藍(Manran)該營沿途攻佔敵加強排據點二處，及擊潰遭遇之敵一小隊，先後共斃敵 40 餘名，獲重機槍 1 挺、步槍 20 餘枝，二十日該營已進抵馬藍東側及南側，對馬藍之敵包為攻擊中。

　　同日第一營對西瓦拉之敵，加緊壓迫，略有進展。

　　二十四日至二十五日，第二營對馬藍之敵三面包圍，猛烈攻擊，該地為敵第五十五聯隊指揮所及砲兵陣地位置[44]，其步兵約為一個加強中隊，藉堅強工事，拚死頑抗，經兩日之險惡戰鬥，攻佔敵陣大部，敵退守陣地一隅，仍圖頑抗，我敵相距僅及 5 碼，我官兵繼投擲手榴彈，揮白刃格殺，殘敵除被殲者外，餘狼狽逃竄，二十六日午後，遂將馬藍之敵陣，完全攻佔，斃敵中隊長藤田中尉以下 60 餘名，第一營二十三日，繼對西瓦拉之敵攻擊，激戰竟日，斃敵 40 餘名，攻佔敵陣大部，二十四日該營繼續對該敵之殘餘據點圍攻，因敵工事過於強固，且是時適值連大雨，溪澗水漲，人馬通過困難，砲彈無法補給，攻擊進展不易，該營遂以主力對西瓦拉之敵加緊圍困，並以第三連接替第

---

[44] 《卡盟區戰役》(第四號)，頁 43。

一一四團第二營在東瓦拉、卡塘高(Hkatangkawng)之任務，使該營迅速向大弄洋集結，準備爾後之行動，二十八日該連向卡塘高敵陣猛攻，經三小時之激戰，遂將卡塘高敵陣完全攻佔，斃敵小隊長以下30餘名，擄獲戰利品甚多。

是時敵第五十五聯隊企圖死守之堅強縱深之主陣地帶，已被我完全突破攻佔，頑抗之敵，幾被我悉數殲滅，其殘餘者，不滿 100 人，且多係傷病，而無戰鬥力者，逐紛向南高江右岸逃竄，當面之敵，既悉被殲滅，南高江西岸之敵，右翼頓失憑藉，士氣沮喪，戰志低落，致我新廿二師爾後之攻擊，大感容易，然本師因過於突出，且予敵人之側背威脅極大，故敵人之重兵；咸集中於本師之正面，致受敵人之強大阻力，較我新廿二師為烈，由是役擄獲之敵第五十五聯隊攻擊據點配備要圖，及瓦拉附近兵要地誌要圖得知；敵對該區之險要地形，極為注意，事前實施詳細之地形偵察，並構築極堅強而縱深之據點式陣地，星羅棋佈，形成網狀，意為堪以死守，不料被我第一一三、第一一四團之迂迴夾擊仰攻，奇正互用，逐點突破攻佔，披堅擊銳，所向必克，足寒敵膽，嗣俘獲敵之文件記載稱：「實已不堪敵之重壓，戰力日趨低下，欲增強戰力，實無辦法。」等悲哀語調，足證歷次，被我攻擊，其傷亡重大，士氣衰弱，已成為不可掩飾之事矣。

上述各敵件譯文譯圖附錄於下：[45]

戰力實況　　五月廿四日第五十五聯隊直屬於馬藍

1. 部隊行動之概要

部隊自四月廿七日以後，配置第一線陣地於 Lahkraw 河，以及 Ngagahtowng 之線，任敵前進之阻止及反擊，但以受敵之重壓至五月七日後，第一線部隊漸次以一部配置主力轉進于瓦拉－西瓦拉－馬藍高地，更以一部配置於 Hkatangkawng 及 Sharaw 各地對敵反擊，然敵增加兵力以迂迴包圍方策逐次對我壓迫，戰力日趨低下，實已不堪敵之重壓。

2. 兵員一般體力之狀況

---

[45] 《卡盟區戰役》(第四號)，頁44。

因戰鬥遂行上始終不能得到休養，部隊亙半載之辛勞益以連續 1 週間之陰雨，距敵數 10 米之第一線壕內浸滿泥水，連日不得睡眠，其體力之低下推想，可知各隊別戰力如下表：

表四之一、卡盟戰役各隊別戰力表

隊　　別	現有人員	腳氣患者	瘧疾患者	其他	健康人員
聯隊本部	58	29	5	1	23
速射砲	58	20	12	0	26
聯隊砲	115	26	6	2	81
通信	62	22	14	1	25[46]
乘馬小隊	31	8	10	2	11
軍旗隊	56	8	7	4	37
第二大隊	306	55	23	8	220
第三大隊	271	87	22	20	142
共計	957	255	99	38	565

3. 增強戰力之方策

尚無具體實施辦法，但為補助兵員給養之不完備，應利用餘暇採用野生植物(芭蕉芯、山芋、緬甸新菌)等努力維持體力。[47]

---

[46] 《卡盟區戰役》(第四號)，頁 45。
[47] 《卡盟區戰役》(第四號)，頁 46。

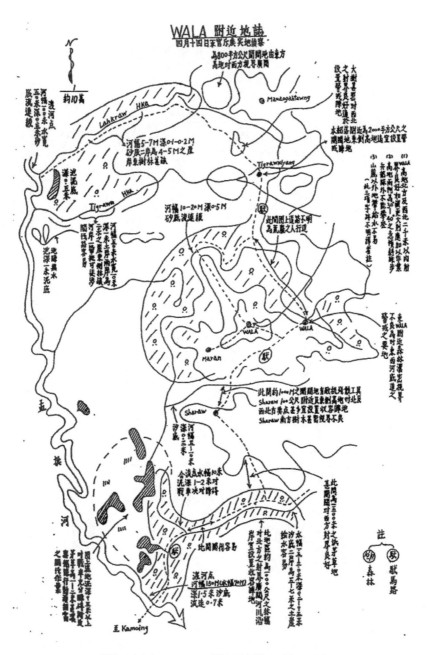

圖四之四、WALA 附近地誌(4 月 14 日)

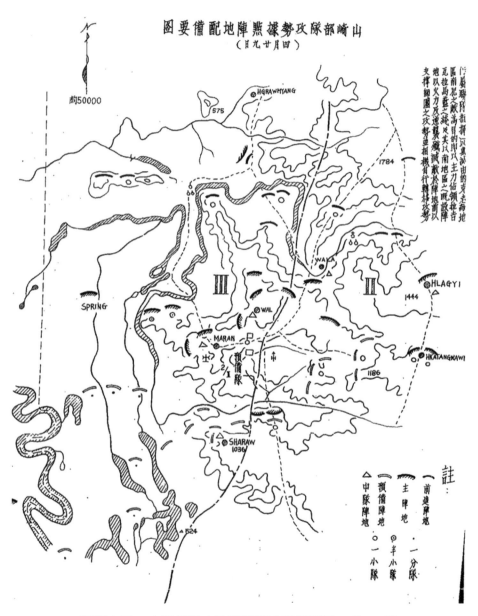

圖四之五、山崎部隊攻勢據點陣地配備要圖(4月29日)

(二)由芒平瓦蘭之線至切斷卡盟孟拱公路攻佔卡盟丹邦卡巴稜杜間戰鬥經過

1、第一一二團切斷卡盟－孟拱公路戰鬥經過

　　五月廿一日，師長鑑於緬北雨季將屆，並察知卡盟附近敵後方兵力空虛，應在敵增援部隊未到以前，採取積極手段，迅速南下，攫取卡盟，以策應密支那方面我軍之戰鬥，並迅速打通卡盟至密支那間之交通線，早日解決緬北戰局，遂決心以第一一二團(欠第二營)輕裝急進，秘密南下，像卡盟敵後行深遠大之迂迴，斷敵之後路，一舉而攻佔卡盟，當於是日下達第 20 號作戰命令。

　　第一一二團奉命後，主力即日在奧溪(Auche SC5085)附近集結，經瓦拉(Wala SC5580)沿大奈河(Tanai Hka)、棠吉河(Taunggye Hka)、西涼河(Sellen Hka)、拉斯(Lashi SC4866)地區開路潛行，越高山、涉深澗，扳藤附葛，披荊斬棘，行程 6 日，僅攜有 4 日糧秣，日無飽食，且自出發後，適值大風雨，經六晝夜不息，官兵不分晝夜，即冒大風雨前進，更無充分休眠，拖泥帶水，倍道兼程，我官兵雖在此種惡劣天時地形之下，以任務之重大，含辛茹苦，泰然是若。向敵邁進，毫未有絲毫畏難之感，是時該團經路兩側地區－沙馬(Sama SC6075)、大班(Tatbum)、拉瓦(Lawa)、拉芒卡道(Lamongahtawng)等各險隘要路，均為敵兵據守，以掩護卡盟敵右側背之安全，初絕未料及我軍竟敢冒險鑽隙，以極端迂迴戰法，深入其側背，攻其心臟，制其死命也。我第一一二團賴搜索及情報之周密確實，以機敏詭祕之行動，由敵間隙秘密疾進，如入無人之境，二十六日該團已進出新尼山(Sinei Bum)最南之隘路口一庫(Yihku)，並一舉佔領卡盟東南側南高江左岸拉高(Lagawng SC6660)、拉斯(Lashi SC5856)、葫蘆(Wulaw)各要點。

　　二十六日晚；該團除以第三營之一連，防守拉高、拉斯、葫蘆之線；任團側背警戒外，主力秘密進抵南高江東岸 SC452520 處，秘密渡河，[48]是時南高江因霆雨暴漲，洪濤洶湧，水流湍急，河幅最窄處為 200 公尺，無法途涉，且又無渡河器材，幸我官兵素受渡河訓練，遂一泳而達彼岸，即佔領渡河點附近各要點，嚴密警戒，並派出對各方之搜索，準備攻擊。

48　《卡盟區戰役》(第四號)，頁 47。

廿七日，該團以神速之行動，一舉突佔色特(Seton)，並迅速沿公路向南北兩方襲捲，將卡盟區敵軍用物資總屯積地區，完全佔領，並截斷敵唯一主要補給線－孟拱至卡盟公路，截斷地區凡 4 英里，(17 哩至 21 哩段)北距卡盟僅 4 英里矣。

是時在該段地區之敵，為第十八師團第十二輜重兵聯隊全部、及野戰重砲第廿一大隊第一中隊，及第十八師團留置之倉庫監護兵，約步兵 2 個中隊，總兵力在 1000 餘人以上，「以遠處後方，毫無戒備，突遭我之奇襲，驚惶奔逃，並在各地敲鳴空襲緊急警報，蓋我第一營於全部渡過南高江後，敵正在早餐，毫未察覺，驟然被我奇兵襲擊，敵驚惶潰亂之餘，竟疑我為傘兵部隊，係由空中而降落也。」當時僅有少數之敵，倉卒應戰，悉被殲滅，其逃竄者，亦被我尾追，大部就殲，激戰竟日，斃敵 700 餘人，擄獲 15 公分重榴砲 4 門、步槍 359 枝、軍刀 125 柄、大卡車 45 輛，滿載軍需品、小包車 2 輛、騾馬 320 匹、汽車修理廠 1 所、糧彈庫 11 處、輓車 100 餘輛，彈藥糧秣未算，重要文件，如作戰命令、情報紀錄等合訂本極多，其時卡盟區之敵，因在卡薩間切斷鐵路之英軍，已被擊退，援軍繼續而來，第二師團第四聯隊全部，及第五十三師團之一部已進抵卡盟附近，二十七日，該團將公路佔領區內之敵完全肅清，並即以第一營主力佔領卡清河(Hkachang Hka)之線，該營第三連佔領室衛河(Sitwi Hka)之線向北配備，第三營(欠一連)佔領(SC42.29.2)之線向南配備，確保佔領區，切實封鎖公路。

二十八日晨，該團復將公路西側要點 1355 高地完全攻佔，續佔領敵庫房 20 座，內屯糧彈、器材及行李等極多，並虜獲乘鞍 200 餘副、騾馬 56 匹、小汽車 4 輛，及通訊器材極多。[49]

是時敵以後路被我切斷，極感痛苦，乃以新到增援之生力軍、第二師團第四聯隊全部、第五十三師團第一二八聯隊及第一五一聯隊各一部、及第十八師團一一四聯隊之一部，共約 2 個聯隊兵力，附重砲 4 門、野砲 12 門、速射砲 10 餘門、中型戰車 5 輛，向該團南北兩端陣地猛烈反撲，企圖打通其生命

---

[49] 《卡盟區戰役》(第四號)，頁 48。

線，以挽救整個崩潰之危局，遂展開激戰，慘烈空前。

二十九日晚，敵約一大隊，以重砲掩護，向該團第一營第二連(卡清河南岸)陣地猛烈攻擊，激戰達 6 小時，卒將該敵擊潰，敵遺屍 115 具，內有野戰重砲第二十一大隊中尉觀測員川名廣夫，另林 10592 部隊中尉各 1 員，來犯之敵，番號為第五十三師團第一五一聯隊及林 10592 部隊，(依據判斷似係第十五軍輸送隊)同時該團南端第七連陣地，亦被一大隊之敵攻擊，自午前以迄傍晚，激戰竟日，我官兵沉著勇敢，屢挫其凶焰，卒將來犯之敵擊潰，敵遺屍 100 餘具，攻勢遂行微弱。

卅、卅一日 2 天，敵以全力對該團南北各陣地同時發動反攻，先用各種大小砲擊，如下彈雨，既以戰車掩護步兵突擊，來勢之凶，瘋狂無比，我各陣地官兵，均沉著應戰，集中各種砲火迎擊，屹然不為所動，經苦戰惡鬥 2 晝夜，將敵全部擊潰，綜計 2 日來之戰鬥，共斃敵 600 餘名，在此 2 日戰鬥之進行中；敵由公路南北兩端，車運甚忙，搶運殘餘庫房內之軍需品，並大量增援，企圖挽救頹勢。

六月一日 5 時敵復以一大隊向第三營陣地猛烈攻擊，激戰 3 小時，卒被我擊退，敵遺屍 52 具，同日 16 時，敵約一中隊，企圖秘密潛入，迂迴該營左翼，當被該營埋伏部隊，斃敵 39 名，敵番號為一四六聯隊第二大隊，是日 14 時敵以一部約 60 餘名，由大高(Tahkawng SC4746)附近竄至卡華康(Kawakawng)襲擊該團渡口，當被截擊，擊斃 20 名，是日公路北端約一大隊以上之敵，集中各種砲火，復大舉向第一營第三連陣地猛攻，激戰達晚，未逞；二日拂曉，該連當面之敵，續行瘋狂攻擊，衝[50]鋒 14 次，該連奮勇搏戰，反復衝殺，予敵重創，而該連竟以彈藥缺乏，並無砲兵協助，致傷亡重大，連長周有良陣亡，其第一排與敵肉搏，達 5 小時之久，殲敵 80 餘名，卒以眾寡懸殊，全排壯烈成仁，是役敵遺屍於該陣地前者 160 餘具，同時又有一中隊之敵，竄至該連左後，企圖襲擊該連側背，經該營第一連由該敵側方猛烈奇襲，將其擊潰，敵遺屍 44 具，其番號為步兵第一一四聯隊。

---

50 《卡盟區戰役》(第四號)，頁 49。

　　由五月二十八日至六月一日，亙 5 晝夜之激烈戰鬥，該團攜行之步兵各種武器一個彈藥基數，將陸續用完，而附屬該團之山砲連，更無砲彈，屢請總指揮部迅連按原定計劃空投，皆未如期投到，致附屬該團之山砲，不能壓制敵之砲兵，坐視敵之猛烈砲擊，而其他輕重機鎗彈藥，亦以感缺乏之故，不得已而盡量節約使用，未能充分發揚最大之火力，不僅招致我官兵重大傷亡，且影響我攻擊之前展甚鉅，如當時總指揮部能如期補給糧彈，則我第一一二團切斷公路後，即可迅速向北進擊，按師之預定計劃，由拉卡高(Lakatkawng)而直下卡盟，蓋該團公路北端之第一線部隊，距卡盟僅 4 英里餘，且地勢由高趨下，以我極旺盛之士氣，乘敵不備，決可擊潰由北面倉惶反撲之敵，一鼓而下卡盟，無如糧彈補給，久待不至，坐失時機，反予敵以陸續增援及集中各種大小砲火猛烈向我反攻之機會，陷該團戰鬥於極端艱苦之境地，始終以劣勢之火力，與3 倍以上之兵力及挾有優越砲火之敵作戰，誠屬難能，至於糧秣方面，該團僅攜帶 4 日份，在迂迴之 6 日行程中，早已用完，幸賴該團擄獲敵人糧秣甚多，可資應用，否則官兵將飢餓不堪，更無法以維持戰鬥。總之，指揮部此次未能按照本部申請，如期迅速空投補給糧彈，影響戰鬥進展，殊為遺憾。

　　六月一日至二日晚，敵對該團南端陣地攻擊未逞，二日第一營第三連以傷亡過重，乃撤退卡清河南岸之線[51]，三日，該連改為營預備隊，而以第一連接替其任務，是晚敵約一中隊向該連猛烈夜襲 3 次，均經擊退，敵遺屍 49 具，旋敵復以各種砲火，向該連猛烈射擊 1 小時，其步兵復藉炮火掩護，向該連猛攻，復被該連擊潰，斃敵 37 名，四日該團第二營，以由奧溪附近，循團主力精路，秘密挺進，抵達拉高、拉斯、葫蘆之線，與團主力會合，是時第一一四團已進抵拉芒卡道以南及丹邦卡附近地區，該團東側，已獲有依托，第二營遂於五日渡過南高江，並即以一部增防公路南端第三營之正面，原在拉高葫蘆地區第三營之一連，亦與第二營同時渡江，歸還建制。

　　五日該團北端之敵，又藉猛烈砲火掩護，向第一連陣地猛撲，當被擊退，斃敵 60 餘名，該連長負傷，敵番號為第二師團步兵第四聯隊，是日午後，公

51　《卡盟區戰役》(第四號)，頁 50。

路南端之敵，又向我第二、三營陣地猛攻 4 小時，不逞；當斃敵中隊長大野以下 75 名，該敵為十八師團第七補充兵隊，六日晨約二中隊之敵，利用煙幕彈掩護，復向我第一連陣地攻擊，激戰 3 小時，卒將敵擊退，敵遺屍 33 具。

是日南端之敵亦向三營進擾，均被擊退，斃敵 25 名，七日敵又以一中隊向第一連進犯，當被我擊退，斃敵尾花經正少尉以下 22 名，並生俘敵伍長井田定志 1 名，是日第六連亦在公路南端擊斃來犯之敵 19 名，是日第三營第八連調至卡清河南岸地區，增防第一營之正面。

八日，團全線均有小戰鬥，斃敵 31 名，並生俘敵第二師團第四聯隊兵長長石田進 21 名。

九日，北端之敵，又向該團第一營陣地猛攻，激戰 3 小時，將敵擊退，斃敵 81 名。

十日，該團北端部隊，全線發動攻勢，敵以連日傷亡重大，節節潰敗，迄至十一日，已將卡清河南岸之敵，完全肅清，並生俘敵輜重兵第十二聯隊上等兵片繡真光 1 名，斃敵 85 名，由擄獲敵之文件，得知敵連日之攻擊，第二師團第四聯隊第一、二兩大隊，幾已傷亡殆盡，第一大隊長增永少佐，於九日被我擊斃。

十二日，該團公路北端部隊，全部渡河攻擊前進，與敵發生激烈戰鬥，血戰竟日，前進 300 公尺；十三日[52]，該敵全力反撲，迄未得逞，十四、十五日 2 天，該團南北兩端部隊，均積極對敵進行猛烈突擊，均有斬獲，綜合 4 日來之戰鬥，共斃敵 105 名。

十六日，該團為策應我第一一三團第三營強渡南高江，攻佔卡盟，繼續向公路北端之敵，發動猛烈攻擊。自五月廿七日至六月十六日，亙 21 天之戰鬥，該團與當面 3 倍以上之敵，奮勇搏擊，予敵重創，先後共殲敵大隊長增永少佐以下官兵 1730 餘名，始終確保佔領地區，使卡盟及其以北地區之敵，糧彈補給，陷於斷絕之慘境，日採野菜及芭蕉根充飢，雖不惜集結重兵，分由公路南北兩端向該團屢次拼命反撲，企圖打通其生命線，又遭慘敗，故不得不放

52　《卡盟區戰役》(第四號)，頁 51。

棄馬拉高以南至卡盟凡 20 英里之既設堅固地帶，整個崩潰，誠如孫子所謂：
「軍無輜重則亡。」大軍作戰，斷不能無後方故也，而卡盟區敵第十八師團，
自主要補給線被我切斷後，即陷於無輜重無後方之絕境矣，其全軍潰滅之命
運，在我第一一二團切斷公路之日，即已鑄定，亦即為本師第 4 次大迂迴作戰
成功，直接突刺其心臟，予敵第十八師團最後而最嚴重之致命打擊也；由該團
擄獲之敵第二師團第四聯隊第一大隊上等兵津田黑夫日記，及俘敵輜重兵第十
二聯隊軍曹井田定志與第五十五聯隊第一大隊上等兵鈴木正二口供等件判知，
足見敵自公路被我切斷後所受打擊之嚴重，與對我第一一二團反撲時傷亡之重
大，可資證明，原件譯文附錄如下：

第一一二團六月十四日於卡清河附近斃敵第二師團第四聯隊第一大隊上等
兵津田黑夫，獲得日記 1 本，譯文如下：

> 五月卅日間休息 22 時，出發向目的地卡盟前進，行軍 2 里後乘卡車途
> 中躲避空襲。
>
> 五月廿一日，自清晨降雨期或已開始矣，22 時 30 分乘卡車出發向卡盟
> 前進。
>
> 五月廿二日，至卡盟之森林內宿營。[53]
>
> 五月廿三日 22 時 30 分，向目的地陣地前進，因雨道路難行。
>
> 五月廿四日，至距陣地 5000 米處宿營，領 3 日份給養。
>
> 五月廿五日，準備明日攻擊構築、攻擊地點之防禦陣地，因山路惡劣至
> 夕刻完成。
>
> 五月廿六日，預定 15 時開始攻擊，因敵情變化遂停止。
>
> 五月廿七日，自晨 6 時配備陣地，正午友軍砲兵支援射擊，我大隊正面
> 之第二中隊開始奮戰，15 時敵砲聲漸遠，奉命至大隊本部位置暗夜行
> 於險惡之道路中，至黎明始抵本部位置。
>
> 五月廿八日清晨，天氣晴朗，於敵前 100 米之地點配備陣地，22 時自

---

[53] 《卡盟區戰役》(第四號)，頁 52。

陣地出發，向 Zigyun 前進；第三小隊殘置於現陣地。

五月廿九日，天氣良好，增進行軍之速率，因敵機不斷來襲，乃於途中宿營，22 時出發。

五月卅日，卡盟之橋樑被水沖失，不能渡河，故於卡盟南側宿營 23 時出發進出約距此 4000 米之地點，與切斷退路之敵對抗。

五月卅一日，今日天晴，敵機不斷飛來大隊本部，移至距西湯 3000 米處。

六月一日，距敵 300 米處準備攻擊，槍聲濃密，陣地構築至 24 時始完成。

六月二日，天晴，第二大隊自昨日開始攻擊，現戰鬥正進行，中午后受領希望已久之糧秣，極喜悅夕刻。本部前進約 2000 米，槍聲漸遠，奉命配屬第二中隊。

六月三日，清晨小雨，配備略有變更，23 時前進。

六月四日，本日小雨，友軍砲兵射擊終日。

六月五日 00 時，奉命輕裝出發，前往構築陣地，地勢平坦，敵陣敵兵皆清晰可見。[54]

六月六日，攻擊戰鬥。

六月七日，攻擊戰鬥。

六月八日，攻擊戰鬥。

六月九日，攻擊戰鬥晝間，第二小隊全部死傷，佐藤平五郎、星直榮兩軍曹早故，吉藤戰死。夕刻大隊長負傷，因流血過多戰死，入晚敵對我形成包圍態勢，我方損傷慘重，僅戰力低下之一途矣。

六月十日，前哨第三中隊與大隊本部間為敵潛入，致連絡不能，3 時頃奉命撤退。

六月十一日，後退即配備陣地，敵砲擊愈猛烈，敵機無間斷飛來攻擊，戰鬥終日不止，陣地配備變更。

---

[54] 《卡盟區戰役》(第四號)，頁 53。

六月十二日，敵愈向我接近，槍聲濃密，入晚未稍停。

敵第十八師團輜重兵第十二聯隊聯隊本部指揮班，分隊長陸軍伍長井田定志口供：

(1) 姓名、年齡、籍貫、學歷及家庭狀況：
名井田定志，25 歲，日本九州福岡人，農業專門學校畢業，父母俱健在，兄弟一人，一妻一女。

(2) 入伍經過：
昭和十四年入伍，同年七月參與張股峰事變之役，因體弱被退伍，經 2 年半後，昭和十七年復被徵；同年四月於仰光登陸；五月一日佔領曼德勒；五月至十二月駐曼德勒附近；十八年二月至孫布拉蚌；四月歸密支那；九月至滇西作戰後，於十二月來孟拱區。

(3) 各級長官姓名略歷及現在位置：
師團長田中新一中將原在大本營充部長，頗有聲望、能力甚強、人格極好，較前任師團長牟田中將之能力更強。現師戰鬥指揮所在卡盟以北 1500 公尺路傍，聯隊長原為西堀利一中佐，前在瓦魯班負傷，轉梅苗休養，聞將返國，現由水谷中佐繼任。現在那漢南 500 公尺第一中隊長白野中尉；第二中隊長豐原中尉，第三中隊長井筒屋武彥大尉。[55]

(4) 被俘經過：
因奉命與 2 個分隊兵力前來襲擊華軍陣地，中途中伏大部被殲，其餘逃散，乃獨自向北潛行，欲返 Nhkum 東南附近之重砲陣地後，再設法歸隊，不料中途誤入華軍陣地被俘。

(5) 輜重聯隊之編制及配置與戰鬥情形：
聯隊轄三中隊第一中隊，係騾馬隊約六、七百人，騾馬數不明。現

---

[55] 《卡盟區戰役》(第四號)，頁 54。

在卡盟附近歸相田俊二少將指揮；第二中隊係汽車隊，原在南亞色附近；第三中隊亦係汽車隊，與聯隊本部同駐那漢以南 500 公尺附近路傍，又軍司令部直屬之汽車中隊，一隊配屬輜重十二聯隊，亦駐聯隊部附近。汽車中隊每隊約 100 餘人、汽車 70 餘輛；在卡盟以南之部隊，原毫無戰鬥準備，五月廿六日，華軍突然出擊，致第三中隊未及抵抗即全部被殲。現那漢以南 500 公尺附近僅有輜重十二聯隊本部，及直屬汽車中隊，共約 200 餘人，抵抗華軍武器僅有步槍及手榴彈，因聯隊原有之輕機槍 3 挺，均已攜至卡盟使用，聯隊部附近數百公尺尚有汽車 150 輛，SC430465 小橋北端 20 公尺附近尚有彈藥庫 1 所。

聯隊抵抗至步兵到達，換防後即行撤走。

(6) 在孟拱區敵之兵力番號：

第十八師團全部、第五十六師團之一四六聯隊，及勝 1301 聯隊及三島野戰重砲聯隊，其詳細位置不明。

(7) 野戰重砲聯隊之配置情形：

色當(Seton)以北 6 門；色當以南 3 門，該聯隊原擬用於卡盟以北，但因英島江(Snawchaung)不能通過，乃撤回。

(8) 師及軍之企圖：

聞軍司令官企圖放棄緬北，確守緬南，待機反攻。現在仰光附近部隊已調至預定防線，構築工事；緬北區諸部隊仍遲滯；盟軍前進使軍主力防禦準備時間裕如之責。

師團長在虎康區作戰時，已準備全部犧牲、決死不退，嗣因軍司令官嚴令限迫，乃後撤。現聞準備死守不退，但仍望極力打通孟拱至卡盟間公路，以暢補給。[56]

(9) 補給狀態：

自公路切斷後，根本無法補給，孟拱至卡盟間雖有小路，但僅人員

---

[56] 《卡盟區戰役》(第四號)，頁 55。

能通過，故亦不能用為補給路線。

(10) 傷亡疾病及衛生情形：不知。

(11) 英軍切斷卡薩鐵路後之影響：

　　詳情不明，但聞日軍曾以一大隊向該股英軍攻擊，尚未接近英軍，
　　即放棄大量武器彈藥裝具而逃。

(12) 密支那方面日軍之狀態：

　　不明，但知該地被中美軍攻擊。

(13) 對戰爭之感想：

　　一般日兵現大部覺悟，日本不應對華作戰。作戰數年來感華軍之戰
　　力極強，日軍無制空權，作戰極困難。

　　　　　　　　　　　　　　　　　　　　　　　　　　　　口供完。

　　第一一三團六月十二日在 SC44.263.2 附近俘虜敵十八師團第五十五聯
隊，第一大隊第三中隊上等兵鈴木正二口供：

(1)　姓名年齡籍貫及家庭狀況：

　　鈴木正二 27 歲，東京人，高等小學畢業，家境中等，父兄各一。

(2)　入伍及戰鬥經過：

　　昭和十四年現役入伍後，曾在中國天津通州等地駐防，十七年期滿
　　退役，為預備役。本年一月由姬路第四十六部隊召集，自東京出
　　發，經泰國盤古至緬甸，同行者有 250 人，由野垣大尉率領；五月
　　一日抵卡盟即奉命至大班，解 I/51i 之團野垣大尉戰死，補充兵傷
　　亡亦眾，I/51i 由瓦蘭撤出，會合後即編入該大隊第三中隊，七日
　　後又由大班退至 SC442632 附近。

(3)　被俘經過：

　　因奉小隊長之命傳令至各分隊，整理背包準備撤退，離小隊部不
　　遠，即被中國哨兵所俘。

(4)　部隊之行動及企圖與現在位置：

在被俘地點之前方(係按自我哨兵位置觀察而言)即小隊位置中隊部亦在其附近，大隊部在中隊部以西 2 里，大隊所屬之各隊均在此範圍內，向北防禦，聞此次小撤退之距離[57]不遠，再構築陣地，續行抵抗。

以前 55i 全部不能與師團主力連絡，師團長乃命補充隊先援救 I/51i 至卡盟附近，又擬設法使 55i 之第二、三大隊會合，重新調整部署，企圖抵抗，至八月可得空軍之支援，反攻其時菊兵團即可由另一部隊接替戰鬥任務。

(5) 部隊之傷亡及補充情形：

僅知菊兵團自虎康區作戰以來，傷亡慘重、幾至全滅，補充情形只知此次第三中隊補充 37 名，而自五月中旬至目前之死傷又有 40 名，現中隊尚有 70 餘人。

(6) 各級長官姓名：

前大隊長負傷，現由加藤大尉代理；小隊長近藤少尉，其餘不知。

(7) 補給狀態：

自公路被切斷後，補給即根本不能，第一線部隊皆採野菜、芭蕉心為食，我 6 天來皆食青草，故現身體極軟弱。

(8) 入伍後情形及對此作戰之感想：

入伍後，精神肉體俱感極度苦痛，因日本軍隊中上級壓力極大，各人資質甚差、身體亦弱，致常受打罵。此次作戰感覺中國軍隊常作艱鉅且出意外之行動。

口供完。

2、第一一四團拉芒卡道丹邦卡亞馬樓間戰鬥經過

第一一四團遵師第 21 號作戰命令之指示，以錐形潛突戰法，從高山深谷間隙中潛行突進，直刺敵之心臟——丹邦卡，切斷丹邦卡以北地區之敵後路而

---

[57] 《卡盟區戰役》(第四號)，頁 56。

蓆捲之，俾由正面南下之第一一三團得一舉而擊殲師當面之敵，用以策應我第
一一二團之戰鬥，俾師能迅速攫取卡盟並進而攻佔孟拱，以解決緬北整個戰
局，蓋師此次作戰計劃，以第一一二團之奇兵採極端迂迴戰法，切斷敵由卡盟
至孟拱主要補給公路，迫使我新廿二師當面之敵，迅速崩潰，以一一四團之伏
兵，由高山深谷中伏道而出，襲佔丹邦卡，切斷當面之敵後路，以一一三團之
正兵，從正面及側面掃蕩，決一舉而擊殲孟拱河谷之敵——第十八師團，即孫
子所謂：「兵以正合[58]，以奇勝。」又如蘇老泉所謂：「兵有正兵奇兵伏
兵。」是也，師此次作戰，係以正、奇、伏互用以取勝，該團基於上述意旨，
除以一部留置於芒平至 680 標高間地區，待第一一三團之一部於廿九日接防
後，再追及團主力外，其主力於五月廿八日，在芒平附近地區集結，經大班
(Tabum)及青道康(Hkindukawng)高山密林深谷間，鑽隙潛行，官兵冒極大艱
險，超越 4000 尺以上之高山、穿過萬丈深坑之谷底，從杳無人煙獸跡之原始
叢林中，經懸崖絕壁、披荊斬棘而出，所歷之艱難險阻，並不減於我迂迴行動
之一一二團，該團在此種極艱難途中，不分晝夜挺進。卒於六月一日，突浮現
於瓦魯班(Walubum)最南之隘路口，出敵不意，一舉攻佔拉芒卡道
(Lamongahtawng)，然後左右蓆捲，攻克東西拉瓦各據點，斷敵後路，陷使在
卡南(Kawnan)、納昌康(Nachangkawng)之線以北地區之敵，其糧彈、補給、通
信、連絡，均陷於斷絕混亂之慘境，敵狼奔豕突，期圖逃竄，又為我第一一三
團由正面南下之部隊猛烈掃蕩，當經大班、青道康、納昌康等據點，相繼攻
佔，敵遺屍遍山野，我擄獲戰利品極多，師當面之敵，遂整個崩潰，該團佔領
拉芒卡道之後，即以第三營乘勝南進，勢如破竹，於六月五日，攻佔丹邦卡
(Tumbonghka)，敵遺屍於陣地內已查清者，計 97 具，該敵為第五十三師團第
一二八聯隊之一個加強中隊，被迫退守丹邦河左岸之預備陣地，至此；師之預
定計劃，已大部圓滿告成。

　　查丹邦卡位處要衝，為孟拱交通之孔道，北可攫取卡盟，南可直破孟拱，
東可進取密支那，北可扼守東西拉瓦通瓦蘭至山興洋之要道，更可直通虎康盆

58　《卡盟區戰役》(第四號)，頁 57。

地而深入野人山。丹邦卡為我攻佔後，不僅易於擊潰師當面之敵，而攫取卡盟，且孟拱已在我控制中矣。

六日該團除以第三營繼續對丹邦河左岸之敵攻擊外，主力指向大高(Tahkawng)(SC4746)、巴道陽(Padawngyang SC5347)之線，迅速南下，是日其第二營將大高完全攻佔，斃敵 20 餘名，殘敵[59]向南逃竄，同日第三營第八連攻佔卡當(Kadon SC5758)，威脅營當面之敵側背。

八日第三營以一部由左翼迂迴，切斷丹邦河左岸之敵後路，主力強行渡河攻擊，是日攻佔敵沿河據點 2 處。

十日第二營進抵大利(Tari SC4743)北端，對敵攻擊，該地之敵約一加強中隊，頑抗甚烈，激戰 3 小時，卒將該敵擊潰，敵遺屍 37 具，狼狽向南逃竄，14 時該營進佔大利。

十日第三營復以一部由右翼迂迴，攻佔馬塘(Mahtum SC4746)、登浦陽(Tumhputyang SC4746)，殲滅敵 40 餘名，將營當面丹邦河之敵，完全包圍。十一日第三營對丹邦河左岸之敵猛烈攻擊，敵傷亡慘重，狼狽潰竄，遺屍於陣地內者 36 具，潰竄之敵，亦被該營各部伏兵襲擊，斃敵 25 名，第一營由拉芒卡道經巴道陽向卡都高(Kadawkawng)方向推進。十一日在巴道陽南端，與約一中隊以上之敵遭遇，激戰 2 小時，卒將該敵擊潰，斃敵 37 名，該營乘勝追擊。十三日進抵 595 標高(SC5748)附近，被敵阻止，該營即予進擊，激戰 6 小時，將該地完全攻佔，斃敵 34 名，該營乘勝繼續向南追擊，是日第三營亦將丹邦卡至 595 標高之間沿途殘敵肅清，進抵 595 標高附近，第二營由大利附近，向東迅速推進，於十三日進佔亞馬樓(Yamalut SC550425)。

第一營於攻佔 595 標高後繼續南下，十五日晨進抵巴稜杜(Parentu)北端，對巴稜杜之敵猛烈攻擊，該地為孟拱、密支那間公路之交叉路口，為交通之衝道，敵兵力約一中隊以上藉堅強工事死守，第一營即先以輕重迫擊砲摧毀敵工事，繼以步兵衝入敵陣，奮勇肉搏，激戰達 8 小時，卒將敵完全擊潰，斃敵 40 餘名，殘敵狼狽向南高江南岸逃竄，敵番號為第五十三師團第一二八聯隊

59　《卡盟區戰役》(第四號)，頁 58。

第一大隊。

　　是時孟拱北側山地區域，已被我全部佔領，距孟拱約 4 英里，孟拱城已在我瞰制之下，該團現正積極準備[60]攫取孟拱中。

　　我第一一四團自五月二十八日，由芒平以錐形潛突攻勢，向敵心臟突刺，為時僅 16 日，進展達 40 餘英里，沿途攻佔敵之大小據點 20 餘處，共斃敵 350 餘名，能神速達成師之預定計劃，使敵聞風潰竄，所向披靡，與我切斷卡盟至孟拱公路之第一一二團行動，密切配合，互為呼應，不僅迫使在孟拱區之敵十八師團，整個迅速崩潰，且因瞰制孟拱，遮斷孟拱至密支那間之公路及鐵路，使敵人對密支那方面，無法增援，則我在密支那方面之友軍，得以減少側背安全之顧慮，於解決緬北整個戰局，實已獲得決定性之極有利態勢矣。

3、第一一三團青道康支遵卡盟間戰鬥經過

　　五月二十九日，第一一三團遵師第 21 號作戰命令之指示，即以第二營(欠第六連)接替第一一四團在芒平至 680 標高地區之任務，因主力繼續掃蕩西瓦拉、馬藍堅之殘敵。

　　六月一日，西瓦拉至馬藍間殘敵，已完全肅清。六月二日，團主力推進至大弄洋附近集結。三日，隨師部推進至 680 標高附近，是日午後，第二營(欠第六連)向青道康攻擊前進，該地之敵，約一中隊，陣地甚為強固，激戰 5 小時，卒將該地完全攻佔，斃敵 57 名，殘敵向西逃竄。

　　是日該營第六連將瓦蘭至大班間諸高地完全攻佔，斃敵 40 餘名，並繼續向南搜索至東瓦拉，與第一一四團第二營會合。

　　四日該團主力隨師部推進 9 英里，至瓦蘭以南附近；五日向南推進至大班附近；六日推進至拉芒卡道，東南附近。

　　四日晚，第二營對納昌康(Nachangkawng SC4569)之敵攻擊，該地之敵約一加強中隊，附山砲[61]2 門，居高憑顯頑抗，激戰 1 晝夜，卒於五日 14 時，將該地完全攻佔，敵遺屍 76 具，我擄獲步槍 38 枝、輕機槍 2 挺、山砲 1 門、

60　《卡盟區戰役》(第四號)，頁 59。

61　《卡盟區戰役》(第四號)，頁 60。

馬 46 匹、糧彈庫房 6 所，殘敵狼狽向西逃竄，是日該營向南推進至西拉瓦附近，與第一一四團第一營會合，至此；師當面之敵，已完全被我掃蕩崩潰矣。七日原在瓦蘭地區潰散之敵，五十五聯隊第一大隊殘餘約 100 餘人，經西瓦拉附近，向支遵秘密闢路逃竄，常被該營發覺，猛烈尾擊，斃敵 89 名、俘敵騾馬 42 匹，殘敵狼奔豕竄，向西逃遁，該營乘勝向支遵方向追擊。是時南高江東岸支遵附近地區，因霪雨氾濫，積水沒腹，行動異常困難，該營不辭艱苦，奮勇追擊，卒於是日 18 時，進抵南高江東岸支遵以北 800 碼之線，九日晨沿南高江東岸涉水南下，向支遵搜索前進，午前 5 時，在支遵北端渡口附近，發現敵渡河作業隊兵力約一中隊，該營即予猛襲，斃敵 36 名，內有第六十六師團工兵聯隊，少佐山中少長一員，擄獲步槍 4 枝、手槍 1 枝、軍刀 1 把、文件甚多，該營乘勝繼向支遵攻擊。

　　支遵位於南高江東岸，與卡盟僅一水之隔，唇齒相依，位置極為重要，敵之既設工事異常強固，由擄獲文件(參閱前段第二師團第四聯隊，上等兵津田黑天日記譯文)判斷，得知敵原擬以第二師團第四聯隊主力防守該地，嗣以卡盟以南公路被我第一一二團切斷，第四聯隊南調對我第一一二團攻擊，故以由瓦蘭、青道康地區撤返之第五十五聯隊第一大隊，及第一一四聯隊第一大隊兩個大隊之殘餘兵力，及工兵一個中隊，共約三、四百人，憑堅強工事，及其對岸砲兵之掩護，負隅頑抗，戰鬥異常激烈。第二營藉我優勢砲火之協力，對敵猛攻，劇戰 4 小時，敵陣大部已被我摧毀，敵傷亡慘重，該營乃乘勢迅速一舉衝入敵陣，肉搏衝殺，卒於是日 10 時，將支遵完全攻佔，斃敵 198 名，擄獲機槍 5 挺、步槍 72 枝、卡車 6 輛，殘敵以支遵及其渡口完全被我佔領，後退無路，敵狼狽四散潰竄，復遭我各地之伏擊，完全被殲殆盡。自支遵攻佔後，卡盟已在我瞰制中，以當時我旺盛之士氣，及有利之態勢，本可一股直下卡盟，無如是時[62]適值南高江河水暴漲，洪濤洶湧，幅寬流急，且敵沿河戒備極嚴，該營雖用竹筏屢行偷渡，均因水流湍急，及敵火過於猛烈，未能成功。至十一日 20 時，本師接獲新廿二師齊西參一電告，得知該師主力尚在拉七卡道

62　《卡盟區戰役》(第四號)，頁 61。

(Lachigahtawng SC2768)以北之線，與敵對峙，距卡盟尚達 8 英里之遙，師為把握戰機，迅速攻佔卡盟，俾使爾後得以迅速全力南下攻略孟拱計，乃決心冒絕大之艱難，強渡南高江，攻佔卡盟，當感第一一三團第二營連日冒惡劣之天候地障苦戰，過於疲勞，乃於十二日，令飭第一一三團第三營，由支遵以南準備實行敵前強渡，並電飭第一一二團即由卡清河之線，向北猛攻，以牽制卡盟之敵，並同時申請總指揮部配發橡皮舟及七五山砲煙幕彈，積極準備渡河。

十三日第三營已進抵支遵以南 SC310615 附近，準備渡河十四、十五 2 日，該營屢次企圖偷渡南高江，均以水流湍急，渡河材料缺乏未果，迄至十六日晨，總部發給之橡皮舟及煙幕彈均已運到，渡河諸準備均已完成，第三營即以一往無前之壯氣，在我砲火及煙幕掩護下，冒敵猛烈砲火，實行強渡，前仆後繼，不顧任何犧牲。卒於是日 10 時，渡河成功，復以迅速果敢之行動，並因我第一一二團沿公路向北攻擊之部隊，牽制敵人得利，使敵首尾不相顧，遂一舉攻佔卡盟東南側之 637 高地，瞰制卡盟，卡盟之敵，以東南側高地被我佔領，頓失屏障，因卡盟地勢低漥，東南高地既失，戰術價值減少，敵遂悄然棄守，向西南潰竄。是日 11 時，該營遂將卡盟完全佔領，是役斃敵 47 名，俘敵上等兵岡田正春 1 名，奪獲汽車 2 輛、步槍 21 枝，及其軍用品甚多，是時在卡盟以北地區與我新二十二師對戰之敵，因卡盟已為我佔領，側背大受威脅，乃狼狽潰散，我友軍新二十二師第六十五團先頭部隊，遂得於是日 15 時 30 分，乘勝進抵卡盟西端，與該營會合。[63]

六、戰鬥之成績

(一)戰略方面

迅速進出孟拱河谷，確保先制，粉碎敵在緬北增援反攻，阻止我軍在拱河谷過雨季，及妨礙我構築中印公路之企圖。(附錄敵第十八師團陣中訓話資料譯文一份，以供參考。)

第十八師團陣中訓話資料譯文如下：

---

[63]　《卡盟區戰役》(第四號)，頁 62。

陣中訓話資料

昭和十九年五月

我等今須放棄持久作戰(第 2 號作戰)，而轉換攻勢作戰(第 8 號作戰)，師團對此已有準備，第一線諸君心理上是否已有充分準備，倘第一線將兵吳內心之準備，則所作之轉移(由持久至攻勢)實屬難能，故以下四點乃心理準備必要之事項，須加檢討。

第一、此攻勢之絕對必要性。

第二、綜合可能攻勢之客觀條件。

第三、使攻勢作戰成功之精神要素。

第四、戰法惟有絕對攻勢，以下逐次加以檢討：

1、攻勢之必要性

攻勢非由兵力增大，敵人漸弱，或雨期近迫等因而實施者，不論其他情形如何，行攻勢於本乾季中，乃師團根本之任務，師團奉命邀擊擊滅侵入胡康之敵人，此即兵團之任務，林兵團長於司令部出發之際，曾讚菊兵團之意志，並云：「保衛日本之菊兵團，對敵人之侵入應作[64]如何處置？」等語，如此菊兵團之任務當然擊滅敵人，何以必須負此任務，因所謂拒止或阻止乃消極目的之達成，不能澈底挫折敵人打通雲南公路之戰門意志，所云擊滅又惟有菊兵團能行之。

對此有三要點：1. 敵之企圖頗大。2. 除擊滅外無他對策。3. 菊兵團不可不獨立行之。

(1) 敵企圖頗大，直接企圖乃打通雲南公路。

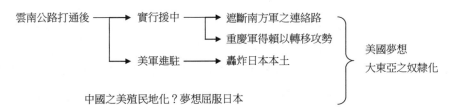

64　《卡盟區戰役》(第四號)，頁 63。

上圖美國最終之目的乃使大東亞之奴隸化。

欲阻止敵大計劃之實施，須相當之力量，敵於全般狀況未全陷極不利時，無論兩年三年或犧牲五萬十萬皆所不顧。

(2) 擊滅之必要

敵野心如此，其實行必甚頑強執拗，倘以平緩之方法欲消敵之野望，必不可得，因此惟有擊滅之一途，並不惜一年兩年或更多之時日，否則敵兵力將日益增大。

(3) 「菊」自力解決之必要

胡康方面之敵對軍主力之迅速進擊，或感遲疑，現今判斷敵極欲達成野望，益呈猛烈狀[65]態，我等不可空賴主力之好轉，除謀自力解決外別無他策。

2、容易攻勢作戰之條件

師團現轉換攻勢作戰，乃因持久作戰所利用時間與空間之有利性已完全發揮，不勝遺憾。

所謂有利者，即敵之戰力已減退，因此乃採用各局部之擊滅戰法。

今減低敵戰力之目的已達成，須即攻勢作戰。

有利於攻勢作戰，亦須綜合客觀之條件，加以判斷，就中主要者分述如下：

(1) 敵戰力之低下(火力戰及突進速度之低下)。

(2) 我戰力之增進。

(3) 敵以全力展開暴露弱點。

(4) 「片」號作戰之影響。

(5) 增加兵團之到達。

A 戰力之問題：

因我之持久殲滅作戰，據敵自己宣稱，新卅八師迄一月底已損耗5500 名(3 個團)，一個團平均 1800 人，一中隊平均 200 人，新廿

二師自二月半至三月底已損耗 1800 人(2 個團)，一個團平均 900 人，一中隊平均 100 人。

(上)數字以外行蹤生死不明者當在多數，其他因疾病之損耗尚不在此數。

現敵兵較充實者僅有第六十四團，但最近亦已加入第一線之攻擊，由此可之敵之窮狀現雖逐次補充兵員，但其素質之漸低不言可知。[66] 此期間我戰友亦有不少犧牲，其數目約為敵五分之一，距我擊滅戰以一對十之目標尚遠但以一對四之兵力，得 1：5 之損害，可謂並無不利，關於戰力問題，應思及半年間兵團各部隊建立之偉大成績，然一般人每易忽略及此，而僅顧我自身之損失，「敵對森林戰已經充分之訓練與準備，我則無充裕之時間訓練與研究，作戰迄今兵團各部隊所表現之堅強，已足驚人，敵戰力之低落，我戰力之增強，可由 Jambuhkintant 以前以後敵突進之速度證明，以前敵每月平均 2000 米，以後則不及一籵。」

B 態勢：

所謂對我有利，不僅為戰力之比重，就戰略之態勢言，敵亦陷於不利，如明治山敵分散正面相當之兵力，參支隊之主力與第一一二團之全力最少為六個大隊，相當總兵力三分之一，此敵所犯之過失不言可知，對我有利。

或更因雨期之近迫，我兵團之苦戰，及因帕爾科希瑪戰線之壓迫，而將第一一二團、第一一三團第六十四、五、六團展開於第一線移於總攻擊，而後方保有之兵力僅有一一四團，亦即彼等因事態之迫切，而將全力使用於第一線，如此對應不時事變之力量大減。

更因「ウ」八號作戰之進展威脅，利多公路後方不能行充分之支援。

C 我兵力之增強：

66　《卡盟區戰役》(第四號)，頁 65。

我兵力約為敵三分之一，現我兵力已準備增加一倍，就前所述，敵兵力之左右分散，以兵力之關係，已顯然對我有利。

我一方面之勝利一向不能澈底利用其戰果，因他方面之敵滲入我後方各處[67]，致不能行各局部之殲滅，現敵已移為一線配備，故已成相反之態勢。

倘敵滲入我方，則後方之部隊可予阻止，同時我另方面之部隊可迅速突進，愈深則因其後方部隊之貧弱愈發狼狽不堪，此可斷言者，若敵滲透我方愈深，則結果必遭我包圍，同時並將為我殲滅。

3、最重要者：精神要素。

上所述以兵力態勢等論，採取攻勢為絕對有利，然僅認為採取攻勢即能獲得成功，實屬錯誤，倘不以完善之攻勢亦難陷敵於被動地位，陷敵於被動地位之要素，不僅為企圖之秘匿、迅速、機動、奇襲等，必須有根本的強硬意志，例如「戰線如圖上之錯縱時，AB 表示敵我若同究係敵為我包圍或我為敵含圍？則必答稱居此態勢下，氣強者感覺已將敵包圍；氣弱者必感已被敵包圍，由此可知最重要者非兵力之強大，或態勢有利與否，實在有無強烈之意志也。」故應有不退轉之勇猛心，並於任何苦戰中保有必勝之信念與旺盛之攻擊精神，及一步不退一步必進之戰鬥意志，設無此攻擊精神，則雖兵力態勢如何有利，亦不能陷敵於被動地位，所謂攻勢不能成立。

4、戰法：

有殺敵之心，並須配合戰法，始可使攻勢有利。

過去之戰法為防拂戰法，即劍尖，只傷及敵之四肢，現有之戰法，採用斬擊戰法，即以劍尖隨處擊摧敵之心臟部，斬入其骨髓，故現在當尋求敵心臟之薄弱部而突入，以捕捉擊滅其主力，所謂心臟部，即火力中樞之迫砲陣地、指揮中樞、通信中樞本部、司令部之位置，補給中樞及投下均集積場等，倘此數處遭受打擊，則敵不得不取守勢而追隨我之行動，覆滅其全軍之良機亦由是得

---

67 《卡盟區戰役》(第四號)，頁66。

滋生[68]，然吾等亦不可僅側此秘密之奇襲，皇軍須以堂堂之陣容，利用此戰法之成果而擊滅其主力，是屬絕對必要者。

　　吾等不可認為開始作戰，即可獲全勝，須持必勝之信念準備繼續作戰，不論部隊之大小須有攻擊擊滅敵人之決心，掌握全戰場，作為戰場之主宰者，始可謂真正之勝利。

(二)戰術方面

1. 用錐形戰法，突刺敵之心臟，使敵之糧彈補給絕源，後方交通通信指揮連絡機構瓦解，迫使孟拱河谷之敵，放棄馬拉高以南至卡盟，凡廿英里既設而堅固之陣地帶，整個崩潰，實予敵致命打擊(參閱敵陣中訓話資料)。

2. 迅速適時佔領丹邦卡及卡盟東側山地區，瞰制孟拱，不僅爾後對孟拱之攻擊容易，且使密支那之我軍，獲得側背之安全。

3. 果敢機動使用師之主力，將當面兩個師團之敵，各個擊破。

(三)戰鬥方面

1. 實行最艱苦之大迂迴行動，迅速確實，致獲鉅大戰果。

2. 苦戰兩個月，大小凡 300 餘戰，逐點攻佔南高江東岸地區，敵藉優勢地形構成縱深達 15 英里之堅強據點陣地(自的克老緬以北至芒平)，進展達 70 餘英里(自巴杜陽至孟拱以北地區)，佔領面積 1080 平方英里，先後擊潰 4 個師團之番號(第十八、第二、第五十六、第五十三師團)，總兵力在 5 個聯隊以上之敵，第五十五、第一四六、第一二八、第四聯隊全部及第一一四、第一五一聯隊、第十二輜重兵聯隊各一部，暨第十八師團補充兵隊與直屬部對等，共擊斃敵遺屍確認者計增永少佐大隊長以下官兵 5754 具，生俘敵軍曹井田定志等 26 名(名冊附後)、驟馬 426 匹，擄獲汽車 75 輛、小包車 6 輛[69]，及重砲、野山砲及各種輕重武器、彈藥、器材、重要文件等如附表。

68　《卡盟區戰役》(第四號)，頁 67。

69　《卡盟區戰役》(第四號)，頁 68。

七、戰鬥後敵我之陣地及行動

自卡盟被我攻佔後，卡盟以北地區之敵，大部被殲，因糧彈缺乏，歸路斷絕，殘餘之敵，向西南山地逃竄，一部與我第一一二團北面之敵會合，企圖由公路西側山地間開路逃竄。

師即以第一一二團截擊由卡盟南潰之敵，主力即經巴稜杜進佔南高江北岸之線，對孟拱攻擊。

八、可為參考之所見

1. 任迂迴之部隊，須由機敏果敢之指揮官統馭之，尤須以體格技術優越、戰鬥意志堅強，攻擊精神旺盛之官兵充任之，始克達成任務，收穫偉大戰果，如此次第一一二團由恩溪附近對卡盟以南之迂迴，全程凡 60 英里，披荊斬棘，開路前進，且沿途山高路險，河溝縱橫，因雨水漲，扳登涉水，行動萬分困難，該團竟能以 6 晝夜之時間，迅速進抵南高江西岸；最後復能全部武裝游泳，渡過寬達 200 公尺之南高江，並與 3 倍以上反撲之敵，苦戰達 20 晝夜之久，卒將來犯之敵擊潰，誠非戰鬥意志薄弱，體格技術平庸，缺乏訓練之部隊所能勝任。

2. 任迂迴之部隊，特須注意遠距離之敵情搜索，俾能發現敵情，能及早處置，以祕匿自己之企圖，庶免為敵阻止遲滯，更須行動輕捷，隨時出敵意表，故凡笨重之裝具，及嘶叫之騾馬，均以不攜帶為宜。

3. 凡在同一地區之作戰部隊，應隨時以全般戰鬥態勢為著眼，不可以擊潰自己當面之敵而滿足，及過分[70]為作戰境界所限制，如認為於全般戰勢有利之舉，以不違背高級指揮官之企圖為原則，即獨斷專行，設法越過自己當面之敵，迂迴至友軍作戰境界內，襲擊佔領要點，即敵最感痛苦之方面，使我全軍作戰態勢，獲得有利，極為重要，如本師此次切斷卡盟至孟拱敵後方主要補給公路，及攻佔卡盟，即其一例，按上述地點，原為我友軍新

---

[70] 《卡盟區戰役》(第四號)，頁 69。

廿二師之作戰地區，師長當時察知敵在卡盟附近，兵力空虛，且為其主要補給之生命線所在，故不顧當面敵人之阻力如何強大，決即獨斷專行，採取積極行動，以第一一二團用極端迂迴方法，進入我新廿二師作戰境界內，切斷敵之補給線，攫取卡盟，使我新廿二師得由正面沿公路南下，造成敵第十八師團整個崩潰之局，若師當時墨守作戰境界，以擊潰自己當面之敵而滿足，即坐失良機，則整個緬北戰局，必曠時持久，無法解決，可斷言也。

九、各人及各部隊之功勛記事

本期作戰因與孟拱戰役相連接，故各有功人員併列入第五號詳報。

十、俘獲戰績(照片)

因天熱照片不能沖曬，以後補呈。[71]

十一、各項附圖附表

---

[71] 《卡盟區戰役》(第四號)，頁70。

表四之二、日軍十八師團番號、代字、部隊長姓名表

緬敵第十八師團暨配屬部隊番號代字及部隊長姓名調查表				
隊		別	區	分
第十八師團（菊8900）師團長田中新一中將參謀長大越兼二少將	第十八步兵團相田俊二少將（菊8901）第十八步兵團相田俊二少將（菊8901）	步兵五五聯隊（菊8902）（西部四七部隊）山崎四郎大佐	第一大隊	小室禧忠大尉(長野隊)
			第一中隊	加藤武雄中尉(加藤隊)
			第二中隊	特？大森文中尉(大森隊)
			第三中隊	小森豐秀中尉(小森隊)
			第一機槍中隊	多閣嘉次郎中尉(牟田口隊)
			第一步砲小隊	河井忍中尉(河井隊)
			第二大隊	山下四郎大尉(岡崎隊)
			第四中隊	壓島中尉(中村隊)
			第五中隊	吉村中尉(二宮隊)
			第六中隊	城島中尉(山下隊)[72]
			第二機槍中隊	山崎精原中尉(山崎隊)
			第二步砲小隊	田口榮中尉(田口隊)
			第七中隊	玉城富忠中尉(玉城隊)
			第三大隊	木村廣成中尉(岡田隊)
			第八中隊	福田秀良中尉(福田隊)
			第九中隊	深瀉隆夫中尉(深瀉隊)
			第三機槍中隊	長尾和憲中尉(長尾隊)　長竹內中尉
			第三步砲小隊	住江澤市中尉(住江隊)
			步兵砲中隊	森米喜中尉(森隊)
			速射砲中隊	木村廣武中尉(木村隊)
			通信中隊	山崎逸夫大尉(？)
			乘馬小隊	長岡武少尉(早川隊)
		步兵五六聯隊	第一大隊	芢生敬治少佐[73]
			第一中隊	上瀧五郎中尉
			第二中隊	星野次郎中尉
			第三中隊	倉西大尉
			第一機槍中隊	前田正確中尉
			第一步砲小隊	興田中尉

72　《卡盟區戰役》(第四號)，頁71。

73　《卡盟區戰役》(第四號)，頁72。

			第二大隊	渡邊正博少佐
第十八師團（菊8900）師團長田中新一中將參謀長大越兼二少將	第十八步兵團相田俊二少將（菊8901）	（菊8903）（西部隊）長久竹郎大佐	第四中隊	角信夫中尉
			第五中隊	園田信中尉
			第六中隊	田村中尉
			第二機槍中隊	牛島中尉
			第二步砲小隊	藏前中尉
			第三大隊	吉田正司大尉
			第七中隊	中川正則中尉[74]
			第八中隊	東中川章中尉
			第九中隊	上野博少尉(皆越少尉代理)
			第三機槍中隊	鴿野中尉
			第三步砲小隊	？
			步兵砲中隊	行德大尉
			速射砲中隊	坂田中尉
			通信中隊	新濱大尉
			乘馬小隊	佐佐木少尉
		步兵一一四聯隊（菊8905）（西部四六部隊）	第一大隊	猪瀨重雄少佐(根本中佐、角平少佐)
			第一中隊	
			第二中隊	
			第三中隊	
			第一機槍中隊	[75]
			第一步砲小隊	
			第二大隊	山畑實盛少佐(久同中佐)
			第四中隊	
			第五中隊	
			第六中隊	
			第二機槍中隊	
			第二步砲小隊	
			第三大隊	山下秀男少佐
			第七中隊	中西大尉
			第八中隊	

74　《卡盟區戰役》(第四號)，頁73。

75　《卡盟區戰役》(第四號)，頁74。

		第九中隊	原田中尉
	丸山房安大佐	第三機槍中隊	廣中清大尉
		第三步砲小隊	淺井中尉[76]
		步兵砲中隊	畑淺美中尉
		速射砲中隊	津賀貢中尉
		通信中隊	山下逸夫大尉
		乘馬小隊	？
第十八師團（菊8900）師團長田中新一中將參謀長大越兼二少將	第二二騎兵聯隊——未發現——(菊8907)長橋大佐		
	第十八砲兵聯隊（菊8908）比土平香木中佐（隆男）（西部五一部隊）	第一大隊	佐佐木正人少佐(押川隊)
		第一中隊	(江口鐵夫隊)
		第二中隊	(立川隊)
		第三中隊	(笠松隊)
		第一彈藥隊	(長濱隊)
		第二大隊	鈴木重直少佐(鈴木隊)
		第四中隊	(高橋隊)
		第五中隊	(柏崎隊)[77]
		第六中隊	(山田隊)
		第二彈藥隊	(吉岡隊)
		第三大隊	尼子春雄少佐戰死，由立用大尉代(尼子隊)
		第七中隊	藤原四郎中尉(藤原隊)
		第八中隊	(茄歸隊)
		第九中隊	(伊藤隊)
		第三彈藥隊	(？)
		聯隊段列	
	第十二工兵聯隊深山忠雄中佐（菊8909）（龍岩雄大佐）	第一中隊	瀧山靈大尉
		第二中隊	中村中尉
		第三中隊	澤中尉
	第十二輜重兵聯隊（菊8911）（長門部隊）水谷虎吉中佐	第一中隊	白野中尉[78]
		第二中隊	陶山中尉
		第三中隊	井筒屋武彥中尉

76　《卡盟區戰役》(第四號)，頁75。

77　《卡盟區戰役》(第四號)，頁76。

78　《卡盟區戰役》(第四號)，頁77。

	第十八師團通信隊		中村少佐 (菊 8910)	
	第十八師團衛生隊		野田徹 (菊 8913)	
	兵器勤務隊		牧野少三少佐(菊 8912)	
	第一野戰病院		鈴木行雄少佐(菊 10715)	
	第二野戰病院		荻原謙修少佐(菊 8914)	
	第三野戰病院		增田孝彥大尉(菊 8915)	
	防疫給水部		尾能吉一大尉(菊 10716)	
	師團病馬場		安梅壽水大尉(菊 8917)	
臨時配屬	獨立第卅速射砲大隊（林 10717）少倉洪成少佐	獨立第廿一野戰重砲大隊	田中秀男少佐(林 8121)	
		第一中隊	田上庚治中尉	
		第二中隊	堤正典中尉[79]	
		第三中隊	步施一男中尉	
		臨時混成步槍中隊	福原中尉	
		段列隊	濱崎富男中尉	
		軍通信，隊林 10700		
附 記		一、本表係綜合敵軍文件及俘虜口供加以判斷整理彙成。 二、敵十八師團連戰慘敗軍官傷亡奇重屢經更易本表係依據最近彙集材料編製。[80]		

表四之三、日軍五十六第二師團番號、代字、主官調查表

卡盟區敵第五六第二各師團番號代字及主官姓名調查表					
番　號	區　分	主　官 階級	主　官 姓名	暗號代字	備　　考
第五十六師團	司令部	中將	松山祐三	龍 6730	
	第一四六聯隊	大佐	金岡宗次郎	龍 6735	
	第一大隊	少佐	阿　部		
	第二大隊	少佐	脇山廣雄		第五中隊長小西喜代三郎中尉
	第三大隊 大隊部	少佐	堤宗三郎		
	第三大隊 第九中隊	中尉	宮　崎		現暫由大貝中尉代理

---

[79] 《卡盟區戰役》(第四號)，頁 78。

[80] 《卡盟區戰役》(第四號)，頁 79。

		第十中隊	中尉	横　　田		
	第三	第十一中隊	中尉	長　　佃		
	大隊	機槍中隊	大尉	蒂山賈作		*81*
		步砲小隊	中尉	松本敏巴		
	第一一三聯隊		大佐	松井秀治	龍 6734	
	第一大隊					
第	第二大隊		少佐	雨　　野		
五	第三大隊		少佐	青木廣田		
十	第一四八聯隊		大佐	倉茂安義	龍 6736	
六	第一大隊		大佐	大　　木		
師	第二大隊					
團	第三大隊		大尉	影彌三郎		
	第五六搜索聯隊		大佐	平井卯輔		
	第五六野砲聯隊		大佐	富　宗次	龍 6739	
	第五六工兵聯隊		中佐	小室正太郎	龍 6740	*82*
	第五六輜重聯隊		大佐	池田幸一	龍 6741	
	第五六衛生隊		中佐	栗山正治		
第	司令部		中將	岡崎清三郎	勇 1301	兵團長齋俊雄少將 參謀長黑田福治少將？
二	第四聯隊		大佐	一划勇策		
師	第一大隊		大尉	武田 (前為增勇司少佐)	勇 1304	增勇司少佐於色當河戰死 第一中隊長横田中尉
團		大隊部	大尉	山岸圭介		
	第二	第五中隊	中尉	青　　詔		
	大隊	第六中隊	中尉	千　葉　正		
		第七中隊	中尉	山　　崎		
		機槍中隊	中尉	石　　田		
		大隊砲中隊	中尉	長大支繁		
	第三大隊		少佐	佐藤一雄		*83*
	聯隊砲中隊		大尉	氏　　家		
	聯隊通信中隊		中尉	石　　橋		
附　　記			本表係綜合俘虜口供及文件彙成，僅能供參考之用。 敵十八師團代字及主官姓名參看另表。*84*			

81　《卡盟區戰役》(第四號)，頁 81。

82　《卡盟區戰役》(第四號)，頁 82。

83　《卡盟區戰役》(第四號)，頁 83。

表四之四、卡盟戰役負傷官佐姓名表：33 年 6 月 16 日

駐印軍陸軍新編第一軍新三十八師各部緬北作戰負傷官佐姓名表

33 年 6 月 16 日止

部　　別	級　　職	姓　名	負傷地點	負傷月日	備　　　考
司令部	上尉參謀	王賀東	東瓦拉	33 年 5 月 31 日	
司令部	上尉參謀	顧建華	東瓦拉	33 年 5 月 31 日	係砲一營上尉營附調參謀處服務
一一二團團部	中校副團長	梁砥柱	蕩板山	33 年 4 月 23 日	
一一二團團部	上尉指導員	程　韜	蕩板山	33 年 4 月 23 日	
一一二團團部	准尉幹事	周培元	蕩板山	33 年 4 月 23 日	
一一二團第八連	少尉排長	陳　耀	1028 高地	33 年 5 月 11 日	
一一二團第一連	上尉連長	劉益福	奧　溪	33 年 5 月 11 日	
一一二團第一連	少尉排長	王　堯	卡　盟	33 年 6 月 6 日	
一一二團第一連	准尉特務長	田澤民	卡　盟	33 年 6 月 7 日	
一一二團第六連	少尉排長	蔣仁義	泡　几	33 年 6 月 6 日	85
一一二團第八連	少尉排長	左裕光	蘇　塘	33 年 6 月 7 日	
一一二團第九連	准尉排長	程海山	1355 高地	33 年 6 月 9 日	
一一二團迫砲連	少尉排長	同　紹	色　特	33 年 6 月 5 日	
一一二團機一連	少尉排長	韓家春	拉　班	33 年 4 月 9 日	
一一三團第五連	上尉連長	孫蔚民	拉　班	33 年 4 月 1 日	
一一三團第六連	准尉排長	周鴻順	丁克林	33 年 4 月 10 日	
一一三團機二連	准尉排長	葉煥章	丁克林	33 年 4 月 11 日	
一一三團第八連	准尉排長	張瑞卿	丁克林	33 年 4 月 12 日	
一一三團機三連	少尉排長	楊愛民	丁克林	33 年 4 月 10 日	
一一三團第七連	准尉排長	劉連厚	丁克林	33 年 4 月 11 日	
一一三團迫砲連	少尉排長	謝國榮	的克老緬	33 年 4 月 29 日	
一一三團迫砲連	少尉排長	袁楚卿	的克老緬	33 年 5 月 13 日	
一一三團第一連	少尉排長	孫至剛	馬藍	33 年 5 月 24 日	86

84　《卡盟區戰役》(第四號)，頁 84。

85　《卡盟區戰役》(第四號)，頁 85。

86　《卡盟區戰役》(第四號)，頁 86。

一一三團第四連	准尉排長	陳濱鴻	馬藍	33 年 5 月 25 日	
一一三團第五連	准尉排長	張良富	馬藍	33 年 5 月 23 日	
一一三團第六連	上尉連長	劉國斌	支遵	33 年 6 月 11 日	
一一三團第九連	上尉連長	王學義	支遵	33 年 6 月 9 日	
一一三團第九連	少尉排長	楊桂永	拉芒卡道	33 年 5 月 2 日	
一一三團第三營部	上尉指導員	喻绮劍	卡盟	33 年 6 月 26 日	
一一三團第九連	少尉排長	劉能爵	拉克老河	33 年 4 月 18 日	
一一四團第九連	上尉連長	陳高揚	拉克老河	33 年 4 月 18 日	
一一四團機三連	准尉排長	諶　彪	拉克老河	33 年 4 月 20 日	
一一四團追砲連	少尉排長	王昆蘭	拉克老河	33 年 4 月 24 日	
一一四團機三連	上尉排長	馮　耀	東瓦拉	33 年 5 月 4 日	
一一四團機槍三排	上尉排長	柏心華	東瓦拉	33 年 5 月 2 日	
一一四團輸一連	中尉排長	王新民	東瓦拉	33 年 6 月 6 日	87
一一四團輸一連	少尉排長	趙均平	東瓦拉	33 年 6 月 6 日	
一一四團第四連	少尉排長	董玉坤	東瓦拉	33 年 5 月 16 日	
一一四團第四連	准尉排長	桑寶善	東瓦拉	33 年 5 月 16 日	
一一四團第六連	上尉連長	陳　惆	東瓦拉	33 年 5 月 18 日	
一一四團機一連	中尉連附	張溥泉	東瓦拉	33 年 5 月 18 日	
一一四團第七連	准尉排長	藍毓華	東瓦拉	33 年 5 月 18 日	
一一四團第二連	上尉連長	蔣又新	丹邦卡	33 年 6 月 12 日	
一一四團第六連	中尉連長	喬子文	克塘光	33 年 5 月 31 日	
一一四團機一連	少尉排長	楊明芳	克塘光	33 年 6 月 2 日	
一一四團輸二連	上尉連長	孫天佑	大弄洋	33 年 5 月 29 日	
砲二營	中尉觀測	祝震中	的克老緬	33 年 5 月 25 日	
砲三營	少尉司藥	曹照弋	英克塘	33 年 5 月 9 日	
砲三營	少校譯述員	于漢經	英克塘	33 年 5 月 9 日	88
通信營	少尉排長	谷自雄	丁克林	33 年 4 月 23 日	
合　　計	50 員[89]				

87 《卡盟區戰役》(第四號)，頁 87。

88 《卡盟區戰役》(第四號)，頁 88。

89 《卡盟區戰役》(第四號)，頁 89。

表四之五、卡盟戰役陣亡官佐姓名表：33 年 6 月 16 日

駐印軍陸軍新編第一軍新三十八師各部緬北作戰陣亡官佐姓名表

33 年 6 月 16 日止

部　　　別	級　職	姓　名	陣亡地點	陣亡月日	備　　考
司令部	上尉參謀	陳天珏	東瓦拉	33 年 5 月 31 日	係砲一營上尉連附調參處服務
一一二團第七連	准尉排長	歐陽義	芒　平	33 年 5 月 10 日	
一一二團第五連	准尉排長	盛介凡	蕩板山	33 年 4 月 20 日	
一一二團第五連	准尉排長	牟竹先	瓦　蘭	33 年 5 月 15 日	
一一二團第三連	上尉連長	周有良	色　特	33 年 6 月 4 日	
一一二團第三連	中尉排長	周　浩	色　特	33 年 6 月 2 日	
一一二團機一連	中尉排長	蔣振坤	色　特	33 年 5 月 29 日	
一一二團機三連	少尉排長	姚運昌	卡　倉	33 年 6 月 13 日	
一一二團戰槍一牌	准尉排附	何　定	色　特	33 年 5 月 29 日	
一一四團第九連	少尉排長	張德鳳	的克老緬	33 年 4 月 19 日	[90]
一一四團第三連	准尉排長	張志中	的克老緬	33 年 4 月 20 日	
一一四團第七連	准尉排長	楊芝芳	的克老緬	33 年 4 月 24 日	
一一四團機二連	少尉排長	徐桐生	的克老緬	33 年 5 月 4 日	
一一四團機二連	中尉排長	曾令羣	的克老緬	33 年 4 月 24 日	
一一四團第三連	准尉特務長	廖振聲	拉芒卡道	33 年 6 月 2 日	
一一四團第四連	中尉排長	江家懋	東瓦拉	33 年 5 月 13 日	
一一四團機一連	准尉排長	陳鶴安	拉芒卡道	33 年 6 月 4 日	
砲三營	上尉附營長	李漢庭	英克塘	33 年 5 月 9 日	
野戰醫院	上尉軍醫	荊光法	英克塘	33 年 5 月 9 日	
諜報隊	上尉附員	曾　偉	南巴道	33 年 6 月 12 日	
一一三團第二連	准尉排長	韓國鈞	巴杜陽	33 年 4 月 5 日	
合　　計	21 員[91]				

---

[90]　《卡盟區戰役》(第四號)，頁 91。

[91]　《卡盟區戰役》(第四號)，頁 92。

表四之六、卡盟戰役俘獲名冊

陸軍新三十八師卡盟戰役俘獲敵軍名冊							
階　級	姓　　　名	年齡	籍　　貫	隊　　　屬	被俘時間	被俘地點	捕獲部隊	備　　考
上等兵	西園功			一一四聯隊第三中隊	5月8日	奧溪	112R第一營	於5月10日傷重斃命
一等兵	田口未藏	29		五五聯隊第八中隊	5月18日	西拉瓦	一一三團	
伍　長	井田定志	25	九州福岡	輜十二聯隊本部	6月6日	色特	一一二團	
伍　長	中島次郎	27	九州	輜十二聯隊第三中隊	6月7日	色特	一一二團	當晚斃命
兵　長	石田進二	28	東京	第二師團第四聯隊	6月8日	色特	一一二團	
一等兵	高田英治	27	東京	第二師團第四聯隊	6月8日	色特	一一二團	傷重斃命
上等兵	鈴木正二	27	東京	五五聯隊第三中隊	6月12日	西拉瓦附近	一一三團	
上等兵	片淵真光	31	九州	輜十二聯隊第一中隊	6月12日	色特	一一二團	
	宮野正夫					昆卡道	諜報隊	由該隊逕送指揮部處裡未問口供
上等兵	岡田正春	33	九州	五六聯隊第三大隊	6月16日	卡盟	一一三團	92
曹　長	福島健	28	京都	十二工兵聯隊	6月4日	西拉瓦	一一四團	
上等兵	岡田秀成	24	福島	一一四聯隊第三中隊	6月4日	西拉瓦	一一四團	
曹　長	田代一	26	東京	五六聯隊本部	6月16日	西拉瓦	一一二團	

92　《卡盟區戰役》(第四號)，頁93。

伍　長	福本松	24	九州	五五聯隊本部	6月16日	西拉瓦	一一三團	
一等兵	藤水勝太郎	24	東京	五十三師團一二八聯隊	5月6日	丹邦卡	一一四團	
二等兵	今井繁市	28	東京	五十三師團一二八聯隊	6月6日	丹邦卡	一一四團	
兵　長	杉山勇	27		五五聯隊第三大隊	6月14日	726高地	砲七連	
上等兵	井元正	28	九州	五六聯隊第八中隊	6月16日	巴克稜沙坎	砲七連	
上等兵	板本清吉	29	九州	五六聯隊機一中隊	6月16日	巴克稜沙坎	砲七連	
上等兵	佐野彌市	29		一一四聯隊第三大隊	6月20日	卡盟北岸	砲七連	
一等兵	文石旭	24	佐賀	五五聯隊第三大隊	6月20日	卡盟北岸	砲七連	
一等兵	松本岩	28	九州	一一四聯隊	6月20日	卡盟北岸	砲七連	
曹　長	今井忠治	31	京都	五十三師團一二八聯隊	6月7日	丹邦卡東岸	一一四團	[93]
上等兵	富田一二島	25	名古屋	五十三師團一五一聯隊	6月14日	卡清河	一一二團	
兵　長	江口謙次	26	東京	五十三師團一二八聯隊	6月16日	巴稜杜	一一四團	
一等兵	中村一郎	23	九州	輜十二重兵聯隊	6月18日	色特以南	一一二團	
合　計	26名[94]							

[95]

---

[93] 《卡盟區戰役》(第四號)，頁94。

[94] 《卡盟區戰役》(第四號)，頁95。

[95] 《卡盟區戰役》(第四號)，頁96。

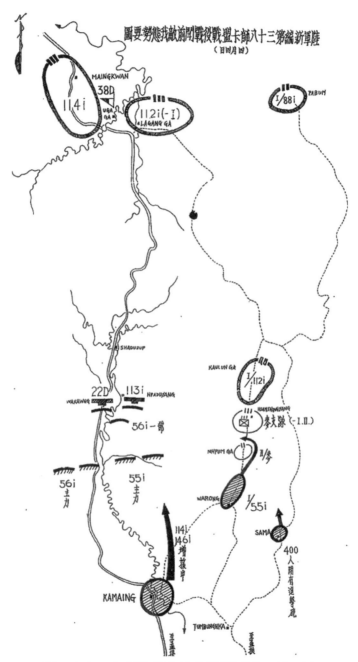

圖四之六、卡盟戰役前敵我態勢要圖(4月4日)

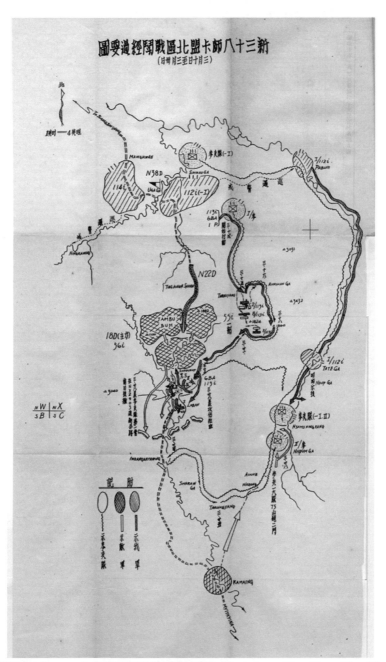

附圖四之一、卡盟戰役戰鬥經過要圖(民 33 年 4 月 1 日~6 月 1 日)

第五本
孟拱區戰役戰鬥詳報

自 民國三十三年六月十七日起 至 七月十二日止

副軍長兼師長　孫立人
駐印軍新一軍新三十八師司令部編印
中華民國三十四年　月　日

第五本　孟拱區戰役
詳細目錄

---

[1]　《孟拱區戰役》(第五號)，目錄。

表：

孟拱區戰役　戰鬥詳報第五號
民國卅三年六月十七日至七月十二日止

一、戰鬥前敵我形勢之概要

1. 自卡盟(Kamaing)於六月十六日為我第一一三團第三營攻佔後，殘敵一股向西側山地逃竄，餘沿卡盟公路向南潰退，企圖突破我第一一二團切斷公路之陣地，得以南竄與孟拱(Mogaung)以北地區之敵會合，孟拱之敵第五十三師團第一二八聯隊全部，第一五一聯隊一部，第五十六師團第一四六聯隊之一部，及第十八師團第一一四聯隊之殘餘部隊，自反攻之計畫失敗後，乃企圖在孟拱及以西山地憑南高江之天險固守，以阻止我軍南下。

2. 第一一二團仍佔領切斷卡盟以南公路地區，與南北兩端之敵對峙中，殘敵利用空投補給糧彈，傾其餘力，向我反撲，企圖打通公路南竄，與孟拱以北地區之敵會合，均歸失敗。

3. 第一一四團自攻佔巴稜杜(Parentu)亞馬樓(Yamalut)之後，乘戰勝之餘威，正向孟拱城郊急進中。

4. 師司令部及直屬部隊位置於丹邦卡以北 SC49.559.5 附近。第一一三團除攻佔卡盟之部隊，仍在卡盟外，其餘擔任支遵(Zigyun)、拉芒卡道(Lamongatawng)、東西拉瓦(Lawa)以及丹邦卡附近地區之警戒。

5. 英軍第三師第七十七旅，在距孟拱東南 2 哩之地區，被敵攻擊，形勢異常危殆。[2](戰鬥前敵我態勢如圖五之一)

二、影響於戰鬥之天候氣象及戰地之狀態

　　孟拱河谷，地形狹長，南高江自大利(Tari)以南，即折而東向，進入孟拱平原，流入依洛瓦底江，航行可達八莫，鐵路橫跨南高江，而東至密支那，西

2　《孟拱區戰役》(第五號)，頁 1。

經卡薩，而南下緬京仰光，已成公路，可至卡盟，孟拱平原之交通，較孟拱河谷為便利，孟拱城即位於此水陸交通便利之中樞，握緬北交通之總樞紐，且憑南高江及南英河之險，成為天然之大障礙，易守難攻，並與密支那及卡盟，成為犄角，更可策應雙方戰局，誠為軍略上之重鎮，兵家所必爭之地也，現值雨季，霪雨連綿，鮮有晴日，山地泥濘，其深過腰，平地則一片汪洋，原有道路，已不能復辨，山間淺溪小流，亦因暴漲而成障礙，較大河川如南高江南英河等，則怒濤洶湧，幅寬流急，舟楫難渡，故攻擊部隊之運動，處處受極大阻礙，困難萬端，然防者，則可選擇高地，構築工事，並利用氾濫河川以為障礙，以火力控制谷地，深溝高壘，以逸待勞，迫使攻者居於水泥中而與之戰鬥，曠時持久，以疲憊攻者之精神體力，使攻者逐漸消耗，阻其前進，以達成其持久防禦之目的。

卡盟以南，森林較稀，人煙漸稠，印人緬人及客欽族等，雜居其間，雨季後潮溼瘴氣蚊蟲螞蝗，均影響部隊戰鬥至大。

三、彼我之兵力交戰敵兵之部隊番號及軍官之姓名

孟拱戰役，敵使用之兵力與本師作戰者，有第五十三師團第一二八聯隊全部，及第一五一聯隊之一部，第五十六師團第一四六[3]聯隊一部，第十八師團第一一四聯隊之殘餘部隊，第二師團第四聯隊一部，第五十三野砲聯隊及武兵團第一三九大隊。

敵第五十三師團長，前為河野悅次郎中將，本年四月下旬，奉調回大本營，由武田馨中將繼任，第一二八聯隊長，岡田博二大佐，其第一大隊長釘本大尉，第二大隊長小阪一郎少佐，第三大隊長田原少佐，第一五一聯隊長橋本駒次郎大佐，其第一大隊長金井大尉，第五三野砲聯隊長高見量太郎大佐，武兵團兵團長為林義秀少將，其第一三九大隊長山本少佐(根據俘虜口供文件判知)。

本師使用兵力，為步兵三團、騎兵一排、山砲兵、工兵、通信兵、輜重兵

3　《孟拱區戰役》(第五號)，頁 2。

各一營。

四、攻擊部署及其主要理由並關於戰鬥所下達之命令

六月十六日師奉總指揮部第16號作戰命令如下：[4]

總指揮部一九四四年六月十一日作命第16號譯文
(地圖：八分一寸 92C 及 92D)

1. 敵情：如貴官所悉。

   友軍：參考圖五之一。

2. 任務：佔領 Lonkin(SB9775) － Hkohka(SC2953) － Taungni(SC4120) － Tapaw(SC7331)之線，並確保之。

   兵力：新卅八師

   新廿二師(附第一四九團)

   印度第三師

   第一四八團第二及第三營

3. A 著新二十二師即行佔領卡盟及其附近地區，如圖所示，Lonkin 警戒兵力以不超過一營為限，Hkohka(SC2953)警戒兵力亦以不得超過一營為限度。附圖所示之外圍警戒線，亦須加派斥候搜索，以資戒備。

   B 著新卅八師(欠第一一二團，該團保持目下封鎖公路之位置，直至新廿二師接防時為止。)即由西及北方向攻擊孟拱，以與現在正由東及南攻擊孟拱中之印度第三師會合。

   該師於佔領孟拱之前，可在印度第三師地區之北部運動，直至孟拱佔領為止，孟拱佔領後，該師即須歸還其本地區(如圖所示)負該區警戒之責。

4　《孟拱區戰役》(第五號)，頁3。

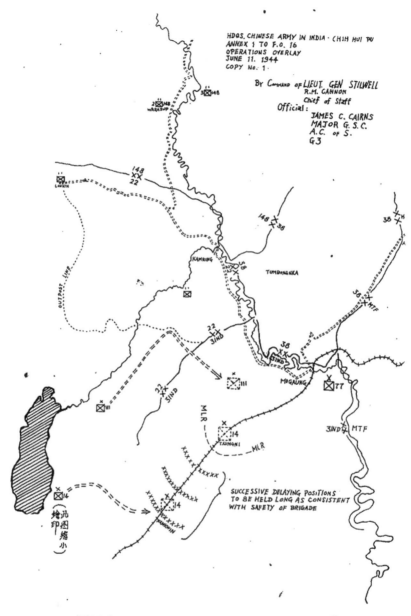

圖五之一、Overlay to F.O. 16, June 11, 1944[5]

---

5 《孟拱區戰役》(第五號),頁 4。

C 著印度第三師即以第七十七旅由東及南方向攻擊並佔領孟拱，以與由西
及北方向攻擊孟拱之新卅八師會合。[6]

著第一一一旅即由現駐地開往 Pahok(SC3933) — Sahmaw(SC4826) —
Manywet(SC5436)一線，以為師之右翼(西翼)警戒，殲滅該區殘敵，並
阻塞敵人由北及東北退路。

著第十四旅於傷運完畢後，即由現駐地移往圖示地區，構築收容陣地，
逐漸抵抗，如圖所示，該旅須極力於收容陣地儘可能延長抵抗時間，其
最後之防禦陣地於 Taungni 構築之。(如圖所示)該師須於主陣地前 8 哩
或 8 哩外，設外圍警戒線，於上述任務完畢後，各該旅即由該師師長指
揮，警戒圖示地區。

D 第一四八團第二營著負華拉蘇機場警戒之責，並須即行於機場以南東至
南高江西至坦克車路之地區嚴加搜索。

E 第一四八團第三營著負責警戒丁格林附近地區，並於西至南高江，東至
804 高地間地區，嚴密搜索。

F 其他部隊無變化。

X 1. 新卅八師於佔領孟拱前得在印度第三師地區之北部活動，直至孟拱佔
領為止，孟拱佔領後，新卅八師即須歸返其指定地區(如圖示)。

2. 指揮部砲兵直接由砲兵指揮官史萊尼上校指揮。

3. 部隊間聯絡符號，由中國部隊及印度第三師間商定之，各部隊長須儘
量避免誤會，減免因誤會而引起之傷亡。

4. 補給，除印度第三師外，各地均由本部負責，印度第三師之補給如
前。

5. 通訊：A 現行通信實施規定。

B 通信主軸：沙都蘇 — Maitang Sakan — Pakren Sakan —
Kamaing — M[7]anywet — Mogaungo

6　《孟拱區戰役》(第五號)，頁 5。
7　《孟拱區戰役》(第五號)，頁 6。

　　　　　C 各部隊指揮所所在地：(1)總指揮部沙都蘇。

　　　　　　　　　　　　　　　(2)其他部隊待報。

　　　　　　　　　　　　　　　　　　　總指揮史迪威

　　當本師奉到　總部上項作命時，我各部隊早已遵照本師原訂先行攻佔卡盟爾後即以主力攻佔孟拱之計畫實行，第一一三團第三營於本(十六)日 11 時已攻佔卡盟，第一一四團經連日之激戰，已攻佔大利、亞馬樓(Yamalut)、巴稜杜(Parentu)各重要據點，正繼續向孟拱進擊中。

　　師長奉命後，以　總部授與本師之任務，正與本師原定攻佔孟拱之計畫相符，此時第一一四團已進佔亞馬樓巴稜杜之線，孟拱城已在我瞰制中，其時英軍第七十七旅，在孟拱東南約 2 英里之地區，被敵攻擊，不能支持，形勢異常危殆，同時在孟拱以北地區之敵，極力阻止我，第一一二團沿卡盟公路南下，拼死頑抗，在敵之判斷，已為我在卡盟公路未打通以前，決不敢渡南高江而直趨孟拱，作孤軍深入背水為戰之舉，師長為把握戰機，力求出敵意表，並迅速解救英軍第七十七旅之危，以免崩潰起見，決本原訂計畫，迅速攫取孟拱，遂於當日下達第 22 號作戰命如下：

師作命甲字第 22 號
陸軍新編第卅八師命令
六月十六日　於 SC49.559.0 師司令部　　用圖 1/2

一、奉　總部作命第 16 號略開：

　　1.敵情：如貴官所悉。

　　　友軍：參考附圖一。[8]

　　2.任務：攻佔 Lonkin(SB9775)－Hkohka(SC2953.5)－Taungni(SC4120)－Tapaw(SC7331)之線並確保之

---

[8]　《孟拱區戰役》(第五號)，頁7。

兵力：新卅八師

第廿二師(附第一四九團)

印度第三師

第一四八團第二營及第三營

3. A 著新廿二師即行佔領卡盟及其附近地區如圖所示 Lonkin 警戒兵力不得超過一營為限 HKOHKA 警戒兵力不得超過一營為限。

B 著新卅八師(欠第一一二團該團保持目下封鎖公路之位置直至新廿二師接防時為止)即由西及北方向攻擊孟拱以與現正由東及南攻擊孟拱中之印度第三師會合該師於佔領孟拱之前可在印度第三師地區之北運動直至孟拱佔領為止孟拱佔領後該師即須歸還其本地區(如圖所示)負該區警戒之責。

C 著印度第三師即以第七十七旅由東及南方向攻擊並佔領孟拱以與由西及北方向攻擊孟拱之新卅八師會合著第一一一旅即由現住地開往 Pahok(3933)－Sahmmaw(SC4826)－Manywet(SC5436)一線以為師之右翼(西翼)警戒殲滅該處殘敵並阻塞敵人由北及東北退路。

著第十四旅即由現駐地移往圖示地區構築收容陣地逐漸抵抗如圖所示該旅須極力於收容陣地儘可能延長抵抗時間其最後之防禦陣地於 Taungni 構築之(如圖所示)。

該師須於主陣地前 8 哩設外圍警戒線於上述指定任務完畢後各該旅即由該師長指揮警戒圖示地區。

D 第一四八團第二營著負沙都蘇機場警戒之責。[9]

E 第一四八團第三營著負警戒丁克林附近地區並於西至南高江東至 804 高地間地區嚴密搜索。

4. 部隊間聯絡符號由中國部隊及印度第三師間商定之，各部隊長須儘量避免誤會減免因誤會而引起之傷亡。

二、師為遂行任務迅速攻佔孟拱之目的即以一部仍確保公路佔領區牽制敵人以

---

[9]　《孟拱區戰役》(第五號)，頁 8。

主力迅速南下攻佔孟拱而確保之。

第一一二團(配屬部隊仍舊)應確保公路佔領區對公路北端之敵應不斷活躍搜索保持與敵接觸待機而擊滅之對公路南端之敵應不斷施行襲擊以牽制之俟一一四團到達曼衞特(Manywet)(SC5337)以策應其作戰。

第一一三團(欠一營)以一營戒備拉芒卡道東西拉瓦卡卡瓦彭(Kawapang)各要點以佔領卡盟之一營俟防務交由第廿二師派兵接替後即轉移南高江東岸佔領拉高(Lagawng)、拉溪(Lashi)、胡路(Wulaw)、卡華康(Kawakawng)、馬塔(Mahtum)、卡當(Kadon)之線各要點嚴行警戒爾後視情況準備推進至大高巴道陽(Padawngyang)、康巴(Kawngba)、棉毛陽(Manmawyang)之警戒線。

五、第一一四團(配屬部隊同前)以一部在賈圖(Jahtu)附近地區實行佯動渡河以牽制沙坎衣(Sakangyi)及曼尼衞(Manywet)附近之敵以主力沿巴稜杜前進迅速攻佔康提(Hkamti)、可卡瓦(Gurkhaywa)並在 SC6738 附近渡河一舉攻佔孟拱而確保之。

六、第一一三團第一營為預備隊位置於師部附近任外圍警戒。

七、砲二營(欠第四、五連)隨師司令部行進準備爾後之使用。[10]

八、工兵營通信營(欠配屬部隊)任務同前。

九、糧彈之補給均用空投，其地點如下：

　　1. 第一一二團仍用原空投場(SC45.151.3)。

　　2. 師部(含直屬部隊)及第一一三團仍用(SO49.560.2)空投場。

　　3. 第一一四團仍暫用師部空投場，補給視進展情形，由該團另選空投場補給之。

十、余在 SC49.559.0 師司令部

　　　　　　　　下達法：第一一二、第一一四團電示命令要旨筆記命令補送

　　師第 22 號作命下達後，各部隊即遵照行動，第一一四團乘勝之餘威，積

---

[10] 《孟拱區戰役》(第五號)，頁9。

極繼續南進，於十七日上午相繼攻佔孟拱外圍之康堤可卡瓦等各重要據點，分別對各渡河點施行渡河偵察中。

是日英軍第三師第七十七旅少校參謀 Tyacke 前來本師請援，據稱該旅向孟拱攻擊，因敵陣地堅固障礙物縱橫密佈，無法進展，現仍與敵在孟拱以南之Naungkaiktaw(SC64.535.5)以南地區對戰中，連日敵人增援反攻甚烈，該旅傷亡重大，現僅有官兵 500 餘名並坦白申明該旅士氣衰落，戰鬥力薄弱，形勢異常危殆，僅能維持 24 小時，如無支援，即向東南山地撤退等語，師長鑒於該旅當前形勢之嚴重，誠恐該旅之崩潰而影響整個戰局，且史總指揮來師部時亦曾以設法支援該旅為囑，師長決以支援該旅為急務，乃電令第一一四團全部，即日由巴稜杜向東南地區，秘密闢路前進，迅速強度南高江，支援英軍，並以主力南下，先行攻佔馬亨(Mahaung)、瓦鐵(Ywathit)、建支(Kyaingyi)、來勞(Loilaw)等敵重要外圍據點，切斷其補給線，再行圍攻孟拱之敵。

第一一四團奉到迅速支援英軍之電令後，及連夜渡河，其時南高江因天雨突漲，水勢洶漲，舟渡甚難，我[11]官兵以急於支援英軍，並迅速完成攻佔孟拱之任務，乃冒險強渡，跨過此 400 呎之洪流，於二十日起向孟拱城郊攻擊，經數晝夜之激戰，突破敵四周外圍之堅強重要據點，及多層而縱深之鐵絲網，然後突入市區，復與敵亙兩晝夜之激烈巷戰，卒於二十五日 17 時，將孟拱城完全攻佔，並乘勝沿鐵路向西南追殲殘敵中，六月二十七日，奉　總部二十六日電令如下：[12]

譯文：

　史迪威將軍致孫立人兼師長

　1. 佔領線：　　　　　　　　　　　　　　　　　六月二十六日

　　Namti(南堤) － Loilaw(來勞) － Pyindaw(平道)(不在內) － Sawnghka(SC4540)－Seton(色當)。

---

[11]　《孟拱區戰役》(第五號)，頁 10。

[12]　《孟拱區戰役》(第五號)，頁 11。

2. 第一一二團與新二十二師取得連絡後即可回防。

3. 第一四九團及第三重迫擊砲連配屬與新三十八師(與新二十二師取得連絡之後)。

4. 第七十七旅預備空軍連絡官。

5. 第七十七旅佔領 Magaung(孟拱)之東高地。[13]

是時第一一三團已於六月十八日上午,將卡盟之防務交與新二十二師部隊接替,而以一部兵力推進至大高至大利亞馬樓巴稜杜間地區,接替第一一四團之防務,該團自將卡盟之防務交替後,而新二十二師迄今未能迅速南進,與本師第一一二團會合,此時第一四九團仍隨新二十二師作戰,該團在未與第一一二團會合前,尚不能隸屬本師指揮,故本師對總部賦予之新任務之新攻擊部署,一時不能實施。

師長鑑於新二十二師進展遲緩,且英軍之戰鬥力極為薄弱,故於攻佔孟拱後,即以通卡盟至孟拱公路為己任,按此原為英軍第三師之任務,根據六月十一日總指揮部第 16 號作戰命令,著該師之第一一一旅及第十四旅須即日攻佔沿公路之曼尼衛巴和克及公路以西之紗貌道尼等地,然該兩旅在公路以西約 7 英里之山地中,受敵人攻擊,始終不能進出於公路附近,更何以言達成攻佔任務,總指揮部有鑑於此,遂亦以打卡盟至孟拱公路之任務,改而付予本師,師長奉命後,就敵情地形作綿密之研究,遂決心以本師主力由孟拱及其以南地區向東巴和克(Pahok)、平道(Pyindaw)、沙貌(Sahmaw)、南巴道(Nampadaung)攻擊,以一部自色當沿公路南下,期將敵捕捉於南巴道以北地區而殲滅之,其主要理由如下:

1. 師於攻佔孟拱後,殘敵被迫潰退於南英(Namying)西岸,仍圖憑險死守,且曼尼衛東巴和克平道沙貌等重要據點,均有敵重兵據守,欲打通卡盟路,完成總部指示之佔領線,而確保孟拱,又非肅清此三角地帶內之殘敵,則不能達成確保孟拱之目的。

---

[13] 《孟拱區戰役》(第五號),頁 12。

2. 紗貌南巴道等據點，為敵沿鐵路及公路進出之要道，前敵第五十三師團司令部即設立於此，師能迅速攻佔此要點，將陷南巴道以北之敵後路斷絕之慘境，公路上之攻擊部隊，東西夾擊，則此公路之打通，殊為容易。

師長本此決心遂於六月二十九日下達第 23 號作戰命令如下：[14]

師作命甲字第 23 號
陸軍新編第卅八師命令
六月二十九日　於 SC45.559.5 司令部　用圖 1/2

一、奉　總部六月二十六日電令要旨如下：

　　1. 第五十師第一四九團及第三重迫擊砲連著配屬新卅八師。

　　2. 第一一二團將防務交新二十二師接替後即撤回南高江東岸地區。

　　3. 該師即佔領南堤(Namti)、來勞(Loilaw)、平道(Pyindaw)(不含)、盛卡(Sawnghka)(SC4540)、色當(Seton)之線。

　　4. 英軍第七十七旅佔領孟拱以東高地其第一一一旅先頭已到達西巴和克桑清(Sawngching)之線第十四旅先頭已抵 SC2513 附近分向 534 高地及平包(Pinbaw)前進中。

二、師(附第一四九團及重迫砲第三連)以打通卡盟至孟拱間公路肅清該區殘敵確保孟拱之目的以一部自色當沿公路南下攻擊以主力自孟拱繼續向曼衛特(Manywet)、東巴和克(Pahok)(SC4938)、平道、南巴道(Nampadaung)攻擊期將敵捕捉於南巴道以北地區而殲滅之。

三、第一四九團(配屬重迫擊砲第三連(欠一排)為右支隊於新二十二師接替第一一二團防務後即沿公路及其兩側地區南下向東巴和克方向攻擊前進與師主力會合。

四、第一一二團(配屬工兵一排)為右翼隊俟新二十二師接替防務後即撤回南高江東岸丹邦卡－巴稜杜－孟拱道向孟拱附近集結接替第一一四團一部任務

---

[14] 《孟拱區戰役》(第五號)，頁 13。

後即沿公路及其以南地區向曼衛特東巴和克平道各據點攻擊而佔領之並與第一四九團會合。[15]

五、第一一四團(配屬山砲一連重迫擊砲一排工兵一連)為左翼隊將一部防務交由第一一二團接替後即沿鐵路及南英河(Namying)兩岸地區向沙貌(Sahmaw)、南巴道、他亞貢(Tayagon)、565 高地等據點攻擊而確保之阻敵逃竄及增援兩翼隊之攻擊開始時日候令指示。

六、兩翼隊之戰鬥地境如下：

建支(Kyaingyi)－SC60.032.6－500－SC5033－母拉(Mla)之線線右翼隊。

七、第一一三團為師預備隊以一部警戒大高、大利、亞馬樓、可卡、桑瓦(Shanyma)、威尼(Nweni)、南堤(Namti)各要點，以主力位置於巴稜杜－南惱(Namnawn)間地區並以一部擔任師外圍之警戒。

八、砲兵第二營(欠第五連)於七月二日前在亞馬樓－賈圖(Jahtu)間地區佔領陣地完畢準備以主火力支援兩翼隊之戰鬥。

九、通信營以南惱附近師司令部為基點構成與各團及砲二營間之有線電通信網。

對第一四九團之通信連絡特須在巴道陽設一電話轉換所擔任傳遞。

十、工兵營(欠一連半)以一部援助砲兵進入陣地餘仍繼行前任務爾後位置於南惱附近。

十一、補給要領如下：

(一) 於開始前二日各輕重火器彈藥須預基一基數砲兵彈藥(60 以上口徑者)須預積二基數爾後視消耗情形得隨時補給之其空投地點如下：

1. 第一四九團(含第三重迫砲連)(欠一排)在第一一二團原空投場。

2. 第一一二、一一四團(含砲兵一連)在(SC65.035.3)空投場。[16]

3. 第一一三團砲二營(欠一連)在巴稜杜附近空頭場。

(二) 糧秣需經常集積三月份空投地點同上。

---

15 《孟拱區戰役》(第五號)，頁 14。

16 《孟拱區戰役》(第五號)，頁 15。

十二、余在 SC49.559.5 司令部爾後向南惱附近推進。

下達令：先電示要旨再筆記命令送達

　　師 23 號命令下達後，各部隊即遵照行動，於七月十日 18 時，第一一二團與第一四九團在公路七哩處會合，並將敵驅逐於平道以西，卡盟孟拱公路完全打通。

　　第一一三團派有力兵力一部即將南堤(Namti)敵人迅速擊破驅逐後，遂沿孟密鐵路向密支那前進於十一日已進抵密支那，與我第卅師取得連絡，孟密間地區已無敵蹤。

五、各時期之戰鬥及與此有關聯之鄰接部隊之動作

(一)攻佔孟拱戰鬥經過

　　第一一四團奉令以全部迅速在孟拱以東地區渡河，支援英軍，並攻佔孟拱後，當夜即將巴稜杜亞馬樓南惱等地之防務交由第一一三團第二營接替，輕裝出發，星夜挺進，雖經連日大雨滂沱，泥濘沒膝，人馬通過困難，而我官兵咸感任務之重大，不辭艱險辛勞，於十八日晨進抵南高江北岸 SC67.038.2 附近，因幾日之狂風大雨，南高江水勢洶湧，河幅寬四發餘尺，流急浪大，舟渡甚難，該團官兵，以英軍第七十七旅形勢陷於危殆，急待支援，乃冒險秘密強度，卒於當夜全部渡河完畢，進抵 SC6737 附近，此龐大之常勝軍，驟然出現於孟拱敵之側背，敵尚未察覺。

　　二十日晨，我突然向敵攻擊，敵驚慌萬狀，因敵屢遭慘敗之餘，望我生畏，且敵人正壓迫英軍七七旅後退，戰事正順利進展之時，而我第一一四團忽又出現於彼等之側背，不但粉碎[17]彼等擊潰英軍第七十七旅之企圖，並以我軍之神出鬼沒絕非敵意料所及，更感驚訝惶恐之不置也，第二營當日沿孟拱東側山地南下攻擊，激戰竟日，於黃昏時，攻佔馬亨(Mahaung)及瓦鐵兩重要據點，將敵之交通線切斷，斃敵 54 名，敵狼狽向孟拱城中逃竄。

---

[17] 《孟拱區戰役》(第五號)，頁 16。

是時有敵軍約步兵一個大隊，及砲兵部隊等，原由孟拱馳赴密支那增援，方至南堤(Namti)，得知本師已強度南高江，直逼孟拱，乃回首南下，企圖夾擊我第一一四團，使我腹背受敵，以挽救孟拱之危急。

不料於二十一日晚，在威尼(Nweni)附近，被我第八連之排哨阻擊，敵察知該排兵力薄弱，乃傾全力反撲，用密集隊形猛衝 7、8 次，企圖突破該排陣地，打通公路，我官兵奮勇沉著射擊，激戰達旦，卒將反撲之敵，完全擊潰，敵傷亡狼藉，遺屍遍地，計確實查明者，有 135 具之多，內有敵第五十三砲兵聯隊長高見量太郎大佐及中隊長 2 員，擄獲 150 重砲 1 門、70 大隊砲 2 門、重機關槍 2 挺、輕機關槍 4 挺、手槍 2 枝、步槍 98 枝、藥品 40 箱，殘敵向威尼河西岸逃竄，狼狽渡河後，經 478 鐵路要點，復被我第一一三團之排哨堵擊，幾傷亡殆盡，其與該排哨之戰鬥經過另詳述於第一一三團之戰鬥經過中。

二十二日，第二營繼向建支(Kyaingyi)攻擊，該地敵約 300 餘，頑抗甚烈，經我官兵奮勇衝殺，斃敵 96 名，將建支完全佔領，據擄獲輕重機槍各 2 挺、重迫擊砲 3 門、擲彈筒 2 個、步槍 58 枝，殘敵向西南潰逃，我乘勝連夜追擊，相繼於二十三日攻佔孟拱外圍之重要堅固據點湯包(Taungbaw)、來生(Loisun)、來勞(Loilaw)，遂將通孟拱之公路及鐵路敵交通線完全切斷，孟拱城區之敵，被我東北南三面包圍，陷於絕境，我第一一四團第一營當以一排兵力，接替英軍第七十七旅第一營之戰鬥任務，英方官兵，不勝駭異，認我兵力太小，似有輕敵之意，且咸抱不安，表示疑慮，迨該排接防後，順利攻擊前進，且獲得極大戰果，始相信我官兵之戰鬥力堅強，戰鬥方法優異，及戰鬥技術精良，於語言態度之間，皆表示[18]無限敬佩，並自認戰鬥力薄弱，毫不諱言，在孟拱戰事告一段落後，該旅長親率該部中級長官，赴該團作戰地區，參觀我各部攻擊經過，以為資考，查該旅之部署上最大之錯誤，第一線兵力過於密集，該旅一營兵力之攻擊正面，竟未超過 200 米，每屆攻擊，則於猛烈之砲擊後，用密集之混亂隊型猛衝，在敵人綿密之火網內豕突，召致無益之極大損害，士兵因傷亡過大而膽怯，失去戰意，官長因屢攻不下而氣憤，不顧利害，

---

18 《孟拱區戰役》(第五號)，頁 17。

驅士兵而蟻附之，以為縮小正面，增大第一線兵力，即可突破敵之陣地，故該
旅一營在孟拱東南端之攻擊，因遭遇敵之砲擊及機槍掃射，半日內，其傷亡竟
達150員名以上，且攻擊毫無進展，頗屬驚人，是為過分密集及運動未能疏散
所致，我第一營有鑑於此，故對該旅一營兵力之作戰地區，認為派兵一排接替
足夠，毋須使用如此龐大兵力，徒召損害，我官兵除自信戰鬥力堅強，並能以
少數兵力，足以擊滅多數敵人外，其他亦無奇異與奧妙之處，該營除以一排兵
力，接替英軍第七十七旅第一營之任務後，全力對市區攻擊(英軍對該團迅速
支援，得免危難，深為感激，於我師攻佔孟拱後，該英軍第三師師長藍敦來電
致謝)，被困之敵，猶憑藉堅固工事及周圍強厚之鐵絲網，企圖死守頑抗，苟
延殘喘。

　　二十三日晨，第一營首即發揮步砲兵聯合之威力，先行猛烈之砲擊，繼以
步兵突擊，前仆後繼，奮勇衝殺，經6小時之激戰，遂突破敵外圍之鐵絲網，
及3個堅強據點，相繼攻入城區，敵利用房屋及街道預設之工事抵抗，發生激
烈巷戰，我官兵以白刃及手榴彈與敵搏鬥，逐步進展，至黃昏時，已攻佔城區
一半，及火車站全部，斃敵85名，擄獲150重砲兵1門，94式榴彈砲二門，
輕重機槍各2挺，及彈藥裝具甚多，是日第二營第五連亦由瓦鐵西進，將當面
約二中隊之敵擊潰，敵遺屍102具，殘敵向西南逃遁，當即佔領SC62.135.8
附近孟拱城西之大鐵橋，斷敵後路，將孟拱城四面包圍，使城內之敵，有如甕
中之鼈，擄獲重迫擊砲2門，輕機槍3挺，擲彈筒5個，步槍67枝，英式步
槍16枝，彈藥12箱，當夜敵利用黑夜增援反撲，頑抗甚烈，[19]死守城西北隅
之殘敵，猶作困獸之鬥，我官兵忠勇用命，沉著應戰，卒將增援反撲之敵擊
退，惟此時固守城區一隅之敵，仍頑強如故，寧死不退，寸土必爭，故激烈之
巷戰，經兩晝夜未停，至二十五日，敵以傷亡重大，且無法增援，抵抗力漸形
低落，我繼續施行猛烈之攻擊，遂於二十五日17時，將孟拱城完全佔領，殘
敵被迫，均投南因河洇水圖逃，大部被我擊滅或淹斃，殊少生還，是役計斃敵
第一二八聯隊第一大隊長釘本昌利以下1500員名，並生俘敵大尉殿代以下21

19　《孟拱區戰役》(第五號)，頁18。

員名，奪獲中型戰車五輛，150 重砲 3 門，94 式榴彈砲 5 門，70 大隊砲 4 門，輕重迫擊砲 12 門，輕重機關鎗 57 挺，步槍 682 枝，手槍 8 枝，無線電台 4 座，火車 95 輛，汽車 47 輛，騾馬 125 匹，倉庫 20 餘所，糧彈醫藥裝具器材重要文件甚多。是役我亦傷亡官兵 247 員名。

第一一三團為策應第一一四團之攻擊孟拱，即對南高江北岸之殘敵，加緊掃蕩，並在曼衞特對岸地區，實行佯動，以收牽制之效，廿日，第六連發現在亞馬樓東北約 1000 碼之處，有潰散之敵一股，約 50 餘人，沿村搶劫糧食，我當即派兵襲擊，計斃敵軍官 2 員，士兵 23 名，或輕機槍一挺，擲彈筒一個，步槍 15 枝，手槍 2 枝。

21 日，第七連於西拉瓦西南附近，擊斃潰散之敵 7 名，生俘敵第五十五聯隊本部衞生伍長松本誠等二名，獲步槍 5 枝。

22 日，復有敵一股約 140 餘名，竄至 SC58.043.5，企圖闢路南竄，與孟拱之敵會合，當在巴稜杜附近被我第五連猛烈追擊，斃敵 81 名，獲迫擊砲 4 門，輕機槍 4 挺，擲彈筒 3 個，步槍 45 枝，電台二部，電話機 7 個，密碼本 5 本，並生俘敵兵 2 名。

是日殘敵 400 餘，沿鐵路線向孟拱逃竄，該敵即在威尼附近，被我第一一四團第八連排哨擊潰之殘部，渡[20]過威尼河後，復企圖向孟拱逃竄，當被我 478 鐵路要點之排哨，及第三連截擊，經一夜又 4 小時之激戰，卒被我擊潰，除遺屍 275 具(內有軍官 8 員)外，餘敵即向森林內潰散逃竄，並生俘敵第一五一聯隊第一大隊一等兵箕浦源七等 14 名，虜獲第七十大隊砲 4 門，75 山砲一門，擲彈筒 12 個，輕重機槍 10 挺，步槍 87 枝，電話機 4 部，軍馬 50，彈藥輜重無算。

查敵在孟拱附近地區，集結強大兵力，據俘虜供稱，係企圖對我採取攻勢，其作戰計畫，一股主力沿卡盟公路北上，與由卡盟南下之敵，夾擊我第一一二團，一股一個聯隊(即被我第一一三團截擊之敵)超過南高江，增援南高江以東地區之敵，進出於沙馬附近，企圖由瓦蘭方面，切斷我後路，從側面反

---

20 《孟拱區戰役》(第五號)，頁 19。

攻，不料北上之敵，為我第一一二團擊潰，同時第一一四團更以神速之行動，用錐型鑽穴戰法，猛力突刺敵之心臟，向敵後深入，迅速攻佔拉芒卡道、丹邦卡、卡瓦坎、巴稜杜、可卡瓦等重要各據點，以破竹之勢南下，出敵意表，直逼孟拱，反切斷越過南高江東岸一股敵之後路，對敵中樞心臟(孟拱)攻擊，不但粉碎敵之反攻企劃。致使敵手忙腳亂，無法應付，因此而渡過南高江之一股，陷於補給斷絕，狼奔豕突，以野菜及巴蕉根充飢，飢勞疲憊之餘，失去戰意，除當被我第一一四團斬獲一部外，餘被我第一一三團圍剿，悉數殲滅，當地一一三團圍剿該股殘敵時，尚有其他零星之殘敵，10 餘人或數 10 人一股，散伏於巴稜杜以北地區之深山密林中，飢餓旬日，淹淹待斃，大家面青腳腫，失去戰鬥能力，被我後方騾馬部隊，以及傳令士兵、看護士兵、炊士兵等，先後陸續擊斃者，達 300 餘名之多，並生俘 20 餘名，各部雜役士兵之俘敵殺敵者，幾無日無之，無地無之，往往我雜兵單獨一人，常擊斃 3、4 名之敵，或生俘 1、2 名之敵，此種事實，極為普遍，頗不勝枚舉，茲擇其中較大者，略述一二，聊以證明敵人殘敗之一般。

在六月十九日，師司令部傳令兵張廣坤等 2 名在途中 802 高地(SC5651)，發見敵 30 餘名，該傳令兵即以衝鋒槍向該敵襲擊，敵倉皇逃竄，毫無[21]抵抗，當斃敵 15 名，獲輕機槍 1 挺，步槍 10 枝，軍刀 1 把，餘敵即向森林內逃散，又第一一三團之飼養兵 1 名，在巴稜杜空投塲附近，於 1 分鐘內，以步槍連續擊斃敵人五名之多，獲步槍 5 枝，又工兵營營部之傳令兵及炊事兵 8 名，並無長官指揮，自動攻擊 SC5649 附近之潰敵 40 餘人，當擊斃敵 21 名，獲輕機關槍及擲彈筒各一，步槍 16 枝，以上為我雜兵擊斃潰敵之概略經過情形，並僅及其牢牢大者，至敵潛伏密林中，因病與飢餓而死者，其數更不知凡幾，旋於各地發見此種屍體甚多，尤於深山內無居民之茅屋中為最甚，往往一小屋中，有多至數 10 具者，綜合各方情報及俘虜口供證實，得知敵此次在南高江以東地區(即本師作戰地區)之第一二八聯隊主力，及第五十五聯隊第一四四聯隊之一部，與第五十六砲兵聯隊之先遣部隊等，共約 3000 餘人，因後路被我

21　《孟拱區戰役》(第五號)，頁 20。

切斷，不及退過南高江，而致被擊斃俘獲以及病餓而死，與夫被山頭民眾——客欽人以格斃等等，幾無一生還，其狼狽之慘，決非一般人所能想像，抑實為日本明治維新建軍以來所未有之紀錄，在每一俘虜審問中，當述其此次慘敗經過情形時，皆搖頭嘆氣，頻頻揮淚，是有不勝其感慨之處，並深恨其高級指揮官之無能，與國內軍閥之橫行無忌，極希望早日實現和平，徹底與中國合作，由此！足證明在孟拱河谷之敵，已被我徹底擊潰，而甚至全部毀滅，其素以自炫之武士道精神，亦不復存在矣。

關於師此次之奇襲孟拱，與力求出敵意表行動之概略情形，已如前述，惟第一一四團確能秉承師之意旨，其行動神速秘密，為能達成任務之主要因素，當該團主力於六月十八日進抵南高江北岸附近時，與敵僅一水之隔，而在孟拱附近之敵，尤未察覺，其神秘可知，茲摘錄俘獲駐守孟拱附近之敵第五十三師團第一二八聯隊第一大隊第二中隊一等兵箕浦源七口供如下，足資證明該團行動神速秘密之一般。

摘錄敵兵箕浦源七口供詞第三節(餘從略)。[22]

(二)被俘經過

六月十八日晨，與其他分隊6人，同往孟拱東北附近土民處購買香煙，在歸途中，中國軍隊突然出現，並以火力猛烈射擊，戰友5人，當被擊斃，余逃避森林中，旋亦被俘，因事前絕想不到此地竟有中國軍隊出現也。

孟拱位於密支那與卡盟之間，握水陸交通之總樞紐，可策應密支那與卡盟雙方戰鬥，為緬北軍略重地，其得失可影響緬北整個戰局，且其本身有南高江及南因河環繞，尤其當此雨季，洪濤洶湧，天險形成，攻者欲跨過此400呎以上之洪流進攻，背水為陣，殊非易事，倘遭敵半渡而擊，更有全軍覆沒之危險，故非僅為軍略上之重地，且為極有利於防禦戰鬥之地形，敵恃此天險，欲阻止我進擊，乃為其最有利之舉，此次竟為本師迅速所佔，亦非偶然之事，原敵之判斷，以為師之進攻孟拱，必須待第一一二團南下，卡盟公路將行打通之時，故極力阻止我第一一二團沿公路南下，拼死頑抗，同時以孟拱天險，我不

---

[22]　《孟拱區戰役》(第五號)，頁21。

敢輕舉進攻，然師為力求出敵意表而行動，竟不待卡盟至孟拱公路之打通，而一舉攻擊孟拱，正出乎敵意料之外，遂不及備而為我攻佔，誠如孫子所謂：「善戰者其勢顯其節短」又云：「善攻者敵不知其所守，微乎微乎，至於無形，神乎神乎，至於無聲，乃能為敵之司命。」蓋虛虛實實，力求出奇致勝之道，師此次迅速攻佔孟拱，即以虛虛實實出敵意表，而致勝也。師攻佔孟拱後，使緬北戰局，獲得最光榮勝利之解決，各方賀電，如雪片飛來，茲摘錄總指揮史迪威，及英軍第三師師長藍敦賀電譯文如下：**23**

　　總指揮史迪威賀電：
　　貴師攻佔孟拱，戰績輝煌，達於頂峰，特此電賀。
　　　　此　致
　　孫兼師長及閣下所屬部隊。

　　　　　　　　　　　　　　　　史迪威　六月二十七日

　　英軍第三師師長藍敦(LENTAIGNE)賀電：
　　孟拱之捷，謹致賀忱，並謝協助敝師七七旅之美意。
　　　　此　致
　　孫兼師長李團長及閣下之英勇部隊。

　　　　　　　　　　　　　　　　藍　敦　六月二十七日**24**

1、打通卡(盟)孟(拱)公路之戰鬥經過

　　師於六月十六日，攻佔卡盟後，主力即以雷壓閃擊之勢，南下攫取孟拱，卡盟防務，亦於六月十八日交由新二十二師派兵接替。

　　時本師奉　總部第 16 號作命，即以主力攻擊孟拱，第一一二團仍確保公路佔領區，直至新二十二師接防時為止，當時卡盟區潰退之敵，企圖突破我第

23　《孟拱區戰役》(第五號)，頁 22。
24　《孟拱區戰役》(第五號)，頁 23。

一一二團沿公路之陣地，欲南下於孟拱以北地區之敵會合，故對我第一一二團
公路南北兩端陣地，瘋狂反撲，自六月十七日起，至卅日止，在此兩週內，敵
每日以重砲、山砲、平射砲等，對我陣地猛烈射擊，掩護其步兵之攻擊，我官
兵沉著應戰，非但擊退反撲之敵，且乘勝攻佔敵據點數處，廿九日，第二連攻
克敵一中隊以上之陣地(卡卿河西北端)一處，斃敵 87 名，獲 70 速射砲 2 門，
重機槍 4 挺，步槍 39 枝，汽車 17 輛，擲彈筒 5 個，卅日公路南端之敵，以一
中隊之眾，附山砲 2 門，速射砲 2 門，向我第五連反撲，經 2 小時之劇戰，當
被擊退，敵遺屍 38 具，奪獲速射砲 1 門，擲彈筒 3 個，步槍 20 枝，望遠鏡 3
副，同時在卡盟支遵被我擊敗潰散之敵，利用竹筏，乘夜分批向南高江下駛，
企圖逃遁，均被該團河防部隊發現，計先後擊斃凡 120 名，俱葬身江中。

　　師於六月廿五日，已攻佔孟拱，師長乃決心乘勝打通孟拱與卡盟公路，
肅清殘敵，二十六日奉　總部電令，第一一二團將防務交新二十二師接替後，
即撤回南高江東岸地區，第五十師第一四九團及重迫擊砲第三連，改配屬本
師，(原配屬新二十二師)然此時新二十二師正面部隊，仍在 21 哩處，與敵對
戰，久無進展，未能與我第一一二團會合，而接替該團之防務，致本師打通卡
盟公路之任務，不能立即實行。

　　六月二十八日，新二十二師第六十四團第三營之搜索隊，與本師第一一二
團在卡卿河北岸部隊取得連絡，七月一日，第一四九團亦到達色當附近，於二
日接替第一一二團公路佔領區南端之防務，第一一二團當即撤至南高江東岸
[25]，向孟拱附近集結，遵照師 23 號作命施行新任務。

　　第一一二團為右翼隊，基於師第 23 號作命之指示，於七月二日，將防務
交第一四九團接替(自該團五月二十七日切斷公路起，至此共計與敵戰鬥 37 天)
後，遵即撤至南高江東岸，經丹邦卡大道至孟拱附近集結，時因連日大雨，水
漲流急，沿河汛濫，泥濘沒頂，每 1 公里之路程，須行 6 小時之久，中途有士
兵 3 名，因泥深失足沒頂，以致窒斃，當時部隊行動之困難，殆有不可思念
者，經四日之行軍，於七月六日全部到達孟拱附近集結完畢，當即以第一營接

---

25 《孟拱區戰役》(第五號)，頁 24。

替第一一四團第一營在孟拱城區之防務。

七日，行敵情搜索及兵力部署，準備攻擊。

八日，第三營以一部向 512 高地(SL58.232.5)附近之敵攻擊，主力則沿公路向 488 高地之敵陣猛攻，激戰 3 小時，該兩據點，均先後為我攻佔，計斃敵 45 名，奪獲 75 山砲 1 門，擲彈筒 2 個，步槍 8 枝。

九日，第一營派兵一連，接替美軍第七十七旅在大砲(Tapaw)所遺之任務。第二、三營乘勝向據守曼衞特(Manywet)約一大隊之敵陣攻擊，該地敵設有飛機場，為卡孟公路上最後依大據點，工事堅強，企圖死守，以阻止我公路南北部隊之會合，我官兵乘戰勝之餘威，秉再接再厲之精神，冒雨奮戰，經兩晝夜之激戰，卒於十日 12 時，將曼威特及飛機場完全攻佔，斃敵 178 名，虜獲 75 山砲 1 門，70 重迫擊砲 3 門，高射機關槍 2 挺，輕重機關槍 6 艇，步槍 57 枝，汽車 24 輛，及粮彈甚多，殘敵向西南潰退後，我第三營於十一日即由 SC50537.0 公路交叉點，沿通卡薩公路，向南追擊，敵在平道(Pyindaw)附近，企圖抵抗，經我猛烈攻擊，激戰至 15 時，將平道完全攻佔，斃敵 27 名，生俘敵第十八師團工兵第十二聯隊一等兵西島真雄等 2 名，虜獲大卡車 10 輛，步槍 19 枝，殘敵向西敗走，我追擊至 11 哩與敵對峙。[26]

第一四九團附重迫擊砲第三連(欠一排)為右支隊，於七月二日，接替第一一二團在卡盟以南公路佔領區之防務後，即向當面之敵搜索並作攻擊準備。

6 日在 17 哩以南，發動攻勢，集中砲火，向那漢(Nahaing)猛烈射擊，同時第六連由 489 標高附近潛入，迂迴至那漢敵後，第三營繼續直突至 15 哩處，並以一部佔領 1233 高地，那漢之敵，不支後退，是日斃敵 5 名，獲步槍 4 枝，第二營與敵對峙於那漢以南約 2000 碼之小河附近。

七日拂曉，繼續攻擊，敵不支潰退，第三營即向其猛烈擊，敵圖逐次抵抗，但均為我擊退，第二營於公路河流間，向南搜索，因遍地積水，乃轉向公路隨第三營之後跟進，午後 6 時，先後到達 12 哩附近，第一營第一連，即從西側山地搜索，清掃殘敵，本日斃敵 15 名，生俘敵兵 1 名，虜獲步槍 6 枝，

---

[26] 《孟拱區戰役》(第五號)，頁 25。

汽車 4 輛，及糧秣倉庫 5 處。

八日，第三營沿公路及其以東地區搜索前進，於公路 10 哩處，遇敵堅強陣地一處，敵頑強抵抗，經該營猛烈攻擊，終將敵陣攻克，敵遺屍 16 具，獲步槍 10 枝，第二營則沿鐵路及公路以西地區，自右翼迂迴，攻佔 818 高地，黃昏前當將 818 高地西南鐵路傍之山頭佔領，本日斃敵 16 名，獲步槍 8 枝。

九日，上午六時，第三營續向 818 高地之敵猛攻，敵乃憑險抗拒，致未奏效，營即以第八連從左迂迴，至 205，亦被敵阻，該連長胡雲飛親率所部，即向敵陣突入，與敵肉搏衝殺，不幸陣亡，忠勇殉職，敵亦傷亡慘重，第二營則繼續右進，黃昏後，已有一部越過公路，進抵 818 高地東南山麓。

十日拂曉，仍向該敵繼續攻擊，敵見已被我包圍，即行向南潰退，818 高地遂為第三營佔領，第二營到達 8 哩附近後，即分向七哩及 SC4936 與 SC5036 之線推進，午後 6 時，在公路 7 哩附近，與第一一二團第三營會合，至此！卡孟公路，已完全打通。*27*

十一日，該團將 8 哩附近及公路交叉點之防務交由第一一二團第三營接替後，即沿巴和克(Pahok)(SC49.036.8)點線路，向南壓迫，下午三時到達平道(Pyindaw)附近。該團到達平道附近後，即在平道以西地區與敵保持接觸，七月十五日，奉總指揮部電令，該團解除配屬，開赴密支那歸還建制。

第一一四團為左翼隊於七月六日將第一營孟拱防務交由第一一二團第一營接替後，推進至支來魯附近，行地形敵情之偵察及攻擊部署。

八日，攻擊開始，第二營第五連沿鐵路向西南 681 車站附近敵約一個加強中隊之陣地攻擊，敵利用車站建築物，構築堅強據點，拼死抵抗，我官兵忠勇用命奮不顧身，激戰 3 小時，卒將敵陣突破，車站遂完全為我佔領，並乘勝前進 400 碼，殘敵向西南潰竄，敵遺屍 29 具，獲輕機槍 1 挺，步槍 21 枝，第六連攻佔 681 以北之 500 高地(SC5731)，敵遺屍 18 具，獲步槍 10 枝。

10 日，第五連繼續向當面之敵攻擊，敵頑抗甚烈，企圖固守，激戰兩小時，我衝入敵陣，將敵陣完全攻佔，斃敵 15 名。

---

27 《孟拱區戰役》(第五號)，頁 26。

　　十一日，敵退至 680 附近高地，仍圖繼續抵抗，我第二營乘勝追擊，一舉將該敵包圍，並以猛烈砲火轟擊，掩護步兵突入，除少數之敵漏竄外，全部被我擊斃，敵遺屍於陣地內者，有少尉小隊長以下 36 具，並俘敵武兵團一等兵大田敬等 31 名，獲步槍 23 枝，彈藥甚多。

　　南巴道附近之敵，為確保南巴道及其兩側山地，企圖免除其側背威脅，以拒止我軍前進，遂於山克浪(Sumkrung)、恩康(Nhkum)、1155 高地之線，構築極堅強之陣地。第一營於十一日開始向上之線敵人攻擊，當將威蘇(Wasu)、卡蓀(Hkaosan)、1051 高地等處敵之警[28]戒部隊驅逐，共斃敵 17 名，獲步槍 13 枝。

　　十二日，第一連向 1155 高地及恩康之敵攻擊，敵憑堅固工事，抵抗甚烈，經我猛烈衝殺，激戰半日，敵遂不支敗退，於下午一時，將 1155 及恩康敵陣完全攻佔，斃敵 31 名，獲步槍 15 枝。第一營主力，於本日到達山克浪，與敵對峙，敵陣地非常堅強，並設有鹿砦障礙物，我先以猛烈之砲火向敵陣轟擊，並破壞其障礙物，遂即向敵猛攻，敵仍負隅抗拒，我官兵奮勇攻擊，激戰兩晝夜，於十四日晨，第二連奮勇衝入敵陣地內，與敵肉搏衝殺，敵勢不支，遂潰敗逃竄，於上午 9 時，當將山克浪完全佔領，敵遺屍 44 具，擄獲輕機槍 3 挺，步槍 26 枝，輕重機槍彈 10 箱，我亦傷排長以下 7 員名，陣亡士兵 1 名。

　　綜計此次打通卡盟孟拱公路，凡 6 日之戰鬥，共擊斃敵 455 員名，俘擄敵兵 3 名，擄獲步槍 250 枝，輕重機槍 11 挺，70 速射砲 3 門，汽車 38 輛，75 山砲 2 門，高射機關槍 2 挺，擲彈筒 2 個，其他彈藥糧服甚多。

2、打通孟(拱)密(支那)間鐵路線戰鬥經過

　　本師自第一一四團於六月廿五日攻佔孟拱後，除以師主力分沿公路南北夾擊據守色當以南孟拱以西公路地區之殘敵外，並以第一一三團一部，向南堤(Namti)進擊，期打通此緬北鐵路之最終段，而與密支那方面友軍相會合。

　　六月廿一日前，由孟拱增援密支那之敵，因我第一一四團以神速之行動，

28　《孟拱區戰役》(第五號)，頁 27。

直迫孟拱，因而折回，欲再增援孟拱，自被我第一一三、一一四兩團之各一部，分別在 478 鐵路橋及威尼擊潰後，其殘餘敗眾，約 300 餘名，附重機關槍多挺，退據於南堤附近，憑南堤河(Namti Hka)固守，拒止我軍之前進。[29]

六月廿七日，第一一三團以第二營沿鐵路線向南堤進擊，敵憑南堤河之障礙，及陣地之堅強，頑抗甚烈，我集中火力，摧毀敵之工事，遂衝入敵陣，肉搏衝殺，血戰 2 小時，卒於廿八日 10 時，將南堤完全攻佔，斃敵 95 名，奪獲輕重機關槍各 5 挺，步槍 54 枝，火車箱 250 餘輛，彈藥無算，敵沿鐵路向東潰退，我當即派隊跟蹤追擊，敵望風披靡，大有草木皆兵之慨，我追擊部隊，不予敵以喘息之機會，緊隨敵後，敵遂分向伊洛瓦底江岸竄散，沿途遺棄糧彈武器甚多，我追擊部隊，於七月十一日 16 時，到達密支那與我圍攻密城之友軍會合，孟拱至密支那間鐵路，全長 40 哩，至此已無敵蹤，至卡盟孟拱密支那間公路鐵路，暢行無阻，佔領此緬北三大據點之國軍，亦脈絡貫通，完成勝利之局。

六、戰鬥之成績

1. 攻佔緬北戰略要點，師於六月十六日，攻佔卡盟後，六月廿五日，又迅速攻佔孟拱，在 10 天之內，連續攻佔緬北兩大重要城市，使密支那與卡盟間斷絕連絡，敵東西不能兼顧，企圖固守孟拱河谷，妨礙我中印公路修築之迷夢亦完全為我所粉碎。

2. 師於七月八日，發動最後一次攻勢，至十一日止，在 3 天內，復打通卡盟至孟拱間公路，及孟拱至密支那間鐵路，全長凡 70 英里，使密支那及孟拱戰場，能互相取的連繫，不致孤立，且中印公路之緬北段，可以暢行無阻，使緬北整個戰局，獲得極迅速與大勝之解決。

3. 確實擊斃敵第五十三砲兵聯隊聯隊長高見量太郎大佐；第五十三師團第一二八聯隊第一大隊長釘本昌利大尉以下軍官 41 員，士兵 3300 名。

---

[29] 《孟拱區戰役》(第五號)，頁 28。

4. 俘虜敵大尉殿代一兵箕浦源七等兵 47 員名。**30**
5. 虜獲鎗砲彈藥文件裝具等甚多詳附表。

七、戰鬥後敵我之陣地及行動

1. 當面之敵，屢遭慘敗後，被迫退出孟拱河谷，似有據守沙貌(Sahmaw)、道尼(Taungni)及其兩側高地之線，遲滯我軍南下，掩護其後續部隊在卡薩(Katha)附近構築陣地。

2. 師以總部賦予打通卡盟至孟拱公路之任務，及乘勝打通孟拱至密支那間鐵路之計劃，均經圓滿達成，復奉總部七月十六日電令，著本師仍負責警戒大泡(Tapaw)、來勞(Loilaw)、平道(Pyindaw)，及北至新廿二師之地區，故除以先頭部隊與敵保持接觸，嚴加警戒，並相機向敵施行壓迫，以策應英軍對當面敵人之攻擊外，各團主力，即在適當地區，集結整理待命。

八、可為參考之所見

(同第 4 號戰鬥詳報)**31**

九、各人及各部隊之功勛記事

表五之一、師孟拱區戰役官兵功勛表

駐印軍陸軍新編第一軍新三十八師緬北卡盟孟拱區作戰官兵功勛紀事					
部別	級　職	姓　名	戰地役點	功勛紀事	備考
司令部	少　將 副師長	唐守治	卡　盟 孟拱區	此次我師迂迴 50 餘英里之高山峻嶺，切斷色特(Seton)公路，並以雷壓閃擊之勢，一舉而攻佔卡盟及孟拱，該員協助計策極為週詳，使部隊迅速達成任務，而獲緬北輝煌戰果。	
司令部	少　將	葛南杉	卡　盟	該員擔任後方勤務，不辭艱苦，晝夜辛勞，	

---

30 《孟拱區戰役》(第五號)，頁 29。

31 《孟拱區戰役》(第五號)，頁 30。

	副師長		孟拱區	補給粮彈及兵員之補充，確為迅速，使前方部隊無缺乏粮彈之憂，尤以對傷病官兵之處置極為妥善，使傷病迅速早癒，繼續赴前線戰鬥。查作戰之勝敗與後方勤務之優劣影響至大，此次本師能獲輝煌戰果，該員之功甚巨。	
司令部	少　將參謀長	何均衡	卡　盟孟拱區	此次我師迂迴攻佔色特(Seton)切斷卡盟公路使敵全線動搖，頓成崩潰，因此一舉而戰卡盟，又乘戰勝餘威以雷壓閃擊之勢，迅速襲佔孟拱。該員運籌適宜計劃詳密，致戰必勝攻必克，緬北諸重鎮均已迅速攻克而獲輝煌戰果。	
參謀處	上校主任	張炳言	卡　盟孟拱區	該員自參戰以來運籌帷幄計劃週詳，尤在切斷色特(Seton)公路及攻佔孟拱，籌謀確為適切，致獲戰果。	
副官處	中校主任	黃　醒	卡　盟孟拱區	該員自作戰以來，對於指揮運輸補給頗為適切，且指導設營均為適宜，致使運輸靈活，宿營妥當。	32
軍需處	中校軍需	王世圻	卡　盟孟拱區	該員晝夜籌劃軍糧服裝，使各部在森林叢山中戰鬥，無糧服缺乏之虞，使前線官兵一心一德，奮勇殺敵，致獲戰果。	
軍械處	上校主任	熊懋績	卡　盟孟拱區	該員晝夜辛勞，不顧任何困難，對於各部彈藥補給均能達成任務，使各部無彈藥缺乏之虞，能以火力殲敵致獲戰果。	
軍醫處	上校主任	薛蔭奎	卡　盟孟拱區	該員在野戰地區，不畏艱苦，對於傷病官兵，均能得適當之療養與迅速之傷運，俾能減少犧牲，保存戰鬥力量。	
參謀部	中校參謀	倪應中	卡　盟孟拱區	自本師去歲開始作戰，迄本月三月止，代理處長業務職責繁重，辛勞異常，邇後即主持情報業務，對諜報隊之運用及情報之蒐集，規劃尤多，俾益部隊之作戰者甚大。	

32　《孟拱區戰役》(第五號)，頁31。

參謀處	上尉參謀	王賀東	卡　盟 孟拱區	該員協助處長籌劃作戰業務，確為勤勞。	
參謀處	上尉參謀	陳榮沾	卡　盟 孟拱區	該員主辦作戰課戰鬥之後業務，如戰鬥要報、週報、詳報等之編纂。及每日戰況之發佈，工作繁忙，日以繼夜，均能按日按期辦理完畢。使部隊之戰績能佈達於有關機關及部隊。	
參謀處	上尉參謀	江雲錦	卡　盟 孟拱區	該員調任參謀後，輔佐處長辦理作戰業務，工作繁忙，貢獻亦多使作戰課之業務未因缺員而稍受影響。	
參謀處	上　尉 電務員	張翼青	卡　盟 孟拱區	該員自作戰以來，不畏艱苦，晝夜工作，且作事勤慎，致使全師電文敏捷。	33
副官處	上尉副官	鐘明久	802 高　地	查該員六月十八日，率領本部各處室設營官兵，於 802 高地附近，遇殘敵 80 餘，能沉着指揮，適時襲擊殲敵西原中隊長以下 20 餘名，收獲戰果甚大。	
軍械處	中　校 技術員	雲　鎮	卡　盟 孟拱區	查該員自到本部服務以來對於通訊技術之訓練及機件損壞之修理多有貢獻故作戰迄今關於通信方面各部均頗靈活未稍中斷。	
司令部	二　級 英語譯員	關品樞	卡　盟 孟拱區	該員隨師作戰以來，努力在戰地賦予之譯述工作均能圓滿達成任務。	
司令部	二　級 英語譯員	梁樹權	卡　盟 孟拱區	該員隨師作戰以來，努力在戰地賦予之譯述工作，均能圓滿達成任務。	
司令部	二　級 英語譯員	程本立	卡　盟 孟拱區	該員奉派第一一四團服務隨軍作戰，雖非戰鬥員，然常在第一線工作共同進退，不僅譯述工作熱心努力，圓滿達成任務，及分外之事亦不畏艱險，在作戰期間，實予該團長以極大勳助。	
砲兵 指揮部	少校參謀	劉樹森	卡　盟	該員協助第七連戰鬥運籌帷幄計劃週詳，且與該連長親赴步兵第一線指揮射擊與觀測彈，與該連確有勳助。	

砲二營營部	中尉觀測員	李世培	卡　盟	一、四月廿六日在 SC3490 營觀所，向 3387 行全營射擊，收效宏大，撲滅敵山砲 2 門。 二、六月二日，該員配屬陳團觀測，當周連戰鬥慘烈發展，該員仍能勇敢沉著，發揚砲火之最大威力。	
砲二營第四連	中尉觀測員	祝震中	的克老緬	四月廿日在 SC3392 協向第一一四團第七連攻 Manaogahtanwng 高地，該員在步兵第一線前進觀測，勇敢沉著，卒將敵陣摧毀，完成任務。	34
砲二營第五連	上尉連長	宗開國	瓦　拉	一、四月十日，配屬第一一四團，協同第三營第八連時，該員曾親至前進觀測所指揮射擊，摧毀敵陣地，斃敵約 40 餘名，粉碎敵之反撲企圖。 二、四月十七日，配屬第一一二團，協同第一營攻擊高利、瓦拉，該員指揮適當，步砲協同極為成功，任務達成。	
砲二營第五連	中尉連附	段世德	瓦　拉	配屬第一一二團協同第二營攻擊瓦蘭，該員在敵砲火下勇敢沉著，從容指揮，卒將敵砲壓倒。	
砲二營第五連	少尉排長	曾建中	孟　拱	配屬第一一四團，迂迴孟拱，在至艱苦環境之下，分排使用，該排長指揮適當，顧慮週到，均能圓滿達成任務。	
砲二營第六連	少尉計算員	蔣禮光	卡　盟	六月十六日，在支遵、卡盟觀測。在短時期內，予敵以有效之打擊，卒使我第一一三團第三營圓滿達成強渡之任務。	
砲三營營部	少校翻譯官	于漢經	英康塘	隨連出發對各方面之交涉，均獲圓滿。此次於英康塘陣地，為砲傷中右腿尚施救他人，其捨己救人之精神尤屬可佩。	
砲三營第七連	上尉連長	馮浩	卡　盟	該員單獨配屬友軍，協助戰鬥為時半載，指揮有方，並常親赴步兵第一線觀測，在馬拉	

				高索卡等諸戰役，均能發揮砲兵極大威力，擊毀敵堅固工事，使友軍安然佔領敵之重要據點，致獲勝利，厥功甚偉。	
砲三營第七連	中尉觀測員	郭廷亮	馬拉高	屢次任前進觀測時，均能完成任務。尤以攻擊馬拉高之敵堅固陣地時，對敵離我僅 30 餘碼之輕重機槍，及 3 層橫木以上之掩護部，作破壞射擊，能沉着指揮，細心誘導。彈著點於目標區域，造成重砲打步兵線最近之記錄，對友軍之安全充分保障，雖砲手操作之留意，而射擊指揮之適切，更為重要。	35
工兵營第一連	少尉排長	雷震東	巴道陽	於巴道陽之役，該員率擔任開路，及構築前方部隊補給道路橋樑，該員指導適切，能克服困難完滿達成。	
工兵營第二連	中尉排長	程　前	卡　盟	於卡盟公路之役，該員親率兵兩班，在敵火及機槍猛烈火力之下，破壞公路橋樑，構築戰車障礙物，協助戰鬥部隊工作，均能於緊急情況中，迅速適時達成任務厥功甚偉。	
工兵營第二連	上尉連長	王　勻	卡　盟	截斷卡盟公路之役迂迴山路行進，該員率兵僅一排於部隊，先頭漏夜開路使部隊行進迅速，於西當公路協助戰鬥部隊，擔任破壞工作，不遺餘力，艱難環境中均能克服圓滿達成任務。	
工兵營第二連	二等列兵	蘇德隆	南高江	該兵於支遵敵前渡河時重傷，仍能忍痛，奮不顧身繼續漕渡卒能達成任務。	
工兵營第三連	上尉連長	舒　洪	丹班卡孟　拱	作戰期間已屆雨季。該員率部不分晝夜，冒雨工作，耐苦耐勞，極能盡忠誠職守，完成任務。	
工兵營第三連	中尉排長	陳　卓	丁克林孟拱諸役	戰鬥初期僅該排配屬第一一四團，辛勤工作，頗著勞績。	
通信營第一連	上尉連長	余梅蓴	卡　盟孟拱區	該員自戰鬥以來，每日架設 10 餘英里之線路，雖泥深過膝，均能親自率領所屬，前往	

35　《孟拱區戰役》(第五號)，頁 34。

				架設，並親自率所屬前往查修，功勞亦著	
通信營第一連	中尉通信員	湯定候	卡 盟孟拱區	該員在困難期間，均能按時完成任務，且對師總台之機器發生故障時，均能即刻修理，以致通信均未中斷停止。	36
通信營第二連	准尉班長	周生卓	色 特	該員架設由拉芒卡道至色特(第一一二團)長約 10 餘英里之電線，泥深過膝，連夜架設完畢，完成通話使命，以後江水暴漲線路時被沖毀，該員不分日夜，親率士兵查修恢復。	
通信營第二連	一等兵	謝家寶	瓦 拉	該兵在瓦拉戰鬥中，冒敵熾盛火力下，架設電纜，負傷不退，而達成任務。	
輜重營第一連	上尉連長	丁其光	卡 盟孟拱區	以身作則率先躬行，致使全連官兵不畏艱苦，每次任務均能如期達成，一載如一日，能持以恆。	
輜重營第二連	上尉連長	劉 輝	卡 盟孟拱區	每遇險阻艱難，均能迅速排除，達成任務。當配屬第一一三團，進抵拉班附近時，遭遇敵人猛烈襲擊，該連長沉著指揮，迅速驅逐，安全通過。	
特務連	上士班長	陳子屏	802高 地	802 之役該士擔任搜索班，與敵遭遇時不慌不忙，沉著應戰，終擊斃敵西垣中隊長以下 10 餘名，我無傷亡。	
特務連	少尉排長	李 勤	802高 地	該員受命為師部，先遣設營警衛排，於 802 與一中隊以上之敵遭遇，該員指揮適當，以少數之兵力先行擊斃敵西垣中隊長以下 25 員名，我無損失，並奪獲重機槍步槍及擲彈筒等。	
諜報隊	上尉隊長	葛士珩	卡 盟孟拱區	指揮諜報工作，卓著成績。師作戰各期，均賴該隊適時供給確實情報，使作戰指導適切，因而獲勝，功績特偉。	
第一一二團	上 尉	唐炳春	孟 拱	隨軍轉戰四月，於戰鬥極艱難之情況下，仍	37

---

36 《孟拱區戰役》(第五號)，頁 35。

37 《孟拱區戰役》(第五號)，頁 36。

政治室	代團指			能積極推行政治工作，鼓勵士氣，並協助部隊辦理各項工作，部隊長倚重甚殷，對於戰利品之搜集亦頗成效。	
第一一二團第一營	上尉連指	張露明	孟 拱	擔任負傷官兵運輸撫慰工作，冒猛烈砲火搶運傷兵，撫慰事宜亦極盡職責，深得傷病官兵之愛戴。	
第一一三團第一營	少尉連指	柳 堤	的克老緬	代部隊輸送糧彈，鼓勵士氣，勤於寫作，尤能與士兵共同生活，並因在拉班輸送給養受敵彈傷。	
第一一二團	上校團長	陳鳴人	卡 盟	該團奉令迂迴卡盟，切斷敵後方主要公路 Seton，該員率領所部，攀籐越嶺泥深沒膝，以 3 日之糧 8 日食之，登懸崖，涉深淵，披荊斬棘，經 50 餘英里之高山峻嶺以雷壓閃擊之強勢，渡河寬水急之南高江，一舉而攻佔色特(Seton)，使久佔重要據點卡盟之敵，如甕中之鱉。是役斃敵甚夥，虜獲大小砲 15 門、汽車 120 餘輛、馬騾 310 餘匹、輕重機槍 50 餘挺、步槍等甚多，使敵無鬥志，遂打開友軍在馬拉高與敵對峙月餘來沉悶之局勢，而使我軍順利佔領卡盟，查該員計畫週密指揮有方而獲輝煌戰果厥功甚偉。	
第一一二團第一營	少校營長	李克已	卡 盟	該員企圖旺盛，見危受命，此次斷卡盟敵後色當公路，該營首先衝入，英勇果斷，策略卓越，使整個戰局奠定勝利基礎，敵以一聯隊以上之兵力猛烈反撲，經該員率部沉著擊退，並殲敵 500 餘名，以致敵打通公路之最後希望消滅，全線崩潰。使我軍卡盟會戰全勝，並該團所虜獲之火砲、車輛、馬匹及重要文件，多為該營首先所奪獲，厥功甚偉。	
第一一二團	上尉	徐沛霖	卡 盟	該員智謀兼備，運籌帷幄，協助營長佈置適	[38]

---

38 《孟拱區戰役》(第五號)，頁 37。

第一營	副營長			切，計畫週密，此次切斷卡盟公路所獲戰果，該員卓著功勛。	
第一一二團第一連	上尉連長	劉益福	色　特	該員固守色當河，敵以一大隊之兵力圍攻，該連長在戰爭中激烈而危急之時，沉著應戰，經一晝夜之激戰，卒將敵殲滅一半，擊斃敵大尉以下官兵 200 餘名，使戰局轉危為安，並將頑敵擊潰，因此而收甚大戰果。	
第一一二團第一連	少尉排長	王堯	色　特	該員在敵陣前，計劃週密，奮勇殺敵，一舉衝入敵陣，斃敵甚眾，虜獲 105 重砲 4 門。	
第一一二團第六連	上尉連長	王步雲	瓦　拉	該連攻佔瓦拉敵據點時，該連長任迂迴敵後方，切斷交通補給線，被敵猛烈反撲均能奮勇殺敵，激戰約 2 小時，卒將敵擊潰而獲戰果。	
第一一二團第六連	上等兵代副班長	林占武	卡　盟孟拱區	該兵每次擔任搜索與襲擊，均能出敵意表，以少勝眾而達成任務，並虜獲武器甚多。	
第一一二團第三營	少校營長	曾長雲	曼　平	該員此次迂迴曼平，策劃週密，指揮有方，使團主力迅速到達目的地，先佔有利態勢，而達成迂迴卡盟之成功。	
第一一二團第七連	上尉連長	陳新工	曼　平	該員於曼平戰役，敵以強大之兵力突破該連陣地，而該員沉著應戰，指揮適切，奮勇衝殺，使陣地恢復，轉危為安，並擊斃敵中隊長以下官兵 100 餘名。	
第一一二團第九連	上尉連長	呂德清	卡　盟	此次迂迴該連擔任開路，該連長計劃周詳，機警迅速而達成切斷瓦蘭至卡盟之主要生命線，使敵蒙重大打擊而收戰果。	
第一一二團第一連	中士班長	魏球	色　特	該士搜索計劃週密，巧計誘敵，以達奇襲之成功，且斃敵甚多，而獲戰果。	
第一一二團第一連	上士排附	龍堅	色　特	該士在敵砲陣地前，率兵奮勇衝殺，指揮適切，奮不顧身，身先兵卒，致一舉而斃敵甚夥，虜獲敵砲 4 門。	39
第一一二團	上等列兵	唐海	色　特	該兵擔任搜索時，機警沉著，斃敵數名，並	

39　《孟拱區戰役》(第五號)，頁 38。

第一連				與敵接近時，以手榴彈斃敵 10 餘名，而完滿達成任務。	
第一一二團第一連	上士班長	封正明	色　特	該士沉勇機警，處置適切，自動率領全班，迅速佔領色當河之重要據點，並殲敵數 10 名而確保該連陣地。	
第一一二團第三連	上尉連長	周有良	卡　盟	該員指揮適當，迭建勛功，此次切斷卡盟敵後公路，該員身先士卒，衝殺 4 英里佔領據點，奠勝利之基礎。	
第一一二團第三連	上士班長	陸開玉	卡　盟	該士指揮有方，率部追擊敵 2 英里，斃敵甚多，並予迅速佔領一較高據點，而使敵無法反撲。	
第一一二團第三連	中尉排長	周　浩	色　特	該排佔領 Seton，敵以猛烈之火力反撲，該員身先士卒，奮勇衝殺，卒將敵全部殲滅，而穩定全面局勢。	
第一一二團第二營	少校營長	書　劍	瓦　拉	該員圍攻瓦拉，指揮有方，計劃周詳，而達成任務又迂迴卡盟，不失時機，迅速增援。	
第一一二團第二連	上士班長	榮新波	3680高　地	該士攻擊 3680 高地，單獨與敵格鬥，終因敵火猛烈，全班負傷，機槍亦被損壞，該士身負重傷仍能奮不顧身，沉著指揮，掩護全班，並將武器全數帶回原防。	
第一一二團第八連	上尉連長	潘以禮	高　利	該連於高利、蘇塔等戰役，該員勇敢沉著，指揮有方，使敵受重大打擊，不支向南潰退並斃敵數十使友軍轉危為安	
第一一二團第八連	上士排附	宋學山	高　利	該士指揮第三排，迂迴戰鬥，勇敢沉著，將敵擊退，獲重機槍 1 挺，並固守已得之陣地。	
第一一二團第八連	中士班長	劉正雲	色　特	該士指揮適切，勇敢沉著，曾以一班人與敵一小隊之兵力格鬥於卡倉河之役，奪獲敵重機槍 1 挺。	*40*
第一一二團第八連	少尉排長	向金生	曼　平	於曼平之役，該員指揮有方，沉著應戰，殲敵甚夥，使陣地轉危為安。	

40　《孟拱區戰役》(第五號)，頁 39。

第一一二團 迫砲連	中尉排長	劉志成	瓦　拉	該排自配屬第一營以來，大小戰鬥 30 餘次，該排長無不身先士卒，每與搜兵赴陣地前偵察目標，射擊準確。在瓦拉攻擊 3680 高地之敵，只以少數砲彈，將敵陣地全部摧毀，致獲戰果。	
第一一二團 第九連	上等兵	姚源伯	瓦　拉	該兵遭遇敵人，機警果敢，佔領有利地形，將敵擊敗，斃敵數名，獲重要文件，使有進展。	
第一一二團 第三連	上等兵	楊啟貴	色　特	該兵擔任夜間警戒，有敵向該兵偷擊，該兵沉著，待敵到達時一手擒敵之槍，一手緊握敵臂，雙方毆打數時，卒將敵生俘，獲步槍 1 枝，手榴彈數枚，該兵智勇沉著，殊堪嘉許。	
第一一二團 第四連	上等列兵	鄭壽齡	瓦　拉	該兵於五月廿一日，派往埋伏與相遇。沉著應戰除擊斃敵兵 3 名外，並奪獲步槍 3 枝。	
第一一二團 第四連	上等列兵	宋國卿	孟　拱	該兵每戰鬥中，均能奮勇爭先，屢任搜兵長，均能達成任務，負傷 3 次，每次在傷口未癒前，自動請求歸隊殺敵，深可嘉獎。	
第一一二團 迫砲連	上等列兵	梁元武	瓦　拉	該兵於瓦拉戰役，擔任觀測。隨搜兵偵察敵陣，詳細確實，僅以數 10 發砲彈，摧毀敵陣，數處收成戰果甚大。	
第一一二團 第一連	中尉排長	曾子雲	卡　盟	勇敢直進追逐公路之敵，進佔 16M 附近據點。	
第一一二團 第二連	上士排附	唐　勛	高　利	率領第一排佔領。敵後要點，導戰局於成功。	
第一一三團	上校團長	趙　狄	卡　盟 孟拱區	該團以第一一二團切斷色當(Seton)公路時，該員率部冒雨攀籐越嶺，泥深沒膝，以閃擊之勢，攻佔敵在卡盟外圍重要堅固據點支遵，官兵抱以必勝信念，*41*奮勇強渡河寬水急之南高江，與敵激戰，斃敵 300 餘名。將卡盟城內之 637 高地完全佔領，襲擊守卡盟	

41　《孟拱區戰役》(第五號)，頁 40。

				西北外圍之頑敵，使友軍夾攻而佔卡盟，又該團為策應第一一四團對孟拱之攻擊，即佯動之攻勢，對南高江北岸地區之殘敵加緊掃蕩，並在曼衛特對岸地區實施渡河以收牽制敵人之效是役於 478 鐵路要點及在 SC58.045.5 兩處，截擊企圖南竄期與孟拱會合之敵約一大隊 600 餘名，經兩晝夜肉搏，斃敵 438 名、生俘 14 名、獲 70 大隊砲 4 門、重迫擊砲 6 門、擲彈筒 20 個、輕重機槍 25 挺、無線電台 3 座、步槍 240 枝、密電本 5 本、馬騾 50 匹、重要文件及彈藥、輜重等無算。該敵企圖夾擊我第一一二團及第一一四團，經該團痛擊，使我第一一二團、第一一四團無後顧之憂，致獲輝煌戰果。	
第一一三團衛生隊	少校隊長	舒南廷	卡盟孟拱區	自參戰以來，對於處理救護傷兵等事宜，不遺餘力，間接減少損耗，直接增強戰鬥實力，我軍勝利有以致之也。	
第一一三團	上尉團指導員	郭大志		自接任團指以來，盡心擘劃，對於鼓勵士氣、撫慰傷病以及創辦友三日刊，宣撫戰地民眾等項工作，均能積極推進，收效極宏。	
第一一三團第三營	少校營長	趙宇戩	卡盟	計劃周密，指揮鎮定，卡盟之役，該營第八連能窺破好機，由支遵強渡成功，進佔卡盟。該員功績甚偉。	
第一一三團第二營	少校營長	魯廷甲	卡盟	計畫周密，處置恰當，如馬高之役能出敵意表，連夜偷渡成功，一舉而攻佔敵陣。又於六月上旬間，在大雨滂沱補給困難之情況，下盡最大之努力，迅速攻佔敵堅強據點支遵，使我軍進佔卡盟容易，其功尤偉。	*42*
第一一三團第一營	上尉副營長	原道一	拉班	該員指揮能力卓越，自代理營長職務以來，尤能徹底執行任務，於拉班瓦拉諸役，均有	

---

42 《孟拱區戰役》(第五號)，頁 41。

				優良之戰績表現。	
第一一三團第三營	上尉副營長	楊夏中	支遵	該員能力甚強，智勇兼備，不惟能完滿盡到副營長之職務，且於太柏家之役，兼代第八連連長職務，又於支遵之役兼代第九連連長職務，以其部署適切，故迭能達成任務，其任勞負責之精神，堪謂其特色。	
第一一三團迫砲連	上尉連長	黃寶信	卡盟孟拱區	對於迫擊砲之運用，毫無遺憾，於各戰役中，均曾發揮其最大威力，密切協助部隊，使步兵進取容易，足見該連長平時管教有方，戰時指揮恰當。	
第一一三團第一連	上尉連長	成志	瓦拉	於攻擊 1329 高地時，身先士卒，親率所部，一舉攻克敵陣，斃敵甚眾。因敵火過猛，該員亦不幸負傷，但仍忍痛指揮，卒將任務達成，其忠毅果敢之精神，殊堪嘉許。	
第一一三團第二營	上尉連長	許強	瓦拉	奉命攻擊 1329 高地之敵，計劃周密，率部奮勇衝入敵陣，以極小之代價，而擊斃敵第十八師團第五十五聯隊第三大隊第八中隊隊長福田以下官兵多名，並虜獲指揮刀 1 把、輕機槍步槍及其他戰利品甚多。	
第一一三團第二連	中尉連長	彭志	丁克林	該排一向配屬第五連，每次戰役對於陣地選擇、目標指示，與視察及射擊，必親自指揮觀察與監督。此次側擊丁克林之敵，更親冒敵火，率領所屬，奮勇進佔高點，發揚熾盛火力，予敵重創，使該連側擊成功。	43
第一一三團第六連	上尉連長	劉國斌	丁克林	該連擔任開路，切斷丁克林敵人後路，以行動秘密迅速，於一日間到達指定地點，敵人數度突圍，並增援反撲，均遭擊退，斃敵甚眾，卒使被圍之敵，大部就殲。	
第一一三團機三連	少尉排長	胡雄光	拉班	該排附屬第七連，敵人向該排重機槍位置衝殺 9 次，該員沉著應戰，擊退來犯之敵，並斃敵多名。	

---

43 《孟拱區戰役》(第五號)，頁 42。

第一一三團第九連	少尉排長	楊桂永	中丁克林	該員指揮沉著，敵人向我攻擊，5 次均被擊退，並斃敵 15 名之多。	
第一一三團第三連	少尉排長	嚴新庭	孟　拱	該員率領全排，附重機槍 1 挺，赴 478 鐵路接替排哨防務時，於當晚敵兵約一大隊，附砲 4 門來襲，激戰約 12 小時，該員沉著指揮，以少勝眾，於是役共斃敵 100 餘名，內官佐 6 員，俘獲敵鋼砲 1 門、輕機槍 2 挺、步槍、衛生、材料、公文等，以及其他戰利品甚多。足見該員指揮適當，遇事沉著，全排士兵勇敢用命，無不以一當十，併請傳令嘉獎。	
第一一三團第三營	上尉連指	喻綺創	卡　盟	該員常於砲火猛烈之際，身赴第一線，鼓勵官兵、撫慰傷病，管理衛生，以身作則。於五月十五日，隨部進佔卡盟時，左臂中 2 彈，足為政工之光。	
第一一三團第二營	少尉連指	楊社燦	卡　盟	該員參戰以來未曾一日脫離部隊，能於激劇作戰中，撫慰士兵，代部隊輸送彈藥糧秣，管理伙食，忍勞負重而無厭言，殊堪嘉許。	
第一一三團第四連	上尉連長	顏仲清	馬　藍	該員自作戰以來，勇敢沉著，計劃周密，此次馬南戰役，該員親率兵一班，向敵猛進，反復衝殺 1 小時，卒能攻克敵據點一處，斃敵甚多，俘獲亦夥。	
第一一三團第四連	少尉排長	彭家修	馬　藍	該員率領該排，以迅速之行動闢路，切斷馬蘭至沙勞之交通後，並能秘密派出埋伏，伏擊敵兵甚眾，攻擊馬蘭時，能身先士卒，連克敵之外圍據點數處，斃敵甚眾，俘獲亦夥。	[44]
第一一二團第五連	上尉連長	孫蔚民	馬　藍	該員自作戰以來，連戰皆捷，迭奏戰功。馬蘭之役，更能以週密之計畫與適切之指揮，先後斃敵 30 餘名，俘獲輕機槍 2 挺、步槍 16 枝，並於五月廿九日攻佔馬蘭。又於卡	

---

[44] 《孟拱區戰役》(第五號)，頁 43。

				杜戰役以行動秘密部署適切，出敵意表，猝行奇襲，敵軍 60 餘名全數被殲，獲得重大戰果，而該連毫無傷亡，猶屬可貴。	
第一一三團第四連	准尉排長	陳濱鴻	馬　藍	該員作戰勇敢沉着，率領全排，切斷馬蘭東西大路，並迅速派出埋伏，伏擊敵輸送部隊，斃敵人馬極衆，並獲步槍 4 枝。	
第一一三團第五連	少尉排長	魏建民	馬　藍	該員率兵一班，向敵陣衝殺，佔領馬蘭東隅角，斃敵 8 名，獲輕機槍 1 挺、步槍 4 枝，又於攻擊卡杜高西北高地之敵時，擔任尖兵排，當發現敵人，該排以迅速行動佔領制高點，以火力控制敵人，並掩護我第一排，向敵側面迂迴，切敵後路，該排長指揮有方，處置適當，逐造成此次完全之勝利。	
第一一三團第五連	准尉排長	謝　席	馬　藍	該員率領全排，為連之前驅，伐路前進，迅速將馬蘭至西瓦拉敵之補給線切斷，並向東伏擊敵兵一小隊，俘獲甚夥，又於卡杜高戰役，該排擔任斷敵後路，以行動迅速而秘密部署週密，將潰敗之敵 40 餘名全部殲滅，敵人武器多為該排所獲。	
第一一三團第六連	中尉排長	魏懿君	孟　拱	該連於廿六、七、八 3 日來，在孟拱西岸桑瓦(Shanywa)、可卡瓦(Gurkhaywa)一帶掃蕩殘敵，共計斃敵官兵達 100 餘名，獲重機槍 3 挺、輕機槍 6 挺、擲彈筒 7 個、步槍 80 餘枝、電台 3 座，戰績輝煌。 (連長劉國斌負傷住院，是役係由該排長指揮)	
第一一三團機二連	少尉排長	廖紹澤	馬　藍	該排配屬第五連，每次戰役均能適應戰況，發揮重機槍之威力，尤於馬蘭卡杜高兩役，得力尤大。	45
第一一三團第八連	上尉連長	徐心田	卡　盟	該員能徹底執行命令沉着指揮在敵火熾盛之下親率全連官兵強渡南高江佔領 637 高地並	

				首先攻佔卡盟。	
第一一三團 第七連	准尉排長	張日昇	西瓦拉	敵人向該排陣地衝殺，企圖奪路逃竄，該員指揮有方，殲敵數 10 餘名，並獲輕機槍及步槍多支。	
第一一三團 迫砲連	中尉排長	黃　岳	馬　藍	該員自配屬第二營，作戰以來，殊為得力，此次馬蘭之役，更能親冒敵火偵察敵陣，以觀測良好，發射精確，摧毀敵陣甚多，厥功甚偉。	
第一一三團 迫砲連	准尉排附	何壽生	馬　藍	該員自配屬第二營，作戰以來，殊為得力，此次馬蘭之役，更能親冒敵火偵察敵陣，以觀測良好，發射精確，摧毀敵陣甚多，厥功甚偉。	
第一一三團 第八連	中士班長	金才榮	中丁克林	在敵火控制之下，該班沉着由右翼前進渡河，以猛烈火力驅逐當面之敵，掩護廣大正面，使全排渡河繼續迅即佔領丁克林之中心點，致使敵全部潰散，而獲戰果。	
第一一三團 第八連	下士班長	孫勇坡	中丁克林	該士擔任搜索長，指揮掌握確切，雖於負傷極重之際，不為阻氣，從容繼續搜索，完成使命。	
第一一三團 第八連	下　士 副班長	劉立成	中丁克林	該士率領全班搜索探察敵陣地，緊握時機，向敵連襲 3 次，終將敵擊退而佔領其陣地，實為奠定此次戰役之礎石。	
第一一三團 第八連	二等列兵	何海恩	中丁克林	該兵於戰鬥中，雖鄰兵負傷，但決心不為其所動搖，並於奮勇衝殺之際，搶救負傷戰友。	
第一一三團 第八連	二等列兵	施長發	中丁克林	該兵擔任埋伏時，以一人曾擊退敵人向我陣地搜索之搜索兵 6 名，並於屢次任搜索時蒐集情報，異常確切。	
第一一三團 機三連	一等列兵	李德林	丁克林	該兵以手榴彈擊斃反撲之敵 3 名，餘敵被擊潰，致獲全連戰果。	46
第一一三團	一等列兵	宋　華	丁克林	該兵以手榴彈擊斃反撲之敵 10 餘名，致使	

46　《孟拱區戰役》(第五號)，頁 45。

機三連				陣地確保。	
第一一三團輸二連	一等兵	王樹清	巴稜杜	該兵擔任埋伏，有敵兵 4 名出現，當被該兵發覺，以精確射擊，連斃敵兵 3 名，另敵 1 名向森林內竄逃，該兵跟蹤追擊，以手榴彈將敵炸斃，並獲步槍 1 枝、望遠鏡 1 個、鋼盔 3 頂、手榴彈 4 枚，且該兵受傷不退，其果敢沉著之精神，殊堪嘉許。	
第一一三團第二連	准尉排長	徐福清	瓦　拉	親率所部與敵衝鋒肉搏，卒能攻克敵陣，並獲良好戰果，且於負傷後，仍能繼續執行任務。	
第一一三團第三連	上尉連長	閻文斌	孟　拱	於 478 鐵路戰役，數倍於我之敵，向該連嚴排反撲，激戰竟夜，該連長親自率兵兩排馳往策應，始將該敵擊潰。	
第一一三團第二連	一等列兵	何紹傑	瓦　拉	該兵奮不顧身，以手榴彈撲衝敵輕機槍陣地，擊斃敵輕機槍兵，奪獲敵之輕機槍。	
第一一三團第四連	上士排附	王自鳴	馬　藍	該士率兵一班，向馬蘭搜索，指揮得力，連斃敵數名。	
第一一三團第四連	下　士副班長	龍安平	馬　藍	該士任搜索，以其機敏果敢，均能達成任務，負傷後仍能繼續戰鬥，勇敢可嘉。	
第一一三團第五連	一等列兵	彭文錦	馬　藍	該兵擔任埋伏，見敵兵大隊接近，該兵智誘敵人至我重機槍陣地前，而以猛烈之火力殲滅之。	
第一一三團第五連	二等列兵	朱煥章	馬　藍	該兵擔任埋伏，見敵兵大隊接近，該兵智誘敵人至我重機槍陣地前，而以猛烈之火力殲滅之。	
第一一三團第五連	一　等彈藥兵	石榮貴	馬　藍	該兵衝至敵之輕機槍前僅兩步，將工事內敵兵擊斃，獲輕機槍 1 挺、步槍 1 枝，且負傷後面不改色，向連長報告殺敵情形之經過，聞者感奮。	47
第一一三團機二連	少尉排長	劉　剛	馬　藍	該員作戰以來，精細而沉著，此次馬蘭之役，該排配屬第四連，以陣地選擇扼要，火	

<hr />

47　《孟拱區戰役》(第五號)，頁 46。

				力運用適切，斃敵甚眾。並親冒彈矢，從敵屍中搜索敵軍山崎部隊配備要圖 1 份。	
第一一三團機二連	上士槍長	劉冬生	馬　藍	該士配屬第五連，見敵兵一小隊追我伏兵，該士親任射手，待該敵接近槍口前僅 5 碼，即開始射擊，斃敵兵 8 名，忽機槍故障，以衝鋒槍向敵掃射，敵全數被殲。是役共計斃敵 24 名，獲武器甚多。	
第一一三團機二連	上士槍長	李菊卿	馬　藍	該士於每次戰鬥中，多親任射擊，斃敵甚眾。掩護第五連攻擊馬蘭西北高地時，殊為得力，不幸受敵砲傷數處，尤面不改色，繼續射擊 10 分鐘，因傷勢過重不支倒地，經長官同事再三勸告，始離戰場就醫。	
第一一三團第五連	下士班長	黃候昌	卡杜高	該士擔任側翼攻擊，勇敢沉著，指揮該班，將敵兵 10 餘名全數擊斃，並獲輕機槍 2 挺、步槍 8 枝。	
第一一三團第五連	上等列兵	唐　輝	卡杜高	該兵代理班長，切斷敵人退路。率領全班，以手榴彈猛向潰退之敵投擲，立刻斃敵軍官 1 員、士兵 9 名，並獲步槍 8 枝、輕機槍 2 挺。	
第一一三團第五連	上等列兵	畢開雲	卡杜高	該兵等 3 人擔任搜索，於發現敵人時，沉著勇敢，將偵察所得迅速報告，因使兵力之部署，火力之配備亦無遺憾，故此次之戰果，該兵等居功首位。	
第一一三團第五連	上等列兵	龍有來	卡杜高		
第一一三團第五連	上等列兵	石兆文	卡杜高		
第一一三團第七連	二等列兵	潘偉民	西瓦拉	該兵由西瓦拉至支遵送達命令，途遇敵 10 餘名正包圍同連士兵 2 名，勢甚危殆，幸賴該兵奮勇上前解救，彈無虛發,將敵人擊散，救出戰友完成任務。	**48**
第一一三團第七連	上士排附	莫萬斌	拉　瓦	該士率兵搜索，能迅速達成任務，情報正確，處置機敏，致使潰敵無法漏網。	

48　《孟拱區戰役》(第五號)，頁 47。

第一一三團 第七連	一等列兵	李紹昌	西瓦拉	潰敵一股向該兵猛衝，企圖脫逃，該兵沉著，以機槍掃射，斃敵 12 名，獲戰利品甚多，該敵突圍之計終不得逞。	
第一一三團 機三連	中士班長	蔡 星	卡 盟	攻佔卡盟重要據點時，該士指揮所部，以猛烈火力向敵制壓，斃敵甚多，使步兵進展順利。	
第一一三團 機三連	上等列兵	曾文斌	卡 盟	該兵能適時以猛烈火力支援步兵，奪取據點，厥功甚偉。	
第一一三團 通信排	中士班長	王少雲	馬 藍	該士自配屬第二營作戰以來，服務勤勞，此次馬蘭之役，雖大雨滂沱，地形極為複雜困難之下，仍能適時構成通信網，殊為難得。	
第一一四團	上校團長	李 鴻	卡 盟 孟拱區	該團於第一一二團切斷 Seton 公路時，突以雷壓閃擊之勢，向孟拱進擊。連日大雨滂沱，泥深沒膝，人馬通過困難，該團以長勝之聲威，不辭艱險，冒雨挺進 2 日內攻佔巴稜杜(Parentu)、卡杜高(Kauawkawng)、南那(Numnawn)、甘提(Hkamti)、色巴提(Sagbrti)、哥卡瓦(Gurkhaywa)、威尼(Nweni)等公路，及鐵路附近各要點，斃敵600 餘名，適時英軍第七十七旅在距孟拱以南 2 英里之地，被敵攻擊不支，形勢危急，該團因恐友軍潰退，影響整個戰局，乃徹夜強渡南高江，因天雨水勢洶湧，乃冒萬難伐木強渡此 400 公尺之巨大洪流，官兵皆抱必勝之決心，莫不奮勇爭先，經三晝夜之激戰，先後攻佔馬亨(Mahaung)、瓦鐵(Anwnthit)、建支(Kayingyi)、湯包(Taunggaw)、來生(Loisun)、來勞(Loilaw)[49]及 SC62.135.2 等敵之外圍堅固重要據點，使孟拱城內之敵，如甕中之鱉後，經兩晝夜之巷戰，將城內頑敵全部殲滅，完全佔領該	

---

[49] 《孟拱區戰役》(第五號)，頁 48。

				城，是役斃敵第五十三砲兵聯隊長高見量太郎大佐以下 1500 餘名，並生俘敵大尉殿代以下 21 員名，獲 17 噸坦克車 5 輛、150 重砲 3 門、94 榴彈砲 5 門、70 大隊砲 4 門、輕重迫砲 12 門、輕重機槍 47 挺、步槍 682 枝、無線電台 14 座及火車 75 輛、汽車 47 輛、馬 125 匹、倉庫 20 所，及其他糧彈等甚多。查孟拱地勢重要緬北水陸交通之樞紐，與密支那卡盟成犄角之勢，誠為戰略上之要點，該員運籌帷幄，指揮有方，而獲戰術戰略之極大戰果，厥功甚偉。	
第一一四團	中校副團長	王東籬	卡　盟孟拱區	自作戰以來，克盡厥職，擘劃周詳，團之作戰指導計劃，得助於該員者甚多。	
第一一四團	少校軍械員	李少傑	卡　盟孟拱區	作戰半年來，奔走前後方，運送彈藥，不遺餘力，使彈藥之補充，毫無遺憾，熱心奉公，忠勤可嘉。	
一一四團衛生隊	少校隊長	袁義亭	卡　盟孟拱區	作戰半年來，對於救護治療極為熱心，奔走槍林彈雨間搶救傷兵，不顧危險，不遺餘力。	
第一一四團第一營	少校營長	彭克立	卡　盟孟拱區	指揮有方屢挫，強敵先後攻佔 2000 高地、拉吉(Hlagyi)、大弄陽(Tarongtang)、沙勞(Sharaw)等地，六月廿六日晨，率部首先衝入孟拱(Mogaung)。	
第一一四團第二營	少校營長	李卓彧	卡　盟孟拱區	東瓦拉(Wala)之役，該員親率所部衝鋒，對孟拱外圍據點建支(Kyaingyi)、來勞(Loilaw)之攻略行動迅速，虜獲中型坦克車 5 輛、卡車 9 輛，冒險穿隙犯難攻堅，該員之功甚多。	*50*
第一一四團第三營	少校營長	姚鳳翔	馬拉卡塘格塘光	馬拉卡塘 (Manaogantanwng) 及來勞河(Lankraw Hka)北岸之役，該營長率部將敵第五十五聯隊主力完全摧毀，斃敵甚眾。格	

50 《孟拱區戰役》(第五號)，頁 49。

				塘光(Hkatangkawang)，作戰 5 週間，該員日間則親赴前線指揮作戰，夜間則計畫部署，無片刻支停息，以致積勞成疾，祺勇敢精勤，實堪嘉尚。
第一一四團第三營	少 校代理營長	楊振漢	丹邦卡南 堤	該員率部不分晝夜冒險急進，攻佔丹邦卡，並掩護團之主力渡河，阻止敵之反撲，斃敵第五十三砲兵聯隊長高見量大佐以下 100 餘名，虜獲 150 重砲及山砲等共 5 門。(姚鳳翔病劇營長職務由該員代理)
第一一四團團部	上 等傳達兵	陳榮五	孟 拱	於偵察地形時，與敵遭遇，單獨擊斃敵軍曹 2 名，且能沉着應戰，使部隊安然進入陣地。
第一一四團迫砲連	中尉排長	袁進育	丁克林孟 拱	自四月十日該排配屬第一營作戰以來，於攻擊 1725、2000、1444 高地及莫港諸役，均能命中精確，毀敵機槍巢及堅固工事，使步兵攻擊容易，且該排長每次置身前線，精密觀測，細心修正，以是收效甚大。
第一一四團迫砲連	少尉排長	王述禹	的克老緬建支來勞	該員於各戰役中，均親冒槍林彈雨，自任觀測，因而射擊準確，摧毀敵堅固陣地，輕重機槍巢甚多，使敵無鬥志。
第一一四團迫砲連	上士排附	雷發清	的克老緬建支來勞	該員於各戰役中，均親冒槍林彈雨，自任觀測，因而射擊準確，摧毀敵堅固陣地，輕重機槍巢甚多，使敵無鬥志。
第一一四團輸一連	上尉連長	李惠濤	卡 盟孟拱區	作戰半年來，每逢戰鬥緊張時，該員即率部屬，無分晝夜，輸送軍品，途中遇敵，即捕捉而殲滅之。全連官兵士氣旺盛，熱心奉公，是由該連長領導教育有方以致之。[51]
第一一四團輸二連	上尉連長	孫天佑	卡 盟孟拱區	作戰半年來，每逢戰鬥緊張時，該員即率部屬，無分晝夜，輸送軍品，途中遇敵，即捕捉而殲滅之。全連官兵士氣旺盛，熱心奉公，是由該連長領導教育有方以致之。
第一一四團	上尉排長	譚雄輝	卡 盟	作戰半年來，對通信網之構成及保護，克苦

---

[51] 《孟拱區戰役》(第五號)，頁 50。

通信排			孟拱區	耐勞，極為熱心，所派出之查線兵，夜間摸索查線，遇敵時即單身奮勇搏鬥，先後斃敵甚多，勇敢可嘉。	
第一一四團通信排	中士班長	胡遠華	中丁克林	拂曉前，該士查線時，發現敵之迂迴部隊，即迅速用電話報告，並先任嚮導，將敵驅退，因而斃敵40餘名，獲得偉大戰果。	
第一一四團通信排	上士班長	周敦禮	的克老緬來勞	該士於每次戰役中，均能克苦耐勞，不避艱險，迅速構成通信網，有利於指揮及戰鬥。	
第一一四團第一營	上尉副營長	凌敬武	孟拱	該員兼理第二連長於六月廿六日指揮該連，最先驅逐當面之敵，進抵莫港城西之河邊，使城內之敵無法立足，不得不退過南英河(Namyinc)以西而放棄孟拱。	
第一一四團第一連	上尉連長	張聿杖	莫港拉吉	該員指揮所部，於五月九日攻克拉吉(Hlagti)。六月廿六日，攻入莫港。先後攻佔敵堅固據點4處、倉庫一所。該員指揮有方，忠勇可嘉。	
第一一四團第一連	中士班長	吳春林	東丁克林	任搜兵長時，因指揮有方，秘密行動，已接近敵人陣地，敵尚未發覺，即鳴槍擊襲，斃敵3名。	
第一一四團第一連	一等列兵	田禮義	拉吉	充當搜兵時，與敵遭遇三面包圍，該兵不屈不撓，奮勇還擊，終斃敵1名，將敵擊退。	
第一一四團第一連	中士班長	胡開桂	莫港	於攻擊莫港時，身負重傷，忍痛指揮所部，繼續攻擊。	
第一一四團第一連	下士班長	鄧學清	巴稜杜	該士任搜兵時，能首先發現敵人，使我部隊有充分準備，是以一舉將敵殲滅。	52
第一一四團第一連	下士班長	錢佐堂	莫港	該士於攻佔敵陣後，即繼續奮勇向敵攻擊，將敵守兵完全擊斃。	
第一一四團第一連	一等列兵	郭銀華	莫港	該士於攻佔敵陣後，即繼續奮勇向敵攻擊，將敵守兵完全擊斃。	
第一一四團第一連	二等列兵	李在山	莫港	該士於攻佔敵陣後，即繼續奮勇向敵攻擊，將敵守兵完全擊斃。	
第一一四團	二等列兵	韋國進	莫港	於攻擊時不顧危險向敵輕機槍陣地前進用手	

---

52 《孟拱區戰役》(第五號)，頁51。

第一連				榴彈將敵鎗兵炸斃奪獲輕機槍 1 挺。	
第一一四團 第二連	少尉排長	盛耀光	下　勞	該員五月廿二日，率部攻擊下勞(Sharaw)之敵，奮勇爭先，一鼓衝入佔領敵陣。	
第一一四團 第二連	下　士 炊事班長	邵懷春	瓦　拉	送飯時途中遇敵 5 名，該士毫不畏懼，即放下飯擔，取槍向敵射擊，將敵擊退後，不顧危險，繼續前進，終能將飯送至前線。	
第一一四團 第二連	二等列兵	翁慶和	2000 高地附近	接防後不久，敵忽來猛烈反撲，該兵於危急之際，奮勇應戰，固守不退。	
第一一四團 第二連	二等列兵	廖明德	2000 高地附近	接防後不久，敵忽來猛烈反撲，該兵於危急之際，奮勇應戰，固守不退。	
第一一四團 第二連	中士班長	楊國華	孟　拱	攻擊孟拱，勇敢機警，忠勇可嘉。	
第一一四團 第二連	上士班長	劉寅生	莫　港	冒敵機槍猛烈射擊，率領該班最先攻抵莫港西河邊，威脅敵之側背，迫敵潰退。	
第一一四團 第二連	上等兵 代班長	郭敦雲	西瓦拉	奉命攻擊敵班哨時，該兵智勇兼備，將敵班哨消滅，並斃敵軍官 1 員，奪獲輕機槍、步槍、手槍各 1，我無損傷。	
第一一四團 第二連	上等列兵	陳願清	瓦　拉	拉吉、拉芒卡道、莫港各戰役中，該兵充當搜兵，前後共 10 餘次，均能先發現敵之守兵，而未被敵發現，並斃敵 2 名，勇敢沉著，機敏過人。	53
第一一四團 第三連	上尉連長	楮幼萍	莫　港	該員指揮所部於六月廿四日晨，將莫港車站攻佔，並冒險前進，乘勝佔領全城一半，促成敵軍瓦解之局。	
第一一四團 第三連	中尉排長	李振寰	莫　港	莫港火車站為敵之堅固據點，該員親任迫擊砲之觀測，並率部衝入，將車站佔領。	
第一一四團 第一連	上尉連長	李治平	卡　盟 孟拱區	作戰半年來，親自指揮機槍，協同步兵攻擊，屢殲強敵多名。	
第一一四團 第一連	中士班長	白振家	西瓦拉	當我初攻入瓦拉時已黃昏，敵於夜間潛行向我逆襲，數步之內，敵輕重機槍火力甚為猛烈。該士臨危不懼，奮勇用衝鋒槍斃敵 3 名，使我佔領之陣地得以保全。	

53　《孟拱區戰役》(第五號)，頁 52。

第一一四團 第四連	上尉連長	胡文憲	東瓦拉	攻東瓦拉時，該員佈署適當，指揮有方，尤以衝鋒時，沉著勇敢，身先士卒，親以手榴彈斃敵 3 名，卒能奪佔敵陣，計斃敵中隊長以下 30 員名，奪獲敵輕機槍、指揮刀、步槍等。	
第一一四團 第五連	上尉連長	張士倜	來　勞	該員指揮有方，行動迅速，衝入敵陣，迫敵後退，虜敵戰車、輕重機槍、中迫擊砲及其他軍用品甚多。來勞之役，敵約一大隊乘夜偷襲，步砲火力均甚猛烈，該員指揮若定，沉著應戰，卒將來敵全部擊潰，並斃敵少佐大隊長及青田中隊長以下 20 餘員名，虜獲指揮刀、手槍、步槍等件確保防地。	
第一一四團 第五連	上士排附	張鶴勛	的克老緬	奉命率兵一班，擔任伴攻時，敵據險頑抗，使我主攻部隊無法進展，此時該士身先士卒，冒險自動猛勇衝入敵陣，促成戰果。	
第一一四團 第五連	中士班長	謝紀松	來　勞	六月卅日 23 時，敵兵約 4、50 人，向該班夜襲；敵前仆後繼蜂湧而來，一時頗危急，該士抱與陣地共存亡之決心，沉着應戰，卒將敵擊退，並擊斃青地中隊長以下 15 員名，奪獲手槍、指揮刀各 1、步槍 2 枝。	[54]
第一一四團 第五連	下　士 代砲長	楊萬煥	來　勞	敵夜間數 10 名，向該班迫擊砲陣地猛勇衝殺，迫擊班自衛力原甚薄弱，該士於危急之際，毫不畏怯，以手榴彈向敵投擲，擊斃敵少佐大隊長以下 5 員名，奪獲手槍指揮刀各 1，步槍 2 枝。	
第一一四團 第六連	二等列兵	姚立成	青道康	在青道康受敵猛烈反撲，該兵之左右鄰兵均傷亡無存，在敵包圍圈中，始終艱苦支持，連斃敵兵 4 名，陣地得以保全	
第一一四團 第二連	上士班長	楊震中	的克老緬	自的克老緬作戰以來，該士即代理排長職務，先後協同步兵，攻佔堅固陣地 10 餘處，該士指揮有方，勇敢沉著，有利於步兵攻擊者甚大。	

54　《孟拱區戰役》(第五號)，頁 53。

第一一四團機二連	上等槍長	劉喜	瓦拉	於衝入敵陣地內時，見有頑敵 2 名，在掩體內死守不退，敵以手榴彈向該兵擲擊未中，旋該兵冒險匍匐前進，以手榴彈將敵兵 2 名炸斃。
第一一四團戰槍二排	中士班長	李明璵	的克老緬	奉派搜索時，與約 20 名之敵遭遇，該士率部以少勝眾，於激戰半小時後，槍兵陣亡，該士亦被擊傷 2 處，該士於負傷後，毫不氣餒，繼續與敵鬥，親自以輕機槍擊斃 2 名，將敵擊潰。
第一一四團第七連	上尉連長	李成亮	格塘光	五月十六日格塘光(Hkatangkawang)之役，率部連續攻擊 3 日，攻佔堅固據點 3 處，耐苦耐勞，勇敢奮勤。
第一一四團第七連	二等列兵	王樹仁	格塘光	當砲擊敵陣地時，該兵於彈幕間隙中衝入敵陣地，佔領 1 砲彈坑作為射擊位置，敵兵於我砲火停止後，始敢伸頭瞭望，該兵趁機用步槍斃敵 3 名，鄰兵陸續到達後，敵被迫潰退。[55]
第一一四團第八連	中尉代連長	許谷山	丹邦卡	該連長率兵一排，截斷敵後方交通路，使敵全部潰散，並擊斃 15 名，營之主力得以迅速南進。
第一一四團第八連	上士代排長	陳仕安	南堤	夜 10 時，敵於猛烈砲擊後，以約 20 倍之兵力向我攻擊，該士率部奮勇迎擊，斃敵 40 餘名，並適時發動逆襲，虜獲 75 山砲、87 平射砲各 1 門。
一一四團第八連	中士代排附	薛忠敖	格塘光	當攻擊時，敵一輕機槍巢對我之阻礙甚大，無法前進。該士不顧危險，於彈雨中匍匐前進，以手榴彈將敵輕機槍巢完全消滅，攻擊得以成功。
第一一四團第八連	上等兵代班長	龔振聲	格塘光	夜間擔任哨兵時，約一班之敵前來偷襲猛攻，該兵哨位 5 步之內，落手榴彈 7、8 枚之多，該兵屹然不動，俟敵蜂擁而來連斃敵兵 3 名，我陣地得以固守。

---

[55]　《孟拱區戰役》(第五號)，頁 54。

第一一四團 第八連	二等列兵	楊世海	的克老緬 中丁克林	奉派於夜間傳令，遇敵埋伏兵 2 名，該兵試由左右繞過均不可能，乃獨自向敵埋伏兵攻擊 3 次後，將敵兵擊斃終於達成任務。	
第一一四團 第九連	准尉 代排長	彭新民	南　堤	該員率部沿鐵路向南的搜索，於威尼(Nweni)附近發現敵兵約 4、50 名、輕重機槍 4 挺，該員即以劣勢兵力放膽向敵襲擊，經 3 小時激戰，將敵完全擊潰，虜 150 重砲 1 門、94 榴彈砲 2 門。	
第一一四團 第九連	上 士 代排長	黃斌	丹邦卡	六月十三日攻擊丹邦卡對岸敵陣地之役，該士身先士卒。衝入敵之陣地，斃敵數名，遂將敵陣地攻克。	
第一一四團 第九連	二等列兵	趙桂銀	丹邦卡	六月十一日夜間擔任埋伏時，敵兵來襲，其 1 名已繞至該兵後方，該兵於包圍圈中沉著抵抗，終於斃敵兵 2 名，未退後一步。	
第一一四團 機三連	上尉連長	馮耀	卡盟區	該員於歷次戰役中，常赴第一線指揮機槍戰鬥。該連官兵亦均能勇敢盡職，適時將敵之輕重機槍壓制，使步兵攻擊奏功容易。	[56]
第一一四團 機三連	中士班長	張仲南	丁克林 丹邦卡	於各次攻擊時，該士均勇敢沉著，將敵兵位置探明後，即指揮機槍射擊消滅之。六月二日丹邦卡戰鬥時，親斃敵 2 名，獲步槍 2 枝。	
第一一四團 戰槍三排	上尉排長	柏心華	丹邦卡	六月廿一日丹邦卡之役，該排長率兵二班，先後佔領馬通(Mantum)要點，擊潰敵增援部隊 30 餘名，該排長沉著勇敢，行動迅速，殊堪嘉許	[57]

十、俘獲戰績照片[58]

---

[56]　《孟拱區戰役》(第五號)，頁 55。

[57]　《孟拱區戰役》(第五號)，頁 56。

[58]　《孟拱區戰役》(第五號)，頁 57。

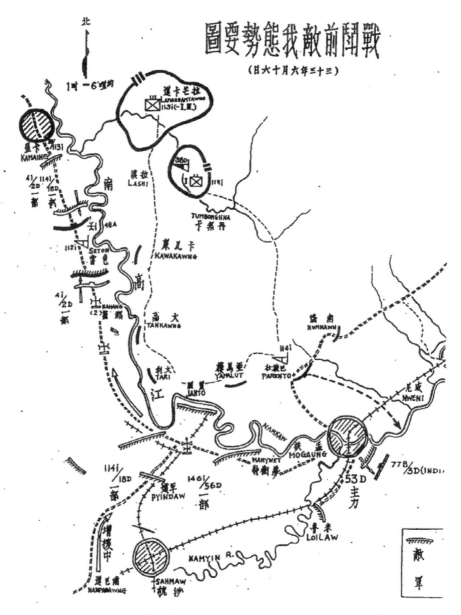

圖五之二、戰鬥前敵我態勢要圖：33 年 6 月 16 日[59]

---

59 《孟拱區戰役》(第五號)，頁 58。

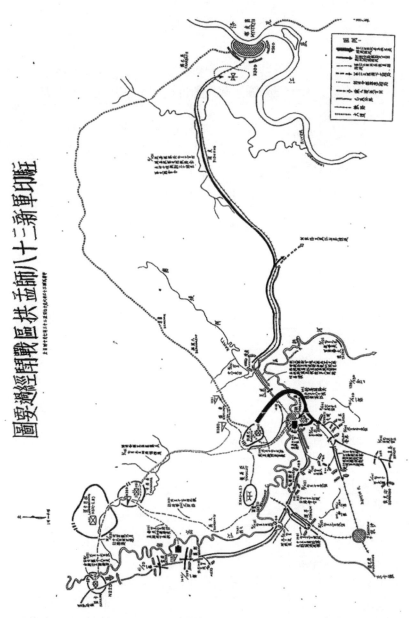

圖五之三、孟拱區戰鬥經過要圖：33 年 6 月 17 日至 7 月 14 日[60]

---

[60] 《孟拱區戰役》(第五號)，頁 58。

十一、各項附圖附表

表五之二、日軍五十三師團番號、代字、主官調查表

孟拱區敵第五十三師團及武兵團番號代字主官姓名調查表						
番號	區分	主官		代字暗號	備考	
		階級	姓名			
司　令　部		中將	武田馨 (前為河野悅次郎)	安 10020	參謀長田中大佐	
第 一 一 九 聯 隊		大佐	淺野庫一	安 10021		
第 一 二 八 聯 隊		大佐	岡田博二	安 10022 「ホ」	聯隊附貫井大尉副官門大尉	
第 五 十 三 師 團	第 一 大 隊	大隊部	大尉	釘本	「サ」	於孟拱附近戰死
		第一中隊	中尉	高橋重雄	「ト」	前為高升兼雄於孟拱附近戰死
		第二中隊	中尉	西垣	「ウ」	於孟拱以北戰死
		第三中隊	大尉	水鳥七郎	「リ」	
		機槍中隊	中尉	小島	「ヨ」	於孟拱附近戰死
		步砲小隊	少尉	大倉		**61**
	第 二 大 隊	大隊部	少佐	小阪一郎	「ク」	
		第五中隊	中尉	檜木	「ヒ」	
		第六中隊	中尉	安藤	「カ」	
		第七中隊	中尉	瀨口	「チ」	
		機槍中隊	大尉	昆謙郎	「ヤ」	
		步砲小隊	少尉	野村		
	第 三 大 隊	大隊部	少佐	田原	「ラ」	
		第九中隊	中尉	川崎	「ア」	
		第十中隊	中尉	山本	「タ」	
		第十一中隊	中尉	吉田	「コ」	
		機槍中隊	大尉	高瀨谷	「ミ」	
		步砲小隊				

61　《孟拱區戰役》(第五號)，頁59。

直屬部隊	聯隊砲中隊	大尉	世良		*62*
	速射砲中隊	中尉	齋藤		
	通信中隊	中尉	藤森		
	第一五一聯隊	大佐	橋本駒次郎		
	大隊部	大尉	金井		
	第一中隊	大尉	加藤		
	第二中隊	中尉	常芥川		
	第三中隊	大尉	立石		
	搜索第五三聯隊		梁瀨泰		
	野砲兵第五三聯隊	大佐	高見量太郎		53A 要員編成見另表
	工兵第五三聯隊		福地真三郎		
	輜重兵第五三聯隊		川上不二夫		
	兵團本部	少將	林義秀		武兵團判斷或係廿四獨立聯隊確否待查
	第一三八大隊	大佐	小原		*63*
武一三九六兵團	第一三九六大隊 大隊部	少佐	山本		
	第一中隊	大尉	平岸		
	第二中隊	大尉	林		
	第三中隊	中尉	取訪		
	第四中隊	中尉	小林		
	機槍中隊	中尉	宮入		
	第一四〇大隊	少佐	中山		
	第一四一大隊	少佐	荒田		
	迫砲大隊	少佐	服部		
附　記	本表係綜合俘虜口供及文件彙成，僅能供參考之用。*64*				

62　《孟拱區戰役》(第五號)，頁60。

63　《孟拱區戰役》(第五號)，頁61。

64　《孟拱區戰役》(第五號)，頁62。

表五之三、日軍五十三師團野砲第五十三聯隊官佐姓名表(一)

隊　別	官　名	官　名	官　名	官　名
敵軍五十三師團野砲第五十三聯隊官佐姓名一覽表(一)				
聯隊本部	副官	聯隊長	指揮班長	連絡員
聯隊本部	大佐　高見量太郎	大尉　黑木那一	大尉　藤居肇	少尉　大森一二三
大隊本部	大隊長	副官	指揮班長	觀測員
第一大隊本部	中佐　自馬盛忠	少尉　西田千秋	中尉　稻田榮三	少尉　荒川敏雄
第二大隊本部	大尉　渡邊正實	少尉　鍛治本秀雄	中尉　高本光雄	少尉　苗村俊二
第三大隊本部	大尉　川北松男	少尉　福島利一	中尉　岸道雄	少尉　石川久光
中隊	中隊長	指揮小隊長	小隊長	小隊長
第一中隊	大尉　足立高映	少尉　中村良三	見士　朝倉堅志	見士　宮川英行
第二中隊	大尉　熊野一男	少尉　永田隆太郎	見士　水島敏夫	見士　岡野源吾
第三中隊	中尉　吉田八郎	中尉　河窪真澄	見士　本島清之助	見士　木村丈二[65]
第四中隊	中尉　村上善延	少尉　坂田孝夫	少尉　伊藤廉一	見士　安達明
第五中隊	中尉　鏡增夫	中尉　伊藤如彥	見士　桐林岩一	見士　浦久保正勝
第六中隊	中尉　吉村善治	少尉　村田利一	少尉　吉岡吉雄	見士　佐佐木修
第七中隊	中尉　栗澤元㷀	少尉　岡澤謹一	見士　中野清	見士　藤谷俊秀
第八中隊	中尉　西球男	少尉　竹岡輝一	見士　大野了清	見士　森川吉次
第九中隊	大尉　智省三	少尉　岸畑殖夫	見士　嵓由之	見士　西中考藏[66]

表五之四、日軍五十三師團野砲第五十三聯隊官佐姓名表(二)

隊　別	官　名	官　名	官　名	官　名	官　名
敵第五十三師團野砲第五十三聯隊官佐姓名一覽表(二)					
野砲第五十三聯隊					
聯隊本部	通信兼無線電員	兵器兼瓦斯員	暗號員	經理員	軍醫　獸醫
聯隊本部	少尉 植田智勝	少尉 武本良雄	見士 佐野尊生	中尉 服部慶松	大尉　中尉 千里直見　吉田俊元
大隊本部	通信員	兵器兼瓦斯員	軍醫	經理員	獸醫　獸醫
第一大隊本部	見士 長瀨建三	見士 中譯芳太郎	中尉 中堀義雄	中尉 田倉豐	見士　見士 坂本圭亮　譯田正

65　《孟拱區戰役》(第五號)，頁63。
66　《孟拱區戰役》(第五號)，頁64。

第二大隊本部	見士 藤野良三	見士 西善延	少尉 川原林又一郎	見士 西崎惠三	中尉 中野種治	見士 谷口萬藏
第三大隊本部	見士 馬場正之	見士 奧村四郎	見士 林義	少尉 加藤孝吉	見士 森賴淳	見士 川林源哉

段 別	部別＼職務	段　列　長		小　隊　長	
	第一大隊	少尉　垣內庚		見士　南宗觀	
	第二大隊	少尉　槻瀨富一		見士　神元太郎	
	第三大隊	中尉　板杉貞次郎		見士　小川啟造	
附　　記	本表係第一一四團六月廿三日於 Namti 以西附近所獲[67]				

表五之五、日軍五十三師團補充隊官佐姓名表

敵第五十三師團野砲兵第五十三聯隊補充隊官佐姓名表

野砲兵第五十三聯隊補充隊

＼隊別 職務	補充隊 本部	＼隊別 職務	第一中隊	第二中隊	第三中隊	第四中隊	第五中隊	第六中隊
補充 隊長	中佐 高井元治	中隊長	中尉 林捨一郎	中尉 森田初藏	中尉 中塚長之助	中尉 信民誠一	中尉　荒木 田南千代	中尉 小林修次
副官	大尉 白石鞆夫	中隊附	中尉 譯田保男	少尉 石川里見	少尉 福岡幸雄	少尉 太田政一	少尉 笠川直溫	中尉 太白圖夫
隊附	少佐 垣本政治	少佐 垣本政治	見士 諏訪義俊	見士 池田金雄	見士 福田瀧三	少尉 柴田貞助	少尉 西弘	見士 楠正彬
隊附	中尉 奧田周五郎	中尉 奧田周五郎	見士 和田久太郎	見士 淺川俊二	見士 三谷俊夫	見士 三鳥辰夫	見士 畔上桂秀	見士 松原梅彥
隊附	中尉 服部廣吉	中尉 服部廣吉	准尉 中西義雄	見士 野義誠二	見士 野口靜夫	見士 久任健一	見士 古田武光	見士 奧村　豐
隊附	中尉 熊譯千代彥	中尉 熊譯千代彥	少尉 吉田弘造	少尉 矢尾喜兵衛	見士 小倉武夫	少尉 川合正雄	見士 村木玄一	中尉 松原建文
經理員	中尉 楠常治郎	中尉 楠常治郎	少尉 花岡慶男	見士　富士 策德之助	見士 岡田善二郎	見士 奧野政次郎	見士 龜山郁夫	見士 山口憲二郎
經理員	中尉 大久保實	中尉 西田善一						

---

[67]　《孟拱區戰役》(第五號)，頁65。

軍醫	中尉 中村喜代治	少尉 寺田幸次	少尉 東山石松		增補本部 增加配屬	
獸醫	中尉 鈴木幸雄	見士 瀨石源一			中尉 安田正巳	
		第五十三師團兵器勤務隊				
隊長	大尉 山本茂雄					
隊附	少尉 中島康治					
步兵一一九 聯隊獸醫	見士 吉田義男					
步兵一一九 聯隊獸醫	見士 馬瀨孝平					
		第五十三師團病馬廠要員				
隊長	見士 坂崎利一					
隊附	見士 川村時一					
步兵三八 聯隊獸醫	見士 竹島克二					
步兵三八 聯隊獸醫	見士 齊藤親					
附　記	本表係第一一四團六月廿三日於 Namti 以西附近所獲**68**					

表五之六、孟拱區戰役負傷官佐姓名表

駐印軍陸軍新編第一軍新三十八師各部緬北作戰負傷官佐姓名表					
				33 年 6 月 16 日至 7 月 1 日止	
部　　　別	級　　職	姓　名	負　傷　日　期	負傷地點	備　　考
一一二團第八連	准尉特務長	李金玉	33 年 6 月 20 日	色　特	
一一二團戰槍二排	中尉排長	偉德祥	33 年 6 月 18 日	泡　几	
一一四團第三連	中尉排長	李振寰	33 年 7 月 13 日	山克浪	

68　《孟拱區戰役》(第五號)，頁 66。

一一四團第五連	上尉連長	張士倜	33 年 7 月 9 日	山克浪	
工兵營補給連	中尉連長	歐陽吉	33 年 7 月 25 日	595 高地	
合　　　　計	5 員[69]				

表五之七、孟拱區戰役俘虜名冊

駐印軍陸軍新編第一軍新三十八師孟拱區各戰役俘虜名冊								
階級	姓名	年齡	籍貫	隊　　　屬	被俘時間	被俘地點	捕獲部隊	備考
伍 長	松本誠	24	九州久留米	五聯隊衛生兵	6月21日	西拉瓦	一一三團第七連	
上等兵	奧本初男	23	九州久留米	五聯隊衛生兵	6月21日	西拉瓦	一一三團第七連	
伍 長	本村一夫	28	京 都	一二八聯隊本部文書	6月22日	巴稜杜	一一三團第五連	
一等兵	原田健四	22	京 都	一二八聯隊本部勤務兵	6月22日	巴稜杜	一一三團第五連	
一等兵	箕浦源七	27	滋 賀	一二八聯隊第一大隊第一中隊	6月22日	威尼附近	一一三團	
上等兵	芳賀武	27	京 都	一二八聯隊第一大隊第一中隊	6月22日	威尼附近	一一三團	
軍 曹	立川賢志	32	東 京	一二八聯隊第一大隊第一中隊	6月22日	威尼附近	一一三團	
軍 曹	竹田義大	28	京 都	一二八聯隊第一大隊第一中隊	6月22日	威尼附近	一一三團	
上等兵	高朝弘一	25	京 都	一二八聯隊第一大隊第一中隊	6月22日	威尼附近	一一三團	
上等兵	小川房夫	23	京 都	一二八聯隊第一大隊第一中隊	6月22日	威尼附近	一一三團	[70]
上等兵	有馬安人	22	京 都	一二八聯隊第一大隊第一中隊	6月22日	威尼附近	一一三團	
上等兵	伊藤宮家	26	京 都	一二八聯隊第一大隊第一中隊	6月22日	威尼附近	一一三團	
二等兵	金子秋太郎	21	東 京	一二八聯隊第一大隊第一中隊	6月22日	威尼附近	一一三團	
兵 長	安本源次	26	東 京	一二八聯隊第一大隊第一中隊	6月22日	威尼附近	一一三團	
曹 長	秋田清園	28	滋 賀	一二八聯隊第一大隊第一中隊	6月22日	威尼附近	一一三團	

---

[69] 《孟拱區戰役》(第五號)，頁 67。

[70] 《孟拱區戰役》(第五號)，頁 68。

上等兵	阪口傳四郎	24	京　都	一二八聯隊第一大隊第一中隊	6月22日	威尼附近	一一三團	
上等兵	上田熊野	23	京　都	一二八聯隊第一大隊第一中隊	6月22日	威尼附近	一一三團	
一等兵	赤間高盛	25	京　都	一二八聯隊第一大隊第一中隊	6月22日	威尼附近	一一三團	
大　尉	田代一	26	東　京	五六聯隊本部技術員	6月25日	孟拱	一一四團	
少　尉	淺野哲二	29	九州佐賀	五六聯隊第三大隊	6月25日	孟拱	一一四團	
軍　曹	橋本文治	25	九州佐賀	五六聯隊	6月25日	孟拱	一一四團	
軍　曹	小野三郎	32	九州福岡	五六聯隊	6月25日	孟拱	一一四團	
軍　曹	濱口善次	26	九州久留米	五六聯隊	6月25日	孟拱	一一四團	71
伍　長	黑田英一	33	九州久留米	五六聯隊	6月25日	孟拱	一一四團	
伍　長	廣瀨武司	25	九州久留米	五六聯隊	6月25日	孟拱	一一四團	
上等兵	坦本竹雄	25	九州久留米	五六聯隊	6月25日	西拉瓦	一一三團	
上等兵	原口馱之夫	25	九州久留米	五六聯隊	6月25日	西拉瓦	一一三團	
上等兵	宮島降正	24	九　州	五六聯隊	6月25日	西拉瓦	一一三團	
上等兵	河江秀祺	23	九　州	五六聯隊	6月25日	西拉瓦	一一三團	
上等兵	狄原源吉	27	九　州	五六聯隊	6月25日	西拉瓦	一一三團	
上等兵	藤井江次郎	21	九　州	五六聯隊	6月25日	西拉瓦	一一三團	
上等兵	川口博次	32	九　州	五六聯隊	6月25日	西拉瓦	一一三團	
上等兵	瀨上野坦	23	九　州	五五聯隊	6月25日	西拉瓦	一一三團	
上等兵	西尾國夫	23	東　京	五六聯隊	6月25日	西拉瓦	一一三團	
一等兵	早瀨平男	22	九州福岡	五五聯隊	6月25日	西拉瓦	一一三團	
一等兵	熊各遠利	22	九州福岡	五五聯隊	6月25日	西拉瓦	一一三團	72
一等兵	神谷千其	22	九　州	五五聯隊	6月25日	西拉瓦	一一三團	
二等兵	吉田伴藏	22	九　州	五六聯隊	6月25日	西拉瓦	一一三團	
二等兵	國本三男	23	九　州	五六聯隊	6月25日	西拉瓦	一一三團	
上等兵	前田山荻野	24	九　州	五六聯隊	7月7日	卡盟公路12哩處	一四九團	
一等兵	西島貞雄	25	九州福岡	工兵十二聯隊第一中隊	7月11日	平道	一一二團	
一等兵	鈴川立安	26	九州福岡	工兵十二聯隊第一中隊	7月11日	平道	一一二團	
一等兵	大田敬三	25	名古屋	武兵團	7月11日	681車站	一一四團第五連	
合　計	43員名73							

71　《孟拱區戰役》(第五號)，頁69。

72　《孟拱區戰役》(第五號)，頁70。

73　《孟拱區戰役》(第五號)，頁71。

第六本
緬北第一期作戰概述

自 民國卅二年十月廿四日起 至 卅三年七月十二日止

軍長兼師長　孫立人

駐印軍新一軍新三十八師司令部編印

中華民國卅三年　月　日

第六本　緬北第一期作戰概述
詳細目錄

---

[1] 《緬北第一期作戰概述》(第六號)，目錄。

緬北第一期作戰概述　戰詳字第六號

自民國三十二年十月二十四日起至三十三年七月十二日止

一、前言

　　本師自三十一年春，奉命出國遠征，參加第一次入緬作戰，迄今三載。憶當年因在緬盟軍作戰上，未能收統一指揮之效，加之對在緬作戰準備時間之倉卒，及敵我空軍及裝備上之懸殊，至影響整個緬甸軍事之失利，其間雖有本師仁安羌之輝煌勝利，然因整個形勢逆轉，因之緬甸戰事隨之黯淡結束，造成歷史上最悽慘的一幕。

　　隨著盟軍整個之撤退，本師忍著極度之悲痛，於同(三十一)年五月底，遵命脫離緬甸戰場，西渡更的宛江，經英法爾轉進來印，駐節比哈省蘭伽整軍經武，以期待著今日反攻之降臨，斯者亦即為我國駐印軍史源之一頁。

　　緬甸雖然淪陷，然其在東亞戰略用兵上之地位豈容吾人忽視，敵軍佔有緬甸，則其在東亞方面可確保有利之態勢，如下表列：[2]

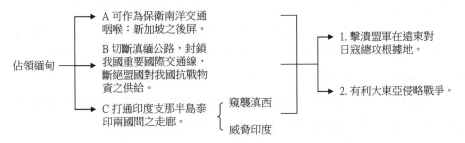

　　故反攻緬甸，重開滇緬路，不獨為我抗戰建國前途所必需，且為盟國在遠東向敵總攻所必先解決之條件。

　　本師秉命在印整訓，深知責任之重大，經年來之辛勤訓練，先後完成諸般特種地形之戰鬥教練，故戰鬥技術之熟練及戰鬥協同動作之精密，俱臻佳境。

2　《緬北第一期作戰概述》(第六號)，頁1。

　　四顧敵軍自佔領緬甸後，即分別將各戰略要點一一佔領，逐次加強兵力，嚴密防守。在緬北方面並以其五十六師團進佔滇西，以為緬北之屏障。更於三十一年秋，由曼德勒東北地區，抽調其號稱精銳之十八師團，以密支那孟拱為根據地，鎮守緬北，以防禦盟軍由緬北之反攻。同時遣其步兵第一一四聯隊深入中緬未定界之虎關區佈防，竭其死力以經營，並以一部尾躡英軍，直趨卡拉卡、塘卡家之線，而進入野人山間。

　　斯時盟軍對反攻緬甸計畫已定，在緬北方面決定以印度列多為反攻根據地，從事積集軍需物品並積極開闢中印公路(起自列多，向南跨越野人山，經唐卡家、新平洋、孟緩、孟拱而接入滇緬公路)，以為反攻之準備。由卅二年元月起，即著手開工。時該方兵力薄弱，加之敵軍時常企圖進擾，為掩護築路及列多基地之安全，當以本師第一一四團為先遣支隊。於卅二年元月廿七日，由藍伽營區乘火車出發，到達列多。時值防守印度邊境卡拉卡、唐卡家一帶之英軍約千餘人，因被日軍襲擊，向後敗退，情況異常緊急。於是當令該團星夜出發，爬山越嶺，趕往救援。旋將該敵擊潰，確保該線，以擔任中印公路之構築，及作師爾後集中之掩護。

　　由於北非軸心軍之肅清，東線納粹德軍之崩潰，義大利法西斯政權之解體，歐洲戰場之形勢已急劇變化。加之年來太平洋戰爭，暴敵屢遭敗挫，因之緬甸戰場更引起盟國之注意。更以我駐印軍兵員之補充漸齊，訓練已臻精到，旋於卅二年秋，本師先後奉命在列多基地區集結完畢，準備反攻。當此之時，緬北[3]雨季將止，漸入作戰有利之時機。

　　十月十日以後，師遵命開始南下，作反攻緬甸之前鋒。自此厲兵秣馬經年之本師，直趨緬北，反攻緬甸之艱巨工作，由計畫而轉入行動。

　　本師自卅二年十月廿四日開始向緬北反攻，擔任先鋒。於十月三十一日起，與敵發生接觸，至卅三年七月十一日打通孟拱、密支那鐵路線止，苦戰九閱月，開中印公路之始，全中印公路緬北段之終。復於八月廿七日派隊由密支那向騰衝推進，謀與國軍取得連絡。九月六日在騰衝西北祖國邊境之甘巴堤，

3　《緬北第一期作戰概述》(第六號)，頁 2。

與我滇西二十集團軍之特務團會師。至此國人所期望至殷且久之唯一國際運輸之中印公路，已暢通無阻，所餘者僅築路之工程問題耳。此種長期艱苦連續之戰鬥精神與時間，已造成世界戰史上最高之紀錄，並獲輝煌之戰果。此皆仰賴最高統帥德威之感召，及我官兵忠勇用命有以致之。茲將戰地狀態、氣候、敵情概況，及各時期戰鬥經過概略分述如次。(作戰行動概見如圖一)

二、戰地狀態

此次本師反攻緬北，所經作戰地區，除進出野人山外，餘即為虎關區，繼而南下為孟拱區，中越傑布班及苦蠻山區。茲將各戰地狀態，及其在戰術上之價值，概略分述如下：

(一)虎關區

虎關區位於中緬未定界，叢山中，為一大四方形盆地，平均面積約 2,800 平方英哩。野人山屏障於北，苦蠻山圍繞於東南，宛托克山則南北縱貫其間，將此盆地隔為東西兩部，東部即孟緩平原，西部即大洛平原，惟後者較小，故虎關盆地實包括此兩者之總稱。因四境皆崇山峻嶺，是故群水均傾注其間，所以[4]境內河流縱橫如織，為更的宛江之發源地。其主要者為大奈河，發源於苦蠻山，灌注於孟緩平原，由東南角向西北斜流至新平洋之南，再轉經宛托克山山嘴，向西南流出，斜貫大洛平原。由此平原西南角出境，而為更的宛江之上游。其他如大龍河、大宛河、大比河、南布河等均在孟緩平原境內，匯流於大奈河。故當雨季群水暴漲，低窪之地盡成濫泛，步履至感維艱。且境內為一原始森林地帶，古木蒼蒼，籐葛荊棘，蔓延遍地，疫疾流行，故在境內用兵實為難事。戰前統計全境居民祇有 7,500 人，現因戰爭關係，均已逃避一空，村落形影，大半已無跡可尋。

至於交通，在孟緩平原方面，由西北角之新平洋起，有山徑北越野人山而通印度列多，由新平洋南下有牛車經於邦、太柏家而至孟緩，繼有未成公路向南通孟拱(此者即現公路線)，惟路面崎嶇，蔓草叢生，實不堪使用。尤以雨季

4　《緬北第一期作戰概述》(第六號)，頁 3。

為甚，一夜之雨路面泥濘足可沒膝，由此可想見一般。此外另有一山路，由境東之巴班出境，向東越苦蠻山脈而通孫布拉蚌，在大洛平原方面，由大洛起亦有山徑北經拉家蘇、卡拉卡，越野人山而通印度立克旁尼，與前述通印度列多之山徑，概略平行。由大洛南下亦有山路經塔時班、龍京而通卡盟，此者即為土民走運鴉片出境之道路。其他另有一小路，沿更的宛江兩岸向西南行而通禾馬林。除上述各道外，外間別無他路可通此境。況此等道路均屬羊腸山道，沿途人煙絕跡，當不宜於大部隊之活動。是故防守虎關區，祇須僅塞諸隘路，則足矣！此實易守難攻之地也。

(二)傑布班山區

傑布班山地，橫亙於虎關河谷，與孟拱河谷之間，亦即為兩區之分界線，係兩區河流之分水嶺。卡盟公路縱貫其間，北通虎關而入印度，南下卡盟而達密支那，南北縱長約 20 英里。其間丘陵起伏，深溝高塹，樹高林密，地形極為複雜。地勢向北急傾，南向緩斜，東西兩側，山嶺重疊，平均標高常在 4,000 英[5]尺以上，山路崎嶇水源缺乏，居民絕跡，誠為用兵之難地。傑布班以南即為孟拱河谷，地勢平坦而狹長，狀若剖開之竹筒。而傑布班即為竹筒之節，天險形成，實為卡盟北部唯一重要之門戶。攻者若單沿公路，採取正面攻擊，成功實屬匪易；若行迂迴，則兩側萬山叢集，艱難險阻，更非裝備與訓練低劣之軍隊，所能克服，能實適於防禦，而不利於攻擊之隘路也。

(三)孟拱區

孟拱河谷地形狹長，南高江縱貫其間，東西橫寬約 6 英里，由沙都蘇以至孟拱間，縱長約 55 英里。河谷東部一帶，茅草叢生，視界開闊，部隊行動，不僅暴露，而乾季草枯，易受火攻，且河溝縱橫，機械化部隊之運動，亦受限制。以東即為密林地帶，連接大山，正面狹窄，易於扼守。再東為苦蠻山系，山巒起伏，陡峭攀登不易，且荊棘叢樹，夾雜密生，行動通視備極障礙，易守難攻，允稱絕壁，因雨尤甚。

(四)其他

5　《緬北第一期作戰概述》(第六號)，頁 4。

緬北土質鬆軟，經雨泥濘，其深沒膝。而大小河川每經大雨，水勢暴漲，平地氾濫。六月至九月間部隊行動大受阻礙，並以天時多雲，空軍活動，亦受影響。本區一屆雨季，螞蝗遍地，蚊蟲特多，瘧疾盛行，倡狂無比，此外斑疹傷寒及痢疾之流行亦為普遍。

三、天候氣象

(一)天候

緬北天候，分為雨旱兩季：自五月下旬起，至十月底止為雨季，天氣較涼，霪雨連綿，潮濕極重；十一月以後，即為旱季，天氣晴和，絕少降雨，惟早晚濃霧，入夜漸涼。四月以後，天氣漸熱，至五月[6]中旬，即為旱季之末，天氣酷熱，通常在華氏 120 度左右，極易中暑。

(二)光線

虎關區冬季日出時刻為七時二十分，日沒為五時；春季日出時刻為六時四十分，日沒為五時五十分。孟拱區夏季日出時刻為六時，日沒時刻為七時十分，森林中夜間異常黑暗，相距咫尺，不能見物，故夜間運動困難。

(三)雨量

虎關區全年平均雨量為 200 英寸(與孫布拉蚌區同)，最高為 250 英吋。孟拱區全年平均雨量為 150 英吋。

四、戰鬥經過概況

(一) 第一期 據點攻略：攫取大龍河

——卅二年十月廿四日至卅二年十二月二十九日——

緬敵第十八師團，自受命以密支那、孟拱為根據地鎮守緬北後，當以其步兵第一一四聯隊深入虎關，嚴密佈防。並遣其步兵第五十五、五十六兩聯隊之各一部，混同敵五十六師團，攻擊我滇西固東、固永、片馬一帶。時敵聲威嚇嚇，勢燄凶頑。

6　《緬北第一期作戰概述》(第六號)，頁 5。

其在虎關方面一一四聯隊一部，以大洛為根據地，防守大洛平原，主力則以孟緩為根據地，鎮守孟緩平原，以圖妨害我軍之反攻。在孟緩平原西北角大龍河右岸至新平洋間之三角地區(查新平洋為該方面印緬交通之樞紐)，該敵以新平洋為前進據點，構築堅強工事，並沿大龍河右岸下老、寧邊、桐楊、于邦、康道各地，分別構築堅強之據點工事，以為防守虎關初期之主要抵抗線，積極採取守勢。更在寧幹及其[7]以南附近地區，設立堅強據點，以補其大龍河右岸及八字陣地之不足。

敵企圖係以此星羅棋佈之據點陣地，阻止我軍攻勢。復施其慣技，分兵四出，擾亂我後方交通線，使我處處受其威脅，甚而陷於孤立，然後相機集中其有力機動部隊，包圍我先遣部隊，而擊破之。

時本師奉命為反攻緬甸之前鋒。當以第一一二團為先遣部隊，預期攻佔大洛至大奈河與大龍河交流點，迄下老家之線，以掩護新平洋飛機場建築，及作後續部隊安全進出野人山之掩護。

十月廿四日奉總指揮部命令，我第一一二團分三縱隊，由卡拉卡、唐卡家之線，同時向指定目標分進。

「第三營為右縱隊，由卡拉卡進發，經那醒奴陸向大洛區攻擊」。由於大洛區地形特殊，依當時狀況及戰術上之著眼，係以該營(右縱隊)擔任牽制大洛區之敵，以警戒師右側之安全，故令其以主力佔領拉加蘇高地，以瞰制大洛，並派出適當兵力佔領大洛西北岸要點，以牽制該方敵之行動。「十一月一日該營(第三營)經一晝夜之猛攻，當將拉家蘇敵陣攻佔」。爾後即確保該地，並不時分別派小數部隊四出向大洛之敵行搜索襲擊，而牽制該敵使其無暇與孟緩平原方面防守之敵相呼應。自此以後，該營即始終與敵保持接觸。

團部及第一營為中央縱隊，十月廿四日由唐卡家進發，經唐卡沙坎，清羅沙坎，直趨南下，十月二十九日，攻克新平洋，三十日攻克寧幹，繼而南下向於邦之敵攻擊。

第二營為左縱隊，十月廿四日由唐卡家進發，闢道經海條由北而南，主力

7　《緬北第一期作戰概述》(第六號)，頁6。

對下老、寧邊之敵陣施行側面攻擊，同時以一部由(第五連)鑽隙迂迴，攻擊於邦，期以迅雷驟雨之勢，對敵各據點同時攻略，使敵各據點守軍無法相救援。十月三十一日第二營主力，開始向下老之敵陣施行果敢之攻擊。經一旬來之反復攻擊，迄十一月十一日下午，將下老敵陣完全攻略。其一部第五連於十月三十一日亦接近於邦與敵發生[8]接觸。為求迅速擊潰大龍河右岸之敵，於十一月一日遂令飭第一營以一連固守康道及寧干，一連對寧邊之敵攻擊，餘即會同第五連對於邦敵核心陣地攻擊。

此時之敵，乃憑藉于邦既設陣地工事之強固，頑強死守，以待其後續部隊之到達。奈本師當時兵力之使用，受到指揮部嚴格之限制，兵力既感薄弱，且又無砲兵及迫擊砲之支援，故對敵堅強陣地之攻擊，無法能迅速摧毀，至今仍引為憾事。

十一月四日以後，敵第十八師團先將其第五十五、五十六兩步兵聯隊，由滇西方面抽出，星夜利用汽車輸送，轉向大龍河增援，並在大龍河左岸展開。山砲兵第十八聯隊，及挺進重砲兵獨立第廿一大隊來虎關區。其師團司令部亦由密支那推進來喬家、太柏家間，指揮其增援部隊，積極強渡大龍河向我反撲。(此時其第一一四聯隊亦陸續抽回密支那防守及整補)

此時于邦之敵陣雖被我三面包圍，一面背水，然我軍因正面過廣，且係叢林地帶，通訊連絡極感不便，加之敵大量增援，致處處感覺兵力薄弱。

十一月十一日以後，該敵愈逞兇頑，企圖更為積極，每夜利用砲兵之掩護，強渡寬約二百公尺之大龍河，積極增加前線，企圖乘我後續部隊未到達前，將我先遣部隊包圍而殲滅。時我亦抽調防守寧干之一連增加于邦正面，所遺之防務不得不以正在新平洋修築機場之工兵連暫行接替。當時兵力之不敷與情勢之危殆概可想見。

為解救當時之危局與情況不利之變化，當向指揮部申請將本師駐唐卡家、卡拉卡之第一一四團開赴增援，然總部以補給困難為詞，並云敵絕無此強大兵力在虎關作戰，更不信敵有砲兵支援，強詞偏見，實不可理喻，致未獲邀准，

8　《緬北第一期作戰概述》(第六號)，頁7。

自此以後，于邦前線之攻擊戰鬥，遂陷於苦境。**9**

　　迄至十一月廿二日夜止，敵五十五、五十六兩聯隊已全部渡過大龍河。我第一營之後路，遂為敵五十五聯隊所切斷，而陷於互相包圍之狀態。擔任攻擊寧邊之一連，亦常為敵步兵五十六聯隊派出之加強大隊所反攻。整個大龍河至新平洋間三角地區，遍皆受敵滲進部隊所擾亂，並常發現其小數部隊滲入野人山之清羅、沙坎附近。

　　其時幸賴我官兵奮勇沉著，時予來犯之敵以重創，雖敵兵力五倍於我，亦終未獲逞。

　　我第一營自被敵增援隊反包圍後，敵先後對該營施行十餘次步砲連合之大反攻。結果均被擊退。如此敵我相持月餘，我第一營官兵被圍不驚，且勇敢沉著時予優勢來犯之敵以重創，始終保持其陣地，屹然不動，殊屬難能可貴。且被圍後飲水斷絕，官兵即砍野芭蕉、毛竹藤葛取水以度日。雖處境艱危，然官兵泰然自若，毫無畏懼更屬難能。

　　事既如此，乃復向總指揮部據情交涉。始得允許增援，由十二月十四日起，我步兵第一一三、一一四兩團及砲兵第二營始得陸續趕赴前線，抵達新平洋附近，於是危急之大龍河前線始轉危為安。

　　此時本師既得到兵力之增加，於是重策計畫，一面增兵向於邦正面之敵據點攻擊，同時以鉗形之勢，由兩翼渡大龍河夾擊敵後，迫使於邦之敵崩潰，期於大龍河畔將該敵捕捉而殲滅。

　　十二月廿一日，師長並親率所要幕僚，先趨赴寧干指揮。當令一一四團第三營為右支隊，從康道方面渡大龍河，沿大奈河左岸地區向太柏家方面攻擊；令一一二團第二營(欠第五連)為左支隊，將下老防務移交一一三團第三營接替後，即由下老方面秘密渡大龍河，沿大龍河左岸密林地區，闢路向太柏家方面攻擊；以第一一四團之主力，並附山砲兩連，直趨于邦正面，期將于邦敵陣一舉攻略，以肅清大龍河右岸頑敵。

　　十二月廿三日我對于邦行正面攻擊之各部，均按計畫就攻擊準備完畢。次

9　《緬北第一期作戰概述》(第六號)，頁8。

晨(廿四日)開始攻擊，先以山砲向敵陣施行一小時之攻擊準備射擊，繼以步兵實行果敢之衝鋒。此時總指揮史迪威亦親臨前線觀戰。如[10]此經一週連續之攻擊，卒於十二月廿九日晨，將于邦敵陣完全攻佔。該敵陣計縱深為 400 碼，橫寬為 800 碼，設有極堅固之鹿砦，及其他之副防禦。是役計擊斃敵經切實查明者有：管尾隊長以下軍官 11 員、士兵 173 名，均遺屍於陣內。其他無法查計者當不在少，造成于邦大捷，從此大龍河右岸地區全為本師佔領。

　　戰鬥成績：由卡拉卡、唐卡家之線，向虎關盆地及大洛盆地推進，進展約 75 英里，佔領拉加蘇、康道、於邦、寧邊、下老之線，先後攻佔大龍河右岸地區及拉加蘇附近敵之村落及大小據點共 27 處，佔領面積約為 1500 平方英里。大小經 90 餘戰，斃敵 1500 餘名，生俘敵兵冬木一郎等 16 名，虜獲輕重機鎗 17 挺，手鎗 5 枝，步鎗 200 餘枝，步機彈 30000 餘發，及裝具甚多。

(二) 第二期　兩翼包圍太柏家攻佔

　　——卅三年一月一日至二月二十二日——

　　于邦敵最後堅強據點自被我攻佔後，大龍河右岸地區之殘敵，先後全被肅清。

　　師旋奉命有繼續將當面之敵，驅逐於太柏家以南、甘家以東之線之任務。

　　於是重新部署，由兩翼包圍重點保持於右翼，以鉗形之攻勢將當面之敵在太柏家附近包圍殲滅，當以第一一四團附山砲兵第二營(欠第四連)工兵第一連為右翼隊，即沿前右支隊之前進路(右支隊改歸該團建制)。東越孟羊河進擊太柏家。以第一一三團(欠第二營)附山砲第四連為左翼隊，在臨濱方面渡大龍河，向太柏家夾擊。第一一二團第二營為左支隊繼續由下老渡河向甘家攻擊，驅逐該方之敵，歸一一三團團長指揮。其餘為預備隊，位於寧干附近，擔任大龍河右岸地區之守備，並確保大龍河右岸。(卅年元[11]月八日，第一一二團第三營將拉加蘇防務移交友軍完畢，返抵寧干還歸建制)

　　此時之敵，經在大龍河右岸敗北後，退守太柏家及其東西之線，主力在太

10　《緬北第一期作戰概述》(第六號)，頁 9。

11　《緬北第一期作戰概述》(第六號)，頁 10。

柏家以西地區，憑藉兩側宛托克山及大奈河為依託，及正面孟羊河等河川地障之險要，構築數地帶之堅強據點陣地，以阻止我右翼隊之進出。師團司令部則撤回星班(在孟緩南 2 英里)，我右翼隊當以果敢之攻擊，迄二月十九日止，先後將孟羊河附近之敵據點完全攻佔，扼守之敵無一得以生還。右翼隊前鋒遂進抵太柏家之南森邦卡附近，將公路截斷，直接威脅太柏家區之敵。迄二月廿一日將森邦卡迄大奈河渡口之殘敵完全肅清。左翼隊同時以敏捷之行動，於一月十四日將大堡家攻佔，繼而南下對太柏家之敵夾擊。此時于邦對岸喬家之敵陣不攻自潰。二月一日左翼隊於是將太柏家完全攻佔，並與右翼隊會合；左支隊於一月十七日亦將甘家攻佔，同時向南壓迫，一月廿九日攻佔丹般卡，二月十九日攻佔拉安家，於是殲敵完成被驅逐至大奈河以南地區。

　　戰鬥成績：由下老、寧邊、于邦、孟羊河之線，渡過大龍河及孟羊河，繼續向南攻擊，進展約 20 英里，佔領森邦卡、太柏家、拉安家、丹般卡、甘家之線。左翼隊先後攻佔大龍河左岸以東地區，敵之村落及大小據點 26 處；右翼隊先後攻佔大奈河左岸地區敵之村落 16 處，佔領面積約為 750 平方英里。大小經 70 餘戰，斃敵 1100 餘名，生俘敵兵田中信一等 6 名，虜獲輕重機鎗10 挺、步鎗 90 枝、擲彈筒 3 個、手鎗 4 枝、步機鎗彈 15000 發，裝具及重要文件極多。

(三) 第三期　左翼迂迴瓦魯班大捷

　　——民國卅三年二月二十三日至三月九日——

　　敵遭慘敗後，主力即向南潰退，在孟緩及瓦魯班附近地區集結(其師團司令部在瓦魯班東側附近之昆年[12]卡)，並以一部在腰邦卡、拉征卡，及沿大奈河、大宛河之線，設置掩護陣地(收容陣地)，企圖再戰。

　　時本師奉命為軍之左翼師，有繼續向當面之敵攻擊之任務，當分兩翼隊，展開於拉貌卡、丹般卡之線，計畫先向大奈河與拉曼河所成之三角地區攻擊，掃蕩餘敵，擊破該方敵之收容陣地，使主力迅速進出拉曼河，期對敵主力集結地區攻擊。

12　《緬北第一期作戰概述》(第六號)，頁 11

當於第一一二團第三營為右翼隊，即在拉貌卡附近地區集結，向丁克來卡、大林卡、曼渣卡攻擊前進；第一一三團(欠第三營)為左翼隊，在丹般卡以東地區附近集結，經恩藏卡向丁宣卡、馬高瓦卡道攻擊前進。

當時敵在此三角地區仍留置其五十六聯隊約一大隊以上之兵力，附山砲 4 門，利用預行構築之堅固工事，及河川之障礙，企圖頑強抵抗，阻止本師南下。

二月廿四日我兩翼隊先後就開進完畢，當向該敵攻擊前進。二月廿六日右翼隊將沿途之敵擊潰後，在雷達附近敵前渡過大宛河；左翼隊亦於廿七日將沿途之敵擊潰後，在馬高附近強渡大宛河。兩翼隊直趨深入敵後，繼續向拉曼河畔攻擊。三月二日下午，右翼隊攻佔拉曼卡道，三月三日左翼隊攻佔瓦卡道，於是拉曼河以北又為本師攻佔。殘敵因見本師深入之迅速，紛紛繞道向東南地區逃竄。敵軍戰鬥意志完全喪失，竟有舉手投降者。時本師左側翼之美軍麥支隊(以步兵一團為基幹)，得本師之掩護，由超卡方面以避實就虛方法，由無敵人之空隙中繞道，逐步向瓦魯班方面行滲透前進。於是當飭令左翼隊(第一一三團)以果敢之行動，迅速渡過拉曼河，繞道經拉樹卡、散道卡、山那卡、衛樹卡，向瓦魯班敵主力集結地區迂迴攻擊，遮斷其歸路；正面飭交由第一一二團負責肅清殘敵，繼而向衛樹卡附近推進，阻止敵主力向東逃竄。

三月七日第一一三團全部迫近瓦魯班東側，與美軍麥支隊取得連絡。其時麥支隊在瓦魯班河東岸地區[13]被敵猛烈襲擊，乃向衛樹卡方面後撤，在撤退中遺棄鎗械砲彈、無線電話機及其他裝備甚多，拋盔卸甲，其狀頗為狼狽，復更撤退至西高卡(在瓦魯班東北約 11 英里)。我一一三團以獨立作戰之精神並求迅速完成任務計，當本切斷敵後方唯一交通公路之目的，即以第三營第八連向瓦魯班之南泰諾攻擊，並以第二營向瓦魯班之敵圍攻。當發生激戰，至三月九日敵以後方交通被切斷無補給，且無退路，因此敵陣大亂，企圖向西南密林中逃竄。結果敵大半就殲，整個崩潰，造成瓦魯班之大捷。

戰鬥成績：向南進擊越過大奈河拉曼河進展 70 英里，先後攻佔丁克來

13　《緬北第一期作戰概述》(第六號)，頁 12。

卡、雷達、大林卡、拉曼渣卡、清南卡、恩藏卡、丁宣卡、上中卡、馬高、丁格稜卡、瓦卡道、拉樹卡、沙魯卡道、利杜卡、西高卡、衛樹卡、卡山卡、拉幹卡、瓦魯班、秦諾、散道卡、沙堡卡、杜卡、道卡、加高卡、巴班、拉康道、開道卡，等大小村落及敵堅固據點 190 餘處，佔領面積約 1200 平方英里。大小經 90 餘戰，斃敵 1300 餘名，騾馬 71 匹，其遺屍於陣地已確查知者558 具，生俘敵兵小川義人等 14 名，虜獲步鎗 16 枝，輕重機鎗 5 挺，砲彈5000 餘發，步鎗彈 155000 發，輆車 32 輛，卡車一輛，器材裝具甚多。

(四) 第四期　迂迴攻佔拉班傑布班敵陣瓦解

——民國卅三年三月十日至三月三十一日——

敵為阻止我大軍南下，以求得其在卡盟區作戰準備時間之餘裕，遂仍糾集該師團第五十六聯隊殘餘敗眾，附重砲 2 門，山砲兩中隊據守丁高、沙坎以南，沙杜渣以北傑布班山區，憑藉地形之天險，及既設陣地之堅固，頑強抵抗。時友軍新二十二師乃繼續沿卡盟公路南下，向該敵行正面攻擊。**14**

本師遵令當以步兵第一一三團，附山砲一連，由左側山地闢道迂迴攻擊敵後拉班，以策應我正面新二十二師南下之攻擊。

三月十四日，我第一一三團(附山砲一連)在瓦魯班東北地區附近集結完畢後，當取道由東側苦蠻山脈冒極大之艱苦，向南急進，迄三月廿七日夜全部進出山地，迫近拉班東側。廿八日侵晨，我一一三團出敵意表，突然渡過南高江，向拉班攻擊。敵卒不及防，倉惶應戰。拉班敵陣，遂被我一舉攻略。敵後方主要交通公路，乃為我切斷。繼而向北急進，夾擊傑布班山區之敵。廿九日我復將沙杜渣攻佔。此時之敵恐遭聚殲，於是拋械棄彈，向西南遺退。傑布班山區旋即為我完全攻佔。

戰鬥成績：攻佔西燕卡道、卡庫卡道、拉班、沙杜渣等村落及大小據點15 處，佔領面積約 300 餘平方英里。大小經 20 餘戰，斃敵 450 餘名，虜獲卡車 3 輛，一五○重砲 1 門，四七平射砲 1 門，步鎗 137 枝，輕機鎗 1 挺，砲彈70 發，步機鎗彈 36 箱，其他器材甚多。

14　《緬北第一期作戰概述》(第六號)，頁 13。

(五) 第五期　深遠迂迴攻佔色當卡盟

——民國卅三年四月一日至六月十六日——

敵軍第十八師團，自傑布班山區因被我一一三團迂迴攻佔拉班及沙杜渣兩重要據點，切斷後路，而陷於彈盡糧絕，整個向西南潰退後，其時該師團之一一四聯隊主力(原在密支那)，及五十六師團一四六聯隊全部，已到達孟拱河谷增援。敵除以五十六聯隊主力，在南高江西岸地區阻我新二十二師前進外，其五十五聯隊、一四六聯隊與一一四聯隊之一部，均經補充完畢，集結於南高江以東地區，並沿拉克老河、馬諾卡塘(1725)高地之線據守，欲憑藉險要之地勢，及既設之堅固工事，企圖對我頑抗，並相機反攻，[15]期挽救屢敗之頹勢。

我一一三團於攻佔拉班及沙杜渣後，即乘勝向南追擊。四月三日其第一營已攻佔巴杜陽，並繼續向南推進。我右翼新二十二師，在南高江西岸之瓦康以北地區，與敵五十六聯隊主力對戰中。師左側美軍麥支隊，自三月廿四日在銀坎卡塘公路附近，因敵反擊被迫經大弄陽、蠻平、瓦蘭、奧溪、潘卡，山興洋之路線後退，當被約一大隊之敵跟蹤追擊。該支隊之第二營，現仍被敵包圍於恩潘卡地區。支隊主力向敵反攻，企圖解第二營之圍，屢攻不克。四月四日以後，支隊部與第二營之無線電亦不通，陷於情況不明，形勢異常緊急。

我一一二團第一營，以支援美軍麥支隊，由大德卡挺進到達山興洋以北地區。

四月五日，本師為軍之左翼隊，迅速南下向卡盟攻擊，本師鑑於當時之狀況，感由正面攻擊，不僅糜費時間、消耗兵力，且不易成功，加之雨季將屆，故仍決以蹈瑕攢隙方法，由最困難地形中闢路迂迴前進，攻擊敵之側背，迫使敵於陣地外與我決戰而擊滅之。當令一一二團(附山砲一連)於四月七日，由駐地(指尤家以東地區)以汽車輸送至沙杜渣下車後，向巴杜陽附近前進，爾後即沿東丁克林東側，沿南沙河經蕩板山開路，向瓦蘭西側地區前進，到達 SC45.58 瓦蘭及 SC4476 交叉路之線後，確保該線，夾擊恩西以北之敵，並隨時準備南下進擊卡盟；令一一四團(附山砲一連、工兵一排、無線電五班)，於

15　《緬北第一期作戰概述》(第六號)，頁 14。

四月八日起,分批由現駐地(尤家)用汽車輸送至沙杜渣下車,集結完畢後,向巴杜陽前進,在丁克林之線,超越一一三團,向卡盟攻擊前進;令一一三團繼續對當面之敵攻擊,俟一一四團超越該團攻擊前進後,即在丁克林之線停止,為師之預備隊。

自四月七日起,本師各部隊均遵命開始行動。四月十五日,第一一二團所經路線,純為懸崖削壁,[16]異常險峻,僅人可攀援,騾馬不能通行,當即電令配屬該團之砲兵連,即歸還建制,該團團屬騾馬部隊,亦均撤退返拉班附近。

四月十八日第一一四團已先後突破敵前進據點,進抵拉克老河北岸之線。該線為敵五十五聯隊之第一線陣地,工事異常強固,敵步砲兵火力均極活躍。為使該團能迅速摧毀攻佔該地敵陣計,當令飭砲兵第二營(欠一連)配屬該團使用,在山興洋——潘家地區之美軍麥支隊,因我一一二團第一營之支援,並因一一二團主力由南沙河迂迴,向瓦蘭西側前進後,圍攻該支隊之敵,感受側背威脅,乃自動棄圍後撤,該支隊第二營之圍遂解。四月廿日奉到總指揮部命令,著本師在考龍卡地區之一一二團第一營,即前往接替麥支隊山興洋——潘家之防務,該支隊即後調至大德卡地區休息整理。師奉命後,即轉飭該團長,並逕電該營長遵照行動。

四月廿二日,一一二團先頭部隊,已確實佔領 SC4580 之叉路口,團主力正對瓦蘭、芒平準備攻擊中。是日復奉到總指揮部命令,著該團在山興洋地區之第一營,迅速推進至高利奧溪地區。其時高利奧溪均尚為敵軍佔據(即前圍攻美軍麥支隊之敵),當即電飭該營迅即攻佔該地,俾得與團主力協力夾擊瓦蘭之敵。自四月廿日至廿四日間,我一一二團以神速秘密之行動,出敵不意突然攻佔瓦蘭西側地區,以至芒平之線完全截斷,卡盟至瓦蘭及的克老緬間敵之主要交通線。由敵陣地間隙楔形突入,敵在河谷第一線陣地後方達 20 英里,使師正面及卡盟地區之敵,感受奇重威脅,形成河谷區全軍最有之態勢,同時敵第五十六師團一四六聯隊一大隊之兵力,主對芒平及瓦蘭西側我陣地,連日猛烈反攻,均被我擊潰,是時師正面第一一四團旬日來,以奮發充溢之士氣,

---

16 《緬北第一期作戰概述》(第六號),頁15。

優越之戰鬥技能，冒敵猛烈之砲火，節節向南壓迫，敵憑藉堅固工事，頑強死抗，寸土必爭，戰況異常激烈，我官兵以再接再厲之精神，先後攻陷敵堅強據點十餘處，[17]迄四月廿四日，該團已進抵(1225)高地——的克老緬北端——SC3191 之線，繼續與敵激戰，由是役虜獲敵之陣地配備要圖中得悉，該線為敵五十五聯隊之第一線陣地，而其以南之東西瓦拉，及其以南山地區為該敵之第二線陣地，其配備縱深極大，工事構築甚為堅強，且地勢險要，居高臨下，易守難攻，是日(廿四日)復奉總指揮部命令，著本師即以最大兵力，四月廿七日以前佔領芒平、青道康，拉瓦地區，並確保之，一一二團第一營著即歸還建制。

　　奉命後考慮當時之敵情地形，以左側地區我一一二團已獲得有利之態勢，應利用並擴大其成果，極力向敵之側背壓迫，且敵之正面陣地縱深極大，工事堅強，扼山林川澤之險，處處居高臨下，若從正面逐漸仰攻，不僅耗費時日，更易招致極大之損害，故擬以一部兵力繼行攻擊的克老緬附近之敵，主力轉用於高利以南地區，擊破瓦蘭附近之敵後，進佔芒平、拉瓦之線，切斷敵之後路，同時另以一部兵力佔領大班，掩護師側翼之安全，使正面之敵既感有側背威脅之恐慌，復受後方退路斷絕之危險，極易演成全線潰退之慘象，如此師之任務，亦可迅速達成，惟本師是項攻擊計畫，呈送指揮部未獲同意，蓋當時總部對本師當面之敵情不明，地形尤不熟習，故堅持以全力遂行正面攻擊之成見，不得已乃改變計畫，雖係由正面攻擊，然仍設法保持重點於左翼，施行左側迂迴，然受地形之限制，致爾後之戰鬥，極為艱苦。當於四月廿七日，令飭一一三團(欠第二營)，尅日推進至 SC315910，沿拉克老河至馬諾卡道附近高地之線，接替第一一四團在該線之防務，並與第一一四團協力相機向南進出，擊滅當面之敵，令一一四團迅即以主力擊滅的克老緬附近之敵後，以一部向東瓦拉進出，主力迅速經拉吉進佔大弄陽，威脅敵之左側背，將敵包圍於戰場而殲滅之，令一一二團主力迅速擊破當面之敵，佔領瓦蘭，一部同時迅速擊破奧溪之敵而佔領之，迅速與主力會合，保持由瓦蘭至山興洋之交通線，俾便於爾

17　《緬北第一期作戰概述》(第六號)，頁16。

後之進出及補給，該團佔領芒平之第[18]七連，應堅守該地，該敵退路。五月六日第一一二團主力，正對瓦蘭攻擊中，其時原在該團左側後大德卡地區之友軍，已奉令東開，師為減少該團側背顧慮，俾得以迅速攻佔瓦蘭計，乃於當日令一一三團即派步兵一連(第六連)於五月八日以前，抵達山興洋地區擔任警戒，迄至五月四日，我右翼友軍新二十二師，主力尚與敵五十六聯隊主力在馬拉高相持不下，十餘日來，毫無進展，是時我一一二團第二營已將瓦蘭據點，憑極度堅強工事頑抗之敵五十五聯隊第一大隊，全部包圍。我第一一四團於四月廿七日攻克的克老緬後，乘勝推進迅速突破敵五十五聯隊主力之第二線陣地，攻克東瓦拉拉吉等重要堅強據點，並於五月十二日攻克大弄陽肅清該地至芒平間之殘敵，與第一一二團之部隊會合，遂將敵五十五聯隊全部包圍於大弄陽西北地區，師除積極掃蕩被包圍之敵外，為使全軍作戰有利為目的，決以主力由芒平、瓦蘭地區繼續迅速南下攻擊，攫取西拉瓦之線，以威脅卡盟及其以北地區敵之側背，當令一一三團(欠步兵二連)為右翼隊，以一部由孟拱河東岸谷地連繫新二十二師，協力攻擊前進外，以主力迅速掃蕩瓦拉馬蘭卡勞地區之殘敵，並確保之，令一一四團(附山砲二連、工兵二排)，為中央隊除確保已佔領地區外，並迅速肅清卡湯康、沙姆蘭至大弄陽以北地區間之殘敵，爾後即越過曼平河接替第一一二團第三營之任務，沿坡苦姆及 SC4274 之三叉路之線攻擊前進，並確保該線，然後再以小數兵力向卡盟方向佯動，牽制敵之主力，使我一一二團進出容易，令一一二團(附山砲一連、工兵一排)為左翼隊，須迅速攻佔瓦蘭而確保之，其主力即沿瓦蘭班大班之線，攻擊前進，佔領東西拉瓦之線，而確保之，該團第三營俟第一一四團越過曼平河東岸，接替該營攻擊任務後，即沿△680高地，青道康，及西拉瓦之線，攻擊前進，與該團主力會合。

　　五月廿一日綜合各方情報得知：(一)當面之敵因傷亡重大，其兵力已全使用第一線，後方卡盟附近兵力，必甚感空虛。(二)我右翼友軍新二十二師，仍與敵五十六聯隊之兩個大隊，在馬拉高以北之線對峙中，廿餘[19]日來，仍無進

18　《緬北第一期作戰概述》(第六號)，頁 17。

19　《緬北第一期作戰概述》(第六號)，頁 18。

展。(三)我友軍中美混合部隊,五月十七日已進抵密支那近郊,對密支那攻擊中,師長鑑於緬北雨季瞬息將至,應採取積極手段,從速攻佔卡盟,南下攫取孟拱,策應密支那地區友軍之作戰,早日解決緬北戰局,實屬必要。按卡盟位於南高江西岸,原屬新二十二師作戰地境,惟該師與敵在馬拉高之線對峙廿餘日,尚無進展,是時本師正面已較新二十二師正面突出 20 英里,形勢極為有利,設使本師謹遵總部命令,進佔東西拉瓦之線,以待我右翼友軍南下攻擊卡盟,則不僅徒延時日,且足與敵以增援加強之抵抗之良好機會,故為使全盤戰局有利計,不拘泥於作戰境界而分畛域,乃決心以主力迅速南下攻擊卡盟,期將敵包圍於卡盟以北地區而殲滅之,及使我右翼友軍之進展容易,並防止敵乘機逸出戰場,及求得時間上之迅速計,遂決定以一部由正面對敵牽制,主力由敵配備之間隙,錐形突進,秘密迂迴南下,偷渡南高江切斷卡盟以南敵之主要交通線,然後向北進擊卡盟,遂於五月廿一日令飭一一二團(配屬部隊仍舊該團騾馬暫留奧溪附近待命),為第一縱隊,以一營兵力繼續圍困瓦蘭之敵,主力俟第三營之任務交與第一一四團接替後,即在奧溪、瓦拉間地區集結,於五月廿一日開始行動,向東南迂迴,經大奈河、瓦拉、棠吉河、西涼河、拉高、之線秘密前進,佔領拉高後迅速渡過南高江,一舉襲佔卡盟而確保之,令一一四團(配屬部隊同前)為第二縱隊,於二十日以一營兵力接替第一一二團第三營之任務外,餘對當面之敵,繼續掃蕩,並有隨時候令行動之準備,爾後行動時,即由芒平以南經大班青道康之間山谷,迅速開路南下,攻擊卡盟,期與一一二團協力將敵包圍於卡盟而殲滅之,令一一三團為第三縱隊(師司令部及直屬部隊隨行),對當面之敵仍繼續掃蕩,並有隨時候令行動之準備。命令下達後,我官兵忠勇奮發,服行任務,各團先後攻佔沙勞、馬藍及瓦蘭等重要據點,將被包圍於大弄陽西北地區之敵,掃蕩無餘,是時一一二團以果敢秘密之行動,攜 4 日糧作 7 日行,攀高山涉深溪,冒霪雨日夜開路挺進。於五月二十六日十三時,在卡盟以南約[20]4 英里之地區,全部游泳渡過狂濤洶湧之南高江。廿七日該團以神速之行動,一舉突佔色當,並迅速沿公路向南北兩方蓆

---

[20] 《緬北第一期作戰概述》(第六號),頁 19。

捲，將卡盟區敵軍用物資總囤積地區，完全佔領，並截斷卡盟區敵唯一主要交通線(卡盟至孟拱公路)，卡盟及其以北地區之敵，不僅陷於彈盡糧絕，且後方之通信連絡，運輸指導等機構，皆被我摧毀擊滅，敵十八師團遂整個陷於紛亂崩潰狀態。

其時卡盟區之敵，因在卡薩間切斷鐵路之英軍，已被擊退，敵援軍繼續而來，第二師團第四聯隊全部，及五十三師團之一部，已進抵卡盟區附近，本師為應付當時之狀況，遂決心以迅速攻佔卡盟及乘機襲佔孟拱之目的，當令一一二團(附山砲兵第四連)主力確保既佔地區，待第一一三團到達拉芒卡協同攻佔卡盟而確保之，該團第二營迅速將瓦蘭防務，交第一一三團第六連接替後，即循該團主力經路推進，儘早與團主力會合，原配屬該營之砲兵第五連，著留置瓦蘭附近暫歸一一三團第六連連長指揮，該兩連俟師部通過瓦蘭向南推進後，即各歸還建制，令一一四團(附工兵一連)即將芒平附近防務，交一一三團之一營接替後，即由芒平附近經大班青道康之間隙，錐形潛入南下突佔拉芒卡道、拉瓦各要點，截敵後路而確保之，爾後即以一部進佔丹邦卡、大高、巴道陽、丁克蘭之線，並須向南控制通孟拱各隘路口而扼守之，令一一三團(欠一連)即以一營接替第一一四團在芒平以南地區之任務，並迅速向南擊滅當面之敵，俟在西瓦拉地區與一一四團部隊會合後，迅即西向攻佔支遵，向卡盟攻擊，該團主力仍繼續肅清現在當面之敵，並隨時候命推進至大弄陽附近集結，經瓦蘭、大班向拉芒卡道附近推進。

卡盟之敵，於廿八日以後被我切斷公路斷其連絡線後，極感痛苦，乃以新到增援之生力軍第二師團第四聯隊全部、五十三師團一二八聯隊、一五一聯隊各一部，及十八師團一一四聯隊之一部，共約二個聯隊兵力，附重砲 4 門，野砲 12 門，速射砲 10 餘門，中型戰車部隊，向我一一二團南北兩端陣地猛烈反撲，[21]企圖打通其生命線，以挽救整個崩潰之危局，遂展開激戰，慘烈空前，經 21 天劇烈戰鬥，迄六月十六日該團先後共殲敵大隊長增永少佐以下官兵 1730 餘名，始終確保佔領地區，使卡盟及其以北地區之敵，糧彈補給，陷於

21　《緬北第一期作戰概述》(第六號)，頁20。

斷絕之慘境，敵雖不惜集結重兵，分由公路南北地區兩端，向我一一二團屢次瘋狂反撲，企圖打通其生命線，結果均遭失敗，故不得不放棄馬拉高以南至卡盟，凡20英里之既設堅固陣地帶整個崩潰。

一一四團主力於五月二十八日，遵命在芒平附近地區集結，當經大班及青道康高山密林深谷間，鑽隙潛行，官兵冒極大艱難，超越四千呎以上之高山，穿過萬丈深坑之穀底，從杳無人煙並無獸跡之原始叢林中，經懸崖絕壁披荊斬棘而出，所歷之艱難險阻，並不減於我迂迴行動之一一二團，該團在此種極艱難途中，不分晝夜挺進，卒於六月一日突出現於瓦鹿山，出敵不意，一舉攻佔拉芒卡道，然後蓆捲東西拉瓦各據點，斷敵後路，繼於六月五日向南攻佔丹邦卡，六日攻佔大利馬塘登浦陽各地，十五日並將孟拱至密支那間公路之交通要衝巴稜杜攻佔，南距孟拱城僅4英里，此時孟拱城已在我瞰制之下，與我切斷卡盟至孟拱公路之一一二團行動，密切配合，互為呼應，不僅迫使在孟拱區之敵十八師團，整個迅速崩潰，且因瞰制孟拱，遮斷孟拱至密支那間公路及鐵路，使敵人對密支那方面無法增援，則我在密支那方面之友軍，得以減少側背安全之顧慮，於解決緬北整個戰局，實已獲得決定性之極有利態勢矣。

一一三團於五月廿九日以第二營接替第一一四團在芒平至△680高地間地區之任務，團主力於六月一日完全掃蕩西瓦、馬藍間之殘敵，同日第二營攻佔青道康，六月四日團主力推進至拉芒卡道附近，六月五日第二營攻佔納昌康，同時在西拉瓦與一一四團第一營會合，於是準備對支遵卡盟之敵攻擊，七日原有瓦蘭地區潰散之敵五十五聯隊第一大隊殘餘約百餘人，適值經西瓦拉附近，向支遵秘密關路逃竄，當被第二營發覺，當將我殘敵完全殲滅，同時直搗支遵，自支遵攻佔後，卡盟已在我瞰制中，以當時我旺盛之士[22]氣，及有利之態勢，本可一鼓直下卡盟，無如是時適值南高江河水暴漲，洪濤洶湧，幅寬流急，且敵沿河戒備極度嚴密，該營雖用竹筏屢行偷渡，均因水流湍急，及敵火過於猛烈，未能成功，當令飭一一三團第三營由支遵以南準備實行敵前強渡(主渡河)，並電飭一一二團即由卡清河之線向北猛攻，以牽制卡盟之敵，並同

---

[22]　《緬北第一期作戰概述》(第六號)，頁21。

時申請總指揮部,配發橡皮舟及七五山砲煙幕彈,積極準備渡河,第三營於十四、十五兩日,屢次企圖渡南高江,均以水流湍急,渡河材料缺乏未果,迄至十六日晨,總部發給之橡皮舟及煙幕彈均已運到,渡河諸準備均已完成,卒於十六日十時,第三營渡河成功,遂一舉攻佔卡盟東南側之 637 高地,瞰制卡盟,並掩護後續部隊之渡河,時卡盟之敵,因該高地為我攻佔,頓失憑障,卡盟地勢低窪,無險可守,乃悄然棄守,向西南潰竄,是日十一時該營遂將卡盟完全佔領,是時在卡盟以北地區,與我新二十二師對戰之敵,因卡盟已為我佔領側背大受威脅,乃狼狽潰敗,我友軍新二十二師六十五團先頭部隊,遂得於是日十五時卅分進抵卡盟西端,與該營會合。

戰鬥成績:攻佔巴杜陽,東、中、西、丁克林,的克老緬、玉麻山、東西瓦拉、馬蘭卡塘、拮吉、下老、大弄陽、博甘、芒平、杜卡、母泡卡、高南卡、山興洋、潘家、高利、奧溪、瓦蘭、大班、金道康、那張家、東西瓦拉、拉芒卡道、色特、支遵、卡盟、拉高、拉溪、胡路、大高、大利、丹那卡、卡當、卡華康、棉毛陽、巴道陽、亞馬林、巴稜道等重要市鎮,及大小村落及敵堅固據點陣地等共兩百餘處,並領有南高江至苦蠻山之整個山地,佔領面積八百餘平方英里,斃敵 5,700 餘名,大小經兩百餘戰,生俘敵兵西功等 26 名,虜獲一五〇重砲 5 門,山砲 2 門,騾馬 440 匹,卡車 75 輛,小包車 7 輛,輕重機槍 37 挺,步槍 934 枝,馬槍 23 枝,手槍 8 枝,步機槍彈九萬餘發,砲彈 60 餘發,裝具器材給養藥品等倉庫 21 所,及其他重要文件甚多。[23]

(六) 第六期　錐形突進,攻克孟拱,打通密支那鐵路線,緬北敵軍總崩潰

——卅三年六月十七日至七月十四日——

孟拱為緬北重鎮,憑南高江南英河之天險,交通暢達,鐵路東可抵密支那,南可下卡薩,而直達仰光,公路縱橫,故孟拱實握緬北水陸交通之總樞紐,更與卡盟、密支那成為犄角之勢,可策應雙方之戰鬥,乃兵家必爭之地,故敵十八師團自受命防守緬北後,即以此及密支那為根據地。

我第一一三團於六月十六日,攻佔卡盟後,第一一四團亦同時以破竹之

---

[23]　《緬北第一期作戰概述》(第六號),頁 22。

勢，進佔巴稜杜亞馬樓，瞰制孟拱，並乘戰勝之餘威，向南壓迫殘敵，並偵察渡河點，準備一舉渡江，而攻佔孟拱，時在孟拱城東南 2 英里處作戰之英軍第三師七十七旅(前在孟拱、卡薩鐵路間之跳傘部隊)，受敵攻擊，傷亡重大，士氣沮喪，形勢異常危殆，該師當派少校參謀 Tyacke，於十七日到達本師請求支援，否則僅能支持 24 小時後，即向東南山地後撤等語，時本師因恐該英軍之崩潰，而影響整個戰局，乃電令一一四團星夜在孟拱東北地區秘密開路，強渡南高江支援英軍，並攻擊孟拱，該團以一夜之輕裝冒雨挺進，於十八日晨，到達 SC6737 附近，奈南高江雨季後水漲流急，浪勢洶湧，我官兵感任務之重大，乃冒萬險，強渡此 400 呎之大江，於是日夜全部進抵江南，即以一部支援英軍之戰鬥，主力於廿日晨，向建支、湯包、來生、來魯等，孟拱外圍敵重要堅固據點攻擊，經兩日夜之激戰，以上諸據點，先後均為我攻佔，殘敵狼狽向孟拱城中逃竄，使孟拱敵之交通線完全切斷，城中之敵，已為甕中之鱉，是時有敵軍約步兵一個大隊及砲兵部隊等，原由孟拱馳赴密支那增援，方至南堤得知本師已強渡南高江直逼孟拱，乃回首南下，企圖夾擊我一一四團，使我腹背受敵，以挽救孟拱之危急。廿一日晚該敵行抵威尼附近，被我第八連排哨阻擊該敵，察知該排[24]兵力薄弱，乃傾全力反撲，用密集隊形猛衝 7、8 次，企圖突破我排哨陣地，打通通路，我官兵奮勇沉著射擊激戰達旦，該敵不但未能解救孟拱之危，反而全部慘遭覆滅，實屬可笑可憐。二十三日，第一營繼向城區攻擊，敵憑強厚之障礙物，拚死抵抗，我官兵奮勇衝殺，經肉搏 4 小時之久，將城區一半，及車站全部攻佔，敵傾力反撲，企圖奪回其陣地，經我官兵沉著機警，發揚大無畏之精神，阻敵反攻，更不辭堅苦辛勞，繼經兩日激烈之巷戰，遂將殘敵全部肅清，此緬北重鎮之孟拱，乃於六月二十五日十七時為我全部攻佔。

　　其時卡盟至孟拱公路間，敵尚有重兵據守，孟拱至密支那鐵路線間，有由密支那方向折返增援孟拱之敵，當令一一二團由孟拱西進，經 5 日之戰鬥，將卡盟、孟拱公路完全打通；一一三團沿鐵路東進，於南堤車站與敵約一個大隊

24　《緬北第一期作戰概述》(第六號)，頁 23。

之眾遭遇,當施以猛烈攻擊,敵負隅抗拒,企圖阻止我軍,經兩日之戰鬥,將南堤完全攻佔。敵棄械遺屍,狼狽萬狀,分向伊洛瓦底江右岸,盲無目標拚命竄逃,我追擊部隊猛烈追擊,敵望風披靡,不敢回首西覷。我卒於七月十一日,打通孟拱至密支那鐵路線,全長凡四十餘哩。

於是中印公路之緬北段,可以暢通無阻,敵之阻止我築路企圖,完全粉碎,且傷亡慘重,士無鬥志,一般俘虜口供,都深嘆日軍將領之無能,政府之昏庸,極期早日和平,昔之皇軍威儀,武士道精神,已不復存在矣。

戰鬥成績:攻佔孟拱、建支、湯包、來生、來魯等,及敵大小據點二十餘處,打通卡盟、孟拱公路,長 30 英哩;及孟拱至密支那鐵路,長 40 英里,佔領面積約 100 平方英里,擊斃敵五十三師團砲兵聯隊長,高見量太郎大佐,及五十三師團,一二八聯隊第一大隊大隊長,釘本昌利少佐等,以下官兵 3,400員名,生俘敵軍官殿代一大尉以下官兵 43 名,虜獲坦克車 5 輛、一五〇重砲3 門、九四式榴彈砲 5 門、七〇大隊砲 7 門、七五山砲 3 門、輕重迫擊砲 12門、輕重機關槍 63 挺、高射機關槍 2 挺、擲彈筒 2 個、步[25]槍 687 枝、手槍8 枝、無線電機 4 座、火車 463 輛、卡車 47 輛、馬匹 125 匹、倉庫 20 所,其他彈藥、糧服、裝具、醫藥,重要文件無算(參表十一)。

五、敵我優劣點

(一)我(含友軍)之優劣點

1、我(本師)之優點

(1)特種地形戰鬥技術熟練

本師對闢路、爬樹、游泳、操舟、架橋,以及埋伏、搜索、襲擊等動作,皆極熟練,故能於此複雜地形中前進,不生遲滯,行動迅速,影響於戰鬥之成功者至大。

(2)士氣旺盛,忍苦耐勞,精神優越

本年自卅一年由緬轉進入印後,官兵置身國外,無不以誓復國仇及收復緬

---

[25] 《緬北第一期作戰概述》(第六號),頁 24。

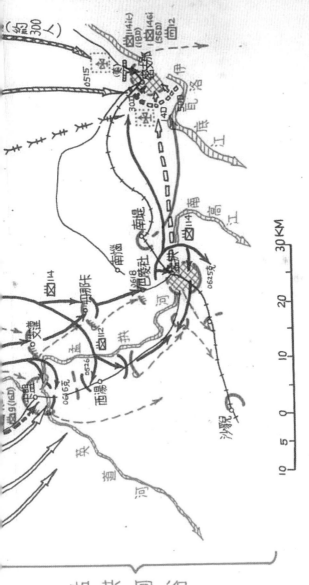

（約300人）

30 KM

10   5   0   10   20   30

緬北比滇西作戰第一期反攻緬甸作戰經過要圖(一)
（由雷多至密支那）
（民國三十二年十月二十四日至三十三年八月五日）

第九軍一附圖四
第四篇第五章第四節第五款第一項

胡康河谷

甸為職志，故嚴格訓練，加緊準備，一切教育訓練皆以緬甸戰場為對象，而全師官兵均感自身責任之重大與任務之艱鉅，故能砥礪獻身救國之精神，而作打通滇緬公路，收復整個緬甸之準備。

本師自卅二年十月發動攻勢，擔任反攻緬甸之先鋒，開始即進入世界唯一絕壁之野人山，蠻荒野嶺，人煙絕跡，回憶卅一年緬局逆轉，緬境難民被迫撤退，因此區路途艱險，瘴癘流行，故沿途死亡枕藉，當年露屍山野，而今白骨縱橫，此情此景，縱胆壯氣宏，亦未有不觸景情傷而淒然淚下者，然本師官兵，以旺盛之攻擊精神，抱有我無敵之決心，蹈上此絕壁之野人山，歷盡艱難險阻，相繼進入虎關區、卡盟區、密支那區，復興國軍在騰衝西北祖國邊境會師，完成此最艱巨使命，造成世界上最光榮而神妙之一頁戰史，設非士氣不極端旺盛，無特別忍苦[26]耐勞之精神，曷克臻此，尤有進者，本師官兵於負傷後，以殺敵心切，多不欲離開戰友，退出火線。其傷較輕者，於包紮後，仍續行原任務；其傷較重者，送入醫院後，絕無痛苦呻吟悲慨哀號之現象，率皆笑容滿面，以未能盡殲敵人而離開戰場為遺恨，大半不待傷勢痊，即請求醫院准許歸隊，甚有不得醫官允諾，而自行回隊再上前線者。士氣之旺，殺敵心之切，有非墨楮所可言宣者，此種精神情緒，感動所有美方人士，故盟方對此莫不倍加敬佩，猶有在作戰十閱月中，曾負傷六次，第七次重上前線者十餘人，至負傷三、五次，一、二次而再行作戰者，又何止於千百人，同仇敵愾心之高漲，與盡忠報國情緒之熱烈，實為抗戰八年中所鮮見，(參表六之二十三、全師負傷及傷愈官兵統計表)。

反觀盟軍官兵(尤其英軍第三師)，無犧牲之決心，多畏縮不前。其未生病者，則藉口患病，或假裝染病，請求返後方休息，以圖一時苟安。其不幸負微傷者，更為絕對休息之理由，紛紛以乘機載運至後方醫院，作長期調養。鮮有以戰局之安危，戰友之協助，與戰力之減弱為念者。彼我相較，程度之差，實不可以道里計也。

(3)射擊精確

26　《緬北第一期作戰概述》(第六號)，頁 25。

本師平時對各種輕重火器射擊教練，向極注意，射擊軍紀，要求嚴格，實彈射擊機會尤多，故官兵射擊技能均極精確，對武器之效能，尤具信心，故能沉著應戰，精確射擊。每開始發射時，皆待接敵在最近距離內行之，彈不虛發，發則必中。八一迫擊砲射擊之精確，尤使敵心膽俱寒。在敵俘之口供中，每謂敵軍所最畏懼者，厥為我迫擊砲之射擊。又在虎關、於邦陣地攻擊戰中，鹵獲敵五十五聯隊之戰鬥教育實施訓令譯文中，該敵特別指出本師之優越點，以警惕其部屬，略謂：「此次侵入虎關區作戰之華軍，與過去所遭遇之華軍，完全不同，彼等之訓練精良，指揮連絡確實，射擊尤為精確」等語。[27]

(4)注意衛生患病者絕少

緬北氣候惡劣，瘴癘流行，衛生稍不注意，即易為疾病所困。本師官兵平日訓練時，對個人及環境衛生，向極注意，養成患病為軍人恥辱之觀念，加之各級幹部，對士兵監督極嚴，愛護備至，在行軍宿營戰鬥間，隨時隨地注意生活健康，雖在極端疲勞困頓之後，亦未有不先講求合乎衛生之條件，而後言休息者，故在艱苦作戰之十閱月中，僅有因負傷而就醫之戰士，而絕無因致疾退出戰場之士兵。考諸日俄戰史，及第一次世界大戰史，凡交戰國雙方，在戰場上官兵之患病者，概多於被敵砲火射擊因而負傷者。此次緬北戰役，據虜獲敵文件上證明，敵五十六聯隊在五月份之衛生統計，傷病官兵佔全聯隊人數百分之 78 以上，而患病者又佔病傷全數三分之二以上。本師獨能在衛生方面，多所講求，故造成戰史上前所未有之紀錄。

2、友軍之優缺點

(1)美軍

反觀在本戰區之美軍麥支隊(兵力約三千)，於本(三十三)年二月中旬參加作戰，至四月初旬退至山興陽後，即大部患病，士無鬥志，彼輩多請求迅速返回，不欲再受任何輕微作戰任務。待後該支隊隨同國軍奇襲密支那，於五月十七日進佔密支那機場止，斯時該支隊所餘官兵，僅 1560 人，為全支隊建制之半數，且均疲憊不堪，再無作戰力量。故密支那之圍攻，該支隊未能參與。麥

---

27 《緬北第一期作戰概述》(第六號)，頁 26。

支隊當局因鑑於官兵大部患病，且多請求回國休息，遂決定全部遣送。除因病死於密支那附近醫院數百人外，餘於五月底撤離密城。

(2)英印軍

又英印軍第三師，該師於三十三年三月上旬，在卡薩附近地區降落；五月被敵壓迫，向英道支湖方面撤退；六月間，本師攻擊孟拱時，其第七十七旅先於孟拱東西 2 哩處攻擊敵軍時，全旅僅餘官兵五百餘人，且大部病弱，毫無戰鬥能力。其主力第十四及———兩旅，分別在英道、支湖東**28**側地區，總部命令該兩旅迅速由現駐地，向沙貌及唐尼各附近地區敵人攻擊，以策應本師對孟拱之攻擊。殊不知該兩旅因士無鬥志，畏縮不前，待六月二十五日本師攻佔孟拱後，該兩旅尚在公路以西約 7 英里之山地中，始終未能進出於公路附近。倘使本師此時不能佔領孟拱，及乘勝打通卡盟、孟拱公路，殲敵千餘，殘敵被迫沿鐵路向和平方向逃遁，則該兩旅將被敵盡殲於山地中，更何以言達成任務，策應本師。

按英、美二國，科學進步，工業發達，物資優裕，衛生設備尤為充實，對衛生方面，不能不謂為極端講求。然在戰時，其官兵患病人數，所以如此眾多者，考其原因，不外下列諸端：

①紀律不嚴

紀律不嚴，官兵各不相顧，生活互不相關，官長缺乏監督愛護部下之精神，士兵養成苟且、偷安之習慣，每於行軍或作戰之疲勞後，即不願再以時間、體力用於宿營之設備上。隨意於草叢中、矮樹下露天而眠，圖一時之苟安。似此不但不能恢復精神體力，且無時不在疾病侵襲中也，證明彼輩率皆患染瘧病及斑疹傷寒等症，慨因此所致也。

②物資充足

因物資充足，生活優裕，養成不事勞作而不能適應環境之習慣。在緬北叢山密林人煙絕跡之地區內作戰，無一事物可資利用者，一切與戰鬥上與生活上有關之設施，均須自力建設，如道路之開闢、掩蔽之構築、住所之搭蓋，均在

28　《緬北第一期作戰概述》(第六號)，頁 27。

每日極度疲勞後為之。在本師因訓練有素，監督嚴密，故均視為生活上之常事，但在英、美軍(尤其英軍)，則無此習慣而視為畏途，故均得過且過，寧餐風露宿，而不願求自身生活上之舒適而勞作也。

③戰志不強

尤有言者，英、美軍因物資豐富，補充容易，對於裝備隨處拋棄，尤以在被敵壓迫轉移陣地時，彈藥被服，盡數遺失。故作戰一、二次後，每兵所餘者往往僅軍服一身、步槍一枝而已。[29]彼等仰仗補充容易，但未必能時時補充。觀英軍第三師第七十七旅，在孟拱東南攻擊敵軍，俟任務交與本師後，官兵再無鬥志，紛紛自孟拱向列多撤退，回印休息。彼輩衣服襤褸，有如乞人，甚有無褲子穿而以紅白色降落傘布圍腰者，醜態百出。吾人站在同盟軍之立場，實覺無顏而為之太息也。

3、盟軍的優勢

(1)補給及衛生設施完善

本師在作戰間，糧彈及藥品之補給，慨由總指揮部，由陸路或空投補給，故部隊雖在原始叢林中闢路前進，及敢於行深入敵後十數哩之深遠大迂迴，對糧彈之補給而無所顧慮，其間雖有數次因糧彈補給，未能按照部隊需要之時間、數量空投，致使我英勇官兵陷於糧盡彈絕之慘境，然在整個作戰期間，補給問題，大體尚稱滿意。

負傷官兵之後送，在沿公路作戰之部隊，由團裏傷所直接以救護車運送至附近之野戰醫院，如傷勢危急者，並可由飛機直接運送至列多後方醫院。在不通汽車之山地區，輕傷者由手術組就地治療，較重者以飛機運送至後方，且醫院之設備完善，醫生技術嫻熟，使負傷之戰士，在短期內仍可重上戰場，凡此均能影響士氣之消長，而為敵人所不及者。

(2)空軍優勢

在緬北作戰期中，制空權操在我方。整個緬北天空，盡為我運輸機、連絡機、戰鬥機、轟炸機活動範圍，而絕少敵機蹤跡。提高部隊戰鬥精神，打擊敵

---

29 《緬北第一期作戰概述》(第六號)，頁28。

軍之作戰意志，影響殊大。我空投補給得續行無缺者，實賴於制空權之獲得，有以致之。

(3)師屬之特種兵部隊健全

如工兵營之能適時適切補修道路，開闢迂迴道路、架橋等，須在雨季，道路橋樑常為水所沖毀，然其能不論晝夜，施行補修。每當攻佔一地後，工兵即能繼而完成通該地之指揮車路，或騾馬路，使師在此困難地形之戰場上作戰，交通不生障礙。**_30_**

通信機構健全。本師屢次所行之大迂迴，部隊皆能始終在掌握之中，運用自如者，皆賴於無線電之連絡確實。通信未生中斷，實屬可貴。輸送部隊不問任何情況之下，能由空投場，將給養彈藥輸送至第一線作戰部隊，使補給圓滿。

4、我之劣點

(1)指揮部對師兵力使用及行動過於限制

因指揮部對師兵力及行動過於限制。使師未能適時適切捕捉戰機，獨斷專行，獲更大之戰果，毫無活用之餘地，全違背指揮之原則，如此皆足影響於作戰匪淺。如第一期之戰鬥，指揮部因情報之錯誤，過信於土民報告，當時在大龍河右岸之敵，為第五十五、五十六兩聯隊。而指揮部根據錯誤之情報，及不確之判斷，強辭偏見，祇認為係敵軍官若干，所率之土民部隊，因此由大洛沿大龍河右岸至下老寬 50 哩之正面攻擊戰鬥，限定本師以步兵一團(欠迫擊砲及騾馬汽車單位)之兵力擔任，雖經請求增加兵力，未獲邀准，致使當時該團之攻擊，處處陷於困境。又如第五期之戰鬥中，於四月廿四日，總部賦予本師之任務，係以最大之兵力，於四月廿七日以前，佔領芒平、青道康、拉瓦之線，而確保之，時師長依當時之敵情、地形及任務，決利用當時左側地區我一一二團已獲得有利之態勢，極力向敵側背壓迫。且敵之正面陣地，縱深極大，工事堅強，扼山林川澤之險，處處居高臨下。若從正面逐點仰攻，不僅耗費時間，更易招致極大損害，故擬以一部兵力，繼行攻擊的克老緬附近之敵，以主力轉

_30_ 《緬北第一期作戰概述》(第六號)，頁 29。

用於高利以南地區，擊破瓦蘭附近之敵，進佔芒平、拉瓦、之線，切斷敵之後路，同時另以一部兵力，佔領大班，掩護師側翼之安全，使正面之敵，既感有側背威脅之恐慌，復受後方退路斷絕之危險，極易演成全線潰退之慘象，如此師之任務亦可迅速達成。[31]惟本師是項計畫，呈送指揮部，未獲同意。蓋當時指揮部對本師當面之敵情不明，地形尤不熟習，故堅持以全力遂行正面攻擊之成見，限制師之行動，至使是項計畫未能實施。

(2)搜索能力較差

步兵之搜索在戰鬥初期較差，未能行較遠距離及廣正面之搜索，爾後較有進步。

(3)斥候或擾亂戰鬥較遜

斥候或小組(三人——五人)之擾亂戰鬥，尚較遜於敵軍。

(4) 白刃戰技不如

白刃戰技術一般較遜於敵。

(5)各作戰單位之協同能力不足

空軍、重砲兵及戰車，不能歸步兵指揮官直接指揮，致未能收步兵砲戰飛協同之效。

(二)敵軍之優劣點

1、敵軍之優點

(1)奉行典範令

從任何敵之遺屍身上，大都可搜檢得其所攜帶之典範令。在戰鬥時，敵尚如此悉心研究，參照實施，其軍事教育之徹底，可想而知。

(2)工事堅固、火網周密

敵每佔領一地，則我每不易攻克，考其原因，固屬眾多，然其築城方面之著重，火網編成之周密，工事之構築堅固，實為主因之一，尤以重火器之掩體為重，其各種掩體之構築法，多用「掘開橫穴式」，地面上復蓋以數層釘牢之大木頭掩蓋，即七五山砲直接命中，亦不易摧毀。

---

31 《緬北第一期作戰概述》(第六號)，頁30。

(3)死守不退

敵固守據點時，多囤積糧彈飲水，陣地大部雖被突破，然其所餘之殘兵，仍頑強據守抵抗，非將其完全殲滅，則無法佔領其陣地。

(4) 戰技高超

敵兵之訓練優良，戰鬥技術高超，富有各自為戰之精神，故常能施行小組滲進之戰法，造成戰場之恐怖，及行遠距離廣正面之搜索襲擊。[32]

(5) 砲兵優越

砲兵優勢，且甚活躍，並構築有多數之預備陣地，頓行變換，尤其於黃昏及拂曉時，特別活躍。我軍傷亡於敵砲兵之人數，為數不鮮。

(6)地面之補給圓滑

敵在此森林地區作戰，一切補給全賴地面輸送，未感任何缺乏，其後方勤務，確為健全，除非其後方交通線為我截斷，否則彈充糧足，毫無困狀。

(7)醫藥充足

此次我軍每次攻克敵陣，皆能獲大量之醫藥及衛生器材，可見其醫藥之充足。

(8)經理調查確實

連內經理確實，傷亡數字確實，敵對戰鬥上之一切業務，調查表報等，均能按規定適時清辦，對知己方面，能確實做到。

(9)情報確實

敵軍情報工作甚為確實，對我方一切情形，均能十分明瞭，在鹵獲敵野戰情報紀錄上，可詳悉之。其原因一方面故係敵諜報機構之健全，部署周密，有以致之。而主要原因，實因我軍方面對軍機防護未能周到，因而洩漏機密，資敵以重要情報，其中尤以美方洩漏者為甚。指揮部重要之命令計畫，分發單位過多，人員複雜。被俘者因無正氣，受敵毒刑後，即全般供出，使敵得以根據而作正確判斷之資料。本師幸賴戰鬥力優越，指揮調動迅速，部署適切，使敵對我第一線情報，不能適時判知，陷敵於被動地位，而使敵無所逞，結果敵終

---

[32] 《緬北第一期作戰概述》(第六號)，頁31。

遭殲滅。

2.敵之劣點

(1)顧點失面

過於計較於小據點之爭奪,而常忽略於整個戰鬥態勢,故對於翼側及後方之警戒,異常疏忽。

(2)士氣能勝不能敗

戰鬥初期士氣甚旺,且以皇軍為超人軍隊,勢熖凶頑無比。迨經于邦及孟羊河兩役,因傷亡慘重,則士氣衰落,一蹶不振。一般低級軍官,常憤罵其軍閥之無恥,及其空軍之脆弱,戰鬥意志動搖,深信盟軍必獲勝利(俘虜口供及文件所載)。由此則推知,日本陸軍,與[33]德國陸軍相似,能常勝而不能偶敗,因敗而塗地故也。

(3)射擊技術不良,新兵尤甚。

(4)身上文件易洩密

各部隊所發之命令,多用筆記,即小部隊亦然,常攜帶至第一線,且下級幹部對全般狀況,過度明瞭,常記載於私人日記簿,及表示於地圖上,故我一經擊斃其下級軍官,即可檢獲其重要文件,判知敵情,洩漏機密。

(5)迷信

敵國軍閥過去為維繫士兵心理,激勵其攻擊精神,以實施獨佔世界之野望,除盡諸般手段外,更假託於各種靈符、千人針等物之上,迷惑士兵,使士兵養成對此等事物發生信賴,認為攜帶此等靈符在身,則武運可祈長久。其作用有若前清義和團之護身符,其情可憫,其愚亦復可笑也。

敵軍在過去侵略戰中,因每獲勝利,故其士兵心理上,更認為此等之物,確可護身,因而坐長其士氣,然而在本戰場敵軍所遭受者,皆係全部就殲之危運。由此時起,其士兵對此等靈符發生懷疑,甚而完全失卻信賴之心,隨之其士氣一蹶不振,此皆由各俘虜口供中供知者,如斯實係以邪道而惑迷人心之敵軍閥自走滅亡之道。

---

33 《緬北第一期作戰概述》(第六號),頁32。

(6)官與兵不能共同甘苦

官兵甘苦與共，本係敵軍營中之強調，然而在此次戰役中，每察知敵軍官過度享受，士兵則極形艱苦，因服從性太強，故均敢怒而不敢言。在俘虜口供中，均認為此係敵軍士兵不滿之通狀，在孟拱及密支那諸戰役中，敵因處處被圍，後背大江，而陷於死地。然其軍官則多爭自行渡江逃命，而留置士兵於城內，使各自逃生。結果或葬身江中，或餓死山野，或為我軍所生俘，所謂皇軍之威風「武士道」之精神者，如斯而已。[34]

六、結論

本師在原始森林中，及霪雨連綿之雨季，長期連續戰鬥，已完成世人認為「不可能」之事(We Have Done The Impossible)檢討既往，策勵來茲，此次緬北作戰之成果，可概述為下列四點：

(一)在戰略上

敵人企圖固守緬北，取持久抵抗，死守卡盟－孟拱之線以北地區，阻我南下，待雨季降臨孟拱河谷氾濫，陷我於絕地之中，不攻自敗。不意我以雷壓閃擊之勢，出奇制勝，旬日間先後攻佔卡盟及孟拱，三日而打通卡盟至密支那七十餘英里之公路、鐵路交通線，迫使緬北之敵，全線崩潰。正孫子所謂：「以迂為直」，又曰：「出其所必趨，趨其所不意。……」查卡盟、孟拱兩重鎮，縮轂南北，為緬北心臟，與密支那成犄角之勢，誠為戰略上之要地。我攻佔敵緬北心臟(孟拱、卡盟)後，使密支那陷於孤立，打破其固守緬北，待援反攻之迷夢，並粉碎其指揮機構，奠我全軍戰勝之基，確保主動。

(二)在戰術上

我採取逐點攻略：圍攻、迂迴、楔形之戰法，屢殲頑敵。

1、逐點攻略

在初期作戰，我取逐點攻略之戰法，先以猛烈砲火將敵之堅固陣地逐點摧毀後，突破而佔領之(如第一期作戰對於邦敵陣之攻擊)。予敵人以致命之打

---

[34] 《緬北第一期作戰概述》(第六號)，頁33。

擊，使其士氣衰落，失去頑強據守信念，並提高我之士氣，此即以火力主義，採取攻心之法也。

2、圍攻戰法

　　係將敵人陣地完成三面包圍態勢，並切斷敵後方之補給及連絡線，使之糧彈絕源，無法死守。在敵陣地之側面，留一闕口，示以生路，誘其潰逃，先於適當地點，預設埋伏，當敵企圖乘隙逃遁時，我埋伏即行猛烈之襲擊而殲滅之。即孫子所謂：「圍師必闕」。(如第二期作戰對孟羊河之敵，包圍聚殲；第六期作戰對孟拱之敵，包圍攻擊)[35]

3、迂迴戰法

　　以適當兵力從正面攻擊，以主力或一部由森林中開路迂迴，至敵之背後，先切斷敵後方補給連絡線，並阻止敵後方部隊之增援，然後對正面之敵，行包圍夾擊，迫使敵潰退。即孫子所謂：「以正合，以奇勝。」開路迂迴，即以奇兵致勝也。(如第三期作戰，對瓦魯班之敵迂迴攻擊；第四期作戰，對傑布班山區敵陣之拉班及沙杜渣迂迴攻擊；第五期作戰，對芒平、瓦蘭之線，以北地區之敵，行迂迴攻擊。又繼續行 120 英里之大迂迴，於色特切斷卡盟以南之敵後公路，對卡盟之敵行南北夾擊。)

4、楔形戰法(中央突破)

　　係以有力之一部，由敵人配備之間隙間，利用地形上蔭蔽，蹈瑕鑽隙，長途深入，攻擊敵陣地後方心臟，而席捲之。其餘則分別由正面側翼攻擊敵人，以策應之，而直搗敵整個縱深陣地。此戰法雖難於實施，然指揮官對情況能十分明瞭，加之部隊戰鬥力雄厚，可期必勝時，可行之。尤其在森林山地戰，對敵廣正面之防禦陣地攻擊為有效。

　　如第五期攻擊戰鬥中，師攻佔芒平、瓦蘭後，東西之敵，因中間山地及森林之阻障，連絡困難，我則佔有利之態勢。然正面過廣，地形複雜，如逐點攻略，不但費時，圖增損害。於是乃集中可期必勝之第一一四團，由大班、青道康之間隙，決然施行果敢之楔形潛突戰法，從高山深谷間隙中潛行突進，向南

35　《緬北第一期作戰概述》(第六號)，頁 34。

直刺敵之心臟——丹般卡——切斷丹般卡以北地區敵之後路而席捲之。以第一一三團由芒平方面，南下對敵正面攻擊：以第一一二團由瓦蘭方面(左側)，採取極端迂迴戰法，切敵卡盟至孟拱交通線，使敵心、腹、背，同時受攻而潰。

　　從另一方面觀之，一一二團之極端迂迴，可稱之為奇兵；一一四團由敵間隙中，從高山深谷間伏道而出，可稱之為伏兵；一一三團從敵正面掃蕩，可稱謂之正兵。即蘇老泉所謂：「兵有正兵、奇[36]兵、伏兵」。本師此期作戰，即以此正、奇、伏兵，互用以取勝也；或曰以正面攻擊、中央突破、左右迂迴互用，以致勝也。

(三)在戰鬥上

　　森林戰之技術(扒樹、游泳、操舟、架橋、闢路、特種通訊連絡，方位判別，以及埋伏、襲擊等)訓練成功，我官兵均熟習於此區地方性之天時地利，並習慣於森林生活，忍勞耐苦，行動秘密迅速，士兵射擊精確，對新兵器之使用，亦異常純熟，攻擊精神旺盛，戰鬥意志甚強，故能克敵致果。

(四)在精神及軍紀方面

　　軍紀為軍隊之命脈，軍隊必須有嚴肅之軍紀，然後精神上之團結力得以鞏固，戰鬥力之持久性得以確保。蓋戰時各部隊之任務不同，其境遇亦各有差別，而上自將帥下至士兵，猶能脈絡一貫，萬眾一心，從一定之方針，取一致之行動者，厥為軍紀是賴，而軍紀之要素，則在全軍一致之三信心。本師上自師長下至士兵，親愛精誠，團結無間，幹部及士兵視長官如家長，師長視部下似子弟，部下信仰長官，長官信任部下，而各級官兵尤自信其為效忠黨國、服從命令與愛護人民，恪守軍紀之軍人，故能戰無不勝，攻無不克。因長官信任部下，故敢於授與艱巨之任務，而信其必能圓滿達成。緬北幾次之深遠迂迴，置部下諸隊於數十百哩之外，而猶如掌握之中，因部下信仰長官，故對於所受之任務無而不疑，雖赴湯蹈火亦在所不辭也，故能上下一心，向所指定之目標邁進，因能自信、共信，故企圖心與夫士氣均極旺盛，勇往直前，寫成此緬北戰役史中最光榮之一頁。

---

36 《緬北第一期作戰概述》(第六號)，頁35。

　　總之，本師自擔任反攻緬甸之先鋒起，至打通密支那鐵路，及在騰衝西北祖國邊境與國軍會師止，苦戰凡 10 閱月，所有大小戰役，無不戰必勝，攻必克，此種輝煌戰績，實為本師全體官兵平日忠勇效命，努力奮鬥之成果，而絕非倖致及偶然也。[37]

附　錄：本師衛生勤務概況[38](見以下第六之一本)

37　《緬北第一期作戰概述》(第六號)，頁 36。
38　《緬北第一期作戰概述》(第六號)，頁 37。

第六之一本
緬北戰役衛生勤務概況 [39]

第六之一本　總結緬北第一期戰役衛生勤務概況
詳細目錄

39　《緬北第一期作戰概述》(第六號)，頁 39

40　《緬北第一期作戰概述》(第六號)，頁 41

---

[41] 《緬北第一期作戰概述》(第六號)，頁 42。

一、概說

民國卅二年秋，師主力續留列多(Ledo)整訓，除瘧疾猖獗流行外，一般官兵體質尚稱健康，是期醫務人事，稍加調整，衛生器材留得補充，士兵悉受綳帶繃紮訓練。十月杪師奉命推進，反攻緬甸開始，師衛生機構亦隨作戰部隊逐步前展，開入蠻荒，担任最前方傷病官兵急救、治療、收容，及後運之任務。

二、人事

卅二年八月，師軍醫主任薛蔭奎蒞任。是月賴韻章醫官調砲二營，砲一營上尉軍醫徐振乾則與師衛生隊上尉軍醫趙光榮對調服務。九月，野戰醫院少校軍醫鄔季常晉升中校，出長該院院長職務。

三、法令

於卅二年十月十九日，曾以醫字第 379 號訓令頒發本師「衛生勤務工作大綱」，制定各衛生單位平時與戰時工作之範圍，俾使各階醫務人員對其本身應負之責任與任務，有一親切之認識。是月七日以醫字第 351 號訓令制定汙物處理及廚房衛生規條，於本年四月一日奉諭代草〈為瘧疾告全師官兵書〉並規定「瘧疾個人預防辦法」，是日又以醫字第 075 號訓令「各部隊腸胃病預防淺說」

四、藥品補給

因鑑於叢林作戰，運輸困難，為求醫藥迅速及合理補給，於卅二年十月十七日備函指揮部，建議制定標準衛生材料箱，根據所需，規定箱內藥品及數量，定期無待申請自動空投前方部隊。此建議在原則上，已予接受。指揮部乃制定 650 人十日用藥箱一種，以營為單位，每十日空投補給一次。[42]

於去歲十月二十六在那斯考(Nathkaw)藥品首次空投，此項補給雖經規定

---

[42] 《緬北第一期作戰概述》(第六號)，頁43。

自動空投，但為慎重起見，本處仍按時申請。惜乎於十一月、十二月兩月期間，前方各部實收到者不過申請數(或應投數)百分之五十而已。疊經交涉迄未見改善，而野戰醫院於十二月在塔家舖竟月未領到任何藥品。推查其道理，不外下列各原因：

1. 後方供應部(SOS)衛生材料準備不裕。

2. 空投意外損失，如降落傘不張，箱篋擊碎，空投不準，時落河流與叢林之中。

3. 空投日期未按規定，部隊移動頻繁，迨至藥品下投某地，而部隊時已開拔。

4. 藥箱書明不清，且全係英文，下投藥品時為當地美醫院單位攜走。

5. 藥品雖經申請，但手續頻繁。空運部隊及供應部是否能按所請作空投準備，亦資足吾人研究者。

　　本年一月，公路通臨干沙坎(Ningam Sakn)補給路線又改為陸路，每二星期由本處填具申請書，供給一次，惟所供給之藥品種類及數量，經指揮部軍醫處及供應部藥品站一再削減，所供去所需至巨，似負責補給人員，未曾考慮前方急需，而僅就其所有作敷衍之分配，因此本部醫務工作，無法順利進行。二月中補給人員，未曾考慮前方急需而僅就其所有作敷衍之分配，因此本部醫務工作，無法順利進行。二月中補給情形無進步。三月後，始稍見好轉。惟自五月中旬迄六月初部隊連續推進，藥品又改為空投，在此期間申請之藥品多未能按期空投，於六月一、二兩日第一一二團突擊西塘(Seton)之手術組，竟因藥品不到，停止施行手術，傷者疊疊不克及時治療，防蚊油(Dimothyl Phthalate)除在三月底一次補充以後，迄六月底，三月期內雖屢次聲請，但未予空投。是時值美軍直接指揮之密支那突擊隊圍攻密城之時，大部運輸機掃數為該軍利用，此或為指揮部忽畧孟拱河谷部隊補給之一種揣測。*43*

43　《緬北第一期作戰概述》(第六號)，頁44。

五、師醫務機構之部署及運用

師衛生勤務機構之部署及運用，恒依戰況演變而定，為求傷者迅速獲得醫療，營急救站通常皆設於火線上，或距火線一、兩百粁內之掩蔽地帶，團裏傷所則就團指揮所附近開設，距火線約半哩至 2 哩之遙。師裏傷所及手術組則於團指揮所以後開設，手術組去火線約 4 至 8 哩。師野戰醫院位師指揮所附近，凡此機構皆與作戰部隊，協同進退。(圖六之一之一)(本圖置下頁)

火線上傷者之搜索及後運，由團衛生隊負責，營救急站給予初步急救治療，團師裏傷所担任檢傷、登記、繳收武器、填發傷票及矯正該站以前給予之急救治療。自團裏傷所以後，傷者乃由師衛生隊担送至手術組，於此始得初步緊急手術之處理。傷輕者由此轉送師野戰醫院或美方野戰醫院，傷重需繼續治療或短期不愈者，悉送美兵站醫院及後方醫院。[44](表六之一之一)

六、傷運

北緬灌木叢林，高山嶜嵓，溪澤縱橫，雨季中到處泥濘，陷膝陷足，舟車不行，縱有交通工具，莫能為用。本師開拔以來，盡作山林迂迴戰鬥，深感前方有效而可靠之傷運工具，確為本部團師衛生隊之担架兵。[45](表六之一之二)

傷運時間影響治療及傷者愈後，故對傷者之運輸時間曾予嚴密之注意。茲就統計所得，大部傷者多能[46]於 24 小時內送至手術組。其少數不能於此時間到達者，或因負傷不退，或因運輸路線障碍發生(如為敵切斷)，或因限於地形特殊。[47](表六之一之三)

---

[44] 《緬北第一期作戰概述》(第六號)，頁 45。

[45] 《緬北第一期作戰概述》(第六號)，頁 46。

[46] 《緬北第一期作戰概述》(第六號)，頁 47。

[47] 《緬北第一期作戰概述》(第六號)，頁 48。

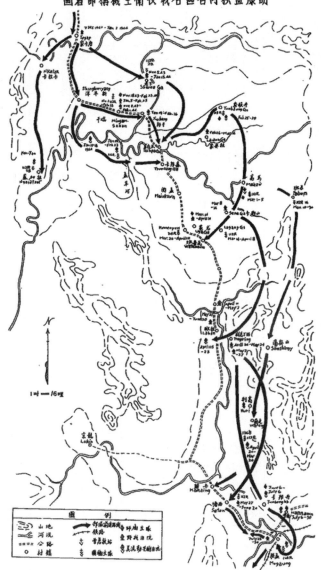

圖六之一之一、戰役各區衛生機構部署圖[48]

48　《緬北第一期作戰概述》(第六號)，頁76。

表六之一之一、本師派員協助工作之美醫務單位統計表

美醫務單位	地址	日期		本部調派人員單位
		年	月	
※151 醫務營醫院	塔家舖 Tagap	32	12	野戰醫院
※151 醫務營 D 連	新平洋 Shingbwiyang	32 至 33	12 3	師衛生隊
西哥瑞夫手術組	臨　干 Ningamsakan	32	11－12	112 團
康道手術組	孟羊河 附近	33 33	1－3 1－2	野戰醫院 師衛生隊
25 醫院手術組	于　邦 Yupbang Ga	33	1－2	師衛生隊
113 團迂迴手術組		33	2－3	師衛生隊
Gurneys 手術組	丁克萊 Tingkra 及 NX3550			師衛生隊
13 山林醫務營				
A 手術組	1368 高地	33	4	112 團衛生隊
	西　塘 Seton	33	5－6	112 團衛生隊
	孟　拱 Mogaung	33	6－7	112 團衛生隊
B 手術組	巴　班 Pabum	33	2－5	112 團 1 營
	高　利 Kauri			
	孟　拱 Mogaung	33	6－7	112 團衛生隊
43 流動手術醫院	拉　班 Laban	33	4	師衛生隊
	丁克林 W.Tingring	33	5	師衛生隊
	單班卡 Tongbang Ga	33	6	師衛生隊
	南　勞 Nanrawn	33	7	師衛生隊
※151 醫務營 8 哩分院	曼尼威 Maniwet	33	7	野戰醫院

※非配屬本師單位

表六之一之二、師衛生隊担運塲病官兵統計表 (32 年 11 月~33 年 7 月)

年月\人數\區分	傷 官	傷 兵	病 官	病 兵	誤傷 官	誤傷 兵	美軍 官	美軍 兵	合　計
32　11~12	16	317		4	1				338
33　1	18	413	1	9	1				442
2	10	310		19					339
3	6	118		7		10		36	177
4	13	316							329
5	19	523	17	169		3			731
6	5	277		27		5			314
7	2	92							94
合　計	89	2,366	18	235		20		36	2,764

表六之一之三、各戰役傷運時間統計表 (民 32 年~33 年)

戰役(地區)	手術組之位置	火線至手術組之距離(哩)	擔架兵力	1	3	3±6	6±12	12±24	2	3	4	5	6	7	合計
下老家	下老家	1/2	12	70											70
那蘇家	那蘇家	1/2	12	62											62
臨濱	臨干沙坎	12	12			42									42
于邦及嘉貢	臨干沙坎	8	124		333										333
卡杜渣卡	于邦家	8	12				32								32
太柏家	于邦家	10	64				163	53							216
孟羊河		4-6	70			319									319
孫邦卡	不浪河	8						13							13
丁克萊	丁克萊	1/2	70	8											8
瓦魯班及拉班		4-10	70		70	59	20								149
龐卡、高利	高利		12		30	37	25								92

1368 高地	1368 高地		12		136	14							50
曼平、瓦蘭	1368 高地	6	20		65	43	29						137
丁克林、的克老緬	拉班、西丁克林	5-10	100	22	79	47	43	6		2	2	4	205
色當	色當東3哩	6	40	30	89	18							137
單班卡、支遵、開盟	S. C. 5258	6-12	50	3	20	28	38	15	4	3	1	1	113
孟拱	平米	2-6	70	30	10								40
合　計			140	518	756	390	176	21	4	5	3	1 4	2,018

　　迂迴部隊深入敵境，在敵側後活動，與後方無交通可言。傷者後運，惟小飛機是賴。惜受地形限制，機場選擇及開闢非易。而美方小飛機，有時担任地方勤務(如運英美傷兵)，交涉至感困難。加之有時天雨塲上泥濘，飛機無法降落，故於此九月中，傷病賴小飛機後送者固屬不少，但多幾經周折，無法作時間上之爭取也。**49**(參：表六之一之四及圖六之一之二)

表六之一之四、傷病官兵空運統計表(民33)

月份	起運機場	傷	病	合計	月份	起運機場	傷	病	合計
三　月	NX3550	37		37	六月	拉芒卡道 Lomongatawng	79	26	105
四、五月	山興洋 Sangshingyang	61	33	94	六月	色當 Seton	96	1	97
四　月	SC42.281.4	30		30	六月	孟拱 Mogaung	36		36
五　月	SC42.281.4	54	1	55	七月	南勞 Nanrawn	12	35	47
合　計		182	34	216	合計		223	62	285

49　《緬北第一期作戰概述》(第六號)，頁 49。

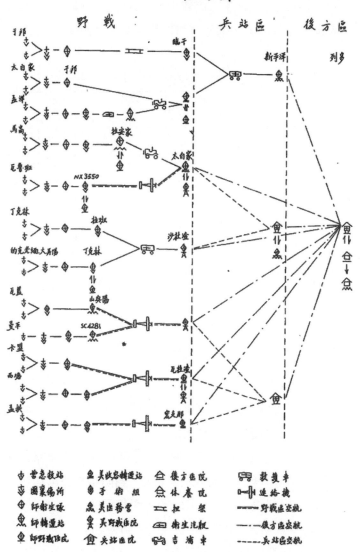

圖六之一之二、各期傷運圖[50]

─────────
50　《緬北第一期作戰概述》(第六號)，頁 76。

七、野戰醫院之收容

　　為便於傷愈迅速歸隊，而保戰鬥實力，本部野戰醫院，除收容病兵外，亦大量收容輕傷(按重傷皆由美手術組轉美方醫院送後方)[51]。(表六之一之五)

表六之一之五、野戰醫院傷病收容統計表(民33)

月份	原有				入院				轉院				歸隊				死亡				留院			
	傷		病		傷		病		傷		病		傷		病		傷		病		傷		病	
	官	兵	官	兵	官	兵	官	兵	官	兵	官	兵	官	兵	官	兵	官	兵	官	兵	官	兵	官	兵
一月					9	211	1	45				4		45	1	13				3	9	166		25
二月	9	166		25	5	58		50	4	42		43	10	182		32								
三月						41		70		37		25		1		22				1		3		22
四月		3		22		13	1	108		5		33		11		86							1	11
五月	3	76	7	38	2	101	8	198		56	2	119	1	14	4	84					4	107	9	33
六月	2	108	7	7		13	5	120		45	8	74	2	24	3	41						52	1	12
七月				16			4	78				17			3	42							1	35
合計					16	437	19	669	4	185	10	315	13	277	11	320				4	13	328	12	138

八、疾病

(一)傳染病之流行

1、瘧疾

　　列多(Ledo)處印度亞薩姆省東北隅，為印度瘧疾著名流行區域。本師駐列時，患者至眾，雖經嚴屬施行個人預防條規，經常設有抗瘧組織，充量利用防蚊殺蚊油劑，管制環境，但病發[52]數，似未因之減少。自部隊開入高爽山岳地帶，瘧疾患者數字始逐漸降低。本年入夏以來，對防瘧實施再加強規定，並於四月十五日起，前方每日每人服 0.1 公分預防瘧滌平(Atabrine)一顆。惜部隊連續無間作戰，衣裝多有損失，蚊帳無法應用。防蚊油於五、六兩月間未得補充，致個人預防之實施無法澈底，幸前方患者不多，未影響及作戰實力。總計

---

[51] 《緬北第一期作戰概述》(第六號)，頁50。

[52] 《緬北第一期作戰概述》(第六號)，頁51。

自去年八月迄本年七月底止，本師前後方之患者，有 8,779 例，當本師人數百分比之 67.6(以師為 13,000 人計算)。死於瘧疾者，百分之 57 例(根據前後方各醫院之死亡報告)，當全師患者百分之 0.65。

2、腸胃傳染病(飲水傳染病)

痢疾終年皆有，患者為數不多，無流行之趨勢，傷寒僅數例，霍亂未見發生。

3、小虱斑疹傷寒(Scrubtyphus, Ortsu Tsugamushi-Fever)

去歲十一、十二月間，小虱斑疹曾一度流行，本部患者 120 例，發生於青羅沙坎一帶，患者盡送醫院治療，全師悉作斑疹傷寒疫苗預防注射。本年五、六月間又有數例發現於山興洋瓦蘭地區，計一年來共得患者 131 例，死亡 17 例(根據前後方各醫院之報告)當患者百分之 13。

4、天花

天花發現一例，回歸熱 11 例，患者多係國內來印之補充新兵，破傷風、氣壞疽，於前方亦極罕見。[53]

表六之一之六、流行性傳染病統計表(民 32 年 8 月~33 年 7 月)[54]

病例　疾病　年月		瘧疾	小虱斑疹傷寒	回歸熱	痢疾	天花	傷寒	破傷風	氣壞疽
32 年	8 月	1,423		3	43				
	9	1,723		4	92				
	10	1,044		1	101				
	11	511	29	3	42	(新兵)1	2		
	12	363	87		27				
33 年	1	155	4		37				
	2	210			61				
	3	259			154				

53　《緬北第一期作戰概述》(第六號)，頁 52。

54　《緬北第一期作戰概述》(第六號)，頁 53。

4	169			130	1			
5	443			131				2
6	947	9		189			1	1
7	1,532	2		152				
合計	8,779	131	11	1157	1	3	1	3

註：1、　卅二年八月至十月份瘧疾患者統計係根據師野戰醫院之報告，爾後之統計則係前後方各單位月報之和。

2、　本年六月份瘧疾患者 947 例，前方者 434 例，後方者 513，七月份患瘧者 1,532 例，前方者佔 796 例，後方者有 736 例。[55]

表六之一之七、小虱斑疹傷寒(Scrupb Typhus)患者之分佈表(民 32~33)

病例　年月　單位	32 年		33 年						
	11 月	12 月	1 月	2 月	3 月	4 月	5 月	6 月	7 月
112 團		10	4					6	
113 團		55						1	
114 團		2	4						
砲二營		9							
工兵營	29							2	
通信營		1							
輜重營									
司令部及直屬部隊		10							
不明									2
合計	29	87	8					9	2
總計									135

(二)其他

去冬今春，部隊作戰於山嶺叢林地帶，氣候陰冷，加之晝夜勤勞，飲露餐風，衣不暖，食不飽，致患感冒及呼吸道炎者頗多。營養病患者尚少。入夏雨季開始，部隊連續迂迴挺進，道路泥濘，工事積水，官兵終日浸泡泥水中，患

---

[55] 《緬北第一期作戰概述》(第六號)，頁 54。

腿部足部濕癬及潰傷者比比皆是(未列入表內)。幸戰事於七月中告一段落,畧經休養,大部痊癒。[56]

表六之一之八、疾連分類統計表(民32~33)

疾病 患者 月	32年					33年							合計
	8	9	10	11	12	1	2	3	4	5	6	7	
呼吸道病 上呼吸道炎	6	7	5	118	809	729	492	585	250	354	283	333	3971
感冒	2	15	12	83	45	110	511	1255	262	308	232	191	3026
肺炎	1				5		2	3	3	1	2		19
肺核結	3			1			1						5
普通腸胃病 腸胃炎	8	4	23	76	33	30	54	22	45	32	66	172	565
腹瀉				64	84	54	86	130	117	141	350	145	1171
便秘				5							4		9
胃潰瘍	1	2	6				3		2		2	1	17
寄生虫	1	1									2		4
營養病 夜盲與乾眼				4		1	21	28	3	1	14	2	74
腳氣病				4	19		3	1		2	2	3	34
水腫					2		2		1	2		5	12
皮膚病 疥				111	8		45	55	33	12	21	43	328
潰瘍	5	11	8	38	14	5	74	87	85	66	165	36	594
膿腫	7	19	15	23	15	11	12	24	26	21	51	27	251
膿疱瘡				4	11	67	6	31	1	5	58	77	261
癬疹	4	5	9			3		20					41
接觸病 淋病	1	2		4			1				3		11
花柳				4	2		1	2	1		1		11
精神病	4	1								4	2	4	15
其他				12	12	9							33
牙病	4	3	2										9

---

[56] 《緬北第一期作戰概述》(第六號),頁55。

挫傷	8	13	9	38	10	5	23		15	13	28	16	180
擦傷	4	12	7	46	45	6	94	97	112	59	61	113	655
切傷				4	6	2	15	29	28	25	52	93	254
燒燙傷				8	1	2	8	20	8	3	6	13	69
誤炸傷				7									7[57]
骨折	3	3	1										7
脫臼		2											2
痔瘻									3	2		1	6
疝氣						1	1			1		7	10
盲腸炎								1		1	1		4
結合膜炎	1	2	4										7
砂眼	3	10	6				33	80	109	65	70	25	401
淋巴線炎	2	1								1			4
其他							8	39					47
合　　計	68	113	108	659	1121	1035	1495	2512	1112	1116	1475	1312	12120

(三)疾病死亡

　　根據前後方各醫院之報告，自去歲八月起，迄本年七月底止，疾患死亡凡121 例，當師實力百分之 0.93(師以 13,000 人計算)。茲分析如下表：

表六之一之九、疾病死亡統計表(民 32~33)

疾病 ＼ 死亡數 ＼ 年月		32					33							合計
		8	9	10	11	12	1	2	3	4	5	6	7	
瘧疾	惡性腦瘧疾	4	8	7	11						1	6	5	42
	其他	2	1	2	1			1					8	15[58]
小虱斑疹傷寒					3	10	1					3		17
回歸熱													1	1
肺炎	火葉型											1	1	2
	支氣管型	1			1									2

---

[57] 《緬北第一期作戰概述》(第六號)，頁 56。

[58] 《緬北第一期作戰概述》(第六號)，頁 57。

病名													合計
肺結核									1	1	2	2	6
腦膜炎(結核性)		1								1			2
瘧滌早中毒						2	1						3
腹膜炎				2						1	1		4
腸胃炎											1		1
盲腸炎								1					1
敗血症				1									1
副傷寒								1					1
痢疾								1					1[59]
心臟病						1							1
腎炎				1									1
癌	唇		1										1
癌	肺									1			1
癌	腸							1					1
貧血			1										1
黃疸(原因不明)			1										1
腸阻塞								1					1
腸出血								1					1
發燒(原因不明)			1							1			2
Eryrhema　Multitormi				1									1
創傷骨折	顱頂骨							1					1
創傷骨折	左右股骨							1					1[60]
挫傷				1									1
誤傷	炸傷			6									6
誤傷	槍傷			1									1
合計		8	13	13	25	13	2	4	6	4	15	18	121

表六之一之十、疾病死亡按單位分佈表

單位	司令部	新兵連	搜索連	休養連	Remount Company	工兵營	輜重營	砲一營	砲二營	砲三營	一二團	一三團	一四團	不明	合計
死亡數	10	2	1	2	3	6	3	9	12	1	18	22	30	2	121

59　《緬北第一期作戰概述》(第六號)，頁58。

60　《緬北第一期作戰概述》(第六號)，頁59。

九、戰傷

本處為獲戰傷詳確統計，除飭團師衛生隊詳細作傷者登記外，凡本部配屬美手術組之醫官得於每月終造具詳報包括傷者姓名、單位、負傷日期、致傷原因、尤側重傷者之診斷，同時各手術組於每月擬作同樣報告送處，俾明診斷及治療經過情形，計前後本處曾登記負傷官兵 2,605 名，因記錄欠詳，能依致傷武器性能而作傷者之分類者得 2,238 例，能作負傷部位之分析者有 1,911 例，能作負傷部位數及[61]創口有無傳染之分析者 1,657 例。

(一)傷亡比例

表六之一之十一、本師官兵作戰傷亡統計表(民 32 年 11 月~33 年 7 月)

區　　　分	戰　　　傷	戰死及重傷死者	總　　　計
人　　　數	2461	1222	3683
百　分　比	66.9	33.1	100

註：1、　傷亡總數係根據人事室計實數。

2、　戰傷總數係根據本處登記數字，減去死於醫院者(即 2605－144＝2461)由此表可見此次戰役傷亡之比例為 2：1。

(二)依致傷武器性能傷者之分類

此 2,605 記錄中，有 2,238 例，可依致傷武器性能，而將傷者分類，炸傷佔大部，計 1397 例，刺傷僅 9 例，佔百分之 0.4。(表六之一之十二與十三)敵人武器可致炸傷者有鎗榴彈、手榴彈、擲彈筒，37.47mm 平射砲，60mm 速射砲，75mm 山砲，105mm 野砲，及 155mm 重砲，而速射砲運用靈活，砲彈空中爆炸，於短距離內，殺傷力尤大，致鎗傷者盡步機鎗(輕、重機鎗)兩種。於太柏家之役，于邦二五醫院之手術組 Lester 上尉作外物摘除，曾有達姆彈一、二例，後無繼續報告。現在戰爭，側重火力，故此次戰役，敵我距離頗近，作戰範圍較小，戰況且烈，但白刃[62]傷殊少見。

---

61 《緬北第一期作戰概述》(第六號)，頁 60。

62 《緬北第一期作戰概述》(第六號)，頁 61。

表六之一之十二、依致傷武器性能傷者分類統計表[63]

戰　役 ＼負傷人數　傷　類	炸傷	鎗傷	刺刀傷	合計
于邦、孟洋河、太柏家	623	377	2	1002
孟關、瓦魯班、拉班、迂迴之役	104	43	2	149
丁克林、的克老緬之役	104	101		205
112團曼平、瓦蘭之役四月	45	4		50
112團曼平、瓦蘭之役五月	54	82	1	137
高利、奧西之役	57	35		92
大弄洋、拉瓦、單班卡之役	231	90		321
支遵、開明之役	75	36	2	113
孟拱之役	103	64	2	169
合　　　計	1,379	832	9	2,238

表六之一之十三、依致傷武器性能分類傷者百分比表

傷類	炸傷	槍傷	刀刺傷	合計
負傷人數	1,397	832	9	2,238
百分比	62.4	37.2	0.4	100

(三)負傷部位

上述之 2,238 記錄中 1,911 例可作負傷部位之分析，其中 1,366 人僅一部位負傷，545 人傷處則佔 1,246 部位。(表六之一之十四與十五)

表六之一之十四、負傷部位統計表[64]

負傷部位	單傷部位 Single Wound Area	複傷部位 Multiple Wound Areas	負傷部位	單位部位 Single Wound Area	複傷部位 Multiple Wound Areas
頭顱部	87	60	肘部	16	12
臉面	68	65	前臂	90	50
眼部	14	19	腕部	14	15

---

[63] 《緬北第一期作戰概述》(第六號)，頁 62。

[64] 《緬北第一期作戰概述》(第六號)，頁 64。

鼻部		1	手部	122	73[65]
耳部	4	2	臀部	40	64
口部	1	1	生殖器	2	5
頸部	30	39	髖部	5	8
胸部	107	104	大腿	140	158
背部	55	64	膝部	39	19
腰部	13	10	膕部	1	2
腹部	50	29	下腿	178	174
肩部	62	53	踝部	8	7
上臂	169	173	足部	49	39
合計	650	620	合計	683	520

表六之一之十五、負傷部位按百分比分佈表(參:圖六之一之三)

部位	頭	面包括五官	頸	胸	背	腰	肩	上臂	肘	前臂	腕與手	臀部	生殖器	大腿	膝	膕	下腿	踝及足	腹	合計
傷數	149	175	69	211	119	23	115	342	28	140	224	104	7	311	58	3	352	103	79	2612
百分比	5.7	6.7	2.7	2.1	4.6	0.9	4.4	13.2	1.1	5.4	8.6	4.0	0.2	12.0	2.3	0.1	13.4	3.6	3.0	100

---

[65] 《緬北第一期作戰概述》(第六號),頁63。

員傷部位按百分比之分佈

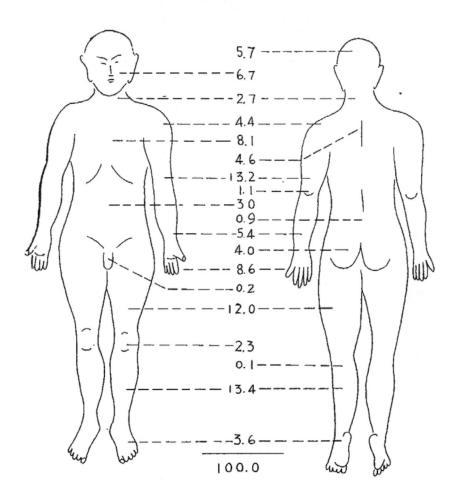

圖六之一之三、負傷部位分佈圖[66](參上表：表六之一之十五)

---

[66] 《緬北第一期作戰概述》(第六號)，頁76。

(四)骨折

前述 1911 傷歷中查有骨折者 298 例，佔百分之 15.5 以四肢骨骼傷者最多。(表六之一之十六與十七)

表六之一之十六、傷者骨折百分比表

區分	有骨折者	無骨折者	合計
人數	298	1613	1,911
百分比	15.5	84.5	100[67]

表六之一之十七、骨折部位及種類統計表[68]

部位 \ 種類 骨折數	不完全骨折	單純骨折	哆開骨折	哆複雜骨折	合計
頭部			35	5	40
脊椎			6		6
助骨			9		9
肩甲骨			9	1	10
肩甲骨及助骨			1		1
肩甲骨及肱骨				1	1
上肢骨	3	2	115	24	144
骨盆			4		4
下肢骨		1	57	25	83
合計	3	1	236	56	298

---

67 《緬北第一期作戰概述》(第六號)，頁 65。

68 《緬北第一期作戰概述》(第六號)，頁 66。

表六之一之十八、依折骨數目傷者統計表

折骨數目	人數	折骨數目	人數
1	237	5	1
2	47	不明	9
3	4	總計	298

(五)負傷部位處數

茲分人體為頭、面、耳、目、口、鼻、頸、胸、背、腰、腹、臀、生殖器、肩、上臂、肘、前臂、腕、手、髖、大腿、膝、膕、下腿、踝足、26 部位，上述 1,911 記錄中，1,657 例可依此作部位處數之分析。(表六之一之十九)

表六之一之十九、按負傷部位處傷者統計表

收治單位或戰役 \ 傷類(單位數/人數)	炸傷 1	2	3	4	5	6	7	鎗傷 1	2	3	4	5	6	刺刀傷 1	2	合計
西哥瑞夫醫院臨干	20	5	3	6	1			79	28	6					1	149[69]
于邦25醫院手術組	90	31	10	8				76	15		3					233
康道82號手術組	194	35	15	12				90	16	5	2			1		360
孟關、瓦魯班、拉班	74	25	4	1				37	5		1			1	1	149
丁克林、的克老緬	73	15	12	1	2	1		74	18	3	3	2	1			205
四月112團曼平、瓦蘭之役	35	4	5	2				2	1	1						50
五月112團曼平、瓦蘭之役	28	17	8	1				56	17	8	2			1		137
六月112團高利、奧西之役	47	8	2					33	2							92
支遵、開盟之役	56	14	4	1				31	3	2				1	1	113
孟拱之役	56	26	10	5	2	2	2	52	11	1				2		169
合　計	673	180	73	37	5	3	2	530	115	26	11	2	1	6	3	1,657

69　《緬北第一期作戰概述》(第六號)，頁 67。

(六)創口傳染

因急救完備，傷運迅速，創口傳染率甚低，依此 1,657 例之分析，有創口繼發性傳染者，僅佔百分之 1.7。[70]

表六之一之二十、戰傷創口傳染統計

治療單位	收治人數	傳染數	備考	治療單位	收治人數	傳染數	備考
臨干手術組	149	5		1368高地手術組(四月)	50	—	
于邦手術組	233	4	腹膜炎	13醫務營手術組	169	1	
康道手術組	360	2		高利手術組	92	—	
113團手術組	149	—		43手術組(六月)	113	10	
43手術組(四月)	205	5	氣壞疽2例	1368高地手術組(五月)	137	1	氣壞疽
合計	1141	16			561	12	

(七)死亡

傷重不治，或有併發生症而死於前方手術組或後方各醫院者，凡 144 例，當全體負傷人數百分之 5.5。

表六之一之二十一、因傷不治死於醫院者百分比表[71]

區分	傷愈或治療中者	死於醫院者	負傷總數
人數	2461	144	2605
百分比	94.5	5.5	100

(八)師醫務人員之傷亡

作戰以來，醫務人員冒鎗林彈雨，在火線上搶救傷者，各階醫務設施多在敵人砲火射程以內，故亦蒙受相當損失。九閱月以來，計共損失官兵 17 員名，傷官兵 28 員名。

---

[70] 《緬北第一期作戰概述》(第六號)，頁 68。

[71] 《緬北第一期作戰概述》(第六號)，頁 69。

表六之一之二十二、師醫務人員傷亡統計表(32 年 11 月~33 年 7 月)

單　位	負　傷			陣　亡			合　計
	官	看護兵	担架兵	官	看護兵	担架兵	
112 團衛生隊			4	1	1	2	8
113 團衛生隊	2	2	11			1	16
114 團衛生隊		1	5		1	9	16
師　衛　生　隊			3				3
師　野　戰　醫　院				1		1	2
合　　　計	2	3	23	2	3	12	45

十、傷愈歸隊

本部派有官長一人至多人，留住前後方醫院照料本部住院傷病官兵並協助辦理歸隊手續，在列多(Ledo)又設有傷病官兵休養連，在巧家(Nchaw Ga)及拉班(Laban)設有傷病愈[72]歸隊招待所。

記錄可稽者自作戰開始迄本年七月底止，出院或歸隊之傷愈官兵 1,431 當負傷官兵總數百分之 58.1(負傷總數=2,605－144=2,461)出院或歸隊之數字係根據前後方各醫院之通知，後方留守處，巧家及拉班招待所之登記統計之。

表六之一之二十三、全師負傷及傷愈官兵統計表

月 年 傷愈數 負傷數 單 位		32		33							合計
		11	12	1	2	3	4	5	6	7	
司令部及直屬部隊	82			4	3	1	4	6	10	12	40
112 團	664	7	1	55	46	109	29	48	43	34	372
113 團	700			19	87	33	92	73	80	47	431
114 團	1159	1	2	64	147	76	84	65	113	36	588
合　　　計	2605	8	3	142	283	219	209	192	246	129	1431

---

[72] 《緬北第一期作戰概述》(第六號)，頁 70。

十一、其他

(一)給養

官兵給養政府規定，本自不豐，而自部隊作戰以來，供應更形惡劣，尤以自去年十二月[73]至本年一、二月期間為最，竟月不見蔬菜，自一月二日至二十三日，三週中全師在前方所收到之給養，曾經本處統計如下表。

表六之一之二十四、師給養統計表(33 年 1 月 2 日至 23 日)

品名	數量		備註
	每分給養量	總量(磅)	
白米	1 又 3/4 磅	239,539	
粗麵	4　兩	34,228	
牛肉罐頭	4　兩	34,228	
乾菜	1　兩	8,557	2/5 係白菜及蔥 3/5 係洋芋片

二月二日曾由本處致函指揮部，請求對我官兵給養加以改善，但迄未獲圓滿之考慮。

(二)傷病兵特別營養

住醫院傷病官兵給養，前後分歧，鮮有一致，政府既無規定，美方亦未予重視，美方醫院給養之優劣，全視該院主管美人之努力如何，及該管組之處理，是否得當，我野戰醫院住院傷病，有時異常眾多，苦於無特別營養，在初可直接就地與美供應站交涉，能獲得少量水菓、牛奶，及豬肉罐頭之屬，但自二月以後，交涉萬感困難，四月以來，特別營養，對我野戰醫院及手術醫院遂成一不可能之事，為傷病官兵給養自一月來屢經折衝，並於一月二十五日，致函指揮部[74]請求明令制定前後方傷病官兵給養，據覆畧謂前方傷病無需特別營養，其有認為需要特別營養者，得逕送美方醫院。

73　《緬北第一期作戰概述》(第六號)，頁 71。

74　《緬北第一期作戰概述》(第六號)，頁 72。

二月六日師軍主任薛蔭奎為此在臨干晉謁史總指揮，據理申請，並剖陳醫學上特別營養對傷病之需要與價值，當時頗獲同情，並垂詢所需，且允交指揮部考慮，但嗣後事實召示，所請並未發生任何成效，於五月十三日，復攜師長函謁史總指揮於下答蘇，再度為前方傷病官兵請命，僅允考慮，自是七月底前方傷病官兵特別營養，仍係一懸案，急待解決者。

(三)官兵健康

經九月繼續戰鬥，官兵精神雖感疲憊，雖一般健康尚好，患營養缺乏病者不多，給養既感不足，其所以致此者無他，實賴官兵能適應山林環境，尋求野菜，並賴漁獵所得佐食以補營養之不足，戰區原始叢林無村鎮市廛，官兵與人不相往來，無外界流行病傳染之機會，此所以保持官兵之健康者也。

十二、檢討

作戰以來，衛生勤務工作尚能逼近理想，其所以有此成績者，係由中美醫務機構密切之合作及迅速與合理之運用。

本部醫務人員以質與量而論，至嫌寡陋，但於此戰役中之表現，所昭示吾人之勇敢、毅力及責任心，盡能克盡厥職，醫官有負傷不退者，團衛生隊以微小之力量，除任前方傷病運輸急救外，有常時收容傷病至百人者，幾經困難，卒達任務，擔架機構本身之供獻尤偉，冒敵人之砲火，犯地形之萬難，不分晝夜悉能於最迅速之時間內，將傷者後運至手術組，因得手術治療，乃保生命，而於萬山穿行迂迴期中，本身自顧不暇之際，尚能竭餘力，鼓餘勇，應美方之請，擔任美軍麥支隊負傷官兵數十名[75]之多，充份表揚我捨己助人之美德，允稱難能可貴者也。

因限於薄弱人力，器材設備不全，本身工作每感困難，加之在此戰區，美方醫務機構充斥，人才濟濟，設施恢宏，與我併肩工作，故無形中養成吾人之依賴性頗重，然此亦時勢所使，似不得不然者，本部各醫務人員，雖於任務及責任上靡有放鬆，但於工作之記載及報告，似未有一種習慣性認之識，致時有

---

[75] 《緬北第一期作戰概述》(第六號)，頁73。

忽畧，殊不知各種表冊記載係工作之表現，為將來軍醫教育及衛生勤務設施最有價值之參考。

依過去九月衛生勤務作業之經驗，深感師衛生編制過小，尤以担架隊為最，實有修正之必要，(已另案呈請辦理)。

十三、結論

1. 年來(卅二年八月至卅三年七月)一般官兵身體尚稱健康，傳染病雖有流行，但未影響及本部作戰實力，疾病死亡 121 例，死亡率為百分之 0.93。
2. 藥品補充由本部每二週逕向指揮部備單申請，由空投或陸路補給。
3. 戰時衛生勤務機構由營團以後順序開設，盡量推進火線，與作戰單位協同進退。
4. 傷運前方以担架為主，百分之 70 之傷者，可於負傷後 6 小時運達手術組，傷者於前方(師指揮所以前)需用小飛機起運至後方者 405 例，佔傷者百分之 15.5。
5. 作戰九月，全師傷亡 3683 員名，當師實力百分之 28.3 傷亡之比例為 2:1。
6. 炸傷佔百分之 62.4 鎗傷百分之 37.2 刺刀傷僅佔百分之 0.4。
7. 負傷部位以四肢為最多，佔百分之 63.9 有骨折者佔百分之 15.5。[76]
8. 創傷有繼生傳染病者約佔傷者百分之 1.7。
9. 因重傷不治，或由其他併發症而死於前後方醫院者，144 例，當傷者百分之 5.4。
10. 自作戰迄本年七月底止，傷愈出院者，1,431 例，當傷者百分之 58.1。
11. 師衛生機構編制過小，有擴大及充實之必要。[77]

---

[76] 《緬北第一期作戰概述》(第六號)，頁 74。
[77] 《緬北第一期作戰概述》(第六號)，頁 75。

第七本
八莫及卡的克戰役戰鬥詳報

自 民國三十三年十月十五日起 至 三十三年十二月廿二日止

軍 長 孫立人

陸軍新編第一軍司令部編印

中華民國三十四年 月 日

第七本　八莫及卡的克戰役
詳細目錄

---

[1]　《八莫及卡的克戰役》(第一號)，目錄。

---

[2] 《八莫及卡的克戰役》(第一號)，目錄。

八莫及卡的克戰役　戰鬥詳報第一號
自民國三十三年十月十五日至三十三年十二月二十二日止

一、戰鬥前敵我形勢之概要

　　敵緬北基地密支那，自三十三年八月三日為我攻佔後，敗殘之敵，紛紛渡江向南潰竄。從而上緬甸北緯 25 度以北，萬里關山，全為本軍所領有，粉碎敵「確保上緬甸以遮斷印度與我之交通線」、「確保政略、戰略方面優越地位」之野心。當時緬北雨期正酣，全區經修繕之公路橋樑等，復多為雨水所沖毀，路面泥濘沒膝，大小河川山洪暴發，若干低地盡成沼澤之區。陸上交通杜絕，人馬步履維艱，空軍活動亦因氣候惡劣大受限制，妨害大軍作戰之遂行，此即緬甸不利作戰之雨期也。

　　時本軍奉命，全部集結於密支那附近，向南警戒，整備次期之反攻。緬敵於慘敗之餘，因我攻勢為雨季所阻而稍停，遂得稍作喘息之機會。此即緬北第一期作戰結束時之景況也。

　　敵於此雨季期間，為繼續防禦直後我軍南下之進擊，在八莫方面，當由南坎抽調其第二師團搜索聯隊，及十六聯隊主力，混同第十八師團之一部，附砲兵一大隊，輕戰車十餘輛，總兵力初期以五千之眾，積極設防，趕築工事，預料拒止本軍於十一月底雨季後之反攻。故加緊準備，其最北端陣地，設於那龍(Nalong)，由那龍至廟堤(Myothit)公路間，及其兩側地區，約有敵一大隊之兵力設防。不料本軍於十月十五日，乘雨期之末，即出敵意表，乘敵配備未周全之際，誓師南下，作第二期之反攻，以達成擊滅八莫區之敵，佔領八莫、曼西(Mansi)地區而確保之任務。

　　那龍至廟堤間之敵，經我壓迫，自動放棄，逐次撤回至太平江以南地區，憑太平江天險，構築堅強之工事，採取河川防禦。在毛平(Mopein)及廟堤對

江[3]之 807 高地，及莫馬克(Momauk)諸要點，構築極堅強之前進陣地，妨害我
軍於太平江之渡河前進；在八莫城東郊飛行場南北之線，配置警戒陣地，妨害
我軍隊八莫城之攻擊準備，爭取時間上之餘裕；在八莫市區，則利用天然湖沼
地障，構築最堅強之主陣地，作最後死守之計。太平江以北，則僅留置小數之
監視斥候部隊，以圖確保八莫，待其援軍之到達，轉移攻勢。

斯時南坎區之敵，屯駐有敵五十六師團第一四六聯隊、第四十九師團全
部，及第十八師團主力，並其他特種兵數大隊，兵力在一萬五千以上，蓋因南
坎東北通龍陵，西北接八莫，南下瓦城。地當中印緬交通要衝，公路四通八
達，交通便利，進攻退守，恒為緬北軍事要點。故敵以之為滇西及緬北兩方面
補給之中心，經常屯集重兵，除直接警備南坎外，更憑犄角之勢，以策應東北
及西北兩方面之作戰，有若孟拱之與密支那及卡盟：密支那既失，八莫告危，
南坎因之漸入恐怖狀態，時有受襲之可能，重演密支那之悲劇。故敵在南坎屯
駐重兵，除嚴密戒備外，當沿八莫至南坎間公路沿線各要點，依山傍險，構設
堅強之工事；在曼西隘口處，敵以其第十八師團第五十五聯隊第二大隊，由南
坎抽至，頑強據守，以圖防止我軍之滲入，更作為掩護八莫敵援軍由南坎方面
之進出；在南坎西北 23 英里卡的克附近山地，敵設極堅強之外圍抵抗線，以
扼八莫、南坎間山地之高陽，南坎西北進口天馬關之鎖鑰。

迨至十一月十九日，本軍第一線兵團新三十八師，經月來奮戰之結果，以
雷霆萬鈞之勢，踏過太平江，擊破其前進陣地，將八莫區之敵，緊圍於八莫城
區之下，同時乘敵先居而不盈，襲佔曼西隘口，將防守該地之敵，第五十五聯
隊第二大隊全部擊破，防止南坎敵援隊之進出。軍為迅速攻佔南坎，策應畹
町，打通中印公路，當不待八莫之敵肅清，即以第二線兵團新三十師主力，對
南坎同時發動攻勢，沿八南公路及其兩側山地，果敢長途深入，對天馬關天
險，實行仰攻，而兼負此艱鉅之任務。[4]

3　《八莫及卡的克戰役》(第一號)，頁 1。

4　《八莫及卡的克戰役》(第一號)，頁 2。

二、影響於戰鬥之天候、氣象及戰地狀態

(一)八莫及卡的克區天候氣象狀態

1、旱季

每年自十月中旬至翌年四月間為旱季，在此期間，本區氣候最佳，所謂暢晴連日，涼爽宜人；即稍降雨，亦無大礙，此實為作戰最良之時日。惟朝夕濃霧，有礙視程，朝霧每延至晨九時後方消。

氣溫晝夜相差甚大，十月至二月間，入夜寒冷，露結凝霜，尤以山地間為甚，須備毛衣、毛毯，以為禦寒，毛大衣於夜間作戰，尤為急須。

2、雨季

每年五月至十月間，因西南季候風吹襲，而入雨期，六月至九月間，雨量猶甚，河流因漲水而氾濫，橋樑沖毀，道路崩潰，交通被阻，且濕氣蒸騰，暴風連旬，瘧疾及傷寒疫疾流行，不但行動受限制，即宿營衛生方面更大受影響。

故此時期，不利於作戰之遂行，須備大量雨衣雨布，及防瘧醫料等；交通方面，因道路之惡化，為應付雨期之對策，即須多使舟楫，以補陸上交通破壞之患。

(二)八莫區地形狀態及其在軍事上昔今之觀感

查八莫即舊蠻募之新街(蠻募即軍作戰時，所譯為莫馬克是也)，位於緬北伊洛瓦底江上游之東，太平江下游之南，為上緬甸菁華所萃。在緬甸鐵路公路未開闢前，即為上緬甸之重要都市。自此我滇西之騰衝邊圍，三數十里，夙為滇緬往來之要衝，滇緬邊際「八關」之屏蔽。查「八關」其名，即鐵壁關、虎踞關、銅壁關、馬四關、天馬關、漢龍關、萬仞關、滇灘關是也。此等關關，前係我國戍邊所設，地當天險[5]，惟現已不全存在。虎踞關，似在今之新龍卡巴；鐵壁關，似在太平江上游蠻允西南十英里；天馬關，似在南坎西十二英里南馬卡(Nammakhka)河右岸；地圖上丁家(Tinga)村是也。此皆為前時由八莫通

5　《八莫及卡的克戰役》(第一號)，頁3。

騰越必經之關卡。故八莫在我滇西國防上言之，實有八莫能保，八關始固，邊
圍方可無慮之勢。騾馬路早已通至我邊際之咕哩卡，公路在我抗戰中完成，可
經南坎通至我畹町，故八莫對我滇省之交通，實與臘戌佔同樣之重要。北有公
路通密支那而接曼密鐵路。今我中印公路末段，即為密支那經八莫至畹町。密
支那既得，所餘之障礙，即為八莫與南坎。故此，因而為我必爭之地。八莫原
我國之版圖，因緬甸與我華夏比鄰，唇齒相依。

　　由唐代起，中緬即發生關係。唐代武功，數次入滇，更經八莫而深入緬
甸，其時緬甸尚未統一，在北部有撣人建立之蒲甘王國，即唐代所稱之驃國。
其區域包括八莫。西南部則有阿拉甘人所建立之阿拉甘國；南部則有猛人所建
立之擺古國。其中以蒲甘王國為最高，人民擅長音樂，曾獻樂人來我國。此殆
為中緬文化交流之第一聲。

　　及至元代，則緬甸與我國之政治關係，更為密切。元世祖忽必烈，於十三
世紀中葉(一二五三年)，滅南撣(撣人建立，定都於雲南大理)遂與緬甸接壤。
其時蒲甘君主，叫做提哈索特王，性頗強悍。世祖遣使招降，提哈索特不但不
允，還殺戮元使(一二七三年)。殆至一二七五年，世祖聞之大怒，乃命忽都率
軍隊 700 人，晝夜兼行，進兵蒲甘，與四、五萬緬軍，鏖戰於八莫北側，太平
河畔。緬軍前為馬隊，後為象隊，而蒙古兵則多為騎兵，分三路與緬軍激戰。
結果大破緬兵，攻取八莫，別將納連拉丁，又率兵由八莫沿伊洛瓦底江，攻至
八莫西南 16 英里之江頭(Kaunton)(SN8997)。後以天熱而還。其後一二八三
年，蒙古五族相我達爾征緬，破江頭城，繼沿伊江左岸而下，於一二八五年，
攻佔曼德勒以北之緬都台拱城(Tagoong)[6]。提哈索特降服歸元。元設緬甸行
省，列入元代大帝國版圖中，其地位與我國其他行省相同。然古時交通不便，
緬甸又為橫斷山餘脈所隔，與中原往返困難。

　　元亡明興，政治勢力仍能深入北緬，中緬關係，仍然保持。緬北木邦(即
現之新威)，猛密、孟養、孟拱、蠻募(即現之八莫)等區，分置宣慰使司，冊封
有功將官，及當地忠君土人首領，並頒發印信，及上國衣冠，使世襲守土貢

---

[6]　《八莫及卡的克戰役》(第一號)，頁4。

賦。至明葉以後，閹官當道，宵小橫行，朝政日非；明緬關係，不絕如縷，邊境各地，隨之不寧。此次本軍克復八莫後，在太平江南岸，廟堤對江山上，發現有我大明征西將軍劉所立碑誌，想必是當時西出而制壓緬亂者。碑高凡 5 尺，中刻三大字曰：「威遠營」，右旁刻文曰：「大明征西將軍劉，築壇誓眾於此，誓曰，六慰拓開，三宣恢復，蠻夷格心，永遠貢賦，洗甲金沙，藏刀鬼窟，不縱不擒，南人自服，」左刻文曰：「受誓：孟養宣慰司、木邦宣慰司、孟密安撫司、隴川宣慰司，萬曆十二年二月十一日立」等字樣。據云緬北各地，亦時發現有此類我先朝立功奇名之碑誌云。

　　明代末年，桂王曾出奔緬北，永曆帝亦奔緬甸，吳三桂率兵追之，亦入緬甸，緬王莽猛白，執永曆帝以獻清廷(一六二二年)，一場風波遂告平息。然華僑旅緬常受歧虐，清緬關係乃未能和好無間，雲貴為解除旅緬僑胞之痛苦，入奏清廷，清兵征緬。

　　一七六七年，乾隆帝遣明瑞、額爾登二員為將，率滿兵三千，漢兵二萬餘，分路入緬。北路由八莫沿伊洛瓦底江而下；東路由木邦，孟密而下，以會師緬都阿瓦(Ava) (曼德勒之西南)為目標。明瑞之軍，深入曼德勒；而額爾登則遲無消息。逗留月餘，糧盡而退。緬人乘機反攻，明瑞戰死，清軍損失甚大。乾隆帝怒斬額爾登，別遣傅恒為大將，率滿兵及閩粵水師，大舉征緬。緬王懼，遣使降清。清本無土地野心，遂訂和約，定緬甸為清廷之朝貢國而返。

　　由此觀之，八莫過去實為我國之領域，誠足徵信。且為我既往對緬進兵必經之地，係一古戰場也。故其在我滇邊軍事價[7]值上之重要，由此可想而見。

　　迨至光緒年間，下緬甸為英所獲，英人繼而北上，時木邦土司，曾使入滇告急求援。然而當時清廷朝政昏亂、無能，遂置若罔聞。英人則隨意佔有北緬。光緒十二年六月十七日，清廷無奈，派劉瑞芬至英國倫敦，與英緬互換條約，緬甸即為英所獲。我之堅固主權，因此喪失淨盡。英既獲緬，復節節進逼我騰邊關隘，密查暗探，隱謀蠶食侵略。光緒年間，清廷雖曾幾度與英人定滇緬邊界，然無實力作為後盾，至所有界椿，只得聽憑英人支配，任其所慾。英

7　《八莫及卡的克戰役》(第一號)，頁5。

人遂將我隴川土司轄境之洋人街、滾弄，及南甸土司屬境之銅壁關外昔董，與八莫東北及密支那東南之地，劃入緬境。此不獨領土被吞，而滇緬邊界間之高黎貢山餘脈之加親山脈天險、軍事制高點，全被劃入緬甸。日後一旦邊圍有事，則我滇西當難設想。其他類此憾事，不勝枚舉。此次本軍轉戰緬北，所見所聞，如返故鄉不禁感慨之至。

又八莫傍倚伊江，為伊江航路之起點。增水時，800 噸之河用汽船，可由仰光溯航至此。150 至 200 噸級之河用汽船，四季均可通至密支那。曼德勒則為本航路之中心點。從曼德勒到八莫，是伊洛瓦底江的中游，伊江航路的上段。從曼德勒到仰光，是伊江下游，亦為伊江航路之下段。自仰光上溯至曼德勒，航程為 597 哩，至八莫則為 872 哩。河道之水位，因季節而不同，六月至九月為高水位期間，其餘為低水位期間。八莫附近，最淺時，亦有五、六尺之深，深時可達四十呎。

戰前航行伊江之輪船公司甚多，其中以英人組辦之伊江輪船公司為巨擘，公司所有船隻，達六百餘艘。該公司之航線，由仰光至曼德勒上行船，低水位時，七日可達，下行六日可達；高水位時，上行四日可達(減少停泊碼頭)，下行仍須六日。由曼德勒至八莫，快船上行無論高水位與低水位，均為三日；下行高水位時二日，低水位時三日。於光緒二十年一月，所訂立《中英續議滇緬界務商務條約》附款第十二條內，答允我國運貨及運鑛之船隻，由中國來，或往中國去，任意在[8]伊洛瓦底江行走。此實為我國在緬甸僅餘之權利可享有者。

八莫因地居重要，交通日漸發達，故市街日趨繁榮，戰前人口統計，市區內約為 8000 人左右，市街清潔，居屋多為楠木及鐵皮蓋搭而成，逐屋分離十數碼不等，至為秀麗。自淪敵後，因我盟機之轟擊，過去繁榮，已成死市。全市區東西約為 3000 碼，南北縱長約為 6000 碼，由市區對外通路，僅有東、南、北馬路三條，餘均為沼澤障礙，利守難攻，然市區因地偏伊江一隅，從戰術上之著眼，僅可作為防守本區之一側翼據點，極易陷於孤立而受包圍。

---

[8] 《八莫及卡的克戰役》(第一號)，頁6。

　　又密支那至八莫間，西有伊洛瓦底江南北縱流為依託，東有騰越邊境唯一國防之山地線，高黎貢山支脈之加親山脈，南北縱走為屏障，形成南北狹長之河谷地帶。地勢因東為崇山，西為長流之關係，故此河谷內，河流特多，均由東向西傾注於伊洛瓦底江，將此河谷橫切為數段，其河川大者，有南太白(Namtabet)江，(此江發源於滇邊境，全長 100 英里，向西流入伊洛瓦底江，上游由 Taba-Khka 及 Paknoihka 兩河，南北會流。並於光緒二十年一月，《中英續議滇緬界務商務條約》之中，被劃為國境分界線。

　　由該兩河會流點，向西至 Kazu 長 20 英里，全為山地，其餘 80 哩，則為平地。中等獨木舟，可無礙由伊江通入南山(Namsang)河，此河全長 70 英里，由東向西流入伊江，為密支那，與八莫兩政治區分界線，可通獨木舟。穆雷(Mole)河(該河全長 150 英里)，向西南流入伊洛瓦底江，會流點在八莫北 8 英里，構成穆雷河流域兩岸沃野，農田灌溉，有以賴之。小汽艇可由伊江通入至 20 英里處，獨木舟則可通至那龍(Nalong)，其上流會流之列塞江(Laisahka)，及既陽江(Cheyanghka)亦於光緒二十年一月，被劃為國境分界線)，最大者為太平(Taping. C.)江(該江發源於滇省，全長 175 英里，高黎貢山南支脈東加親山脈，及加親山脈之水，均傾注其間。此江即在此兩大支脈之間流出，上流 125 英里在滇省，由苗堤至伊江會流點，長 25 英里，全為平地，與穆雷河概署平行，可通小汽艇，獨木舟可直達我滇邊境)。此諸河川，均在八莫城區之北，密支那之間，彼此相距約等，密八公路，即縱貫其間，沿東側加親山脈旁山而下，形為八莫以北，密支那間，天然理想之數地帶遲緩陣地，而太平江河幅，250 餘碼，北岸盡為平坦開闊之稻田，更為防守八莫北面外圍之一良好河川防禦陣地線。[9]

(三)八莫至南坎公路地形狀態及其在軍事上之觀感

　　查八莫至南坎間，為一帶縱深 41 英里連綿起伏之高黎貢山南支脈東加親山脈所隔，標高有在 5200 英尺者，形為兩區間之支地。我國抗戰開始後，為利用伊洛瓦底江之航運，物資能由八莫運入畹町國門，乃築成公路，由八莫至

9　《八莫及卡的克戰役》(第一號)，頁 7。

南坎，通畹町，故此八南公路，即攀繞橫過此山脈，由西北向東南，傍山倚水而過，為一極險峻之狹長隘路。由八莫至南坎，全長 71 英里，由八莫區之曼西起，即入隘口，至曼當洋(Madangyang)後，山勢更形險峻，公路灣繞曲折，急轉而上，轉灣抹角，直至 41 英里路碑處之卡的克後，方轉為繞迴而下。

故卡的克附近諸山，及其南側五三三八高地，北側蚌加塘(Bumgahtawng)附近之高地，實為此山脈之頂峯，構成八莫南坎間山地之脊樑，由此即可俯瞰南坎河谷，然我由八莫對南坎攻擊，必須攀此隘路東向以行仰攻，兵力展開困難，連絡尤感不易，處處受制，戰鬥至為艱辛，敵則以逸待勞，居高臨下，故作戰地勢於我，最為不利。

三、彼我之兵力交戰敵兵之番號及其軍官之姓名

(一)八莫區

八莫戰役中先後與本軍交戰之敵，係以第二師團搜索聯隊全部為基幹，附第十六聯隊第二大隊全部，[10]野戰砲一中隊，工兵一中隊，通信小隊，野戰病院等，另有第十八師團第五十五聯隊第二大隊，第十八師團砲兵聯隊之山砲一中隊，戰車十輛，由搜索聯隊長原好三大佐指揮，擔任八莫區之防守。本軍對八莫區之攻擊，則使用新三八師(附 4.2 重迫擊砲一連)，末期加入支援之 105 重砲二個連，155 重砲一個連。

(二)卡的克區

在卡的克附近與本軍交戰，係以第十八師團第五十五聯隊全部、第四十九師團第一六八聯隊全部，附砲兵一大隊，及其他輜重兵、工兵等組成一混合支隊，歸第五十五聯隊長山崎四郎大佐指揮。

本軍對卡的克攻擊初期，僅使用新三十師主力，繼則增加該師全部。

(三)敵軍全般狀態

查敵第二師團，原為兩旅制師團，即第一五一旅及第三十一旅兩旅。於民國二十六年十月上旬，其第一五一旅抵晉，十一月參加太原會戰後，調返東

---

10 《八莫及卡的克戰役》(第一號)，頁 8。

北。二十七年四月上旬，其第三十一旅抵徐州，嗣後在歸德一帶參戰後，復調回東北；民國二十九年秋，全部調回倭國，改編為三聯隊制師團，即第四、第十六及第二十九，三聯隊，民國三十二年出海，調至新幾內亞增援，途中被美海軍奇襲，損失慘重，幾全部覆滅。嗣後在新幾內亞補充訓練年餘，於三十三年初，開抵緬甸，任緬南警備，在八森整訓二月，又將部隊編制改編，每步兵中隊人數，由 180 人，縮編為 80 至 100 人，並將四中隊制，縮編為三中隊制；為步兵大隊內，則增設迫擊砲戰車肉搏隊，及担架作業隊等。四月調緬北警備，其第四聯隊於五月沿曼密鐵路北上，參加卡盟戰役，在卡盟南，遭本軍新三八師果敢迂迴攻擊，慘敗退來八莫南坎方面，該師團主力於五月，經臘戍北開；十六聯隊迨至八月，開抵南坎，其一、三大隊，繼即開滇西龍陵方面防守，其第二大隊及搜索聯隊，及由原好三大左率領，於八月十三日，開抵八莫接防，即積極構築工事，以圖固守。其師團主力於十一月下旬，奉命調返仰光，歸二八軍指揮；其時十八師團，經孟拱之役，慘敗退至曼德勒附近整補後，亦由卡薩沿伊洛瓦底江東開至八莫，其主力至南坎及南坎至八莫公路佈置防務，一部當協力八莫[11]之敵構築工事，駐戍八莫，迨至我軍沿密八公路南下後，第二師團派出之太平江北岸警戒之部隊，節節敗退，敵第十八師團，始奉命退守南坎，及留置第五十五聯隊第二大隊於曼西守備，乃遺留原好三大佐所率領之部隊 2,500 人，死守八莫。

　　迨至本軍襲佔曼西後，第五十五聯隊第二大隊即退守卡的克附近既設陣地，警戒南坎西北外圍鎖鑰。其時南坎地區，敵屯駐有第五十六師團第一四六聯隊，第四十九師團全部，及第十八師團主力等，及其他特種兵數大隊；該敵為拒止本軍由八莫沿八南公路之深入，於南坎河谷西北進口處，以第四十九師團第一六八聯隊，及第十八師團第五十五聯隊，砲兵一大隊，及戰車部隊等駐守。十一月十九日，軍為迅速攻佔南坎，當不待八莫之敵就殲，即以軍第二線兵團新三十師主力，對南坎同時發動攻勢。

　　迨至十二月六日，新三十師主力先頭部隊，攻抵八南公路 39 哩路碑附近

11　《八莫及卡的克戰役》(第一號)，頁9。

南北之線，在康曼(Hkangma)，南于(Namyu)，拜家塘(Bumgahtawng)等地，對敵南坎外圍陣地攻擊；時值八莫被圍之敵，因受我新三十師主力連日來猛烈圍攻，情勢至為危殆，且我不待八莫之完全攻佔，即另以生力軍長途深入山地，對南坎發動攻勢，敵感形勢之嚴重，為解救八莫被圍之"原支隊"(敵稱八莫守軍為原支隊)，乃乘我對南坎攻擊部隊之進出隘路，遂於十二月七日，以其第十八師團第五十五聯隊全部，第四十九師團第一六八聯隊全部，附砲兵一大隊，及其他輜重兵工兵等，組成一混合支隊，歸第五十五聯隊長山崎大佐指揮，由南坎西側 7 英里曼偉因(Nanwing)附近地區，星夜出發增援，轉移攻勢，企圖擊破我深入山地之南坎攻擊部隊，新三十師主力後，以主力沿八南公路，經曼當洋(Madangyang)，一部經瓦拉蚌(Wabarum)，康曼(Hkangma)，麥特(Mahtet)，烏買(Uma)，新的蚌(Sindipum)，傾其全力向曼西突進，以達解救八莫被圍之原支隊之目的。該敵之企圖及任務，實異常積極，迄十二月十日，該敵即先後到達以上所述之線，與我南坎[12]攻擊部隊，發生激烈之戰鬥。

(四)附件(敵軍文件)

　　1、附八莫城區敵守備隊防禦計劃及陣地配備要圖。

　　2、附十二月十七日在南于鹵獲敵作戰命令 3 件。

　　3、附十二月十七日在南于鹵獲敵說明圖 1 件。

　　(1) 查八莫市區外圍，湖沼交錯，形成若干龜背形之高地，相互策應，極利防禦。敵於密支那戰鬥後，即積極於此構築陣地，將全城區，編為東、南、北三大據點，及腹廊陣地，經 3 個月來不斷增強，工事大部以中徑 20 公分之楠木，10 至 15 層所築成，至為堅固；所有道路橋樑，則徹底破壞，稍能進入地區，遍設地雷，以障碍物，鐵絲網，及壕溝等，工事堅強，火網嚴密，固若金城湯池，內積集充份糧彈，醫藥，於地下室內，施行持久防禦。茲將其防禦計劃及陣地配備圖附錄以供參考。

---

12 《八莫及卡的克戰役》(第一號)，頁 10。

圖要備配地陣軍敵區城莫八

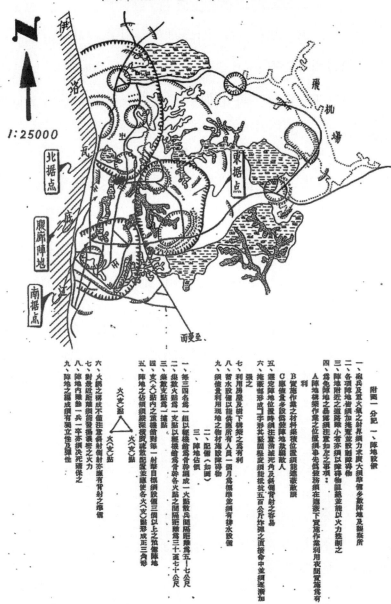

伊洛瓦底江　飛機場　1:25000

北据点　東据点　廂廊陣地　南据点　西曼至

附圖一　分記　一、陣地設備

一、伏兵及重火器之射界與力求廣大須靠備多數陣地及觀察所

二、各項陣地前須加強重並設計斷崖掩體

三、陣地附近之道路均須小者亦須以障導物阻塞並施以火力控制之

四、為掩蔽陣地之基礎須注意如左之事項：

　A陣地構築作業之佈置須導免偵察須在遮蔽下實施作業利用夜間實施營苟

　B實施作業之村材料位置須預遮蔽敵眼

　C廳備當多設機槍陣地俾利

利

五、歷定陣地配置時須清掃死角及各侧骨射之容易

六、掩蔽帝形成二字形其某國里度須能抵抗五百公斤炸彈之直接命中並須逐加強之

七、利用房屋及掛下樹葉之落有利

八、寄水設備以供洩臨原有人員一個月為標準並能有排水設備

九、須設臺利用現地之所有有隱蔽陣地

二、配備（如圖）

三、陣地佔領

一、每三四名為一組以輕機槍骨槍結成一火點數兵間隔距離為五一七公尺

二、乘散火點為一支點以輕機槍骨槍與各火點之間隔應為三十至七十公尺

三、集數支點為一誠區

四、支（火）點內之直徑達到每一射擊目標須設值三個以上之掩體陣地

五、陣地之佔領須備機與黃藥設置並應使各火（支）點形成正三角彩

六、火網之構成不僅注意著側斜射亦應有胃射之準備

七、對最近距離須設殺傷漠兵之火力

八、陣地內開始一兵一卒亦須次死蘇保之

九、陣地之圖成須有獨立也及彈性

火（支）點　火（支）點　火（支）點

圖七之一、八莫城區敵軍陣地配備要圖

附件一 八莫城區敵守備隊防禦計劃

第一、方針

守備隊以持久防禦之目的,以主力佔領八莫堅固之要點,利用地形發揮火器之威力,以應付絕對優勢敵之包圍攻擊,並殲滅於我陣地前,各級官兵應具長期孤立持久死守之決心,確保八莫以待我軍援隊之到達,轉移攻勢,使軍之爾後作戰容易。

第二、指導要領[13]

(一) 敵攻擊開始後,為死守確保八莫分三時期,以指導戰鬥。

 1. 第一期——于毛平(Mopein)、苗席(Myothit)、807 高地及莫馬克(Momauk)諸前進陣地之部隊,須妨害敵於太平江之渡河前進,及消耗其兵力(約 1 個月)。

 2. 第二期——飛機場南北之線,配置之警戒部隊於前進陣地撤退後,主任務妨害敵之攻擊準備(以使其攻擊準備位置遠隔),俾我主陣地準備時間之餘裕(約 1 個月)。

 3. 第三期——此期開始時須以小部隊於主陣地帶前緣,利用火力之掩護,阻止敵之接近主陣地,隨時對戰車及迫砲行內攻之奇襲,如敵已接近火網,應以預先準備熾盛火力急襲之,並須切勿失時機,以果敢之白刃戰,殲敵於陣地前(約 1 個半月)。

(二) 預期敵之主攻方面,指向於八莫城之東南地區,故守備隊之重點,以保持於此方向。

(三) 如敵之重點指向於南北地區時,各該地佔領隊,亦須藉堅固工事,及有利地形,作堅韌之抵抗。

(四) 主陣地帶之一部,如被突破時,則依逆襲以恢復之。

(五) 為掩護軍增援部隊由南坎(Namkram)方面進出容易守備,以一部在曼西(Mansai)附近佔領側面陣地。

---

13 《八莫及卡的克戰役》(第一號),頁 11。

(六) 砲兵隊主力協力於東據點之戰鬥，對南北據點各以一部主力協力之。

第三、兵力部署　軍隊區分

最高指揮官：原好三大佐。

(一) 右地區佔領隊(含東南據點)：[14]

長：(第二師團)搜索聯隊原好三大佐。

搜索聯隊全部，附山砲一中隊，步兵第十六聯隊，步兵砲隊三分之二，機槍中隊三分之二，及工兵中隊三分之二。

(二) 左地區佔領隊(含北據點)：

長：步兵第十六聯隊第二大隊長高橋少佐。

步兵第二大隊(缺第七中隊)附山砲兵一中隊，步兵砲隊三分之一，機槍中隊三　分之一，及工兵中隊三分之一。

(三) 腹廊陣地戰領隊(預備隊)：

長：步兵第十六聯隊第二大隊直屬部隊長左京大尉。

第二大隊第七中隊，防空隊，戰車隊，及衛生隊，通信隊等。

第四、陣地及諸般設施

(一) 各地區隊陣地配備，須盡量疏散，並多築預備陣地，且工事程度務求最大之強度(九月須完成抵抗 500 公尺炸彈強度)，以免敵砲擊及轟炸之影響。

(二) 為避免敵之空中照相，及偵察陣地工事，宜力求蔭蔽與偽裝，禁止挖掘交通壕，且須有若干偽工事之構成。

(三) 為防敵戰車之襲擊，及步兵突擊部隊，須於陣地前，綿密挖掘深溝陷阱，埋設地雷，及設置鷹砦，及鐵絲網等障礙物。[15]

(四) 工事之構築，須特利用我對敵側射、斜射及背射之機(效)能。

(五) 陣地之配備，拒用以前錯誤之一線式，須形成縱深、橫廣之分散據點式，並應將各火支點形成三角形，且具獨立性及伸縮性。

第五、通信連絡如附圖(缺)

14　《八莫及卡的克戰役》(第一號)，頁 12。

15　《八莫及卡的克戰役》(第一號)，頁 13。

(守備隊通信隊構成各地區隊及山砲隊間之通信網。)

第六、衛生補給

(一) 守備隊衛生隊開設於市鎮區附近，且備有船隻 40 噸，以備運送負傷官兵。

(二) 糧秣、彈藥之儲備量，可維持至明年一月底(即三十四年一月底)，各地區隊須將其適當分置於各陣地，力求掩蔽隱匿，以免受敵之空襲損失，且以全數彈藥八分之一，為預備彈藥。

第七、出擊與逆襲

(一) 敵如突入我陣地，或在陣地前發現良機時，即視當時、當地情況，以一部及全部火力及白刃實行逆襲收復陣地，而確保之。*16*

(二) 查本軍新三十師第八十九團第二營，於十二月十七日，攻擊南于東北山地之敵堅固據點時，斃敵第五十五聯隊第八中隊長岩村澄木一員，在其遺屍中搜獲敵機要作戰命令四件，對敵情研究頗有價值。特將原件之譯文 3 件及敵混合支隊長山崎大佐，於十二月六日所下達之作命甲字第 83 號，兵力部署研究說明圖一份，附錄以作參考。

附件二 敵作戰命令

1、森「緬甸方面軍」八九〇二「註 55I / 18D」作命甲字第 83 號

森八九〇二命令

12 月 6 日 12 時 於マンウィ(Manwing)

1. カソシ(Hkangma)正面之敵已證明為新三十八師所屬之部隊。
   山陽支隊「註 Si-U」之正面狀況無變化。

2. 支隊準備向マンシ(Mansi)方面突進。

3. 小室部隊「註 1 / 55I」(附福田「8 / III 第五十五聯隊」及福島「9 / III 五

---

16 《八莫及卡的克戰役》(第一號)，頁 14。

十五聯隊」兩隊)於日沒後盡可能迅速以一部之兵力接收泊街道 (Bumgahtawng)。

以東田尻部隊「註 1 / 55I」之警戒地區，其主力於七日晨在マンシ(Mansi) 附近集結備向泊街道以北推進。

第一中隊於夜 12 時後，以原態勢歸還建制並協同連水部「似係田尻部隊 之一中隊」於 7 日晨進入マンシ(Mansi)附近地區。

4. 田尻部隊於日沒後急速將泊街道(Bumgahtawng)以東之警戒地區交與小室 部隊於 7 日晨在カィンテツク(Kaihtik)附近集結備向マ◯タイアシ (Madangyang)突進。

鵜蔦部隊「註似為一大隊番號」之主力於七日晨到達カィシテツク (Kaihtik)附近。[17]

又一中隊「1 / 55I」於夜十二時歸還原屬部隊同時，連水隊於七日晨在マ ンシ(Mansi)受小室隊長指揮。

5. 神田部隊「註 1681 / 49D 之一大隊」，以一部死守マンカシ (Mankang)(SOII89)附近，並以主力於日沒後開始向マンウィ(Manwing)西 部之ホンクン(Pongling)、マンシメン(Manchyam)出發，七日晨由クマハ ン(Wakabum)西側，經カンマ(Hkangma)、マノラット(Mahtet)、ウマ(U-Ma)、シンクハン(Sindiblm)之路向シンクハン(Sindiblm)準備突進。

師團無線電之一分隊仍駐原地，聽通信隊長之指揮。

ウタカ隊(欠一小隊)於七日晨至カンテツク(Kaihtik)受田尻部隊指揮。

菊地部隊「註係砲兵大隊」(欠一中隊)於現在地，為我支隊長直轄。

6. 木村部隊「註係敵 III /55R」於日沒後開始行動，七日晨至カナム (Hkalum)準備前進。

7. 武田部隊「註係敵 I /113R」於日沒後開始行動，七日晨至カナム (Nanhkai)西方地區準備前進，又第 9 項之部隊，由其行軍部隊自行區處，大坪隊「註似敵輜重中隊」由我直轄。

---

17 《八莫及卡的克戰役》(第一號)，頁15。

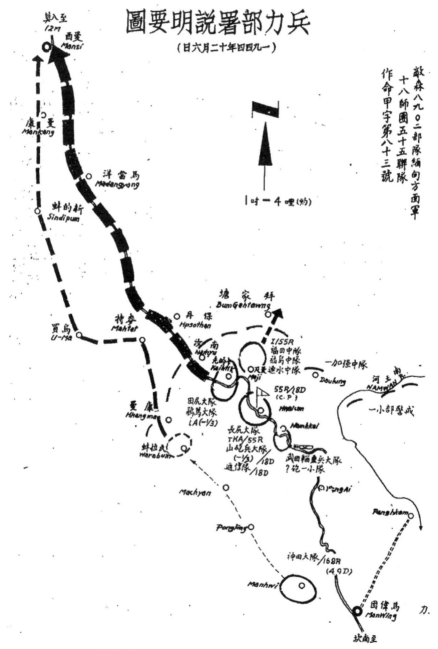

圖七之二、兵力部署說明圖(1944 年 12 月 6 日)

8.　佐藤小隊「註似敵砲兵小隊」(欠第一)佔領カナム(Nanhkai)附近陣地，八日拂曉依正面戰鬥之狀況，協助カンマ(Hkangma)(狼正面)之戰鬥。

9.　長尻部隊「註似敵步兵大隊」及菊地部隊於七日早晨在カラム(Hkalum)南側，日用行李在カンカィ(Kangai)，準備爾後前進。

10.　佐藤隊「第十八師團通信隊長」兼指揮狼部隊無線電之一分隊，擔任森隊、小室隊、田尻隊、神田隊及菊兵團「18D 司令部」主作戰間之連絡。

11.　大坪隊「輜重中隊」另行指示擔任軍需品之運送。**18**

12.　鈴木部隊「18D 第一野戰醫院」之主力，於八日晨至カィンテック(Kaihtik)附近準備開設病院。

13.　各部隊應嚴重保守部隊行動之秘密。

　　各部隊之命令受領者於七日 14 時至カラム(Hkalum)支隊本部待命。

14.　予於本日由現在地出發，七日晨至カラム(Hkalum)，並在該地設情報所。

　　　　　　　　　　　　　　　　　　　　　　　　支隊長山崎四郎

2、

命令(依其筆記推斷約在十二月十日左右)

1.　本部擬佔領敵之頑固陣地。

2.　部隊之一部兵力協助福尻部隊。

3.　福田隊、多田隊、森隊急速由現在出發至カィンテック(Kaihtik)聽候田尻部隊長指揮。

4.　以上部隊速離開現地至空場集合。

3、十二月十三日

1.　當面之敵為新三十師第八十八團及第九十團並有新三十八師之一部在曼西マンツ(Mansi)。

　　原支隊「註指 2D 之搜索聯隊(隊長原好三大佐)」於本十三日夜突破八莫

18　《八莫及卡的克戰役》(第一號)，頁 16。

開始續進

曹兵團「註指 Si-U 方面之第十八師團主力」明十四日晚得脫敵於山道陽「註指 Si-U 地區之攻擊支隊」，即於クラハン(Warabum)南端續境捕捉第九十團之主力」而殲滅之，以使原支隊之進展容易，田尻部隊確守カィンテツク(Kaihtik)附近之陣地[19]。

2. 部隊於本夜 24 小時從第一線撤收，在拂曉集中於カィンテツク(Kaihtik)。神田隊依于之指揮於十四日夜歸還建制。

3. 從第一線撤收之部隊於今晚 12 時，依左列順序集結諸方隊本部、大返隊、多田隊、森隊、平山隊、福田隊。

4. 姬望隊(？)於晚上 12 時歸還建制。[20]

四、攻擊部署及其主要理由並關於戰鬥所下達之命令

民三十三年十月十三日，軍奉命(總指揮部作命第 18 號)為本作戰區左縱隊，由十月十五日開始南下反攻，迅速向八莫前進，有擊滅或包圍八莫之敵，佔領八莫、曼西區而確保之任務。時綜合各方情報，得知敵軍前進陣地，是在那龍(Nalong)東西之線。依那龍地形上之判斷，因前有貌兒河河川障礙，後則為一縱深五英哩之起伏山地，密八公路中貫其間；右連崇山，左瞰平坦大地，實為一良好據點，敵當可能設兵防守，以達遲滯之目的。由密支那對八莫陸路進攻路線，可能使用者，一為密八公路，次則為東側由甘道陽，經那泡(Nahpaw)，沿國界西側南下至亞魯本(Alawbum)，過 SJ3432 鐵索橋至八莫之山地驛道(此道路騾馬可通行)，此兩道路，概略平行，適合一師作戰正面，可能同時取用，經考慮結果，當即決定軍作戰計劃如下：

---

19 《八莫及卡的克戰役》(第一號)，頁 17。

20 《八莫及卡的克戰役》(第一號)，頁 18。

陸軍新編第一軍作戰計劃

十月十三日於密支部

一、方針

(一) 軍以佔領八莫及曼西區為目的，並使爾後作戰有利。先以一個師分別在那泡(Nahpaw)及丹邦陽(Dumbayang)、卡當陽(Hkacungyang)間地區集結，然後以主力沿公路南下攻擊，一部向左翼迂迴策應主力之作戰。

丹一師暫控置於卡里陽(Karayang)，宛貌間地區為第二線兵團[21]。

二、指導要領

(二) 新三十八師先遣一步兵營佔領南生河北岸，為之集中掩護隊，在軍主力前進如受敵攻擊時須能確保該線。

(三) 集中完畢後即開始行動，主力攻擊部隊應迅速突破廟堤以北敵之縱深陣地，牽制敵主力於公路方面，使迂迴部隊之行動秘密及容易。

(四) 迂迴部隊應迅速秘密行動深入敵之背後，策應主力攻擊之容易。

(五) 以一營兵力為右側支隊，任軍之右側翼掩護及妨害敵之搜索。

(六) 如情況必要時則以第二線兵團加入任何方面。

三、兵團部署

(七) 集中掩護隊於十月十五日開始行動。

(八) 十月十六日以後部隊之行動如下表，餘(略)。

表七之一、新三十八師部隊之行動(十月十六日)

部隊號	前進道路	集中地點
新三十八師一團	宛貌——康道陽——那泡	那泡附近
新三十八師(欠一團及集中掩護隊)	密支那——八莫公路	丹邦卡——卡當陽間地區[22]
附　記	一、新三十師仍暫在現在地，爾後視情況再行推進。 二、軍司令部及直屬部隊仍在現地，必要時設前方指揮所。	

21　《八莫及卡的克戰役》(第一號)，頁 19。

22　《八莫及卡的克戰役》(第一號)，頁 20。

基於上項作戰計劃，當於十月十三日 14 時，下達軍作命甲字第 03 號作命如下：

軍作命甲字第03號
陸軍新編第一軍命令
十月十三日於密支那

用圖：一英吋四英里　92G92H

一、敵情：見敵情附圖及本十月四日附發之敵情要圖。

　　友軍：英軍第三十六師為本戰區右縱隊，於十月九日，前往肅清荷平(Hopin)附近敵人，繼續沿密(密支那)曼(曼德勒)鐵路南下，對印道(Indaw)、卡薩(Katha)之線攻擊而佔領之。

　　新六軍為本戰區中央縱隊，先以第二十二師於十月十九日進出荷平，繼續沿江大路，向伊洛瓦底江南岸史維古(Shwegu)地區攻擊前進。

二、軍為本戰區左縱隊有佔領八莫(Bhamo)、曼西(Mansi)確保密支那區安全之任務，先以一個師推進至那泡(Nahpaw)附近及丹邦陽(Dumbayang)、卡當陽(Hkacungyang)間地區集結後，以主力沿公路(密支那至八莫公路)南下攻擊；以一部由左翼迂迴策應主力之作戰。

　　另一師控置於卡里陽(Karayang)、宛貌(Waingmaw)間地區為第二線兵團；總指揮部指揮之下列部隊，支援本軍作戰[23]。

　　　　重迫擊砲第四十二團第二連
　　　　三十八師砲三營第七連(俟七四九砲兵連準備作戰後，即自荷平區歸回)
　　　　三十八師砲三營(欠第七連)　＼
　　　　第十二砲兵團第五連　　　　　／　(俟列多至孟拱公路開放候令加入)

三、新編第三十八師先遣一步兵營，為集中掩護隊，於十月十五日出發，確佔

---

[23]　《八莫及卡的克戰役》(第一號)，頁21。

丹邦陽附近南山河北岸之線，掩護主力之前進。

該師於十月十六日開始行動，迅速向指定地區集結，並推進搜索部隊，於南山河南岸地區，其行動及集結地區如下列表：

表七之二、新三十八師部隊之行動(10月16日)

部　　　隊	行 進 道 路	集 結 地 區	行動日期
新三十八師 步兵一團	宛貌——康道陽——那泡	那泡附近	10月16日
新三十八師 (欠一團及集中掩護隊)	密支那——八莫公路	丹邦卡——卡當陽間地區	10月16日
附　　　記	渡伊洛瓦底江及卡樹渡口時，因受船隻運輸力限制，應依道路及渡口偵查結果，自定行軍計劃。		

四、新三十師仍暫在現地，警戒為軍第二線兵團，隨時準備候令加入任何方面之作戰。

五、集中掩護並應努力搜索當面之敵情，待師主力進出該隊警戒線，向敵前進後，由師自行撤收[24]。

六、集中間之防空，由各部隊自行處理之。

七、需要空軍直接協助作戰時，由師電呈本部轉請空軍第十隊，前進指揮所派機協助之，該隊派地面連絡組隨同各師前進。

八、關於補給、衛生、通信、交通規定，如本命令後勤附件。

九、關於情報及俘虜獲品之處置，如本命令後勤附件。

十、余在密支那軍司令部。

下達法：油印面交各師長

---

[24]　《八莫及卡的克戰役》(第一號)，頁22。

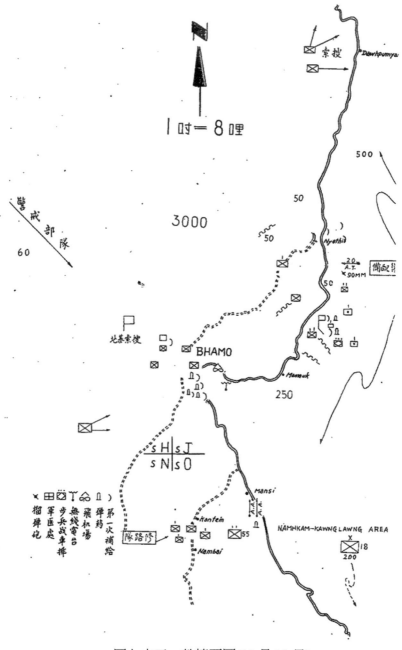

圖七之三、敵情要圖(10月13日)

軍作命甲字第 03 號後勤附件

一、方針

(一) 軍之補給、衛生、通信、交通諸項，應使軍在八莫及其以北地區作戰不致糧秣、彈藥感受缺乏，並參照總指揮部第 15 號後勤令所規定，而妥為準備之。

二、補給

(二) 軍部及直屬部隊、教導總隊、新三十師(欠第八十九團)均在密支那區補給之。

(三) 新三十師八十九團第二營，由空中第 103 站補給之。

(四) 新三十師八十九團(欠第二營)，由空中第 102 站補給之。

(五) 新三十八師仍在密支那區補給之，行動時攜帶糧秣五日份，到達集中地後，再由空投補給之[25]。

(六) 新三十八師第一次空投位置預訂在丹邦陽(Dumbayang)以北地區，詳細地點應由該師預先派員偵查呈報本部。

(七) 各部隊之補給地點有移動時，應於先二日將地點、日份(基數)、人馬、時間電呈報本部備案。

(八) 各師糧秣積集，經常須保有三日份，彈藥集積，應存一個基數。

(九) 各師須賴空中補給時，由指揮部組織空投搜集隊配屬各師，負責運輸事宜由師連絡官指揮之，每隊包括騾馬一連，輸力一排，美方軍官一員，士兵五名。

第三空投搜集隊配屬新三十八師，其他爾後增之。

三、衛生

(十) 手術組之派遣：

第四十三手術組，配屬新三十八師。

第五十八手術組，配屬新三十師。

(十一)裹傷站之派遣：

---

[25] 《八莫及卡的克戰役》(第一號)，頁 23。

第十三醫務營，配屬新三十師。

西格里夫醫院，配屬新三十八師。

(十二)各師傷、病官兵直接運至附近或配屬之手術組，及裹傷站醫療之；空中傷運事宜由指揮部辦理之。

(十三)重傷運輸，各師須闢連絡機降落場，由各師連絡官交涉，空運之連絡機降落場之最小尺度如下：

L-5 式連絡機——寬 35 英尺，每邊另應掃清 18 英尺之地境[26]，長 1500 英尺，兩端無障礙為更佳。

L-1 式連絡機——寬 35 英尺，兩端每邊另應掃清 18 英尺之地境，長 1000 英尺。

接近降落場之地區內有高大之障礙物，應一律清除之。

降落場應有排水之顧慮及處置。

降落場之一端應有較大之停機場。

四、通信

(十四)軍與指揮部、新六軍及各師之無線電話連絡，所用之波長呼號，按本部十月十九日，參三字第 101 號訓令規定實施之。

(十五)軍在集中期間與各師之連絡，以有線電為主，以無線電為輔助之。

新三十八師行動後，由軍通信連架設電線，經指揮部總機與各師連絡之，爾後視情況以無線電通信為主。

五、交通

(十六)密支那至八莫間道路之清掃與修築，在甘道陽以北段，暫歸新三十師工兵營負責；以南段先由新三十八師工兵營修築，人馬通行路，爾後另令規定之。

六、其他

(十七)SOS 在密支那機場設立給養彈藥庫，並負責運輸糧彈至各師轉運站。[27]

26　《八莫及卡的克戰役》(第一號)，頁 24。

27　《八莫及卡的克戰役》(第一號)，頁 25。

(十八)各師運輸力不足時，得申請總指揮部協助之。

(十九)SOS 在密支那設立修械所。

軍作命甲字第 03 號情報附件：

一、搜索

(一) 空中：空中偵察及攝影，由指揮部派遣空軍協助實施。

(二) 陸上：1. 各作戰部隊須盡諸種手段，獲得下列諸情報，適時報告之：

　　　　　(A)敵之兵力、兵種、番號、位置、主管姓名及企圖。

　　　　　(B)敵之服裝及其健康情形。

　　　　　(C)敵之特種裝備及其士氣。

　　　　　(D)敵重武器之種類、數量及其陣地位置。

　　　　2. 作戰地域內之兵要地誌，須隨時呈報。

　　　　3. 各部隊須依各種搜索方法，捕獲俘虜，搜取敵之身份證、信件、符號、臂章、日記，迅速解送本部。

二、對於俘虜之處置

(一) 各部隊於捕獲俘虜時，應即詳填俘虜登記卡片一張，掛於俘虜頸上。

(二) 各師對於俘虜，除重傷者外，應於俘虜後 8 小時內連同口供解送本部；萬一不能按時解送時，務先呈出口供，並申述遲延之原因。

(三) 身負重傷而不能行動之俘虜，各師可就近送入醫院治療，但須迅速將其經過情形報告本部。

三、鹵獲敵文件之處理[28]

　　各部隊由鹵獲敵文件(身份證、符號、臂章、報紙、信件、日記本、雜記本、命令等)後，須註明鹵獲時間、地點、鹵獲之單位、情形等，於 8 小時內列表呈報本部。

四、對戰利品之處置

　　各部隊於鹵獲戰利品後，應迅速呈繳本部。若因交通工具缺乏，不克即呈

---

[28] 《八莫及卡的克戰役》(第一號)，頁 26。

繳時，務須先行列表報部備案。

五、其他

各師參謀處於每日 19 時，向軍部參二課報告敵情一次，但重要者須隨時
報告之。**29**

自十月十五日起，各師均遵照軍作命 03 號賦予之任務開始行動。

新三十八師派(第一一三)團為前衛，分四梯隊於十月十五日開始出發，向
丹邦陽附近推進，掩護師主力之集結；師主力分為八梯隊，於十月十七日開始
向康道陽附近地區推進。

迄十月二十四日 12 時止，該師先頭第一一三團第三營，未遇敵之抵抗，
已越過預想敵最前進之陣地：那龍，而進抵卡拉陽(Kalayang)、來茂克
(Loimawk)間地區，該團第二營，進抵那龍，團部及第一營在該兩營間公路
上。第一一四團第二營抵那泡(Nahpaw)，第三營進抵般邊(Hpaumpyang)並繼
續向亞魯本(Alawbum)搜索前進，團部及第一營在那龍北孟高(Mangau)附近。
第一一二團第三營在右側高新 (Hkausin) 警戒，團部第二營在丹邦陽
(Dumbaiyang)，第一營在甘道陽(Kantaoyang)。師司令部及直屬部隊在那龍南
側附近。

新三十師在原地待命，第八十九團第二營在康道陽附近警戒，並於二月十
六日，將大魯支防務接替完畢。團部及第二、三兩營在卡樹，師主力在宛貌。

軍以各部隊均已按指定地區概略集中完畢，當電令新三十八師，即按軍之
企圖，並令新三十師，即由宛貌派兵一團，於十月三十一日前推進至丹邦陽，
以警戒第一線後方之安全。十月二十七日，新三十八師驅逐公路沿線敵小數斥
候部隊後，先頭部隊第一一三團攻佔汪約(Wungyo)、般卓漢(Panchohaing)、麥
桂(Makwe)之線，左翼迂迴之第一一四團先頭第三營，攻抵亞魯本，當日，軍
下達 04 號命令，命新三十八師主力，即在廟提方面渡河，對八莫攻擊。**30**

29　《八莫及卡的克戰役》(第一號)，頁 27。

30　《八莫及卡的克戰役》(第一號)，頁 29。

軍作命甲字第 04 號

陸軍新編第一軍命令

十月二十七日於密支那

一、敵情：如附圖

　　友軍：新六軍新二十二師主力已推進至曼高(Mamko)河，SG8852 附近。

二、軍有佔領八莫、曼西而確保之任務，決即向八莫之敵攻擊前進而殲滅之。

三、新三十八師(配屬重迫擊砲第二連)以主力沿公路繼續攻擊前進，於廟堤左右地區渡太平江，向八莫進攻；以一個團於 SJ3432 附近渡過太平江，襲佔新蘭卡巴(Sinlumkaba)斬擊八莫之敵與主力相策應，另以一部在貌兒河西岸地區前進，掩護側翼之安全。

四、新三十師駐宛貌之部隊(除砲一營外)，自本十月二十九日開始，分批出發向那龍附近推進，以第八十八團至那龍附近師部，及直屬部隊至丹邦陽附近集結，限十一月四日前集結完畢。

五、補給、衛生、通信、交通諸規定，悉遵照軍作命甲字第 03 號後勤附件辦理之。

六、余在密支那軍司令部。

下達法：油印派參謀送達31

　　十月二十七日爾後，各師均遵照軍作命甲字第 04 號命令行動。新三十八師當繼續以其主力沿公路向南進擊，十月二十九日，該師先頭第一一三團，當將廟提攻佔，繼即掃蕩沿北岸之敵，準備渡河攻擊諸作業，及渡河偵察諸要務。左翼迂迴攻擊部隊之第一一四團，當經亞魯本，秘密攀越國境高山，出銅壁關南下；十月二十九日，先頭部隊第三營，在太平江上流 SJ3432 鐵索橋，渡過太平江，相繼於十一月三日，全部進抵不蘭丹(Pranghtung)，先頭攻抵柏坑(Hpakawn)SJ2721，北至太平江之線，直趨八莫東側翼。

31　《八莫及卡的克戰役》(第一號)，頁30。

　　時軍察知敵主力，係沿八莫至廟堤，太平江南岸防守，沿江正面南岸諸要點，敵均築有堅固之工事，附強大之火力，控制各渡口，且所有船隻，均為敵破壞，敵前渡河至感困難。故連日來正面攻擊部隊，無法進展；軍有鑑於此，遂決心變更部署，將新三十八師主力，由正面秘密轉移至左翼山地，保持重點於左，由鐵索橋 SJ3432，渡太平江，經新蘭卡巴，向八莫之敵作迴旋攻擊。

　　太平江北岸正面，以第一一三團暫取佯攻，竭力吸引敵軍主力，相機渡河，與左翼主力攻擊部隊相呼應，夾擊敵人，期將敵壓迫於八莫市區附近而殲滅之，遂於十一月三日下達軍作命甲字第 05 號命令如下：

軍作命甲字第 05 號
陸軍新編第一軍命令
十一月三日　於密支那

一、八莫方面之敵兵力約 5000 人，現企圖沿太平江至廟堤對岸，沿公路南至莫馬克(Momauk)間地區固守，丁道(Teinthaw)SJ0428 以南至太平江北岸間，現仍有小數敵人活動，(Kabani)SJ1224 以東太平江北岸無敵蹤。

二、軍有佔領八莫、曼西而確保之任務，決以第一線兵團兵力一部，沿太平江北岸，利用河川地障確保既得地步，[32]竭力佯動牽制敵人主力，即轉移於左翼，由 SJ3432 方面渡江向右迴旋攻擊，將敵壓迫於伊洛瓦底江及太平江所成三角地帶而殲滅之。

三、新三十八師(配屬部隊同前)即以步兵一團沿太平江經北岸，憑江構築工事，確保該線，並竭力佯動牽制及吸引敵人兵力，使左側迴旋攻擊部隊攻擊容易並準備爾後渡河攻擊。該師主力即向左轉移於 SJ3432 處渡江，以廟堤為旋軸，向八莫及曼西方面之敵攻擊而殲滅之；迴旋部隊進出不蘭丹及新蘭卡巴時，分別留置小數部隊，作為左側背之掩護。注意對(Lweje) SJ5707 及南坎方面搜索、警戒太平江兩岸部隊之連繫，特需注意。

---

32 《八莫及卡的克戰役》(第一號)，頁31。

四、新三十師主力即繼續向南推進至大利(Tali)SJ2141 拉龍間地區，以一團位
置於大利至道邦陽(Dawhpumyang)間，須與新三十八師在廟堤部隊密取連
繫。師司令部及一團位置於拉龍待命，並派出一連向貌兒河以西搜索前進
至伊洛瓦底江左岸(Thabyebin)SH9036 附近警戒，又對貌兒河兩岸須另以
小部擔任警戒。

五、補給、衛生、通信、交通諸規定悉遵照軍作命甲字第 03 號後勤附件辦理
之。

六、余在密支那軍司令部。

下達法：十一月四日軍長赴前線面交各師長[33]

　　各師自遵照軍作命甲字第 05 號命令行動後，十一月八日，左翼主力攻擊
部隊，以破竹之勢，進出新蘭卡巴山脈，踏入八莫東側平地，直搗公路，攻佔
莫馬克東側要點，同時將莫馬克至廟堤間公路敵軍據點，完全攻佔；同日夜
半，太平江北岸正面攻擊之第一一三團，與主力攻擊部隊相呼應，在廟堤附
近，以火力掩護，強渡寬三百碼，水流湍急之太平江，迄九日上午，已全渡江
完畢。

　　主力即沿旁江南岸大道，向八莫城北猛攻前進，軍為顧慮太平江北岸之警
戒，當電令新三十師，即以一團推進至廟堤附近，接替太平江北岸防務，師司
令部推進至大利；另一團推進至大利與拉龍間地區，並飭其工兵營，即推進至
廟堤，準備架橋之材料。

　　十一月十三日，並飭令新三十師，在太平江北岸廟堤之第九十團，派兵一
部，推進至 Zaibru 公路 20 英里路碑附近，負責與三十八師密取連繫。

　　迄十一月十七日，我新三十八師已將八莫區之敵，壓迫包圍於八莫城區既
設據點內，同日 15 時，復將曼西攻佔，致使八莫之敵，陷於我鐵圍中，狀若
甕中之鼈，被迫死守於八莫街區既設之四大據點陣地內，作困獸之鬥。

　　十一月十九日，奉「總指揮部一九四四年十一月十六日作命第 19 號」要

---

[33]　《八莫及卡的克戰役》(第一號)，頁32。

旨如下：

(一) 本軍仍分三縱隊繼續自現陣地，前進佔領印道(Indaw)、橋克邦
(Kyaukpon)，瑞利河北岸至昆昌(Kunchaung)、西于(Si-U)、南坎
(Namhkam)之線而確保之並準備繼續前進。

(二) 新一軍佔領或緊圍八莫，迅速前進佔領南坎區並準備繼續前進。

奉命後，軍以八莫之敵，已被我新三十八師完全包圍，時軍第二線兵團第三十
師(欠第八十九團)已到達大利至廟堤間地區。為迅速對南坎攻擊，軍決定不待
八莫之敵殲滅，即以第二線兵團，及新三十八師一團，[34]對南坎同時發動攻
勢，新卅八師主力，則繼續原任務緊縮包圍，迅速掃蕩八莫之敵，期以迅雷之
勢，攫取南坎西北外圍山地，使爾後軍主力之進出容易。本此決心，當於十一
月十九日下達軍作命甲字第 06 號命令如下：

軍作命甲字第 06 號
陸軍新編第一軍命令
十一月十九日 於密支那軍司令部

一、敵情如貴官所知及參照敵情附圖所示。

本戰區仍分三縱隊向南前進，佔領印道(Indaw)(SG8201)、橋克邦
(Kyaukpon)(SN9874)－瑞利河(Shwele)北岸－昆昌(Kunchaung)(SN3255)－
西于(Si-U)(SN8736)－南坎(Namhkam)(SO5563)之線而確保之並準備繼續
前進。

右縱隊，英軍第卅六師，繼續原有任務對印道、卡薩區之敵攻佔而確保之。
中央縱隊，新六軍以第廿二師繼續南下佔領西靠(Sikaw)(SN8758)－西于
(Si-U)(SN8736)，以第五十師第一四八團確保瑞姑(Shwegu)(SH5504)地區
並積極向南作搜索活動及準備推進。

美軍第五五三二旅，以第四七五團附第六一三砲兵營，於十一月十五日由

---

[34] 《八莫及卡的克戰役》(第一號)，頁33。

密支那出發，向大利(Tali)推進並準備繼續前進至新蘭卡巴(Sinlumkaba)，
該旅其餘部隊準備十二月一日以後推進至八莫。

二、軍仍為本戰區左縱隊，有迅速繼續南下進佔南坎之任務，決不待八莫、曼
西之敵肅清，即以主力迅速向南坎前進攻擊而佔領之，一部繼續掃蕩八
莫、曼西地區間殘敵並準備候命南進。

軍與新六軍戰鬥地境線如下：

SM9397－Manthe(S00092)－Moanghkawng(S00476)－沿 Naunghu 江－
(S03440)[35]之線，線東屬本軍，線西屬新六軍。

三、新卅八師以主力(配屬重迫擊砲團第二連)，繼續原有任務，迅速掃蕩八
莫、曼西地區殘敵，確保該地區隨時候命南下；以步兵一團(配屬山砲一
連)為軍右側支隊，歸該師長指揮。候命由曼西沿公路西側地區前進，與
沿公路南下攻擊之新卅師主力，協力對南坎敵側背攻擊，並迅速切斷南坎
至南巴卡(Namhpakka)(S07246)敵新築之後方公路連絡線，使新卅師攻擊
容易。

四、新卅師(欠第八十九團及砲二營)，即推進至 Hkawan (SJ1910.5)附近地區集
結，迅速向南襲佔納康 (Nakang)(S011.593.6)、青關 (Chyauhkawng)
(S012.492.8)、(Lhaungdauk)(S012.691.2)間地區後，即沿八莫、南坎公路
及其東側地區南下，對南坎地區之敵攻擊而確保之。

該師第八十九團於十月二日開始出發，向廟堤附近集結。

五、兩師戰鬥地境線如下：

曼西(Mansi)2714 高地－瓦泡(Wabaw)(S01969)－亭鹿(Htingnu)(S01963)－
(S050605)之線上，屬新卅八師。

六、新卅師第八十九團及砲二營、新卅八師砲三營，歸軍直接指揮。

七、補給、衛生、通信諸規定，悉遵照「軍作命第03號」後勤附件辦理之。

八、余在密支那軍司令部。

---

[35] 《八莫及卡的克戰役》(第一號)，頁34。

下達法：油印連絡機專送面交各師長[36]

　　各師奉命後，遵即按所賦任務行動，新卅師(欠第八十九團)，當分三縱隊，越過曼西，沿八南公路及其兩側山地，長途深入，直迫南坎區之敵而攻擊之。十二月六日，該師先頭部隊，分抵八南公路 39 哩路碑附近，南北之線，在康曼(Hkangma)(SO2770)、南于(Namyu)(SO27.573.5)、拜家塘(Bumgahtawng)(SO3179)等地，對敵南坎外圍陣地攻擊，時值八莫被圍之敵 2500 人，因受我

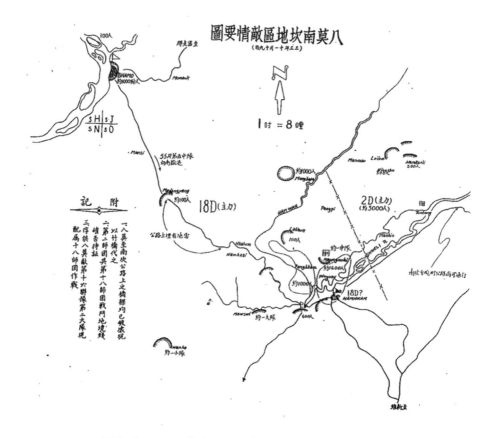

圖七之四、八莫南坎區敵情要圖(33 年 11 月 19 日)

---

36 《八莫及卡的克戰役》(第一號)，頁 35。

新卅八師主力連日來猛烈圍攻,情勢至為危殆,且我不待八莫之完全攻佔,即另以生力軍長途深入山地,對南坎發動攻勢。

敵感形勢之嚴重,為解救八莫被圍之急,及乘我對南坎攻擊部隊之進出隘路,遂於十二月七日,以其第十八師團第五十五聯隊全部,第四十九師團第一六八聯隊全部,附砲兵一大隊,及其他輜重兵、工兵等,組成一混合支隊,歸第五十五聯隊聯隊長山崎大佐指揮,由南坎西側 7 英里曼偉因(Manwing)附近地區,星夜出發,企圖擊破我深入山地之南坎攻擊部隊,新卅師(主力)後,以主力沿八南公路,經曼當洋 (Madangyang)(SO1584),一部經瓦拉蚌(Warabum)(SO2969)－麥特(Mahtet)(SO2375)－新的蚌(Sindi-Pum)(SO2375),傾其全力向曼西突進,以達解救八莫被圍之目的。該敵之企圖及任務,實異常積極,十二月十日,該敵即先後到達以上所述之線,與我新卅師(欠第八十九團)發生接觸,戰鬥之開始,即異常慘烈,敵我傷亡續出。

此時我攻擊部隊全線,因獲得先制,已立於有力之態勢,官兵奮勇,當與敵以慘痛打擊,敵屢增援猛撲,均被擊退;遂循用其慣技,施行猛烈之鑽隙,由山間細流,向我正面,分四路滲透。故十二月十日晚,及十一日間,我南于(Namyu)公路正面攻擊部隊,因敵之滲進,及正面之猛攻,曾一度與敵陷於混戰,結果因我軍沉著應戰,竄入之敵,均遭我悉數圍殲。十二月十一日,軍當令該師第八十九團,即歸還建制,同時於十二月十四日,令飭新卅八師即派一加強團,為軍獨立支隊,對南坎方面之敵右側,作祕密深遠迂迴行動,對敵右後施行斬擊,以協力新卅師正面之戰鬥,澈底全線擊滅敵軍,粉碎[37]其向曼西突進之野望,當下達「軍作命甲字第 07 號命令」如下:

---

37 《八莫及卡的克戰役》(第一號),頁 37。

軍作命甲字第 07 號
陸軍新編第一軍命令
十二月十四日 於莫馬克軍戰鬥指揮所

一、八莫區敵情如貴官所知，南坎區敵情參照敵情附圖所示。

右縱隊，英軍第卅六師於十二月十日下午已佔領卡薩及印道。

中央縱隊，新六軍新廿二師主力在西于附近地區，第五十師之第一四八團已渡過瑞利河，刻在芒卡 Monghk-ak(SO1334) 及其以西附近地區警戒。

美軍第四七五團在 Nankaun(SN8642)，其一營在瑞姑(Shwegu)擔任警戒。

二、軍仍繼續原有任務擊滅八莫城區之敵，及向南坎之敵攻擊而佔領之。

三、新卅八師(配屬及支援部隊同前)，除仍繼續原有任務，迅速掃蕩八莫城區頑敵，確保該地區，隨時候命南下外，即派步兵第一一二團，附山砲一連、工兵二班、衛生隊三分之一、手術組一部，為軍獨立支隊，歸軍直接指揮，由現駐地出發(該支隊於十二月十五日行動如作戰蒙圖所示)，推進至丁星(Tingsing)(SO3184)、奇柏(Hkapra)(SO3683)間地區集結，迅速向南襲佔來樓(Loilaw)(SO3577.5)。繼向八南公路44至52哩路碑間之敵攻擊，切斷公路而確保之，防止敵北上增援，使沿八南公路攻擊前進之新卅師作戰容易。

四、新卅師仍繼續原有任務，迅速擊滅該師當面之敵，與第一一二團會合，候命行動。

五、軍獨立支隊出發時，攜帶彈藥一基數，給養三日份；到達集結後，在潘家塘(Bumgahtawng)(SO3179)空投場受補給，爾後糧、彈由該支隊選定空投場空垻補給之。**38**

其他各部隊後勤，悉按現行辦法辦理之。

六、軍獨立支隊須直接與本軍莫馬克電台確切取得連絡。

七、余在莫馬克軍戰鬥指揮所。

下達法：複寫軍官送達**39**

---

38 《八莫及卡的克戰役》(第一號)，頁38。

39 《八莫及卡的克戰役》(第一號)，頁39。

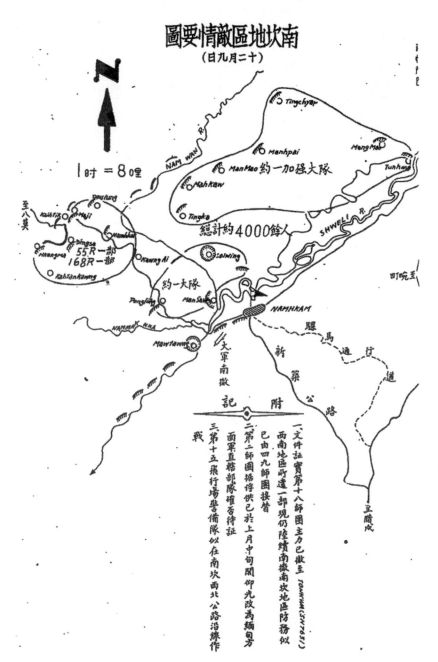

圖七之五、南坎區敵情要圖(12月9日)

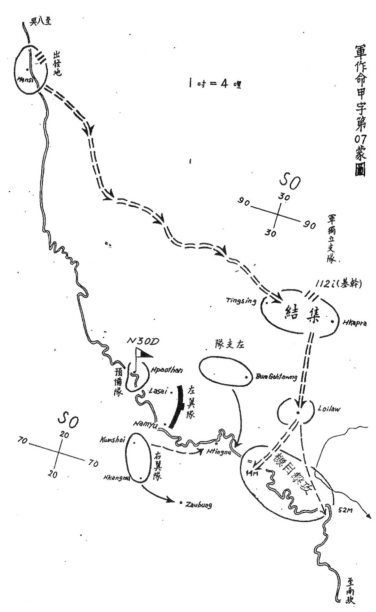

圖七之六、軍作命甲字第 07 號蒙圖[40]

---

40 《八莫及卡的克戰役》(第一號)，頁 40。

五、各時期之戰鬥經過

本軍奉命於三十三年十月十五日，由密支那出發，發動第二期緬北攻勢，有擊滅八莫區之敵，佔領八莫、曼西地區，並準備繼續前進之任務。

軍長基於軍之任務，及考慮當時之敵情地形，決即以新卅八師為第一線兵團，向南推進至那泡(Nahpaw)，及丹邦陽(Dumbaiyang)、康道陽(Kantaoyang)間地區集結，然後分兩縱隊，向太平江北岸地區攻擊前進，以主力沿密八公路南下；一部由左側山地迂迴策應，以新卅師為第二線兵團，暫以原態勢，控制於宛貌(Waingmaw)，及卡樹(Kazu)間地區，爾後隨戰況之進展，候命前進。

(一)新卅八師對八莫、曼西攻擊戰鬥經過

新卅八師奉命後，即於十月十五日，先遣第一一三團為前衛，沿密八公路南進，師主力分為八梯隊，先後渡過伊洛瓦底江跟進。

十月廿七日，前衛進抵那龍河(Nalong)之線，師主力亦到達康道陽，丹邦陽間地區集結完畢，當飭第一一四團沿左側山地由那泡經于拉(Ura)、亞魯本(Alawbum)向太平江上游前進，師主力則沿密八公路向廟堤(Myothit)方向前進，並以一部沿穆雷河(Mole)右岸，向丁倫(Theinlon)前進，任右側背之掩護。

十月廿八日，該主力縱隊前衛第一一三團，於驅逐公路沿線敵之監視部隊後，進底大利(Tali)東西之線，其派出之先頭搜索隊，已進抵色特(Sihet)，在該村南端，與敵斥候部隊發生戰鬥，並得知該村以南至廟堤間，及其兩側地區，有敵約一中隊扼守。當日主力縱隊之本隊，進抵那龍道邦陽(Dawhpumyang)[41]間地區；沿左側山地前進之第一一四團，由康道陽分進時，因左側山地山勢險阻，道路崎嶇，補給困難，乃不克全部於開始時，即沿該道前進，當先以一部由康道陽經里格老威(Numdaihkyet)、里耳波(Ningrawng)，向那泡前進。

團主力仍沿密八公路，隨主力縱隊之本隊躍進。途中於廿四日，及本日晨，分別由那龍及卡里陽(Khalayang)兩地，分別先後向東轉入左側指定道路前

41　《八莫及卡的克戰役》(第一號)，頁41。

進；本日先頭亦已抵達亞魯本，軍當飭該師主力，沿公路繼續攻擊前進，於肅清太平江北岸之敵後，在廟堤附近地區渡河(太平江)，向八莫進擊，一部在太平江上游 SJ3432 鐵索橋渡江，襲佔新龍卡巴(Sinlunkaba)，向西斬擊八莫之敵，以與主力相策應。

十月廿九日，該師主力縱隊前衛第一一三團，當由色特之線，向敵猛攻，並分兵兩側翼，向廟堤左右側包圍攻擊，以期一舉殲滅廟堤之敵，藉而控制太平江渡口。本隊則繼向大利推進，廟堤之敵，經我攻擊，不支潰退，遺糧棄彈，負創泅水逃竄，我當於本日將廟堤完全攻佔。是役計斃敵遺屍 11 具，擄獲其他糧彈亦夥，餘敵一股 30 餘名，當日被迫，不克渡江逃竄，隱入左側山林中；是夜，乘夜黑，登木船 1 艘偷渡，企圖竄回，當被我發現，待敵駛抵中流時，我以小迫擊砲予以擊沒，敵屍體隨江水漂流，忽上忽下，狀極狼狽。

十月卅日，第一一三團繼續沿北岸向下游搜索，將太平江北岸殘敵，完全肅清，並佔領海塔(Hintha)、可新(Konsin)諸要點，確佔太平江北岸全線，實行渡河點之偵察。

十一月一日，主力縱隊之本隊，到達大利；沿左側山地前進之第一一四團先頭部隊，自十月廿八日進抵亞魯本後，當繼續秘密攀越國境高山，出銅壁關南下，於十月廿九日，進抵太平江上游，當襲佔(SJ3432)鐵索橋，果敢越過太平江。十月卅日，繼而進佔不蘭丹(Pranghtung)，造成全軍有利之態勢。

十一月二日，軍長以第一線兵團各部，相繼進抵太平江北岸，預料全線激戰，即將展開。為不失時機指導[42]戰鬥，當由密支那軍司令部，率必要人員，乘連絡機飛大利，轉廟堤前線，實地偵察，及指導主力方面之戰鬥。因鑑於太平江為一天然之障礙，且昨夜，第一一三團曾選派七勇士，在敵綿密監視下，輕裝泅渡太平江偵察，得知對岸 807 高地，有敵堅強陣地，及障礙物，返時被敵發覺，敵倉皇射擊。因偵知敵沿江南岸諸要點，遍設堅強工事，附強大火力，控制各渡口，直接守備，防止我軍由正面之渡河，且所有船隻，早為敵方破壞，敵前渡河實感困難。為求迅速將敵壓迫於太平江及伊洛瓦底江所成三角

---

[42] 《八莫及卡的克戰役》(第一號)，頁 42。

地帶，包圍殲滅，遂決心變更部署，以廟堤為迴旋軸，利用左側既得之成果，將主力轉移於左翼，在太平江上游渡江，向八莫、曼西之敵，迴旋攻擊。太平江正面，則以第一一三團暫取佯攻，吸引敵之兵力及注意力，使左翼迂迴攻擊之主力進展容易，爾後則相機渡河，與主力方面相呼應，協力夾擊八莫區之敵。

　　十一月三日，該師第一一二團，由大利秘密轉移於左翼，向新龍卡巴集結，準備向曼西方面攻擊；正面仍以第一一三團擔任佯攻，及相機渡河之任務；已渡過太平江上游之第一一四團，則繼向莫馬克(Momauk)方面及其以北公路進擊。是日各團當分別向指定目標猛進，茲將該師、各團戰鬥經過分別載述如次：

「第一一四團對莫馬克攻擊戰鬥經過」

　　十月廿九日，第一一四團在太平江上游(SJ3432)鐵索橋渡過太平江。

　　十月卅日，先頭進佔不蘭丹。

　　十一月一日，前衛第三營全部相繼進抵該村。團主力進抵汪約(Wungyo)。

　　十一月二日，當以閃擊之勢，繼續而向西進出，當日前衛先頭攻抵柏坑(Hpakawn)，及 3642 高地，北至太平江之線；團主力則集結於不蘭丹。

　　十一月三日，作戰鬥前進準備及部署。

　　十一月四日，該團除第二營以原態勢留置於不蘭丹，作師預備隊外，其餘團主力集結於柏坑，一部在柏坑之北[43]太平江南岸 SJ2726 附近，同時派隊向西作積極之搜索。先後發現倫蘭(Numrawng)及其南北之線、3027 高地 Lungja、Lungja－Manmau、1798 高地(SJ24.321.4)叉路口，及 SJ2423.8 等要點，敵分別構築有加強排陣地據點多處，星羅棋布；其中以 1798 高地之據點極為堅強，似為各該陣地之支撐點，築有鐵絲網，及其他障礙物多層，居高憑險扼守。查倫蘭距密八公路東約 2 英里，敵在該村及其南北之線各要點，構築

43　《八莫及卡的克戰役》(第一號)，頁 43。

此等據點，實企圖作為掩護密八公路及太平江南岸之側翼屏障，拒止我軍由該方面之攻入。此陣地線，平均位於標高 2300 英尺以上之一南北走向之高地上，向東及南，均可控制寬約 3 英里之山谷，更扼由不蘭丹入莫馬克及其北側公路線諸山路之要衝，地勢雄偉，實一極良之側面陣地線。

十一月五日，該團(欠第二營)當全線展開，由不蘭丹及 SJ2726 兩地，向該敵各據點實行猛烈之仰攻，重點保持於左翼，當日攻克倫蘭，繼佔 Lungja，斃敵中尉山口精一以下官兵 27 員名，獲步槍十八枝。

十一月六日，克 SJ24.321.4 及 SJ24.238 兩據點。

十一月七日，復佔 Lungja Manmau 及其南側諸要點。

十一月八日，繼克 1798 高地，及肅清該地全線殘敵，佔領 2199 高地北至 2058 高地之線，擊滅敵密八公路 13 至 20 英哩路碑東側之防線，直薄密八公路，予太平江南岸固守之敵以側背致命之威脅。

十一月九日，準備向密八公路攻擊。

十一月十日，先後分別於密八公路 17 及 15 哩路碑兩處，截斷公路，繼而沿公路及其兩側南北蓆捲。

十一月十一日，北上攻擊部隊，於攻克敵陣齊不高塘(Zaibrugatawng)及 1220 高地後，當與第一一三團由廟堤沿公路南下之部隊會合，肅清該地殘敵，打通公路線，旋即轉鋒南下，對莫馬克攻擊。由 15 哩路[44]碑南下攻擊之部隊，於驅逐沿途所遇敵之小數部隊後，當日攻抵莫馬克北側，並與莫馬克東側攻擊之第一一二團，取得連絡。

莫馬克(Momauk)，位於新龍卡巴山麓，西距八莫城約 9 英里，密八公路渡太平江由北南行至此，折而西向至八莫，其東有騾馬道通新龍卡巴，南有牛車路通曼西，地當交通孔道。敵據此，北可策應廟堤，南可控制曼西，東扼新龍卡巴山脈之咽喉，故實與廟堤、曼西串連而立，屏障八莫，形成一異常重要之八莫外圍防禦陣地之中心據點。故敵以步兵一中隊，附重機槍兩挺，工兵、通信各一小隊，據守堅固工事，深溝高壘以待，是為八莫敵前進陣地之重要據

---

44 《八莫及卡的克戰役》(第一號)，頁 44。

點。

十一月十二日，該團由北轉向南之部隊，亦到達莫馬克西北側附近，該團當遵命接替攻擊莫馬克之任務。本日就攻擊部署，由北分向莫馬克敵陣東西兩翼，行包圍攻擊。

十一月十三日，該團以迅雷不及掩耳之勢，一舉將莫馬克敵陣通外道路完全切斷，完成一有力之包圍圈。

十一月十四日，各部分別向莫馬克核心攻擊，漸次緊縮包圍，並集中有力之一部，由敵陣西北角以尖劈之勢，猛烈攻入；敵因被困不支，且我由其西北角突入，敵守軍驚慌失措，東奔西逃，我乘機全線一舉衝入，實行陣內白刃戰，殺聲震地，血花飛濺，至為激烈。戰至 17 時，敵陣大部，為我奪取，敵因失憑藉，乘日落時，竄匿入莫馬克西北約 1000 碼之密林窪地內。查該地原為敵駐軍時，為防盟軍空襲所躲避之地，設有堅強之防空壕，地形至為蔭蔽，我除將逃竄之敵再度包圍外，於是日 19 時，將莫馬克攻佔。計斃敵遺屍於陣地內者，有 57 員名，其竄入密林內再度被我包圍之敵，經該團繼連數日努力圍攻。**45**

迄十一月十九日夜，當將其全部殲滅，計再擊斃敵櫻井大尉以下官兵 147 員名，均遺屍於林內，獲重機槍 2 挺、輕機槍 9 挺、步槍 117 枝、無線電 1 座，其他彈藥及軍需品甚多，從此八莫敵軍之外圍前進陣地，完全為我擊破，而近迫市區。

「第一一二團對曼西攻擊戰鬥經過」

第一一二團自十一月三日，由大利向左翼轉移後，即以神速秘密之行動，向太平江上游猛進，當日先頭進抵汪約。十一月四日抵不蘭丹。十一月五日，進佔新龍卡巴，掩護團主力之前進。十一月六日，該團主力進抵新龍卡巴集結完畢，準備向西攻擊。

十一月七日，由新龍卡巴開始戰鬥前進，分兩縱隊，向莫馬克及其以南地區前進。右縱隊當日進抵魯丹(Lawdan)，先頭驅散敵軍小數斥候部隊之後，佔

---

45 《八莫及卡的克戰役》(第一號)，頁 45。

領 SJ21.811 叉路口附近；左縱隊當日進抵 SJ27.206.6，先頭進佔丁沙其里 (Dingsachyari)。

十一月八日，右縱隊繼續向莫馬克攻擊前進，當天上午 11 時，先頭襲佔莫馬克東側約 2 英里處之卡王(Hkawan)，由該地向西即為平坦大地，有公路直通莫馬克。該縱隊繼即向南展開，延伸其左翼，佔領 Lapaidan，北至卡王南北之線，自此莫馬克東側山地，全操於我。該團當日日沒後，乘黑夜，派隊沿細流潛行，向莫馬克敵陣施行夜襲，及威力搜索，除察知敵工事位置及火網編成外，當佔領該村東側要點一處。

十一月九日，當繼行攻擊，敵頑強抗拒，戰至十一月十一日，與沿公路南下之第一一四團，在該村東北側會合，除以一部會同第一一四團所部攻擊外，當以縱隊主力由 Lapaidan 向莫馬克西南迂迴，當日進抵 Chiridumhpawng 及 SJ1307.6 附近。

十一月十二日，該團為全力對曼西攻擊，遂將莫馬克攻擊任務，交與第一一四團接替，同日該團後續之一營，亦[46]已到達卡王，連同攻擊莫馬克之右縱隊，準備明天，十三日轉向曼西方面攻擊。

該團之左縱隊，自十一月七日先頭進抵丁沙其里後，繼續向西進出。

十一月十日，先頭進佔南賽(Namsi)及納敦(Natum)。

十一月十一日，全部進抵南賽，先頭並攻佔 SJ13.501.5 附近。

十一月十二日繼續攻抵 Mankang 及 457 高地，並同時由南賽分兵一連，向南前進，擔任側翼警戒，該連當日分別到達 Hpara Saiman 及 Gawset 後停止警戒。

十一月十三日，該團為實行對曼西攻擊，以在卡王附近之兩營兵力，迅速於當日推進至 457 高地 Kumhat，及 Walai 南北之線，準備向左迴旋，對曼西攻擊。

十一月十四日，該團展開該線，對曼西迴旋攻擊前進，超過公路東側之 Loijum 山地後，北翼於 13 時許，進入公路，將八南公路 9 哩路碑，及

---

[46]　《八莫及卡的克戰役》(第一號)，頁46。

Namdaungmawn 兩處攻佔，截斷敵與八莫方面之連絡線，計斃敵 15 名，獲步槍 6 枝，繼而沿公路南下攻擊，於 24 時復將 Sawangahtawng 攻佔。

十一月十五日晨，繼由 Sawangahtawng 沿公路向南攻擊前進，及進抵該村南 1000 碼許，與約一中隊北上之敵遭遇，該敵企圖北上奪回 Sawangahtawng 既失之陣地，與該團展開激烈之遭遇戰，約 2 小時許，該敵不支，欲回竄。然該團南翼之部隊，於十四日已在公路 12 哩東側，築有秘密陣地，即出而向欲逃之敵，進行東北兩面夾擊，敵被迫再戰，至 14 時，該敵完全被擊潰，遺屍於公路兩側有 24 具，我獲輕機槍 2 挺、步槍 15 枝。

十一月十六日，該團由 Namdaungmawn 復派隊向西南搜索前進，佔領曼西西側 Yikhugahtawng 村落，及其附近地區，擔任公路西側警戒。

十一月十七日晨，該團繼續沿著公路向南對曼西攻擊，並以一部由曼西東北側山地，順著小河溝向曼西東南方迂迴夾[47]擊。激戰 4 小時，敵不支，遺屍 37 具，向西南方潰竄，當日 15 時，該地遂全為我攻佔。自此八莫之敵惟一退路，全被我斬斷，敵企圖確保曼西，以掩護南坎方面增援隊進出安全之希望，又全被擊滅無餘。之後該團確保曼西地區，防敵北上增援，以掩護師主力對八莫包圍攻擊。

「第一一三團渡太平江及對八莫城郊攻擊戰鬥經過」

第一一三團自十一月三日，遵命在太平江北岸正面採取佯攻後，連日以各種火砲向南岸之敵實行猛烈砲擊，並準備渡河偵察及渡河諸作業。廟堤對岸 807 高地之敵，經過該團連日砲擊，及空軍之轟炸與掃射，陣地大部為我摧毀，餘敵復因我左翼山地迂迴部隊，連日進展之神速，東側山地全被我攻佔，在敵側背予以致命威脅，因而漸生動搖。

十一月八日夜晚，該團以師主力相繼直撲密八公路，看破佳機，與主力攻擊部隊相呼應，在廟堤西側實行渡江，當夜先以一連兵力，在 Myohaung 附近，秘密偷渡成功，一舉襲佔 807 高地及 Taichaung，以火力控制廟堤渡口，掩護團主力之續渡。

47　《八莫及卡的克戰役》(第一號)，頁 47。

　　迨至十一月九日上午 10 時止，大部渡江完畢，以一連兵力沿密八公路南下，向齊不高塘方面攻擊前進，謀與師主力攻擊部隊會合，掃蕩該地及其附近丘陵地帶之敵；其餘團主力即沿太平江南岸，順著江大路向八莫交互攻擊前進，當日先頭部隊於攻佔 Naungloik 後，繼續攻抵馬玉濱(Maubin)附近，該村有敵約一加強連據守，對敵果敢進行攻擊。

　　戰至十一月十一日早晨，將該村完全攻佔，敵遺屍 9 具，其餘向西南逃竄。該團沿江大路繼續攻擊前進，抵古利(Khuli)村，又發現有敵據守，當予猛襲，敵遺屍 10 具，餘者狼狽向毛平(Mopein)竄逃。該地於當日 14 時又為我攻佔，其攻勢有如秋風掃落葉。

　　十一月十二日，該團除以一部兵力繼續沿江大路，向八莫攻擊外，其主力則由古利、馬玉濱間地區轉向南方，[48]對八莫城東南郊採迂迴攻擊。本日沿江大路攻擊之一部，於上午 10 時攻佔毛平後，繼續前進；12 時許攻抵 Subbawng，在該地與隔小河之敵對峙，主力當日進抵 Awnglawng。

　　十一月十三日，該團主力由 Awnglawng 向東對八莫進擊，中途於 SJ09.412.8 擊破敵少數警戒部隊後，當日 16 時，將距八莫城東邊 3 英里半之 Nayo 村攻佔，截斷八莫通莫馬克公路，時莫馬克之敵正陷我第一一四團包圍圈內。

　　十一月十四日，該團主力除留置一連守備 Nayo 外，其餘闢路向西南方前進，攻擊八莫城東南郊，及通南坎之公路。八莫之敵趁該團向東南對城東南郊攻擊前進之際，以速射砲掩護步兵一中隊，向 Nayo 猛烈逆襲，企圖奪回該地。經我守軍予敵痛擊後，由晨激戰至 14 時，將來襲之敵一再擊退。夕後，該敵又不斷前來反撲偷襲，我守兵沉著應戰，敵每次來襲，都均遭擊退，是日計斃敵中隊長 1 員、士兵 17 名、擄獲輕機槍 1 挺、步槍 8 枝、左輪手槍 1 枝、指揮刀 1 把，我方亦傷排長 2 員、士兵 8 名。

　　十一月十五日，該團由 Nayo 迂迴之主力，本日攻佔 Yogyi 後，繼續攻抵城區東南角，及在通南坎公路，距八莫市中心 1 英里路碑附近截斷公路，繼而

48　《八莫及卡的克戰役》(第一號)，頁48。

沿公路南下佔領 Hante。

十一月十六日，該團主力繼續由八莫城東南角，沿城東向北，及向城南延伸。沿城東向北之攻擊部隊，本日進展 200 碼，奪取敵陣地、據點兩處，斃敵 20 員名、生俘敵山砲兵安根姓 1 名；本日早晨 8 時，向城南延伸部隊，將城南通 Si-U 公路、SJ0108 附近攻佔。在 Nayo 之部隊，本日擊潰該村西端之敵後，沿公路向西攻擊，15 時將 Nyaungbindat 村攻佔，17 時攻抵 2 英里路碑處飛機場之南端，以火力控制飛機場全部，先後共計斃敵 25 名，獲零式飛機 2 架、飛機修理廠 1 處、毀敵戰車 1 輛。至此，八莫城區之敵，已全被包圍，困守於城區既設之主陣地內。**49**

十一月十七日，八莫之敵企圖趁該團城東南圍攻部隊，立足未穩之際，大舉反攻，敵以戰車及砲兵掩護步兵約兩中隊，輕裝向我突入，猛烈反撲。然我官兵沉著應戰，早有準備，攻擊、築城著重，來襲之敵均被擊潰，遺屍 52 具，餘者負創竄回城內，我並生擒其上尉醫官，小林么矩 1 員，擄獲步槍 26 枝，敵亦傷我軍排長 1 員、士兵 24 名、戰死士兵 11 名。

「圍攻八莫戰鬥經過」

自十一月十七日止，八莫區之敵，其外圍陣地要點，被我新卅八師完全攻佔，殘敵退守八莫市區既設之堅強陣地內，頑強抵抗。

十一月十八日，我為避免準備未周，突入敵陣招致不利起見，而重整部署。對八莫市區之敵，作綿密偵察與周到之攻擊準備，並盡可能的漸次增強兵力，以：

第一一二團確保曼西地區，對南嚴密警戒，防敵北上增援。

第一一三團即由城東南兩面，向八莫市區攻擊。

第一一四團一部，由東北方向八莫城區攻擊；主力暫控制於 Awnglawng 及 Si-In 地區待命。

當日第一一四團主力，於西影(Si-In)附近集結，並遵即以一部，分別向八莫市區東北進擊，加入攻城戰鬥；第一一三團則調整部署，本日敵趁我部署之

49　《八莫及卡的克戰役》(第一號)，頁 49。

際，在坦克車、砲兵掩護下，大舉反撲，經我各部官兵，奮勇迎擊，誓死確保既得各陣地，幾度白刃肉搏，均遭我擊退。

十一月二十一日，我各部部署及準備均告完畢，遂分別向飛機場一帶，敵警戒陣地殘留據點攻擊，敵為遲滯我直接威脅其主陣地，獲得抵抗寬廣地步，來爭取時間，敵軍拼死頑抗；我軍不斷夜襲，如此敵我血戰六晝夜。迄十一月二十七日，我軍完全將其警戒陣地逐點攻略，進入其主陣地邊緣。

十一月二十九日，該師更以第一一四團全部加入，擔任對敵北據點攻擊；第一一三團則全部擔任對東據點攻擊；第一一二團[50]則以兵力一營，以一連渡伊洛瓦底江西岸埋伏，防敵西竄。營主力則參與擔任對南據點攻擊，俾能縮小攻擊部隊之戰鬥正面，增大縱長，其時直接支援對八莫圍攻之第一五五重砲連，及一零五榴彈砲第三營(欠第七連)，亦到達八莫市東邊，在密八公路 3 英里路碑兩側地區，進入陣地協同戰鬥。

十二月一日，第一一四團、第一一二團分別向敵主陣地猛攻，敵亦不斷肉搏反撲，戰鬥至為慘烈。

十二月二日，先後將敵主陣地突破，當即乘勝擴張戰果，繼續逐點攻擊，敵困守工事，拼死頑抗，寸土必爭，如此血戰十二晝夜，第一一四團逐碼進展，北據點於十三日卒為我完全攻佔；第一一二團亦佔領南據點一部，敵雖困守東據點，及腹廓陣地侷促於一隅，仍作困獸之鬥，死力掙扎。

十二月十四日，第一一二團因另有對南坎攻擊之新任務，遂將南據點攻擊任務，移交給第一一三團第二營接替；第一一四團自北據點沿江邊馬路錐形突入，當日攻進敵方腹廓陣地，直刺其心臟，斬殺敵「守城最高指揮官原好三大佐」，於是敵指揮紊亂，遂成動搖，餘敵被迫，而趁夜蜂湧向城南沿江邊沙灘突圍，企圖逃竄，我城南攻擊部隊，集中各種火器、手榴彈，予敵猛烈射殺，敵死亡殆盡，遺屍遍野，除僅約 60 至 70 人僥倖跳水逃生外，其餘無一得以倖免，敵圖長期孤立死守八莫，卒於十二月十五日 14 時，被我全部攻佔。

(二)新卅師對卡的克攻擊戰鬥經過

---

50 《八莫及卡的克戰役》(第一號)，頁 50。

十月十五日，軍自密支那發動攻勢後，新卅師即為軍第二線兵團，隨第一線兵團，新卅八師之進展，逐次向南推進，擔任後方連絡線之警備。迄十一月十七日，該師(欠第八十九團)已抵達大利(Tali)至廟堤(Myo-Thit)間地區，擔任太平江北岸地區之警戒，該師之配備如下：

師部及第八十九團主力配置於大利，一部於太平江北岸廟堤以西，沿江直接配置警戒。

第九十團主力配置於廟堤，一部越過太平江，在齊不高塘(Zaibrugahtawn)附近，擔任與新卅八師直接[51]之聯繫，另以一連兵力，於太平江下游北岸，Thabyebin-Thapanbin，及 Teinthaw 間地區巡邏警戒。

第八十九團仍留置於卡樹(Kalu)地區駐訓整補(該團因在密支那戰役傷亡較大)。

其時新卅八師，對八莫之敵已完成包圍態勢，並攻佔莫馬克(Momauk)及曼西(Mansi)；八莫區之敵已全部失卻動作之自由，被困於八莫市區，負隅頑抗，八莫之攻佔僅有時間上的問題。而南坎方面之敵，據報有第十八師團及第二師團之主力，共約 15,000 人，另第四十九師團，正向南坎附近增援中。八南公路沿線，敵均依山傍險，構築堅強工事，有頑強據守、待援反攻八莫之模樣，其兵力之雄厚，實遠勝於我。軍為使直後對南坎攻擊容易，則目前實有即須趁敵兵力未集結，援隊尚未全部到達之前，同時分兵南下，期能以迅雷不及掩耳之勢，擊破八莫、南坎間山地之敵，使直接攻擊南坎容易。

吾人深知打通中印公路之重責，只有本軍獨力負擔，為避免遲延時日，徒招南坎之敵增援，對我之不利，遂決心不待八莫之敵肅清，即以軍第二線兵團新卅師，同時對南坎攻擊。本來此為一極冒險之行動，因軍已無預備兵團，故軍決定此行動時，即對莫馬克東側新龍卡巴山地方面，異常注意。因敵可能由 Lweje(即章鳳街)方面，以有力之一部，越新龍卡巴，向西對我八莫區側擊，故軍運用搜索機關之一部，及新卅八師搜索連，對該方面嚴行搜索警戒。

為實施對南坎之敵，同時發動攻擊，十一月十七日，當電令新卅師，即由

51　《八莫及卡的克戰役》(第一號)，頁51。

大利、廟堤間地區,推進至卡王(Hkawan)附近地區集結,迅速向南襲佔納康(Nakang)、青關(Chyauhkawng)、Chaungdauk 間地區,準備爾後行動。

十一月十八日,該師遵命後,開始向指定地區推進集結。

十一月十九日,該師奉到軍作命第 06 號指示,於襲佔納康、青關、Chaungdauk 地區後,即沿八南公路南[52]下,對南坎地區之敵攻擊,佔領而確保之。

十二月二日,該師第八十九團,開始於卡樹地區出發,向廟堤附近集結。

迄十一月廿八日,該師(欠第八十九團及砲二營)當先後襲佔納康、青關等地,在曼西──Chaungdauk 間地區集結完畢,完成戰鬥前之諸準備。

十一月二十九日,開始分三縱隊,沿八南公路,及其兩側山地,向南坎前進;以第九十團之第二營(加強營)沿公路右側山地,經曼康(Mankang)、曼弄(Manlung)、杜古(Duhku)、馬達(Mahtet)、康馬(Hkangma)、向惹邦(Zaubung)方向搜索前進;以第八十八團第一營(加強營),沿公路左側高地,經卡古卡道(Hkahkugahtawng)、瓦拉蚌(Warabum)向蚌卡塘(Bumgahtawng)方向搜索前進;師主力則沿公路向南坎前進,並以第九十團第一營為前衛。

十二月三日,該師各縱隊先頭部隊,分別到達康馬(Hkangma)、南汝(Namyu)、蚌卡塘(Bumgahtawng)等地,與敵之南坎西北外圍警戒部隊,發生戰鬥。其中以右側九十團第二營方面戰鬥最為激烈;四、五兩日,敵復不斷增援反撲,時該師主力,於五日午後,亦抵達馬丹陽(Madangyang)附近地區。因鑑於康馬方面之 5338 高地,為八南公路沿線之制高點,有先行擊滅該方面敵人之必要。

十二月六日,該師當按如下就攻擊部署:

①以第八十八團(欠第二營)及第九十團第一營,附山砲兵第一營(欠一連)為左翼隊,展開於 Mahtet-Sama-Kumshoi-Zaubung 之線,向蚌卡塘、南汝之敵攻擊,主力保持於公路線上。

②以第九十團(欠第一營)附山砲兵第一營之一連、工兵一連,為右翼隊,

52　《八莫及卡的克戰役》(第一號),頁52。

在左翼隊右側、公路以南地區，向康馬之敵攻擊，而進出惹邦方面。[53]
③第八十八團第二營，為預備隊，位置於馬丹陽附近。

十二月七日爾後，對敵展開激烈之攻擊戰鬥，時值八莫被圍之敵 2500
人，因受我新卅八師主力連日來猛烈圍攻，情勢至為危殆，且我不待八莫之完
全攻佔，即令以第二線兵團，長途深入山地，對南坎發動攻勢。敵感形勢之嚴
重，為解救八莫被圍之「原支隊」(敵稱八莫守軍為原支隊)，及趁我對南坎攻
擊部隊進入隘路之不利。遂於十二月七日，以其第十八師團第五十五聯隊全
部，第四十九師團第一六八聯隊主力及第五十六師團第一四六聯隊之一部，附
山砲兵一大隊，及其他輜重兵、工兵等，組成一混合支隊，歸第五十五聯隊長
山崎大佐指揮。由南坎西側 7 英里曼偉因(Manwing)附近地區出發，日夜兼程
急進，企圖擊破我深入南坎山地之新卅師後，以主力沿八南公路，經馬丹陽
(Madangyang)，一部經瓦拉蚌(Warabum)、康馬(Hkangma)、馬達(Mahtet)、烏
買(Uma)、新的蚌(Sindipum)，傾其全力向曼西突進，以達到解救八莫被圍之
「原支隊」之目的，該敵之企圖及任務，實異常積極。

十二月八日爾後，該敵先後增加兵員到達南汝東西之線，與我發生接觸，
戰鬥之開始，即異常慘烈，敵我傷亡續出。我全線官兵，奮勇迎擊，由十二月
三日發生接觸以來，迄本日止，我右翼康馬方面，已一再擊破敵之增援，先後
斃敵野添少佐以下，65 員名，獲步槍 48 枝，在遺屍上獲文件、證明為狼一八
七○○部隊(即四十九師團第一六八聯隊)。

十二月九日，師部及預備隊推進至堡坦(Hpaothan)附近，當日拂曉，敵集
中山砲 8 門、平射砲 16 門，對我各正面同時發動全線攻勢，重點指向我公路
正面之第九十團第一營方面。時因我攻擊陣地之工事，概已完成，且火力旺
盛，來犯之敵，傷亡慘重，自朝至午，遺屍於我陣地前可數者，共達 187 具。
本日夕刻，又據報有步、砲連合之敵約 2,000 餘人，到達泡能(Pongling)附
近，其他曼偉因(Manwing)、曼卡(Mankang)、帕卡(Panghkam)，各處敵情均極

53　《八莫及卡的克戰役》(第一號)，頁53。

活躍，去向不明，又復據第一線步兵[54]之觀測，目擊敵後八南公路方面，有汽車 80 餘輛，徹夜運輸頻繁，增加兵力，情況實異常緊張。

十二月十日晨，敵再度反攻，各線均有激戰，我左翼隊在蚌卡塘附近，斃敵遺屍可數者 82 具，獲文件、證明，為菊八九零二及龍六七三五與高九九二一等部隊(註：即第十八師團第五十五聯隊、第五十六師團第一四六聯隊，十五飛行場警備大隊)。

由本日午時起，敵因其連日來正面攻擊不逞，慘遭殲滅，乃循用其慣技，施行猛烈之鑽隙戰法，以正面猛烈砲火攻擊為策應，分四路，由山間細流，向我公路正面攻擊部隊之第九十團第一營滲透。因時值乾季，山間細流，多能利用潛行加以山地戰鬥，山谷死角等地特多，便於小部隊之隱匿行進。至 14 時，我南汝公路正面攻擊之第九十團第一營，因敵之滲透，及正面猛攻，連絡忽告中斷，砲兵第二連南汝附近陣地，亦同時被滲入之敵包圍，連長朱永剛上尉，手持機槍與敵苦戰，與火砲共亡。

時軍長亦親在該師前線指揮，目睹全般情況，乃敵死力反攻之頑強，企圖之積極，非予敵以整個殲滅不為功；當決心以該師第八十九團，即於明(十一)日午前，趕至堡坦，歸還該師建制，加入戰鬥。當時該團於九日晚到達廟堤，十日當令其趕至曼西，旋即徹夜一部以汽車輸送，主力徒步行軍於十一日晨，趕至堡坦，歸還建制。

同時策劃以第一一二團為軍獨立支隊，對敵行深遠迂迴之計，並令飭新卅八師，予滲透者，還以滲透、分別四出，向敵遂行反滲透；在各要口小溪，埋擊敵滲入部隊，截其歸路，不使滲入之敵生還。

迄十二月十二日，滲入之敵，當先後被我第八十八團主力將其全部殲滅，克復南汝高地，與第九十團第一營恢復連絡。時第九十團第一營，自被敵四面包圍後，幸官兵用命，咸抱與陣地共存亡之決心，不但精神未稍動搖，且斃敵極夥，陣地得而失者數次。

彼等被圍後，深信其長官必能為其派隊前來救援，故能堅決與敵作殊死戰

---

[54] 《八莫及卡的克戰役》(第一號)，頁 54。

而毫無懼色。迨至第八十八團主力為該營解圍時，該營依然巍若泰岳，確保陣地，自此中央公路正面，已絕對鞏固矣！但南汝東北兩側高地，仍為優勢之敵所盤踞，在敵遺屍中，獲文件證明為狼一八七零七部隊(註：第四十九師團之一聯隊)。

　　十二月十[55]三日，該師遵命為徹底全線殲滅敵軍，粉碎其向曼西突進之企圖，本日重整部署，向敵最感痛苦之右側背，實行左側包圍。當利用左翼蚌卡塘方面有利之態勢，以第八十八團第一、二兩營，附山砲兵第三連，由蚌卡塘及 5200 高地間地區，迅速大膽南下，向馬支攻擊前進，切斷敵後方交通線。八南公路正面及右翼康馬、5338 高地方面，則確保已佔領之地區，並勉力向敵突擊，期能將當面之敵，前後包圍夾擊而殲滅之。

　　概自十二月十四日起，敵亦因以中央突破未遂，乃轉移主力攻我右翼 5338 高地，所謂自殺式之密集衝鋒，連續重演，日夜來犯。我軍沉著應戰，居高臨下，每予來犯之敵以痛擊，結果敵因死亡慘重，遺屍積山，有數可查者，達 278 具之多，攻勢隨之頓挫。然我第九連官兵，亦傷亡過半，血灑 5338 高地，營長王禮竑亦於此役殉職，期戰鬥之劇烈，可想而見。

　　十二月十六日，該師為增強左側包圍之戰力，乃以第八十八全團加入戰鬥，為師之左翼隊，繼續向馬支(Manji)攻擊，並於馬支及南卡弄(Hkalum)間切斷敵八南公路之交通。以進出於南卡弄、北卡弄之線；以第九十團(欠第一營)附山砲兵一連，為右翼隊，務期確保 5338 高地附近一帶陣地，並須不斷派出部隊向南、北惹邦，及中惹邦附近之敵襲擊；以第八十九團附山砲一連為中央隊，沿公路向弟老(Htingnu)及卡的克(Kaihtit)攻擊前進。

　　十二月十七日，各部隊除交接陣地及轉移部隊外，左翼隊第八十八團，以破竹之勢，擊滅其當面之敵後，將馬支敵陣地據點完全攻佔，截斷敵公路連絡線，正面之敵，遂被我包圍於八南公路及隘路間。該團繼而向公路東西蓆捲，以主力由東向西，與正面攻擊部隊協力夾擊被困之敵；一部由西向東擴大截斷地區，時我公路正面攻擊之中央隊，第八十九團之攻勢，亦甚銳猛，敵陣整個

55　《八莫及卡的克戰役》(第一號)，頁55。

因之動搖。

十二月十八日午刻，我公路正面攻擊部隊，斃敵第五十五聯隊第八中隊隊長岩村澄水一員，在遺屍獲敵作戰命[56]令四件。證明當面之敵，第五十五聯隊長山崎四郎大佐，率領步兵六個大隊(第十八師團第五十五聯隊全部、第四十九師團第一六八聯隊主力，及第五十六師團第一四六聯隊一部)、砲兵一個大隊，及其輜重、通信工兵各一大隊等，企圖擊破我新卅師，並突進曼西，以解八莫之圍。

十二月十九日，我東西襲捲之第八十八團部隊，相繼攻佔卡的克、卡弄兩地，而與中央隊第八十九團會合，敵軍除了遺屍 315 具外，其餘完全潰散；二十一、二十二日，2 天攻佔惹邦三處，將八莫至南坎間山地高陽地區，南坎西北外圍山地之鎖鑰完全攻佔，擊滅敵軍企圖救援八莫之混合支隊，而挫敗敵南坎部隊之精銳，予直接攻擊南坎，獲致決定性之勝利，此實賴該師官兵忠勇用命有以致之。

(三)軍獨立支隊第一一二團對南王河畔迂迴攻擊及截斷八南公路 52 哩路碑戰鬥經過

軍當新卅師於南汝附近，與敵激戰正酣之際，敵積極沿公路急遽增援反攻，企圖擊破新卅師主力後，進出曼西方面，解救八莫之圍。

十二月十日下午 2 時，敵將我八南公路正面在南汝攻擊部包圍，軍長目睹情況之嚴重，除令飭第八十九團於十一日晨趕至堡坦歸還建制外，計劃以一團兵力向敵後作深遠迂迴，以策應該師之作戰。

十二月十四日，當下達「軍作命第 17 號」，以第一二一團附山砲一連，為軍獨立支隊，由八莫、曼西方面抽出，沿八南公路左側外翼，向敵行深遠之迂迴。

十二月十五日，該團奉命後，當遵照指定路線，由曼西前進，其先頭第二營，於當日進抵卡于(Hkau)。

十二月十六日進抵蚌卡塘，因主力進抵丁星(Tingsing)，當即向南王河及

---

[56] 《八莫及卡的克戰役》(第一號)，頁 56。

44 至 52 哩路碑分別攻擊。

十二月十八日，對南王河方面前進攻擊之第一營進抵葉新(Yitzang)；對八南公路 44 至 52 哩間前進攻擊之第二營進抵來勞(Loilaw)，與約一加強排之敵，在該村南之的朗(Daulong)村，發生戰鬥，團其餘部隊進駐蚌卡塘。

十二月十九日，第二營將的朗村之敵包圍攻擊，同時搜索得知公路 46 哩附近之南開(Namhkai)，[57]仍有敵約一加強連扼守，該營除對的朗村之敵包圍攻擊外，當分兵沿南王河西側南下，向 52 哩路碑迂迴截擊。

十二月廿日，本日攻佔的朗村敵陣全部，經第二營經猛擊後，計斃敵 13 名、馬一匹，並繼續得以向南前進兩英里，進至 Urahka(S034.674.2)小河附近，第一營是日果敢偷渡，泳過南王河襲佔 4185 高地(S039.475.2)，進入國境，團其餘部隊進駐來樓(Loilaw)。

十二月廿一日，第二營沿南王河畔，向公路迂迴攻擊之部隊，本日出敵意表，一舉將八南公路 52 哩路碑附近截佔，斃敵 3 名，獲步槍 1 枝，一部之敵，退據公路東側 Lungrang 村落。

十二月廿二日，退據 Lungrang 之敵，本日晨向我 52 哩路碑截路部隊反撲 2 次，均經我擊退，並斃敵 5 名，獲步槍 2 枝，我亦傷亡士兵各 2 名。該團攻擊部隊由(S034.674.2)南下，本日復佔據八南公路 45 哩處，迄 14 時，繼佔南開(Namhkai)，斃敵 6 名，肅清公路間殘敵，該團並乘勝以主力續渡南王河，向南坎進擊。

(該團爾後行動載述於下)

六、戰鬥成績

軍自十月十五日，由密支那發動第二期攻勢以來，迄十二月二十一日攻佔卡的克止，奮戰兩月，進展 191 英里，龕八莫，取曼西，南出南坎西北外圍之鎖鑰，攫取卡的克而操天馬關之險，越南王河而踏入國境，並攻佔其他重要村落大小據點凡 500 餘處，佔領土地面積 6,200 平方英里，大小戰鬥歷 80 餘

---

[57] 《八莫及卡的克戰役》(第一號)，頁 57。

次。

　　斃敵經查知者有第二師團搜索聯隊長原好三大佐、山中精一中尉、櫻井大尉、佐久間中尉，及敵第[58]四十九師團第一六八聯隊大隊長野添少佐、松井少佐、依籐岩村中尉等，官兵 3,373 員名，均遺屍於陣地內；生俘敵池田大尉以下，和田六郎上等兵、增田語上等兵、井田豐勝一等兵等 23 員名；鹵獲敵零式飛機 2 架、飛機修理廠 2 所、輕重機槍 106 挺、各種口徑火砲 24 門、戰車 8 輛、步槍 828 枝，其他軍用品、文件甚多，徹底擊滅敵原支隊，及山崎支隊，粉碎敵第三十三軍團對八莫、滇西作戰計劃。

七、戰鬥後敵我行動

　　由南坎沿公路北上企圖救援八莫之敵，在卡的克附近被本軍擊潰後，時八莫敵守軍，亦已全部被殲。故被迫退據卡的克以東，沿公路山地要點，逐次抵抗，以掩護該第三十三軍團主力，由畹町方面轉移於南坎河谷，準備會戰。

　　其時我滇西征遠軍，正圍攻畹町，軍為迅速攻佔南坎打通中印公路，與滇西國軍會師，當乘勝分兩路由公路正面，及右側山地，向南坎敵要塞，行右翼迂迴攻擊，另以已越過南王河之支隊，側擊南坎東北翼，對堅守南坎河谷之敵，繼行攻擊，以打通中印公路最後僅存之障礙。

八、可為參考之所見

(一)

　　情況判斷之正確，及指揮之卓越，為克敵制勝之要素。查敵之高級指揮官戰術思想，與統帥能力，均尚優越；情況判斷正確，兵力使用靈活，分合適時，且能集中優勢兵力，適時使用於企圖決戰方面。尤能判斷地形之價值，於攻勢間，常尋求我弱點以行攻擊，使我不易判明其主力及企圖之所在。

　　為求克敵致果，故任指揮官者，對戰場全般情況，敵之企圖，實不可不隨時判明。苟不加判斷，或判斷失確，妄事用兵，雖或於戰鬥間獲得一部之勝

58　《八莫及卡的克戰役》(第一號)，頁 58。

利，然終必招失敗。質言之，勿爭一地之得失，而忽[59]略全般之行動，本期之戰鬥，實為一良好證例。當本軍攻佔密支那緬北第一期攻勢結束後，因正屆雨季，戰鬥無法進行；且我軍久經困戰，故在密支那稍事整補，準備次期反攻。其時我滇西方面遠征軍，已進出怒西，在龍陵地區與敵交戰。當面敵之第三十三軍團，即把握戰機，將其軍團主力，徹底集中於怒西方面，求與我遠征軍決戰；在本軍方面，則以「原支隊」，利用八莫地區有利之地形，企圖死守，阻止我軍南下，以待其軍團主力擊破我滇西遠征軍後，對我軍轉移攻勢；敵第三十三軍團是項作戰計劃，實異常優越也。

　　軍察知敵之企圖，常出敵意表，以迅速之手段，在雨季未結束前，發動攻勢，乘敵主力未能轉用之前，尋其弱點(非決戰方面)而攻擊之，並迅速進佔南坎，俾能與我遠征軍協力，夾擊敵軍而殲滅之，結果敵因我提早發動攻勢，倉皇轉用兵力，以挽危急。十二月初旬，敵先以一支隊由南坎北上救援八莫，然我作戰方針之確定，指揮卓越，不待八莫之完全攻佔，以新卅師間道而出，進擊南坎，將增援之敵，於卡的克半途而擊滅之，促成南坎爾後會戰之成功。苟若當時我軍對情況未能詳加判斷，或判斷不確，攻勢發動遲延，或為敵所惑，全力與敵戰於八莫，不能間出南坎，邀擊北上求援之敵，使敵得從容施其技，則情況之演變，實不堪設想。

　　茲將本軍於戰鬥中鹵獲敵重要文件，有關於其作戰方針者，譯出以供參考。

1.　敵第三十三軍團作戰初期(密支那戰事結束時)作戰方針：

　　(譯文)軍 33A 係以龍 56D 及勇 2D 兵團主力，先擊滅侵入怒西地區之敵；菊 18D 兵團即佔領，並確保八莫及南坎地區，遮斷敵中印連絡，使軍主力之決戰有利。

　　(註)查當時敵係以「原支隊」擔任在八莫地區死守，時間預定為 4 個月，

59　《八莫及卡的克戰役》(第一號)，頁59。

該支隊八莫防守計劃方針[60]如下：

(譯文)原支隊以八莫地區隊，及廟堤地區隊，佔領堅固要點，以對付陸空絕對優勢之敵包圍攻擊，長期孤立，持久死守，確保八莫，而使軍攻勢，及爾後作戰容易。

2. 九月下旬當本軍準備由密支那發動攻勢時，敵第三十三軍團作戰方針：

(譯文)敵遠征軍之主力，在怒江西岸地區，已被擊滅三分之一，攻勢頓挫，敵駐印軍之主力新一軍，於密支那附近整訓，準備南下，其先頭部隊有向太平河谷及隴川河谷進攻之企圖。

中國方面派遣軍之「卜」號作戰愈有進展，想將在桂林決戰，軍 33A 之龍 56D 師團，於龍陵、芒市一帶，壓制敵之遠征軍，為策應桂林方面之友軍，積極牽制敵軍，將我之主力漸向畹町以西轉用，以準備對駐印軍之次期作戰。

(註)查敵上項方針，實稱適切，然事實上因我攻勢發動之迅速，迫使敵於不欲之時機，轉移主力，待敵主力漸向畹町以西、南坎地區轉用時，本軍已將八莫之敵緊圍於城下。當敵增援隊由南坎地區馳往八莫，企圖救援時，我已制敵先機，使用新卅師間道而出，敵援軍不但未能救援八莫，復為我全部擊滅於南汝，及卡的克間山地，使我軍南坎直後之戰鬥，奠定勝利之基。

(二)

敵軍戰鬥精神——查此次本軍對死守八莫市區之敵，圍攻以來，即以陸空協同，對其不斷猛擊，並使用大量砲兵群，以最近距離，對其集中火力射擊，計一一五重砲一連、一零五重砲兩連、七五山砲六連、四二重迫擊砲一連、八

---

60 《八莫及卡的克戰役》(第一號)，頁60。

一迫擊砲三連，大小口徑火砲凡 75 門之多。歷時廿日，始拔城池，敵雖全遭殲滅，然敵此種死守精神，及陣地構築之強韌，實堪吾人欽佩與效法。蓋敵能恪守上峰命令及指示，傾全力及一切手段發揮戰力，以堅忍不屈之精神，奮勇戰鬥，不惜一切犧牲，以求達成其任務。並[61]能徹底實行且戰且教之主義，故其能發揮戰鬥創造精神，巧妙運用戰法，以固守陣地。

(三)

敵能確實活用地形及築城，秘匿配置火器，能依至近距離，依火力急襲與果敢之逆襲等，阻我攻擊，且能巧妙利用可阻礙我攻擊之地形，設置諸種障礙，完成對四周皆甚堅固之陣地，極力避免損耗，以堅忍不拔之精神，奮鬥至最後一兵，亦必死守陣地。

(四)

敵在其死守之防禦陣地內，對彈藥及其他軍需物品之節約貯存，特為考慮，蓋因敵早準備為我猛烈之轟擊，故其死守八莫時，將各種軍需物品，彈藥、糧秣、醫藥等，悉皆用空汽油桶貯之，而分別 3、4 個一組，藏儲地下，以防我轟擊之損耗，以達持久之使用。

(五)

敵於戰鬥間，常企圖利用夜暗及拂曉、濃霧之際，利用天候地形之掩蔽，而選拔部隊，潛入我第一線後方；或於要點潛伏，待機以白刃戰法，急襲我砲兵陣地，戰車待機位置，及各級指揮所等。蓋因敵空軍及砲兵漸形劣勢，故強調此等挺進待伏攻擊，勝於轟炸戰法。故敵對此，皆事先實施訓練，周到準備，屆時則抱以必死之決心，果敢實施；若狀況認為必要時，雖全隊犧牲，亦在所不惜。敵此等挺進、待伏、攻擊部隊(組)兵力之編組，依其目的而異，但皆採精銳主義，通常每中隊準備三組(每組數名不等)；大隊則準備兩小隊，或一小隊(依需要有時附以若干工兵)；聯隊準備一中隊(依需要配屬重機槍、速射砲、工兵等)；步、工兵以外之部隊，則依其部隊大小，及特質而準備之。其攜行資料，通常均準備多量炸彈及手榴彈，以備縱深潛入我後方，同時攜帶糧

---

61 《八莫及卡的克戰役》(第一號)，頁 61。

食以備萬一。

故對此，我特須注意防範，應廣泛範圍嚴密搜索，於戰場內各要點，設置埋伏，並以小組施行夜襲，使敵無機出擊；又對於後方之警戒，絕不容疏忽，特於夜間為然。砲兵部隊，於進入陣地之初期，即須注意嚴密戒備，其他後方勤務部隊等，除應執行其本身之任務外，應發揮各自為戰及自衛之能力，[62]確立見敵必擊之信念，實行立體戰，徹底擊滅敵之潛入部隊。

(六)

敵於防禦戰鬥間，常巧妙利用地形及叢林等之掩蔽。在道路遠側方，先構築秘密陣地，隱藏敢死部隊，待我攻擊部隊越過該線時，則此等潛伏部隊，即於夜間出而襲擊我攻擊部隊後側方。敵此種戰法，尤其在前進陣地戰鬥時常取用之，故我部隊於攻擊前進時，須作廣正面較綿密之搜索為宜，更勿為敵所誘。

(七)

敵軍對偽工事及預備陣地等設備，甚為講求，以行欺騙及分散我之主力，故我對敵陣地之偵察，須力求綿密，勿為敵所眩惑。又敵常誘我軍突入其佯作棄守之據點內，然後由鄰側之據點，集中火力而射殺我突入部隊，故對敵陣實行突入時，切勿輕舉。又敵工事構築堅固，坑道作業發揚，雖經我砲擊直接命中，常不致崩潰，故各級指揮官，須常作慎重之考慮及觀察，切勿隨意授予部下突入攻擊之命令。因未經綿密偵察及周到準備之突入，易招致無謂之損耗，圖挫銳氣也！換言之，即於攻擊之先，須盡各種手段，行細密之偵察，及威力搜索，俾得知敵陣地配備概要，及其堅強、薄弱與最感痛苦之所在，敵重火器及側方機能之位置。然後作精密之計劃，充分之準備，否則冒昧攻擊，輕舉妄進，不獨蒙受重大損害，難以奏功，更將陷於被動，受制於敵。

(八)

敵對逆襲之能力甚強，故我在未實行攻擊之先，須講求對策，切勿作無計劃之行動，突入敵陣。每於攻佔一地時，即須力求做防敵逆襲、反撲之處置，

62　《八莫及卡的克戰役》(第一號)，頁 62。

堅強工事，配備嚴密火網，並切禁蝟集一處。

(九)

　　敵軍陣地據點之編成，多形成正三角形，即以每 3、4 名為一組，以輕機槍為骨幹，編成一火點；散兵間隔距離為 5 至 7 公尺，集數火點為 1 支點；以重機槍為骨幹。各火點之間隔距離為 30 至 70 公尺，集數支點為據點，火(支)點內之輕重機槍，對每一射擊目標，通常設有 3 個以上之預備[63]陣地，陣地之佔領，縱深橫廣，疏散配置，力使各火(支)點形成正三角形。(如圖)──火(支)點，其火網之構成，不僅有斜射、側射，並有背射設備(如圖)，故對此等三角形據點陣地之攻擊，除應遵照據點式陣地攻擊要領施外，於攻擊時，須對兩個支點以上陣地同時攻擊之為有利，如下圖列：**[64]**

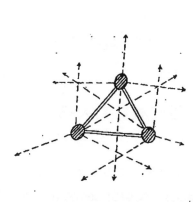

火之密濃揚發能內離距近最在
性彈及性立獨之對絕有具力

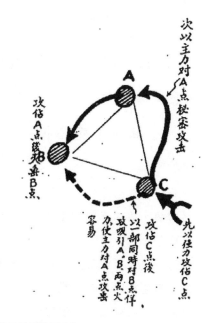

附圖七之一、三角形據點陣地

63　《八莫及卡的克戰役》(第一號)，頁 63。

64　《八莫及卡的克戰役》(第一號)，頁 64。

(十)

噴火器乃為消滅敵殘餘火點有效之武器,當對敵使用此等噴火器時,須注意敵鄰接陣地之側防機能,及狙擊手等對我噴火器射手之傷害。故第一線步兵,除應直接以火力掩護噴火器施實外,須作正面同時之猛擊,以掩護之。

(十一)

敵每於夜間實施部署之變更,及兵力調動、工事補修等。故我砲兵對夜間之擾亂射擊,實屬必要。

(十二)

當對敵陣地完成包圍作環狀攻擊時,須注意敵之突圍,故須於預想敵突圍方面(我壓力薄弱方面)之外圍,須置伏擊部隊,待敵突圍逃出時,再予敵不期之猛擊而殲滅之,此時須注意勿為敵用我方言語所欺騙,誤為自己部隊,而停止射擊,予敵逃脫之機。

九、附錄——總指揮部下達之計劃及命令

(一)總指揮部緬北戰區作戰計劃大綱 (A、譯文)

駐印軍總指揮部緬北戰區作戰計劃大綱

一九四四年十月五日

1. 任務——為確保密支那區之安全,即自孟拱、密支那區現駐地分三縱隊推進佔領,並確保印道(Indaw)—卡薩(Katha)—八莫(Bhamo)之線,並準備南下攻擊。

2. 敵情——如貴官所悉,見情報通報第 2 號。

3. 緬北戰區戰鬥序列:**65**

4. 計劃——西縱隊:見附圖。　　中縱隊:見附圖。　　東縱隊:見附圖。

5. 預備隊:見附圖。　　　　　　預備隊位置:見附圖。

---

65 《八莫及卡的克戰役》(第一號),頁65。

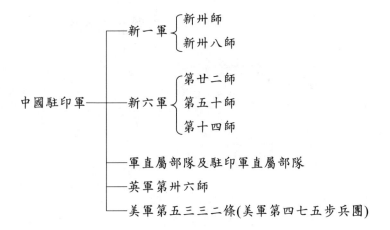

6. 補給及管理——由空中補給並盡量利用地面補給補助之，補給及管理之詳細計劃以後頒佈。

7. 希貴官對貴部部隊之部署計劃及建議預先準備，以便達成任務。

十月十日(時間另定)。

總指揮部將召開會議，屆時所有此項計劃均請呈出。

總指揮史迪威

(B、英文)

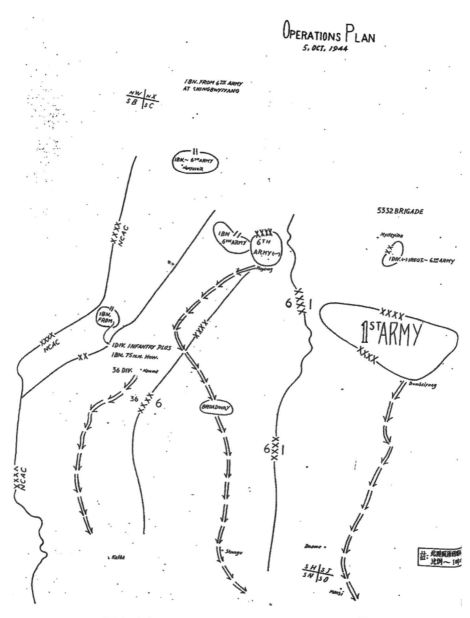

圖七之七、Operations Plan, October 5, 1944[66]

---

66 《八莫及卡的克戰役》(第一號)，頁66。

(二)總指揮部第 18 號作戰命令 (A、譯文)

駐印軍總指揮部作戰命令第 18 號

一九四四年十月十日

用圖：1 英吋比 4 英里　92B 92C 92D 92F 92G 92H

1.　敵情──參照情報通報第 2 號及情報蒙圖。

　　友軍──參照作戰命令第 1 號附圖。

2.　本兵團分三縱隊於規定「D」日期，向南進佔印道(Indaw)(SG8302)－卡薩
　　(Katha)(SNOA96)史維古(Shwegu)(SH5504)－八莫(Bhamo)(SGO211)之線而
　　確保之，並準備繼續推進。

　　(1)　作戰地境線及前進主要路線見作戰蒙圖附件第 1 號。

　　(2)　規定「D」日期為──一九四四年十月十五日

3.　(1)　西縱隊──第卅六師(英軍)以其後續部隊於規定「D」日期加 4 日(十
　　　　　月十九日)肅清荷平(Hopin)(SH2096)之敵，並迅速向西南沿密支那－
　　　　　曼德勒鐵路線前進，擊滅所遇敵軍，佔領卡薩、印道區而確保之，並
　　　　　準備繼續前進。

　　　　　支援部隊：(歸總指揮部指揮)──第十二重砲團第二連(155MM)、重
　　　　　砲第三營第七連(105MM)、重迫砲營第三連。

　　(2)　中央縱隊──新六軍以第 22D 欠砲兵一營，在規定「D」日期加 4 日
　　　　　後到達荷平並於規定「D」日期加 7 日前肅清荷平，迅經荷平及
　　　　　Broadway，前進佔領伊洛瓦底江以南之史維古[67]地區而確保之，並準
　　　　　備前進第五十師及第十四師，如第 3 項第(4)條及第(5)條所規定，負
　　　　　特殊任務之部隊，於初期作總預備隊，歸本部直接指揮。

　　　　　支援部隊：初期無。

　　(3)　東縱隊──新一軍迅速向八莫推進、擊滅或包圍八莫─曼西區而確保
　　　　　之，並準備繼續前進。

---

[67]　《八莫及卡的克戰役》(第一號)，頁 67。

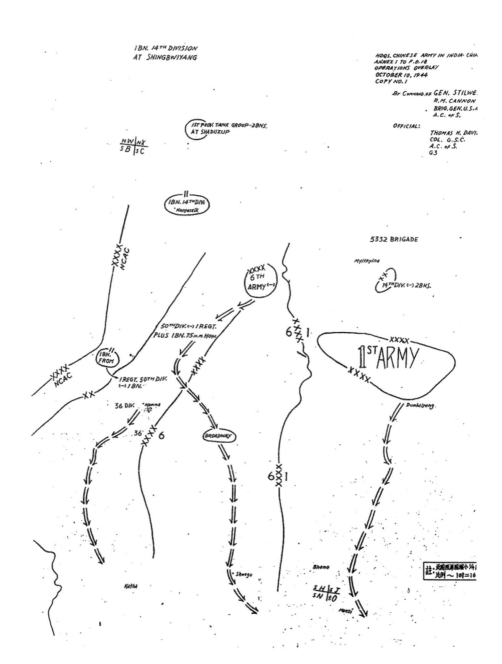

圖七之八、Overlay to F.O. 18, October 10, 1944

支援部隊：(歸總指揮部指揮)──重迫砲團第二連、重砲第三營第七連俟四九四砲兵連準備作戰後，即候命自荷平區歸還；重砲第十二團第五連及重砲第三營，其餘部隊俟列多至孟拱公路開放後，候命加入本部隊。

(4) 第十四師：該師(欠兩營)作為總預備隊之一部，候命行動。

A 以一營自新平洋地區作廣泛搜索，以保衛右(西)翼之安全。

B 以一營自龍京(Lonkin)、南亞色(Nanyaseik)地區作廣泛搜索，以保衛右(西)翼之安全。

C 該兩營自現在利多區之第十四師部隊，派出按本部各別命令，於道路景況許可後，推進至各指定地區。

(5) 第五十師：該師配屬新二十二師砲兵一營，作為總預備隊之一部，留在現在地區；第五十師一團，須於規定「D」日期加 8 日到達荷平地區，該團應派出一營至曼囊(Maingnaung)(SG9598)地區，以保衛右翼之安全；美軍第一四八步兵團仍擔任原指定任務，非奉本部命令不得移動。

(6) 野戰砲兵如上述所定。

(7) 高射砲仍擔任原有任務。**68**

(8) 空軍：須要空軍直接支援時，可向第十空軍前方指揮所請求之，其任務之優先權由本部選定，該空軍隊應派一空軍地面連絡組，隨伴每師前進。

(9) 所有在本作命未有規定之部隊，應候本部命令行動。

(10) 預備隊：預備隊初期在作戰蒙圖所示地區集結待命。

部隊：

第十四師(欠兩營)。

五十師(欠一營)配屬新二十二師砲兵一營。

第五三二旅(欠第一二四騎兵團及第一二一砲兵營)。

---

68 《八莫及卡的克戰役》(第一號)，頁68。

第一暫編坦克車隊(欠兩營)。

(11) A 沙貌(Sahmaw)以南鐵路之優先權，許與第卅六師運送供應品。

B 部隊移動之道路優先權

沙貌－荷平－卡薩，於規定「D」日期加 4 日以前及其以後，在荷平(不包括在內)之南，許與英軍第卅六師卡盟－荷平(包括在內)，於規定「D」日期加 4 日及以後，則許與新六軍。

C 部隊移動須守極機密。較高級司令部之作戰及行政命令，不得向下發至次級司令部(隊部)，詳細命令其對指揮上，有重要情報價值者，不得攜帶至團指揮所之前。

4. 補給及行政：由空中補給，並盡量利用陸上補給以為輔助，參看補給附件第 3 號。

5. 通信：通信仍以現行通信規定及附件第 4 號規定。

指揮所：(1) 緬北戰區司令部：密支那。

(2) 鐵路走廊指揮所：荷平。**69**

(3) 其他指揮所之設立：待報。

總指揮史迪威

(B、原文)**70**

(三)總指揮部 1944 年 11 月 4 日命令如下 (A、譯文)

總指揮部命令
一九四四年十一月四日

1. 按照中國駐印軍指揮部(軍郵 218 局)一九四四年十月十日所下達作命第 18 號中之第三項第二段，新六軍軍長須將第五十師部署於鐵路廊，如下所

---

69 《八莫及卡的克戰役》(第一號)，頁 69。

70 《八莫及卡的克戰役》(第一號)，頁 70。

示：

一團留駐孟拱——任務不變。

一團在荷平、孟年(Mohnyin)區，以一營在印道吉湖(Indawyi)。

一團在茅盧(Mawlu)(SG8631)區。

任務：任務乃在防止起自曼同(Manhton)(SG6043)經茅盧(Mawlu)(包括在內)至英軍第卅六師之東面地境，伊洛瓦底江(SH1817)右(北)岸—西北岸至東南一線之北面敵意移動，在茅盧區之先頭團須準備，待本部命令繼續前進，新六軍須與鐵路廊指揮所之緬北戰區司令部助理參謀長協商位置，及搜索事宜。

2. (1) 人員行軍推進前進路線及道路優先權，可與鐵路廊指揮所、中緬戰區司令部助理參謀長協商獲得。

　　(2) 再行補給，可經鐵路廊指揮所、中緬戰區司令部助理參謀長接洽。

3. 師前方指揮所須予呈報。[71]

(四)總指揮部作戰命令第18號　情報附件

1. 偵查及觀察：

　(1) 空中：偵查及攝影由本部協助。

　(2) 陸上：所有單位應以最迅速辦法報告下列諸項——

　　　A 證件：身份證件書、符號、肩章、日記。

　　　B 敵情：制服新或舊、種類、健康情形。

　　　C 敵人移動方向、位置、時間及日期。

2. 俘虜及所獲敵證件之處理：

　(1) 俘虜：

　　　A 在前線所獲之所有俘虜除重傷外，應由所獲之單位即送軍部，轉送俘虜之動作應迅速；軍部或旅應負確實由所屬部隊收到，並在 12 小時內送至本部前方指揮所第二課之責。軍部之俘虜口供及個人所有經過報告一份，由押送人帶至本部，每一份俘虜應合宜的貼上由

---

71 《八莫及卡的克戰役》(第一號)，頁71。

第二課所製發俘虜標記。

B 若交通困難，在 12 小時內無法將俘虜送至本部，則應呈述其原因，但口供報告應在收到後 12 小時內，即送呈本部。

C 所有負重傷不能行動之俘虜，送入醫院並即將彼等經過情形及地點，報告本部前方指揮所第二課。

(2) 文件：

所有文件、身份證、符號、臂章、報紙、信件、日記、雜記本、地圖等，應即送至本部前方指揮所第二課，不得延誤，軍部或旅應負確實由所屬部隊收到該種文件之責。上述諸文件獲得後，應示明時間、被獲地點，並註明俘獲上項物品之單位名稱。[72]

(3) 裝備：

所有獲得武器及裝備(步槍、手槍、彈藥、無線電機、電話機……等)應速送至本部前方指揮所第二課。

3. 地圖及照片：已發，若需小量補充，可請求第二課。

4. 每日工作程序報告，應每日由所有配屬單位每日寫完，報告時間之截止應由各部隊制定。

[73](B、原文)

(五)總指揮部作戰命令第 18 號附件第 4 號通信命令

(A、譯文)

1. (1) 參看作戰命令第 18 號第 2 附件之情報附件。

(2) 參看作戰命令第 18 號。

(3) 通信軸參看作戰命令第 1 附件之作戰地圖。

(4) 中國駐印軍應供給第六軍，及駐孟拱之英軍第卅六師電話傳接之方便。

(5) 駐印軍應與新六軍及英軍第卅六師，以共同使用原則，共享其於密支

---

[72] 《八莫及卡的克戰役》(第一號)，頁 72。

[73] 《八莫及卡的克戰役》(第一號)，頁 73。

　那及孟拱間可用之有線長途電話。

(6) 駐印軍應與新一軍以共同使用原則，共享其於密支那以南至八莫間可
　　用之有線長途電話。

2.　此次作戰所需之通信系統，應於本年十月十五日午夜以前完成。

3.　(1) 美軍第九九八通信連應負責按置、管理，及維持駐印軍、各軍、各師
　　　　內部聯絡方面，所用之通信機構。

　　　A 指揮部無線電指揮之無線電網第 1 號，由指揮部至新一軍、新六
　　　　軍、英軍第卅六師，及鐵路廊指揮所；指揮部無線電指揮之無線電
　　　　網第 2 號，由指揮部至第十四師及美第五三三二旅。

　　　B 如當軍指揮所與師指揮所相距不超出 15 英里之時，則軍與師之間
　　　　應設置有線通信機構。

　　　C 軍與師應設一電訊接收地於其指揮所附近。

　　(2) 美軍第九六通信營(由美軍第八三五通信服務營之一部及美軍第一八
　　　　一通信修理連加強)及管理與維持駐印軍通訊系統、指揮部、後方指
　　　　揮部及鐵路廊指揮所直至各軍。

　　　英軍第卅六師、第十四師及美軍第五三三二旅(但不包括)。[74]

　　　A 指揮部管理用之無線電網。

　　　　指揮部至後方指揮部。

　　　　指揮部至新德里。

　　　　指揮部至重慶。

　　　　指揮部至雲南遠征軍前方司令部。

　　　B 美軍第九六通信營應架設及維持指揮部下至(但不包括)各軍、英軍
　　　　第卅六師、第十四師及美軍第五三三二旅之有線電通信機構。

　　　C 應設有每日定時由公路、鐵路或飛機之信件傳遞，以達各軍、鐵路
　　　　廊指揮所、英軍第卅六師及後方指揮部。

　　　D 美軍第九六通信營應負責按置及管理各遞訊系統。

---

[74] 《八莫及卡的克戰役》(第一號)，頁74。

(3)　美軍第五三三二旅應負責該旅內部通信系統之按置及管理。

(4)　新一軍及新六軍應負責架設下述無線電網——副總指揮之指揮部至新一軍及新六軍。

(5)　新一軍及新六軍應協助各美軍通信連絡排，架設及管理各該軍下屬各師之有線電路。

4.　通信總站：位於指揮部。

5.　參看本年十月一日發出之通信施理辦法附件第 2 號之第 1 項。

(B、原文)[75]

(六)總指揮部作戰命令第 18 號隨發行政命令第 15 號命令如下 (A、譯文)

總指揮部行政命令第 15 號
一九四四年十月十日

（隨 1944.10.10 作命第 18 號附件發）

用圖：「亞三省」「緬甸」　92B 92C 92D 92F 92G 92H

1、　補給：給養及馬糧

(1)　補給站：

1.陸上補給地點：所補給之部隊

新平洋 第十四師一營

丁高　工兵第十團兩營　　工兵第十二團兩營　　運輸營一連

華拉渣 美九六通信營派遣隊　美九八八通信營派遣　美二五野戰醫院
　　　　　　　　　　　　　　隊

　　　　美十三醫務營派遣隊　特務營派遣隊　　　　第一暫編戰車營

　　　　憲兵營派遣隊　　　　運輸隊一連　　　　　汽六團兩連

　　　　美憲兵派遣隊　　　　指揮部獸醫派遣隊　　第一兵工營

　　　　工兵第十二團一營　　工兵第十團一營　　　騾馬運輸一連

孟拱　第五十師　　　　　　第一兵工營派遣隊　　第十三醫務營派遣隊

---

[75] 《八莫及卡的克戰役》(第一號)，頁 75。

美九六通信營派遣隊　美四五手術組　　　美四三手術組[76]

騾馬運輸兩連　　　　工兵第十二團一連

密支那　新卅師兩團　　　　第十四師一團加一營　美施貴醫院

美四四野戰醫院　　　美五三三二旅　　　十三醫務派遣隊

美九六通信營　　　　美九八八通信連　　汽六團一連(小指揮車)

汽六團一排　　　　　騾馬運輸四個連　　憲兵一連

美憲兵一連　　　　　工兵第十二團兩連　美四二手術組

彈藥連兩班　　　　　運輸一營加一連　　美四四手術組

2. 空中補給地點：

第一〇二站　第八九團欠一營　　美五八手術組

第一〇三站　第八九團一營

第一〇四站　新卅八師工兵營

第八〇站　　騾馬運輸一連　　　輸送一排　　　一零五砲兵連

一五五砲兵連　　4.2迫砲一連　　美六十手術組

第四四站　　第十四師一營　　　第五十師一營　美十三醫務營派遣隊

第七三站　　英卅六師(師直屬部隊)

第七九站　　英卅六師第二旅

第四二站　　新廿二師　　　　　騾馬運輸兩連　運輸一連

(2)　經常準備給養：數量[77]

新平洋　　一萬份中國給養

丁高　　　二萬份中國給養　　一百份美國給養　　五千份馬糧

華拉渣　　一萬份中國給養　　一萬份美國給養　　二萬份馬糧

孟拱　　　廿萬份中國給養　　一千份美國給養　　五千份馬糧

密支那　　廿萬份中國給養　　十五萬份美國給養　一萬五千份馬糧

---

[76] 《八莫及卡的克戰役》(第一號)，頁76。

[77] 《八莫及卡的克戰役》(第一號)，頁77。

　　荷平　　　五萬份中國給養　　　二千份美國給養　　　一萬份馬糧

(3) 各部隊之位置均為初期位置，賴空投補給之部隊倘有變動，須將其新空投補給之人數、校官人數，以及中國軍隊者、美國軍隊者及驛馬數目，呈報本部。

　　空投單位團、營於擔任獨立任務時，亦得請求空投，空投請求須於 48 小時以前送達本部。

(4) 密支那─孟拱─荷平之南所有部隊，開始時由空投補給，直至陸上交通能施行補給時，或前方設立運輸降落場時為止。

(5) 空中補給之各中國師，如配給空投搜索隊，受師連絡官指揮每隊包括：官長一員、士兵五名(美軍)、驛馬運輸一連(中國軍)、運輸一排(中國軍)。

　　空投搜索隊負責接收貯藏及分發供應品，與各師包括聯絡組、手術組及師之裹傷站等。

第二類：A 供應處須保持下列數量之供應品

　　　　　a. 在孟拱及密支那兩區，保持十日定量，軍械機件及供應品。

　　　　　b. 在密支那保持十日定量，普通應用之工兵器材。

　　　　　c. 在密支那保持十日定量之軍需品，以為美軍及中國軍隊使用。[78]

　　　　　B 在孟拱及密支那兩處，仍維持一醫藥供應站，各保持十日定量供應品。

第三類：A 補給站：新平洋─丁高─華拉渣─孟拱─密支那─(現在開設)。

　　　　　B 定量：a. 新平洋、丁高及華拉渣僅備夠部隊移動用數量。

　　　　　　　　　b. 密支那及孟拱各備三萬加侖汽油及按比例之機油、黃油。

第四類：A 補給站：新平洋、丁高、孟拱及密支那(現在開設)。

　　　　　B 定量：a. 新平洋十日份為駐該處守軍(一營)。

　　　　　　　　　b. 丁高十五日份為一中國師用。

　　　　　　　　　c. 密支那十五日份為一中國師、一戰車營及指揮部直屬砲兵

78　《八莫及卡的克戰役》(第一號)，頁 78。

用。

d. 孟拱十日份為一中國師及指揮部直屬砲兵用。。

e. 荷平十日份為一美國師用。

2、　傷運：(傷七)

(1)　人員：A 中國師傷運運至師部附近，第十三醫務營所，設傷運站及施貴醫院，然後至手術組、飛機降落場、鐵路、渡口或收容站救護車。

英軍第卅六師傷運至彼等 CCS(集中傷運站)，其後由緬北戰區司令部負責傷運。

B 各醫院各手術組及各裹傷站，均直接輔助各中國師，其移動及位置須與該師總聯絡官會商，野戰醫院現設在沙貌(路通後二五野戰醫院設該處)及密支那(四四野戰醫院)；空中傷運站由供應處辦理，先在沙貌及密支那設立，彼等協同傷運，自緬北戰區司令部野戰醫院接收之傷兵，並用聯絡機自前方機場運回之傷兵。

C 前方聯絡機場之位置及預備，為師之責任；機場之構築由師總聯絡官督導，並須照本部一九四四年十月備忘錄副本隨同附上，該機場須由連絡機隊作最後之核定；機場傷運之傷病官兵數目，須[79]用無線電報告，由返回之機師或其他進行之方法報告。

(2)　騾馬：A 收容所及醫診排，須從速在荷平及密支那設立此等收容站，遇必要時須向前推進，師負責傷運至收容所，然後再由緬北戰區司令部負責傷運。

B 埋葬事宜由師負責，由師選定，並設立公墓，公墓地點須呈報。

(3)　交通：A 補給主路：a. 新平洋－丁高－孟拱－荷平

79　《八莫及卡的克戰役》(第一號)，頁79。

　　　　　　　　　b. 孟拱－密支那－卡蘇

　　B 優先權：a. 前方部隊移動

　　　　　　　b. 第四類及第三類之供應品

　　　　　　　c. 第一類之供應品

　　　　　　　d. 其他供應及傷運車輛

　　C 關於主要道路之規定：

　　　a. 戰鬥部隊應即肅清補給主要道路，以便迅速運送供應品及傷運事宜。

　　　b. 後方師之車輛移動須減少至最少限度。

　　D 檢查站初期在下列各地設立：

　　　瓦拉渣

　　　卡孟渡口

　　　孟拱

　　　沙貌

　　　密支那(宛貌渡口)

　　E 建築及保養：

　　　a. 鐵路－英第卅六師負責暫時修理供應處永久修理。

　　　b. 密支那──八莫戰鬥道路之修築，由新一軍派新卅師工兵營兩連，及新卅八師工兵營一營負責。

　　　c. 密支那－孟拱戰鬥道路之修築，由工兵十二團派第二營兩連，擔任自密支那至孟拱清除道路、樹木及叢林，每邊15 呎寬，供應處預備工兵一連，清除自孟拱至密支那之道路(參看政令第 7 號)。

　　　d. 60 高地至同尼至平包戰鬥道路之修築，由第五十師工兵負責(參看政令第 9 號)。

(4)　補給部隊及補給事務：

　　A 手術組之派遣：四六手術組至新二十二師

　　　　　　　　　　四五手術組至第五十師

四三手術組至新卅八師[80]

五八手術組至新卅師

六十手術組指揮部直屬砲兵

其他指派需要時再定

B 裹傷站之指派：第十三醫務營至新二十二師

第十三醫務營至第五十師

第十三醫務營至新卅師

施貴醫院至新卅八師

C 供應處 SOS 在前方運輸機降落場附近建築，及開設給養及彈藥庫，由供應處負責送至師之轉運站，師轉運站須在供應處所設之空投站及前方庫房處，遇師運輸力量不能勝任時，緬北戰區司令部協助供給運輸之工具，運送供應品至各師。

D 供應處在孟拱及密支那二區，設立適當之修械所；中國兵工營在沙貌區，設立修械所。

E 空投搜索隊指派如下：第一隊新二十二師

第二隊荷平

第三隊新卅八師

(5) 有關人員事項：

A 郵件可能時，盡量自密支那由鐵路、公路、船舶，及連絡機至前方。

B 空投站及庫房之補給人數，須於每星期五截至 18 時止，呈報緬北戰區司令部，倘有人數變動須呈報。

(6) 其他：

A 指揮部及緬北戰區司令部在密支那。

B 鐵路走廊指揮所在荷平。

C 緬北戰區司令部，後方司令部在列多。

---

80 《八莫及卡的克戰役》(第一號)，頁80。

(B、原文)[81]

(七)總指揮部行政命令第 15 號附件第 1 號如下

(A、譯文)

總指揮部行政命令第 15 號附件第 1 號
一九四四年十月十日

1　下列大小尺寸乃連絡機機場所需之最小尺寸。

　　L5 式飛機：寬 35 英尺，每邊清出空場 18 英尺，以為滑行之用。

　　　　　　　長 1500 英尺，接近機場之兩端，無障礙物更佳。

　　L1 及 L4 式飛機：寬 35 英尺，每邊清出空場 18 英尺，以為滑行之用。

　　　　　　　　　　長 1000 英尺。

2.　障礙物如高樹、電話線等，須予清除，以保安全而擴大著落地區。

3.　機場宜排水。

4.　降落之一端須有夠大之停機場。

5.　所有機場須經聯絡隊看過後，始予核准使用。

(B、原文)[82]

(八)總指揮部第 19 號作戰命令 (A、譯文)

駐印軍總指揮部作戰命令第 19 號
一九四四年十一月十六日

用圖：1 英吋比 4 英里　92B 92C 92D 92F 92G 92H

1.　敵情：參照情報附件第 1 號。

　　友軍：參照作戰蒙圖。

2.　此軍分三縱隊繼續自現陣地，前進佔領印道(Indaw)(SG8201)－喬克邦
　　(Kyaukpon)(SM987A)－瑞麗河(Shweli R.)北岸至昆昌(Kunghaung)(SN3255)

81　《八莫及卡的克戰役》(第一號)，頁 81。

82　《八莫及卡的克戰役》(第一號)，頁 82。

　一西于(Si-U)(SN8731)一至南坎(Namhkam)(SO5563)一線而確保之，並準
備繼續前進。

作戰地境線及前進路線如作戰蒙圖所示。

3.　(1)　西縱隊：英軍第三十六師繼續其現有任務，佔領印道(Indaw)(SG8201)
一卡薩(Katha)(SN0496)區而確保之，並積極搜索蒙圖所示之線。

支援部隊：第十二重砲團(155MM)第二連

第三砲兵營(105MM)第七連

重迫砲團第三連

(2)　中縱隊：新六軍以不超過一師之兵力，佔領西靠(Sikaw)一西于(Si-U)
區而確保之；以不超過一團之兵力確保瑞姑(Shwegu)區，並積極搜索
南至蒙圖所示之線，準備繼續前進，其餘部隊作總預備隊。[83]

支援部隊：無

(3)　東縱隊：新一軍佔領或緊圍八莫(Bhamo)(SJ0211)迅速前進佔領南坎
(Namhkan)(SO5563)區，準備繼續前進。

支援部隊：重迫砲團第二連

(4)　總預備隊：

A　新六軍欠一師一團及一砲兵營作總預備隊之一部，受軍長節制，在
蒙圖所示作戰地境線之內，擔任警戒任務，並特別注意鐵路廊之安
全，即緬北戰區司令部西翼北面，包括南亞色(Nanyaseik)(SC2271)
及密支那(Myithyina)之保衛。

B　美軍第五三三二暫編旅、第四七五作戰隊，於十一月十五日推進至
大利 (Tali)(SJ2141) 附近，準備再前進至新蘭卡巴
(Sinlumkaba)(SJ3211)，旅欠四七五作戰隊及第六一三砲兵營，於
十二月一日以後推進至八莫附近陣地待戰。

---

[83] 《八莫及卡的克戰役》(第一號)，頁83。

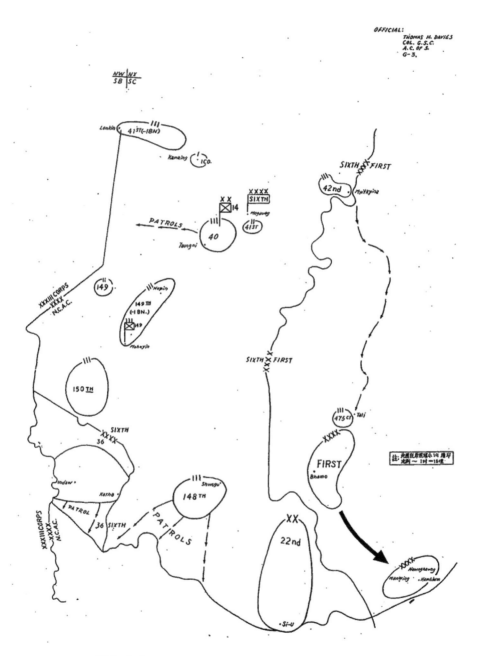

圖七之九、Overlay to F.O. 19, November 15, 1944

C 第一暫編戰車隊：一營在沙杜渣(Shaduzup)準備在接到 24 小時之通知後，即行向前推進；一營在沙底亞(Sadiya)區，準備在接到五日之通知後向前推進。

D 上述所列總預備隊之部隊，不得自行在緬北戰區司令部指揮官批准之陣地移動，除非預先得其許可方可移動。

(5) 砲兵如上所定。

(6) 高射砲兵仍按照現任務。

(7) 空軍：直接請求空軍支援，須經第十航空隊轉呈，任務之優先權由本部取決。

空軍支援隊：任[84]務不變。

(8) 所有未在本作命提及之部隊，如本部各別命令所示行動。

(9) A 鐵路使用優先權須經本部鐵路廊指揮所商定。

B 道路使用優先權須由本部核定。

C 高級司令部下達之作戰命令及行政命令，不得分發至次、低級，各部詳細命令，包含有嚴密指揮之情報者，不得攜帶至團指揮所之前。

4. 補給及行政：空投盡量使用陸上補給輔助。

5. 通信：

(1) 通信：按照現行通信規範。

(2) 指揮所：

密支那緬北戰區司令部

茅廬鐵路廊指揮所(緬北戰區司令部)

其他待報

總指揮蘇爾登

---

84 《八莫及卡的克戰役》(第一號)，頁84。

(B、原文)[85]

(九)總指揮部第 20 號作戰命令 (A、譯文)

總指揮部第 20 號作戰命令

一九四四年十一月二十九日

用圖：1 英吋比 4 英里　92C 92D 92G 92H 93A 93E

1.　敵情：如情報附件第 1 號所示。

　　友軍：如作戰蒙圖所示。

2.　本部隊須繼續前進佔領印道(Indaw)(SG8201)－考盤(Kyaukpon)(SM9874)
　　－瑞麗河(Shweli R.)北岸至昆昌(Kunchaung)(SN3255)－西于(Si-U)(SN8736)
　　－夢余(Mongyu)(SO6934)區一線而確保之，並準備繼續前進。

　　作戰地境線及前進路線如作戰蒙圖所示。

3.　(1)　英軍第三十六師繼續履行現任務，佔領印道(Indaw)(SG8201)－卡薩
　　　　(Katha)(SN0496)區而確保之並積極搜索至蒙圖所示之一線。

　　　　支援部隊：第十二重砲團第二連、重迫擊砲團第三連。

　　(2)　新六軍總預備隊中之部隊，須於一九四四年十二月三日，推進佔領緬
　　　　甸路某一點地區而確保之，該點可由新六軍軍長在河西
　　　　(Hosi)(SO7241)及貴街(Kutkai)(SO8619)之間任選一點，以不超過一師
　　　　及一加強團兵力，阻止敵軍從北面撤退，及南上增援。警戒瑞姑
　　　　(Shwegu)區之部隊須候至十二月三日；警戒西于(Si-U)區之部隊須候
　　　　至十二月五日，始准撤離各該區；新六軍其餘部隊留作總預備隊之
　　　　用。

　　　　支援部隊：開始時無。

　　(3)　新一軍須佔領或緊圍八莫，迅即前進佔領南坎區而確保之，並準備繼
　　　　續前進。[86]

85　《八莫及卡的克戰役》(第一號)，頁 85。

86　《八莫及卡的克戰役》(第一號)，頁 86。

支援部隊：重迫砲團第二連。

(4) 第五三三二暫編旅第四七五作戰隊，在所示地區內保衛本戰區之西南側，並阻止日軍至北面及東面之移動，該隊於一九四四年十二月五日拂曉起，負責保衛該區。該作戰隊欠一營，須佔領西考(Sikaw)(SN8758) — 西于(Si-U)(SN8736)區；一營佔領瑞姑(Shwegu)(SH5504)區，並須予積極搜索全區。第五三三二旅之其餘部隊留作總預備隊之用。

(5) 總預備隊

A 新六軍欠一師及一加強團，作為總預備隊之一部，在蒙圖作戰地境線之內擔任警戒任務須特注意，警戒緬北戰區司令部西側(翼)鐵路廊北面，包括南亞色(Nanyaseik)(SC2271)在內，並保衛密支那(Myithyina)。

B 第五三三二暫編旅，欠第四七五作戰隊仍留現駐地，準備十二月一日以後移動。

C 第一暫編戰車隊：

　a. 現在沙杜渣(Shaduzup)之一營著即開赴八莫區。

　b. 現在沙底亞(Sadiya)之一營著即開赴沙杜渣，該營於抵達沙杜渣後，即以一連、必要指揮及補給人員開赴在鐵路廊之茅廬(Mawlu)區。

(6) 砲兵：現行部署不變。

(7) 高射砲兵：仍執行現任務。

(8) 空軍：請求空軍直接支援，須經第十航空隊轉呈，其任務之優先權則由本部取決。

空軍支援隊：任務不變。

(9) 其未在本作命中提及之部隊，按各別命令行事。[87]

(10) A 鐵路使用優先權可與鐵路廊緬北戰區司令部指揮所商定。

---

[87] 《八莫及卡的克戰役》(第一號)，頁87。

  B 道路優先權由本部指定，並經中國軍隊中之總聯絡官會商。

  C 較高級司令部之作戰，及行政命令，不得發至次低級之部隊，詳細命令，其有關指揮情報價值者，一律不得攜帶至團指揮所之前。

4. 補給及行政事項：空投並盡量輔以陸上運輸。

5. 通信方面：

 (1) 通信仍按現行通信規範。

 (2) 指揮所：參閱蒙圖，其他者待呈報。

總指揮蘇爾登

(B、原文)[88]

十、死傷：虜獲、損耗、附表

附表七之一、新一軍八莫及卡的克區戰役死傷表

陸軍新編第一軍八莫及卡的克戰役戰鬥詳報第一號附表											
民國 33 年 10 月 15 日至 12 月 22 日　死傷表											
區分 部別	參戰人員(馬匹)			死　亡			負　傷			失　蹤		
	長官	士兵	馬匹	長官	士兵	馬匹	長官	士兵	馬匹	長官	士兵	馬匹
軍司令部	67	137	20									
新三十師	643	9,364	1,266	12	157		15	438			25	
新卅八師	777	10,934	1,578	20	270		33	695			3	
合　計	1,487	20,435	2,864	32	427		48	1,133			28	
附　記	[89]											

---

[88] 《八莫及卡的克戰役》(第一號)，頁 88。

[89] 《八莫及卡的克戰役》(第一號)，頁 89。

附表七之二、新一軍八莫及卡的克區戰役虜獲表

陸軍新編第一軍八莫及卡的克戰役戰鬥詳報第二號附表			
民國 33 年 10 月 15 日至 12 月 22 日 虜獲表(戰利品)			
部別 區分 種 類	新 卅 師	新 卅 八 師	合 計
數		量	
俘 虜 士兵	2	21	23
俘 虜 馬匹	2		2
輕武器 38 式步槍	450	378	828
輕武器 11 式輕機槍	36	53	89
輕武器 92 式重機槍	5	12	17
輕武器 擲彈筒	21	7	28
輕武器 槍榴彈筒		9	9
輕武器 信號槍		1	1
輕武器 重機槍槍身	1	5	6
輕武器 輕機槍管	2		2
重武器 37 平射砲		4	4
重武器 82 迫擊砲	2	4	6
重武器 99 式 7 公分迫砲		4	4
重武器 速射砲		4	4
重武器 38 式野砲		3	3
重武器 75 山砲		3	3
彈藥 重機槍彈	55,400	25,300	80,700
彈藥 高機槍彈	10,000		10,000
彈藥 步槍彈		62,750	62,750
彈藥 平射砲彈		650	650
彈藥 迫擊砲彈	350	250	600
彈藥 山砲彈	800		800
彈藥 野砲彈		528	528
彈藥 擲彈筒彈	310	534	844
彈藥 手榴彈	1,722	115	1,837
彈藥 信號彈	80	247	327
彈藥 磁性地雷	360		360
彈藥 地雷	100	87	187
載具 零式飛機		2	2
載具 戰車		8	8
載具 汽車	1	6	7

器材	無線電機	1	1	2
	挽車	115		115
	望遠鏡		1	1
	防毒面具	228	90	318
	刺刀	99	23	122
	鋼盔	276		276
	背包	116		116
	水壺	14		14
附　　　記	**90**			

附表七之三、新一軍八莫及卡的克區戰役武器彈藥損耗表

陸軍新編第一軍八莫及卡的克戰役戰鬥詳報第三號附表					
民國 33 年 10 月 15 日至 12 月 22 日武器彈藥損耗數量表					
種　　類	區　　分	部　　　別			附　　記
		新卅師	新卅八師	合　　計	
消耗	彈藥	步槍彈	370,060	141,800	511,860	
		重機槍彈	204,305	267,650	471,955	
		輕機槍彈	583,072	385,200	968,272	
		60 迫砲彈	9,714	28,030	37,744	
		81 迫砲彈	6,673	28,393	35,066	
		37 戰砲彈		2,520	2,520	
		75 山砲彈	5,474	18,169	23,643	
		42 重砲彈		2,849	2,849	
		火箭彈		1,010	1,010	
		槍榴彈	3,050	6,055	9,105	
		手榴彈	9,843	14,777	24,620	
		衝機槍彈	89,600	277,600	367,200	
損失	武器	步槍	54	17	71	
		重機槍	2	1	3	
		輕機槍	6	1	7	**91**
		衝鋒槍	16	3	19	
		槍榴彈筒	12	5	17	
		60 迫擊砲	6		6	

90　《八莫及卡的克戰役》(第一號)，頁 90。

91　《八莫及卡的克戰役》(第一號)，頁 91。

第八本
南坎區戰役戰鬥詳報

自 民國三十三年十二月廿二日起 至 三十四年二月八日止

軍 長 孫立人
陸軍新編第一軍司令部編印
中華民國三十四年　月　日

第八本　南坎區戰役
詳細目錄

---

[1] 《南坎區戰役》(第二號)，目錄。

圖：

表：

附圖：

南坎區戰役　戰鬥詳報第二號
民國卅三年十二月廿二日至卅四年二月八日

一、戰鬥前敵我形勢之概要

1. 南坎西北外圍要地卡的克(Kaihtik)，卡隆(Hkal)，於十二月廿二日為本軍新卅師攻佔後，敵十八師團五十五聯隊，及四九師團一六八聯隊之殘餘敗眾即退八南公路兩側山地，憑即設陣地阨險固守，企圖遲滯我之前進，並在八南公路及瑞麗河之三角地帶，構築堅強橋頭堡陣地，倚河守備，另以重兵在南坎南側山地，寬五英里，縱深似英里之廣大地區內，構築兼固要塞，作最後固守南坎之主陣地帶，並囤積大量粮彈，醫業，企圖死守，並相機由正面及側面轉移攻勢。

2. 軍為策應新卅師主力攻擊之戰鬥，乃以新卅八師 112R，為軍左側獨立支隊，於十二月十五日，由奇友卡(Chyauhka-Wng)，沿厚求(Hkau)，及吞興(Tingsing)小道，向八南公路左側翼挺進，十二月廿一日，該支隊已先後將沿途之敵擊潰，攻抵南王河(Namwan)西岸，及 Urahka 河北岸，與敵對戰中。

3. 新卅八師主力，集結於八莫至馬丹陽(Madangyang)間地區，担任警戒。

4. 軍部及所屬直屬部隊，在八莫附近。(戰鬥前敵我態勢如圖八之一)。[2]

二、影響於作戰之天候氣象及戰地之狀態

1. 自八莫經曼西以迄南坎東北之曼溫(Manwing)全長 60 餘英里，為一連亘綿延之山地，高峰均在 5000 英呎以上，區內樹木濃密，葛藤蔓莚，溪流縱橫，人煙稀少，地形之複雜與野人山間相似，尤以卡的克至曼溫地區為最，八南公路穿拆懸坡陡峭間，傍山倚水而下，崎嶇險阻，天險形成，自

2　《南坎區戰役》(第二號)，頁 1。

卡的克為我攻佔後，曼溫西北山區即為南坎外圍惟一之屏障，而利守難攻之隘路也。

2.　南坎位於滇路中段之西側，雄立瑞麗河之南岸，為八莫進出之咽喉，當中印公路之要衝，與祖國勞文機場對峙，南坎谷地由瑞麗河一水劈開，中緬國境界即以此天然界線也。

以公路之形勢言之，成一扇形狀地帶，西北指八莫，東北向畹町，南坎即其軸也，自滇西國軍進迫畹町，本軍攻佔八莫後，南坎不特為敵增兵補給之中心，指揮神經之樞紐，(敵司令部駐南坎)可以畹(町)八(莫)兼顧，左右滇西緬北整個戰局，更為中印公路惟一僅存之障碍，阻止我與滇西國軍會師，遲滯我中印公路開通惟一之堅強據點，故南坎之得失，在戰略上之價值極大，敵我必爭固不待言也。

南坎區東起芒友(Mongyu)，西迄曼溫，為四十英里之狹長谷地，農業發達，土地肥沃，然四境叢山環抱，高峯聳立，造成南坎外圍有利之天然屏障：瑞麗河，南文河橫貫西北，形成天險，公路西北通八莫，經密支那而入印度列多，此即中印公路之印緬段是也，東至芒友，以芒友為中點，北入畹町，走龍陵，而達昆明，此即滇緬路之上段，連中印公路之印緬段即中印公路之全線也，南出臘戌至仰光，此即滇緬路之下段也，又有新築公路縱貫南坎南面山地，通至南巴卡(Namhpakka)，與滇緬公路相啣接，交通至為便利，進攻退守，洵為中緬邊區戰略要地，且南坎南面高山峻嶺綿亘[3]數十里，在戰略價值上，影響至大，故南坎之佔領，在外圍山地之奪取，戰果之擴大與作戰地形上價值之確保，在作深廣之突進，與佔領中印公路能否安全利用，實利賴焉。

3.　芒友位於南坎谷地之終點，自芒友西北之苗西起，山陵起伏而上升，至芒友而進入山地，為滇緬路進出之咽喉，當中印路之要衝，高麗貢山山脈，由畹町之迴龍山西折，經此南向，直趨仰光平地，構成南(坎)畹(町)犄角之脊樑，且因地勢之伸展，南臘公路向東北靴形突進，形成一頂點地區，

3　《南坎區戰役》(第二號)，頁3。

故南坎縱失，若後方連絡線未斷，則芒友對戰略上及作戰地形上之價值，毫無遜色，是以本軍攻佔色蘭苗西，滇西國軍進破畹町後，敵人猶以重兵扼守，以阻止中印公路之開通，敵雖是異想天開，妄冀苟延殘喘，事實不可能之事，然在戰略上之價值，良有取焉。

4. 老龍(Loilun)山區位於南坎與南巴卡(Namhpakka)之間，山地綿亘達卅餘英里，峰巒疊起，平均標高在 7000 呎以上，林木荊棘，蔓延遍地，疫癘流形，居民稀少，飲水缺乏，誠為用兵之難地，然地形之險阻複雜，實增防禦之有利，且有新築公路縱貫其間，滇緬路環繞於後，敵人利用，對交通補給至為便利據此山區，進可威脅南坎，控制中印公路右可策應芒友之固守，若攻者單採狹小之正面攻擊，成功實屬匪易，若行迂迴，則萬山叢集，艱難險阻，更非無裝備與訓練低劣之軍隊，所能勝任，故實適於防禦，且不利於攻擊之困難地帶也。

5. 南巴卡(Namhpakka)，當南臘公路之中點，為滇緬公路上之要隘，更有新公路北達南坎，自南坎芒友為我攻佔，敵仍以兩聯隊之眾，盤踞於老龍山山區，與我激烈戰鬥，敵之一切補給，後方連絡，悉以此為中心，且因四境連接大山，正面狹窄，易於扼守，形成鎖鑰之地，若能為我佔領，可斷敵之補給，絕其後援，將數千之眾，置之於死地，不特可得戰略之效，更可收殲滅之果，誠得之則生[4]，失之則亡，生死之所繫，敵我必爭之地也。

6. 緬北天候分為旱雨兩季，自五月下旬起，至十月底止，為雨季，霪雨連綿，低地盡成氾濫，山地則泥濘滅膝，步履惟艱，作戰困難，十一月以後即為旱季，天氣晴和，絕少降雨，惟早晚濃霧降霜，影響作戰亦巨，入夜寒冷，無棉服不足以禦寒，戰地官兵，易沾疾病耳。

三、彼我兵力之交戰敵兵力部隊番號及軍官姓名

(一)敵之兵力部隊番號及軍官姓名

4　《南坎區戰役》(第二號)，頁 4。

南坎地區戰役與本軍交戰之敵兵力，有第十八師團五五聯隊全部，十八砲兵聯隊第一大隊，第四九師團一六八聯隊全部，四九砲兵聯隊第二大隊，第五六師團一一三聯隊第一大隊，與一四六聯隊全部，第二師團第四聯隊全部，第十五飛行場警備大隊，不明番號之戰車部隊約一大隊。(表八之一、二及三)

敵第五五聯隊長名山崎大佐，其第一大隊長小室大尉，第二大隊長田尻少佐，第三大隊長木村大尉，第十八砲兵聯隊第一大隊長佐佐木少佐，第一六八聯隊長吉田大佐，其第一大隊長奧大尉，第二大隊長原為岡田少佐，於一月底陣亡後由畑少佐繼任，第三大隊長神田大尉，第四九砲兵聯隊第二大隊長似為菊地少佐，第五六師團長松山佑三中將，其一一三聯隊第一大隊長武田少佐，一四六聯隊長今岡大佐，其第一大隊長安部少佐，第二大隊長協山少佐，第三大隊長堤少佐，第四聯隊長一苅大佐，其第一大隊長增永大尉，第二大隊長山岸大尉，第三大隊長齊藤少佐。

(二)我之兵力

自三十三年十二月二十二日卡的克攻佔開始，至南坎攻佔，我使用兵力，為新卅師之步兵兩團及山砲兵二連，自南坎攻佔後至芒友攻克與南坎南面山區婁朗姆般索核心陣地之敵肅清，(一月二十七日[5]止)，使用兵力有新卅師之步兵兩個團，山砲兵兩連新卅八師步兵三個團，(一個係向南巴卡攻佔，並欠一營)山砲兵三個連，一○五砲兵一連，自一月二十七日起至二月八日南巴卡功佔，及將以北地區之敵全部肅清，使用兵力有新卅八師二個團(欠一營)山砲兵二個連與新卅師一個團，山砲兵一連，以上各期戰役，各師所屬之通信部隊，均已大部使用，工兵部隊大部担任戰場之清掃及道路之修補工作。

四、攻擊部署及其主要理由並關於戰鬥所下達之命令

十二月中旬，本軍新卅師主力，在卡提克卡隆附近，將前往解救八莫被圍之敵，沿八南公路及其兩側山地突進之十八師團五五聯隊，及四九師團一六八聯隊擊潰，相繼於十二月二十二日，將該兩要點攻佔後，時軍為把握戰機，迅

5　《南坎區戰役》(第二號)，頁5。

速將退據八南公路及其兩側山地之敵殲滅，有利爾後之作戰起見，決以新卅師主力分別由公路正面及其右側山地進擊，並為策應正面之作戰容易，以軍獨立左側支隊，向南坎北面挺進，以收側擊之效，軍長本此決心，逐於十二月二十三日下達第八號作戰命令於下：

軍作命甲字第八號

陸軍新編第一軍命令

卅三年十二月二十三日　於八莫司令部(圖八之一)

1. 敵情如貴官所知。

2. 軍仍繼續對南坎區之敵攻擊前進。

3. 新卅師(配屬部隊同前)肅清公路五二哩路碑以西地區之敵及攻佔四〇三七高地－Nagswi(S03^{6}768)－Pongling(S035865.5)之線後繼續向瑞麗河西岸(S050675)－Kungeng(S050622)－Mawtawng－Selcng 之線攻擊而確保之並準備爾後之行動。

4. 軍獨立支隊即繼續迅速南進襲佔般康(Danghkam)及南王河對岸 S0471－701 及 S0473－713 附近之飛行場而確保之並對南坎以北瑞麗河北岸積極搜索活動。

5. 新卅八師(欠一一二團及砲兵四個連即以步兵一團向 Hpaothan(S02777)以南至南于(Namyu)堪馬(Hkangma)及五三三八高地間地區推進担任警戒並向西南地區担任搜索活動其餘集結於馬丹陽曼西曼悅間地區候令逐次推進。

6. 補給要領如下：

   (1) 新卅師及軍獨立支隊之補給以空投補給之。

   (2) 新卅八師之補給在馬丹陽以南之部隊以空投補給在馬丹陽以北之部隊以陸路補給為主以空投補助之。

6　《南坎區戰役》(第二號)，頁7。

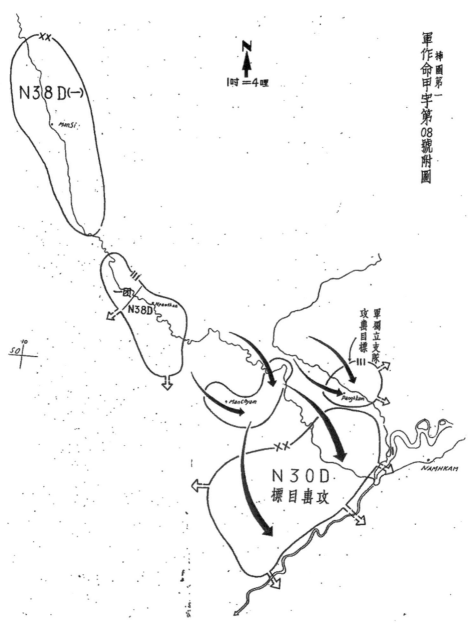

圖八之一、軍作命甲字第八號附圖

7.　衛生通信諸事宜悉依現行之規定。

8.　余在八莫司令部。

下達法：複寫後派員專送[7]

　　一月三日，我公路正面及其右側山地攻擊之新卅師主力，已將八南公路五二哩以西之敵全部肅清，正加緊向瑞麗河西岸曼溫(Manwing)拉生 (Lapsing)茅塘 (Mawtawng) 等據點猛攻，軍左側獨立支援隊 112R 已先後將般康(Panghkam)，原中央飛機製造廠，及勞文(Lowing)等，南坎北面之高地攻佔，造成控制南坎谷地有利之形勢，時奉總指揮部第 22 號作戰命令，飭本軍迅即沿南坎、畹町，路線前進，以佔領列多路(中印公路)路線而確保之，是時軍以總部命令與軍原定迅速攻佔南坎打通中印公路之計畫相符，遂以當面之地形及敵情作綿密之考慮，惟以南坎正面陣地，縱深極大，工事堅強，扼山林川澤之險，處處居高臨下，若從正面攻擊，不僅耗費時日，更易招致極大之損害，乃決心以一部將瑞麗河西岸之敵肅清後，積極作佯渡河準備，欺騙敵人，使誤認為真渡河，以牽制敵之主力，以軍之主力則由右側山地迂迴鑽隙突進，偷渡瑞麗河，期一舉襲佔南坎，迅速打通中印公路，其主要理由如下：

1.　南坎正面，地形開闊，即不能掩蔽部隊之行動，復受諸高地之瞰制，瑞麗河屏障西北形成天險，且南坎東南，山地綿亘，高峯在 6000 呎以上，而築有要塞，若行正面攻擊，成功實屬匪易。

2.　時敵防我由正面渡河，主力轉移西側及瑞麗河東岸，此時我若以奇兵背出，則可收出奇制勝，將敵包圍於南坎谷地而殲滅之效，軍長本此決心，逐於一月三日，下達第九號作戰命令如下：

7　《南坎區戰役》(第二號)，頁8。

軍作命甲字第 09 號
陸軍新編第一軍命令
8卅四年一月三日於八莫司令部

1. 敵情如貴官所知

   英軍第卅六師在其作戰地區內前進佔領大岡(Tagaung)馬賓(Mabein)莫羅(Molo)(不含)之線並準備繼續進至猛密(Mongmit)。第五十師〔配屬卅八師砲兵一營(欠一連)〕歸總部直轄以兩個團佔領莫羅曼納(Maana)拉鬧(Lanaw)之線，以一個團在南星(Nansin)西宇(Siu)區集結為總預備隊；第五三三二中美混合旅(欠獨立步兵第一團)刻向芒偉區 (Mongwi)集結中。

2. 軍有佔領南坎確保列多路(中印公路)路線之任務，決以主力由右渡過瑞麗河攻擊南坎，以一部確保瑞麗河北岸佔領區，並相機渡河以策應主力之作戰。

   軍與五三三二旅之作戰地境線為 Sawadi(SN9599)Manya(SN9652)Namda(SOO178)Panghkyem(SO2252)Wahkyet(SO5254)Manhang(SO8574)Mentang(SPOO91)之線，線南屬五三三二旅線北屬本軍總指揮部，支援本軍作戰之重砲兵部隊準備於曼溫(Manwing)以北佔領陣地。

3. 新卅師(配屬新卅八師山砲兵一連)以一部繼續肅清瑞麗河右岸之敵後確保504555 亘馬濤(Mawtawng)Phkam 堪康(Kunkang)曼山(Mansawn)沿河岸之線以主力於本(一)月六日在作戰蒙圖所示(圖八之二)之區域內開始渡河，向南坎及其附近之敵攻擊佔領，而確保之西朗(Selong)附近之渡河點於新卅八師渡河完畢後，應由新卅師派必要之兵力而確保之。

4. 新卅八師(欠山砲兵一營)以一個團於本(一)月七日在納康(Nahkawng)附近地區集結後，即繼新卅師在西朗附近渡河攻佔巴舞(Hpalin)婁朗姆(Loilawm)附近地區，切斷敵通新維公路主連絡線阻敵北犯，並與新卅師攻擊南坎部隊密取聯繫原為軍獨立支隊之 112i 即歸還建制，仍在現佔領

8　《南坎區戰役》(第二號)，頁9。

地區內加強工事，防敵轉移攻勢，並繼續向瑞麗河右岸之敵施行搜索與伏擊。該師其餘部隊即在卡提克南開(Namhkai)[9]亘公路五二哩間一帶地區間集結待命。

5. 砲三營候命推進。

6. 需要空軍直接支援時由師電呈本部轉請第十航空隊派機協助之(如配有空軍地面連絡組者即直接協商之)。

7. 戰車第一營集結於馬丹陽附近待命。

8. 軍與各師及砲三營戰車營之連絡以無線電為主有線電為副通信。

9. 各師渡河部隊應攜帶給養三日份及彈藥一個基數爾後一律以空投補給之。

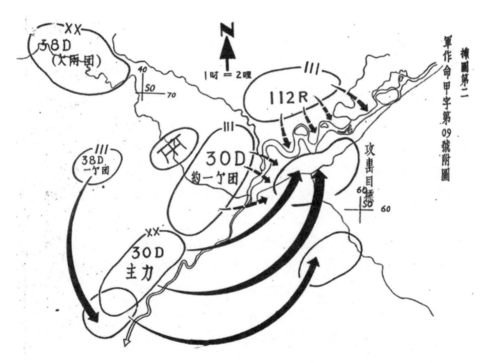

圖八之二、軍作命甲字第九號附圖[10]

9　《南坎區戰役》(第二號)，頁 10。

10　《南坎區戰役》(第二號)，頁 12。

10. 關於衛生事項仍依照軍作命甲字第三號後勤附件辦理之。

11. 余在八莫軍司令部。

下達法：印刷派員送達[11]

　　軍第九號作命下達後，各師即遵照行動，一月九日，新卅師正面攻擊部隊，已將瑞麗河西岸八南公路以北地區，及公路南側曼扎(Mankang)、拉生(Lapsing)諸據點攻佔，繼向茅塘據點攻擊中，右翼迂迴之新卅師主力及新卅八師一一四團於一月六日先後由古當山脈崇嶺間秘密挺進攀山涉險，至一月八日分別在西朗(Selong)附近及 SO465560 渡過水流湍急之瑞麗河，向南坎右側背山地鑽隙突進，一月十四日至南坎南側 6000 英呎之一帶有利地帶，時敵猶防我在正面渡河，將主力分散在瑞麗河東岸，及西側山麓之線，我查知敵已為我正面佯渡所欺騙，窺破好機，乃星夜鑽隙突進，一月十五日一舉將南坎襲佔，是時因我之行動秘密神速，完全出敵意表，敵猶在芒友駛來滿裝敵兵之卡車三輛，當被我擊毀，此時老龍山山區核心陣地內之敵，始悉南坎為我佔領，乃糾集主力向南坎反撲，企圖擊滅我於谷地之間，不意我軍已早派有力之一部在南坎東南高地迂迴伏擊，敵果中伏，傷亡枕藉，幾乎全遭覆滅，不得已乃倉皇退據老龍山山區及通臘戍公路沿線，憑堅強之工事，繼續抵抗，時軍為迅速打通並確保中印公路，使爾後作戰有利起見，決以本軍一部繼續沿公路前進擊滅當面之敵，以主力圍殲老龍山之敵，其主要理由如下：

1. 我將南坎攻佔，若不將東南山地之敵迅速殲滅，則敵可利用既築之堅固工事，有利之地形，曠日持久，阻止中印公路之開通，如此則南坎不特在戰略上之價值全失，敵更可待援反攻，始終為南坎心腹之患。

2. 欲期中印公路之迅速開通，非將沿公路之敵擊潰不為功，同時可與滇西國軍互為呼應，收夾擊之效軍長基於以上決心，逐於一月十六日下達第十號作戰命令。[12]

11　《南坎區戰役》(第二號)，頁 11。

12　《南坎區戰役》(第二號)，頁 13。

軍作命甲字第十號

陸軍新編第一軍命令

卅四年一月十六日於八南公路 62 哩軍前方指揮所

1. 敵情如貴官所知。

2. 軍以肅清南坎東南側山地敵人打通並確保中印公路使爾後作戰有利之目的決以一部繼續沿公路迅速前進擊滅當面敵人以主力攻佔巴舞(Hpalin)婁朗姆(Loilawm)潘卡(Panghka)曼色(Mansat)間地區，確保機動以利爾後之作戰。

3. 新卅師(配屬部隊同前)以主力繼續攻佔作戰蒙圖所示(圖八之三)之地區後確保該地區並向東側及東南山地積極搜索警戒以一團控制於南堤(Namti)附近地區該團應以一部於二九三六高地及 Manmak 附近一帶向瑞麗河上流左岸南側山地搜索警戒。

4. 新卅八師(欠山砲兵一營)以一一四團繼續攻佔巴舞婁朗姆附近地區與新卅師主力密取連絡並向東南側山地積極搜索警戒以主力沿公路及東南側山地迅速攻擊前進佔領色蘭(Selan)確保南坎及色蘭公路並準備向苗西(Muse)攻擊前進該師以搜索連推進至勞文(Loiwing)附近地區担任警戒。

5. 支援本軍作軍之重砲兵部隊沿公路推進支援新卅八師主力之戰鬥。

6. 指揮所與各師之連絡以有線電為主無線電為副通信。

7. 各師之糧秣均以空投補給之。[13]

8. 關於衛生事項仍遵照軍作命甲字第三號後勤附件辦理之。

9. 余在八南公路 62 哩軍前方指揮所。

下達法：複寫派員專送[14]

13　《南坎區戰役》(第二號)，頁 14。

14　《南坎區戰役》(第二號)，頁 15。

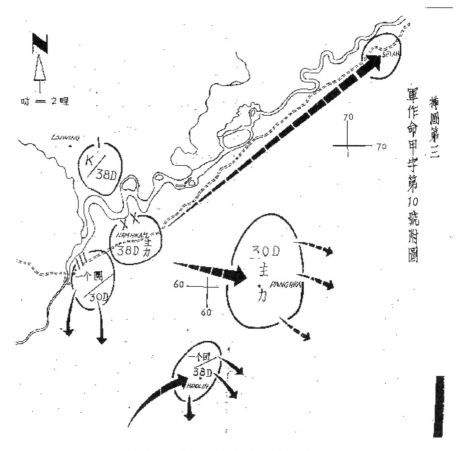

圖八之三、軍作命甲字第十號附圖[15]

　　時敵盤踞老龍山山區內，巴弄 (Hpalin)、婁朗姆 (Loilawm)、般卡 (Panghka)、曼洒特(Mansat)等堅強據點，及沿南坎至南巴卡新公路上各要隘，憑藉既築之堅固陣地，及猛烈砲火掩護下，猶作困獸之鬥，經我新卅師主力，及新卅八師一一四團，三日之激戰，至一月十九日，卒將該敵擊潰，而相繼佔領，並乘勝圍攻何洛克(Holok)、般生(Pangsio)之敵，其沿公路向東北進擊之新

15　《南坎區戰役》(第二號)，頁16。

卅八師主力，至一月十八日，已先後將沿途重要據點色蘭(Selan)、般康
(Panghkam)，及將公路南面之般可(Panghok)、曼泥卡(Mannamkat)攻佔，分別
向苗西(Muse)、芒友(Mongyu)猛攻中，時軍為迅速攻佔畹町，打通中印公路與
滇西國軍會師，並切斷畹町通臘戍公路，以期包圍孔卡(Kawnghka)以北地區之
敵而殲滅，與迅速擊潰老龍山山區敵人之目的，乃決以新卅八師主力，繼續沿
公路及其東南側山地進擊，並以一部切斷通臘戍公路；新卅師主力及新卅八師
一部，則夾擊擊滅老龍山山區之敵，其主要理由如下：

1. 滇西國軍攻佔遮放繼續向西挺進，本軍為求迅速攻佔畹町，殲滅該區敵
   人，使友軍西進容易，故向畹町攻擊突進，以早達會師之目的。

2. 芒友為南坎畹町進出臘戍之咽喉，若能將此地區佔領，可斷畹町區之敵退
   路，而收殲滅之效果。

3. 將老龍山山區之敵迅速擊滅，不特可減少對南坎之威脅，更有利於爾後南
   進之行動。軍長本此決心，一月廿日下達第十一號作戰命令：

軍作命甲字第十一號[16]

陸軍新編第一軍命令

元月廿日　於 62 哩軍前方指揮所

著新卅八師以主力繼續沿公路及其東南側山地，向畹町攻擊突進與滇西國
軍會師另以一部佔領芒友孔卡(Kownghka)間地區切斷畹町通臘戍公路線攻佔
巴彝夤朗姆之一一四團與新卅師八九團，夾擊擊滅當面敵人後，確保該地區準
備爾後之行動。

下達法：繕寫派員專送

軍第十一號作戰命令下達後，各師即遵照行動，一月廿一日，沿公路攻擊
之新卅八師以勢如破竹之勢，將苗西攻佔，並與滇西國軍在苗西附近北岸，渡

16　《南坎區戰役》(第二號)，頁 17。

過瑞麗河之第五十三軍第一一六師所部會師，其攻佔巴謀之新卅八師一一四團，仍與新卅師八九團，圍攻河洛克(Holok)附近地區之敵，斯時美軍第五三三二旅(欠中國步兵團)，原負有佔領河西(Hosi)切斷滇緬公路之任務，待到達南巴卡以西三英里之山地時，即受敵猛烈攻擊而被阻，相持已 20 餘日，傷亡慘重，仍毫無進展，此時本軍沿中印公路攻擊部隊進展神速，公路之打通，乃轉瞬間事，為不使畹町附近地區，潰退之敵漏網計，決把握戰機，抽調圍攻河洛克之一一四團攻佔南巴卡，切斷公路，一以斷畹町區潰退敵人之退路，一以救美軍之危急，此時總部電令本軍，除服行現有之任務外，速沿畹町南坎路線前進，以打通列多公路線，另即派兵力一團前進至南巴卡(Namhpakka)附近，並清除自南坎至南巴卡以南公路及小路之敵人，包含南巴卡區。

　　總部上項電令，正與本軍原定速行打通中印公路以有力之一部，襲佔南巴卡附近地區，切斷畹町臘戌間公路之計劃相符，惟此時老龍山山區之敵，極力遏阻我新卅師主力向南之攻擊，拼死頑抗，在敵之判斷，以為我在中印公路未打通，南坎南面老龍山山區未全部佔領之前，絕不敢攀登 7000 呎以上之高峰，作孤[17]軍滲入四面為戰之舉，此時軍長為把握戰機與力求出敵意表，能牽制敵之主力於老龍山山區，迅速襲佔南巴卡之目的，逐於一月廿一日分別命令及電令各師。

(一)電令新卅八師

　　著該師一一四團防務交由新卅師八九團接著，並即於本(一)月廿一日由現在地出發，襲佔南巴卡附近地區，切斷畹町臘戌間公路，防敵向南竄逃及北上增援，並與在何西(Hosi)附近之美軍五三三二旅切取連絡，相機策應。

(二)命令新卅師新卅八師：

陸軍新編第一軍命令

元月廿一日　於 62 哩指揮所

1.　著新卅師(欠八八團仍續行原任務担任警戒外)以一部繼續攻擊該師當面之

---

17 《南坎區戰役》(第二號)，頁 18。

敵牽制該敵於山地另以主力繼續沿南坎通南巴卡公路迅速向南附近推進策應新卅八師一一四團之行動並與該團切取連絡。

2. 軍指揮所本(廿一)日推進至色蘭附近：

各師奉到上項電令及命令後，即遵照實施，一月廿七日，新卅師主力已將老龍山山區，北至彭壽(Pangsio)，南至曼寧(Moning)，西北地區之敵全部肅清，與新卅八師一一四團取得連絡，新卅八師主力自佔苗西及芒友西側揚班(Yawphan)拉弄(Namlun)南北之線高地後，即以雷霆萬鈞之勢，將中印滇緬公路之鎖鑰芒友攻佔與滇西國軍第九師八八師卅六師會師，正乘勝向南猛攻中，時新卅八師之一一四團經數日之艱苦攀登，鑽隙突進已於一月廿六日將滇緬公路南巴卡北面 82 哩路碑附近地區切斷，造成有利之形勢時，敵自滇西撤退之五六團司令部及兵力一聯隊以上之[18]眾，均被我包圍於南巴卡(Namhpakka)以北地區，軍為迅速擊滅被圍之敵並準備爾後之行動，決以新卅師主力南下與新卅八師南北夾擊迅速殲滅 82 哩以北地區被圍之敵，其主要理由如下：

1. 滇緬公路 82 哩以北之敵，既全部為我包圍，已成甕中捉鱉則當迅速予以殲滅使主力與一一四團會合。

2. 軍為爭取時間上之迅速與準備爾後之行動及急進以勵三軍之氣須迅速向南進出並求爾後作戰之有利發展。

基於以上理由，遂於元月廿八日下達如下之命令：

陸軍新編第一軍命令

元月廿八日　於色蘭前方指揮所

1. 新卅師以一部迅速肅清當面之敵爾後再與主力會合以主力迅速沿南坎至南巴卡新公路向南巴卡河西間地區推進準備爾後之行動並應與新卅八師一一四團及美軍五三三二旅切取連絡。

---

[18] 《南坎區戰役》(第二號)，頁 19。

2. 新卅八師主力繼續沿滇緬公路及其兩側山地向南巴卡附近前進殲滅南巴卡
以北公路之敵以與該師一一四團會合集結整理待命。

第一一四團迅速佔領南巴卡至公路 82 哩間地區肅清殘敵與師主力相會合
與新卅師切取連絡。

3. 余在色蘭指揮所卅日隨新卅師推進。

下達法：派員專送

軍一月二十八日作戰命令下達後，各師即遵照行動，惟當時敵五六師團司
令部，及其強大兵力由芒友(Mongyu)南撤，被我全部包圍於 82 哩以北地區，
敵乃以戰車及重砲掩護———一聯隊以上兵力，由[19]南北兩面向我切路部隊及新
卅師向南追擊之部隊，猛烈反撲 20 餘次，企圖解圍，經新卅八師南北夾擊；
數日夜之慘烈戰鬥，至二月四日，將 82 哩以北地區之敵，全部殲滅，其師團
長僅以身免，由老龍山山區，及沿南坎至南巴卡新公路向南攻擊之新卅八師，
當面之敵，抵抗異常猛烈，並在山砲兵掩護之下，屢行反撲，激戰至二月七
日，卒將南巴卡攻佔，並將以北地區之敵，全部肅清，與沿公路南下之新卅八
師會合。

五、各時期之戰鬥經過及與此有關鄰接部隊之動作

(一)南坎之攻略戰鬥

十二月二十二日，軍第八號作戰命令下達後，新卅師即以八八團、九〇團
(各附山砲兵一連工兵一班)，沿八南公路及其右側山地追殲敗敵，期壓迫於泡
鈴(Pongling)附近地區而殲滅之，以八九團為預備隊，主力確保南于(Namyu)、
卡提克(Kaihtiki)、馬支(Maji)間地區，並派小數部隊任北渣邦(Laubung)、卡倫
(Hkalum)間地區之搜索警戒，並保持第一線兩團間之連絡。

時軍左側獨立支隊(一一二團附山砲兵一連工兵一排)，主力乘勝已渡過南
王(Namwan)河，進抵拉康(Lakan)附近與敵對峙，另以一部渡過約拉(Urahka)

---

19 《南坎區戰役》(第二號)，頁 20。

河，沿南王河西岸向南勇猛突進，業於十二月二十二日，先後將八南公路 52
哩與 45 哩兩路碑處分別佔領，將八南公路截成數段，包圍欲固守公路 52 哩以
西地區之敵，是時敵為解救此包圍行將就殲之敵，並企圖擊破我深入隘路前後
分離而予敵以制命打擊之切路部隊，乃於是夜糾集二中隊以上之兵力，在山砲
及迫擊炮猛烈火力掩護下，向我 52 哩截路部隊，由東南西三面猛烈反攻，數
度衝殺，賴我官兵奮勇沉著，將來犯之敵，悉數擊潰。

　　十二月二十三日公路正面攻擊之新卅師八八團，悉敵之退路已斷，後援既
絕，乃與公路 45 哩處之截路部隊[20]，互相呼應，東西夾擊，至下午 4 時，遂
相繼將 45 哩以西一中隊之敵全部肅清，兩部隊東西會合。

　　十二月二十四日軍左側獨立支隊，自與公路正面攻擊部隊會合後，即以一
部乘勝南進，大部與沿公路南下之八八團，夾攻 52 哩與 45 哩中間地區圍困之
敵，激戰至二十五日將該敵掃數殲滅。

　　同日由公路右側山地追擊之新卅師九〇團，已超越惹邦(Larabum)，向曼
切姆(Manchyam)，馬王(Mowun)憑堅頑抗之敵攻擊中。是時得知當面潰退之
敵，約兩個大隊之兵力，於泡鈴、南卡(Namhka)，及東拉浪(Nalong)一帶高地
佔領據點工事，企圖憑險頑抗，其南王河東岸及瑞麗河北岸之三角地區，亦約
有一大隊以上之兵力據守，企圖確保南坎北面之有利山地，防止我向南坎右側
突入，而威脅其通芒友主要後方生命線，主力配置於丁卡(Tingka)附近地區。

　　二十五日我為避免主力與敵作曠日持久徒耗兵力之隘路戰鬥，乃令軍左側
獨立支隊在八南公路 52 哩處之防務，交由八八團接著，以該支隊主力之一
部，極力牽制拉康丁卡地區之敵，大部則由南王河北岸，由最困難之地形，秘
密關路，向我祖國邊境之勞文(Loiwing)飛機場進襲，另令原截路部隊由南王
河南岸，由懸崖陡峭間，蹈瑕突進，奇襲般康(Panghkam)，直刺南坎外圍心
臟，以策應南面主力之戰鬥。二十七日該支隊以閃擊之勢，一舉將勞文及其北
面飛機場與原中央飛機製配廠等重要據點襲佔，自此不特將拉康丁卡地區之敵
全部包圍，並造成控制南坎谷地有利之形勢，使八南公路被圍困之敵，受側面

20　《南坎區戰役》(第二號)，頁 21。

之嚴重威脅,是時新卅八師一一四團主力推進至拋吞(Hpaothan)、南于地區,以一部推進至康(Hkamyma)、五三三八高地(SO266698),担任警戒。

同日新卅八師八八團九〇團利用有利之勢態,及軍左側之隊既得之戰果,經由公路正面及越崇山峻嶺,不避艱險,全線向敵發動猛攻,八八團之主力經數度激戰後,擊潰一加強中隊之敵,攻克四〇三七高地附近之[21]堅固陣地,斯時九〇團亦進出馬王,攻佔曼切姆,由兩翼向泡鈴之敵包圍攻擊中。

二十八日軍左側獨立支隊沿南王河西岸南下之第二營,經數日之艱苦攀登,及擊破沿途敵之抵抗後,突出現於南王河與公路交叉點之般康附近,遂以迅雷不及掩耳之手段,一舉而襲佔之,該支隊主力之大部,繼續乘勝攻佔鬧墨羅衣(Nawngmoloi)北面二五〇三高地及拉生(Lahseng)諸要點,完全遮斷丁卡地區圍敵對南坎之唯一後方連絡補給線,同日新卅八師為把握戰機,八八團第二營於是日拂曉即向據守拉浪一加強中隊之敵攻擊,並以有力之一部由拉浪背出,敵以腹背受敵,乃不攻自潰,遂將拉浪佔領該團第三營自將八南公路 52 哩以西之殘敵全部肅清後,即繞南王河以東地區迂迴敵之側背,一舉襲佔東卡衣(Hkahkye),其由兩翼包圍攻擊泡鈴之九〇團,以敵之工事堅固,頑強抵抗,激烈戰鬥,尚在進行中,本日二十二時起,敵增援約一加強中隊,向我四〇三七高地及拉浪之八八團第二營猛烈反撲,因我之陣地工事,均已完成,當以迎頭痛擊,將來犯之敵完全擊潰,並乘勝續向卡加(Kawngai)攻擊。迄午繞南王河迂迴之第三營,已襲佔二八七五高地,使卡加之敵,受到嚴重威脅,而形成有利之包圍態勢。

二十九日九〇團在我砲兵火力支援下,繼續向泡鈴憑堅頑抗之敵猛攻,經 3 日之激戰,卒將該據點攻克,殘敵狼狽不堪,紛紛向東南山地潰竄,自此敵欲固守泡鈴至四〇三七高地一線脊樑地區既設堅固陣地之企圖,乃全被粉碎,時八九團(欠第二營)推進至南開(Namhkai),接替八八團之防務,第二營留卡提克為該師預備隊。

同日軍左側獨立支隊主力之大部,繼續向東南推進,攻佔來帕(Naping),

21　《南坎區戰役》(第二號),頁 22。

及河愛(Hohai)諸要點，其主力之一部，經連日之激烈奮戰，攻佔敵在瑞麗河及南王河三角地區之重要據點丁卡，並乘勝北上，進略曼康(Mankang)，新卅八師一一三團隨戰況之進展，於是日由八莫推進至曼西附近。[22]

　　卅日新卅師主力繼乘勝南下，獲俘木村部隊之木作命 48 號命令，(附錄於後)得知敵之企圖及配備，企圖利用瑞麗河西岸星羅棋布之據點工事，擊破我之攻勢，並極力阻止我之進入南坎左側山地，以為防守南坎外圍之主要抵抗線，是時軍左側支隊主力之一部，於攻佔丁卡繼續北上後，繼攻佔曼康(Mankang)，及馬澗(Mahkaw)，自此瑞麗河以北鬧墨羅衣以西之山地全無敵蹤。

　　三十一日新卅師沿八南公路南下攻擊之八八團第二營，沿公路通過敵之雷區，復冒敵猛烈之砲火，強行越過數層障碍物，一舉攻佔 57 哩路碑附近，並與第一、三兩營取得連絡，夾擊二七二八高地一帶地區，相繼攻佔，乃以全力向東拉浪進擊，同日九〇團在山砲火力掩護下，向丁去開(Htinguhnk)之敵攻擊，經我官兵奮勇衝殺，於上午 8 時攻佔，並乘勝蓆捲 SO3865 地區之敵。

　　軍左側獨立支隊自將猛卯縣治瑞麗河以北山地全部佔領後，為確實掩護軍側背之安全及策應新卅師戰鬥容易起見，當飭該支隊就既得各要點構築工事，防敵反撲，並不時向瑞麗河岸頻行擾亂襲擊，竭盡各種手段，威脅敵之側背，更需積極佯動，吸引敵之主力，且為明瞭滇西遠征國軍實況，乃派步兵一連前往猛卯與 130D 取得連絡。

　　三四年一月一日新卅師八八團向東泡鈴及東拉浪發動攻擊，該團先以火力在正面佯攻，續以一部由右翼迂迴，遮斷 61 哩處敵之退路，另以一部迂迴敵後之東拉浪，此時盤據在此二處之敵，以後方交通線斷絕及軍左側獨立支隊之側面威脅，已陷入瀕危之境，敵為挽救此種危機，乃不惜任何犧牲，企圖猛撲一逞，除當時集中各種大小口徑砲火向我猛烈射擊外，並以據守曼溫之敵增援，來勢洶湧，賴我官兵奮勇沉著，猛衝 4 次，均被擊退，激戰至午後 5 時，敵以死傷重大，漸呈動搖，我乃乘勝反攻，遂將該兩處攻佔。

22　《南坎區戰役》(第二號)，頁 23。

　　一月二日，新卅師八八團續攻佔 62 哩路碑，及 SO455-655 之線，同日拂曉九〇團向南卡(Namhka)，[23]及三二八四高地展開攻擊，先以山砲、八一迫擊砲火將敵陣地摧毀後，既藉六十迫擊砲及重機鎗火力之掩護，向敵突進，終以我之火力猛烈，攻擊精神之旺盛，激戰至上午 9 時，遂將該地攻佔，殘敵向東南山地逃竄。

　　三日新卅師第一線各團，經連日之猛烈攻擊，已進出山地，接近瑞麗河谷平原，是時各師本軍既定迂迴奇襲南坎之計劃，按步付諸實施。

　　五日新卅師八九團附山砲兵一連工兵一排，在丁家(Tingga)附近地區集結完畢，並先以一部偷渡瑞麗河後，佔領曼克甫(Manhkep)一線高地，掩護主力之渡河，是日新卅八師一一四團由拋吞及康馬地區開始向丁家推進。

　　同日八八團向曼溫(Manwing)據點之敵攻擊，特因曼溫地形平坦，敵如利用村落牆壁及雜植之叢樹附近之田埂，構成堅固之小據點，不僅蔭蔽確實，火力可互相支援，且因地形開闊，我接近至為困難，該團凜於密支那血之經驗與教訓，乃集中所有各種輕重火器，先行有計劃之火力猛襲，然後以一部在正面佯攻，牽制敵之兵力主力則竭盡各種手段，秘密迂迴向敵陣地兩側前進，俟至最近距離，即將敵各小據點分別包圍，發揚手榴彈高度之威力，擊滅敵守軍大半，繼經 3 小時之肉搏，卒將該地攻佔，敵遺屍 85 具。是時軍為適應戰機，便於直接指導作戰起見，軍長親率必要幕僚至南開前方指揮所，時九〇團自將南卡攻佔後，繼乘勝南下，進薄孟姆(Mamhmaw)、曼維(Manhwi)，及曼芒(Manmawn)，該處有敵一中隊，附重機鎗 4 挺，憑藉既設之陣地，頑強抵抗，激戰自拂曉迄午後一時，始將各據點分別攻佔，並為使敵無喘息之機會，澈底殲滅敵人，及使爾後之作戰有利起見，即以一部渡過南茂河(Nammfkhka)，攻佔 SO425600 及 SO468605 之線，該團第三營以出奇致勝之行動，攀越 5000 英尺高之高山，突[24]襲敵之重要據點班古(Banku)，敵以猝不及防，乃放棄巨木構成之堅固工事，紛紛向東南山林中逃竄，我遂將該地佔領，並乘勝追擊。

23　《南坎區戰役》(第二號)，頁 24。

24　《南坎區戰役》(第二號)，頁 25。

一月六日新卅師八九團主力均已先後到達瑞麗河北岸西朗(Selong)附近，惟是時經連日大雨，山洪暴發，山路崎嶇，泥深滅膝，人馬無法行動，且江水驟漲，浪濤洶泛，在渡河材料特別困難，敵側秘密渡河之形勢下，欲於所望之時間與地點，渡過此 300 英尺水流湍急之瑞麗河，事實上頗為難能，然後該團以任務之艱鉅，及爭取時間上之迅速，與行動之秘密，乃克服一切艱難險阻，與渡河材料之缺乏，於是日在曼克甫掩護隊掩護之下，以不可為而為之精神，赴湯蹈火之決心，開始偷渡此洶湧洪流，繼向南坎左側背叢山陡峭間關路鑽隙突進，果敢實施此大迂迴行動。

七日向新卅師八九團以南迂迴之一一四團主力，於拉康(Lahkawng)附近集結完畢，該團先頭第三營進抵丁家，循八九團之進路，向西朗推進，時一一三團逐段躍進，已到達拋吞附近地區集結待命。

八日新卅師八八團經 2 日來之激戰，已先後將瑞麗河西岸八南公路以北大小村落據點二十餘處攻佔，殘敵全部肅清，並積極向河岸推進，佯作積極渡河行動，時九○團已攻佔那生(Nahkawng)，續向敵在瑞麗河西岸橋頭堡陣地茅塘(Momtawng)進攻。

九日新卅八師一一四團主力推進至曼克家(Maakarjung)地區，先頭進抵西朗南面瑞麗河渡口，準備渡河，其新卅師第九○團自昨八日向茅塘之敵攻擊以來，進展順利，惟該處以在南坎作戰地形上之價值，影響南坎之得失者甚大，故敵不惜重兵據此防守，其工事亦甚堅固，縱深特大，且陣地周圍設有數層及多種副防禦工事，至接近主陣地後，進展即呈遲緩，迨該團集中所有輕重火器及山砲兵猛烈火力支援下，激戰至下午 1 時，始越過數層障礙物，相繼突破敵第一線陣地。[25]

十日新卅師八九團已全部渡過瑞麗河，先頭即以神速之行動，越高山、攀藤葛，進出曼色特(Mansetem)附近，準備爾後之奇襲行動，時新卅師為全力襲佔南坎，乃以該師九○團之一部，繼續攻擊茅塘第二線陣地之敵，以主力秘密向南移動，相機偷渡瑞麗河，由左側背山地瑕隙，進襲南坎，且以當時茅塘敵

---

25 《南坎區戰役》(第二號)，頁 26。

工事之堅強及敵之頑強抵抗，為攻擊容易奏功起見，另以八八團之一營，向南壓迫，協同九〇團茅塘之攻擊。

十一日一一四團繼八九團之後，以神速之行動全部渡過瑞麗河，並分別在曼卡布(Mankapo)、曼坡(Mangpu)一帶地區集結完畢，時八九團已進抵堤孔(Takawn)，繼續穿越林木茂鬱之高山，萬丈深坑之谷底，向南坎敵後挺進，惟當時受惡劣天候之限制，復深入數十英里之絕地，既不能人力補給，即空投補給，亦屬困難，有數日不得一飽，且因懸崖深谷，水源缺乏，飲水困難，忍飢挨餓，一毅以赴，此種吃苦耐勞，冒險犯難戰鬥精神之表現，已達最高峰。

同日清晨九〇團乘濛瀧大霧在 SO465556 偷渡瑞麗河向南坎核心區突進，所經地區不為 80 度以上之坡山，即為無道可尋之陡岸，披荊斬棘、涉泥赴水，(因經連日大雨之後)扳藤附葛而上，且因地形之險阻複雜，山砲無法馱載，概用人力運行，艱辛險阻，即可見一斑。

自八九團、一一四團、九〇團分三路向南坎背後及側面突進後，若三把利刃直刺敵人心臟，並斷其手足然，使敵縱有精兵十萬，亦惟有坐以待斃而已，此不僅是戰法上之巧妙運用，更是戰術上之最大成功。

九〇團自昨日晚渡河完畢後，其第二營利用暗夜攀援山谷，於廿二時襲佔南坎西南端之孟莫(Manmao)附近地區，殆至十二日晨，繼續向東急進，時一一四團得知高坎(Kongkang)、寶坪(Hpahpeng)，七七四一高地(SO58－475)一帶，有敵據守，乃即向曼沙塘(Manhsatan)及七七四一高地搜[26]索前進，當與七七四一高地之敵發生激戰，該團為不為少數之敵而牽制其全般行動，與能確實策應新卅師功略南坎容易奏功即迅速突入敵後心臟起見，即以少數兵力與敵對峙，抑留敵人，主力則向巴猱(Hpain)、婁朗姆(Loilawm)地區急進。

十三日八九團經數日之艱苦攀登，忍嘗艱苦，咸抱必死決心，與必取南坎之絕對信念，於本日驟然出現於南坎南側約 6 哩 6000 英尺以上之有利地帶，並當與沙魯(Salu)、南沙里(Namhsan)，及康平(Kanging)各處與敵在老龍山(即南坎南面山系)山區敵之主力發生激烈戰鬥，達牽制使九〇團奇襲容易之目

---

26 《南坎區戰役》(第二號)，頁27。

的。

　　十四日新卅師八八團之一部將茅塘敵第二線陣地完全攻佔，並竭盡各種欺騙手段，積極佯動牽制敵在正面之兵力，時九〇團利用前後受我夾擊，敵主力分離，軍心動搖陷於惶恐混亂之際，乃發揚最高度之戰鬥精神，向東急行突進，相繼於老馬克(Loimawk)，南姆提(Namti)附近，遭遇敵人強烈之抵抗，迄晚攻佔 SO56－62 及 SO4562 之線，當時敵人以我數路奇兵背出，及軍左側獨立支隊一一二團與八八團之在正面積極行動，及輕重砲火火力對通芒友之唯一後方生命線之直接封鎖，敵已陷入全部包圍之勢態，且因我之三路截擊，使敵主力分離，整個失其連繫，不僅以無餘暇餘力以謀我，即有計劃之抵抗亦徒心有餘而力不足矣。

　　十五日清晨我軍以絕對有利之態勢，以一部仍與當面之敵激戰，牽制敵全般之行動，以主力乘拂曉迷濛之大霧，從敵陣地間之間隙，以迅雷不及掩耳之勢，向南坎核心區急襲，上午 10 時九〇團主力率先攻入城區，該團第二營亦從新公路相繼突入，敵猝不及防，倉皇應戰，經激烈之巷戰後，南坎城垣遂全部為我攻佔，殘敵向湯康(Tunkang)潰退，時八九團亦已折進至老馬克，攻佔曼克(Mankat)，續向三[27]九四七高地，康平(Kunping)、沙魯(Silu)之敵陣地攻擊中。其瑞麗河東岸正面之敵，以我之行動神速機密，撤退未及，乃不得已作垂死掙扎，然我以壓倒之士氣，絕對之主動，從東西夾擊，南北蓆轉，混戰竟日，卒將各地區之敵全部殲滅，敵遺屍有數可查者 651 具，獲敵重機鎗 15 挺、輕機鎗 28 挺、步鎗 427 枝、平射砲 3 門、八一迫擊砲 7 門、大卡車 16 輛、救運艇 2 艘、各種倉庫 12 座，皆滿儲糧彈器材，即給養 1 項，可供本軍全體官兵 10 日之用，從此中印公路上之最大障碍為之掃除，更因我戰術上之巧妙運用，不獨予敵在作戰意志與傳統之戰術思想上以制命之打擊，留下戰史上不可抹煞其最悲慘之一頁，更粉碎其固守緬中之門戶，待援反攻，遲滯國軍會師及中印公路開通之迷夢。

　　南坎攻佔後因南坎在戰略戰術上之重要與急襲戰法之成功，所以南坎在緬

27　《南坎區戰役》(第二號)，頁 28。

北反攻戰中，佔有極重要之地位，因此被我最高軍事當局及盟軍將領咸以為最堪珍視之一頁，除　委座以丑有寅佳二電傳令嘉獎外，並得盟軍將領賀電多通，茲擇其要者，分錄譯文於次：

由蘇爾登中將轉來魏德邁將軍賀電：

新一軍孫軍長各官及士兵，彼等自密支那發動攻勢以來，即作極榮譽之戰鬥，於八莫卡提克給予日軍一決定性之敗跡，茲欣聞南坎攻佔，而中國之陸上通路即將打通之際，鄙人以為此種成就，至值至高之讚揚及稱譽，在此諸戰役中戰鬥雖極凶惡，然賴閣下戰術機巧，領導優良，故駐印軍死傷甚微，而成就至大謹致賀忱。

魏德邁中將

附錄敵本作命第 48 號命令：**28**

木作命第 48 號

十二月廿七日十八時　於 Loilawm

1. 山道陽方面(沿公路方面)小室部隊正面之敵增強小室部隊確保拉郎(Nalong)－泡鈴(Ponglong)－Nahkawng 之線使聯隊在瑞麗河南岸既設陣地得以堅固佔領並於該地粉碎敵之攻擊。

2. 本部隊(聯隊)為左地區隊死守松五松六松八松十一之既設陣地粉碎敵之攻擊於陣地前初即以有力之一部佔領竹四竹五竹六之前進陣地及梅三梅四梅五之警戒陣地以阻止擊滅敵人。

右地區隊為德文部隊其戰鬥地境如下：

南王河與瑞麗河之交叉點──南坎東南端南坎河之線線上屬左。

3. 福田隊(附迫擊砲機槍各一分隊)最初佔領竹四之前進陣地以阻止擊滅敵人爾後堅固佔領松五陣地粉碎敵之攻擊於陣地前同時須死守之並以一部於梅

28　《南坎區戰役》(第二號)，頁29。

三配置警戒陣地。

4. 大迫隊(附機槍一分隊)最初堅固佔領竹五之前進陣地以阻止擊滅敵人爾後堅固佔領松六陣地粉碎敵之攻擊於陣地前而死守之。

最初以全力佔領梅四之既設陣地，以遲滯敵之前進。

5. 藤田隊(附迫擊砲、機槍各一分隊)掃蕩(タカウソ)之敵後留置一小隊為警戒部隊以主力佔領七七五五高地之前進陣地由前進陣地撤收後以一小隊佔領松七松八西方高地松十一尤其對松十一陣地須堅固佔領以粉碎敵之攻擊死守之。**29**

6. 梅陣地竹陣地之撤退時機另命之。

7. 佐江隊最初於 Manoi 高地堅固佔領協力警戒部隊之戰鬥爾後佔領呂一呂二陣地協力前進部隊之戰鬥爾後再佔領森一森二森三陣地協力第一線各部隊之戰鬥。

8. 多田隊主力及大迫藤田福田各一分隊位置於本部附近為預備隊。

9. 大迫藤田福田各一派分隊歸多田隊長指揮，其配屬時期另命之。

又以一分隊兵力隨時歸於直轄。

10. 築城依作命第 46 號實施補給衛生另命之。

11. 予在 Mansut 南一公里半附近最初在 Loimaw 附近。

(二)芒友、老龍山山區(即南坎南面之山系)之戰鬥

自元月十五日南坎城區為我攻佔，將瑞麗河亘南坎河谷之敵全部肅清後，軍乃以新卅師主力及新卅八師——四團繼續剿滅老龍山山區之敵，新卅八師主力向中印公路唯一僅存之障礙——芒友進擊。是時老龍山山區因地形之複雜險阻，敵我陣地如犬牙交錯，與敵在馬老克(Matihka)北夔朗姆、南洒里(Nanhtsani)湯康附近對峙，其通芒友之公路沿線，及其右側山地，有五六聯隊之全部及野戰重砲兵二十一大隊，由山崎大佐指揮，拒止我之前進，芒友則為敵東拒滇西國軍南下，及西遏我軍東進之神經樞紐，重兵據守所在地。

---

29 《南坎區戰役》(第二號)，頁 30。

　　一月十六日——四團主力挺進 SO5551 附近地區，並乘勢分別向巴莽、婁朗姆攻擊，該團第一營於進抵巴莽西北端時，與據守該處約一中隊之敵，發生戰鬥，配屬該團之——三團第一營亦於卡拱(Kuakang)附近與敵遭遇，激戰 4 小時後，將敵驅逐而佔領之，並積極向樓朗姆巴莽前進。**30**

　　十八日——四團激戰竟日，於擊潰據守之敵後，分別攻佔東西巴莽及 7741 高地，並在般搜(Panghsia)附近將敵通南巴卡之新修公路切斷，殘敵退守東西巴莽山地，繼續頑抗，時新卅八師主力已在南坎附近地區集結完畢，超越南坎猛追殘敵中。

　　十九日八九團第三營向馬老克正面施行佯攻，以第一營沿新公路前進，在砲兵及步兵重火器繁密協同下向北婁朗姆高地之敵攻擊，敵憑山林懸崖之險，居高臨下，收瞰制之利，且後利用樹根榛莽，構成堅強據點，不但搜索困難，仰攻更屬匪易，每隔十步之樹上，均有狙擊兵，前則有敵戰鬥斥候，分組埋伏於各山叉路口，山腰蓁莽等要點，火網交織，莫不竭盡各種手段及方法，極力拒止我之接近，該團官兵以必死之決心與必勝之信念，從容部署，嚴密搜索，以迂迴側擊及正面攻擊之併用戰法，不顧犧牲，前仆後繼，激戰 10 小時將敵陣地突破一部；二十日該團第一營藉昨日既得之戰果，及本晨濛瀧大霧之有利時機，一舉衝入敵最後一線陣地，與猶作困獸鬥之敵發生激烈刃戰，反復衝殺，將敵大部殲滅，殘敵向東南逃竄，北婁朗姆逐為我完全攻佔。時該團第二、三兩營，在適切指揮下進展頗速，亦攻佔旁散及曼洒特(Mansut)諸堅固據點，時九〇團經連日之激戰，擊破敵利用既設之陣地作有計劃之抵抗後，分別克復南洒里、湯康、曼塞帝(Mansat)、勞文(Lowing)及六一四八高地等據點，繼由西向東迴旋南下，將老龍山山區敵之右翼完成有力之鉗形包圍。

　　是時新卅八師主力，自沿通芒友公路，溯瑞麗河南岸山地對向東潰退之敵，分二路發動果敢之追擊後，如疾風之掃落葉，進展神速，本日分別一舉攻佔般鶴(Panghok)，及四一五〇高地，與鬧陽(Nawngyang)殘敵向東潰退，我為使敵無喘息之機會，澈底殲滅敵人，乃乘勝跟蹤痛擊，二十一日即以摧枯拉朽

---

30 《南坎區戰役》(第二號)，頁31。

之勢，一舉襲佔南臘公路所形成之三角形內之核心地區四五六一高地，及南拉(Namlun)、腰班[31](Yawphang)諸要點，該區為芒友西側之一線高地，亦即芒友外圍之唯一屏障，高峰聳立雲表，山流溪澗，縱橫其間，不特可以瞰制芒友與滇緬公路之一切行動，更有關芒友之存亡，當時敵凜於該線在作戰地形上之重要，乃於是夜 9 時分別糾集兵力約一大隊，初以重砲 3 門及山砲 4、5 門不等，向我四五六一高地，作猛烈之轟擊，繼以步兵分三路：一路由芒友東出；一路由芒友西北南下；一路由曼康北上，以分進合擊之姿態，向我瘋狂反撲，企圖恢復陣地，解除芒友制命之威脅，然自我佔領該區後，已握有有利之地位，及絕對之優越態勢，更賴我官兵沉著應戰，再接再厲，經澈夜之苦戰將敵擊潰，殘敵抱頭鼠竄，翌晨掃清戰場，計遺屍於我陣地前者，共達 150 餘具，並鹵獲輕機鎗 3 挺、擲彈筒 5 個、步鎗 64 支、時該師沿公路追擊之 113i，自攻佔鬧陽後，繼以破竹之勢，進薄苗西(Muse)，該處有二中隊以上之敵，附火砲多門，企圖憑瑞麗河之良好依托及既設之工事，作一時之固守，惟是時滇西國軍五十三軍一一六師所部，已進迫苗西北面，形成有力之威脅，使瑞麗河失其在防守苗西作戰上之價值，且我以國門在望，會師在即及連日之果敢追擊，敵望風披靡，益足增其旺盛之攻擊精神，及必勝信念，苗西之敵一經我攻擊，即行潰退，當擊斃 34 名，鹵獲輕機槍 3 挺、步槍 26 支，其他裝備甚多。

　　是時新卅師八九團已將曼洒特地區之敵，完全肅清，並另以有力之一部，攻佔曼姆(Manom)該師九〇團不避高山深谷，與克服惡劣之天候，一再挫敵之逆襲，繼乘勝攻佔潘克(Panghka)，及六〇五七高地之線，時軍為便於直接指導兩面之作戰起見，軍前方戰鬥指揮所，由八南公路 61 哩，推進至色蘭(Selan)。

　　二十二日八九團向附有山砲 2 門、速射砲、迫擊砲各 3 門之五十五聯隊及一四六聯隊混合之敵約 800 餘人，在南婆朗姆展開激戰，經我官兵勇敢奮戰，爭先用命，冒敵濃密之砲火，以一部攀登高山由正面仰攻，主力[32]則以迂迴截

31 《南坎區戰役》(第二號)，頁 32。

32 《南坎區戰役》(第二號)，頁 33。

擊，然以當時敵人之抵抗頑強，陣地之堅固，及地形之複雜險阻，惡戰至晚，尚在繼續進行，時九〇團主力正在向敵主陣地帶，工事最為堅固與夔朗姆遙成犄角之六〇六六高地猛攻，該敵憑地形與工事上之優越條件，猶作垂死之掙扎，激戰至午後 3 時，終以死傷慘重，不支潰退，當從敵上尉軍官五十五聯隊第三大隊長山上敏權之遺屍上，搜得敵本日之戰力日報表，證明敵因在南坎之慘敗，傷亡重大，每中隊現有官兵最多者僅 48 名，步鎗 36 枝，凡 6 枝已為我迫擊砲所擊毀，輕機鎗 3 挺，內一挺亦被擊毀，擲彈筒損毀其大半，其無法應付我之猛烈攻擊，可以概見，入夜敵復增援並集中殘餘敗眾，向六〇六六高地反撲，時我工事已構築完成，早已準備，並另派數組之精銳斥候群，迂迴其側背，擊其要害；另派數組埋伏要路，阻其行動，敵乃無法接近我陣地，在中途即遭重大傷亡，而行敗退。

　　二十三日新卅八師一一二團自在四五六一高地將敵之反撲擊潰後，即重新部署，向芒友東南繼續攻擊，除以一部由南北夾擊約拉(Lula)之敵外，並以主力攻佔丹山(Tangsang)後，繼續向公路進擊，時新卅師九〇團主力乘連日戰勝之餘威，繼向核心區最堅強之據點般索(Bangsio)攻擊，敵仍作殊死戰，雙方爭奪、趨於白熱。

　　二十四日向南夔朗姆攻擊之八九團，經二日來之激戰，至本日上午 10 時許，敵機鎗陣地全為我攻佔，且敵陣附近重要道路，均被我切斷，陷入四面楚歌，無法作最後之掙扎，殘敵乃紛向叢草密林中潰散，我逐將該地完全攻佔，該處為敵在老龍山山區核心陣地中之一部，工事特別堅固，為緬北第二期山地作戰以來所僅見，五十五聯隊第二大隊指揮所，亦在其間。按該團於敵之遺屍 100 餘具中，發現一著紵衣與黃馬靴之軍官屍體一具，或即係該大隊長，因屍首為砲火擊毀，血肉模糊不清，無法查其姓名。

　　二十五日一一二團由丹山東進，用猛力向敵攻擊，擊破敵頑強之抵抗後，即奮力東下，將滇緬公路 99 哩[33]及 101 哩路碑附近切斷，造成芒友爭奪戰有利之態勢，將芒友區欲圖固守之五六團殘部全部包圍，時沿公路東進之一一三

---

[33] 《南坎區戰役》(第二號)，頁 34。

團，為秘密芒友東南側一一二團之切路行動；乃在公路正面伴行攻擊，以牽制敵之行動，收包圍殲滅之效果。

二十六日一一二團除以一部向南掃蕩沿公路之敵，主力即以雷霆萬鈞之勢，沿公路北上，攻擊芒友，該地據守之敵，受我一一二團一一三團南北之包圍夾擊，及滇西國軍之側背威脅，軍心動搖，且因四境高山均為我攻佔，狀若甕中捉鱉，更因地形之限制，無法發揮其戰力，作有計劃之抵抗或反撲，激戰至二十七日，敵因傷亡慘重，殘敵乃狼奔豕突、東逃西竄，我乘敵戰力解體、極端混亂之際，即由西南北三面一舉衝入，於同日 10 時，芒友遂完全為我攻佔，相繼東進與國軍八十八師第九師所部會師，敵遺屍 170 餘具，鹵獲速射砲 3 門、山砲 2 門、卡車 5 輛、輕機鎗 8 挺、步鎗 81 枝，其他彈藥糧秣，遺棄遍地，至此舉國上下囑望至殷，且切望之對外唯一交通線，中印公路，完全打通，三年來所負荷之艱鉅任務，於茲差告完成。

是時老龍山核心區之大部，已為我攻佔，正向般索及何老克(Holok)兩堅強據點攻擊時，時八九團為策應九〇團右翼之戰鬥，向何老克東南高地之敵攻擊，旋即攻佔其地，繼續東進，與九〇團合擊般索之敵，九〇團以該處敵工事之堅強，將重點指向般索高地敵之要害，經激烈之戰鬥後，突破敵第一線陣地，殆至薄暮，該團以一部攻擊憑堅之敵，主力由敵之間隙，一舉衝入第二線陣地，然後向兩翼蓆轉，將敵切成二段，並分別包圍，當形成混戰，激戰至 8 時許，將敵大部殲滅，少數殘敵，零星向東南潰散，該處遂為我攻佔，新卅師主力東西會合，自此老龍山山區之敵，乃全部肅清，芒友西南側山地，遂完全為我攻佔有矣。[34]

(三)攻佔南巴卡及切斷滇緬公路之戰鬥

一月二十日新卅師主力及一一四團正圍攻老龍山山區之敵，新卅八師主力沿南(坎)芒(友)公路向芒友進擊之際，敵五六師團主力，及其他師團之主力，因本軍之迅速東進南下，敵人為恐歸路之被切斷，乃由五六師團長松山中將指揮，全部向芒友地區撤退(參照敵五十六聯隊戰鬥詳報見頁 507)，企圖在此中

---

[34] 《南坎區戰役》(第二號)，頁 35。

緬進出之門戶，作較長時間固守，阻止我東西兩軍之會師，及遲滯中印公路之開通，時美軍第五三三二混成旅(戰神隊)已進抵南巴卡西側地區，當被據守南巴卡之敵發覺，而相繼機先發動反攻，美軍傷亡慘重，情勢至為危殆，軍當時為包圍殲滅芒友地區之敵，及解救美軍之危機，乃以在東西巴尞之新卅八師114i 之防務，交由新卅八師八九團接替，沿通南巴卡新公路前進，襲佔南巴卡附近地區，切斷滇緬公路。

一月二十一日該團於般沙(Benhsai)附近地區集結後，即沿新公路向南巴卡方向猛進，其先前第三營於曼林(Mamming)及 SO683-49、SO698-485 等三處，與各一加強排之敵遭遇，當即發生激烈戰鬥，時敵憑藉山間要隘，頑強抵抗，暫成對峙。

二十三日該團為迅速進出山地，當向敵發動猛攻，敵雖一再頑抗，終以敵傷亡過大，不支潰退，敵遺屍 37 具，鹵獲步槍 23 枝，惟以是區地形險阻複雜、高峰聳立，標高 4800 英尺以上，且被敵發覺，無法收奇襲之效。若在山地行逐次之攻略，徒耗費時日，招致損害，該團乃以一部攻擊當面之敵，主力自右間隙秘密開路急進。

二十四日該團以迅雷之勢，一舉襲佔般沙勞(Pangsalwp)、彭卡魯(Ponghkanaw)、曼沙姆(Mansam)地區。

二十五日該團第三營第九連於攻抵 S0745-505 高地附近，又復與約二中隊之敵發生激烈戰鬥，敵恃兵力之雄[35]厚及砲火之支援，連續瘋狂反攻，戰鬥至為慘烈，我因孤軍遠出，且因山地交通補給，萬分困難，而攜行彈藥又已告罄，終以寡眾懸殊，被敵突入一部，所賴該連官兵，咸抱與陣地共存亡之決心，以刺刀猛烈肉搏，以一擋十，混戰 2 小時。正當苦戰之際，適第七連增援趕到，協力痛擊，將敵殲滅大半，敵遺屍 112 具，殘敵狼狽向東南潰竄，我當乘勝追擊，一舉攻佔公路西側制高點 S0745-505 高地，是役我亦傷亡共 37 名，同日該營第八連擊破敵之抵抗後，亦進抵 S0755-511 附近。

二十六日該團為把握戰機，即以一、三兩營分路東進，以秘匿神速之行

35　《南坎區戰役》(第二號)，頁 36。

動，冒死犯難之精神，突出現於滇緬公路 82 哩路碑附近，一舉將滇緬公路切斷，並為澈底包圍殲滅敵人，及阻止敵北上增援，在公路上及其附近加以破壞及阻絕，斯時敵感退路被截，行將就殲滅之嚴重危機，乃不惜使用重兵，作孤注一擲，企圖突圍，是日晚即糾集千餘人，分為 5 組，由公路及山地間隙，向該團各處陣地猛撲，該團以佔領區域之廣大，及敵軍兵力之雄厚，各營間交通相繼為敵切斷，一時頗呈緊張現象，幸賴我官兵凜於任務之重大，抱與陣地共存之決心，與堅確必勝之信念，沉著奮戰，果敢衝殺，激戰徹夜 S0745-505 失而復得者再，戰至拂曉，敵卒不得逞，且恐為我殲滅，乃狼狽回竄，計遺屍於我陣地前者，達 251 具。

　　二十七日晚敵復糾集 300 餘人，附大小口徑火砲 5 門，向 S0745-505 高地第九連陣地再度猛撲，先以砲擊約 500 餘發，繼以密集隊形，作自殺式之衝殺，白刃肉搏，戰鬥至為激烈，血戰達 4 小時半。我因彈藥用罄，據守山頭之第一排排長以下，全排壯烈殉國，是時適該連長馬玉麟率第二、三兩排，增援到達繼以手榴彈、刺刀與敵肉搏，苦戰 3 小時，卒將頑敵擊退。

　　二十八日敵以連日之傷亡慘重，羞怒我砲兵火力之猛烈，復糾集百餘人，鑽隙進入山地，向配屬該團之砲兵第三連陣地猛襲，該連當協同砲兵掩護部隊，予敵痛擊，敵死傷累累，負創回竄，時新卅八師一一二[36]團、一一三團已將芒友攻下，繼續乘勝沿公路及其西側地區向南急進，逐漸縮小包圍圈，斯時新卅師主力亦已將老龍山山區之敵，全部肅清，八九團正向曼寧(Manning)、孟羅(Mongloi)間地區推進，一部沿通南巴卡新公路南下與一一四團取得連絡。

　　二十九日敵以被圍之敵傷亡慘重，無力再作反撲，乃增援第二師團第四聯隊，附火砲 9 門、戰車 10 餘輛，沿滇緬公路北犯，企圖突破一一四團之陣地，解救圍困之敵，遂於當日晚間 9 時在猛烈砲火及戰車掩護下，分三股：一股向 82 哩路碑第一營陣地猛攻；一股猛撲我 S0745-505 第九連陣地，一股猛襲砲兵第三連陣地。斯時其被圍之敵，亦相機發動反攻，裏應外合，且敵前仆後繼，拚死以冀達解救圍敵之目的，致戰鬥之慘烈，為前所罕見，然賴我官兵

36　《南坎區戰役》(第二號)，頁 37。

忠勇用命，冒敵猛烈之砲火，與敵作殊死戰，堅守陣地、至死不屈，斯時敵之兵力數倍於我，火力尤為猛烈，而我則為輕裝遠出之孤軍，山地補給過於困難，空投補給，復不能盡如所望。致彈藥缺乏，給養不繼，該團截斷 82 哩路碑附近公路之第一營第二連第一排，幾全排壯烈犧牲，亦始終死守其陣地，當時敵人以我之抵抗堅強，乃知狂妄企圖無法實施，北上反攻之敵，乃回頭向南敗竄，其被圍之敵，亦企圖利用慘烈戰鬥後之混亂狀態，從間隙中向南逃竄，該團即以主力堵擊攔截突圍之敵，不特逃竄未逞，且為我殲滅大半，其狼狽不堪言狀，此乃以誘敵於不預期之地點，予敵以制命之打擊，以一地澈底之死守，換取最大之代價，誠孫子所云：「先期不勝以待敵之可勝」。是也。

三十日新卅師八九團由一一四團左側進出，向 S07251 附近之敵五十五聯隊第三大隊攻擊，頗為得手，使南巴卡附近地區之敵，側背大受威脅，同日我新卅八師一一二團、一一三團經連日之奮戰，擊破敵之頑強抵抗後，以破竹之勢，進出曼灣(Manhawang)附近，是時被圍之殘敵以我主力之迅逼南下，腹背受擊惟有束手待斃，乃於卅一日晚將其所有輜重、車輛、彈藥，於曼沙(Mansa)附近縱火焚燒，濃煙高[37]達千餘尺，火藥爆炸聲數十哩外猶聞，大火徹夜未息，一一二團、一一三團乘敵軍心動搖，軍形混亂之際，乃乘勝向南猛力壓迫。

二月二日新卅八師八九團侵晨，續攻當面之敵，第二營將 S0712512 附近之敵擊潰後，乘戰勝餘威，在熾盛火力支援下，向東猛攻，激戰至二月五日，即將滇緬公路 80 哩路標附近，并蘇邦(Saopong)西北地區攻佔，重將滇緬公路切斷。時新卅師從敵之遺屍中獲得文件及綜合各方情報之證實，南巴卡附近地區之敵為第二師團第四聯隊，及第十八師團第五十五聯隊之殘部，附野戰砲兵五六聯隊，有固守阻我南下之企圖，斯時新三十八師主力經連日之猛烈攻擊，及一一四團之北上夾攻，已將 82 哩以北之敵全部肅清，兩部南北會合，僅就滇緬公路 81 哩路碑以北附近地區，敵遺屍即達 753 具，其他遺棄焚毀之武器、彈藥、裝具、車輛，遍地都是，敵酋五六師團長松山中將，僅以身免。我

37　《南坎區戰役》(第二號)，頁 38。

雖傷亡較重，然在眾寡懸殊，四面受敵之情勢下，始終以不屈不饒，再接再厲之精神，與被圍及增援反攻之敵，作殊死戰，血戰 7 晝夜，卒將頑敵擊潰，敵犧牲之慘，雙方戰鬥之烈，與我官兵忠勇用命，為國犧牲之大無畏精神與決心，概可想見。

二月八日我八九團繼續南下，傾全力圍攻南巴卡之敵，惟敵利用既築之堅固工事，及藉火力之緊密掩護，作垂死之掙扎，雙方展開劇戰，我官兵冒敵彈雨，奮勇衝殺，再接再厲，前仆後繼，且以新卅八師之大捷，官兵聞訊，倍加振奮，激戰至是日下午，擊破敵有計劃之抵抗，殘敵不支，紛紛向南潰散。我遂將北可通南坎，東北可入畹町；南可下臘戍，握交通樞紐，及軍略重鎮之南巴卡，全部攻佔，並乘勝向南猛烈追擊，自此不特滇緬公路之上段，完全暢通，即中印公路之安全，亦得到確實之保障矣。

附錄敵砲兵第五六聯隊於南巴卡之戰鬥詳報之第一段譯文：

戰鬥前敵我之情勢[38]：

「自昭和十九年五月至廿一年一月，我第五六師團抵抗敵方(我方)雲南境內之遠征軍，(約有五個軍及廿個師)，而達成確保滇緬公路之任務，更於此期間內，為策應桂林方面之友軍(第六方面軍)，而牽制敵(我方)之兵力，漸漸轉向於畹町南方。

當此之時，緬北方面，敵(我方)之新一軍，突破『南坎』，而又自南坎南方，向『南巴卡』方面滲透，企圖遮斷我(敵自稱)之後路，故不得已，我五六師團乃急由畹町撤退，由五六師團長指揮，但敵方(我方)恃部隊之精越，及空中之補給，一舉將滇緬公路切斷，此時第五十六聯隊主力，野戰重砲第廿一大隊殘部，由山崎大佐指揮，尚在姆西向南撤退途中，其第五六工兵聯隊，及步兵第四十六聯隊之各主力，以及其他師團之主力，及南坎守備隊之殘部，均在芒友及山區被敵(我方)完全包圍，情勢至為嚴重。」

38　《南坎區戰役》(第二號)，頁39。

　　由上敵之詳報內證明我新卅八師一一四團，因神速秘匿之行動，一舉將滇緬公路切斷，使敵機先之撤退企圖，無法實施，且使整個緬北滇西戰局迅速結束，而能獲致偉大之殲滅戰果者，實賴此果敢之切路行動，有以致之也。

六、戰鬥之成績

　　自將卡提克攻佔，迄南巴卡佔領，歷時一月有餘，各時期及各戰役之成績，均已詳於上述，茲就其在政略、戰略、戰術、戰鬥精神諸方面所得之成就，加以申述：

(一)政略戰略方面

　　環觀敵人在整個世界戰局尚未急轉直下，通緬之水陸交通未斷絕之前，其佔領緬甸於政略、戰略上之重要，仍與前毫無遜色，若以中印公路封鎖我國外來之大量接濟，阻我之全面反攻，屬行所謂「封鎖政策」，則在戰略上之價值更大。在政略上之影響，亦昭然若揭，故敵在印緬各[39]地撤退，獨以重兵在中印公路沿線固守，此乃其政、戰兩策略上之價值及敵人一貫作戰方針使然。然本軍自將反攻卡提克之敵擊潰後，即以破竹之勢，直下南坎，繼以神速之行動，切斷滇緬公路，使欲圖固守畹町之敵，被迫放棄，芒友老龍山山區憑堅之敵，迅速崩潰，使緬北滇西整個戰局迅速解決，中印公路提前開通者，實賴戰術上之巧妙運用，而達戰略政略上之目的也。

(二)戰術方面

1. 敵自卡提克反攻慘敗後，主力即退據南坎，以一部在瑞麗河以西之既設陣地，企圖利用此卅餘英里之險峻隘路及連綿坡山，逐次抵抗，疲憊我之兵力，及爭取南坎主陣地在時間上之餘裕，求將來決戰之有利，惟當時敵以南坎外圍及南坎本身之地形，判斷我主攻方向，為由北面直趨南下，所以將主力完全配備於正面，企圖待我進入河谷包圍而殲滅之，其企圖至為狂妄，行動至為積極。然我以南坎之地形及防守敵軍之狀況作綜合之判斷，若行正面攻擊，不僅耗費兵力，拖延時間，攻擊無法成功，更有被敵包圍

39　《南坎區戰役》(第二號)，頁40。

於谷地之危險，所以決定避免正面力攻，而求戰鬥在敵主陣地以外於我有利之地區發展。當以三團之兵力，分三路向南坎背後行深遠大迂迴，遂一舉襲佔南坎，而獲致輝煌之戰果，予敵以不知所以然之慘敗，此即孫子所云：「攻敵不備，出敵不意，趨其所不意，以正合以奇勝。」從戰術上之巧妙運用，以取勝於敵者是也。

2. 南坎既下之後，敵五六師團主力在畹町外圍，正與我沿遮放南下之滇西國軍展開激烈之戰鬥，雙方均以戰略上之目的(中印公路)，乃有此緊張之局面，此時本軍當面之敵，除在通芒友公路沿線及老龍山山區，拒止我之東進南下外，並增調第二師團之一部北上，企圖利用此老龍[40]山山區及苗西、畹町三支點，阻止本軍之東進南下及滇西國軍西趨之兩重要目的，芒友則為其三支點之中心與支撐，當此之時，我以老龍山山區綿亘數十英里，且工事堅強，地形複雜險阻，若以全力在此區作澈底之攻擊，殊無異作無謂之戰鬥，於大局(中印公路)毫無補益，若以主力沿芒友公路東進，置老龍山山區不顧，以南坎至芒友四十餘英里之距離，沿途工事之堅強，敵抵抗之決心，亦不知何日始可將芒友攻佔，且老龍山山區始終為心腹之患，所以欲使兩面之敵均可如願捕捉就殲，收出奇制勝之效果，則非出以巧妙之戰術，達戰鬥之目的不為功。乃以新卅師、新卅八師各之主力東進南下外，另以一一四團附山砲兵一連及其他兵種可期必勝之兵力，越老龍山山區直趨南下，當此敵以後路被切，有被我包圍殲滅之危險，乃令在畹町固守之五六師團主力，自動放棄，迅速後撤，然以該團之行動神速，當敵五六師團尚在開始撤退，即一舉將滇緬公路 82 哩路碑附近佔領，將敵之南北交通切斷，完成包圍，此不僅是戰術上之成功，更是戰略上之取勝。

(三)戰鬥方面

本軍雖孤軍遠出，與強大而兇惡之敵人對戰，主在戰術上之巧妙運用，而達戰鬥之目的，然此僅為整個戰鬥實施上無形的一部分，欲解決最後戰局，獲

---

40 《南坎區戰役》(第二號)，頁 41。

至最後勝利及澈底殲滅敵人，則非賴戰鬥力之堅強，尤其在情況危殆緊迫之際，戰鬥力仍有增無已者不為攻，如本軍在此諸役中，局部之取勝，迄獲得整個戰鬥之成功，莫非戰鬥技術之精良及高度發揚之所致，尤以數次大迂迴及側敵行動，每遇數倍之敵而卒能在眾寡懸殊，粮彈斷絕，情勢異常危殆之際，擊潰頑敵者，實非偶然也。(表八之九)

(四)精神方面

精神為軍隊實施戰鬥之唯一中心，亦為戰鬥取勝之不二法門，未有精神萎靡不振而能殺[41]敵致果者，本軍自密支那發動攻勢以還，為時四閱月，所經作戰地區，不為懸崖峭壁，林葛蔓延之區，即為江河縱橫，瘴癘流行之地，且所遇敵人素稱精銳，在此有限之兵力，作長期連續艱苦之絕對攻擊戰鬥，卒能剿滅勁敵，圓滿完成任務，全賴百折不撓之精神予以維繫，如 114i 服行切路之艱鉅任務時，每以最小限之兵力與敵作最激烈艱鉅之戰鬥，雖全排成仁，亦在所不顧，始終以最高度之精神，壓倒敵人，使敵望風披靡，不敢回首西覷，所謂精神勝於物質，在此種情況之下，實為良好之佐證也。(表八之十一、十二)

七、戰鬥後敵我之陣地及行動

自新卅師主力將滇緬公路上之要隘南巴卡攻佔，相繼將附近地區之殘敵肅清後，敵即退據公路沿線之各要隘，及其兩側山地，並在南開河(Nahkai)之東南地區，憑 4500 尺之連綿高山與南開河之天險，企圖阻止我之繼續南下，我當時為使敵無喘息之機及捕捉殲滅敵人起見，除以沿公路南下之 89i 團向河西(Hosi)方面追擊敗敵外，並以 90i 團、88i 團迅即集中完畢，由公路兩側突進，期包圍南開河東南地區企圖固守之敵，另以 112i 團由 90i 團左翼南下，一以威脅敵之側背，策應公路正面主力之戰鬥，一以掩護軍左側背之安全。

---

41 《南坎區戰役》(第二號)，頁 42。

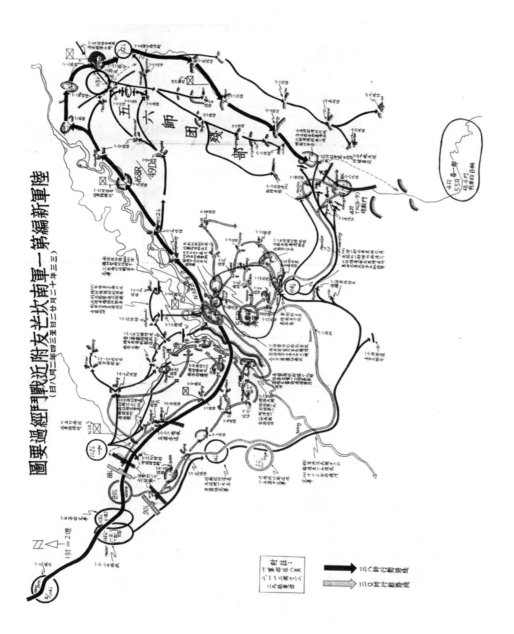

圖八之四、南坎芒友附近戰鬥經過要圖

八、可為參考之所見

(一)山地攻擊迂迴行動之必要

在山地正面通常堅固，不易攻略，且防者可利用地形及氣象秘密其企圖及兵力移動，更可扼山林川澤之險，收瞰制之利，復可利用地形地障，施行阻絕，攻者欲從正面攻擊，不獨成功不易，更將蒙受重大損害，無法接近其陣地，反之因山地地形複雜險阻，林木叢密，[42]防者在此種高峻與谷地交錯之連山地帶，僅能佔其重要之鞍部及山頂，絕不能處處守備，在佈防，至可勝之間隙特多，且防者每認為不可通過之難地，適為攻者可乘之好機，復可利用天候氣象及山谷稜線與死角，秘密接近敵人，收出奇制勝之效。故山地攻擊除以一部牽制正面之敵外，主力則須行大胆之迂迴行動，斷其歸路，攻其側背，如此可使敵之深山高壘，不攻自潰，一舉收戰勝之效，如本軍新卅師小迂迴之攻佔東西拉朗、南卡、婁朗姆、般索，大迂迴之襲佔南坎，114i 之切斷滇緬公路，凡此莫不均以絕對之迂迴，達到戰勝之目的，故作戰綱要 454 條有云：「山地攻擊，須力圖迂迴，以達成其目的，若狀況許可，則以一部牽制正面之敵，主力行大規模之迂迴。」亦即孫子所謂：「攻其不備，出其不意，不戰而屈人之兵。」之戰法是也。

(二)分進之迂迴戰法

迂迴固是山地作戰唯一之有效戰法，然以一個縱隊之深遠迂迴，每因敵情之變遷與地形之險阻複雜，及必經之過程而引起無法避免其秘密之行動，至中途為敵發覺、阻撓，而無法實施其企圖，甚至有被敵各個擊破之危險。如以前美軍麥支隊之迂迴瓦拉班，英軍七七旅之迂迴猛拱，此雖彼等應戰力之低下，士氣之頹喪，指揮之拙劣，有其失敗之主因。然以孤軍深入，四面受敵，蹈戰術上敗因之過失，此實為無法避免之事實，但欲避免此種過失而使企圖付諸實施，則莫若以數縱隊之迂迴，採分進合擊之戰法不為功，如南坎之迂迴成功者是。查南坎為一低窪河谷，本身毫無防守之憑藉，可恃之天險一即瑞麗河，一

42　《南坎區戰役》(第二號)，頁43。

即老龍山，而瑞麗河又不過僅為直接防守南坎之唯一地障而已，而老龍山不特為南坎存亡之所繫，更為滇西、緬北整個戰局能否持續以為斷，假老龍山區不守，則敵後之要害南巴卡，可唾手而得，敵人深察此山區之重要，故不惜以重兵，在此山區固守，假我當時之迂迴，僅以一路突進，則恐為敵主力所抑留，迂迴行動亦即因之受阻，或竟轉為正面戰[43]鬥，甚或有孤軍深入，補給困難，後援不繼之危險，故當時行三路之大胆迂迴，預定以一路(114i)在山路核心區牽制敵之主力；一路(89i)直襲南坎背後山地，並相機將通芒友公路切斷；一路(90i)側出南坎，直襲市區，以分進之態勢，向南坎合擊，至使敵前後分離，澈底軟化其行動，不特使敵無餘暇無餘力以謀我，更使敵陷於無法挽救，惟有束手待斃之悲慘命運，此其可為佐證。

(三)迂迴部隊必具之條件

迂迴行動為孤軍遠出，深入敵後，四面受敵之冒險行動，且為秘密其行動，總選擇最困難之地形而行鑽隙潛進，故補給困難，飲水斷絕，數日不得一飲一飽者，實為不可避免之事。如新卅師主力及 114i 之迂迴南坎，當偷渡瑞麗河之際，經數日傾盆大雨，山洪暴發，人馬無法通行，只憑其所有之氣力，忍盡不可想像之痛苦，涉泥赴水，一毅以赴，逮偷渡成功之後，亦因受惡劣天候之影響，困難地形及秘匿行動之限制，空投亦無法實施，且所經作戰地山，盡為高山深谷，水源磬盡，數日不得一食，一日不得一飲，殆南坎既下，114i復迂迴南下，切斷滇緬公路，反攻之敵，數倍於我，且連絡不及，糧彈斷絕，須憑其血肉，始終固守其陣地，然其固苦危殆之境，實非可以言喻，因此以迂迴行動實施之困難，及此次所得之血的經驗與教訓，須具備下列諸條件：

1. 須事先有充分之準備，精密之實施計劃。
2. 裝備完善，訓練精良之軍隊。
3. 足智多謀，指揮卓越，企圖心旺盛，能當機立斷之指揮官。
4. 按當時之敵情地形，適宜決定其兵力及所必要之兵種，絕對付予獨立性

43　《南坎區戰役》(第二號)，頁 44。

(包括戰力指揮)[44]，務使於所望之時間與地點，確能獨當一面。

5. 須有空軍担任遠距離之搜索，隨時得知敵之行動，尤須於戰鬥時，給予有力之直接支援，以補砲兵火力之不足，補給亦以空投為有利。

6. 必須具有不計險阻，獨立達成任務之精神，而勇敢耐勞，精誠團結，行動敏活，尤為戰勝之必要條件。

(四)山地敵據點陣地之編成及對策

山地中戰鬥，敵多利用山腰及反斜面、凹地，或道路兩側構築堅固之工事，及藉錯綜之藤葛作良好之掩護，以如此若干之小據點，編成一有計劃有組織之堅固據點，火力可互相支援；兵力可互相策應，且因各個之有獨立性，並不以一、二小據點之得失，而影響全般之戰鬥，同時陣地前之要道早有各種火器作急襲之準備，接近至為困難，攻擊成功更屬匪易，根據此期血之教訓，須採如下之對策：

1、攻擊發動之先，須作嚴密之偵察(可派軍官行之)，若無法偵察所望之結果，須斷行威力搜索，須確明瞭敵砲兵，自動火器，側防機關之位置，障碍物之強度，陣地之堅強與薄弱及最痛苦之部份，與後方之主要通路。

2、確切偵察完畢後，則作精密之攻擊計劃，從容部署，而實施攻擊。

(1)先集中所有火力，對敵之砲兵自動火器，尤其對陣地堅固與感痛苦部份，實施澈底之轟擊，燬滅其戰鬥精神及戰鬥力，與可資憑藉之堅固工事，痲痺其一切戰鬥行動。

(2)繼利用步兵輕重火器之緊密掩護，(此時砲兵須延伸射程)以一部佯行正面攻擊，吸引敵之視線及牽制其主力，以主力由兩側間隙，秘密闢路接近敵陣地，然後將敵各小[45]據點分別包圍，使敵前後左右完全分離，無法連繫，再由東西蓆捲前後夾擊，且須以一部佔領敵後要害，(須於事先計劃)一以斷敵後路，二為阻敵增援，則收效可期，根據老龍山核心區諸次之戰鬥，實屬誠然。

(五)

---

[44] 《南坎區戰役》(第二號)，頁45。

[45] 《南坎區戰役》(第二號)，頁46。

作戰時多憑地圖部署軍隊，而實施戰鬥，然在複雜之山地中作戰，地圖與實地不符者甚多，故各級指揮官，(尤在團以下)不能僅賴地圖部署軍隊，務須親赴第一線(或派軍官)實地視察，以期明瞭實際之境況。

(六)

敵慣利用夜間、樹蔭及濃霧等，以小部隊分股向我突入奇襲，故我於此等時地，對警戒特須嚴密，並於各要地預設埋伏，襲擊敵人，且根據新卅師 90i 在瑞麗河之偷渡成功，及老龍山核心區有時攻擊頓挫，每利用迷濛大霧之良好時機而奏功者，屢見不鮮。

(七)

敵每於退卻前，往往火力轉趨熾盛，以炫惑我視聽，掩護其逃逸，故第一線官兵，應以明鏡之眼光，作精密之觀察，將所得之情況及可能之行動，迅即報告上級指揮官，並應不失時機，先做追擊諸準備，且在確實洞悉之企圖後，縱無命令亦應斷行追擊，並須派有力之部隊，迅速截斷其退路，使敵無逃卻之機，藉收殲滅之效，若待上級之命令實行追擊，往往有失戰機。

(八)

敵在棉亙廣大之山地中戰鬥，每多利用偽工事，使誤我攻擊方向及吸引我之砲火，所以對情況不甚明瞭之敵，不能全恃空中照相及土民之報告以為斷，務須先行實施偵察，必要時行小部隊之威力搜索，以明其真相。

(九)山地戰鬥

因藉地形之有利，敵兵力轉用異常靈活秘密，故我須隨時偵察敵之行動，切勿為一部動態所炫惑，而失動作之自由，被敵襲擊之危險，且敵之砲兵使用亦甚機動，此負有制壓敵砲兵任務[46]之我砲兵，須盡各種手段，搜索第一線所得之資料，及自己觀測之效果，迅速變換射擊目標，並須適時集中優勢之火力，以壓倒敵人。

(十)

渡河點之選定就戰術上之着眼，以便於渡河動作及火力之適切掩護，以河

---

[46] 《南坎區戰役》(第二號)，頁 47。

川向我方灣曲者為有利，然在山地戰尤在偷渡之情勢下，苟能掩護確實，雖於技術發生諸多困難，亦宜在所不顧，排除困難，斷然選定之，屢能出敵意表，收勝戰之效。如新卅師 89i 及新卅八師 114i 之偷渡後，獲敵作命證實，敵預定我之渡河點必在南卡立(Nawngkyang)附近，然我却全部在較困難地之西朗渡過，至能出敵意表，使敵措手不及。

(十一)切路部隊對工兵之使用及其要領

切路多在敵後主要交通線為之，敵為了解除此種制命之威脅，必集中全力以行反攻，而切路部隊除利用本身已有之兵力及有利之地形，遂行艱鉅之任務外，則賴各兵種之協力，以阻止敵人，而工兵部隊則為協力之主兵，賴其在佔領區之前地及其附近，行澈底之交通破壞及阻絕行動，且以路之種類及其價值之不同，而對破壞與阻絕之要領及程度亦各有異。

1. 公路鐵道必須破壞其路基，橋樑涵洞，人行小道亦須澈底破壞之。

2. 選擇道路之破壞地點，以多利用天然障碍，加以人工增加其強度為有利，如擴張原有溝渠之縱深橫寬，或加大山坡之傾斜，使成為斷崖絕壁，總以減少材料人工，爭取時間為目的，且對交通線兩側之要害或要道，亦不可忽。

3. 設置障碍物破壞道路，固可阻止敵人，遲滯其行動，惟須防止敵之修復，故務與火力併用，如埋伏地雷、側防火器之配置，尤對戰車之防禦，特為重要，如此 114i 之切路，因工兵兵力過小與行動之乏積極，未將公路加以澈底破壞及阻絕，致使敵之重砲與戰車能掩護步兵作[47]有計劃之反攻，敵雖終未得逞，然犧牲多少血肉才換得固守其地之代價，故切路部隊，除應加強配屬之工兵兵力外，更須以絕對之積極行動，神速之手段，施行澈底之破壞與阻絕，否則切路部隊難期發生最大之效果，且現各部隊一般之通病，工兵多未使用於戰鬥之遂行，有時一團配屬一班，最多亦不過一排，以後如有一團之兵力擔負切路之行動，儘可配屬一戰鬥工兵連，攜帶必要之輕便器材，大量之炸藥，一以對交通線及要道之澈底破壞與阻絕，

---

[47] 《南坎區戰役》(第二號)，頁48。

更可協助步兵構築或加強其工事，實為不可忽視之教訓。

九、各人及各部隊功勛記事

本期作戰因與臘戌區戰役相連接，各有功人員，除各師已行呈報外，本部各有功人員，併列入第三號詳報。

十、俘獲戰績(照片)業經各師分別呈報矣[48]

表八之一

<table>
<tr><th colspan="6">南坎區敵軍番號代字及主官姓名調查表</th></tr>
<tr><th rowspan="2">番　號</th><th colspan="2">區　分</th><th colspan="2">主　官</th><th rowspan="2">代字號碼</th><th rowspan="2">備　　考</th></tr>
<tr><th colspan="2"></th><th>階　級</th><th>姓　名</th></tr>
<tr><td rowspan="18">第十八師團第五十五聯隊</td><td colspan="2">聯　隊　部</td><td>大　佐</td><td>山崎四郎</td><td>菊字8902</td><td>亦稱西部四七部隊</td></tr>
<tr><td rowspan="5">第一大隊</td><td>大　隊　部</td><td>少　佐</td><td>小　室</td><td></td><td></td></tr>
<tr><td>第一中隊</td><td>中　尉</td><td>加　藤</td><td></td><td></td></tr>
<tr><td>第二中隊</td><td>中　尉</td><td>大　森</td><td></td><td></td></tr>
<tr><td>第三中隊</td><td>中　尉</td><td>岡　田</td><td></td><td>原為小林大尉</td></tr>
<tr><td>第一機鎗中隊</td><td>中　尉</td><td>大　田</td><td></td><td></td></tr>
<tr><td rowspan="5">第二大隊</td><td>大　隊　部</td><td>少　佐</td><td>田　尻</td><td></td><td></td></tr>
<tr><td>第四中隊</td><td>中　尉</td><td>鐵　川</td><td></td><td></td></tr>
<tr><td>第五中隊</td><td>大　尉</td><td>長　岡</td><td></td><td></td></tr>
<tr><td>第六中隊</td><td>大　尉</td><td>長　周</td><td></td><td>[49]</td></tr>
<tr><td>第二機鎗中隊</td><td>？</td><td>山　崎</td><td></td><td></td></tr>
<tr><td rowspan="5">第三大隊</td><td>大　隊　部</td><td>大　尉</td><td>木　村</td><td></td><td></td></tr>
<tr><td>第七中隊</td><td>中　尉</td><td>島　田</td><td></td><td></td></tr>
<tr><td>第八中隊</td><td>中　尉</td><td>福　田</td><td></td><td></td></tr>
<tr><td>第九中隊</td><td>中　尉</td><td>福　川</td><td></td><td></td></tr>
<tr><td>第三機鎗中隊</td><td>中　尉</td><td>圓　田</td><td></td><td></td></tr>
</table>

[48] 《南坎區戰役》(第二號)，頁49。
[49] 《南坎區戰役》(第二號)，頁50。

		聯 隊 砲 中 隊				
		速 射 砲 中 隊	大尉	中　尾		
		通 信 中 隊				
	臨時配屬	T8AR 第一大隊	少佐	佐 佐 木		
		第一中隊	大尉	寺　田		
		第二中隊	中尉	土　屋		
		第三中隊	中尉	松　尾		*50*
		第一彈藥中隊				
第二師團第四聯隊	聯　隊　部		大佐	一　苅	勇字1301	
	第一大隊	大 隊 部	大尉	增　永		有戰死訊
		第一中隊	中尉	橫　田		
		第二中隊	中尉	伊　藤		
		第三中隊				
		第一機鎗中隊	中尉	藤　本		
	第二大隊	大 隊 部	大尉	山　岸		
		第五中隊	中尉	青　沿		
		第六中隊	中尉	千　葉		
		第七中隊	中尉	山　崎		
		第二機鎗中隊	中尉	石　田		
	第三大隊	大 隊 部	少佐	齊　藤		*51*
		第九中隊				
		第十中隊				
		第十一中隊				
		第三機鎗中隊				
聯 隊 砲 中 隊			中尉	佐　藤		
速 射 砲 中 隊						
通 信 中 隊			少尉	野　澤		
附　　記			一、其他見另表 二、本表係綜合俘虜口供及文件彙成*52*			

---

50 《南坎區戰役》(第二號)，頁 51。

51 《南坎區戰役》(第二號)，頁 52。

表八之二

緬敵第四九師團各部隊番號代字及主官姓名調查表					
區　分 番　號		主　官		代字號碼	備　　　考
		階　級	姓　　名		
司令部	師 團 長	中 將	竹　原	狼字 18700	
	參 謀 長	大 佐	緒　方		
第一〇六聯隊	聯 隊 部			狼字 18702	
	第一大隊		齊　藤		
	第二大隊		松　浦		
	第三大隊		安　藤		
第一五三聯隊	聯 隊 部	大 佐	林	狼字 18703	
	第一大隊		風　間		
	第二大隊		杉　浦		
	第三大隊		栗　田	*53*	
第一六八聯隊	聯　隊　部			狼字 18704	又稱為朝鮮二四部隊
	第一大隊 大 隊 部	大 尉	奧		
	第一中隊				
	第二中隊				
	第三中隊				
	第一機鎗中隊				
	第二大隊 大 隊 部	少 佐	畑		原為岡田
	第四中隊	中 尉	山　崎		
	第五中隊				
	第六中隊				
	第二機鎗中隊				
	第三大隊 大 隊 部	少 左	神　田		
	第七中隊	少 尉	松　崎		代理*54*
	第八中隊	中 尉	福　田		

52　《南坎區戰役》(第二號)，頁 53。

53　《南坎區戰役》(第二號)，頁 54。

隊	第九中隊	中尉	福　島		
	第三機鎗中隊				
聯 隊 砲 中 隊					
速 射 砲 中 隊					
通 信 中 隊					
第四九搜索聯隊		中佐	高　橋		
第四九砲兵聯隊		大佐	宇　賀		
第四九工兵聯隊		少將	水　野	狼字 18707	
第四九通信隊		大尉	宮　竹		
第四九輜重聯隊		大佐	大河原		
第四九衛生隊					
附　記		一、本表係綜合各項情報彙成惟以該師團為新進入緬部隊且僅一部在緬北致所得資料有限此表僅可供參考而已[55]			

表八之三

敵軍第五六師團各部隊番號代字及主官姓名調查表					
番　號　＼　　區　分		主　　官		代字號碼	備　　　　　考
		階　級	姓　　名		
師　　團　　長		中將	松山祐三	龍字 6702	
參　　謀　　長		中佐	袴　田		
聯　　隊　　部		大佐	大須賀	龍字 6734	原為松井
第一一三	第一大隊	大　隊　部	大尉	武　田	
		第一中隊	中尉	末　松	
		第二中隊	大尉	原　口	
		第三中隊	中尉	早　川	
		第一機鎗中隊			
	第二	大　隊　部	大尉	原　田	
		第四中隊	大尉	遷	[56]

54　《南坎區戰役》(第二號)，頁 55。

55　《南坎區戰役》(第二號)，頁 56。

聯隊	大隊	第五中隊	大　尉	後　　滕			
		第六中隊					
		第二機鎗中隊	大　尉	中　　光		代理	
	第三大隊	大　隊　部	少　佐	萩　尾			
		第七中隊	大　尉	島　　田			
		第八中隊	大　尉	石　　田			
		第九中隊	中　尉	須　　藤			
		第三機鎗中隊	大　尉	白　　川			
	聯　隊　砲　中　隊		大　尉	永　　剛			
	速　射　砲　中　隊		大　尉	古　手　川			
	通　信　中　隊		中　尉	圓　　村			
第一四六聯隊	聯　　隊　　部		大　佐	金岡四郎	龍字 6735		
	第一大隊	大　隊　部	少　佐	鹿　毛		*57*	
		第一中隊	中　尉	營　谷			
		第二中隊	大　尉	濱　　田		有戰死訊	
		第三中隊	中　尉	永　　田			
		第四中隊	大　尉	中　　田			
		第一機鎗中隊	大　尉	山　　漆			
	第二大隊	大　隊　部	少　佐	肋　山		或為村頼	
		第五中隊	中　尉	小　　西			
		第六中隊	中　尉	高　　木			
		第七中隊	中　尉	澁　　川		有戰死訊	
		第八中隊	大　尉	金　　谷			
		第二機鎗中隊	大　尉	田　　上			
	第三大隊	大　隊　部					
		第九中隊	少　佐	堤		*58*	
		第十中隊	大　尉	長　　松			
		第十一中隊	中　尉	橫　　田		或為佐藤	

56　《南坎區戰役》(第二號)，頁 57。

57　《南坎區戰役》(第二號)，頁 58。

58　《南坎區戰役》(第二號)，頁 59。

		第十二中隊	中　尉	泊		
		第三機鎗中隊	中　尉	佐　藤		
	聯　隊　砲　中　隊		中　尉	星　野		
	速　射　砲　中　隊		中　尉	？		
	通　信　中　隊		大　尉	？		
第一四八聯隊	聯　隊　部		大　佐	令　穗	龍字6736	
	第一大隊	大　隊　部	少　佐	水　淵		
		第一中隊				
		第二中隊				
		第三中隊				
		第一機鎗中隊	中　尉	緒　方		*59*
	第二大隊	大　隊　部	少　佐	大？里		原為宮原
		第四中隊	中　尉	橋　木		
		第五中隊	中　尉	中　村		
		第六中隊	中　尉	白　石		
		第二機鎗中隊				
	第三大隊	大　隊　部	少　佐	宮　原		
		第七中隊	大　尉	西　岡		
		第八中隊	中　尉	三　好		
		第九中隊	大　尉	大　田		
		第三機鎗中隊	中　尉	西　田		
	聯　隊　砲　中　隊		大　尉	業　合		
	速　射　砲　中　隊		中　尉	高　木		
	通　信　中　隊		中　尉	內　野		*60*
	第五六搜索聯隊		中　佐	山　口	龍字6737	
第五十六	聯　隊　部		大　佐	山崎周一	龍字6738	
	第一大	大　隊　部	少　佐	池田苦六		
		第一中隊	中　尉	高橋恒太郎		
		第二中隊	大　尉	小砂登		

---

59 《南坎區戰役》(第二號)，頁60。

60 《南坎區戰役》(第二號)，頁61。

砲兵聯隊	隊	第三中隊	中尉	林哲也		
		第一彈藥中隊	中尉	富藤		
	第二大隊	大隊部	少佐	齊藤		
		第四中隊	大尉	緒方		
		第五中隊	中尉	山本		
		第六中隊	中尉	乙都		
		第二彈藥中隊	中尉	片岡		
	第三大隊	大隊部	少佐	金光		[61]
		第七中隊				
		第八中隊				
		第九中隊	大尉	田城		有戰死訊
		第三彈藥中隊	中尉	？		
第五六工兵聯隊			中佐	小室	龍字6740	
第五六通信隊			中尉	？	龍字6741	
第五六輜重聯隊			大佐	池田	龍字6742	
第五六衛生隊			中佐	黑田	龍字6744	
附　記		一、俘供一四六聯隊現亦已取銷四八十二中隊改為九個步兵中隊但未證實 二、本表係綜合最近敵軍文件及俘虜口供加以判斷整理製成[62]				

表八之四

陸軍新編第一軍戰鬥詳報附表　(虜獲品)(一)			
種　類	區　分	數　量	附　記
戰利品（文	地　圖	5張	
	被用番號調查表	1紙	
	命令草稿	3本	
	軍隊手牒	13本	
	陣中日記	7本	

61　《南坎區戰役》(第二號)，頁62。
62　《南坎區戰役》(第二號)，頁63。
63　《南坎區戰役》(第二號)，頁64。

件（一）	薪俸支付證票	5本	
	兵器保管法	1本	
	勅語勅令集	2本	
	戰時留守担當簿	2本	
	正　手　簿	1本	
	教育計劃	2張	
	兵器證票	1束	
	筆　記　本	4本	
	軍事郵便儲金通賬	1本	
	名　姓　片	6張	
	部署圖及通報	7張	*63*
	部隊長功績表	1本	

表八之五

陸軍新編第一軍戰鬥詳報附表　(虜獲品)(二)			
種　類	區　分	數　量	附　記
戰利品（文件）	情報紀錄	2份	
	英美慣用戰法	1本	
	軍事郵便關係法令集	1本	
	對空教令	1本	
	森林戰參考	1本	
	庶務關係綴	1本	
	命令錄	7本	
	諸規定綴	1本	
	訓令綴	1本	
	事務日記	1本	
	發翰綴	1本	
	來翰綴	1本	
	送附綴	1本	

64　《南坎區戰役》(第二號)，頁65。

防空計劃	1 份	
會報紀錄	1 本	
計劃實施要領	1 本	
步兵對空行動拔粹	1 本	*64*

表八之六

陸軍新編第一軍戰鬥詳報附表　(虜獲品) (三)			
種　類	區　　分	數　量	附　　記
戰利品（文件）	部隊功績表	2 本	
	戰鬥參加人數表	1 張	
	功績調查表	2 張	
	砲兵五六聯隊功績表	1 本	
	RA56 爪哇作戰功績表	1 份	
	食用野生植物表	5 份	
	戰鬥詳報資料	1 本	
	戰鬥詳錄	1 本	
	異動報告綴	1 本	
	戰陣訓	1 本	
	作戰手命簿	1 本	
	軍事郵便	10 封	
	被服現況表	1 份	
	兵器手簿	1 本	
	進綴證明書	2 張	
	九二式重機鎗講義	1 本	
	軍用通信用與解說	1 本	*65*

65　《南坎區戰役》(第二號)，頁 66。

表八之七

陸軍新編第一軍戰鬥詳報附表 (虜獲品)(四)			
種 類	區 分	數量	附 記
戰利品（文件）	關於通信狀況調查之規定	1本	
	無線電通信法	1本	
	衛生法及救濟法	1本	
	陸軍禮式令	1本	
	從軍手帖	1本	
	代 字 表	1張	
	農業關係	1本	66

表八之八

陸軍新編第一軍戰鬥詳報附表 (五)			
民國33年12月23日至34年2月8日			
種 類	區 分	數 量	附 記
戰利品（武器）	三八步鎗	829	
	輕機鎗	48	
	重機鎗	16	
	擲彈筒	47	
	速射砲	7	
	迫擊砲	3	
	75山砲	4	
	地雷	340	
	汽車	19	
	防毒面具	154	
	手榴彈	4538	
	刺刀	120	
	十字鎬	420	

---

66 《南坎區戰役》(第二號)，頁67。

67 《南坎區戰役》(第二號)，頁68。

炸藥	315
彈藥拖車	32
汽油	950 加侖
七五山砲彈	2995
重機鎗彈	46850
輕機鎗彈	8820
三八步鎗彈	27900
擲榴彈	1580
八一迫砲彈	260
挽曳通信車	7
預備鎗身	14
彈夾	112

[67]

表八之九

民國卅三年十二月廿三日至卅四年二月八日新一軍武器彈藥損耗表					
種　類	部　別 區　分	新三十師	新卅八師	合　計	附　記
消	武　器　彈	步　鎗	24	28	52	
		輕機鎗	12	3	15	
		衝鋒鎗	3	11	14	
		信號鎗		1	1	
		六〇迫擊砲		1	1	
		火箭		1	1	
		鎗榴彈筒		4	4	
		步彈	134000	1006500	1140500	
		重機彈	116250	155000	271250	
		輕機彈	505150	208960	714110	
		衝鋒鎗彈	136800	150500	287300	
		六〇迫砲彈	6916	5650	12566	

68　《南坎區戰役》(第二號)，頁 69。

		八一輕彈	6166	5746	11912	
		八一重彈	2801	4861	7662	
耗		七五山砲彈	7271	2542	9713	
	藥	手榴彈	7666	3282	10948	
		鎗榴彈	532	2063	2595	
		火箭彈	40	620	660	
		煙幕彈	249		249	
		七五戰防彈	40		40	**68**
		信號彈	10	18	28	

表八之十

陸軍新編第一軍戰鬥詳報附表												
民國卅三年十二月廿三日至卅四年二月八日												
區 分 部 別	參戰人員(馬匹)			死　　亡			負　　傷			生死不明		
	長官	士兵	馬匹	長官	士兵	馬匹	長官	士兵	馬匹	長官	士兵	馬匹
軍司令部 (含直屬部隊)	81	146	12									
新 三 十 師	644	9512	1362	2	143	3	1	339			5	
新 卅 八 師	712	10104	987	4	148	2	15	295			5	
合　　計	1437	19762	2361	8	291	5	16	634			10	
附　　記	**69**											

表八之十一

陸軍新編第一軍南坎芒友南巴卡戰役負傷官佐姓名表　民國卅四年二月八日止					
部　　　　　別	級　職	姓　名	負傷地點	負　傷　月　日	備考
新卅師一一四團第四連	准尉排長	王茂山	南坎	34 年 1 月 20 日	
新卅師一一四團第七連	准尉排長	鄧如英	SO747506	34 年 1 月 20 日	
新卅師一一四團第九連	少尉排長	劉能爵	板家樓	34 年 1 月 28 日	
新卅師一一四團第二連	少將排長	唐啓昭	南開	34 年 12 月 20 日	

---

69 《南坎區戰役》(第二號)，頁70。

新卅八師一一三團二營四連	少尉排長	駱文瑛	馬龍	34 年 1 月 22 日	
新卅八師一一三團三營七連	准將排長	嚴新庭	巴林	34 年 1 月 18 日	
新卅八師一一四團三營九連	少尉排長	喬九富	巴林	34 年 1 月 17 日	
新卅八師一一四團第九連	上尉連長	載　榮	巴林	34 年 1 月 17 日	*70*
新卅八師一一二團機一連	准尉排長	譚桂元	巴林	34 年 1 月 17 日	
新卅八師一一四團第九連	准尉排長	楊桂初	般沙勞	34 年 1 月 22 日	
新卅八師一一四團輸二連	少尉排長	諶　克	般沙勞	34 年 1 月 22 日	
新卅八師一一四團第九連	上士代排長	羅日新	板家樓	34 年 1 月 28 日	
新卅八師一一四團機三連	准尉排長	劉漢忠	般沙勞	34 年 1 月 23 日	
新卅八師搜索連	准尉排長	張德榮	扒卡	34 年 1 月 25 日	
新卅八師一一二團機一連	准尉特務長	趙煥章	賽考	34 年 1 月 30 日	
新卅八師一一二團第六連	中尉代連長	陳玉鼎	排忙	34 年 1 月 21 日	
合　　　計	16 員*71*				

表八之十二

陸軍新編第一軍南坎芒友南巴卡戰役陣亡官佐姓名表					
部　　　別	級　職	姓　　名	陣亡地點	陣　亡　月　日	備　考
新卅師八九團第七連	准尉排長	吳少雲	南坎	34 年 1 月 7 日	
新卅師八九團第九連	少尉排長	姚長生	南坎	34 年 1 月 4 日	
新卅師九〇團第四連	中尉排長	秦植民	曼洒特	34 年 2 月 6 日	
新卅師八九團第七連	上尉排長	殷廣住	南巴卡	34 年 2 月 4 日	
新卅八師一一二團第四連	中尉排長	周志達	芒友	34 年 1 月 22 日	
新卅八師一一二團第三連	上士排附	劉令聞	芒友	34 年 2 月 2 日	
新卅八師一一二團第六連	上士排附	何亮福	南姆隴	34 年 1 月 22 日	
新卅八師一一四團第七連	准尉排長	羅金全	般沙勞	34 年 1 月 29 日	
合　　　計	8 員*72*				

---

70 《南坎區戰役》(第二號)，頁 71。

71 《南坎區戰役》(第二號)，頁 72。

72 《南坎區戰役》(第二號)，頁 73。

附錄——總指揮部各時期所下達之命令原(譯)文

指揮部命令

一九四四年十二月十五日

作戰命令第 21 號

參考地圖：亞三：緬甸 92D 92H 93A 93E　　比例：1/4 等於一哩

一、敵情：如目下所評估

　　友軍：如蒙圖所示

二、任務：本戰區負有鞏固南坎一帶及準備向南及東南繼續前進之任務。

三、區分：

　　A 新一軍使用全力鞏固南坎防務並準備向東南繼續前進。

　　B 新六軍

　　　1. 保持指定地區積極搜索直至圖示之線為止以防止敵軍之向北移動。

　　　2. 迅速將五〇師現在鐵路走廊之部隊徒步行軍至 Sikaw－Si-u 地帶並於 Mad－A(SH23.13)渡過伊洛瓦底江。

　　　3. 新廿二師準備於 Sikaw－Si-u 附近機場乘機起飛。

　　　4. 新六軍軍部及新廿二師調離之後五〇師即歸總指揮指揮負責完全現時指定新六軍地區未完成之任務。

　　C 美五三三二旅保持指定地區並積極搜索以防止敵軍之向北移動。

　　D 英卅六師至少以一營之兵力於伊洛瓦底江之東積極搜索，以防止敵軍之向北移動。

　　E 其他部隊之現有任務無變更。[73]

　　　(1)　其他各部隊應與上列各戰單位保持密切連絡其信號乃以步槍頂帽或鋼盔槍之姿勢應與地面垂直對方則以同樣之方法旋轉而回答之。

　　　(2)　各單位應向本部呈送經過路線之報告而能通行汽車之路線尤當注意。

---

[73]　《南坎區戰役》(第二號)，頁74。

四、供應及管理：以空運為主但須盡量輔以陸運。

五、傳達：

　　A 通信：按現行通信法規(S.O.I)。

　　B 指揮所：見蒙圖其他另令之。

奉中將索爾登之命
參謀長肯能

附作戰蒙圖一份[74](附圖八之一)

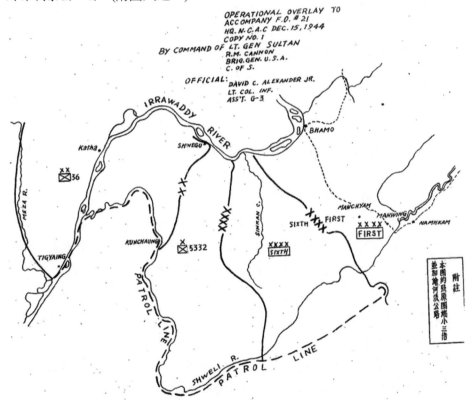

附圖八之一、Overlay to accomdany F.O. #21, Dec 15, 1944[75]

74　《南坎區戰役》(第二號)，頁 75。

75　《南坎區戰役》(第二號)，頁 76。

緬北戰區司令部命令

一九四四年十二月廿六日

第 22 號作戰命令

1.　敵情：如現時之估計

　　友軍：參照作戰蒙圖

2.　任務：佔領八莫畹町公路而確保之

　　作戰地境線如蒙圖所示

3.　任務區分：

A 英軍卅六師在其戰區內前進大岡(Tagaung)馬賓(Mabein)莫羅(Molo)(不含)迅即準備推進至猛密(Mongmit)。

　　支援部隊開始時無。

B 美軍五三三二旅(欠中國步兵第一團)須在猛偉(Mongwi)地區集結其該旅在西于(Si-u)東克瓦(Tankwa)區之部隊仍執行現有任務直至五〇師接防後為止。

　　支援部隊開始時無。

C 五〇師由新一軍配屬 75MM 山砲一營直轄指揮部並即以兩個團之兵力佔領莫羅(Molo)曼那(Manna)拉鬧(Nanaw)之線準備再前進至東面或南面該團並以最先抵達西于東克瓦之部隊接替該區 5332 旅之防務。

　　一團在西于南星(Nansin)地區集結為預備隊警戒機場並準備於接到通知後 24 小時內移動[76]。

　　支援部隊開始時無。

D 新一軍(欠 75MM 山砲營配屬五〇師)在所示作戰地境線之北作戰並運用所有可能使用之部隊迅即沿南坎(Nankang)畹町(Wanting)路線前進以佔領列多路(中印公路)之路線而確保之。

　　支援部隊：砲三營砲十二團兩個連重迫擊砲團一個營。

---

[76]　《南坎區戰役》(第二號)，頁 77。

E 空軍支援由第十航空隊員負責其請求空軍支援部隊須直接向本部請求而直接空軍支援任務優先權之分配則由本部取決。

F 預備隊：總預備隊於開始時留在作戰蒙圖所示之集結地區

　部隊：中國步兵第一團　　八莫之南地區

　　　　中國高射機槍營　　孟拱

　　　　砲兵第四團　　　　列多

　　　　重迫擊砲團　　　　八莫

第一暫編戰車隊(欠第二營)在曼西(Masi)區準備支援新一軍

第二營仍留瓦拉渣(Warazup)現在地區準備於接到通知後 48 小時內出發前方

G 1. 各作戰部隊須與其左翼之各部隊保持緊密連絡聯絡記號以帽子或鋼盔放於步鎗之上直豎對方則以同樣之方法旋轉數次以回答之。

2. 所有各部隊須將道路情形呈報本部特別有關能通行汽車之道路。

3. 較高級司令部之作戰及行政命令不得發布至次低級之部隊而詳細命令有關指揮情報之文件不得攜至團指揮所之前。

4. 補給及行政：空投並盡量輔以陸上補給[77]。

5. 通信：(A) 通信按現行通信規範。

　　　　(B) 指揮所：緬北戰區司令部—密支那。

　　　　　　緬北戰區司令部第一前方指揮所—八莫

　　　　　　緬北戰區第二前方指揮所—南星

其他：待續

奉索爾登中將諭

參謀長肯能准將[78]

---

[77] 《南坎區戰役》(第二號)，頁 78。

[78] 《南坎區戰役》(第二號)，頁 79。

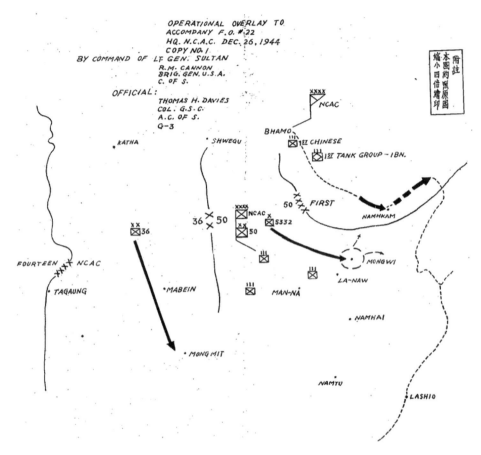

附圖八之二、Overlay to accomdany F.O. #22, Dec 26, 1944[79]

指揮部命令

一九四五年一月十八日

1.　新一軍除現有之任務外速沿南坎畹町公路前進以確實警戒列多路之安全另
　　　即派兵力一團前進至南巴卡(Nanbamka)並清除自南坎至南巴卡以南公路及

---

[79]　《南坎區戰役》(第二號)，頁 80。

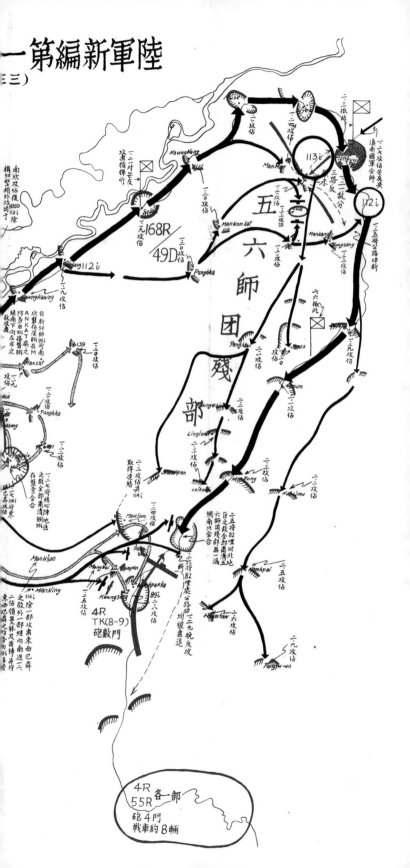

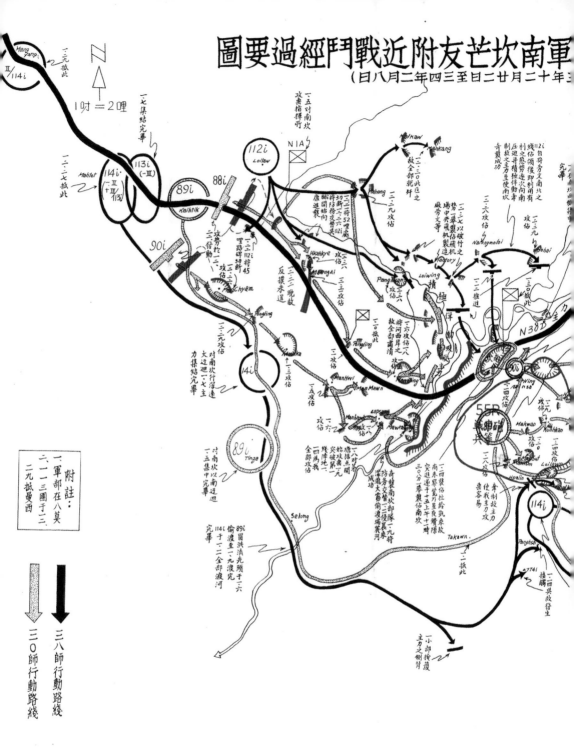

其小道之敵人(包含南巴卡區)。

2.　與美軍五三三二旅保持密切之連絡完成任務。

3.　五三三二旅現向東推進中任務為在河西(Hosi)南巴卡區切斷滇緬公路。

上奉索總指揮諭

參謀長肯能准將[80]

---

[80]　《南坎區戰役》(第二號)，頁81。

第九本
新維臘戌區戰役戰鬥詳報

自 民國三十四年二月九日起 至 三月廿六日止

軍 長　孫立人
陸軍新編第一軍司令部編印
中華民國三十四年　月　日

第九本　新維臘戌區戰役
詳細目錄

---

[1] 《新維臘戌區戰役》(第三號)，目錄。

新維臘戌區戰役　戰鬥詳報第三號
民國三十四年二月九日起至三月二十六日止

一、戰鬥前敵我態勢之概要

1.　一月廿七日中印公路已為本軍打通。敵深知中印公路之開放，使中國之抗戰勝利更有把握，故當面臨末日之際，不得不驅使萬千青年作垂死之掙扎，以圖挽救。而本軍為確保中印公路之安全，乘機挺進，不辭艱辛，志在殲敵。故敵我雙方戰略目的絕對矛盾，因此慘烈血戰又展開於緬北戰場。

2.　南坎臘戌公路中點及滇緬公路之要隘：南巴卡(Namhpakka)，於二月八日為我新卅師主力攻佔，相繼將其以北地區之敵肅清後，敵十八師團五五聯隊、第二師團第四聯隊之殘部，即退守南巴卡以南沿公路之各要隘及其兩側山地，並在南開河(Namhkai)之東南地區，憑 4500 呎以上連綿之高山與南開河之障碍，企圖遏阻我軍之南下。

3.　新卅師在南巴卡附近集結，準備以主力攻擊新維之敵。新卅八師一一二團，於二月五日自南派(Namhpai)及公路 83 哩路碑處，向南臘公路左側挺進，二月八日先後擊潰沿途之敵抵達南西(Namse)。

4.　新卅八師主力集結於南巴卡以北地區待命推進。

5.　軍前方指揮所位置於芒友。

6.　軍司令部及各直屬部隊在八莫附近。

7.　戰鬥前敵我態勢如圖九之一。[2]

---

[2]　《新維臘戌區戰役》(第三號)，頁 2。

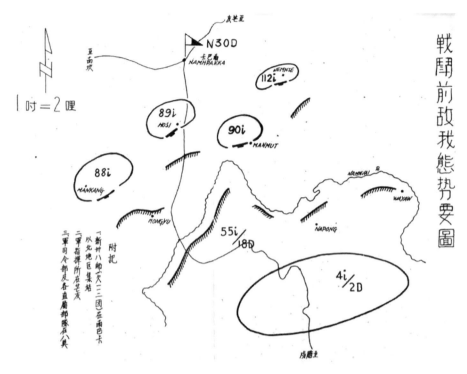

圖九之一、戰鬥前敵我態勢要圖[3]

二、影響於作戰之天候氣象及戰地之狀態

1.　自南巴卡經貴街、新維、臘戌迄康沙全長 112 哩，除貴街四周環山，天然形成之盆地外，餘均為峰巒嶜峙，連亘綿延之山地，區內林木鬱密、細流縱橫，滇緬公路縱貫其間，傍山迴折崎嶇而下，形成天然之險阻，尤以進入新維地區，山峯對峙復穿折其中，儼然造成一險要之隘道。出新維向南地勢起伏而漸上升，林木更盛，葛藤蔓延，當更增加攻擊者之困難。

2.　新維位於南杜河北岸，當滇緬公路之要衝，東距滾弄 55 哩，南距臘戌 32 哩，東北 85 哩，接畹町西北 110 哩連南坎，均有良好公路可通，因之形成臘戌外圍唯一之屏障。戰前人口稠密、商業繁榮，為中緬交通之重鎮；

3　《新維臘戌區戰役》(第三號)，頁 2。

高麗貢山由北蜿蜒而下，高峰均在 6500 呎以上，或為林木蔽天荊棘蔓延，或為懸坡陡峭石壁屹立，南坡河 (Nampawhka)、南姆河 (Nammawhka)、南開河 (Namkai)，及南杜河 (Namtau) 支流，橫貫芒友至新維之間，公路則穿折叢嶺之上，崎嶇險阻，為一狹長之隘路。由於諸河流之分佈及山脈之東北西南間，構成新維以北地區數十處之險隘與鎖鑰地帶，頗具一夫當關萬夫莫敵之勢。以新維本身而言，四境群山圍拱、高峰聳立，構成約 30 餘哩之狹長谷地，形勢殊與南坎相似，故我欲佔領新維，必先佔有其外圍山地。

3. 臘戍位於曼德勒東北約 200 哩處，係北憚之首府，滇緬公路之起點。公路密佈南北縱橫，東通泰國，南趨同古而走瑞波，緬甸鐵路由此南下，經瓦城直達仰光，西走南腰 (Namyao) 經南圖 (Namtau)，而入包頂礦區 (Bawdwin)。戰前擬修築之滇緬鐵路，即由此東奔國界荷班，而至昆明，交通至為便利。昔日我國自滇緬公路輸入物資，悉集中於此，商業發達、人口稠密，不僅為上緬之交通中心，且乃縮轂中印泰越之進出樞紐，若自戰略上著眼，則領有臘戍，不僅予緬京瓦城以致命之打擊，更可直刺棠吉，而搗同古。東逼景東而取泰越，反之[4]則進可威脅滇西、北可伺窺印度，故臘戍之得失，關係中印泰緬之安危；若由作戰地形之價值而著眼，則西有古當山脈、東有中國之大雪山脈，東西相連為屏障，造成滇緬公路為一狹長隘道，崎嶇險阻，不利於攻擊者之行動。而四境環山、形勢險峻，新老臘戍及火車站構成三角形支點，互為犄角，南育河 (Namyao) 橫貫西北形成天險，且自老臘戍而南，地勢漸次上升，構成標高 3000 呎以上之一帶高地；新臘戍扼居其上，不獨可瞰致老臘戍區及火車站之南北平地，更為臘戍區之防禦焦點。

4. 緬北之天候以季候風關係，一年分為乾濕兩季，自四月至五月漸起雷雨；五月下旬雨季開始，直至十月霪雨連綿，道路軟化、低窪處成為池沼，山地間則泥濘沒膝，誠為用兵之難地；十一月至四月天候晴明、雨量極少，

4　《新維臘戍區戰役》(第三號)，頁 3。

氣溫平均由 30 度至 36 度，晨昏濃霧籠罩、視界短小，入夜寒冷，影響作戰匪淺。

三、彼我之兵力交戰敵兵力部署番號及軍官姓名

(一)敵之兵力部署番號及軍官姓名

在貴街、新維、臘戌、康沙諸役中，先後與本軍交戰之敵兵有第二師團搜索聯隊及第四聯隊全部，第十八師團，五五聯隊全部，十八砲兵聯隊之第一大隊，第五六師團主力(欠一一三聯隊)及番隊不明之重砲一大隊。

第四聯隊聯隊長一苅大佐，其第一大隊長原為增永大尉，近有易人訊第二大隊長山岸大尉；第三大隊長齋藤少佐；第五五聯隊長山崎大佐；其第一大隊長小室大尉；第二大隊長田尻少佐；第三大隊長木村大尉；第十八砲兵聯隊之第一大隊長佐佐木少佐；第五六師團師團長松山祐三中將；其搜索聯隊長山崎周一大佐；五六砲兵聯隊長池田喜六中佐；該聯隊之第一大隊長原為池田喜六少佐，現繼者不明；第二大隊長齋藤大尉；第三大隊長金光少佐；一四六聯隊長今岡大佐；其第一大隊長安部少佐；第二大隊長脇山少佐；第三大隊長長堤少佐；一四[5]八聯隊長今穗大佐；其第一大隊長水淵少佐；第二大隊長大里少佐；第三大隊長植田少佐。

(二)我之兵力

新維區之戰鬥，我使用之兵力有新卅師步兵兩個團、新卅八師步兵一個團及軍一○五榴彈砲兩個連。

臘戌區之戰鬥，使用兵力有新卅八師步兵兩個團，及山砲兩連、新卅師之步兵一團及山砲一連，並配屬本軍之戰車第三連之一部。

自臘戌向康沙及芒崖攻擊，使用新卅八師步兵一個團及山砲一連、新卅師步兵一個團、山砲一連。

以上各期戰鬥中，各師通信營大部均已使用，工兵營亦擔任清除戰場、道路修繕等工作，輜重營則任沿公路作戰部隊之糧彈補給。

5　《新維臘戌區戰役》(第三號)，頁 4。

四、攻擊部署及其主要理由並關於戰鬥所下達之命令

　　二月上旬本軍新卅師主力自將南巴卡攻佔後，潰退之敵十八師團第五十五聯隊，及第二師團第四聯隊之殘餘部隊，即退居南巴卡以南之兩側山地，及沿南開河東南地區扼險，繼續抵抗。時軍為迅速攻佔新維，確保中印公路之目的，決以新卅師主力沿公路及其兩側山地進擊，以一部在右側山地沿南開河向鬧亨(Nawnghsang)挺進，以切斷通臘戌公路，而收斷敵補給線之效，並為策應正面之攻擊容易，以新卅八師之一團，在公路左側經曼文向新維攻擊前進，既可收側擊之攻，復能為軍左側之掩護。軍長本此決心，遂於二月八日下達第十二號作戰命令如下：

軍作命甲字第十二號[6]
陸軍新編第一軍命令
二月八日　於芒友指揮所

1.　敵情如貴官所悉

　　英軍第卅六師在依洛瓦底江東岸地區前進，佔領孟密(Mongmit)(SS4769)後向西堡(Hsipaw)(ST2113)攻擊前進。

　　美軍五三二旅(欠中國獨立步兵第一團)在河西(Hosi)(SO7142)附近地區集結，為總部之總預備隊。

　　該旅中國獨立步兵第一團集結於南星(Namsin)(SN8529)附近地區待命。

　　第五十師在其作戰地區向南杜(Namtu)(ST2872)攻擊前進中。

2.　軍以佔領新維(Hsenwi)(SO9001)確保新維通畹町公路之目的，決以一個師沿滇緬公路及其兩側地區，向新維攻擊，佔領而確保之；另以一部沿公路東側地區前進，任軍左側翼之掩護。

　　軍與第五十師之作戰地境線為曼大(Mantat)(SO3443)、帕清(Pahpang)

6　《新維臘戌區戰役》(第三號)，頁5。

(SO3536)、卡蘭 (Kalan)(SO3923)、樂帕來 (Loihpailai)(SO4796)、般海 (Banghai)(ST4898)、曼房 (Manpang)(ST4281)、樂桑 (Loisang)(ST4871) 之線，線西屬五十師，線東屬本軍。

軍配屬部隊為戰車一連、中戰車一排(指揮保養補給之必要人員，由戰車指揮組派出，附屬本軍作戰指揮)。

支援部隊為：砲十二團之一連、重迫砲第一營之一連、第五聲測排。

3. 新卅師照作戰蒙圖所示，以主力沿公路及其兩側地區，向新維攻擊前進，擊滅該區之敵而確保之；以一部沿南開河(Namkai)兩岸地區前進，越南杜河，進佔鬧亨(Nawnghang)(ST8592)，切斷通臘戌公路，阻敵南[7]竄及北上增援。

4. 新卅八師(欠山砲兵第二營)以一部照作戰蒙圖所示之地區，攻擊前進，任軍左側翼之掩護，與新卅師主力切取連繫，主力在南巴卡及其以北地區集結，隨時候命推進。

5. 軍重砲營(欠一連)沿公路推進，支援新卅八師之戰鬥。

6. 各部隊需要空軍直接支援時，由師電呈本部，轉請第十航空隊派機協助之 (如配有空軍地面連絡組者，即直接協商之)。

7. 軍指揮所與各師及重砲營之連絡，以有線電為主，以無線電為副通信。

8. 關於衛生事項仍照現行規定辦理之。

9. 糧彈補給沿公路前進，部隊盡量利用公路以行補給，在公路以外前進之部隊，得以空投補給之。

10. 余在芒友軍前方指揮所

下達法：印刷派員專送[8]

---

7 《新維臘戌區戰役》(第三號)，頁6。
8 《新維臘戌區戰役》(第三號)，頁7。

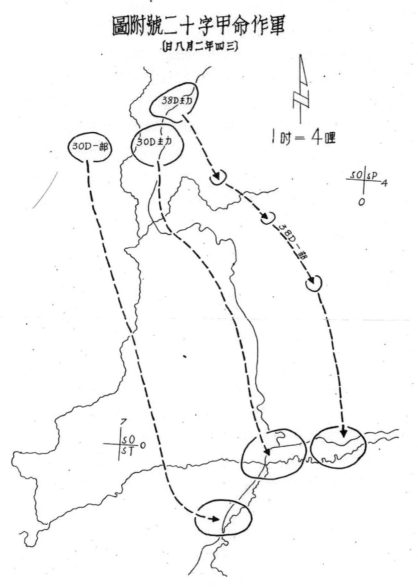

圖九之二、軍作命甲字第十二號附圖(34 年 2 月 8 日)[9]

---

[9] 《新維臘戍區戰役》(第三號)，頁 8。

二月十日，新卅師即遵令沿公路正面，以力主藉猛烈砲火之掩護，強行渡河，經兩日苦戰，於十一日將蘇斯盆金(Suspengin)攻佔，兩側之挺進部隊亦各將曼河(Manho)、何勞(Holawng)、弄樹(Nonghsu)、盤尼(Pangnim)等堅強據點攻克，至此敵企圖利用天然障礙拒止我前進之計畫已全部粉碎；然猶思於曼蘇庇奧(Manhsupuio)附近山地間，利用其處處據高臨下之優勢地形頑抗，期能再遲滯我對新維外圍唯一屏障貴街之攻擊。而我則早經窺破敵之企圖，迅即把握戰機，以閃電雷雨之勢直撲曼蘇庇奧，於十三日將該地佔領。右側挺進部隊亦復攻克桃笑，此時我正面攻擊部隊既據有曼蘇庇奧，則貴街已在我瞰制之下。十四日拂曉，我以有力部隊趁霧色濛濃之際，鑽隙深入貴街，與敵發生巷戰。至午後二時，敵為我全部殲滅，此新維外圍之屏障唯一強固據點，遂為我完全佔領。

貴街既已為我佔領，新維外圍唯一之屏障已失，僅有北面 10 數哩之連亘綿延之叢嶺石山可資扼守，故敵除以重兵於新維，及其附近山地加強工事防守外，更以一部兵力於貴街以南山地，構築堅強據點，以拒止我軍南下。十五日我乘勝進擊，敵終以士無鬥志節節敗退。十六日我正面攻擊部隊已攻佔南約溫以南地區，兩側攻擊部隊更攻佔威提(Hweoit)、鬥庇(Nawngpit)、塘心(Tanghsin)、曼文(Manwon)等堅強據點，自此我正面部隊雖處於南約溫以南，利守攻艱險阻之隘路，然兩側攻擊部隊則處於極優之態勢，乃考慮若自正面攻擊，地勢複雜必將招致極大損失，乃以公路東側攻擊部隊之一部，迅即向新維東通滾弄公路上之西烏(Seu)進襲，右側攻擊部隊向昆刊(Kunhkan)挺進，渡南杜河，切斷新臘公路，使敵受側背威脅。十七日我東側攻擊部隊之一部，以摧枯拉朽之勢，一舉進佔西烏，隨即分兵側擊新維敵之側背。我正面攻擊部隊乃把握戰機，突破險阻之隘路，直逼敵之主陣地帶。廿日拂曉攻入市郊，即分向敵側背猛攻，正面更節節壓迫，此時敵既感正面難以支持，復受側翼之威脅壓迫，更懼後路為我切斷，軍心渙散、一蹶不振，我乃乘勝直搗市區，與敵混戰至午前七時，卒將敵守軍全部殲[10]滅，完全佔領新維。

---

10 《新維臘戌區戰役》(第三號)，頁 9。

新維佔領後，軍為迅速攻佔臘戌，確保中印公路及臘戌通祖國公路之安全，決以本軍主力沿滇緬公路及其兩側山地，繼向臘戌進擊，其主要理由如下：

1. 臘戌不僅為中緬交通之鎖鑰，並為緬泰兩國邊境之前哨，更為緬京瓦城之屏障，軍略重鎮，必須不辭艱勞，兼程挺進。領有臘戌，則整個緬北之安寧則可奠定。

2. 乘敵喘息未定之際乘勝猛擊，使敵準備不週，可收事半功倍之效。

軍長基於上項理由乃於二月廿日，下達甲字第十三號作命：

軍作命甲字第十三號
陸軍新編第一軍命令
二月廿日　於貴街指揮所

1. 敵情參照作命敵情圖九之三所示。

2. 軍有佔領臘戌，確保臘戌至中國陸路交通安全之任務，決以主力沿滇緬公路及其兩側山地，向臘戌攻擊前進，將臘戌及其附近地區之敵包圍於戰場而殲滅之。

3. 新卅師以一部照作戰蒙圖所示之線向蔓朗姆(Loilawng)(ST6346.5)、潘坳(Pangyao)(ST64.549.2)附近地區攻擊佔領之，切斷臘戌通西堡(Hsipaw)(ST2113)公路，確保蒙圖所示地區，防止臘戌之敵南竄，及西堡區之敵北上增援，該師主力暫在新維附近地區集結，並以一小部在貴街擔任後方警戒，爾後視戰況之進展，沿公路在新卅八師後候命推進。

4. 新卅八師(欠山砲兵一營)以主力沿公路及其兩側地區，向臘戌攻擊佔領，確保舊臘戌及臘戌市區，以一[11]部照作戰蒙圖所示之線，向印挨(Inai)(ST6154)攻擊確保蒙圖所示之地區，切斷臘戌通南杜公路及臘戌通西堡之鐵路，防敵增援。

5. 兩師之作戰地境線如蒙圖所示，線上屬新卅八師。（圖九之三）

---

[11]　《新維臘戌區戰役》(第三號)，頁10。

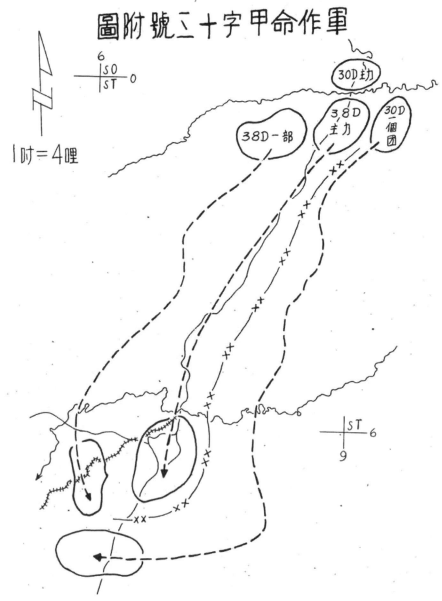

圖九之三、軍作命甲字第十三號附圖[12]

12　《新維臘戍區戰役》(第三號)，頁12。

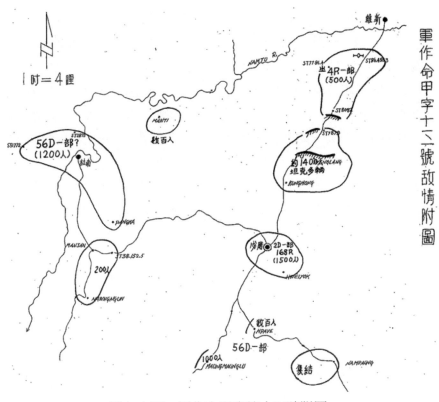

圖九之四、軍作命甲字第十三號附圖

6. 配屬本軍之戰車，及支援本軍作戰之重砲兵部隊，沿公路前進，支援新卅八師之戰鬥，該師師長應與戰車及砲兵指揮官切取連絡。

7. 軍重砲營暫以一部沿公路挺進，支援新卅八師之戰鬥，以主力在曼文集結，爾後待命參加戰鬥。

8. 空軍支援事項仍遵照作命第十二號辦理。

9. 通信衛生補給諸事項仍照現行規定辦理之。

10. 余在貴街軍前方指揮所。

下達法：複寫派員剞送[13]

---

[13] 《新維臘戍區戰役》(第三號)，頁 11。

二月二十四日沿公路攻擊部隊攻佔鬧亨後，繼續於敵猛烈砲火下向南急進。二十六日攻克芒般(Mongpang)、進逼鈉秀(Nahsaw)時，我因展開之正面狹小，敵之砲火猛烈，故令正面部隊之一部分左右兩翼向敵行小規模之迂迴攻擊，其餘則於戰車及輕重砲火緊密協同下，對鈉秀當面之敵猛攻。經兩日猛烈衝殺，敵不支潰退。二十八日遂將鈉秀至芒利間南北地區全部佔領，並乘勝進迫旁北(Panghpa)斯際，敵以我勢如雷霆、無法抵禦，乃集結約兩聯隊之眾，附戰車砲兵在曼牧(Manmau)、朋朗(Penglung)、溫塔(Wanghte)、四一六八及四一六九等高地憑堅扼守，企圖趁我進入隘路後向我反攻，然敵之詭計早經識破，遂命公路西側攻擊部隊突破南道(Namtaung)，攻佔曼提姆(Manhtam)，向四一六八及四一六九高地旋迴攻擊；正面攻擊部隊以一部分向朋朗、溫塔背擊。二十八日，公路西側攻擊部隊已佔領曼提姆；東側部隊復攻克漢杜(Hantau)，此時我即迅速把握兩側有利之態勢，施行猛烈之正面攻擊。至三月三日，相繼將朋朗等地攻佔，更乘勝一舉向南壓迫，直逼南育河畔。五日，我為避免廣正面渡河而招致重大損失，遂以一部於正面佯動，另以一部於他旁(Tapang)偷渡，乘夜色朦朧之際，秘密渡過南育河。翌日清晨進入老臘戍，經3小時之步砲戰鬥，遂將該地佔領。七日正面部隊以一部將火車站全部攻克，繼即分兵向新臘戍總攻，此時敵雖拚死支撐，然在我官兵奮勵無前之士氣，及冒死犯難之戰鬥精神、與優越之戰鬥技能，經徹夜肉搏格鬥，終將該區守軍掃數殲滅，乃於三月八日晨將臘戍完全攻佔。臘戍攻克後，軍為確保臘戍，及臘戍以北滇緬公路之安全起見，決以一部繼續沿滇緬公路攻擊前進；另以一部佔領通泰國之公路要點，防敵北竄。軍長基於此項決心，遂於三月八日下達甲字第十四號作命。

軍作命甲字第十四號[14]
陸軍新編第一軍命令
三月八日 於新維軍司令部

1. 敵情如貴官所知，並參照敵情：要報第十號指示。

   英軍卅六師在其作戰地區內前進，攻佔喬基(Kyaukee)(ST9102)、南新(Namhsin)(ST1307)，確保該段公路，並準備協力五十師對西堡之攻擊。

   第五十師配屬獨立步兵第一團在其作戰地區內，前進攻佔西堡(Hsipaw)(ST2113)，並確保南新至康沙(Konghsa)(ST3515)間之公路。

   美軍第五三三二旅為總指揮部之預備隊，位置於貴街、新維間地區。

2. 軍有佔領康沙，確保康沙以北公路(滇緬公路)通中國交通安全之任務，決以一部繼續沿公路向康沙攻擊，前進殲滅該地以北之敵軍，與五十師之作戰地境線，如蒙圖所示之線，線西屬第五十師；線東屬本軍。

   戰車第三連、美中型戰車一排及第一戰車指揮組之必要指揮人員，均歸本軍節制。

   總部支援本軍作戰之重砲兵為——第十二砲兵團之第二、第五兩連、第一重迫擊砲團第一營第一連、第五聲測排。

3. 新卅師以一部佔領作戰蒙圖所示之第一期警戒線構築工事，爾後待命推進。

   佔領蒙圖所示之第二期警戒線，加強工事、防敵北竄。

   該師另以一部駐新維附近，擔任後方警戒，並整理補充其餘部隊，推進至臘戌整補。

4. 新卅八師(欠步兵一團、山砲兵一營)(配屬戰車第一營第三連及戰車第一指揮組必要指揮人員及補給單位)先佔領作戰蒙圖所示之第一期警戒線，與敵保持接觸，爾後即沿公路向康沙攻擊而佔領之，確保蒙圖[15]所示之第二

---

14 《新維臘戌區戰役》(第三號)，頁13。

15 《新維臘戌區戰役》(第三號)，頁14。

期警戒線，防敵北竄。該師所欠之步兵一團位置於臘戌區，受總指揮部直接指揮。

5.　兩師之作戰警戒線如蒙圖所示之線，線上屬新卅八師。

6.　支援本軍作戰之重砲兵部隊(配屬中型戰車一輛)沿公路推進，支援新卅八師之戰鬥，該師師長應與砲兵指揮官切取連絡。

7.　軍重砲營以一部沿公路推進，支援新卅八師之戰鬥，主力仍在曼文集結待命。

8.　空軍支援事項乃遵照作命第十二號辦理之。

9.　軍對各師諜報隊使用如圖九之五。

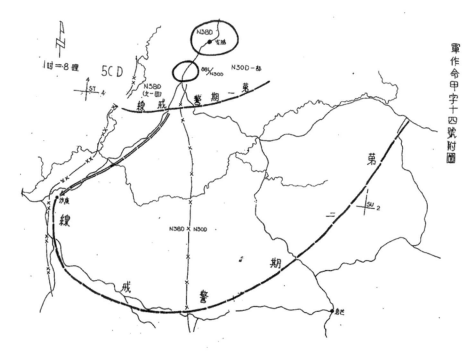

圖九之五、軍作命甲字第十四號附圖[16]

16　《新維臘戌區戰役》(第三號)，頁16。

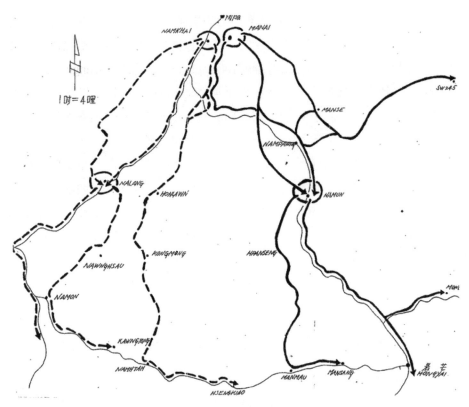

圖九之六、軍作命甲字第十四號諜報隊使用計劃附圖

10. 第一線部隊與友軍連絡，規定為軍帽或鋼盔托於槍之一端，舉槍與地垂直，對方同樣回應，並搖帽或盔使其旋轉。

11. 通信、衛生、補給諸事項，悉依現行規定辦理之。

12. 余在新維司令部。

下達法：複寫後派員齎送[17]

軍三月八日作命下達後，各師即遵照行動。十日，正面攻擊部隊將美罕(Meihan)佔領，並肅清其以北地區之敵後，乘勝直逼鬧帽時，敵為遲滯我之追

---

[17] 《新維臘戌區戰役》(第三號)，頁15。

擊，乃不惜任何犧牲，向西泡抽調重兵附輕重砲兵，在其以南地區憑堅固工事，逐段抵抗，此際我已洞悉敵之企圖，遂亦以穩紮穩打之姿態繼續南迫，經數日慘烈混戰，至十九日相繼將鬧帽(Naungmawn)、鬧柯(Naungkoi)、旁通(Pangthom)等敵堅強據點突破，直抵南馬河(Nanma)畔。廿日我以一部在色英(Seieng)偷渡，另以一部份分別於他蒙(Tamun)、曼卡(Mankat)兩處強行渡過南馬河後，即襲佔二一三七高地。廿一日主力在渡河部隊之掩護下，全部渡過南馬河，迅即以一部由東側迂迴攻擊康沙(Konghsa)，其餘則自正面猛攻，兩日之激烈戰鬥，賴全體官兵忠勇用命，遂於廿三日攻佔康沙，在距西泡公路 8 哩處與第五十師會師，斯際沿通泰國公路攻擊之部隊，一路勢如破竹，克南泡(Nampawng)，渡南馬河支流，而抵達軍作命所示之第二期警戒線。時復奉總部十七日命令飭，本軍再以一團兵力佔領猛岩(Mongyai)，遂仍命該部繼續南進，歷數日苦鬥，敵望風披靡、向南竄逃，此泰緬進出要衝之猛岩，於廿六日為我全部佔領。

五、各時期之戰鬥經過及與此有關鄰接部隊之動作

(一)貴街新維之戰鬥

新卅師攻佔南巴卡(Namhpakka)之部隊於二月八日乘勝，已將曼拉馬(Manlamma)、南倉(Namhkom)、何西(Hosi)及康馬(Kongmu)攻佔，並將附近之殘敵肅清。當時敵五五聯隊及第四聯隊各一部集結於南開河(Namhkai)南岸地區及公路兩側，企圖阻止我軍渡河，並掩護貴街(Kutkei)、新維(Hsenwi)之安全，新卅師遵軍第十二號作命指示，繼續挺進追擊，新卅八師一一二團於公路東側山地[18]間向南壓迫，協助正面部隊之戰鬥。

二月九日新卅八師八十九團攻抵公路 71 哩路標處，另一部已直達南開河北岸地區活動，與敵隔河相峙中，時八十八團正攻擊芒友(Mongyo)(SO7035)激戰竟日，至二月十日晨將敵全部擊潰，佔領芒友及孔上(Kongsong)(SO695331)，惟南開河北岸之敵仍居高佔領老泡(Loipao)(SO6831)頑強抵抗拒

18　《新維臘戌區戰役》(第三號)，頁 17。

止我軍渡河，該團勇猛進擊，分二路直搗敵陣，砲火猛烈、精神旺盛，激戰六小時，敵不支潰退。

我於二月十一日佔領老泡，復乘勝進擊，強渡南開河，而正面八十九團亦已將公路附近殘留之敵肅清，開始向南岸之敵攻擊；第九十團由左側秘密突進，在上游(SO8336)處偷渡成功，果敢深入敵後，新卅八師一一二團於標高 5000 呎之山地間前進，並已攻佔曼周(Mano)(SO8638)施行渡河，當時先頭併有四路邁進，聲勢浩大使敵到處驚擾、慌張失措。

二月十二日各團已先後將南開河南岸之潘寧(Pangnim)(SO7330)、帕肯(Hpakim)(SO7832)及曼南奇特(Mannamhkit)(SO8637)等據點攻佔。而第九十團之神速挺進，一舉佔領弄樹(Longhsu)(SO8225)將公路 52 哩處切斷，迫使南開河南岸頑抗之敵不得不狼狽潰逃，我遂躡尾窮追。

於二月十三日進抵貫街以北 2 哩之處曼蘇庇奧(Manpsuphio)(SO8423)之線，遭敵堅強抵抗，敵工事盡為碉堡掩體、障礙物重重密佈，而地形漸呈開闊，行動困難，然官兵不辭辛勞、忠勇奮發，繼續猛擊，戰至黃昏終將曼蘇庇奧攻佔，殘敵乘夜潰逃。

二月十四日清晨濃霧迷濛，視界短小，新卅師九十團接替八十九團之任務後，以有力之一部深入潛進市區，與敵發生慘烈巷戰，而主力隨即發動廣正面攻擊，敵仍拚死抗拒；迄至中午，貫街北面山地已盡入我手，頑敵退回市區，與[19]我深入之部隊展開肉搏，敵傷亡奇重。於下午二時，我將狂敵全部殲滅後佔領貫街，俘敵五五聯隊上等兵浦島光行一名，其他倉庫械彈器材甚多。

繼之即以戰車施行猛烈之追擊，挺進 6 哩與敵戰車相峙於 SO87513 之處，展開砲戰，互有傷毀。八十八團時亦攻抵四六九九高地，向塘心(Tonghsim)(SO8312)之敵攻擊中，左側一一二團已進佔南橋(Nangchio)(SO7924)。

二月十五日，敵大隊集結堅守新維以北之一帶，高山險嶺，構築強固之工事，仍圖阻止我軍南下，正面九十團已受敵猛烈之砲火阻止，當時我八十八團

19　《新維臘戌區戰役》(第三號)，頁18。

向塘心之敵攻擊後，於晨八時佔領塘心；一一二團攻佔南橋後果敢南下，進佔五七一三高地，故敵受側背之威脅甚大，漸逞動搖之狀，九十團乘機猛攻，敵遂崩散。

二月十六日敵以猛烈砲火封鎖南約溫隘路要口，拒止我正面攻擊部隊之南下，且正面敵陣地極寬、工事堅強，扼懸崖削壁之險、收瞰制之利，僅塞諸要隘足以阻止我之南下。我不僅攻擊成功困難，且必遭受重大損害，是時我兩側之部隊已攻抵弄清(Longkting)(SO9308)北面六一二五高地及曼文(Manwon)(SO9712)、南敏(Nammin)河岸與曼愛(Manai)(SO85085)東西之線，乃利用已獲得之有利態勢，極力向敵側背威脅壓迫，努力深入敵後，期能先佔新維以東，通滾弄公路之要點西烏(Seu)(SO9801)，則既可策應正面主力之攻擊，且更可切斷敵之後路，促使全線崩潰。

我一一二團經一日之秘密潛行，已進抵西烏以北2哩之南敏河北岸地區，偵知西烏有敵五十六聯隊主力及砲兵一大隊、戰車二中隊鎮守，乃於黑夜偷渡南敏河，潛入西烏近郊佈置一切，準備次晨之拂曉襲擊。

二月十七日晨，以迅雷不及掩耳之勢閃擊西烏，敵因我行動秘密、毫無準備，頓成混亂，到處竄逃，死傷泰半；我乘其混亂之際分兵西進，正面堅守之敵聞聲喪膽、意志動搖。我九十團乃冒猛烈之砲火向敵進攻，經半日之慘烈戰鬥突破[20]隘路，佔領南約溫附近一帶之險峻山地，於是新維已受我直接之威脅矣。

二月十八日，敵欲挽救其面臨之危機，與敗潰之頹勢，乃發動瘋狂之反撲，以戰車8、9輛掩護步兵二中隊以上之眾，向我一一二團作殊死之掙扎，反復衝殺5次之多。幸我官兵忠勇沉著、再接再厲、奮勇苦戰、屢予擊敗，並以火箭砲於最近距離擊毀敵戰車3輛，擊傷5輛。當時旺盛之士氣無以復加，並相機南下阻止其增援，我正面之九十團與敵在新維北面高地作寸土之爭奪，敵拼死頑抗，我有進無退，遂展開兩日之激烈戰鬥。

二月十九日我逐步進逼，並以猛烈之砲火向敵主陣地轟擊，一舉突破，敵

---

20 《新維臘戌區戰役》(第三號)，頁19。

狼狽竄回市區，猶作困獸之鬥，我九十團及一一二團同時縮小包圍，進迫市郊。

　　二月廿日拂曉，大霧瀰漫，我工兵部隊秘密將敵障礙物(鐵絲網 3 層)破壞後，繼以猛烈之砲火掩護我九十團，官兵蜂擁衝入市中，展開白刃格鬥，經 3 小時之慘烈衝殺，卒將守敵全部殲滅後，於上午七時將臘戌北面之重鎮新維完全佔領。從南巴卡至新維間之公路，全長 50 餘英里，曲折險阻，旋迴於山丘叢嶺之間，經十二日之苦戰，計攻擊曼拉馬、南蒼、何西、康馬、芒友、孔上、雷柏般尼、曼蘭奇特、何勞、南巴蘭、弄樹、曼山勒、桃笑、曼蘇庇奧、貴街、南約溫、威提、鬧庇、塘心、曼文、曼愛、西烏、溫朗、洛敏、新維等大小據點，凡 140 餘處，佔領面積 1500 餘平方英里，斃敵 650 餘名，生俘浦島光行 1 名，虜獲戰車 7 輛，擊毀 4 輛以上，卡車 30 輛、輕重機槍 26 挺、步槍 270 枝、大小火砲 9 門、擲彈筒 12 個、工兵、金屬器材 200 餘噸，其他裝具、器材、給養、藥品、彈藥、重要文件無算。

(二)臘戌之戰鬥

　　軍自攻佔新維後，為乘戰鬥之有利態勢，取得戰略上之有利地位，與時間上之迅速，計決乘勝向上緬戰略要點臘戌進擊，是時敵為阻止我之迅速南下，與掩護新維以南地區爾後之作戰準備，企圖與我於臘戌區決戰之目的，乃以第[21]五十六師團搜索聯隊所部(該聯隊係由滾弄撤至此者)增援新維南面山地鬧亨(Nawngheng)(ST8692)南北之線，拒止我之追擊，以五六師團一六八聯隊之一部在拉秀(Nahsaw)(ST8387)、且芒利(Mongli)(ST8184)之線，憑西側之高山既設之工事及南般(Nampang)河之障礙，扼險據守，企圖抑留我於芒利袋形隘路之間；另以五十六師團一六八聯隊之主力，附戰車一隊、輕重砲各數門，在曼牧(Manmau)三角地區，憑掛形之隘路及標高 4500 呎以上之高峰，扼懸崖絕壁之險，處處收瞰制之利，期長時間固守，爭取臘戌區決戰之有利；在臘戌則利用四境之高山，憑南育河之天險及區內錯綜之溪流，水泥建築物與林木荊棘複雜之地形，分別在新老臘戌及火車站構築堅固之工事，尤以新臘戌之中心區及

21　《新維臘戌區戰役》(第三號)，頁 20。

其西側山地為最，且設置各種堅強障礙物，企圖作最後之堅守。

　　二月廿三日軍已先後將河塔(Hota)以北地區殘敵肅清，是時考慮新維至臘戍為一 30 餘英里之綿亘山地，公路正面狹小、既為險峻之隘路，易守難攻，復不利於大部隊之展開運用，且主力若使用於正面作攻堅之戰，不僅曠日持久，更將招致極大之損害，乃決以新卅八師主力沿滇緬公路南下，新卅八師及新卅師之各一部，由公路西側山地勇敢突進，以策應正面之戰鬥，並力求向敵側背機動。

　　二月廿四日，敵以猛烈砲火，向鬧亨叉路以北地區施行封鎖射擊，我正面攻擊之新卅八師一一二團冒敵砲火向前進逼，將沿途散敵之抵抗擊破後，直達鬧亨，敵抵抗甚烈，激戰 1 小時，因我攻擊過猛，敵不能支，潰去。我乃佔領鬧亨及三叉路口。

　　二月廿五日，第一一三團任右翼之攻擊部隊，自廿三日將孔洋(Kungnyaung)(ST8293)之敵驅逐後，即繞公路西側山地間前進，以兩日之機警行動，於廿五日與敵相遇於 ST7586 之處，因山地間地形複雜，敵扼險頑抗，經 1 日之戰鬥，以猛烈之砲火將敵陣摧毀後攻佔之。**22**

　　二月廿六日一一二團繼以銳不可擋之勢向南壓迫，並與配屬戰車及輕重砲兵緊密協同下向芒般(Mongpang)(ST8588)，敵因我砲火猛烈，退守公路兩側山地，阻我步兵前進；經整日之搜索掃蕩，終將芒般攻佔，頑敵完全擊退。

　　二月廿七日，正面一一二團仍乘勝南下抵達鈉秀，敵抵抗甚烈，並以猛烈砲火，向鈉秀以北之一帶開闊地區不斷射擊，阻我行動。故正面進展不易，我乃分兵一部繞左側間道秘密前進，直刺芒利(Mongli)(ST8184)斷其後路，而右側一一三團自攻佔 ST7586 處敵陣後，並將敵之增援部隊擊潰，又繼進佔南道(Namtaung)(ST7384)及三九一二高地；左側八十八團亦整隊挺進，一舉攻佔何因(Hoteng)(ST9089)後，即向三三七〇高地急進中，故鈉秀之敵受側背之威脅甚大。而正面一一二團始終不斷猛攻。敵之傷亡尤重，故遂棄守，尋小徑逸去。

---

22 《新維臘戍區戰役》(第三號)，頁 21。

　　二月廿八日，敵自鈉秀撤逃後，我躡尾追擊，一舉將芒利以北地區殘敵肅清，進佔芒利，直指旁北(Panghpat)(ST7980)。當時敵一六八聯隊主力及五十六師團一部附戰車砲兵等，在曼牧東西地區朋朗(Puenglang)(ST7773)、溫塔(Wenghta)(ST7374)，以及四一六八、四一六九等高地，據高面陽，憑堅扼險，拒止我沿公路攻擊部隊之前進，我乃決心兩翼迂迴，擴張兩翼隊之進展；一一三團自攻佔南道後，即努力深入 6 英里佔領盟塘(Manhtam)(ST8674)，並即分兵，左旋挺截公路西側之四一六八及四一六九兩個主要高地；左側八十八團將沿途之抵抗擊退後，進佔通天(Tunti)(ST8880)，繼即南下朋賽(Pengsa)(ST8476)，而正面一一二團除繼續正面攻擊外，並以一部向敵後滲透。經廿九、卅、卅一，三日以來之慘烈激戰，初敵尚施行其迷執之至死頑抗，終因我官兵英勇直前，敵因傷亡重大、戰志消失，我正面一一二團窺破好機，一舉衝入敵陣，敵遺屍遍野、血流成渠。

　　三月一日再逐康通(Kongtun)(ST7877)之敵，直取三二六九高地時，一一二團派出之兩側滲透部隊，亦均進抵朋朗之線；而八十八團行動神速，已佔漢料(Hanlau)(ST8470)，深入朋朗側背，敵慌張應戰，我猛擊半日至[23]三月二日晨，一一二團先攪朋朗，再取三二六九高地；而右翼一一三團之迴旋部隊亦奮發勇攻克四一六八及四一六九兩高地，斯時敵陣地之全縱深已完全為我突破，殘敵乃拋甲棄械向臘戌逃竄。

　　三月三日我果敢追擊徹底掃蕩，並將朋朗至四一六九高地間完全肅清，乘勝向臘戌挺進。

　　三月四日右翼一一三團越四八一四高地前進 5 英里，士氣旺盛、精神奮發，一經攻擊，即佔曼岡(Mankang)(ST6067)。

　　八十八團亦佔領把通(Hpaitawang)(ST8066)，直進南育河岸，與敵隔河相峙，正面一一二團不甘後落冒險犯難，沿公路及兩側地區勇敢挺進，克和卜克(Hopok)(ST6867)，此時老臘戌及飛機場實已在我瞰制之中。

　　三月五日一一二團志在必取臘戌，不辭辛勞將沿途之敵擊潰，直抵臘戌北

---

23 《新維臘戌區戰役》(第三號)，頁 22。

面唯一天險屏障——南育河(Namyao)岸，並努力將北岸之敵全部肅清，分頭偵察渡河點，準備強渡。

三月六日，一一三團在下游 ST6062 之處秘密偷渡成功後，孤軍深入將臘戌通南圖(Namtu)之公路切斷，並分兵東進，威脅臘戌車站。八十八團在上游港康(Kongkang)(ST8062)附近施行強渡，並將南岸之敵擊退。

一一二團以一部輕兵，於五日夜秘密在公路東側 2 哩處之他旁(Tapong)(ST7362)附近偷渡，建立橋頭堡陣地，掩護主力之渡河。六日晨一一二團以極少數之兵力，在公路正面與敵保持接觸外，主力已分三處越過南育河，向老臘戌側擊，神不知鬼不覺一舉襲佔飛機場，當即虜獲完整零式飛機 2 架，繼即衝入老臘戌，敵負隅抵抗，經 4 小時之激戰將敵擊滅後，將老臘戌佔領。

三月七日八十八團渡河後繼續南進 7 哩，佔四二一○○高地即轉首西進，威脅新臘戌，側背一一三團越臘戌，通南圖之公路後，更將臘戌通西堡(Hsipaw)之鐵路切斷，阻敵增援，並又攻克印愛(Inai)(ST6154)。[24] 一一二團發揮最高度之攻擊精神，自將老臘戌攻佔後不稍休息，即分兵向車站及新臘戌近逼，敵憑堅固工事及強厚障礙物拼死頑抗，激戰半日，突破敵之障礙衝入車站，將敵守軍殲滅。領有車站，更指新臘戌而下，鉗形夾擊；兵臨城下志氣浩大，經徹夜之砲戰，敵更大量增援，企圖拼死堅守，乘機逆襲；我冒夜將敵一切障礙物(外壕、鐵絲網、拒馬等)破壞後突入市區，於是空前慘烈之巷戰，立即展開白刃肉搏。有我無敵、爭奪竟夜，敵幾度瘋狂反撲，終被擊退。

三月八日晨，頑敵已悉數為我殲滅，陳屍 200 具，上午 7 時我已佔領滇緬公路進出之咽喉，虎視泰緬邊境之前哨——臘戌。

從新維到臘戌公路凡長 3 餘哩，經 16 天之艱苦戰鬥，計攻佔鬧亨、芒般、納秀、卡康姆、芒利、旁北、朋朗、溫塔、四一六八、四一六九兩高地、南道、曼提姆、吞底溪、杜廣、康曼、牧勞、西堡、他旁、火車站、飛機場、新老臘戌等大小據點 220 餘處，佔領土地面積 1950 平方英里、斃敵經查明者

24　《新維臘戌區戰役》(第三號)，頁 23。

有中隊長以下 477 名、虜獲卡車 37 輛、輕重機槍 49 挺、步槍 383 枝支、山砲 5 門、迫擊砲 12 門、火車頭 3 個、車廂 48 節、轟炸機 1 架、零式戰鬥機 2 架、其他糧秣、彈藥、機器、倉庫無算，敵遺棄兵工材料於臘戍附近者有萬餘噸、是役我亦傷亡連長以下官兵 200 餘員名。

(三)康沙芒岩之戰鬥

軍佔領臘戍後，雖已使中印公路獲得安全保障，然為使確保臘戍安全起見，必須分兵向滇緬公路及通泰國之公路繼續掃蕩、擴張戰果，使敵不能再作覬覦之妄想，奠定國境永遠之安寧，恢復緬北往昔之繁榮。故本軍繼攻佔臘戍後，忍勞耐苦即行，繼續攻擊，凡 18 天之連續戰鬥，兩翼各復進展 50 餘哩，使臘戍更加安全，國門更形鞏固，揚漢威於異域，奠和平於人間。本軍在緬北戰役之艱鉅任務至此完成，茲將兩翼之攻擊經過分述如下：

1、滇緬公路康沙之戰鬥[25]

三月八日新卅八師攻佔臘戍後，繼即行掃蕩追擊，於三月九日以一一三團獨任追擊部隊，沿滇緬公路及兩側山地果敢南下，沿途之敵屢欲阻止，均經擊退。十日越南開(Namkhai)(ST6651)取美罕(Mehan)(ST6248)，十一日逐樂勞(Loilawn)(ST6246)之敵佔其陣地，當夜約有敵 200 餘之眾，附輕重火器施行反撲，激戰竟日，我官兵沉著勇敢，敵卒負創竄回。翌晨我繼行攻擊，突破公路 9 哩處之敵陣後，復進 3 哩直達火那(Hona)(ST5937)，因敵陣堅固、抵抗甚烈，我乃以一部牽制主力，分兩翼迂迴，於十四日將敵後公路 14 哩處切斷，並猛烈攻擊 16 哩之鬧柯(Naungkou)(ST5732)陣地，於是火邦之敵見腹背受敵，頓呈混亂，我乘機擊破之敵紛紛後竄，復中我切路部隊之埋伏，傷亡甚重，我乘勝追擊與主力會合，併力攻擊鬧柯，混戰一日，於十七日又告佔領，敵狼狽竄逸，我奮勇猛追進 6 英里。十八日一舉又將堅守南亨(Namhung)(ST5128)之敵擊潰，直抵公路 24 哩之南馬河(Namma)(ST5937)畔。

頑敵死守南馬河西岸，阻我渡河，雙方砲戰整日，我即在上游曼卡(Mankat)(ST5222)附近施行強渡，以策應正面之戰鬥，敵瘋狂阻止幾次，增援

25　《新維臘戍區戰役》(第三號)，頁 24。

反撲，賴我官兵奮勇均予擊潰，我於廿日晨在曼卡渡河後盡力擴展。廿一日攻佔礦康(Kawngkang)(ST5019)及二二八九高地，威脅公路正面敵之側背，第一一三團主力當即發動強渡，冒險犯難、勇往直前，敵終不支撤逃，我渡河後追擊 4 哩，廿二日協同進擊破潘康(Panghkang)(ST4117)之敵，直逼康沙(Konghsa)(ST3415)。康沙敵陣堅強扼險、拼死抵抗，經激戰一日，我發揮猛烈之砲火摧毀敵陣，一舉突入，敵一度逆襲均被殲滅，於廿三日攻佔康沙，並與五十師由西堡東進之部隊會合，由是滇緬公路臘戌西堡段亦暢通無阻矣。

2、泰緬公路芒岩之戰鬥[26]

八十八團協助新卅八師攻佔臘戌後，即沿泰緬公路挺進，三月十四日攻佔公路 13 哩處之曼馬連(Mangmakneleng)(ST6738)，敵即後竄，我繼即追擊至公路 19 哩處，因前地有南彭河(Nampawng)橫阻，乃分兩路南下，主力沿公路，一部於西側山地間併頭急進。三月十八日同時強渡均告成功，分別攻佔南泡(Nampaung)(ST8334)、南馬(Namma)(ST7829)後，合力猛擊，進展迅速。廿一日抵達公路 32 哩之線，敵一四六聯隊第三大隊及一四八聯隊之一部困守南翁(Namun)(ST8523)阻我前進，激戰一日，於廿二日克南翁，兩路追擊 5 英里，在公路 37 哩處會合，當時敵堅守二九〇一高地，我官兵奮勇無比，直撲敵陣，卒於廿三日為我突破。敵負創南竄，我追擊 13 哩，勢如破竹、聲威浩大。廿五日拔腦麻(Naungmo)(LC7323)、吞空高(Kungkaw)(LC7552)，直刺芒岩(Mongyai) (LC8016)。

芒岩為泰緬公路之要隘，北達臘戌，南下景東，西連康沙，為臘戌之脣齒；敵增兵困守、憑險頑抗，我八十八團官兵在步砲緊密協同下，不辭險難、向敵陣猛衝。古人云：「誠之所至，金石為開。」敵所謂之芒岩堡壘於廿六日已為我突破，復經 2 小時之格鬥，敵因傷亡慘重遂行潰逃，我虜獲甚多，於是日佔領芒岩。

輝煌世戰之緬北反攻戰至此勝利結束，敵寇之陰謀企圖已被粉碎，祖國國際交通業已開放，軍所負之艱巨任務亦差告達成矣。

26　《新維臘戌區戰役》(第三號)，頁 25。

六、戰鬥之成績

本期戰鬥歷時 45 日，打通滇緬公路凡 100 餘哩，約平均每日進展 2 哩半，強佔領地區面積 5800 餘平方英里，殲虜無算，茲分條縱論其成果如下：

(一)戰略上

回憶民卅一年國軍深入緬中，新卅八師正解救英軍於仁安羌，展開壯烈血戰，時敵以輕騎出景東、[27]襲臘戍，斷我後路，遂演成緬戰黯然之撤退，而敵更北進南坎、八莫，迫使我軍深入野人山，斷糧絕彈、倍嘗辛勞。蓋臘戍位佔中印緬泰四國交通之心臟，更為緬京瓦城外圍之屏障，故本軍自印度開始反攻，即以「打通中印公路攻佔臘戍」為第一大目標，經 2 年餘之艱苦戰鬥，卒致達成任務，使中印公路確保暢通，青天白日旗重揚於臘戍臨空。緬北重鎮已整個解放，百萬居民從此安居樂業，重建家園；而我更可霹靂之聲勢南下瓦城、仰光，解救整個緬甸，更可東進泰國，直取新加坡，威脅南洋，聲晰山河、勢潰雷電，縱然「皇軍」頑強，亦必寒心屈膝、伏首歸降。

(二)精神上

素以「無敵」自誇之皇軍，竟在緬北戰役中束手無策、到處慘敗，在同樣惡劣之天然環境下敵則兵弱馬瘦、狼狽不堪，我則人壯馬強、氣吞山河，每攻必克、無戰不勝，使世界人士深知中國新軍為世界第一等軍隊，揚威異域、祖國增光，博得各國好評與讚許，使盟國必勝之信念更形堅定。

(三)物質上

敵將我國海岸交通及國際路線均行切斷，致我國僅賴空運，獲得盟邦之少量物質援助，杯水車薪自無待言，故國內部隊不能按時改良裝備，施行反攻，而敵更坐大到處蠢動，鐵騎縱橫，人民塗炭，本軍官兵同仇敵愾，秉　長官之命令，盡最大之努力，卒將中印公路打通，使盟邦物資源源內運，整師反攻，奠勝利之基礎。

---

[27] 《新維臘戍區戰役》(第三號)，頁 26。

七、戰鬥後敵我陣地及行動

軍自佔領臘戍後，各師除仍擔任警戒及相繼集中整理外，並各派有力部隊向西側前方伸展，新卅八師沿滇緬公路挺進，攻佔康沙，與五十師會合；新卅師第八十八團即沿通泰國公路，向沿途之敵攻擊。進佔孟岩，並將孟岩通康沙間之公路以北，與臘戍形成三角地區內之殘敵全部肅清，向南嚴密警戒。敵自慘敗後即潰散不堪收拾，分向山地間小道竄逃，其後續部隊即在孟岩以南，標高 6055 呎之山地間，扼險構築陣地，防止我軍南下。[28]

八、可為參考之所見

本軍對於緬北戰役各項可資參考之事項，均已分條詳述於以往各期戰鬥詳報中，本期戰鬥除攻擊貴街、新維、臘戍、康沙、芒岩等大城市據點外，可視為一長距離、長時間之追擊戰，茲就追擊方面略申所見如下：

敵對於掩護撤退及收容動作，除幾次被我切斷後路，促成混亂外，均尚秘密井然，尤於撤退前必先發揮其砲兵之威力，盡量消耗其剩餘之彈藥，企圖擾亂我之視聽，乘黑夜開始撤退，步步收容、均尚盡責；而本軍攻擊部隊除一、二次對敵情判斷不確，致被逃逸外，均能適時追擊、予敵重創。尤以攻擊火那之敵，先行敵後埋伏，斷其後路，戰果尤著；至果敢迅速、獨斷機警，均為追擊必須之條件。本軍各級部隊均能充分表現，致使進展得以順利迅速，使敵不能作充分之準備；而對於利用火力之追擊，封鎖敵之退路，遲滯其退卻之行動，則仍有忽略者，宜切實注意及之可耳。

九、各人及各部隊功勳記事

本期作戰因與南坎區戰役相連接，各有功人員除各師已行呈報外，各有功之人員併行表列於下：[29]

28　《新維臘戍區戰役》(第三號)，頁 27。
29　《新維臘戍區戰役》(第三號)，頁 28。

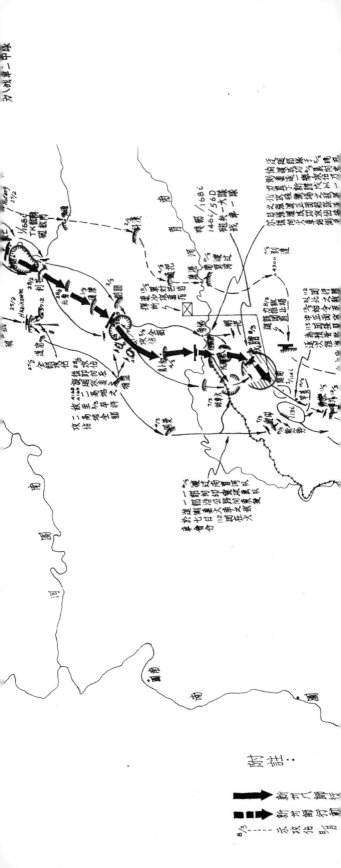

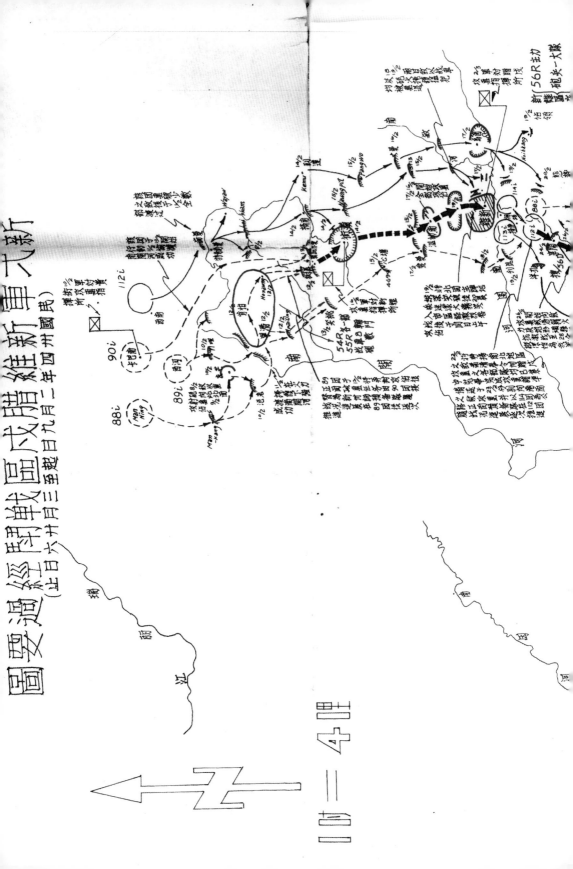

新六軍經緯區戰鬥經過要圖

（民國三十二年起至三十三年九月卅六日止）

二吋＝四哩

表九之一、新一軍新維臘戌戰役官兵功勛表

駐印軍陸軍新編第一軍緬北新維臘戌區作戰官兵功勛記事					
部　　別	級　職	姓　名	戰役地點	功勛事實	備考
軍司令部	少　將 參謀長	史　說	南坎－臘戌	該員自參戰以來，策劃周詳、運籌適宜，使部隊迅速攻佔八莫、南坎、臘戌等地，完成艱鉅之任務。並對後方勤務不辭艱苦，日夜辛勞，督導有方，使一切運輸補給均能適時，官兵毫無顧慮，致獲輝煌戰果，厥功甚偉。	
軍司令部	上　校 副參謀長	張炳言	南坎－臘戌	該員參戰以來，策劃有方、運籌帷幄、晝夜辛勞，統率參謀幕僚，精細研討。此次緬北作戰所獲輝煌戰果，該員勤助甚多。	
參　謀　處	上校課長	李　濬	南坎－臘戌	該員主持情報業務，與總部情報課保持密切聯絡，將重要情報適時呈交指揮官，及通報各部隊，對敵情瞭如指掌，頗著功績。	
參　謀　處	上校課長	倪應中	南坎－臘戌	該員主持後勤業務，對衛生、補給、通訊諸設施計畫週詳，使軍在作戰期中，對後勤設施毫無遺憾，卓著功績。	
參　謀　處	少校參謀	王賀東	南坎－臘戌	該員代理作戰課業務，勤助籌謀，卓著勛績，尤以編纂戰鬥詳報要報，審慎週詳、晝夜工作，頗為辛勞。	
參　謀　處	少校參謀	江雲錦	南坎－臘戌	該員主持戰訊佈達，每日將部隊作戰經過，檢討研究及通報，使統帥部及各友軍對本軍戰況瞭如指掌，且作戰五閱月始終在前方指揮所工作，對業務貢獻亦多，頗著勛勞。*30*	
參　謀　處	上尉參謀	潘德輝	南坎－臘戌	派往猛宜(Mongnge)調查華僑與喀欽軍糾紛事件，該員處理適當。	
參　謀　處	上尉參謀	鄧　超	南坎－臘戌	熱心負責、業務精練，勤助籌謀及編纂	

30　《新維臘戌區戰役》(第三號)，頁29。

				戰鬥詳報要報，日夜工作，頗著勛績。作戰五月大部時間服務於前方指揮所，對業務貢獻頗多。	
參　謀　處	上尉參謀	李明聰	南坎－臘戌	勷助辦理情報，將要報敵情適時報告及通報，使下級部隊對敵情瞭如指掌，且作戰五月始終在前方指揮所工作，對業務貢獻頗多，卓著勞績。	
參　謀　處	上尉書記	宋宜卿	南坎－臘戌	本軍自參戰以來，所有戰鬥詳報、戰鬥要報、戰鬥月報、戰鬥週報作戰概述，以及其他諸種機密重要文件，均係該員親自繕印切裝，使稱美滿。且每種案件均能在限期內呈出，而無有誤。尤關於戰鬥上前來往公文，處理特速，獲得時間之餘裕，裨益戰勝之爭取，卓著辛勞、成績顯著。查該員在軍作戰期間，事務極繁，於多端艱難勞苦之下，不見倦容；其工作之努力，與夫成績之表現，允稱楷模。	
參　謀　處	二階電務員	彭錫嘉	南坎－臘戌	該員盡忠職守、不辭勞苦，日夜從公，尤對譯電精確迅速，得以確切之聯絡，裨使指揮靈敏。	
參　謀　處	三級譯員	王德碩	南坎－臘戌	該員熱心負責，遇事不遺餘力，自派密支那、八莫等處，組訓民眾、慰問華僑、倡辦學校，極為得法。自去年十一月份起，日夜辛勞，不畏艱苦，對敵陣中廣擴散發傳單、調查情報、組織市場、聯絡盟友、撫慰傷兵等等，均甚努力，致獲盟友及華僑之稱讚。	
參　謀　處	一級譯員	伍鴻竹	南坎－臘戌	該員隨新卅八師獸醫所向列多出發，跋山涉水徒步行軍，備著勞績，常時協助美聯絡官，治療傷病騾馬，自行動手從旁協助，頗為盟方軍官嘉許。[31]	

---

[31] 《新維臘戌區戰役》(第三號)，頁30。

參 謀 處	一階秘書	彭　　旦	南坎－臘戍	該員服務忠勤，負責耐勞。	
副 官 處	上校處長	黃　　醒	南坎－臘戍	查此次緬北戰役地形複雜，尤以本軍行動艱難，運輸困苦，該員指揮所屬，策劃有方，設營周到，且對傷病官兵處置適當，致使後勤業務得以無後顧之慮，其功甚偉。	
軍 需 處	一等正處長	張明信	南坎－臘戍	本軍參戰異國，補給情形特殊，其任務加倍艱苦，該員計畫週到、不辭勞苦，統率所屬辦理糧服，按時達成任務，致前線部隊士兵飽食暖衣而專心戰鬥，厥功甚偉。	
軍 務 處	上校處長	胡甲裏	南坎－臘戍	該員服務忠勤，本軍自參戰以來，對械彈補給、兵役撥補車輛分配，均能適時達成任務，尤對指揮所屬幕僚，均能各自盡忠職務，致使前限戰鬥部隊有充分之補給。	
軍 務 處	中校課員	雲　　鎮	南坎－臘戍	該員服務熱心不辭勞怨，對通信技術之訓練，及機件損壞之修理，前後方通信聯絡之靈活，該員出力甚大。	
軍 醫 處	一等正處長	薛蔭奎	南坎－臘戍	該員自參戰以來，親赴各師前線照料傷兵，統率所屬管理各醫院傷病官兵，尤對衛生設備精細佈置，致全軍減少疾病士兵，而增強戰鬥力量。	
軍 醫 處	二等軍醫正	卞聲鋐	南坎－臘戍	該員代理新卅八師軍醫主任職務，調度有方，並親至前方督導救護及傷運工作，使傷者於 1、2 小時內即可運達手術組，獲手術醫療，非僅減少病苦傷殘，該員貢獻頗大。	
軍 需 處	二等軍需正	李　　穠	南坎－臘戍	該員服務勤謹負責，對全軍被服裝具補給，籌劃得法，保管良善，補助戰鬥不無功勞，尤對各師負[32]傷及住院官兵服裝，均能以氣候適時補充，使傷者死亡	

---

[32] 《新維臘戍區戰役》(第三號)，頁31。

				率得以減少。	
軍 醫 處	一等軍醫佐	李　康	南坎－臘戌	奉命留守密支那，擔任軍部留守人員之醫療，及後方本軍各留守部隊衛生器材之經領及分配，是時新卅八師留守人員近千，新兵數百，該師軍醫不敷支配，該員竟不辭勞瘁，於每日按時至該師留守處及新兵營作巡邏醫療工作，數月無倦；而衛生器材亦能供應無缺，其服務精誠至足獎勵。	
軍 法 處	一階軍法官	彭　煉	南坎－臘戌	該員服務勤慎，公正無私，判斷適切，辦理案件甚為得法，尤對業務負責。	
人 事 課	中校課長	鍾自淦	南坎－臘戌	該員服務忠勤，不辭勞怨，本軍自參戰以來傷亡甚巨，人員調整頻繁，官佐任免功獎、調製表冊彙辦等，克盡厥職，晝夜從公而使全軍人事得以適當之調度，致部隊人員專心戰鬥而獲戰果。	
新 卅 師	少將師長	唐守治	南坎－臘戌	該員指揮所屬，強渡瑞利河，攻佔南坎，謹慎勇敢，負責犯難，登老龍山，協助新卅八師攻佔芒友，打通中印公路後，乘勝襲佔南巴卡、貴街、新維，該員指揮若定，殲滅致果，並協同新卅八師攻佔臘戌後即進兵芒岩，行動迅速、按期達成任務，勛績特著。	
新卅八師	少將師長	李　鴻	南坎－臘戌	該師冒險深入敵後，挺進國境，行動機警神速，出敵意表致順利攻佔芒友，打通中印公路，更秘密切斷滇緬公路，使畹町之敵陷入死地，狼狽潰逃；且協同新卅師之攻擊南巴卡、貴街、新維後，神速閃擊臘戌，進兵康沙，奠定緬北勝利之基礎，該員忠勤負責、堅忍辛勞，指揮適切、運用得法，功勛尤偉。[33]	

---

[33] 《新維臘戌區戰役》(第三號)，頁32。

十、俘獲戰績

俘獲戰績(照片)業經各師分別呈報矣。數量統計如附表於下：[34]

表九之二、新一軍新維臘戌戰役傷亡官長姓名表

<table>
<tr><th colspan="9">陸軍新編第一軍貴街新臘戌康沙區戰役傷亡官長姓名表</th></tr>
<tr><th rowspan="2">部　　　別</th><th rowspan="2">級　職</th><th rowspan="2">姓　名</th><th colspan="2">負　傷</th><th colspan="2">陣　亡</th><th rowspan="2">備考</th></tr>
<tr><th>地　點</th><th>日　期</th><th>地　點</th><th>日　期</th></tr>
<tr><td>新卅師八十九團三營七連</td><td>上尉連長</td><td>殷廣柱</td><td></td><td></td><td>南巴卡</td><td>2月4日</td><td rowspan="13">35</td></tr>
<tr><td>新卅師八十九團一營三連</td><td>中尉排長</td><td>蔡權衡</td><td>新維</td><td>2月18日</td><td></td><td></td></tr>
<tr><td>新卅師八十九團三營七連</td><td>上尉連長</td><td>廖曉村</td><td>新維</td><td>2月20日</td><td></td><td></td></tr>
<tr><td>新卅師八十九團三營七連</td><td>准尉排長</td><td>陳家德</td><td>新維</td><td>2月21日</td><td></td><td></td></tr>
<tr><td>新卅八師一一三團二營四連</td><td>少尉排長</td><td>蔣連成</td><td></td><td></td><td>四一六八高地</td><td>3月3日</td></tr>
<tr><td>新卅八師一一三團三營七連</td><td>准尉排長</td><td>李復如</td><td></td><td></td><td>臘戌</td><td>3月11日</td></tr>
<tr><td>新卅八師一一三團三營九連</td><td>上士代排長</td><td>伍希球</td><td></td><td></td><td>南馬河</td><td>3月20日</td></tr>
<tr><td>新卅八師一一三團三營九連</td><td>上士排附</td><td>劉　鈞</td><td></td><td></td><td>南馬河</td><td>3月20日</td></tr>
<tr><td>新卅八師一一三團三營機三連</td><td>少尉排長</td><td>范鍾瑋</td><td></td><td></td><td>ST7475</td><td>3月2日</td></tr>
<tr><td>新卅八師一一三團二營四連</td><td>上尉連長</td><td>朱培業</td><td>四一六八高地</td><td>3月3日</td><td></td><td></td></tr>
<tr><td>新卅八師一一三團二營四連</td><td>准尉排長</td><td>陳濱鴻</td><td>四一六八高地</td><td>3月3日</td><td></td><td></td></tr>
<tr><td>新卅八師一一三團二營四連</td><td>中尉排長</td><td>彭家修</td><td>四一六八高地</td><td>3月13日</td><td></td><td></td></tr>
<tr><td colspan="3">合　　　　　計</td><td colspan="6">12員[36]</td></tr>
</table>

---

[34]　《新維臘戌區戰役》(第三號)，頁33。

[35]　《新維臘戌區戰役》(第三號)，頁35。

[36]　《新維臘戌區戰役》(第三號)，頁36。

附表九之一、新一軍新維臘戌戰役俘獲敵兵表

陸軍新編第一軍戰鬥詳報附表(俘獲敵兵)				
隸　　　　　　屬	級　職	姓　　名	俘獲地點	俘獲單位
第十八師團五五聯隊	上　等　兵	浦島光行	貴　　街	新卅師九十團
附　　　　　記	37			

附表九之二、新一軍新維臘戌戰役虜獲武器表

陸軍新編第一軍戰鬥詳報附表			
民國三十四年二月九日至三月二十六日虜獲戰利品(武器)			
種　　　類	區　　分	數　　量	附　　記
戰利品	武器	山　　砲	5	
		野　　砲	2	
		迫　擊　砲	12	
		輕　機　槍	33	
		重　機　槍	11	
		步　　槍	696	
		擲　彈　筒	9	
		戰　防　槍	1	
	彈藥	榴彈砲彈	1275	38
		山　砲　彈	350	
		步機槍彈	13700	
		平射砲彈	500	
		手　榴　彈	218	
		黃色藥包	24 箱	
	車輛	戰　　車	5	
		卡　　車	26	
	其他	刺　　刀	81	
		鋼　　盔	66	

37　《新維臘戌區戰役》(第三號)，頁37。
38　《新維臘戌區戰役》(第三號)，頁38。

附表九之三、新一軍新維臘戍戰役虜獲文件表

陸軍新編第一軍戰鬥詳報附表			
民國三十四年二月九日至三月二十六日虜獲戰利品(文件)			
種　類	區　　分	數　　量	附　　記
戰利品（文件）	砲兵操典	2 本	
	森林戰術參考	4 本	
	池部隊作命五一號	1 張	
	防空計劃	2 本	
	步兵對空行動	1 本	
	兵器學筆記本	1 本	
	砲兵射擊筆記本	1 本	
	會報紀錄簿	2 本	
	命令紙簿	3 本	
	軍隊手諜	10 本	
	薪俸支給簿	8 本	
	砲兵射擊表	1 本	
	步兵操典	4 本	
	砲兵觀測筆記	1 本	
	陣中日誌	3 本	
	病床日誌	19 張	
	通信綴	1 本	
	通信符號	1 張	
	書信	15 封	
	作戰功勛表	5 張	
	傷亡表	7 張	
	私章	3 顆[39]	

---

[39] 《新維臘戍區戰役》(第三號)，頁 39。

附表九之四、新一軍新維臘戌戰役武器彈藥損耗表

陸軍新編第一軍戰鬥詳報附表					
民國三十四年二月九日至三月二十六日武器彈藥損耗表					
消			耗		
部別			新卅師	新卅八師	合　計	附　　記

種類	武器	步槍	3	12	15	
		衝鋒槍	6	2	8	
		輕機槍		1	1	
		六〇迫擊砲		1	1	
		槍榴彈筒	7	19	26	
		信號槍		3	3	
	彈藥	步彈	96996	14600	101596	
		重機槍彈	93500	132200	225700	
		輕機槍彈	83646	172600	256246	
		衝鋒槍彈	13000	86000	99000	
		六〇迫砲彈	5290	9260	14550	
		八一輕彈	2880	7960	10840	
		八一重彈	1313	4190	5503	
		七五山砲彈	2299	5050	7349	
		手榴彈	1429	7550	8979	
		七五烟幕彈	150		150	
		火箭彈	140	490	630	
		信號彈	120		120	
		榴槍彈	1060	1900	2960	
		三七戰防彈	100		100	
附　　記		**40**				

40　《新維臘戌區戰役》(第三號)，頁 40。

附表九之五、新一軍新維臘戌戰役死傷表

陸軍新編第一軍戰鬥詳報附表												
<div>　　　　區分 部別</div>	戰鬥參加人員(馬匹)			死			傷			生死不明			備考
	官長	士兵	馬匹	官長	士兵	馬匹	官長	士兵	馬匹	官長	士兵	馬匹	
軍司令部 (含直屬部隊)	56	867											
新卅師	640	9598	1466	1	36		3	85			23		
新卅八師	1071	10729	1491	5	38	35	3	106					
合計	1767	21194	2957	6	74	35	6	191			23		
附記	*41*												

---

41 《新維臘戌區戰役》(第三號)，頁 41。

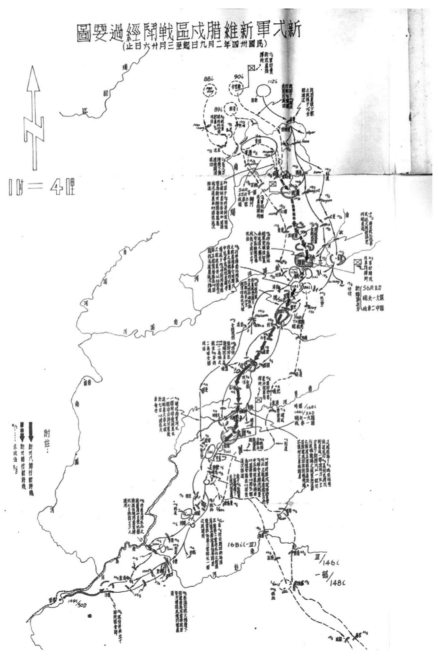

圖九之七、新維臘戌區戰鬥經過要圖

第十本
緬北第二期作戰概述

自 民國三十三年十月十五日起 至 三十四年三月廿六日止

軍 長 孫立人

陸軍新編第一軍司令部編印

中華民國三十四年　月　日

第十本　緬北第二期作戰概述
詳細目錄

---

[1]　《緬北第二期作戰概述》(第四號)，目錄。

表：

緬北第二期作戰概述 戰詳字第四號

一、前言

自密支那、孟拱先後為本軍攻克後，曾一度沉寂之緬北戰塲，於卅三年十月十五日又開始活躍而轟動。

吾人當永遠不能遺忘自緬甸淪陷，滇緬路為敵人封鎖後，盟國所感受之威脅及我國所感受與日俱增之困難。為打破此種威脅與困難，當緬甸淪陷後之第一週年十月卅一日，反攻緬甸重開中印公路之砲聲，於胡康河谷驚人爆發。此為本軍獨立所負之重任，從此敵我在叢莽荒野的原始大森林地帶之胡康，荒涼滿目之卡盟及鐵路盡頭之密支那、孟拱等區，連續不斷的展開激烈而悲壯之血戰，歷時 10 閱月。其戰鬥之慘烈，可於緬敵十八師團於昭和十九年五月，陣中訓話一文中，完全現出。雖其中對美國之判斷，言論荒謬，然敵死力頑抗之決心，於此畢露。時當胡康會戰結束，敵退據卡盟北區，死力再戰之際。其文中有云：

師團奉命邀擊擊滅侵入胡康之敵人，此即兵團之任務。林軍團長(即十五軍團軍團長牟田口廉也)於司令部出發之際，曾經讚菊兵團十八師團防諜號)之意志云：「保衛日本之菊兵團，對敵人之侵入，應作何處置」等語。如此菊兵團之任務，當然為擊滅敵人。何以必須負此任務？因所謂「拒止」或「阻止」，乃消極目的之達成，不能徹底挫折敵人，打通雲南公路之戰鬥意志；所云「擊滅」，又惟有菊兵團能行之。對此有三要點：

1. 敵之企圖頗大。
2. 除擊滅外無他對策。

3. 菊兵團不可不獨立行之，敵企圖頗大，直接企圖打通雲南公路。[2]

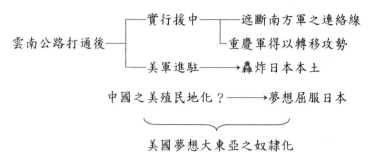

上圖美國最終之目的，乃使大東亞之奴隸化。

　　欲阻止敵大計畫之實施，須相當之力量。敵全般狀況未全陷於不利時，無論二年三年，或犧牲五萬十萬，皆所不顧。

　　然而結果由事實證明，頑敵 100,000 萬已被殲滅。緬北北緯 25 度以北，全被我攻佔。敵佔緬甸求確保政署、戰署優越地位之野心，全被毀滅無餘。整個戰局於焉改觀，緬甸敵人遂趨於總崩潰之途，其間可歌可泣之戰績，經分別誌諸詳報中。

　　本軍當卅三年，八月三日攻佔密支那後，值緬北雨期正酣。全區經修繕之道路、橋樑，復多為雨水所沖毀，路面泥濘沒膝，大小河川山洪暴發，若干低地盡成澤沼之區，陸上交通杜絕，人馬步履為難，空軍活動大受氣候所限制，妨害大軍作戰之遂行。緬北第一期反攻作戰於是結束。本軍於密支那集結整訓，準備第二期攻勢。

　　同年(卅三年)十月，雨季將終，緬北漸入乾季，軍繼續擔負打通中印公路之重任，於十月十五日，由密支那發動第二期攻勢。沿中印公路直下，十二月十五日克八莫。卅四年一月十五日佔南坎，一月廿七[3]日攫芒友與滇西國軍會師，打通中印公路。復為確保中印公路之安全，繼乘勝由芒友，沿滇緬公路，向緬中臘戌進擊。二月十四日克貴街，二月廿日陷新維，繼續半月餘之奮鬥，

2　《緬北第二期作戰概述》(第四號)，頁 1。

3　《緬北第二期作戰概述》(第四號)，頁 2。

於三月八日將臘戌完全攻佔，自此完成重責。茲將由卅三年十月十五日，由密支那發動第二期攻勢以來，迄卅四年三月八日攻克臘戌達成任務止，其間之作戰經過及戰地狀態、氣象等，概要分述如下：

二、戰地狀態及天候氣象

(一)戰地狀態

1、八莫區：

八莫為明代孟密宣慰司所轄之地，原名新街，舊為我國之直屬區域。茲將中緬關係，加以分析，即可窺其全豹矣。

查「緬甸」之始名，遠自元代而起，當緬人自稱其部落曰「甸」，與我國相距緬遠，當時顧義思名，故稱之曰「緬甸」。而中緬發生政治關係，大約遠自唐代，唐之武力數次入滇。其時緬甸尚未統一，在北部有蒲人建立之新蒲甘王國，即唐代所稱之驃國；西南部則有阿拉干人所建立之阿拉干國；南部則有猛人建立之擺古國。其中文化程度以蒲甘王國為最高，人民擅長音樂，曾獻樂來中國，此為中緬文化交流之始。是時緬甸佛教已極盛，唐書甚稱之。

中緬更進一步之政治關係，則發生於元代。元世祖忽必烈於十三世紀中葉(一二五三年)滅南詔，定都於雲南之大理，遂與緬甸接壤。其時蒲甘君王名提哈索特王，性頗強悍。世祖遣使招降，提哈索特不但不允，反殺戮元使。至一二七五年，始由駐金齒蠻(即現今八莫北面之太平河地區)之通使蒙古，轉報世祖。世祖乃命忽都，率軍隊 700 人，晝夜兼行，與四、五萬緬兵會於今之太平河邊，緬軍[4]前為馬隊，後為象隊，而蒙古兵多係騎兵，分三路與緬軍激戰，結果蒙兵大勝。別將納速拉丁，復率兵入緬，由太平河背出，佔八莫而趨康同(Kannton)，距八莫約 15 英里，在伊江南岸，以天熱而還。其後一二八三年，蒙古王族相我達爾征緬，破康同，繼率兵南下，直搗緬中，越二年而破台拱城(Tagoong)，提哈索特遂降元而設緬甸行省。其在元代版圖上之地位，與中國其他行省相同，此為中緬政治關係最密切之時，亦即緬甸屬中國版圖之史源

4　《緬北第二期作戰概述》(第四號)，頁 3。

也。

　　元亡明興，政治勢力仍能深入緬北，並於明初以宣慰司，冊封有功大將及當地忠誠膺服之土人首領。是時在今日之所謂緬北及上緬，乃分設有木邦、孟密、孟養，三宣慰司。查木邦所轄區域，北自南坎，南至臘戌以南之來友(或今之南腰 (Namyao)或那含 (Nayan))；孟密(Mongmit)自宛貌(密支那東岸)北起，經八莫直至以南 150 英里；孟養(Mohnyin)自虎康、孟拱河谷起，直至卡薩以南(孟養、孟密以伊洛瓦底江為天然界線)，並由朝廷頒發信印，世襲守土，以固邊疆。現雖軍中典籍缺乏，詳明起訖地點無法查明，惟當時之所謂某宣慰司者，係以當時司址所在地而故名。查木邦即今之新維，孟密居今八莫西南約 150 英里之處，孟養居今孟拱與卡薩之間，且英之併緬亦不過數十年，縱無詳史可考，旅緬僑胞，口碑猶存，此其可為佐證。是時中緬關係，本可作更進一步之接觸，但至中葉以後，閹官當道，宵小橫行，朝政日非，內顧猶不暇，中緬關係遂相繼湮塞。

　　明代末年，桂王奔緬北，永曆帝亦奔緬甸，吳三桂率兵迫之，是為清緬發生關係之始。緬王莽猛白(Mahaparadhamuna)執永曆帝以獻清廷(一六六二年)，一場風波，遂告平息。然旅緬華僑，常受緬人苛虐，清緬和好乃寢假其間，當時雲貴為解除旅緬僑胞之痛苦，入奏清廷，請兵征緬。一七六七年，乾隆帝遣明瑞、額爾登兩人為將，率滿兵 3000、漢兵 20000 餘，分東西兩路入緬，東路[5]由新維南下，北路由八莫沿伊江南下，以會師緬都阿瓦(Ava 在瓦城南)為目標，明瑞之軍深入蠻(即瓦城)。而額爾登則遲無消息。孤軍深入，師老無功，逗留月餘，以糧盡而還。緬人乘機反攻，明瑞戰死，清軍損兵拆將，犧牲重大。乾隆帝以額爾登遲軍不進，違抗軍令，乃怒而斬之，別遣傅恒為大將，率滿兵及閩粵水師大舉征緬。緬王懼，遣使降清。清廷對緬本無領土野心，遂訂和約，定緬甸為清廷之朝貢國而還。此種關係一直維持至一八八六年，緬甸被英併吞為止。且是時依照清英條約，英人仍有代緬向我朝貢之義務。然因英人始終未照約履行，清廷亦不加干涉。自此不僅朝貢失利，且以英人之貪慾無

5　《緬北第二期作戰概述》(第四號)，頁4。

厭，得寸進尺。及清廷之昏庸，對邊疆問題，漠不關心，縱與英人有所交涉，亦不過是紙上空談，不至實地查勘，任憑英人擧使，在外交上處於被動，受制於人，以至滇緬關隘盡失，且江洪、片馬、江心坡諸問題亦隨之發生。雖於清代末葉有清駐英大使曾紀澤，向英外部據理力爭八莫及伊洛瓦底江以東之地，與伊江通海航權，然以當時條約未訂，至事未成。爾後更因清勢頻弱，對邊疆問題，無以為力。逮光緒十二年六月十七日，我駐英大使劉瑞芬與英訂約後，整個緬北，遂為英人所有，西南半壁盡暴挂於印緬之外。尤以八莫一線為中緬進出之咽喉，屏蔽滇邊之要地，唇亡齒寒，實為西南國防所必保之地。憶卅一年敵佔臘戍，即以輕騎直逼滇西，而西入印邊。若我在緬北有簡單之國防設施，何似決堤之水，一奔而入。

　　尤以言者，當本軍此次攻克八莫，在太平江南岸苗堤對江山上，發現明代所立石碑，其上銘刻「威遠營」三大字。碑右書，「大明征西將軍劉築壇誓眾於此，誓曰：六慰拓開，三宣恢復，蠻夷格心，永遠貢賦，洗甲金沙，藏刀鬼窟，不縱不擒，南人自服」；左書：「孟養宣慰使、木邦宣慰使、孟密宣慰使、隴川宣慰使，萬曆十二年三月十一日立刻。」查此碑高 5 尺，寬 4 尺，於明萬曆初年，[6]距今 300 餘載。所署征西將軍，雖不詳其名，然立碑而誓於此者，想像當年不難以八莫為根據，作拓開六慰，恢復三宣，洗甲金沙之地。又所謂不縱不擒，南人自服。即謂佔有八莫南北之地，在戰署上取得之優越地位，可以不戰而屈人之兵，收降服之效，亦可知當時武功與德威之煊赫也。

　　慨時代之異殊，而地勢在戰署、戰術與用兵之價值，莫不古今同歸。今之所謂緬北，原屬華夏領土。撫先賢之艱辛險阻，披荊斬棘，血汗所得之地，輕為英人所侵。本軍轉戰緬北，身臨斯土，耳聞目睹，如返故鄉。翹首追思，感痛奚似。此僅就在中緬歷史上之發展，說明其重要。其地理上之形勢，及近代用兵上之價值，有如下述：

　　八莫位於北緯約 24 度 16 分，東經 97 度約 18 分，北距密支那 135 英里，東南距南坎 71 英里，均有公路可通。另有古商道可達騰衝，為元代馬可波羅

6　《緬北第二期作戰概述》(第四號)，頁 5。

入中國之路線，水路伊洛瓦底江而下，載重4噸之輪船，可直達瓦城、仰光，小輪溯江而上，暢達密支那，再由支流孟拱河而西北，達孟拱、卡盟，交通至為便利。戰前人口繁殖，商業發達，誠為上緬之重要交通與商業中心，西與卡薩遙望，形為緬北戰署上之一大重鎮，不獨為打通中印公路所必取之地，更為規復全緬之起點。且密支那至八莫間，西有伊江為依托，東有與祖國分界之昔董及興龍卡、巴兩大山脈，南北相依為屏障。南他別(Namtebet)河、南山(Namsang)河、貌兒(Mole)河、太平(Taping)河橫貫密八地區，崇山峻嶺之間。公路則旁山而下，形成八莫以北密支那間天然理想之數地帶，遲緩陣地。而以太平河河幅寬闊，對岸地形平坦，更為直接防守八莫外圍之一良好河川防禦地帶。八莫城區附近，湖沼縱橫，建築物與林木雜植其間，八莫地區雖為一側翼據點，易陷於孤立，而受包圍。然地形之險阻複雜，加以有極強固之工事，實適於防禦，而不利攻擊。若非訓練與裝備精良之軍隊，恐將頓兵堅城之下，而陷於不能自拔之苦境也。

2、南坎區：

南坎居明代孟密、木邦(即新維)兩宣慰使司之間，為木邦宣慰使司直轄之地。一八八六年，英人併吞緬甸後，相繼北侵，要求清政府租借南坎附近孟卯(瑞麗)土司管內之三角地區，並開闢通八莫之公路。時以清政府之無力抗拒，遂將此三角地區，租讓予英。逮後與英人劃界時，乃以瑞麗河南岸劃入緬界，由是南坎附近之三角地區，遂由租借之名，而為英人所併。且南坎雄立瑞麗河之南岸，為緬北唯一肥沃產米之區，西北距八莫71英里，東北畹町39英里，南距臘戍134英里。自本軍攻佔八莫，滇西國軍進逼畹町，南坎遂為敵支持緬北戰局之中心，遏阻本軍與滇西國軍會師，及防止中印公路開通唯一僅存之據點。因此敵在印緬各地撤退，獨以重兵在南坎固守，其在戰署上之價值，固不待言。公路西北通八莫，東北通芒友，啣接滇緬公路，南出臘戍，北入畹町，另有新築公路，直達南巴卡(Namhpakka)與滇緬公路相啣接，交通至為便利。瑞麗河縈迴屈折，貫流其間。南王河亦滙流於此，進攻退守，洵為軍署要隘，

7　《緬北第二期作戰概述》(第四號)，頁6。

敵我必爭之地也。且自八莫南出，至馬丹陽而進入山地，萬山叢集，綿亙 40 餘英里，直達南坎西北，形成南坎外圍天然屏障，與理想之數地帶持久陣地。南坎南面，則高峰聳立，平均標高均在 6000 英尺以上，而構成南坎東自曼西(Muse)西至曼溫(Manwing)30 餘英里之一狹長谷地。雖因谷地低窪，土質輕鬆，不利於工事之設施，然四境叢山圍拱，天險形成。且因谷地平坦開闊，既不利部隊之行動，復受諸高地之瞰制，故南坎之佔領，在外圍山地之奪取，欲從戰術上取得戰畧上之價值，更須向東南作深廣之突進與佔領，在作戰地形與用兵上之價值，始可利用無餘。

3、新維區：

新維原名木邦，為我國明代木邦宣慰司署址所在地。(即北起南坎，南至臘戍南面之來友，或即今之南腰，或那含)。其始名新維之由來，即為其「宣慰」二[8]字之變音。當時所轄區域，已於上述。並明廷授木邦宣慰司，以「大明果敢後將軍之印」鎮守疆土，而固邊圍。明末十七年，明祚傾覆，桂王出奔緬北，而入新維。明將李定國、白文選，分駐孟養、新維，而拒清兵。惟是時吳三桂必欲俘桂王為功，親率大兵南下，進破新維。而緬王復從中內叛，執桂王至軍前，以弓絃而絞於市。明亡清替，仍能保持原有之領土與關係。

直至一八八六年，逮英人鯨吞緬甸之際，新維土司猶遣使入清廷告急。惟是時之清廷，豺狼當道，置若罔聞，遂為英人所乘。然是時之新維土司，以新維為中國之地，反對歸英，英人乃允以獨立，其北歸之心，耿耿猶存。惟終以英人勢力日大，而我國又無暇南顧，乃全為英人所併，數百里錦繡河山盡失，滇省安危亦受到巨大之影響。以上僅就其簡史，予以申述。其新維形勢之重要，與作戰上之價值，有下列數端。

新維位於南杜(Namtu)河之北岸，當滇緬路上之要衝，東距滾弄 55 英里，南距臘戍 32 英里，東北距畹町 85 英里，西北距南坎 110 英里，均有良好公路可通，形成臘戍外圍之唯一屏障。戰前人口稠密，商業繁榮，為中緬進出之重鎮。高麗貢山由北蜿蜒而下，高峯均在 6500 英尺以上，或為林木蔽天，荊棘

8　《緬北第二期作戰概述》(第四號)，頁 7。

蔓延，或為懸坡陡峭，石壁屹立。南皮(Nampaw Hka)河、南姆(Nammaw Hka)河、南開衣(Nanhkai)河，及南杜河支流橫貫芒友至新維之間，公路則穿拆叢巔之上崎嶇險阻，為一狹長之隘路。由於諸河流之分佈及山脈之東北，西南向，構成新維以北地區數十處之險隘與鎖鑰之地。若從戰術上著眼，祇要塞諸要隘，即有一夫當關，萬夫莫摧之勢。以新維之本身言，四境羣山圍拱，高峯聳立，構成東自班俄巴斯(Pangwpass)，西至南生卡(Namsangsok)，約 30 英里之一狹長谷地，寬約半英里至 4 英里不等，形勢殊與南坎相似。苟其外圍山[9]地為我攻佔，則新維河谷核心之地區在我之掌握中矣。

4、臘戍區：

臘戍位於東經 97 度約 8 分，北緯 22 度約 9 分，屬北撣部落，原為我木邦(新維)宣慰司直轄之地，公路東通泰國，經緬東景棟，直達科家(Kohga，屬泰國西部)，南出緬中心臟棠吉，而趨同古，西走孟開入瑞波。滇緬公路則縱貫其間，至芒友而入中國，此僅就其幹線而言，其支線則南北縱橫，密若蛛網。臘仰鐵路，由此南出，經瓦城直達仰光，至南腰(Namyao)西走，經南圖而入包頂礦區。(按南圖、包頂間，北有兩礦區)。

戰時擬修之滇緬鐵路，即由此東奔國界荷班，經雲南祿豐，而至昆明，交通至為便利。昔我國由滇緬路輸入物資，悉集中於此。商業發達，人口稠密，不僅為上緬之交通中心，商業重鎮，實為緬轂中、印、泰、越之進出樞紐。從戰署上著眼，領有臘戍，不僅予緬京瓦城以致命之威脅，更可直刺緬中心臟棠吉，而搗同古，東逼景棟，而取泰越。反之則進可威脅滇西，北可窺伺印度。憶卅一年緬戰逆轉，敵以輕騎出棠吉，襲臘戍，而使整個戰局改觀，實為永久不可遺忘之慘痛教訓。故臘戍之得失，關係中、印、泰、緬之安危，整個戰局消長之所繫，誠孫子所謂：「爭地」者也。

若從戰術用兵與作戰地形之價值上著眼，則西有古當山脈雲峰叢嶺為依托，東與祖國大雪山脈東西相連為屏障，形成滇緬路為一狹長隘路，崎嶇險阻，不利於攻者之行動，且四境羣山圍拱，形勢險峻，新、老臘戍與火車站構

9　《緬北第二期作戰概述》(第四號)，頁 8。

成一三角形支點，互為犄角，南育(Namyao)河，橫貫西北，形成天險，且自老臘戌而南，地勢上升，構成標高三千英尺以上之一帶高地，新臘戌即居此高地之上，不獨可以瞰制老臘戌與火車站之南北平地，更為臘戌區之防禦焦點。

(二)天候氣象[10]

緬北氣象分為晴、雨兩季，自五月下旬起，至十月底止為雨季，天氣較涼，霪雨連綿，山洪暴發，平地氾濫，行軍作戰均感困難。十一月以後即為旱季，天氣晴和，絕少降雨，惟早晚濃霧，早霧每至上午9時始散，影響於空軍之活動。入夜漸涼，無軍毯數床不足以禦寒，故士兵易沾疾病。三月以後，天氣漸熱，五月中旬，即為旱季之末。天氣酷熱，平均在華氏120度左右，極易中暑，且草木枯稿，遍地黃沙，河流乾涸，水源罄盡，行軍作戰，飲水困難。

三、戰鬥經過概要

(一)　八莫之圍攻

——卅三年十月十五日至卅三年十二月十五日——

八莫位於伊洛瓦底江上流之東，太平江下游之南。

本軍自攻佔密支那後，八莫隨之為我直後攻擊目標指向之區，敵我必爭之地，本軍為繼續肩負打通中印公路之重責，於攻佔孟拱、密支那東西之線後，即全部集結密城，洗甲金沙，磨刀灣幕，整備繼取八莫而下南坎。

時敵為繼續貫澈其挫折我軍打通中印公路大計畫之實施，不惜其在緬北已犧牲之精銳十萬，仍本其在緬甸作戰之最高方畧，即無論兩年三年，或犧牲五萬、十萬，皆所不顧之決心，企圖再戰。故敵當密支那被殲之際，被迫仍緊急由緬南方面抽調其第二師團趕赴南坎，旋即以其搜索聯隊為基幹，附十六聯隊第二大隊之全部，野山砲一大隊，戰車10輛，另十八師團五十五聯隊第二大隊等，編為一支隊，由搜索聯隊長原好三大佐指揮，馳赴八莫守備，簡稱之為原支隊。於八月十三日，先後抵達市區，分別趕築工事，企圖死守，[11]以待後

10　《緬北第二期作戰概述》(第四號)，頁9。

11　《緬北第二期作戰概述》(第四號)，頁10。

援部隊之到達，轉移攻勢，並以一大隊以上之兵力，推進至廟堤(Myothit)、那龍(Nalong)公路間，及其兩側山地設防，預料拒止本軍於雨季後之反攻。然本軍於十月十五日，乘雨季之末，當敵配備未周之際，即出敵意表，先期南下，至促使敵將廟堤、那龍間之有利地帶，自動放棄，而退守太平江以南地區，憑太平江天險，構築堅強之工事，採取河川防禦。

其工事之構築，係採取極端之強韌性，隨時準備我軍之包圍，以爭取時間上之持久，待援隊之到達，轉移攻勢，更圖以果敢逆襲，及火力摧毀我軍之攻勢。在八莫市區之一隅，利用湖沼錯綜之險要，背倚伊江，構成一東、北、南，及腹廊四大據點，組成一梅花形之主陣地，計南北縱長 9000 碼，東西橫寬 4000 碼。其陣地之編成，係以若干火點組成一支點，再由若干支點組成一小據點，火力彼此支援，長短相補，至為嚴密。陣地外圍四週遍設地雷、壕溝及鐵絲網等。掩蔽部多以 10 至 15 層 1 呎徑圓木為掩蓋，即 15 糎重砲命中，亦不能摧毀。

至八莫之地形，根據地圖上研究，似為一平坦地，實地上則沼澤錯綜，處處形成狀若龜背形之高地。敵利用此等龜背形之高地，構築工事，編成無數之小據點，前方及兩側均有池沼、窪地環抱，使攻者接近為艱，陣內則積集大量糧秣彈藥，準備作長時期困獸之鬥。在主陣地外圍千碼附近要點，及飛行場東端南北之線，遍設堅強之警戒陣地，妨礙我軍接近。更在八莫東側 9 英里之莫馬克，及太平江南岸之毛平，廟堤對岸之 807 高地等，構築堅強據點，相連而為前進陣地，直接防止我軍渡太平江之行動。其前進陣地及警戒陣地防守之時間，皆準備一月至二月。在太平江北岸地區由那龍至廟堤間，敵並設施遲滯我軍前進之工事，併為掩護爾後南坎方面增援部隊進出八莫至南坎間山地之容易與安全。在曼西附近地區，更設側面陣地，(後由五十五聯隊第二大隊所部扼守)。

當密支那被我攻佔之際，緬北雨季正酣，敵得機喘息，加強工事，使益堅固。*12*

---

12 《緬北第二期作戰概述》(第四號)，頁 11。

十月既降，緬北雨期將末，軍遵命南下進攻，有擊滅八莫之敵，佔領八莫、曼西地區確保之任務。依據當時所得知之情況，那龍(Nalong)至廟堤(Myothit)間，約有敵一大隊。扼守八莫、曼西、莫馬克等地，有敵重兵防守，總兵力約五千之眾。其陣地工事構築之情，均未詳悉。軍當不顧年來作戰之疲勞，即在密支那誓師南下，以新卅八師為軍第一線兵團，向南推進 50 餘英里，向那泡(Nahpaw)附近及丹邦陽(Dumbayang)、卡當陽間地區集中；以新卅師為第二線兵團，暫控置於灣幕(Waingmaw)及卡里陽(Karayang)，爾後隨第一線兵團之進展，待命前進。

十月十五日，新卅八師，當遵命南渡伊洛瓦底江，向指定地區前進，迄十月廿一日集中完畢，當即令向八莫前進，為期在八莫預想戰場，得對敵完成包圍之態勢，當以該師主力沿公路(密支那至八莫公路。)向南攻擊前進；一部由左翼側之那泡(Nahpaw)，經亞魯本(Aiawbun)、汪約(Wungyo)山路攻擊前進。沿公路南下之主力先頭部隊，擊破沿途所遇敵滯遲我軍行動之部隊後，於十月廿七日，進抵距太平江北岸兩英里之色特(Sihet)；沿左翼山路前進之一部先頭，同時進抵亞魯本，並繼向汪約前進。

軍當本既定之作戰計畫，指導令飭新卅八師主力先頭，即迅速攻佔太平江右岸之廟堤，並在其左右地區覓取渡河點，向八莫攻擊；沿左翼前進之一部，即於太平江上游 SJ3432 鐵索橋渡太平江，襲佔新藍卡巴(Sinlumkaba)，斬擊八莫之東側翼，與渡河部隊相策應。並令新卅師主力即由灣募向那龍至丹邦陽間地區推進警戒。時廟堤附近尚有一中隊之敵扼守。新卅八師主力先頭部隊，當於十月廿八日將該敵擊滅，於十月廿九日黃昏，一鼓攻佔廟堤，將太平江北岸地區之敵完全肅清，確佔太平江北岸正面全線。十一月一日，主力全部亦進抵大利(Tali)附近，整備渡河攻擊。沿左翼山地迂迴攻擊之一部，經連日來之艱苦，[13]攀越標高 5750 英尺以上之連綿起伏山地，先頭部隊在太平江上游 SJ3432 鐵索橋渡過太平江，相繼進抵不蘭丹(Pranghyung)。十一月三日，攻佔柏坑(Pharawn)，北至太平江上游之線，直趨八莫東側翼。

---

[13] 《緬北第二期作戰概述》(第四號)，頁 12。

　　時軍長以預想激烈之戰鬥即將開始，為確實指導全般戰況，使誘而超於有利之發展，當親臨太平江前線指揮。察知正面之太平江河幅 250 餘碼，水流急湍，為一天然之大障礙。且敵沿南岸諸要點，構築堅強工事，附強大之火力，控制各渡口，尤以對廟堤南岸之 807 高地更為險要。敵前渡河實感困難，且所有船隻早為敵所破壞。我岸地形平坦開闊，處處受敵瞰制，發展不易。遂決心利用左側迂迴部隊既得之戰果，變更部署。當於十一月三日，將新卅八師主力由正面之大利以北地區，秘密轉移於左翼山地，保持重點於左，由 SJ3432 鐵索橋渡太平江，由不蘭丹及興龍卡巴之線，向八莫、曼西作旋迴行動，澈底包圍敵軍。以一部在太平江北岸正面暫取佯攻，竭力吸引敵軍主力，相機渡河與左翼主力攻擊部隊相呼應，夾擊敵人，將敵壓迫於八莫市區附近殲滅之，並飭第二線兵團主力，繼續推進至大利及拉龍間地區警戒。

　　十一月六日，新卅八師轉移之部隊以迅雷之勢，一舉襲佔興龍卡巴，準備向西攻擊，進出於不蘭丹之部隊，於四日攻克倫蘭(Nomrawng)敵一加強排據點陣地後，十一月六日當佔領 1798 高地及 SJ220198 之線。

　　十一月十八日主力旋迴攻擊部隊，以破竹之勢，經兩日來之猛進，全線進出山地，攻佔莫馬克東側要點之卡王(Hkawan)，及將莫馬克以北至廟堤間，公路東側敵軍據點完全攻佔，造成全軍有利之態勢，至使據守太平江南岸之敵，感受極端之威脅。

　　當日夜半，該師在太平江正面攻擊之一部，當看破好機與主力攻擊部隊相呼應，在廟堤附近先以一部秘[14]密偷渡過江襲佔 807 高地，繼以火力掩護於十一月廿九日，全部強渡此寬 250 碼水流湍急之太平江。隨即派兵一部沿密八公路南下攻擊，圖與左翼主力攻擊部隊南北相會合。其餘全部沿太平江南岸大道，向八莫城北猛攻前進。該隊在江北沿江砲兵隊協力下，向沿江敵據點猛攻。十一日晨攻佔馬于濱(Maubin)，廿四時襲佔古利(Khuli)，十二日十時克毛平，當以主力經 Awnglawng 轉向城東之奈約(Nayo)，及城東南之約吉(Yegyi)攻擊，一部繼沿江大道向 Subbawng 攻擊，經三晝夜來之血戰，迄十一月十六

14　《緬北第二期作戰概述》(第四號)，頁 13。

日，當將八莫市郊外圍大小村落、及飛行場三處完全攻佔，於是將敵完全壓迫包圍於八莫城區內。軍並於十一月九日當新卅八師全部渡過太平江後，飭新卅師主力推進至大利、廟堤地區，接替太平江北岸之警戒，十四日並飭其一部兵力過江進駐齊不高塘(Zaibrugahtwng)，担任新卅八師之連絡。

新卅八師左翼主力攻擊部隊，自十一月八日進出山地，迫抵莫馬克至廟堤間公路後，當即向莫馬克及公路線上攻擊。十日當於 17 至 15 哩路碑兩處切斷公路，南北蓆捲，北路於十一月十一日，攻佔齊不高塘及 1220 高地，與由廟堤南下之部隊會合，掃蕩該地及附近丘陵地帶殘敵後，當轉而南下對莫馬克據點圍攻，同時以兵力一團，由莫馬克東側沿山邊小路，向西南急進，對曼西斬擊，以切斷八莫、南坎公路，阻敵後方連絡及增援。十四日當將八莫至南坎間沙王加蕩(Sawangahtawng)公路 10 英里路碑處攻佔，斬斷八莫敵唯一生命線。時曼西之敵，當以一部北上，向我瘋狂反撲，企圖救其垂危。我當予以猛烈之夾擊。繼經 3 日之激戰，於十七日將曼西敵陣完全攻佔，從此八莫之敵，不但待援部隊到達轉移攻擊之企圖完全被擊滅，且已陷入重重緊密之包圍圈中，而被困於死地。對莫馬克攻擊之部隊，於十一月十三日，對敵完成有力之包圍圈後，當由西北再突入，激戰至十四日十七時，將該地攻佔。殘敵企圖向八莫回竄於莫馬克西北[15]1000 碼附近之雜林內，復為我捕捉，再度包圍。我繼經 5 日之圍殲，卒於十九日夜將該敵全部殲滅，遺屍山積。自此八莫之敵全部失卻動作之自由，困守城區既設之主陣地內。十一月卅一日爾後新卅八師，除以一部兵力確保曼西外，當將主力全部調至對八莫城區被圍之敵，作緊密之包圍，加強壓力，配合空軍轟炸，並集中各種大小口徑火砲，實行有計劃之猛擊，逐碼前進，漸次縮小包圍圈，此時敵仍憑藉既設陣地之堅固，及火網之嚴密，死力頑抗，屢施逆襲，寸土必爭，並集中所有各種火砲及戰車，瘋狂反撲，白刃衝殺，戰鬥極形慘烈。然終因我攻擊精神之旺盛，火力之優勢，及空軍之活躍，計劃之綿密，敵堅強陣地，終次第為我攻克。同時我為防敵渡江西竄，於十一月卅一日，並派兵一部，西渡伊江，於八莫之對岸設伏，至使欲乘黑夜偷

15　《緬北第二期作戰概述》(第四號)，頁 14。

渡滲出包圍圈外之敵。每遭殲滅。如是敵我相持，激戰至十二月十四日，我當將敵城北據點最堅固之監獄憲兵營房、及老砲台等據點完全攻佔，同時乘勝沿江岸馬路果敢錐形突進，攻入敵腹廊陣地，直刺其心臟。敵守城司令官原好三大佐，當被擊斃，敵整個防禦機構被摧，軍心動搖。我看破好機，黑夜向敵腹廊陣地殘留據點總攻，激戰竟夜，終將敵腹廊陣地攻佔。餘敵被迫，整夜沿城西沙灘，向南潰衝。我城南攻擊部隊，當集中各種步兵火器，及手榴彈向其猛烈射殺，敵除僅六、七十名乘黑夜，負創泅水逃竄外，餘均悉數就殲。江岸沙灘佈滿敵屍，其在城區之傷病官兵，當其城區陣地崩潰之際，均為其官長將其集團以手榴彈炸殺，悽慘滿目。我卒於十二月十五日十二時，將八莫城完全攻佔。

戰鬥成績：軍自十月十五日，由密支那對八莫發動攻勢以來，奮戰兩個月，前進 150 英里，佔領土地面積 5800 百平方英里，克八莫、攔曼西，攻佔其他村落大小據點，凡 480 餘處，大小戰鬥凡 70 餘次，斃敵經查明者，計有第二師團搜索聯隊聯隊長原好三大佐、山中精一中尉、櫻井大尉、佐久間中尉等以下官兵 2430 餘員名，生俘敵池田大尉以下和田六郎上等兵等 21 名，鹵獲敵零式飛機 2 架，飛機修理[16]廠 2 所，砲彈 2460 發，輕重機槍 65 挺，各種口徑火砲 25 門，戰車 8 輛，壓路機 4 輛，牽引機 4 輛，步槍 630 枝，其他糧秣彈藥軍需物品極夥。

我亦陣亡軍官 20 員，傷 33 員，戰死士兵 273 名，傷 695 名。

(二) 卡提克之戰

——卅三年十一月十九日至十二月廿一日——

卡提克居於南坎西北，相距南坎卅英里，自八莫以南，至曼西(Masi)而進入山地，至馬丹陽(Madanyang)後，山勢上升，懸崖深谷，形勢險峻，公路灣繞曲折，溯山壁急轉而上，至八南公路四十一英里處，始轉為繞迴而下，地勢漸降，直薄南坎之平地。故卡提克附近為本山區之分水嶺，構成八莫、南坎山地間之脊樑，且左有五三三八奇峯為其犄角，右有蚌加塘(Bumgahtawng)高地

---

[16]　《緬北第二期作戰概述》(第四號)，頁 15。

為其依托，進攻退守，誠兵家必爭之地，南坎之得失，亦即以此為決定關鍵也。

卅三年十一月十九日，正當本軍新卅八師猛烈圍攻八莫；同時襲佔曼西隘口之際，軍鑒於密支那圍攻之曠日持久，為避免作戰上受敵死守八莫之遲滯，以戰署上爭取主動之着眼，當不待八莫之攻佔，以第二線兵團新卅師主力，間道而出，對南坎同時發動攻勢。殆至月終，前進諸準備迅速完成，遂由計畫而轉入行動。當以該師(欠一團任軍總預備隊位置於曼西)分三縱隊越過曼西，進薄青關，沿八南公路及其兩側山地長驅深入，直迫南坎。十二月三日，先頭各部隊分別在康馬(Hkangma)西北地區、及南于(Namyu)附近，與敵南坎外圍山地部隊發生激戰。十二月四、五兩日，擊退敵對我右側攻擊部隊之反撲，攻佔八南公路西側之制高點五三三八高地。先是敵方待其由朝鮮調來生力軍四十九師團之到達緬北，併[17]整理第二師團、五十六師團、十八師團之各部，擬利用原支隊死守八莫，遲滯我軍前進之時間，於南坎附近區域部署，對本軍南下及國內遠征軍西進之兩方面作戰。而本軍之迅速主動，出敵意表，八莫之敵，又遭新卅八師三面猛攻，情勢已趨危殆。敵乃倉皇以其十八師團五十五聯隊，四九師團一六八聯隊之全部，及五六師團一四六聯隊之一部，砲兵第十八聯隊第一大隊，及其他輜重兵、工兵等一大隊，組成混合支隊，歸五十五聯隊長山崎四郎大佐指揮，由南坎西側七英里曼溫(Manwing)附近地區星夜出發，企圖利用我軍兵力分離進出山地之時，一舉擊破新卅師主力於南于附近山地，然後沿公路正面，及其兩側山地，傾其全力向曼西突進，以解救八莫原支隊之圍困，其企圖及任務均異常積極。

十二月九日，集中山砲八門，平射砲十六門，對我全線發動攻勢，戰鬥開始，即異常激烈，至十日戰鬥之演進，仍有增無已。惟此時我攻擊隊部已獲得先制，立於不敗之地，且我攻擊陣地，概已完成，加之我火力旺盛，官兵奮勇，來犯之敵，傷亡慘重。敵雖屢次增援，無一得逞，乃企圖施其慣技，分兵四出，擾亂我後方交通線，使我處處受其威脅，甚而陷於孤立。遂於十二月十

17　《緬北第二期作戰概述》(第四號)，頁16。

日，行猛烈之鑽隙，由山間細流，分四路向我正面滲進。且時值乾季，細流乾
涸，多能利用以潛行，加之萬丈深谷，死角特多，林木濃密，展視困難，適於
小部隊之潛行突進。故十日十四時，我南于附近攻擊部隊，因敵滲進，及正面
之猛攻，曾一度與敵陷於混戰。賴我官兵奮勇沉着，將竄入之敵，全數殲滅。
是時軍長鑑於敵人兵力之雄厚，及企圖之積極，遂令到達曼西之軍總預備隊新
卅師八十九團，星夜出發，增加於第一線，並由八莫方面抽調新卅八師一加強
團，為軍左側獨立支隊，對南坎方面之敵右側，作秘密深遠迂迴行動，向敵右
後施行斬擊。時敵亦察知我正面兵之雄厚，且遭連日之痛殲，及極力避免正面
沿公路攻堅徒招損害之不利。十二月十四日，乃令正面固守，轉移主力於右
翼，向我五三三八高地附近地區，施行自殺式(密集隊形)之猛烈連續衝鋒。不
分晝夜凡十五次之多，[18]企圖以最大之代價，奪取五三三八高地之一線制高地
帶，襲擊我右側背，進而策應八莫圍困之敵。惟是五三三八高地及其附近有利
地區為我佔領後，處處居高臨下，收瞰制之利，且併用埋伏及包圍，或以奇
襲，或予痛殲。敵雖不惜孤注一擲，作殊死之猛拚，然終賴我官兵以再接再厲
之大無畏精神，與敵展開慘烈之戰鬥，卒將來犯之敵悉數擊潰，棄屍山前五百
餘具，獲至碩大之戰果，造成全般有利之形勢。是時為澈底擊滅敵軍，爭取主
動，決以可期必勝之兵力，向敵最感痛苦之點，予敵以制命之打擊，實行左側
包圍，切斷敵後方主要連絡線，使敵既感正面之緊壓，復受後方退路斷絕之危
險。於十二月十三日，當以八十八團附山砲一連及工兵等，由左翼之蚌加塘行
迅速大胆之包圍，向馬支(Maji)攻擊前進，切敵正面突擊部隊之主要交通線，
並令正面及右側攻擊部隊極力牽制敵之主力，以秘匿包圍部隊之行動。十二月
十七日，我包圍部隊以破竹之勢，擊破沿途之敵後，將馬支敵陣地據點完全佔
領，切斷敵公路主要連絡線。馬支以西之敵，遂被我包圍於八南公路隘路之
間，繼而緊密配合，向公路東西蓆捲。遂於十二月十九日將卡提克、卡龍兩處
堅固據點(按卡龍係敵混合支隊指揮所)。攻克，廿日與正面攻擊部隊完全會
合，並於廿一日乘勝攻佔渣邦(Zabung)。其時左側獨立支隊已超越卅師之左

18　《緬北第二期作戰概述》(第四號)，頁17。

側，向南坎西北猛進，自此八莫至南坎公路間之高陽地區，亦即南坎西北外圍之鎖鑰，完全為我攻佔。

戰鬥成績：自八莫南下，前進四十一英里，佔領土地面積四百八十餘平方英里，斃敵已查知者，有四十九師團一六八聯隊大隊長長野添少佐、松井少佐、伊藤、岩村中尉等二十八員，士兵九百十五具，均遺屍於陣地內。鹵獲輕重機槍七十六挺，火砲六門，步槍四百五十枝，擲彈筒十二個，卡車四十六輛，滿載彈藥及防毒面具 135 副，及其他戰利品甚夥。我亦傷亡營長王禮竑以下 611 員名。*19*

(三) 南坎之攻略

——卅三年十二月廿二日至卅四年一月十五日——

敵十八師團五五聯隊、四九師團一六八聯隊之全部，及五十六師團一四六聯隊之一部，與第十八砲兵聯隊之一大隊，及其他兵種約一大隊，組成之混合支隊，自為我新卅師主力在卡提克全部擊潰後，即退據八南公路及其兩側山地，憑藉有利之地形，既築之堅固工事，扼險堅守，以為防守南坎初期之外圍抵抗線，並在八南公路及瑞麗河三角地帶，曼生(Mansawn)、梭康(Supbkam)，至茅塘(Mawtawng)各要點，分別構築堅固橋頭堡陣地，倚江守備，以補其南坎谷地在作戰地形上之不足。敵企圖以此星羅棋佈之據點陣地，及輕重砲兵掩護，遲滯我在瑞麗河之西岸，而達固守南坎之目的。時軍為把握戰機，乘敵一再慘敗，尚在喘息未定之際，決分兩路由公路正面及其右側山地向南進擊，並為策應正面之攻擊容易，另以左側獨立支隊向敵東南側擊，並相機切斷八南公路敵之主要交通線。

十二月廿二日，敵全線向南潰退。我正面及右側攻擊部隊乘勝緊追敗敵，已將八南公路 41 里路碑，及北渣邦(Zaubung)南北之線攻佔。時軍左側獨立支隊乘敵我在卡提克激戰之際，已由公路左側山地向東挺進擊破沿途之敵，攻佔邦林(Daulung)，並以主力乘勝渡過南王(Namwan)河，進抵拉康附近地區與敵對峙，另以一部渡過約拉河(Ura Hka)，沿南王河西岸，向南勇猛突進，於十

19　《緬北第二期作戰概述》(第四號)，頁 18。

二月廿二日，一舉將八南公路 52 哩與 45 哩兩路碑，分別佔領，將八南公路切成數段，包圍欲固守南開(Namhka)附近地區之敵。

時公路正面攻擊部隊，悉敵之退路已斷，後援既絕，及與公路 45 哩處之切路部隊互相呼應，夾擊圍[20]困之敵，至十二月廿三日，遂將公路 45 哩以西地區之敵全部肅清，兩部隊東西會合。是時 45 至 52 哩中間地區之敵，尚在緊密包圍之中。敵為解救此項被圍之敵，並企圖擊破我深入險路，予敵以制命打擊之切路部隊，乃於十二月廿三日上午十一時，糾集步兵二中隊以上之兵力，在山砲及迫擊砲猛烈火力掩護下，向我 52 哩路碑之切路部隊，由三面瘋狂反撲，反復衝殺。我官兵奮勇沉着，將來犯之敵擊退，並至十二月廿五日，由東西蓆捲，將圍困在 52 哩以西之敵，全部殲滅。

其公路右側敗退之敵，則退守曼切姆(Machyam)及馬王(Mawun)各據點，繼續頑抗。經我公路右側攻擊部隊連續數日之猛烈攻擊，至十二月廿六日，卒將該兩據點攻佔。

當時軍以當面之敵情及南坎西北外圍之地形，作綜合之觀察，若單以主力與敵在狹長險路中戰鬥，徒曠日持久，耗費兵力，乃決心以軍左側獨立支隊，全力襲佔南坎北面各要點，爭取主動。當以左側支隊主力之一部，極力牽制拉康(Lakan)附近地區之敵，大部則沿南王河北岸山地，由最困難之地形，秘密闢路，向我國前在邊境設置之飛機場及勞文(Loiwing)進襲，另令原切路部隊之正面，由公路正面攻擊部隊接替，由南王河南岸懸崖絕地，蹈瑕突進，奇襲般康(Pamghkam)，以策應主力之戰鬥。時敵以我尚未進出險路之際，決不至作孤軍深入之舉，雖在拉康丁卡(Tangka)駐守重兵，步兵二中隊砲數門，並囤積大量糧彈，惟僅防我由拉康正面攻擊，及由左側翼行深遠大迂迴，曾未計及我由南王河南北兩岸之叢山峻嶺，涉險而下。以該支隊之行動秘密神速，經數日之艱苦攀登，至十二月廿七日，遂以閃擊之勢，一舉將勞文飛機場，原中央飛機製造廠、及勞文等重要據點襲佔。並於廿八日，將般康(Panghkam)、及鬧墨羅依(Nawngmoloi)北面二五○三高地及拉生(Nahseng)攻佔，並將拉康丁家

20　《緬北第二期作戰概述》(第四號)，頁 19。

地區之敵全部包圍。自此造成控制南坎谷地有利之形勢，使八南公路猶作困獸之鬥之敵，受嚴重威脅。**21**

十二月廿八日，我利用左側支隊既得之戰果，乃令新卅師公路正面及其右側山地攻擊部隊，分別向當面之敵發動猛攻。是時敵為阻止我之進入南坎左側山地，及企圖遲滯我正面攻擊部隊之迅速前進，乃在孔衣(Hkahkye)及四○三七高地與開愛(Kawngai)，及不利於進攻之狹長隘路，憑山林溪壑之險，分股扼險據守，並在公路右側山地潘林(Pangling)、南卡(Nahhka)一帶山地，利用既設之工事，有利之地形，頑強抵抗。又在八南公路與瑞麗江所夾成之三角地區，配置重兵，調遣大量戰車，控置於河東側地區，企圖相機使用於公路正面。惟是般康、勞文均入我手後，公路 60 哩路碑以西之敵，即陷於不利之狀態，有被我包圍於狹長隘路之危險，因此敵軍心動搖。我窺破戰機，繼於卅日沿公路正面及其右側崇山峻嶺間，不避艱險，分別向敵猛攻，經 3 日之激烈奮戰，卒將孔衣、開愛、潘林、南卡等大小村落據點 20 餘處攻佔，將公路 64 哩西北連線地區之敵，全部肅清，其被我包圍在拉康丁卡地區之敵，至卅日亦相繼肅清，獲得南坎外圍戰決定性之有利態勢。

一月五日我以擴展整個有利戰局，及求得時間上之迅速計，決迅速將瑞麗河西岸之敵肅清，當在我山砲兵及輕重迫擊砲緊密協同下，全線向敵總攻。激戰至一月九日，遂相繼將瑞麗河以西八南公路以北，及南側曼孔(Mankang)、及拉生(Lapsing)諸據點攻佔，並乘勝沿山嶺間崎嶇小道，向瑞麗河西岸惟一僅存之堅強據點茅塘進攻。

是時我綜合各方之情報，及鹵獲敵之機要作戰配備要圖，與其他重要作戰文件，及空中偵察之結果，證明敵在南坎東南側山地，東自南叟拉(Namhski)，西至曼梅(Manmau)，北自曼菜(Manna)，南迄曼洒特(Mansut)，橫寬 6 英里，縱深 5 英里之廣大地區，構築要塞，並控置主力在旁散(Hpasong)之地區。除企圖長時間固守外，並相機由正面轉移攻勢；另以機動隊控置於何

---

21 《緬北第二期作戰概述》(第四號)，頁 20。

洛克(Ho[22]lok)、及南巴卡(Namhpakka)中間地區，企圖待我進入南坎谷地後，策應要塞內之正面攻勢，而於右翼包圍我於谷地而殲滅之。時我以既得之敵情，與當面之地形，作精密之考慮，若單行狹小之正面攻擊，不獨成功匪易，且徒耗時日，招致極大之損害，更蹈孫子所謂：「趨其所必趨」之重大過失(即敵人預定我由正面攻擊也。)乃決採取：「出其不意，攻其無備」，迂迴奇襲之併用戰法，以新卅師一部繼行正面攻擊，抑留當面之敵，並極力採用各種手段，使敵主力分散。以軍主力則由南坎西南側，行大規模之迂迴，鑽隙突進，期一舉襲佔南坎，達戰略與戰術上決勝之目的。一月五日新卅師八十九團、及新卅八師一一四團先後在拉孔(Nahkawng)、丁家(Tingga)集結完畢，即由古當山脈連峰際天之崇山峻嶺間，秘密迂迴，攀山涉險，分別向西朗(Selong)南面挺進，經 2 日之艱苦攀登，冒盡險阻。一月七日進抵西朗達瑞麗河北岸，時方乾季而忽大雨，繼續 3 日，雨腳未停，山洪暴發，山路崎嶇，泥濘沒膝，人馬幾不能行，江水驟漲，憑浮游偷渡，至為困難。然該迂迴部隊凜於任務之艱鉅，本義之所在，赴湯蹈火在所不辭之大無畏精神，打破一切艱難險阻，以不可為而為之。終以迅雷驟雨之勢，於一月七日先後於西朗附近，偷渡 300 餘公尺水流湍急之瑞麗河，向南坎左側背叢山深壑間，鑽隙突進。

　　一月十日新卅師正面攻擊部隊，已將茅塘敵之第一線陣地突破，斯時為全力襲佔南坎，乃以一部繼續猛攻茅塘敵縱深陣地帶，以九十團主力秘密沿河南移，至十一日侵晨乘大霧迷濛，在 SO465560 附近兩岸懸崖，偷渡瑞麗河，由東北包圍，向南坎背出。一月十四日包圍及迂迴部隊，均已進抵南坎西南側6000 英尺以上之一帶，古木蔽天，有利部隊秘密企圖及蔭蔽行動之有利地帶。時敵方將主力分散在瑞麗河東岸及西側山麓之線，其在要塞內之敵，仍集中在我迂迴部隊東側姆郎(Mawom)地區，全力注意正面之變化，企圖一顯身手如願以償，其預定之攻勢移轉，以振屢敗之頹勢。我乘敵尚未察覺之際，即星夜鑽隙突進，把[23]握千鈞一髮之時機，用冒死犯難之偉大精神，與迅雷不及掩

22　《緬北第二期作戰概述》(第四號)，頁 21。
23　《緬北第二期作戰概述》(第四號)，頁 22。

耳之閃擊手段，遂於一月十五日上午十一時，一舉襲佔南坎。

是時分散在瑞麗河東岸及西側山麓之敵，猝不及防，倉皇應戰。經我猛烈之南北夾擊、東西席捲，幾全部為我殲滅，僅極少數殘敵零星向南潰散，南坎遂全部為我佔領，使敵遭遇不知所以然之整個慘敗。

戰鬥成績：向南進出越過南王河、瑞麗河，進展 35 英里，先後攻佔南開、曼切姆、孔衣、開愛、般康、潘康、拉康、南卡、飛機場、原中央飛機製造廠、曼溫、曼康、茅塘、勞文等大小村落據點 150 餘處，佔領土地面積 1200 餘平方英里，大小經 80 餘戰。斃敵經查明者，大隊長以下 33 員，士兵 1450 餘名，傷者當在一倍以上，生獲敵楠木三郎 12 名，鹵獲輕重機槍 75 挺，步槍 560 餘枝，火砲 12 門，大卡車 20 輛，小包車 1 輛，倉庫 10 餘座，其他彈藥糧服甚多。

(四) 芒友會師

——卅四年一月十六日至卅四年二月八日——

芒友位於南坎東北 30 英里，公路溯瑞麗河右岸旁老龍山(即南坎東南山脈。)山麓而上，蜿蜒東北展，至芒友而分，南坎、臘戍，北入畹町，構成滇緬路進出之咽喉，中印公路折轉之要衝，自滇西國軍進迫畹町，我軍攻佔南坎後，敵五十六師團及一六八聯隊殘部，即以此為中心，北拒滇西國軍，西遏我軍之前進，時敵已受兩面夾攻，處於東西難以兼顧之苦痛，然因中印公路之開通，與東西大軍會師，對戰略上之價值，影響至巨，敵持有老龍山山區為後屏，故在作戰地形上與戰術上之著眼，促使其聚東西殘餘敗眾，猶作殊死之掙扎。[24]

一月十五日，本軍新卅師主力一舉襲佔南坎後，敵即以通芒友公路沿線之旁山險道，及南坎南面老龍山山區之既設堅固工事，分別憑堅扼險，繼續頑抗，期遏阻我之東進南下。時軍為迅速打通中印公路最後之一段障礙，與保該路之安全，決乘勝繼予猛擊，而達提早通車之目的，於一月十六日，即以新卅八師主力沿芒友公路進擊，以新卅師主力圍殲老龍山山區之敵。

---

[24] 《緬北第二期作戰概述》(第四號)，頁 23。

　　一月十七日新卅八師主力，將南坎東北河套之敵肅清後，即以破竹之勢，沿公路進擊，並為策應主力之攻擊容易，另以一部鑽入右側山地，兩路密切協同，節節向東壓迫，至十九日遂將色蘭(Selun)據點，及其互為犄角之般鶴(Panghok)攻佔。時盤踞於南坎南面山地之敵，則步步為防，寸土必爭，在猛烈砲火掩護下，頑強抵抗。賴我官兵忠勇用命，冒敵猛烈砲火，經數日之持續艱苦戰鬥，至一月十八日先後將般托來(Pangtoin)、南叟拉(Nahsari)、卡孔(Kuhkan)3934 高地及墨哥(Makwao)、色約(Selu)等村落據點廿餘處攻佔。時五五聯隊殘部附各種大小口徑砲 7、8 門，乃退據老龍山山區核心陣地般索(Pangsio)、老勒姆(Loiawm)、旁散(Panghka)在 6000 英尺以上之山地內，憑堅據險，拚死力以抵抗，妄冀在天然之防禦地區內，積極採取守勢，而達持久防禦之目的。

　　是時我沿通芒友公路攻擊之部隊，經兩日之奮戰，至廿一日先後將芒友外圍堅強據點鬧陽(Nawngyang)、曼偉因(Manwing)、曼西(Mose)攻佔，並與國軍一一六師三四六團第一營取得連絡，其由般鶴向東北山地突進之一部。一月廿一日已將南(坎)臘(戍)公路夾成三角形內之核心地區，南拉(Namlun)、腰班(Yawphang)，及 4561 高地與約拉(Yula)地區攻佔，該區為芒友西南外圍之天然屏障，高峰聳立均在 4,500 英尺以上，可以瞰制芒友與滇緬公路之一切行動，時敵以芒友西側地區叢山萬丈，崎嶇險阻，不利於攻者之天塹，未曾計及我鑽隙突出，出敵意表，襲佔此線天塹[25]，敵為挽救此種不利之形勢，與達長時固守芒友之目的，乃倉皇糾集主力於一月廿一日分三路：一路由芒友東出；一路由芒友西北南下；一路由曼康北上，集中優勢之火力，由三面向 4651 高地附近地區，猛烈反攻，然自我佔有該區後，已握有有利之地位，更賴我官兵忠勇奮發，再接再勵，經一日夜之苦戰，卒將來犯之敵全部擊潰，並乘勝將丹山(Tungseng)攻佔，直逼公路，使芒友之敵受到嚴重威脅，惟是時敵五十六師團殘部，整個由滇西撤退，企圖固守芒友，並妄想利用內線作戰之有利形勢，予以各個擊破而挽屢敗之頹勢，與阻中印公路之遲滯開通，本軍鑑於當時之狀

25　《緬北第二期作戰概述》(第四號)，頁 24。

況，欲迫使芒友區之五十六師團，整個迅速崩潰與收包圍殲滅之效，並使敵對滇西緬北方面無法增援，能迅速解決緬北整個戰局，決不待老龍山山區核心陣地之敵肅清，即以有力之一部(一一四團)，以避實就虛之方法，向南巴卡(Namhpakka)附近地區，蹈瑕突進，期佔領其公路上要點，斬斷芒友敵後方主要生命線。

一月廿二日即以一部沿南巴卡新公路南下，主力經 6247 高地苗掃(Miohsaw)高地密林深谷間，鑽隙潛行，官兵冒極大艱難，超越 6000 英呎以上之高山，穿過萬丈深坑之谷底，從杳無人烟，飲水斷絕之叢林中，披荊斬棘而出。一月廿三日，突出現於蒙羅(Mongnoi)，並乘勝向 SO697488 之敵攻擊。是時我向芒友攻擊部隊主力之一部，自攻佔丹山後，於一月廿四日，即以迅雷驟雨之勢，將摩塘(Mutawng)附近公路切斷，造成對芒友整個戰局獲得極有利之態勢，當時我為擴大其戰鬥成果，乃令公路正面部隊，向芒友外圍猛烈攻擊，廿四日攻抵南皮河西岸，時敵利用南皮河之天險，及 3521 高地之要隘，拚死頑抗，拒止我軍之前進，然自摩塘公路為我切斷，補給斷絕，與滇西國軍之逐步前進，敵人已陷於緊密包圍之中，軍心動搖，惶恐萬狀，我窺破好機，乃以公路正面及芒友西側山地攻擊部隊，與摩塘附近之切路部隊，密切配合，由三面向芒友垂死待斃之敵總攻，逐漸縮小其包圍圈，經兩日之激烈戰鬥，奮勇衝殺，遂於一月廿七日，為我全部佔領，相[26]繼與滇西國軍第九師、卅六師、八十八師會師，全國軍民所深切期待之對外生命線，始告全線開通。本軍入印以來，所肩負之艱鉅使命，經再接再勵之犧牲奮鬥，於茲差告完成。

當芒友攻佔之日，據守於老龍山山區核心陣地內之敵，經我新卅師主力之猛烈圍攻，連續 5 日之艱苦搏鬥，已將敵全部殲滅，老龍山山區之廣大地區，遂為我全部佔領，是時向南巴卡附近切路部隊，已先後將般沙勞(Pangsalawp)附近地區之敵擊潰，繼以壓倒之勢，一舉將 82 哩路碑附近地區佔領，斬斷敵後方主要連絡線，將五十六師團殘部整個包圍，敵感當時情勢之嚴重，除在北面極力遏阻我之繼續南下外，在南面則傾其全力反撲，企圖突圍，並於一月廿

---

[26]　《緬北第二期作戰概述》(第四號)，頁 25。

八日，增援第二師團第四聯隊附重砲數門，戰車 8、9 輛，與五十六師團殘部內外配合，向 82 哩切路部隊猛烈反攻，冀將我深入之切路部隊擊破，解五十六師團殘部之圍，然我切路部隊凜於任務之重大，官兵抱與公路共存亡之必死決心與必勝信念，當南北兩面之敵，作殊死戰，至一月廿九日，卒將頑敵擊潰，第四聯隊因傷亡慘重，解圍之圖，遂為我全部粉碎矣，是時我以敵之反攻失敗，五十六師團殘部已精疲力竭，乃令公路南下部隊，乘勝猛攻，另令新卅師之一部，向南巴卡攻擊而佔領，阻敵北上增援，經 5 日之激烈奮戰，五十六師團殘部為我全部殲滅，其師團長松山佑三僅以身免，遂於二月四日，將滇緬公路 82 哩以北地區全部佔領，並於二月八日，將南巴卡全部攻佔。敵望風披靡，不敢回首西覷，其阻我中印公路之遲滯開通，企圖完全為我粉碎，且傷亡慘重，士無鬥志，一般俘虜口供都深嘆日本將領之無能、政府之昏庸，極望早期和平降臨，昔之皇軍威風，武士道精神，已不復存在矣。

戰鬥成績：攻佔色蘭、鬧陽、曼西、芒友、般鶴、腰班、哥曼、約拉、丹山、曼好、蒙曼、般沙勞、南巴卡等大小村落據點 180 餘處，大小戰鬥 110 餘次，打通中印公路，並南出南巴卡，進展 70 餘英里，佔領土地面積 1400 餘平方英里，斃敵大隊長以下 35 員，士兵 200 餘名，傷者當在一倍以上，生[27]俘敵兵玉山一男等 8 名，鹵獲大卡車 20 輛，火砲 14 門，戰車 2 輛，輕重機槍 35 挺，步槍 530 枝，倉庫 3 座，其他軍用品文件甚多。

(五) 新維之攻略

——三十四年二月九日至三十四年二月二十日——

本軍自將南巴卡攻佔，相繼將其附近地區之殘敵肅清後，敵即退守沿公路之各要隘，及其兩側山地，並在南開(Nahkai)河之東南地區，憑 4,500 呎以上連綿之高山，與南開河之天險，企圖遏阻我繼起之攻勢，貴街、新維兩地，則為此區戰鬥之中心，亦為臘戍以北之屏障，與最堅固之據點。是時我為擴大既得之戰果，以佔領新維與確保新維通畹町公路之目的，乃以新卅師之主力，沿滇緬公路及其西側地區，向新維攻擊，並為包圍南開河東南山地之敵，能迅速

---

27 《緬北第二期作戰概述》(第四號)，頁 26。

進出隘路，奪佔貴街北面之一帶高陽地區，有利爾後之作戰起見，該師乃另以一部，由公路左側秘密攀登曼沐帝(Manmut)5,800 呎以上之一帶山峰，鑽隙越過滇緬路所夾成之三角地區，向河勞(Holung)附近突進，切斷敵後方之主要連絡線，另以新卅八師之一部，沿公路東側地區進擊，一以策應正面之作戰容易；一以保軍左側背之安全。

　　二月八日新三十師攻佔南巴卡之部隊，乘勝已將曼拉馬(Manlama)、南蒼(Namhkom)、何西(Hosi)、及康馬(Kawngmu)攻佔，該師主力已在南巴卡附近集結完畢，乃於二月九日在我砲兵火力支援之下，向敵進擊，經 3 日之急進與加緊掃蕩，至十一日公路攻擊部隊，已強行渡過南開河，進入河東岸山地，與敵激戰中，是時公路西側之部隊，已先後將芒友(Mongyu)、康友(Kawngy)、孔上(Kongsong)、雷拍(Loipao)，等據點攻佔，渡過南開河深入公路右側，將般尼([28]Pangnim)佔領，繼向南突進，其向何勞之切路部隊，經 3 日之攀山越嶺，歷盡艱難險阻，且因山路險峻，騾馬不能通行，補給不繼，忍飢挨餓，強毅以赴，至二月十一日，一部已在曼南奇特(Namnamhkit)西側渡過南開河，而佔領公路北面之一帶高地，造成控制何勞公路以西有利形勢，是時因我右側之突進與左翼之包圍，敵固守南開河東南有利山地之企圖，均遭失敗，故不得不放棄南巴蘭(Namhpaklun)南北地區既設之堅固陣地帶，整個向南崩潰，我遂於十二月先後將南巴蘭、何勞等據點佔領，並乘勝將弄樹(Longhsu)攻佔，與公路左側切路部隊會合，從此 53 哩西北地區之敵全部肅清，至二月十三日，公路兩側攻擊部隊，已將曼山勒(Mansang)及桃笑(Taohkaio)攻佔，實已獲得決定性之有利態勢，其在新維外圍惟一據點之貴街，已受到嚴重威脅，惟敵欲阻我迅速南下與固守新維，須在貴街能阻我前進，始克有濟，然貴街本身雖丘陵起伏，溪流縱橫，復有星羅棋佈之據點工事可憑，但貴街得失之主要之關鍵，實在北面北起弄樹，南迄曼蘇庇奧(Manhsupio)橫障於貴街之一線疊巒山地，故敵自南開河東南地區敗退後，即以此為防守貴街之主要抵抗線，憑藉叢林與懸崖絕壁之險，處處居高臨下，企圖固守，並妄想抑留我於弄樹以北，與南姆堪

28　《緬北第二期作戰概述》(第四號)，頁 27。

訶(Nammakhkai)河谷地之間，是時敵以公路正面地形險峻，工事堅強，有恃無恐，為防我利用兩側之既得之戰果，由公路兩側突進，正面兵力遂呈分散，本軍鑑於當時之敵情及地形，乃決以有力之一部，由敵人配備間隙間，利用地形上之蔭遮，蹈瑕鑽隙，大膽深入，攻擊敵陣地後方心臟，而席捲之，其餘則由正面及兩側翼攻擊敵人，直搗敵整個縱深陣地，乃於十四日侵晨，乘迷濛大霧，先以有力之一部，由間隙勇猛突進，主力由廣正面及兩側向敵猛擊，賴我以奮發充溢之士氣，優越之戰鬥技能，冒敵猛烈之砲火，先後攻陷敵堅強據點五、六處，激戰至上午十一時，卒將貴街北面之一帶有利高山攻佔，敗敵回竄市中，狼狽不堪，形勢混亂，我遂乘戰勝之餘威，一舉衝[29]入市內，巷戰 2 時半後，敵為我全部擊滅，新維外圍之屏障與唯一強固據點，遂於下午二時，為我全部佔領矣。

自貴街為我攻佔，新維外圍之據點已失，僅有北面 10 餘英里綿亙之叢嶺石山，可為天然之屏障，敵除以重兵在新維城區及附近山地，加強其防禦工事，企圖固守外，並以一部在貴街南面懸崖削壁之隘口，分股扼險固守，以區內河流交錯，峰巒起伏，構成天然理想之數地帶，持久陣地，滇緬路穿折懸坡之間，實為利於防禦之狹長隘路，然當時敵一再慘敗之餘，士無鬥志，我乘敵之喘息未定，乃於二月十五日乘勝節節向南壓迫，以摧枯拉朽之勢，於十六日即將南約溫(Namhuawn)、威提(Hweoit)、鬧庇(Nawngpit)、與塘心(Tanghsim)等據點攻佔，而進迫南約溫南面極險峻隘路之前，其兩側之攻擊部隊，亦已攻抵弄清(Longktlng)北面六一二五高地、及曼文(Mongwon)南敏(Nammln)河岸，與曼愛(Hweoit)東西之線，是時我考慮當面之敵情及地形，以公路兩側地區已獲得有利態勢，應利用並擴大其成果，極力向敵之側背壓迫，且敵之正面陣地縱深極大，工事堅強，扼懸崖削壁之險，收瞰制之利，僅塞諸要隘，足以阻止我之南下，我若從正面逐漸進攻，不僅成功匪易，耗費時日，更易招致極大之損害，故決以公路左側攻擊部隊，迅速渡過南敏河，擊破拉塘(Lakteng)附近之敵，進佔新維東側通滾弄之堅固據點西烏(Seu)，積極向新維壓迫，並相機將

29　《緬北第二期作戰概述》(第四號)，頁 28。

敵後路切斷，同時令公路右側攻擊部隊，亦迅速向南突進，策應主力之攻擊，切斷敵之後路，如此使正面之敵，既感有側背威脅之恐慌，復有受後方退路斷絕之危險，極有演成全線崩潰之慘象，且軍攻佔新維之任務，亦可迅速達成。

二月十七日，乃由公路正面及其兩側地區分別發動猛攻，我公路正面攻擊部隊，冒敵猛烈之砲火，與在我砲兵火力支援之下，向敵進攻，敵居高臨下，憑堅頑抗，經半日之慘烈戰鬥，於是日乃將南約溫南面極[30]險峻之隘路、與東西之線之高山攻佔，並乘勝進逼新維北面最後最堅強之主陣地線，是時在左側攻擊部隊以神速之行動，渡過南敏河，一舉突佔西烏，並即迅速沿公路向西急進，將溫朗(Wingleng)以東之地區完全佔領，另以一部由新維背出，以直接策應正面之戰鬥，其右側攻擊部隊，亦已將洛敏(Laomun)佔領，對解決新維之整個戰局，已獲得極有利之地位。當初敵以我正面攻擊部隊，尚未進出隘路以前，決不會作兩側深入之舉，及兵臨城下，乃作垂死之掙扎。

二月十八日，由西烏向西進擊之部隊，擊破敵之抵抗後，已進佔市郊，是時敵為挽救臨之危機，與屢敗之頹勢，乃於十八、十九兩日，每次以二中隊以上之步兵、及戰車 8、9 輛，在砲兵火力掩護下，向城郊左側攻擊部隊作有計畫之瘋狂猛撲，不下 5 次之多，幸賴我官兵忠勇沉著，再接再厲，發揚大無畏之精神，與來犯之敵奮戰苦鬥，屢予擊敗，並連將戰車擊毀 3 輛，擊傷當在 5 輛以上，同時乘勝南出，以利爾後之戰鬥，是時我正面部隊，正在向新維北面主陣地攻擊，敵以此線高地之得失，即決定新維之生死命運，故寸土必爭，拚死頑抗，然自我左右兩側攻擊部隊進迫東西城郊，敵已陷入不利之狀態，有被我兩翼包圍於新維谷地之危險，因而軍心動搖，恐慌萬狀，我正面攻擊部隊為把握戰機，乃向當面之敵猛攻，經兩日之激烈奮戰，於十九日將敵主陣地突破，殘敵回竄市中，猶作困獸之鬥，至二十日拂曉，我乘大霧迷漫，逐一舉衝入市街，當與敵發生激烈巷戰，反復衝殺，戰鬥至為慘烈，經 3 小時苦戰，卒將守軍全部殲滅，臘戌北方之重鎮，遂於二十日上午七時，全入我手矣，從此芒友至新維公路，全長 70 餘哩，已暢通無阻。

---

30 《緬北第二期作戰概述》(第四號)，頁 29。

　　戰鬥成績：自南巴卡南出，前進 50 餘英里，攻佔曼拉馬、南蒼、何西、康馬、芒友、孔上、雷拍、般尼、曼蘭奇特、何勞、南巴蘭、弄樹、曼山勒、桃笑、曼蘇庇奧、貴街、南約溫、威提、鬧庇、塘心、曼文、曼愛、拉塘、西鳥、溫朗、洛敏、新維，等大小村落據點 140 餘處，佔領土地面積 1500 餘平方[31]英里，斃敵 650 名，生俘浦島光行等 5 名，鹵獲戰車 7 輛，擊毀 4 輛以上，卡車 30 輛，輕重機槍 26 挺，步槍 270 枝，大小火砲 9 門，擲彈筒 12 個，兵工金屬材料 200 餘噸，其他裝具、器材、給養、藥品、彈藥，及其他重要文件無算。

(六)臘戌之攻略

　　本軍新卅師自將新維攻佔後，軍為乘戰鬥之有利形勢，而取得戰略上之有利地位，與時間上之迅速計，決乘勝向上緬之戰略要地臘戌進擊，是時敵為阻止我之迅速南下，與掩護新維以南地區之爾後作戰準備，企圖與我於臘戌區決戰之目的，乃以五十六師團搜索聯隊所部(該聯隊係由滾弄撤至此。)增援新維南面山地鬧亨(Nawngheng)南北之線，拒止我之追擊，以五十六師團一六八聯隊之一部，在拉秀(Nahsaw)亙芒利(Mongli)之線，憑兩側之高山，既設之工事及南般(Nampang)河之障礙，扼險據守，企圖抑留我於芒利袋形隘路之間，另以五十六師團一六八聯隊之主力，附戰車一隊，輕重砲各數門在曼牧(Manmau)三角地區，憑挂形之隘路，及標高在 4,500 尺以上之高峰，扼懸崖絕壁之險，處處收瞰制之利，期長時間固守，爭取臘戌區決戰之有利，在臘戌則利用四境之高山，憑南育河之天險，及區內綜錯之溪流、水泥建築物與林木荊棘複雜之地形，分別在新、老臘戌及火車站，構築堅固之工事，尤以新臘戌之中心區，及其西側山地為最，且敷設各種堅強障礙物及地雷，企圖作最後之堅守。

　　二月廿三日軍已先後將河靠(Hsaihkao)以北地區殘敵肅清，是時考慮新維至臘戌，為一 30 餘英里之綿亙山地，公路正面狹小，既為一險峻之隘路，易守難攻，復不利於大部隊之展開運用，且主力若使用於正面，作攻堅之戰，不僅曠日持久，更將招致極大之損害，乃決以新卅八師主力，沿滇緬公路南下；

---

31 《緬北第二期作戰概述》(第四號)，頁 30。

新卅[32]八師及新卅師之各一部，由公路兩側山地，勇猛突進，以策應公路正面之戰鬥，並力求向敵側背機動。

二月廿四日乃以破竹之勢，分三路向敵進擊，是時敵以重砲及山砲密集之砲火，向正面鬧亨叉路南北之線，行猛烈之阻止射擊，我冒敵之猛烈砲火，擊破敵之堅強抵抗，向南急前，至二月廿六日，公路正面攻擊部隊，先後將鬧亨、芒般(Mongpang)等村落據點十餘處攻佔，進逼拉秀(Nahsawi)，其公路西側攻擊部隊，經連日之掃蕩，至廿六日亦已進抵卡康姆(Hkakawm)，南面叉路附近，深入右側山地，使芒利南北地區之敵，受到嚴重威脅，是時我以展開正面狹小，敵人砲火猛烈，乃令公路正面攻擊部隊，展開縱深之攻擊隊形，在戰車掩護及輕重砲兵緊密協同下，向拉秀當面之敵猛攻，另以一部由左右兩翼闢路，作小規模之迂迴，期誘敵於不預期之地點，予以致命打擊，惟敵以有利之地形及猛烈砲火之掩護：寸土必爭，拚死力以頑抗，並反復向我猛撲，企圖挫折我之攻勢，然賴我官兵忠勇奮發，爭先用命，經兩日之猛烈衝擊，至廿八日卒將頑敵擊潰，遂將拉秀至芒利南北地區，全部佔領，並乘勝進迫旁北(Panghpat)。是時我察覺敵一六八聯隊之主力，及五六師團輜重聯隊所部，及戰車砲兵等，在曼牧東西地區朋朗(Puenglang)、溫塔(Wenghta)、及四一六八、四一六九等高地，據高面陽，憑堅扼險，企圖待我進入三角隘路後，而擊破之。

當時我鑑於當面之敵情及地形，且為擴大其東西兩側攻擊部隊之既得戰果，使正面容易奏功起見，決以公路西側攻擊部隊，擊破南道(Namtaung)之敵後，強渡南拉(Namai)河，直趨曼提姆(Manhtam)，再由右翼旋迴攻擊四一六八、四一六九兩高地之敵，其公路東側攻擊部隊，迅速擊破當面之敵，進出吞底(Tunti)、漢杜(Hantau)，直搗廣康(Kongkang)，斬斷臘戌通芒腰(Mongyaw)之交通要道，並令公路正面攻擊部隊之各一部，向朋朗、溫塔、背出，期使各據點之敵，不攻自敗。[33]

32　《緬北第二期作戰概述》(第四號)，頁31。

33　《緬北第二期作戰概述》(第四號)，頁32。

　　二月廿七日公路西側攻擊部隊，一舉攻克南道後，即以迅雷驟雨之勢，渡過南拉河，至廿八日攻佔曼提姆，即依照預定計畫，向及四一六八及四一六九兩高地旋迴攻擊，當與敵發生猛烈激戰，其公路東側部隊則已佔領漢料(Hanlau)，深入朋朗側背，是時我為利用兩側之有利態勢，乃展開猛烈之正面攻勢，及由兩翼之迅速迂迴慘烈戰鬥，如此展開，激戰至三月二日，始相繼將朋朗、溫塔，及四一六八高地佔領，時曼牧及其西側高山與四一六九高地之敵，猶作困獸之鬥，惟是朋朗及四一六八高地為我攻佔，與極力向左翼深入後，不僅將南北兩面之敵分離，且有被我包圍於隘路之危險，敵軍心動搖，我遂令公路正面攻擊部隊向南壓迫，令兩側向東西席捲，遂於三月三日將曼牧及四一六九高地完全佔領，將勞西堡(Loihsap)以北地區之敵全部肅清，並乘勝直逼南育河畔，是時我以南育河之天險，且南北兩岸地形平坦開闊，既不能蔭蔽部隊之行動，復受諸高地之瞰制，欲從正面強渡，不獨成功不易，且將蒙受重大損害，乃決以一部由正面極力以行佯動，牽制當面之敵，以主力乘黑夜向他旁(Tapong)偷渡，並力求出敵意表，而奪取老臘戍以制先機。

　　三月五日晚，由他旁偷渡部隊，以神速秘密之行動，先渡過南育河，星夜向西南突進，至三月六日侵晨，進抵老臘戍附近，當與敵發生激戰，在我戰車砲兵緊密協同下，向敵奮勇衝擊，經 3 小時之慘烈戰鬥，遂將該地全部佔領，時公路正面攻擊部隊，為把握戰機，乃在砲火支援下，由廣正面強渡南育河，向河南岸飛機場，3756 高地及火車站猛攻，其公路東西兩側攻擊部隊，已先後渡過南育河，向臘戍兩翼突進，如此對臘戍已獲得決定性之極有利態勢，是時我為擴大其既得戰果與捕捉敵人，乃以公路正面攻擊部隊，以主力乘勝南下，進擊新臘戍，一部沿鐵路線向西攻擊，側擊火車站之敵，敵為五十六師團一四六聯隊所部，憑藉堅固之工事，及猛烈砲火掩護下，拚死力阻止我之前進，然此時敵已陷入我包圍之中，經我半[34]日之圍攻，遂於七日將火車站全部佔領，自此東西兩部會合，乃傾其全力由東西兩路向新臘戍總攻，展開慘烈城市爭奪戰，至下午 1 時 30 分，遂突破敵堅強據點工事，衝入市區，敵仍逐屋

---

[34]　《緬北第二期作戰概述》(第四號)，頁33。

死守，共瘋狂反撲，幸賴我官兵再接再厲，冒死犯難之戰鬥精神，與優越之戰鬥技能，經徹夜之肉搏格鬥，卒將該區守軍掃數殲滅，於二月八日上午八時，新臘戌乃全部為我佔領，從此滇緬公路進出之咽喉，虎視泰、越邊境之前哨，遂入於我之掌握中矣。

戰鬥成績：自新維南出進展 35 英里，攻佔鬧亨、芒般、拉秀、卡康姆、芒利、旁北、朋朗、溫塔四一六八、四一六九兩高地、南道、曼提姆、吞底、漢杜、康康、曼牧、勞西堡、他旁、火車站、飛機場、新、老臘戌，大小村落據點 220 餘處，佔領土地面積 1950 餘平方英里，斃敵經查明者，有中隊長以下 477 名，鹵獲卡車 37 輛，輕重機槍 49 挺，步槍 383 枝，山砲 5 門，迫擊砲 12 門，火車頭 3 個，車箱 48 節，轟炸機 1 架，零式戰鬥機 2 架，其他糧秣、彈藥、機器倉庫無算，敵遺棄兵工材料於臘戌附近萬餘噸，我亦傷亡連長以下，225 員名。

四、後勤設施概況

(一)交通：插圖

1、八莫圍攻前後之交通狀況：

(1)陸路

1. 列多至孟拱間公路，長約 300 英里，因雨季雨量過多，瓦拉渣(Warzup)至卡盟(Kamaing)段，地勢低窪，道路泥濘，無法通車，人馬亦難通行，由列多至瓦[35]拉渣可暢通，後由工兵十二團由瓦拉渣改沿山腳經南亞色(Nanyaseik)、卡盟至孟拱 50 餘英里單行道，並由孟拱通密支那騾馬道加寬為軍用道，路基欠良，免強可通，計由列多至密支那，係於十一月上旬全程始行通車，共約 370 英里。

---

[35] 《緬北第二期作戰概述》(第四號)，頁 34。

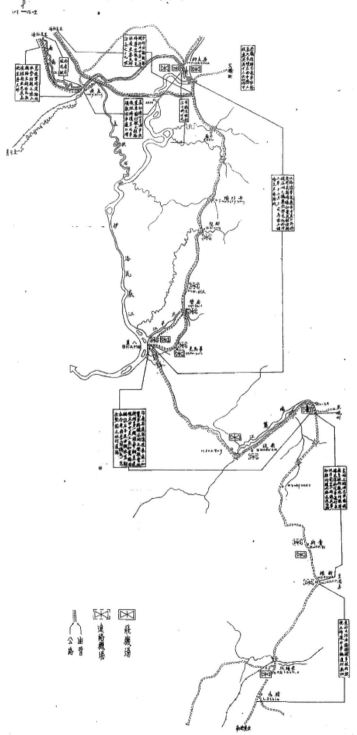

圖十之一、緬北作戰交通狀況要圖

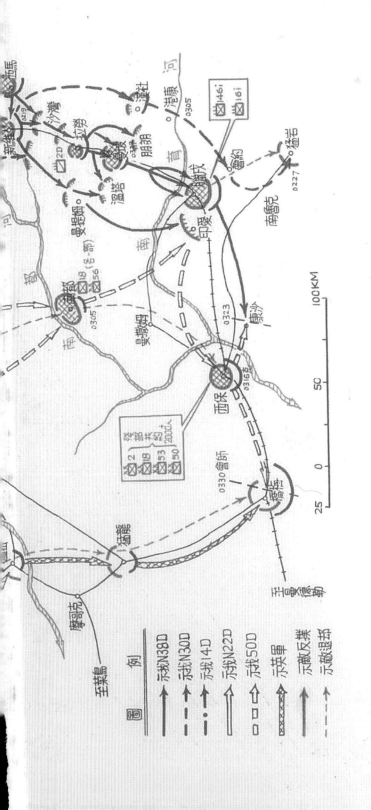

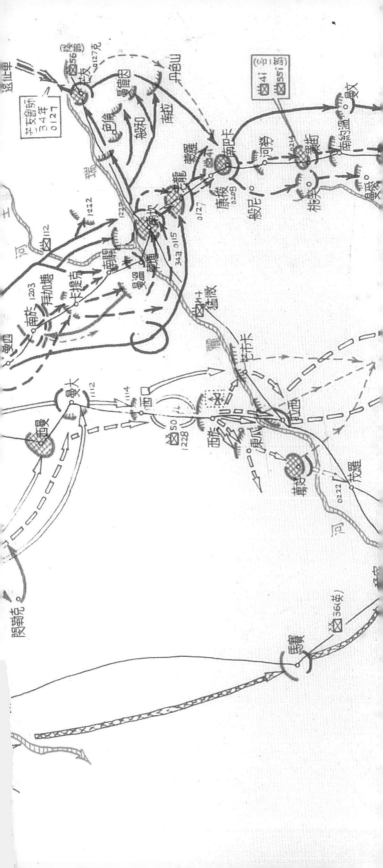

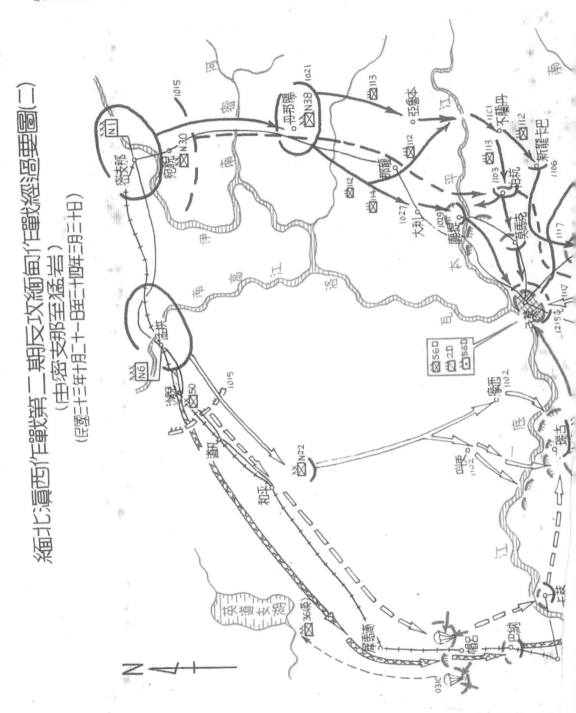

緬北滇西作戰第二期反攻緬甸作戰狀經過屬要圖(二)
(由密支那至猛岩)
(民國三十三年十月二十一日至二十四年三月三十日)

2. 孟拱至密支那鐵路：初以指揮車改裝代替車頭，全程約 3 時半可達，後經修復蒸汽機頭數個，車運日有增強，由列多至密支那騾馬部隊多經孟拱車運。

3. 密支那至八莫公路：隨軍進展，由中美工兵將原有汽車道修繕加寬，及橋樑涵洞之修復，於圍攻八莫時，2.5 噸載重車輛能由密支那至莫馬克(Momauk)，全部完成，乃在十二月上旬，為陸上補給主線。

4. 中印公路：瓦拉渣至密支那段，另築新路，計由瓦拉渣經的克老緬(Tigrawmgang)、大弄陽(Tarongyang)、丹邦卡(Tuinbonghka)、南堤(Namti)至密支那以南耳開(Akye)，與保密公路銜接，由工十團及美工兵分段修築中。

(2)水路

1. 大龍河(Tarongyaug)瓦拉渣至孟拱段通汽艇，美軍七十七漕舟連，擔任瓦拉渣至卡盟間航運，惟於雨季過後，河水日淺，至十月中旬已停航。

2. 伊洛瓦底江：可航行汽艇，密支那至大魯支(Talawgyi)，航行約 3 小時可達。

(3)航空

列多至密支那主要交通，仍賴空運，該兩地各有機場，足夠運輸機之降落，約一點四十分航行可達，軍攻佔莫馬克後，即於該地開闢運輸機降落場，並連絡機場各一處，由列多至八莫二點卅分左右，十二月下旬八莫機場即修復應用。

2、南坎攻擊時，交通狀況：[36]

(1)陸路

1. 八莫至南坎公路：

原係單行汽車道，沿山腳，灣曲頗急，隨軍進展，逐一加寬，並修復橋樑、涵洞，後方至第一線團車輛可直達，迄南坎攻佔與國軍會師，

---

[36] 《緬北第二期作戰概述》(第四號)，頁 35。

載重車輛均通行無阻，現正由中美工兵加寬路面舖設石子，及曲線改直，期在今年雨季前，構成一堅固之雙行道路。

2. 中印公路：

瓦拉渣至密支那改修新路，計長 79 哩，於卅四年一月全部完成，由列多經密支那、八莫、南坎、至畹町與滇緬路銜接，全長以現況計，438 英里，自民國三十年(一九四一)十二月十日，開始修築，至初步通車費時兩年 48 天，惟尚須改善，及加強橋樑，約再經 3 個月之時間，即可全部完成，與畹町－昆明段 657 英里銜接，共計長 1,140 英里，按車行每日 200 英里計，約 6 日可由列多到達昆明。

(3)水路

瑞麗河，乾季水淺，河幅日狹，無航行。

(4)航空

1. 密支那對岸依伊洛瓦底江南岸之宛貌(Waimgman)附近，新闢機場，供運輸機降落。

2. 南坎西北班康(Panghkam)有飛機場一處，運輸機可降落。

3. 南坎以東廟西(Mv si)附近，闢有運輸機降落場，大部械彈器材集中此地，轉運補充。

3、貴街(Kvtkai)、新維(Shenwi)攻擊時，交通狀況：

(1)公路

八莫經南坎至芒友(Mongyu)與滇緬路銜接，可直通貴街、新維，計由八莫至新維，約 180 英里，除少數橋樑正加強中，及路面尚須稍事修繕外，餘均良好，目前第一線團及軍[37]師部，均賴此路追送補給。

(2)水路

南渡河：水淺無水利。

(3)航空

貴街以南 2 英里附近，已開闢運輸機降落場，於二月廿三日開始使用。

---

[37] 《緬北第二期作戰概述》(第四號)，頁 36。

4、臘戌攻佔後交通狀況：

(1)公路

　1. 由新維至臘戌約 33 英里，為滇緬公路，路基良好，僅少數橋樑正修復中，現由八莫經南坎、新維直抵臘戌，各種載重車可暢通。

　2. 由老臘戌過鐵路經 Inailong－Mansam 至南渡(Namtu)可通汽車。

(2)航空

　臘戌機場，現已利用，可降運輸機，目前並加強修復中。

5、油管工程：

(1)輸油管計有 3 條，2 條係由加爾各答為起點；1 條由印度亞三省之底各堡油田為起點，由美工兵隨戰鬥進展，延伸舖設。列多至密支那間有 4 英寸油管 2 條，一條係於卅三年十月上旬通油；一條完成於十二月，現正由丁蘇加經列多向密支那，架設一條 6 英寸油管中。

(2)密支那、八莫間，於三十四年一月，第一條 4 英寸輸油管完成通油，現在架設第 2 條 4 英寸油管。

(3)八莫至畹町間：一月由八莫延伸架設，於二月上旬已架過廟西，並於廟西通油，現經芒友分向貴街、新維舖設中，計 4 英寸油管，每條在最高壓力下，每小時可抽壓 16,800 加侖，每小時流速 3 哩。

(二)通訊[38]

　　軍之通信連絡，除師有通信營外，本部由總部配屬通三營之第一連，負責擔任，並以航空快郵等輔助之，至本年二月始，奉令成立通信營，除以原配屬之通三營第一連，改編為該營第二連外，其餘正編組成立中，茲將本軍各期戰役通信網之構成，概述如下(附圖十之二、三、四、五：各地通信網構成要圖)：

1、有線電：

(1)由列多經新平洋至密支那，永久雙銅話報線，經美方架設完成，軍利用以對後方之連絡，並隨軍進展，由美方跟師司令部之推進，逐次延伸

---

[38]　《緬北第二期作戰概述》(第四號)，頁 37。

架設電纜,為對前方之連絡,完成初步通訊網,隨後即架設雙銅話線,至每一據點攻佔後,其雙銅話線能很快完成,遙遠之後方得能通話無阻。

(2)在軍通信營尚未完全組成時,本部通信連以有線電一排,分一部於軍前方指揮所,及一部擔任各處室與美方總機電話線之架設,而軍前方指揮所常隨師司令部推進,故有線電係利用師通信營架設之話線,對前方兵團連絡,並利用美方架設之電纜及雙銅話線,對後方連絡,而構成有線電通訊網。

(3)師通信營除對師本身各處室直屬部隊,及美方總機電線架設外,大部擔任對第一線兵團話線之架設,並兼利用美方電纜,對後方連絡。

(4)八莫攻擊時:軍攻佔莫馬克後,電纜亦隨架設完成,與密支那通話清暢,隨後八莫攻佔,於十二月間,雙銅話報線亦架設,完成通話。

(5)南坎攻擊時:在軍第一線兵團推進至 60 哩路碑時,雙銅話線已架過馬當陽(Madangyang),電纜則隨師部推進延伸,於南坎攻佔國軍會師,已能與八莫通話無阻。

(6)貴街－新維攻擊時:因軍進展較速,除電纜業已完成至新維外,雙銅話線經芒友向貴街沿途加[39]緊架設中。

(7)臘戌攻佔後:

1. 電纜已由新維延伸架設完成,與八莫可通話。

2. 雙銅話報,現於新維、臘戌分頭加緊架設中。

---

[39] 《緬北第二期作戰概述》(第四號),頁38。

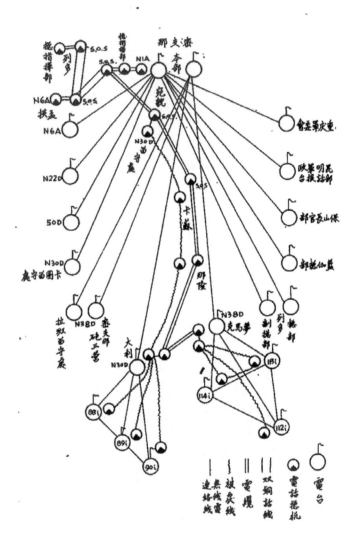

圖十之二、八莫有無線電通訊網構成要圖[40]

---

[40]　《緬北第二期作戰概述》(第四號)，頁58。

軍於攻擊南坎時對有無線電通訊網構成要圖

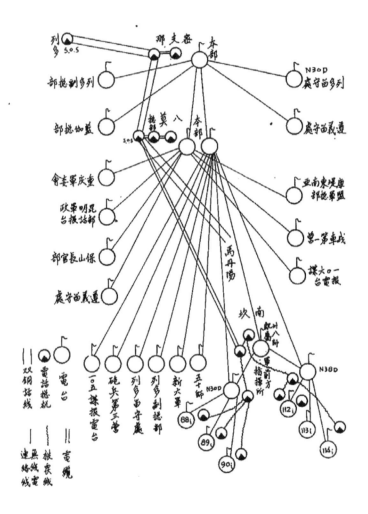

圖十之三、南坎有無線電通訊網構成要圖[41]

41　《緬北第二期作戰概述》(第四號)，頁58。

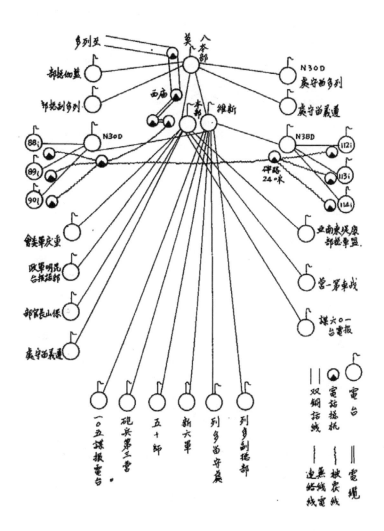

圖十之四、新維有無線電通訊網構成要圖[42]

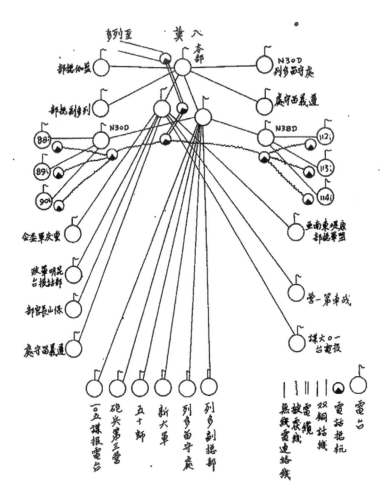

圖十之五、臘戌有無線電通訊網構成要圖[43]

43　《緬北第二期作戰概述》(第四號)，頁58。

2、無線電：

(1)本部現有無線電一排，計 75 瓦特電機兩班，分擔對上對下及友軍之連絡，20 瓦特一班，隨軍前方指揮所前進，擔任對本部及師第一線之通信，於八莫攻佔後，計 75 瓦特一班留密支那，餘兩班駐八莫，軍續向南坎推進時，軍前方指揮所，曾由新卅八師借用電台一班，專對第一線師及八莫本部之連絡，迄於新維攻佔後，密支那電台移駐八莫，本部及無線電兩班隨推進於新維，前後各役對無線電連絡詳通信網構成要圖。

(2)師通信營：由師以各團位置及需要，隨時酌予配屬使用，以團配屬無線電兩班，分擔其對上對下及友軍之連絡，營配屬一班，得保持對上及友軍間之連繫，營連間則使用背負無線電話，連與排間使用強力送發話器。

3、航空機之通信連絡：

(1)列多至密支那為軍後方運輸主要航線，由國內及駐印軍，各軍郵均賴迅速轉遞，為公文快郵之通信樞紐。

(2)八莫機場經修復後，可逕達列多。及南坎攻佔後，於廟西開闢運輸機降落場。文電及郵件，均分別由兩地轉遞前方矣！

(3)軍於各期會戰，均沿途適宜開闢連絡機降落場，如交通附圖，每機搭乘一人，用以下達命令及連[44]絡，極稱迅速便利。

4、有無線電之使用：

均遵照軍委會之規定及頒發之密碼，切實實施，並於此次緬北攻勢，總指揮部曾有規定各項，概列如下：

1.陸空連絡布板符號。

2.陸空連絡布板密碼。

3.地圖坐標密碼。

4.閃光信號之規定。

5.無線電波長及呼號。

---

[44] 《緬北第二期作戰概述》(第四號)，頁 39。

6. 有線電話號碼。

(三)補給

1、一般情形：

軍之補給概由美方第三供應處，負責儲存保管。戰役之先，預為籌劃，戰役開始適時補充，其組織之龐大，範圍之廣闊，機構之靈活，整個補給情形，難窺全貌，茲僅就軍現行補給實施概況，列述如下：

(1)械彈器材車輛之補充，均由本部統籌辦理，向總部請領轉發，如因戰時急需必要之物品，可先由各師通知師連絡官，逕向總部補充後，再呈報本部備查，附各會戰工兵及通信器材統計表。

表十之一、緬北作戰工兵通訊器材補充統計表

新一軍 緬北作戰工兵通訊器材補充統計表　三十四年三月　日									
類別＼部別＼戰役	新 三 十 師				新 三 十 八 師				總 計
	卡提克	南坎	新維	臘戍	合計	南坎	新維	臘戍	合計	
工兵器材　橡皮舟		25		0	25					25 個
炸(P)藥	150	250	400	0	800					800 磅
導火索	350 碼	150	650	0	1050					1050 碼
信　管	80 個	150	180	0	410					410 個
雷　管	100 個	120	180	0	400					400 個
大圓鍬	個	10		0	10					10 個
鐵　絲	1500 碼			0	1500					1500 碼
鐵　釘	5 箱			0	5					5 箱
通訊器材　重被覆線	12 哩	8	6	0	26	10	15		25	51 哩
輕被覆線	8 哩	13	5	0	26					26 哩
30 電池	2500 個	1000	1500	0	5000					5000 個
電話機	12			0	12					12 部
無線電話機		12		0	12					12 部
附　記										

(2)糧秣之補給：係按現有人員馬匹數，呈由總部通知 S.O.S.指定給養站受領，現規定每旬受領一[45]次，本部及直屬隊，概由軍需處統領轉發，各師逕行受領。

(3)油料之補給：軍所有車輛之汽油供用，均有定量，計本部每日 200 加侖，師每日 350 加侖。至本年三月，因前方大部補給係由陸上追送，運輸頻繁，經求增發至 500 加侖，仍不敷用，附各期會戰油料消耗統計表。

表十之二、緬北作戰油料消耗統計表

	新 三 十 師					新 三 十 八 師					總 計
部別 戰役 區分	卡提克	南坎	新維	臘戍	合計	八莫	南坎	新維	臘戍	合計	
汽油	13500	10500	15750	2700	42,450	12400	18897	6300	6000	43,537	85,987
機油	150	100	250	150	650	600	900	300	300	2100	2,750
附記											

新一軍 緬北作戰油料消耗統計表　　　　單位：加侖

2、兵站倉庫之配置及糧彈屯積情形：

此次緬北攻勢初期：列多至密支那間，由美方於適當地點，設有倉庫，對糧彈、器材經常均有屯備，茲分述如后：

(1)糧彈之屯積

丁高(Tingkawk)　——中國給養 20,000 份　　馬料 5,000 份　　彈藥 1 部

瓦拉渣(Warzup)　——中國給養 10,000 份　　馬料 20,000 份

孟拱(Magung)　——中國給養 200,000 份　馬料 50,000 份　彈藥 1 部

密支那(Miytkyina)——中國給養 200,000 份　馬料 15,000 份　彈藥 1 部

(2)器材之屯積

孟拱及密支那——十日定量軍械機件及供應品；

密支那保持十日定量普通應用之工兵器材及軍需品；

---

[45] 《緬北第二期作戰概述》(第四號)，頁 40。

　　孟拱及密支那——各設立一醫藥供應站，保持十日定量供應品。

(3)汽油補給站

　　初於新平洋－丁高－瓦拉渣－孟拱－密支那，均設有補給站。後八莫、南坎攻佔，油管延伸舖設，繼於八莫－廟西各設油站 1 所。[46]

3、兵站推進：

　　隨戰鬥進展，兵站倉庫均適時延伸設施，於八莫攻佔後，機場修復，大部糧彈，屯積八莫轉送，為軍向南坎推進中之補給主地，自南坎攻佔國軍會師，沿八南公路為陸運之主線，並利用廟西降落場，一部械彈器材，集中廟西，迄貴街－新維(Hsenwnai)攻佔，軍之補給，以陸運為主，並於貴街附近開闢之運輸機降落場，空運一部，貴街為軍攻擊臘戌之兵站末地。

4、第一線之補給：

(1)此次緬北攻勢初期，以前方道路不良，車運較為困難，或於作戰上常迂迴敵後，種種情形，故各期戰役前方之糧彈，大部空投補給之，自貴街攻佔後，第一線及迂迴部隊，仍使用空投一部外，其餘均利用滇緬路追送補給之，附各戰役空投及車運糧彈統計表。

表十之三、緬北作戰糧秣補給統計表

新一軍 緬北作戰糧秣補給統計表											三十四年三月　日
區分 戰役	部別 新 三 十 師					新 三 十 八 師					總 計
	卡提克	南坎	新維	臘戌	合計	八莫	南坎	新維	臘戌	合計	
空運 給(T)養	634	499.5	110.5	94.5	1338.5	704.5	527.5	155	130	1517	2855.5
空運 馬料	357	279.5	54	32.5	723	186.5	141.5	10.5		337.5	1060.5
車運 給養		37	49	47	133	78	264	77	58	477	610
車運 馬料		16	26	26	68	21	71	32	24.5	148.5	216.5
統計 給養	634	536.5	159.5		1390	782.5	791.5	232.5	188	1994.5	3324.5
統計 馬料	357	925.5	80		732.5	207.5	212.5	42.5	24.5	487	1219.5
附　記	1. 表內給養補給數係收入數，每役均稍有存餘。 2. 以噸為單位計算。										

---

[46]　《緬北第二期作戰概述》(第四號)，頁 41。

(2)空投場之開闢：隨部隊之推進，逐次開闢，於每次移動時，應先上日將地點日份(基數)人馬數時間等，電報本部轉請總部適時空投，如戰鬥緊急時，由各師直接申請總部，惟併電本部備查，各役空投場之地點參看插圖。

(3)空投搜集隊，總部於部隊推進前，組織空投搜集隊，配屬各師，擔任搜集及短途運送事宜，由師連絡官指揮之，計每隊包含騾馬一連，輸力一排，美方軍官 1 員，士兵 5 名組成之。

(4)空投場之管理與警戒：空投場係由美方派員負責收發，各師亦同時派員協同辦理，其警戒則以就近之部隊派兵擔任之。

5、各戰役中對車輛、馬匹、械彈損耗。

表十之四、緬北作戰武器、車輛、馬匹損耗統計表

新一軍 緬北作戰武器、車輛、馬匹損耗統計表											
區分	部別 戰役 類別	新 三 十 師					新 三 十 八 師					總 計
		卡提克	南坎	新維	臘戍	合計	八莫	南坎	新維	臘戍	合計	
武器	步　槍	12	4	3		19	17	28		3	48	67
	衝鋒槍	5	9	6		20	3	3		1	7	27
	輕機槍						1	11			12	12
	重機槍						1				1	1
	槍榴彈筒		12	7		19	5	4			9	28
	60迫擊砲							1			1	1
	火　箭							1			1	1
	信號槍							1			1	1
車輛	¼吉普車	1		1		2	2	1			3	5
	½指揮車							1	1	1	3	3
	¾彈藥車		1			1						1
	2½大卡車								1		1	1
馬匹	乘　馬	1	2			3	20	12	5		37	40
	駄　馬	21	11	17	9	58	134	139	79		352	410
附　記	表內馬匹係指死亡數字。										

表十之五、緬北作戰彈藥消耗統計表

部別 戰役 區分	新三十師					新三十八師				總計
	卡提克	南坎	新維	臘戍	合計	八莫	南坎	臘戍	合計	
30 步彈	150000	134000	96996	20500	401496	141800	100630			
303 輕機彈	140000	541400	83646	19060	784106	385200	208960	105600	699760	1483866
45 衝鋒彈	9000	136800	13000	25000	183800	277600	150500	48000	476100	659900
30 重機彈	184250	116250	93500	34000	428000	267650	133000	84000	484650	912650
60 迫砲彈	4000	6916	5290	820	17026	28030	5650	3872	37552	48578
75 榴彈	3540	7271	2299	350	13460	18169	3282	2525	23976	37496
75 烟幕彈	142	249	150	48	589					539
81 重迫砲彈	1320	2801	1313	190	5624	9113	4861	1120	15094	20718
81 輕迫砲彈	5690	6166	2880	430	15166	19280	5746	2690	27716	42882
37 戰防彈		40	100		140	2520		600	3120	3260
火箭彈	128	40	140	31	339	1010	520	200	1730	2069
信號彈			120		120					120
槍榴彈	482	532	1060	103	2177	6055	2063	700	8818	10995
手榴彈	3250	7666	1429	731	13076	14777	3147	1000	18924	32000
附記										

6、輜重之編組：

(1)本部無輜重部隊，由總部配屬輜汽六團之一排，擔任本部運輸勤務，至本年三月始奉令成立汽車[47]排，現正編組中。

(2)師輜重營，以師及直屬部隊之大小行李，及必需器材營具等輸送，並以團之任務及行動，適宜配屬一部使用，餘擔任配屬師之衛生機關，如手術組等之運送。

(四)衛生

1、軍衛生機構：

---

[47] 《緬北第二期作戰概述》(第四號)，頁42。

本部軍醫處指揮全軍衛生勤務作業，並負責其他一切衛生措施，及直屬部隊病患之門診，師軍醫處為師衛生作業指導機構，師野戰醫院及各級衛生隊，依部隊之部署，及戰況之演進順序開設，負責火線急救傷運，及輕性傷患之收容與治療，重傷患者，均轉送兵站或後方區之美方醫院。

2、衛生勤務機構之部署：

(1)野戰區衛生機構之部署：

營急救站：擔任火線上之急救治療。

團裹傷所：負責檢傷、裹傷。

團衛生隊：擔任火線至團裹傷所之傷運。

師衛生隊：負責團與手術組及野戰醫院間之傷運。

美方手術組：界於團與野戰醫院之間，擔任野戰區之初步手術醫療，新卅師配屬有美方第五八流動手術組，及十三醫務營第四連之一排。新卅八師配屬有美方第四三流動手術組，美方第八九六收容轉運連，及美十三山林醫務營第四連之一排。

師野戰醫院：隨師後跟進，開設收治輕性傷病官兵。**48**

(2)兵站區衛生機構之部署：

第七三兵站醫院：新平洋。

第一五一衛生營：丁高沙坎。

第二五野戰醫院：沙都渣。

第四八兵站醫院：密支那。

第四四野戰醫院：八莫之役就密支那開設，自該城光復後，已遷八莫。

(3)後方區衛生機構之部署：

第一四兵站醫院：仍就列多開設。

第六九後方醫院：列多開設。

第二〇後方醫院：仍就列多開設。

3、野戰區美主要衛生機構，隨軍推進延伸設施情形：

---

48 《緬北第二期作戰概述》(第四號)，頁43。

(1)八莫攻佔後，美十三山林醫務營主力，及美四十四野戰醫院全部移八莫，擔任傷病之收容轉送。

(2)軍既攻佔南坎，原南坎施貴醫院(即西格里夫醫院)舊址，尚存稍經修葺美八九六收容轉運連遂遷入開設，收容傷病，並受軍之指揮，芒友攻克後，美廿五野戰醫院進駐苗西，同時十三山林醫務營之主力，亦配屬本軍服務。

(3)新維之役，美八九六收容轉運連以一部前移貴街，十三山林醫務營一部，則隨軍隨時推進。

(4)臘戌攻佔後，美第八九六收容轉運連又另一部推進臘戌，擔任傷病收容，而十三山林醫務營之主力，亦陸續抵達，苗西之第廿五野戰醫院，亦以其第一分院前展至此開設。**49**

4、傷病後送情形：

(1)團衛生隊通常於第一線後，至 2 哩處設置檢傷站，傷者至此，即予登記檢傷，矯正在營裏傷所之治療，繳收武器，填發傷票，師衛生隊負責爾後之運輸，將傷者擔送至配屬之美方手術組，迨行必要之緊急手術後，遂將傷者運至美方收容轉運站，自收容轉運站後之傷病運輸，則完全由美方負責。輕傷病者經檢查後，遂送我野戰醫院；重者則由飛機空運兵站，或後方醫院。

(2)野戰醫院之前展，其收容之輕傷病者，恆依當時之環境或攜行或移交附近美方衛生機構，而後乃得隨部隊推進。

5、傷病之管理：

前後方美方醫院傷病之管理，係由總部負責，於各醫院均有管理組之設置，惟組織尚不健全，人力、物力有限，諸欠周密。本軍為解決傷病者之困難，求得傷病愈者能迅速出院歸隊，而利兵源計，由各師抽調政訓人員，及本部官佐數員，組成撫慰傷病服務隊，設隊部於密支那，分遣連絡官駐院工作，擔任本軍傷病之調查慰問，協同點發薪餉與犒賞。改善生活，代寫書信，協助歸隊及解決其他困難，實施以來，尚著成效。

---

49 《緬北第二期作戰概述》(第四號)，頁44。

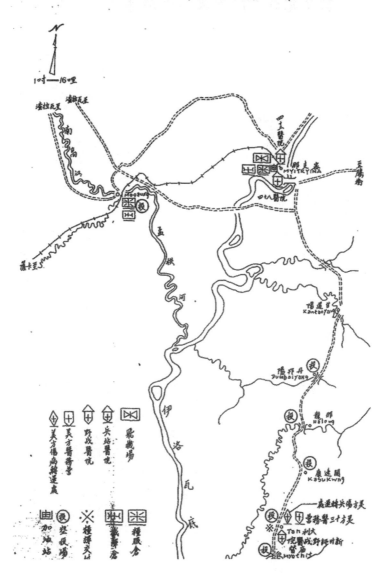

圖十之六、八莫補給衛生設施要圖[50]

《緬北第二期作戰概述》(第四號)，頁58。

單於攻擊南坎時對補給衛生設施要圖

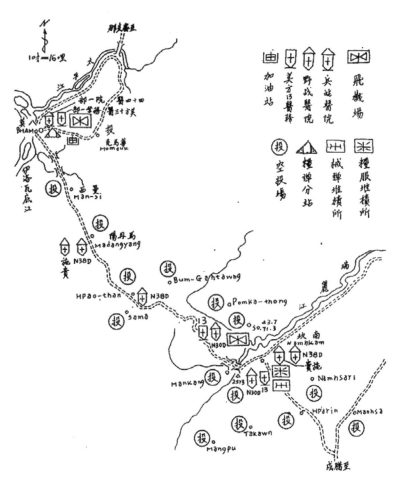

圖十之七、南坎補給衛生設施要圖[51]

51　《緬北第二期作戰概述》(第四號)，頁58。

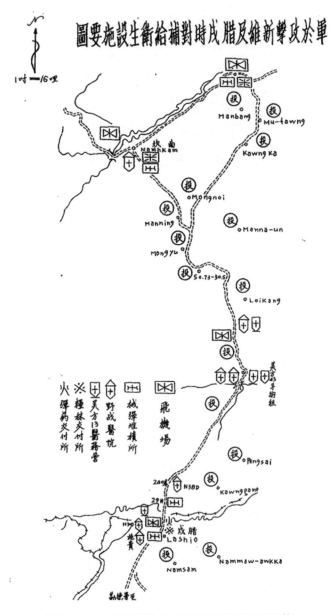

圖十之八、新維臘戌補給衛生設施要圖[52]

---

[52] 《緬北第二期作戰概述》(第四號)，頁58。

表十之六、緬北作戰兵員傷病後運統計表

新一軍 緬北作戰兵員傷病後運統計表										
部別 戰役 區分	新 三 十 師					新 三 十 八 師					總 計
	卡提克	南坎	新維	臘戍	合計	八莫	南坎	新維	臘戍	合計	
傷 運	451	323	140	11	925	487	29	58	124	698	1,623
病 患	378	244	150	35	807	102	7	18	67	194	1,001
附記	表列傷病數字係包括官兵人數，並空運、車運一併在內。										

6、藥品之補給

　　本軍各單位藥品，每半月補給一次，並以營為單位，總部製有 650 人半月用之標準材料箱，於每月一日及十五日，空投或陸運配給，除野戰醫院之藥品有特殊單位外，各部均按規定補給，配屬之美方衛生機關則自行請領。**53**

五、經驗與教訓及可資參考之事項

(一)勿爭一地之得失，而忽略全般之行動。

　　溯緬北敵人自孟拱、密支那相繼慘敗而退守八莫後，即利用外圍太平江之天然屏障，作河川直接守備，期於八莫城區以外，求戰鬥之有利，並於八莫城區廣大之住民地，利用房屋、圍牆及其他建築物，構成堅固之據點，區分為四守備地區，(即東、北、南、腹廊四據點。)各地區之配備，經過嚴密之計畫，與充分之準備，決心死守 3 月。在戰略及政略上之著眼，企圖以八莫之死守，牽制我全般之行動，遲滯中印公路之開通。在戰術上，則使攻者屯頓兵堅城之下，曠日持久，而達持久防禦之目的。是時我洞悉敵之狂妄企圖，乃本孫子所云：「出其所不趨，趨其所不意。」之戰法，僅以軍之一部圍攻八莫，另以第二線兵團，間道而出，直下南坎，使敵前分離，無餘暇、無餘力以謀我，乃得使八莫、南坎相繼克復，此誠為在全般戰局上著眼，而致勝也，根據以上事實，可得如下之經驗：

---

53 《緬北第二期作戰概述》(第四號)，頁 45。

1. 勿為一城一鎮之敵，而牽制全般之行動。

2. 無論攻防苟非必要，不可傾注其全部兵力，以俾於他處另謀戰局之有利發展。

3. 敵若憑堅固守，則宜斷其交通、絕其接濟，然後以強力攻略之。

(二)對敵據點式陣地攻擊法

本軍對八莫城區之敵，圍攻 20 餘日，敵雖陣地堅固，決心死守，卒被我逐點奪取，殲滅殆盡。根據 20 餘日之圍攻，而得如下之經驗：

1. 據點式陣地攻擊只能逐次攻略，並在佔領一地後，須迅速完成其工事，以備敵乘我立足未穩之際，而行逆襲，(尤須注意於黃昏、拂曉，及集中砲火奇襲射擊後之時機)並可由最初即區分地區，而行逐次攻略者，同時重點之選定，須在敵最感痛苦之方面，縱深突進，如本軍此次圍攻八莫，敵北據[54]點工事極為堅強，為整個防禦地區之主要支撐，然當我突破一部後，即僅沿 300 碼寬之正面錐形突進，直逼腹廊陣地，威脅其神經中樞，敵即動搖，而致崩潰。

2. 於攻擊之先，須盡各種手段，行細密之偵察及威力搜索，俾得敵陣地配備概要及其堅強薄弱，與最感痛苦之所在，敵重火器位置及側防機能，然後作精密之計畫，充分之準備，否則冒昧攻擊，輕舉妄進，不獨蒙受重大損害，難以奏功，更將陷於被動，受制於敵。

3. 對據點攻擊之先，須盡量利用飛機及重砲，予以毀滅性之轟擊，使動搖其戰鬥意志，毀滅其戰鬥力量，若徒以步兵作攻堅之戰，實兵家之所忌，此即以火力主義採取攻心之法，正孫子所謂：「強而避之，亂而取之……」之謂也，如本軍攻擊八莫時，曾使用飛機連番轟炸，及集中大量砲兵，集中射擊，將敵堅固陣地大部摧毀，步兵乃得順利進展。

4. 各兵種協同之重要：在使用空軍時，最好能有空軍前進對空連絡組，隨步兵指揮官行動，俾隨時通報目標，與獲得適時適切之支援。如本軍攻擊八莫時，當敵之堅強頑抗與反撲，偶遇空軍到達，獲得適時支援，使攻者精

---

[54] 《緬北第二期作戰概述》(第四號)，頁 47。

神上得到莫大之鼓勵，適時予敵以制命打擊，又為使步、砲兵緊密協同，有將必要之砲兵，緊隨步兵前進，直接支援攻擊，對敵之側防機能，尤可適時制壓，且砲兵射擊尤以重砲(指口徑在 CM105 以上的砲)，因射程遠大，若從地面觀測，每受地形之限制，無法觀測彈著而修正偏差，更無法發現與指示戰場內適時發現之有利目標，故使用砲兵須儘量採用空中觀測，不僅觀測迅速修正偏差，確實誘導砲兵精密射擊，發揮其強大之威力，更可適時指示廣大地區出現之有利目標，收奇襲射擊之效果。如本軍圍攻八莫時，曾使用大量之砲兵，因輔以空中觀測，而能如所望之時間與地點，予敵強固之工事以徹底之摧毀，且對敵堅固陣地之攻擊。若單靠空軍轟炸，[55]則收效甚微，須賴重砲兵之威力，始可予以徹底之摧毀，根據以上事實，得如下之經驗：

1. 欲發揮各兵種之特性，須各兵種能緊密協同，長短相輔，始克有濟。
2. 欲協同密切功效指顧可期，須各兵種指揮官能隨步兵指揮官行動為原則。
3. 對堅固陣地之攻擊，須主賴重砲兵之精密射擊，而精密射擊獲得之準據，則賴空中觀測，有以致之。

(三)我對敵攻擊時之對策

卡提克戰役敵對我攻擊時，通常先以砲兵對我第一線猛烈射擊，然以強大之兵力，利用砲擊後之瞬間，大舉衝鋒，其步、砲協同甚為緊密，故當敵砲擊時，其步兵通常秘密密集於陣地前 7、80 公尺處，準備衝鋒，此時我第一線之步機鎗因受敵猛烈之制壓，已不易射擊，我最有利之對策，即當敵砲對我第一線步兵射擊時，除以砲兵對敵砲制壓外，我八一及六○迫擊砲須立即標定射向，向我陣地前密集之敵，猛烈射擊，如此可使敵遭受其重大損害，而消耗其衝力。

(四)攻擊敵排以下之小部隊所組之獨立據點

對敵小部隊所組成之獨立據點(排以下)攻擊時，使用兵力過大，不但行動因之遲滯而招致較大傷亡，如優秀之幹部，率領少數饒有膽識之士兵，秘密接

---

55 《緬北第二期作戰概述》(第四號)，頁 48。

近敵陣，藉信號之連絡迫擊砲等之密切協同，以砲火先行摧毀敵陣，然後迅速突進，最易奏功。

(五)敵之慣用戰法及對策：

　1、敵慣用戰法

　　(1)常以小部隊鑽隙襲擊，擾亂我砲兵陣地，指揮機關，並潛伏交通要道，狙擊我官兵，兵力通常為 3 至 5 人或一班不等，攜行數日份乾糧，於密林地帶作 3 至 4 日之潛伏。

　　(2)組織突擊隊，慣用肉搏攻擊及夜襲，其時機多乘我立足未穩，或於夜七時至十時，或晨三至六[56]時，先集中各種火砲及自動火器，向我甲陣地射擊，吸引我對甲陣地方面注意，敵肉搏隊則利用砲彈爆炸聲，潛行突進至乙地附近，大聲狂叫，一舉突進，用手榴彈、刺刀、戰刀肉搏，其兵力常 20 至 30 人。

　2、我之對策：

　　(1)廣泛範圍嚴密搜索。

　　(2)採用以毒攻毒方法，於戰場內各要點設小組埋伏。

　　(3)嚴格養成士兵沉著敏感，及獨立作戰之精神。

　　(4)陣地前線 50 至 100 碼外設置埋伏，使敵無法接近，各種自動火器對各交通要道，構成交叉火網。

　　(5)進佔每一地後，務於黃昏後，完成各種工事。

　　(6)以小組施行夜襲，使敵無機會出擊，山砲兵應擇要點頻行射擊。

(六)山地攻擊須力圖以迂迴達成目的

　　因山地正面通常堅固，不易攻略，且防者可利用地形及氣象，秘密其企圖及兵力移動等，故攻者須極力向敵背側機動，以求戰鬥之有利發展，若狀況許可，則以一部牽制正面之敵，主力鑽隙突進，行大規模之迂迴，爾後緊密配合，夾擊而殲滅之，正孫子所謂：「攻其無備，出其不意，以正合，以奇勝」、「兵之情主速，乘人之不及，由不虞之道，攻其所不戒也。」如本軍向

---

56 《緬北第二期作戰概述》(第四號)，頁 49。

南坎攻擊時，敵以利用四境高山，嚴密防守，並在南坎南側山地，構築堅固要塞，憑瑞麗河之天險、及南坎谷地之地形開闊，扼山林川澤之險，處處居高臨下，企圖長時期固守。本軍以當時之狀況，若行正面攻擊，不獨成功不易，更易蒙受損害，陷於不利之狀態，故決以一部牽制正面之敵，並極力利用伴動以轉移敵之視線，以主力由南坎南側行深遠大迂迴，遂得出敵意表，一舉將南坎襲佔，根據以上[57]事實，得如下之經驗：

1. 在補給毫無遺憾之情形下，應毫無顧忌，以可期必勝之兵力，行大胆迂迴，出其不意，攻其無備。

2. 迂迴部隊及正面牽制部隊，行動務須絕對秘密，全軍相戒，更要求神速機動，迂迴部隊以攜行乾糧為宜，抵達目的地後，再行空投，則更為有利。

3. 正面牽制部隊應強行伴動，採取極端之欺騙手段，以吸引敵主力。

4. 迂迴部隊須付予獨立性，依當時狀況及地形適宜決定，可期必勝之兵力及兵種，務使在所望之時間內，確能獨當一面，與能達成艱鉅任務。

5. 迂迴部隊，在獨立任戰，且交通連絡均為不便，故各級指揮官，獨斷之時甚多，企圖心必須盛旺，適時處置，若待上級之命令，往往有失戰機。

(七)**斷敵交通，絕其接濟，為使敵迅速崩潰與收殲滅戰果之唯一戰法。**

　　當本軍芒友未下與南坎南面老龍山山區核心陣地之敵，尚未肅清之際，即以有力之一部，鑽隙突進，直趨滇緬公路 82 哩路碑處而切斷之，將五六師團殘部全部包圍殲滅，獲致極大之戰果，根據以上事實，有如下之教訓：

1. 切路部隊地點之選定，須為敵後生命線之要害，能制敵死命，且因四面當敵，對作戰地形與用兵上之條件，毫無缺陷，始克有濟。

2. 切路部隊，須絕對付予獨立性，佔領一地後，須迅速完成各種工事，並須逐漸加強，以備必然之反攻，更須嚴密搜索於各要道設伏，予來犯之敵，以不意之奇襲。

3. 此種切路部隊，因迂迴行動，不是攀高山，便是涉湍流，重火器不易隨伴

---

57 《緬北第二期作戰概述》(第四號)，頁 50。

行動，故須有空軍為之支[58]援，更須賴空軍作遠距離之偵察搜索。

4. 對鄰近地區之友軍，須密切連絡，更須明瞭友軍之位置與戰力，及當面之敵情(敵之兵力、兵種、企圖等)，特注意勿依賴友軍，而為敵之所乘。

5. 若訓練與裝備精良之軍隊與能空投補給時，則可大胆行之。

(八)我之優劣點

1、我之優點：

(1)士氣旺盛，不計險阻，忍苦耐勞，精誠團結，與行動敏活，為戰勝之主要條件。本軍自三十二年十月，由印、緬邊境發動攻勢，迄今十七閱月，若非士氣極端旺盛，耐勞耐苦，與全軍官兵咸抱誓復國仇，砥礪獻身報國之精神者，曷克臻此。

(2)信心之建立，本軍在緬北作戰經年，而每次會戰，均能果敢實施徹底之迂迴包圍，及切路之大胆行動者，實以指揮官派遣部隊，信其必能達成艱苦之任務，每一部隊自身深具自信，且信仰其長官於艱難困苦之時，必不令我輕陷於敵，友軍必能盡力協同，是以敢作放胆之行動。又如卡的克之戰，九十團在公路正面最先頭之部隊，因敵軍滲入，陷於包圍，然深信其長官必來解圍，終經 6、7 日之苦戰，待師左翼大包圍敵軍成功，而獲大捷，凡此信心之建立，實為致勝之主要因素。

(3)補給設施完善，有助於戰鬥之成功者甚大，本軍在叢山莽林中，鑽隙突進，敢於作深入敵後數十英里之深遠大迂迴，對糧彈補給，尚無遺憾者，實利賴焉。

(4)戰鬥技術精良，經驗豐富。本軍訓練特注重特種地形之戰鬥，及各種基本戰鬥技術之熟練，且[59]平日均以緬甸戰場與精銳之敵人為對象，故能屢創頑敵，殺敵致果，且是經長期之戰鬥後，官兵經驗與日俱增，至能臨機應變，有獨立作戰之精神者，實非偶然也。

(5)空軍優勢：在第二期攻勢期中，制空權全操我手，我空投補給，得續

58　《緬北第二期作戰概述》(第四號)，頁 51。

59　《緬北第二期作戰概述》(第四號)，頁 52。

行無缺，及**轟炸機**頻行**轟炸**，打擊敵軍之作戰意志，影響殊大，此皆賴
制空權之獲得，有以致之。

(6)砲兵優勢：在此戰鬥期中，敵企圖以重砲發揚其最大威力，在遠距離
　阻止我軍之前進，在戰鬥間作有力之支援，然因我砲兵優勢，始終壓制
　敵人。

(7)戰鬥力之保持：保持戰鬥力為長時間作戰期間最後勝利獲得之主要因
　素，故孫子主張，屈人之兵而非戰，拔人之城而非攻，貴速勝，全軍為
　上，是以謂：「百戰百勝，非善之善者也；不戰而屈人之兵，善之善者
　也。」但開宗明義至歸根結底，莫不以保持戰鬥力為著眼，而達全勝之
　目的也。溯本軍自三十二年十月，向緬北發動攻勢以還，惟時二年有半
　載，萬里關山，艱辛險阻，曷可一言以盡，卒能擊破頑敵，其戰鬥力之
　有增無已者，實非偶然也，為檢討既往，策勵來茲，實有如下之數端因
　素，有以致之。

1. 火力主義，以絕對優勢之火力，壓倒敵人而收戰勝之效果，本軍在長
　期之攻擊戰中，莫不盡其各種手段及方法，運用所有之輕重火器，緊
　密協調，發揚最大之威力殲滅敵人，此即以火力主義，採取攻心之法
　也。

2. 不戰而屈人之目的，用謀與智斯為上矣，故孫子云：「上兵伐謀」，
　本軍遠征異域，孤軍遠出在困難之地形，與強大而精銳之敵人作戰，
　若非從戰略與戰術上取勝於敵，決無補於大局，而達戰鬥之目的，此
　即以智謀取勝是也，如本軍三十三年十月，在密支那誓師南下，僅**[60]**
　以兩師之兵力，一以圍攻八莫之敵，另以第二線兵團間道而出，直下
　南坎及八莫堅城未下，敵人復從卡提克大舉反攻，其處境至為危殆，
　然終能全殲八莫之敵，繼獲卡之克之捷，並乘勝直搗南坎，粉碎敵在
　戰略上，企圖以八莫一城之死守，而牽制我全般之行動，遲滯中印公
　路之開通，在戰術戰鬥上，企圖擊破深入隘路與堅城之下之我軍，轉

---

[60] 《緬北第二期作戰概述》(第四號)，頁53。

移攻勢，其企圖至為狂妄，行動至為積極，若非運用指揮官之智謀，出以奇計，使敵處處受制於我，無餘暇、無餘力以謀我，曷克臻此。故孫子云：「其兵不頓，而利可全，此謀攻之法也。」誠哉斯言，此不過就其犖犖大者，其他於南坎之襲佔，南巴卡附近之斷敵退路，絕其接濟，將五六師團殘部全部包圍殲滅，而我之傷亡輕微，獲至輝煌之戰果者，莫不以智出以謀勝，所謂奇正虛實，必死陷危等之運用，皆為達成速戰全勝之方法，亦即保持戰鬥力之不二法門，惟須運用智謀，有以致之也。

3. 醫療設備之健全及衛生之講究，影響於戰力者甚大，本軍作戰——重傷官兵，概以飛機運送，快則數 10 分鐘，緩則 1、2 小時，即可到達手術組，若在公路沿線作戰，則有救護車至團收容所，接運傷病後送事宜，其減少傷病官兵之痛苦與死亡者，實以此為主因也。且醫院設備齊全，美方醫官技術優良，至傷病易瘉，而收速効，如本軍在八莫作戰之負傷官兵，在攻擊南坎、芒友，復重上前線者，約佔二分之一也，又本軍所經作戰地區，不為杳無人烟荒涼之地，即為瘴癘流行之區，若至雨季，遍地氾濫，日夜寢食泥水之中，或則酷熱，華氏高至 120　以上，瘧蚊螞蝗，隨地皆是，然經此長期連續之戰鬥，而患病者甚少，實賴各級官兵循循善誘，講究衛生者有以致之。反觀在印緬戰場之英美盟軍，因對平日之起[61]居飲食，毫不講究，官長亦不加督責，或則暴師於霜雨之中，或則露宿於濕骯之上，至患病者，每佔百分之 5、60，而整個戰力，幾因病而消失者，實為明顯之對照也。

4. 隨時訓練，隨時補充，為保持戰鬥力之唯一手段，亦為增強戰力之唯一方法，本軍經此長期連續之戰鬥，與時間，而戰鬥力有增無已者，其原因不外下列二端：

①寓教於戰：即在作戰時，亦利用機會，予以教育，或在擔任警戒，即行輪流抽調訓練，總以利用機會教育為原則，不拘泥方式與時地

61　《緬北第二期作戰概述》(第四號)，頁 54。

也。

②隨時補充：作戰部隊官兵之傷亡，是為不可避免之事，然當預籌補充之計，與增強或保持戰力之策，如本軍在前方作戰時，後方即以接到之新兵，加緊訓練，迅速完成基本之戰鬥技能，一俟發生傷亡，即行補充，故緩急可濟，戰力可全，先勝之道，預籌之法也。

2、我之劣點：

(1)戰車營以前雖隨後行動，然因未由本軍直接指揮，且美方指揮組拘束甚嚴，至有利攻堅之利器，每每失卻戰機，無法發揮其威力。

(2)本軍未有直接支援之空軍，每需要空軍支援時，須轉請總部，故不克於所望之時間與地點，得到適切之有效支援，有失戰機。

(九)敵之優劣點

1、敵之優點：

(1)各個獨立作戰精神甚佳，一兵一卒必頑抗死守其陣地。[62]

(2)精神教育徹底，投降者較少。

(3)善長白刃戰及小組之襲擊等戰法。

(4)諜報及搜索頗為積極，軍士或伍長能力極強。

(5)善於狡詐及欺騙。

(6)下級幹部對上級命令及戰鬥指導能徹底執行。

(7)陣地編成周密，各地區之配備，均有獨立性，並能以火力互相支援。

(8)敵軍佐屬及勤務部隊衛生人員等，咸具戰鬥能力，能適時適切加入戰鬥。

---

[62]　《緬北第二期作戰概述》(第四號)，頁55。

新一軍緬北第二期攻勢作戰行動概見圖

（三十三年十月二十五日至三十四年三月二日）

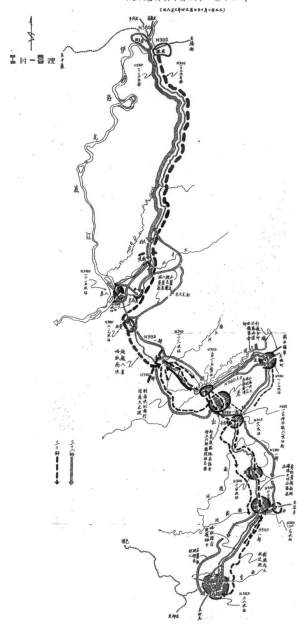

圖十之九、緬北第二期作戰行動概見圖[63]

63　《緬北第二期作戰概述》（第四號），頁58。

2、敵之劣點：

(1)過於計較小據點之爭奪，而常忽略其整個戰局，故對側翼及後方之警戒疏忽。

(2)後方感覺性靈敏，故每遇我軍深入其後，則窮於應付，遂開戰敗之端緒。

(3)命令下達不考量彼我之實力，而妄授以「擊滅」，或「擊潰」，當面我軍之任務，結果無力達成，喪失指揮官之威信，及部隊之戰鬥精神。

(4)突擊與衝鋒時，隊形密集，常為我猛烈之火力所殲滅。

(5)敵後方連絡線極長，補給不圓滑，故前線作戰部隊，屢有補給不濟之虞。

(6)空軍劣勢，在精神上感受我空軍之震赫特大。

(7)作戰末期中，戰局垂危，主力被殲滅，聯隊長以上指揮官，祇圖個人安全，而犧牲部隊掩護其個人之退走，遂大失軍心，自行潰散。**[64]**

六、結論

勝兵先勝而後求戰，方略而外，一切準備，毫無遺算是也，憶卅一年國軍出緬遠征，因入異國作戰，對預定戰場應有之作戰準備，不能在事先作充分之準備，復因進軍倉猝，後方連絡線綿長，至通信連絡、運輸補給，諸設施未克盡如所望，且當時英國當仰光失守之後，即未作固守緬甸之決心與準備，至整個緬甸戰局，乃隨之急轉直下，雖有本軍新卅八師前仁安羌之輝煌戰績，終無補於大局，敵乃以輕騎出棠吉，襲臘戌，威脅滇西，進窺印邊，不僅萬里關山，為之色變，且我國抗戰期中對外唯一國際生命線，亦相告斷絕。

時現本軍之新卅八師，抱著極度之悲憤，轉進入印，奉令在比哈省之藍伽加緊整訓，始有期待今日勝利之降臨，是即本軍光榮史源之一頁，先勝之所由來也。

惟是時以緬北野人山為世界上唯一絕壁，更為世界上唯一多雨之區，誠為

---

64 《緬北第二期作戰概述》(第四號)，頁56。

用兵上之難地，欲從印邊打出緬甸，世人咸認為不可能之事，然本軍全體官兵，抱必死之決心，及深知我國對外國際生命線封鎖後，使整個戰局陷於苦鬥局面之苦痛，乃誓以打通中印公路為職志，經半年餘之艱辛訓練，戰鬥動作及戰鬥技能，均臻精到，打通中印公路之艱巨使命，遂由計畫而轉入行動。

卅二年十月，本軍奉令向印緬邊野人山發動攻勢，戰莽林，涉湍流，血灑胡康、孟拱、兩河谷，奮戰 10 閱月，直至密支那攻克，完成世人認為不可能之事，緬北第一期反攻戰遂告結束，準備第二期攻勢開始。

是時以緬北雨季正酣，平地盡成氾濫，人馬不能通行，敵乃得有喘息之機會，及卅三年十月既降，雨期屆末，本軍繼續肩負原有之重任(打通中印公路)，向八莫之敵發動反攻，當時敵人企圖固守緬北，能縮轂[65]南北，進可攻，退可守之各軍略要地——八莫、南坎、芒友——期阻止本軍之南下，遲滯中印公路之開通。然我以閃擊之勢，不一月攻下敵欲死守三月之八莫，相繼襲佔南坎，攻克芒友，與滇西國軍會師，打通全國上下所深切期望之對外交通線，並乘勝直搗緬中之心臟，威脅全緬，虎視泰、越，奮戰 5 閱月，前進 410 餘英里。

在戰略上，迫敵在整個緬甸迅速崩潰，打破其固守緬北，待援反攻之妄想，粉碎其封鎖我國對外交通線之迷夢；在戰術上，我採取火力主義，包圍、迂迴、奇襲之戰法，屢殲頑敵，完成重任，使敵望風披靡，不敢回首西覷，昔日之所謂武士道精神，皇軍威風，予以根本之摧毀。在外交上，因本軍經 17 閱月，長期不斷之艱苦戰鬥，而獲得出人意料所不到之偉大戰績，以致引起友邦人士之驚異而生敬佩，提高我在抗建期中之國際地位，尤以在印緬戰場並肩作戰之盟軍將領，因深悉緬北地形之險阻，氣候之惡劣與對戰敵人之頑強，在此種連續 17 閱月之長期戰鬥精神與時間，卒能擊潰頑敵，獲至碩大之戰果者，認為突破世界古今戰史之先例，他國軍隊是不可能之事。

總之本軍經三年餘之艱苦奮鬥，犧牲多少戰士血肉，由緬轉戰入印，由印邊打出緬甸，重返臘戌，往返步行，全程達 15000 里，且以上所經作戰地區，

---

65 《緬北第二期作戰概述》(第四號)，頁 57。

不為連峰際天，葛籐蔓延，古木蔽天，飛鳥不通之區，即為河渠縱橫，瘴癘流行，杳無人煙，舉目荒涼之地，險阻艱辛，悲壯慘烈，曷可以言喻。撫今追昔，感痛奚似，此皆有賴最高統帥德威之感召，及本軍全體官兵以冒死犯難，赴湯蹈火，砥礪獻身救國之精神，誓以打通中印公路，完成使命為職志，有以致之。**66**

---

66 《緬北第二期作戰概述》(第四號)，頁 58。

國家圖書館出版品預行編目資料

中日再戰緬甸實錄：新一軍反攻緬北極機密戰鬥詳報
（中華民國三十二年至三十四年）

中華民國駐印軍新編第一軍、新編第三十八師著；中央研究院
緬甸計畫團隊編輯；朱浤源主持. – 初版. – 臺北市：臺灣學生，
2015.07
面；公分
ISBN 978-957-15-1683-7 (精裝)

1. 第二次世界大戰 2. 中日戰爭 3. 戰史

628.58   104013195

中日再戰緬甸實錄：新一軍反攻緬北極機密戰鬥詳報
　　　　（中華民國三十二年至三十四年）

著　　作　者：中華民國駐印軍新編第一軍、新編第三十八師
編　　輯　者：中央研究院緬甸計畫團隊
主　　持　人：朱　　　浤　　　源
出　　版　者：臺灣學生書局有限公司
發　　行　人：楊　　　雲　　　龍
發　　行　所：臺灣學生書局有限公司
　　　　　　　臺北市和平東路一段七十五巷十一號
　　　　　　　郵政劃撥帳號：00024668
　　　　　　　電話：(02)23928185
　　　　　　　傳眞：(02)23928105
　　　　　　　E-mail：student.book@msa.hinet.net
　　　　　　　http://www.studentbook.com.tw
本書局登
記證字號：行政院新聞局局版北市業字第玖捌壹號
印　　刷　所：長欣印刷企業社
　　　　　　　新北市中和區中正路九八八巷十七號
　　　　　　　電話：(02)22268853

定價：新臺幣八○○元

二　○　一　五　年　七　月　初　版

62810　　　有著作權·侵害必究
ISBN 978-957-15-1683-7 (精裝)